Die Rechtsprechung

der

Oberlandesgerichte

auf dem Gebiete des Zivilrechts.

Herausgegeben von

B. Mugdan, und R. Falkmann,

Kammergerichtsrat. Senatspräsident am Kammergericht.

Fünfzehnter Band.

(Jahrgang 1907, zweites Halbjahr.)

Mit einer Beilage: „Entwurf eines Gesetzes betr. Änderungen des Gerichtsverfassungsgesetzes usw."

Leipzig,

Verlag von Veit & Comp.

1907

Unter Mitwirkung der Herren

Dr. Bauer, Geheimer Justizrat, Berlin
Dr. Berchelmann, Oberlandesgerichtsrat, Darmstadt
Chrestien, Oberlandesgerichtsrat, Rostock
Dr. Creizenach, Oberlandesgerichtsrat, Frankfurt a. M.
Dompierre, Oberstlandesgerichtsrat, München
Donle, Oberlandesgerichtsrat, Augsburg
Ebert, Oberlandesgerichtsrat, Breslau
Dr. Eller, Landgerichtsdirektor, Karlsruhe
Engell, Oberlandesgerichtsrat, Posen
Engelmann, Senatspräsident, Breslau
Dr. v. Feilitzsch, Oberlandesgerichtsrat, Dresden
Freudenthal, Oberlandesgerichtsrat, Colmar
Fuchs, Oberlandesgerichtsrat, Kassel
Grattenauer, Oberlandesgerichtsrat, Stettin
Groth, Landgerichtspräsident, Glatz
Haidlen, Oberlandesgerichtsrat, Stuttgart
Happich, Oberlandesgerichtsrat, Celle
Hertz, Kammergerichtsrat, Berlin
Heynacher, Oberlandesgerichtsrat, Marienwerder
Kalb, Oberlandesgerichtsrat, Augsburg
Keiner, Oberlandesgerichtsrat, Frankfurt
Marezoll, Oberlandesgerichtsrat, Dresden
Dr. Mittelstein, Oberlandesgerichtsrat, Hamburg
Prof. Mosse, Geheimer Justizrat, Königsberg
Mügge, Oberlandesgerichtsrat, Stettin
Nehse, Geheimer Justizrat, Berlin
Neukamp, Oberlandesgerichtsrat, Köln
Niesert, Oberlandesgerichtsrat, Hamm
Niemöller, Landgerichtsdirektor, Oldenburg
Ott, Oberlandesgerichtsrat, München
Dr. Petzold, Kammergerichtsrat, Berlin
Dr. Raddatz, Oberlandesgerichtsrat, Posen
Dr. Riedel, Oberlandesgerichtsrat, Naumburg
Röser, Kammergerichtsrat, Berlin
Rosenstock, Oberlandesgerichtsrat, Breslau
Rukser, Oberlandesgerichtsrat, Posen
Schäfer, Oberlandesgerichtsrat, Bamberg
Schäffer, Oberlandesgerichtsrat, Breslau
Schlockermann, Kammergerichtsrat, Berlin
Schmitt, Oberlandesgerichtsrat, Zweibrücken
Schneider, Oberlandesgerichtsrat, Stettin
Schück, Kammergerichtsrat, Berlin
Schultze-Görlitz, Geheimer Justizrat, Berlin
Simon, Oberlandesgerichtsrat, Naumburg
Simonson, Oberlandesgerichtsrat, Breslau
Thiele, Oberlandesgerichtsrat, Königsberg
Dr. Vorbrodt, Kammergerichtsrat, Berlin
v. Wartenberg, Geheimer Justizrat, Berlin
Wienstein, Kammergerichtsrat, Berlin
Zehler, Oberlandesgerichtsrat, Nürnberg
Ziemssen, Kammergerichtsrat, Berlin

und zahlreicher anderer Juristen.

Druck von Metzger & Wittig in Leipzig.

Systematisches Inhaltsverzeichnis.

(Verfaßt vom Staatsanwalt Dr. Rindfleisch in Göttingen.)

Die Zahlen bedeuten die Seiten.

Vierter Abschnitt. Von den Sachen.

1) Bestandteil oder Zubehör? a) Zentesimalwage auf Gasthofsgrundstück 308 (α); b) Petroleumtanks 308 Anm. — 2) Zubehör: a) Marmorkamin in Miethaus 310(β); b) Leiterwagen auf einem zum Betriebe eines Fouragegeschäfts eingerichteten Grundstücke 310 (γ); c) Tische, Stühle, Biervorrat bei Brauerei 309 Anm.; d) Geldschrank, Regulator, Konversationslexikon bei Gastwirtschaft 309 Anm.; e) Baumaterialien, Türen, Fenster 325; f) Maschinen in Metzgerei 326; g) Geflügel auf Landgut 326.

Fünfter Abschnitt. Von den Handlungen.

a) Geschäftsfähigkeit.

1) Verlöbnis Minderjähriger; Genehmigung 395. — 2) Rücktritt der minderjährigen Braut vom Verlöbnis 397.

b) Willenserklärung. Stellvertretung.

1) Erklärungen mittels Fernsprechers 316. — 2) Ist der Ausschreiber einer Submission gebunden? 316. — 3) Stillschweigendes Inkassomandat 317. — 4) Rechtsgeschäft zwischen einem Vorstandsmitglied einer juristischen Person und dieser selbst, vertreten durch eine von dem betr. Vorstandsmitglied damit beauftragte Person 319. — 5) Kündigung durch Nichtberechtigten bleibt wirkungslos trotz nachträglicher Genehmigung 327.

c) Bedingung. Fristen.

1) Auslegung des § 162 BGB. 317. — 2) Berechnung der Wechselverjährungsfrist 319.

d) Anfechtbarkeit, Nichtigkeit.

1) Anfechtung wegen Irrtums über Kreditwürdigkeit 311. — 2) Rechtsgeschäfte gegen die guten Sitten: a) Versprechen der Mietzahlung an Konkubinen 311(α); b) Lebensversicherungsvertrag mit Zahlungsunfähigen 312(β); c) Vertrag über Ausbildung eines Künstlers 313(γ); d) Verkauf eines Bordells; Auftrag zur Auflassung 314(δ). — 3) Bestätigung eines unsittlichen Vertrages. Rückforderung 315. — 4) Drohung mit Strafanzeigen 327. — 5) Vereinbarung einer Vertragsstrafe für den Fall, daß die gütergemeinschaftliche Ehefrau dem Grundstücksverkauf des Mannes nicht zustimmt, ist nichtig 407.

Sechster Abschnitt. Recht der Schuldverhältnisse.

Einzelne Schuldverhältnisse.

1. Miete.

Mündliche Nebenabreden bei schriftlichem Vertrage. Wirksamkeit für den Erwerber des Mietgrundstückes 1.

2. Dienstvertrag.

Ersatzpflicht des Anwalts wegen grundloser Niederlegung des Mandates 196.

3. Gesellschaft.

Ausschließung eines Gesellschafters 305.

4. Unerlaubte Handlungen.

Verjährung von Schadensersatzansprüchen wegen ungerechtfertigten Arrestes. § 945 ZPO. 852. BGB. 297.

Siebenter Abschnitt. Sachenrecht.

a) Besitz.

1) Anspruch aus Besitzentziehung. Widerklage auf Eigentumsfeststellung dagegen 328. — 2) Besitzerwerb und -verlust durch Geisteskranken. Abzahlungsgeschäft begründet mittelbaren Besitz 356.

Neunter Abschnitt. Handelsrecht.

a) Prokura und Handelsvollmacht.

b) Erwerbs- und Wirtschaftsgenossenschaften.

Zehnter Abschnitt. Wechselrecht.

II. Freiwillige Gerichtsbarkeit.

Erster Abschnitt. Allgemeine Vorschriften.

Zweiter Abschnitt. Grundbuchrecht.

a) Allgemeines.

b) Hypothek.

Dritter Abschnitt. Registersachen.

Vereinssachen.

Vierter Abschnitt. Kosten der freiwilligen Gerichtsbarkeit. Gebührenordnung für Notare.

III. Zivilprozeß.

Erster Abschnitt. Die Gerichte.

a) Gerichtsverfassung.

b) Sachliche Zuständigkeit der Gerichte.

c) Wert des Streitgegenstandes.

d) Gerichtsstand.

Dritter Abschnitt. Allgemeine Grundsätze des Verfahrens.

Vierter Abschnitt. Verfahren erster Instanz vor den Landgerichten.

Achter Abschnitt. Zwangsvollstreckung.

a) Allgemeine Bestimmungen.

b) Widerspruch dritter Personen.

c) Zwangsvollstreckung in das unbewegliche Vermögen.

Zehnter Abschnitt. Schiedsrichterliches Verfahren.

IV. Konkurs.

Erster Abschnitt. Materielles Konkursrecht.

a) Allgemeine Bestimmungen.

b) Erfüllung der Rechtsgeschäfte.

c) Anfechtung.

d) Aussonderung.

1) Aussonderung der unter Eigentumsvorbehalt dem Kridar verkauften Waren 235. — 2) Beschlagnahme des Gegenstandes des Aussonderungsrechtes im Wege der Liegenschaftsvollstreckung; Bereicherung der Konkursmasse 236.

e) Absonderung.

1) Absonderungsrecht an Versicherungspolicen 238. — 2) Ersatzansprüche des Pfändungsgläubigers für Verlust seines Absonderungsrechtes durch Verkauf der betr. Sachen durch den Konkursverwalter 239. — 3) Anerkennung einer Forderung, für die abgesonderte Befriedigung verlangt wird, „zur Höhe des Ausfalles" enthält nicht Anerkennung des Absonderungsrechtes 242.

f) Aufrechnung.

Aufrechnung einer Konkursforderung mit einer nach der Konkurseröffnung dem Gemeinschuldner erwachsenen Gegenforderung nach dem Zwangsvergleiche 237.

g) Konkursgläubiger.

1) Konkursvorrecht eines Ziegelmeisters nach § 61 Nr. 1 KO. 43. — 2) Begriff „verdingen zur Leistung von Diensten" im § 61 Nr. 1 KO. 241. — 3) Nichtaufnahme einer nach § 64 festgestellten Ausfallforderung in das Schlußverzeichnis 242 Anm.

Zweiter Abschnitt. Konkursverfahren.

a) Allgemeine Bestimmungen.

1) Konkurseröffnung über Gesellschaften m. b. H. Zulässigkeit der Beschwerde, Legitimation dazu 243. — 2) Keine Beschwerde wegen Ablehnung der Festsetzung einer Ordnungsstrafe gegen den Konkursverwalter 244. — 3) Beschwerderecht des Gläubigerausschusses bei Ablehnung des Antrages auf Entsetzung des Konkursverwalters 246. — 4) Zulässigkeit der Beschwerde gegen einen verkündeten, aber noch nicht zugestellten Beschluß des Konkursgerichts 245.

b) Eröffnungsverfahren.

Löschung des Konkursvermerks auf dem vom Verwalter freigegebenen Grundstücke. Beschwerderecht des Verwalters 247.

c) Teilungsmasse.

Offenbarungspflicht des Gemeinschuldners nach Rechtskraft des Zwangsvergleichs 248.

d) Schuldenmasse.

1) Anmeldung eines Anfechtungsanspruches im Konkurse des Anfechtungsgegners 235. — 2) Aufnahme eines Rechtsstreites nach § 146 KO. im Läuterungsverfahren 248. — 3) Aufnahme des Verfahrens zur Entscheidung über den Kostenpunkt 249. — 4) Kostenpflicht des Verwalters, der erst nach Wiederaufnahme anerkennt 250.

e) Zwangsvergleich.

1) Wiederbeginn des Verfügungsrechts des Gemeinschuldners nach Zwangsvergleich 250. — 2) Legitimation des Konkursverwalters zur Prozeßführung nach Zwangsvergleich 250.

f) Besondere Bestimmungen.

Anwendbarkeit des § 212 KO. 252.

V. Staatsrecht.

a) Stempelsteuer.

1) Stempelpflichtigkeit einer im Auslande erklärten Abtretung einer Buchhypothek 210. — 2) Voraussetzungen der Stempelfreiheit für Auflassungen auf Grund des Fluchtliniengesetzes

---

Beilage:

Entwurf eines Gesetzes, betreffend Änderungen des Gerichtsverfassungsgesetzes, der Zivilprozeßordnung, des Gerichtskostengesetzes und der Gebührenordnung für Rechtsanwälte. S. 1—40.

(Wurde mit Nummer 40/41 am 11. Oktober ausgegeben.)

1

a) **Einstellung der Vollstreckung aus KaufmGerichtsurteilen.**

Kammergericht, VIII. ZS. Beschluß v. 23. Januar 1907.

Der Antrag des Beschwerdeführers, die Vollstreckung aus dem Urteile eines Kaufmannsgerichts einstweilen einzustellen, wurde zurückgewiesen, weil die Berufung mangels eines Streitgegenstandes über 300 Mark nicht zulässig sei, und auch die Voraussetzungen des § 719 ZPO. nicht vorlägen. Die Beschwerde ist zulässig, weil das Landgericht verneint hat, daß einer der Fälle der §§ 707, 719 überhaupt vorliege, sie ist aber sachlich unbegründet. Eine Einstellung der Vollstreckung kann nur dann eintreten, wenn die Möglichkeit und Abänderung des Urteils vorliegt, denn die §§ 707, 719 bezwecken die Einstellung zur Beseitigung der Härten, die die Vollstreckung eines später nicht aufrecht erhaltenen Urteils mit sich bringt. Das Urteil des Kaufmannsgerichts ist aber nicht mit der Berufung anfechtbar, weil zur Zeit seiner Erlassung der Streitwert nicht mehr 300 Mark überstieg. § 16 des Ges. v. 6. Juli 1904 schreibt ausdrücklich vor, daß die Berufung unzulässig ist, wenn der Streitwert 300 Mark „übersteigt". Der Gebrauch der Zeitform der Gegenwart ergibt, daß nur der Wert maßgebend ist, der zur Zeit der Urteilsfällung vorhanden ist.

Dr. P.

b) **Keine entsprechende Anwendung des § 717². Rechtsstellung des Erwerbers eines Mietgrundstücks bei mündlichen Nebenabreden der Mietparteien. BGB. § 566.**

OLG. Frankfurt, II. ZS. Urteil v. 14. Mai 1907.

Die Kläger verlangen Ersatz desjenigen Schadens, der ihnen durch Vollstreckung des gegen sie vom Beklagten im Vorprozesse erstrittenen Räumungsurteils entstanden ist. Allein der § 717² ist hier nicht anwendbar, weil der Vorprozeß in der Berufungsinstanz durch einen Vergleich erledigt, das Räumungsurteil also nicht durch ein späteres Urteil aufgehoben ist. Eine entsprechende Anwendung des § 717² auf einen solchen Fall ist ausgeschlossen, da es sich um eine singuläre, streng auszulegende Bestimmung handelt, die abweichend von dem die Bestimmungen über Schadensersatz zum größten Teile beherrschenden Verschuldungsprinzip auch einen Anspruch auf Schadensersatz gewährt, wenn kein Verschulden vorliegt. Das Gesetz konnte nur dann soweit gehen, wenn es anderseits die größten Garantien bot, daß die Unrechtmäßigkeit der schädigenden Handlung mit größter Bestimmtheit festgelegt wurde, was im Falle des § 717 nur durch Urteil geschieht, während dies bei einer vergleichsweisen Erledigung meist im Zweifel bleibt (Gaupp-Stein § 717 bei Note 17). Ebensowenig läßt sich die Klage auf eine unlautere erlaubte

Handlung des Beklagten stützen, weil es sowohl an Vorsatz als auch an Fahrlässigkeit des früheren Klägers außerhalb des obligatorischen Mietsverhältnisses fehlt, und weil ohne weiteres § 823[1] BGB. versagt, da Vermögensschädigung nicht unter § 823, sondern unter § 826 BGB. fällt; zur Anwendbarkeit dieses Paragraphen aber jedenfalls der Vorsatz des Beklagten fehlt (Planck 2 S. 609[2]).

Es kann sich somit lediglich fragen, ob der Anspruch aus dem Mietverhältnisse begründet ist. Nach dem zwischen X. und den Klägern geschlossenen Mietvertrage von 1904 ist Aftervermietung der Mietsräume oder einzelner Teile nur bei ausdrücklicher schriftlicher Genehmigung des Vermieters und nur für jeden einzelnen Fall gestattet, während bei der mündlichen Besprechung des Mietvertrages den Klägern die Aftervermietung zweier Zimmer allgemein gestattet und dies versehentlich nicht aufgenommen wurde. Nun wird vorwiegend anerkannt, daß bei einem schriftlichen Mietvertrage mündliche Abreden bei Vorhandensein eines diesbezüglichen Parteiwillens Gültigkeit haben können, auch wenn für solche nach dem **vereinbarten** Vertrage Schriftform vorgeschrieben ist (Recht 1900 S. 344). Sehr bestritten ist indessen, welche Bedeutung bei einem für länger als ein Jahr geschlossenen Mietvertrage mündlichen Abreden, die vom schriftlichen Vertrage abweichen, zukommt, ob sie gleichfalls der Schriftform bedürfen oder auch mündlich wirksam sind und welchen Einfluß sie auf das Fortbestehen des schriftlichen Vertrages haben.... Es ist davon auszugehen, daß nach § 566 BGB. für einen Mietvertrag über ein Grundstück, der für längere Zeit als ein Jahr geschlossen wird, Schriftform erforderlich ist und daß in Ermangelung dieser Form entgegen dem allgemeinen Grundsatze des § 125 BGB. der Vertrag nicht nichtig ist, sondern für unbestimmte Zeit geschlossen gilt und nicht für eine frühere Zeit als den Schluß des ersten Jahres gekündigt werden kann. Nur hieraus läßt sich daher die Frage nach der Wirksamkeit mündlicher Abänderungen beantworten. Doch stellt sich nicht jede Abrede, welche im täglichen Verkehr als Abänderung des Vertrages bezeichnet wird, auch rechtlich als solche dar; es handelt sich häufig um ein bloß gunstweises Gestatten des einen Vertragsteils, ohne daß eine Abänderung des Vertrages beabsichtigt ist. Eine solche gunstweise Erlaubnis bedarf, da kein Bestandteil des Vertrages geändert wird, zweiffellos nicht der Schriftform. Vorliegend handelt es sich um eine solche Erlaubnis nicht: Der Vermieter hat ein wesentliches Interesse zu wissen, an wen aftervermietet wird und anderseits beschränkt die schriftlich vereinbarte Bestimmung die Mieter sehr erheblich in der Aftervermietung, da sie nur den dem Vermieter genehmen Aftermieter bei sich aufnehmen dürfen. Da offenbar die Kläger die gemietete Wohnung nur bezahlen können, wenn sie ihrerseits wieder den größten Teil der Miete durch Aftervermietung aufbringen, so haben sie ein sehr erhebliches Interesse, daß sie in der Auswahl der Aftermieter unbeschränkt sind und es ist anzunehmen, daß sie ohne die mündliche Abrede den Vertrag nicht geschlossen haben würden. Es handelt sich sonach um eine wesentliche Bestimmung, diese ist in mündlicher Form gültig; denn, wenn der Mangel der Schriftform hinsichtlich des ganzen Vertrages, also auch wegen seiner wesentlichen Bestimmungen nicht die Nichtigkeit zur Folge hat, so kann der Mangel der Schriftform bei der Abänderung eines wesentlichen Punktes nicht die Nichtigkeit der Abänderungsabrede bewirken (Gruchot 49 S. 241). Ist hiernach die mündliche Abänderung als rechtsbeständig anzusehen, so ist der schriftliche aber mündlich in einem wesentlichen Punkte abgeänderte Mietvertrag nicht mehr als schriftlicher Mietvertrag anzusehen. Denn nur derjenige Vertrag entspricht dem gesetzlichen Erfordernis der Schriftform, bei welchem alle wesentlichen Punkte schriftlich getroffen sind.

Diese Rechtslage ist durch Eintritt des Beklagten als Erwerber des Grundstücks nicht geändert; er war vielmehr an die von seinem Rechtsvorgänger dem Kläger eingeräumte Befugnis, ohne vorherige Einholung der Genehmigung des Hauseigentümers Aftermieter in die Wohnung aufzunehmen gebunden; aber der zwischen den Klägern und dem X. abgeschlossene schriftliche Mietvertrag durfte von ihm zum 1. Oktober 1905 gemäß §§ 566, 565 BGB. gekündigt werden und die Kläger waren verpflichtet, am 1. Oktober 1905 die Wohnung zu räumen. Er durfte hiernach die Kläger nicht vor dem 1. Oktober 1905 exmittieren, und er hat demgemäß Schadensersatz für die vorzeitig erfolgte Exmission der Kläger zu gewähren nach §§ 536, 325 BGB., aber nur den Schaden zu ersetzen, der den Klägern entstanden ist, daß sie die Wohnung vor Ablauf des ersten Mietjahres verlassen mußten. K.

c) **Zwangshypothek aus einem Urteil, dessen Vollstreckung von einer Sicherheitsleistung abhängt.**

OLG. Colmar, II. ZS. Beschluß v. 4. August 1906.

Aus § 726 geht hervor, daß die vollstreckbare Ausfertigung eines Urteils, dessen Vollstreckung von einer Sicherheitsleistung abhängt, ohne weiteres zu erteilen ist, also ohne Untersuchung der Gerichtsschreiberei, ob die Sicherheit hinterlegt ist oder nicht. Diese Prüfung ist nach § 751 vielmehr Sache der Vollstreckungsorgane, die hiernach mit der Vollstreckung nicht beginnen dürfen, wenn ihnen die dort vorgesehenen Nachweise nicht vorgelegt werden. Die Erteilung der Vollstreckungsklausel gehört nicht zur Zwangsvollstreckung, bereitet solche nur vor. Dagegen ist die Eintragung einer Sicherungshypothek nach § 866 ein Vollstreckungsakt. Mit Recht hat daher das Grundbuchamt nach § 751 die dort vorgeschriebene Prüfung vorgenommen und mangels der entsprechenden, daselbst vorgesehenen Nachweise die Eintragung der Sicherungshypothek abgelehnt, ohne aus der Erteilung der Klausel hierfür Bezügliches zu entnehmen. Dr. Frz.

d) **§ 751 gilt nicht im Falle des § 875.**

Kammergericht, XVII. ZS. Beschluß v. 14. Februar 1906.

Ob der § 751 auch bei der Vorpfändung zu gelten hatte, war bisher nicht unbestritten. Die Novelle hat nun durch die jetzige Fassung des § 845 die Möglichkeit gewähren wollen, daß sofort nach Verkündung eines vorläufig vollstreckbaren Urteils vorgepfändet werden kann. Dabei ist zwar ausdrücklich nur die Entbehrlichkeit der Erteilung einer vollstreckbaren Ausfertigung und der Zustellung des Schuldtitels erwähnt; was von dieser gilt, muß bei dem Zweck der Novelle aber auch von der Zustellung der Hinterlegungserklärung, als dem Geringeren gelten. H. tz.

e) **Streitwert der Klage aus § 767 ZPO.**

OLG. Hamburg, III. ZS. Beschluß v. 7. März 1907.

Der Streitwert ist nach dem im Klagantrage enthaltenen Begehren des Klägers, ohne Rücksicht darauf, ob der Beklagte durch Zugeständnisse den Umfang des Streitstoffs verringert hat, zu bemessen (JW. 1890 S. 255[1], 1900 S. 47[2]). Die vorliegende, nach § 767 erhobene Klage beantragt, die Fortsetzung der Vollstreckung aus dem über 1691 Mark lautenden Schuldtitel auf einen höheren Betrag als 90 Mark zu untersagen und den Beklagten zur Auslieferung des Titels gegen Zahlung von 90 Mark zu verurteilen. Der Streitwert des ersten Antrages ist nach dem Streitwert des Vorprozesses (JW. 1895 S. 197[1], sowie Entsch. des RG. 21 S. 377, 23 S. 364, 28 S. 430), jedoch abzüglich restlicher 90 Mark, mithin auf 1601 Mark zu bemessen, der Streitwert des zweiten Antrags aber, welcher nach dem Interesse des Klägers an der Herausgabe des Schuldtitels zu bewerten ist (Gruchot 41 S. 1152), ist mit 90 Mark jedenfalls nicht zu hoch berechnet. Mithin ist der Beklagte durch den angefochtenen, den Wert auf 1691 Mark festsetzenden Beschluß nicht beschwert. M. M.

f) **Das für das Vollstreckungsurteil nach § 1046 zuständige Gericht. Nach dem Schiedsspruche entstandene Einwände.**

OLG. Hamburg, III. ZS. Urteil v. 6. April 1907.

Die im § 1039 vorgeschriebenen Förmlichkeiten sind erfüllt, insbesondere ist der Schiedsspruch bei dem zuständigen Gerichte dem LG. Bremen hinterlegt. Da beide Parteien außerhalb Bremens ihren Wohnsitz und ihre Handelsniederlassung haben und ein besonderer Gerichtsstand in Bremen nicht begründet ist, so kann nur ein vereinbarter Gerichtsstand in Frage kommen. In der Tat haben auch die Parteien, indem sie nach den Bedingungen der Bremer Baumwollbörse kontrahierten, gemäß § 11 das. sich der Kompetenz der Bremer Gerichte unterworfen. Das würde aber gemäß § 1045 nur dann ausreichen, wenn ein schriftlicher Schiedsvertrag vorläge. Ein solcher kann angenommen werden, wenn in dem schriftlichen Vertrage die gedruckten Vorschriften der Bremer Baumwollbörse in bezug genommen werden. Ob aber ein schriftlicher Vertrag zwischen den Parteien geschlossen ist, ist bisher nicht ausdrücklich erörtert, aber anzunehmen.... Die streitige Frage, ob in dem Verfahren über den Erlaß eines Vollstreckungsurteils eine nach dem Schiedsspruch entstandene Einwendung gegen den Anspruch selbst berücksichtigt werden darf (Hans. GZ. 1905 S. 171), ist zu bejahen. Denn wenn man diese Einwendungen auf den Weg des § 767 verweisen wollte, so würde das Gericht unter Umständen genötigt sein, ein Vollstreckungsurteil zu erlassen, obwohl es die Überzeugung erlangt hat, daß der Einwand liquide und die Ansprüche aus dem Schiedsspruche erloschen sind. Es kann aber dem Willen des Gesetzes nicht entsprechen, noch da die Schaffung eines vollstreckbaren Titels zuzulassen, wo seine Wiederaufhebung im Wege des § 767 sicher erwartet werden muß. M. M.

g) **Kosten der Interventionsklage. ZPO. §§ 93, 771.**

OLG. Hamburg, II. ZS. Beschluß v. 15. November 1906.

Das Beschwerdegericht geht mit Rsp. 5 S. 40 davon aus, daß ein Gläubiger, der im Besitze seines Schuldners befindliche Sachen pfänden läßt, die Eigentum eines Dritten sind, durch dieses sein Verhalten nicht ohne weiteres dem Dritten im Sinne des § 93 ZPO. Veranlassung zur Interventionsklage gibt, und daß es dem pfändenden Gläubiger nicht zuzumuten ist, der bloßen Erklärung des Schuldners oder des Eigentümers, daß die Sachen dem letzteren gehören, ohne weiteres zu glauben. Dies hat auch das LG. nicht verkannt, es meint aber, daß der Gläubiger sich auf die den Eigentumserwerbsgrund des Klägers bestimmt bezeichnende Freigabeaufforderung nicht passiv verhalten durfte. Allein durch den Einstellungsbeschluß des Amtsgerichts war der Kläger vorläufig gegen die Durchführung der Zwangsvollstreckung gesichert; deshalb durfte der Beklagte erwarten, daß der Kläger innerhalb der ihm vom Amtsgericht für die Beibringung der Entscheidung des Prozeßgerichts gestellten 14 tägigen Frist auch ohne ausdrückliche Aufforderung seinerseits dasjenige tun würde, was normalerweise verlangt werden muß, um den Gläubiger davon zu überzeugen, daß die Sachen nicht Eigentum des Schuldners waren, in dessen Besitz sie gepfändet wurden. Es kann auch nicht anerkannt werden, daß die dem Kläger zur Verfügung stehende Frist zu kurz war, um bei der Entfernung zwischen Hamburg und Cuxhaven dem Beklagten oder seinem Prozeßbevollmächtigten den Vertrag, auf dem der Kläger sein Eigentum stützte, in Urschrift oder in beglaubigter Abschrift zugehen zu lassen. M. M.

h) **Aufhebung einer Vollstreckung auf Grund eines anderen als eines die Veräußerung hindernden Rechts.**

OLG. Cassel, II. ZS. Urteil v. 21. März 1907.

Der Kläger hat die Aufhebung einer von der Beklagten in ein Grundstück ihres Mannes betriebenen Zwangsversteigerung beantragt, weil sich die Beklagte verpflichtet habe, die Auflassung des Grundstücks seitens ihres Mannes an den Kläger zu dulden. Der Klagantrag kann zwar nicht auf § 771 gestützt werden; denn § 771 bezieht sich nur auf die Veräußerung hindernde Rechte. Anderseits steht § 771 aber auch nicht entgegen; denn durch ihn ist die Zulässigkeit des Eingreifens in eine laufende Vollstreckung nicht auf den Fall beschränkt, daß ein Dritter behauptet, ihm stehe an dem Pfandstücke ein die Veräußerung hinderndes Recht zu; vielmehr setzt der § 771 für diesen Fall lediglich bestimmte Formen des Widerspruchs fest und spricht die Zulässigkeit von Anordnungen des in §§ 769, 770 bezeichneten Inhalts aus. Er schließt aber die Geltendmachung des einem Dritten nach Maßgabe der Vorschriften des materiellen Rechts auf Grund eines anderen als eines die Veräußerung hindernden Rechts zustehenden Anspruchs auf Aufhebung einer eingeleiteten Zwangsvollstreckung selbstverständlich nicht aus. Nach materiellem Recht ist der Klaganspruch aber gerechtfertigt, wenn die Beklagte durch das Betreiben der Vollstreckung in das Grundstück sich mit ihrer Verpflichtung, die Auflassung an den Kläger zu dulden, in Widerspruch gesetzt hat. Fs.

i) **Rezepte, z. B. zur Emaillcherstellung, sind nicht pfändbar und gehören nicht zur Konkursmasse.**

OLG. Cöln, VIII. ZS. Urteil v. 11. Oktober 1906.

Die Firma A. betrieb seit 1880 nach den vom Kläger, ihrem Alleininhaber, hergestellten Rezepten eine Emaillefabrik, geriet aber 1905 in Konkurs. Der Verwalter verlangte die Herausgabe der Rezepte und erwirkte gegen den Kläger zur Erzwingung des Offenbarungseides Haftbefehl. Der Klage auf Feststellung, daß die Rezepte nicht zur Konkursmasse gehören, wurde entsprochen. Gründe:

Vom Konkurse nicht ergriffen wird gemäß § 1 KO. die persönliche Tätigkeit, überhaupt die Persönlichkeit des Gemeinschuldners. Die Konkursgläubiger können von ihm nicht verlangen, daß er in ihrem Interesse irgend eine gewerbliche, geistige oder körperliche Arbeit verrichtet, sei diese auch zur Erhaltung oder zum Erwerb eines Vermögensrechts erforderlich. Bei den Rezepten ist nicht auf das Papier und die Buchstaben Gewicht zu legen, sondern darauf, daß durch sie ein Geistesprodukt des Klägers zum Ausdrucke gebracht ist. Sie sind die schriftliche Niederlegung eines Verfahrens zur Herstellung von Emaille, also einer Arbeitsmethode. Diese kann eine Erfindung im eigentlichen Sinne, nämlich die neue Lösung einer technischen Aufgabe sein, braucht es aber nicht. Ob das eine oder das andere vorliegt, ist nicht festgestellt, kann auch nicht festgestellt werden. Ist aber „keine Erfindung" gegeben, enthalten die Rezepte vielmehr nur die Darstellung einer bereits anderweitig bekannten Arbeitsmethode, so birgt diese Niederschrift überhaupt keinen Gegenstand, der jemals einen selbständigen vermögensrechtlichen Wert erlangen könnte. Denn nur dann kann ein Verfahren Vermögenswert haben, wenn es patentfähig ist, der Erfinder also in der Lage ist, durch Erwerb des Patentschutzes jedem Dritten die gewerbsmäßige Herstellung des Gegenstandes der Erfindung zu wehren. Ist es dagegen bekannt und somit die Möglichkeit gegeben, es ohne weiteres kennen zu lernen und anzuwenden, so kann von einem selbständigen Vermögenswerte keine Rede sein. Handelt es sich um eine wirkliche patentfähige Erfindung, so ist eine solche vor der Anmeldung unpfändbar, wie die herrschende Meinung mit Recht annimmt (Kohler S. 264; Seligsohn § 3 N. 4; Allfeld, Patentges. § 6 N. 7; Gierke, Privatr. 1 S. 892; Jaeger, KO. 2. Aufl. § 1 Abs. 11; a. M. Isay,

Patentges. § 6 Abs. 61; vgl. Entsch. des RG. 52 S. 230, die eher gegen als für die Isaysche Ansicht spricht). Wer eine Erfindung zum Patent angemeldet hat, der hat damit eine für immer entscheidende Bestimmung dahin getroffen, daß er diese ökonomisch verwerten will; sie ist damit zu einem selbständigen Vermögensstücke geworden. Darüber aber, ob seine Erfindung geheim bleiben oder veröffentlicht werden soll, hat der Erfinder selbst zu entscheiden. Dieses Recht ist so eng mit seiner Persönlichkeit verknüpft, daß es gegen seinen Willen nicht von ihr getrennt werden kann. Entscheidend ist daher, daß der Erfinder, der eine Erfindung nicht zur Patentierung anmeldet, eben damit zu erkennen gibt, daß er sie nicht als selbständiges Vermögensstück in Verkehr bringen will. Ebensowenig, wie jemand gegen seinen Willen zur Preisgabe seines Urheberrechts gezwungen werden kann, weshalb auch die Pfändung von Handschriften über literarische Erzeugnisse unzulässig ist, ebensowenig unterliegen Erfindungen der Zwangsvollstreckung, solange sie nicht zur Patentierung angemeldet sind. Da der Kläger zweifellos nicht gezwungen werden könnte, seine „Arbeitsmethode" seinen Gläubigern zu offenbaren, wenn er sie nicht niedergeschrieben hätte, so kann der Umstand, daß einmal eine Niederschrift erfolgt ist, an diesem Ergebnisse nichts ändern. Auch der Einwand der Beklagten, daß die Fabrik bei einer Veräußerung mit den Rezepten offenbar einen höheren Wert ergebe, als bei einer solchen ohne die Rezepte, ist nicht stichhaltig. In sehr vielen Fällen wird bei dem Verkauf eines Geschäfts ein sehr hoher Preis dadurch erzielt, daß die Firma auf den Ankäufer übertragen wird. Damit ist aber keineswegs gesagt, daß die Firma deshalb ein selbständiges, dem Zugriffe der Konkursgläubiger unterliegendes Vermögensobjekt sei. Es ist vielmehr allgemein anerkannt (vgl. Entsch. des RG. 19 S. 104), daß sie kein selbständiges Vermögensrecht darstellt, nicht zur Konkursmasse gehört, und daß zu ihrer Übertragung der Konkursverwalter der Einwilligung des Gemeinschuldners bedarf. Allerdings hat der Kläger die Absicht, sein „Geistesprodukt" gewerblich zu verwerten und Geld damit zu verdienen, auch ist richtig, daß er diese Absicht in die Tat umgesetzt hat, indem er Waren mittels der in den „Rezepten" niedergelegten Arbeitsmethode fabrizierte; dadurch wurden aber nur die Waren, also nur die Produkte der Arbeitsmethode pfändbar, nicht diese letztere selbst. Dr. N.

k) **Zwangsvollstreckung des Verkäufers in seine unter Eigentumsvorbehalt überlassene Sache.**[1]

OLG. Dresden, II. ZS. Urteil v. 1. März 1907.

[1] Urteil des OLG. Stuttgart v. 5. Mai 1905 (Württ. Jahrb. 18 S. 168): Der Kläger, der seine auf Abzahlung verkaufte Sache wegen rückständiger Miete hatte pfänden und versteigern lassen und jetzt den Rest des Kaufgeldes einklagt, hat durch die Pfändung ein eigentliches Pfandrecht nicht erworben, da ein solches an der eigenen Sache nicht bestehen kann. Allein macht der Eigentümer von seinem die Veräußerung hindernden Rechte nicht gemäß § 771 Gebrauch, so kann die Zwangsvollstreckung wirksam durchgeführt werden, insbesondere hat die Versteigerung vollen rechtlichen Erfolg. — Vgl. dagegen Käb, Bl. für RA. 68 S. 453; Roiger, Bay. Rpfl. 2 S. 477; auch Meyer, KGBl. 1906 S. 13.

Wie der Kläger einen von ihm der Beklagten abgekauften, aber noch nicht übergebenen Gegenstand für die gegenwärtig eingeklagte Forderung hätte pfänden und versteigern lassen können, ohne damit seines Anspruchs aus jenem Kaufe verlustig zu gehen, so konnte er auch ohne Nachteil für seine Geldforderung aus dem Verkaufe seines Produktengeschäfts an die Beklagte das in deren Besitze befindliche Inventar dieses Geschäfts bei der Zwangsvollstreckung als wirklich zum Vermögen der Beklagten gehörig trotz des Eigentumsvorbehalts behandeln lassen; dieser gewährte nur dem Kläger Rechte, nicht auch der Beklagten. Die Zwangsvollstreckung als gesetzmäßige Folge der Nichterfüllung ihrer Verbindlichkeit war in jedem Falle von der Beklagten zu vertreten. Sie kann deshalb Einwendungen aus ihr gegen die Klagforderung nicht herleiten. Ähnlich Entsch. des RG. vom 10. Juni 1901 in Bad. Rechtspr. 1902 S. 285; Stein, Bay. Rpfl. 1 S. 388 behandelt einen anders gearteten Fall; die Ausführungen Plancks zu § 160 BGB. unter Ziff. 1 schlagen nicht ein, weil, abgesehen von den völlig verschiedenen Fällen der §§ 226, 826 BGB., die Ausübung eines Rechts (Zwangsvollstreckung wegen bestehender Forderung) keine schuldhafte Schädigung bedeutet. Dr. v. F.

l) **Festsetzung von Vollstreckungskosten.**

Kammergericht, II. ZS. Beschluß v. 22. März 1907.

Die Erstattung von Vollstreckungskosten kann auch im Festsetzungsverfahren betrieben werden. Das letztere ist erschöpfend in den §§ 104 ff. geregelt. Wenn hier als zuständig das Prozeßgericht erster Instanz bestimmt ist, so soll nach der Absicht des Gesetzgebers jenes Gericht allgemein zuständig sein, soweit ein Festsetzungsverfahren überhaupt stattfindet, also auch — mangels einer entgegenstehenden Sondervorschrift — für die Festsetzung der Vollstreckungskosten. Wenn der § 788 die Beitreibung dieser Kosten zugleich mit dem Anspruche vorschreibt, so läßt sich hieraus gegen die Zuständigkeit des Prozeßgerichts für den Fall, daß die Erstattung der Vollstreckungskosten im Festsetzungsverfahren verfolgt wird, nichts herleiten. Ebensowenig darf den im Beschlusse vom 10. Juli 1906 (Rsp. 13 S. 192) herangezogenen besonderen Fällen eine maßgebliche Bedeutung für die Ordnung des Verfahrens in dem Regelfalle, daß ein Urteil den Schuldtitel bildet, beigelegt werden. Für diesen Fall steht der Annahme, daß die Verurteilung des Schuldners stillschweigend den Satz enthalte: „Die Vollstreckungskosten trägt der Schuldner" durchaus nichts entgegen, und dieser Satz gibt — ein von Falkmann, ZwV. S. 360, erhobenes Bedenken beseitigend — auch dem in der Hauptsache obsiegenden, aber zur Tragung der Prozeßkosten verurteilten Gläubiger das Recht, die Vollstreckungskosten zur Erstattung festsetzen zu lassen. Im § 788 ist nur der Umfang der erstattungsfähigen Vollstreckungskosten bestimmt, den für die Festsetzung nach § 104 erforderlichen Schuldtitel bildet das vollstreckbare Urteil (JW. 1898 S. 658[5]). — Auch praktische Erwägungen müssen dazu führen, die Festsetzung der Vollstreckungskosten dem ein für allemal feststehenden Prozeßgericht erster Instanz zu übertragen und nicht dem in derselben Sache unter Umständen mehrfach wechselnden Vollstreckungsgericht, das vor Erlaß des Kostenfestsetzungsbeschlusses häufig erst die Prozeßakten oder eine Auskunft des Prozeßgerichts über die Wertfestsetzung einholen müßte, da die diesbezügliche Entscheidung des Prozeßgerichts nach § 16 GKG. auch für die Vollstreckungsinstanz maßgebend ist. Die Zuständigkeit des Vollstreckungsgerichts für die Festsetzung der Vollstreckungskosten würde, wie gerade der vorliegende Fall zeigt, zu einer unnützen Vermehrung der Kostenfestsetzungen führen.[1] Dr. V.

m) **Pfändbarkeit einer Dreschmaschine, einer Kreissäge und einer zum Antrieb dieser Maschinen benutzten Lokomobile.**

OLG. Cassel, II. ZS. Beschluß v. 11. April 1907.

Es kann dahingestellt bleiben, ob ein Gegenstand nur dann der Pfändung unterworfen ist, wenn er vom Schuldner zur Ausübung seiner Erwerbstätigkeit allein bedient wird, so daß die Notwendigkeit der Zuziehung eines Gehilfen die Unpfändbarkeit ausschließt. Denn der § 811 Nr. 5 spricht vom Erwerb aus persönlichen Leistungen; die Gegenleistung muß demnach im wesentlichen für die persönliche Leistung gewährt werden. Dies ist aber bei Arbeiten, die unter Benutzung einer Lokomobile in Verbindung mit einem anderen Maschinenwerk geleistet werden, nicht der Fall. Hier gilt vielmehr die Bezahlung vornehmlich der Arbeit des Motors und des mit diesem angetriebenen Werks, im Verhältnis zu welcher die Bedienung der Maschinen nur eine geringe Rolle spielt und jedenfalls für die Höhe der Vergütung nicht entscheidend ist. Die Maschinen sind hiernach pfändbar. Fs.

n) **Keine Bestimmung eines gemeinsamen Gerichtsstandes für die Zwangsvollstreckung.**[2]

Kammergericht, XIII. ZS. Beschluß v. 1. Oktober 1906.

Der Antrag des Gläubigers behufs Vollstreckung in eine Hypothek der in verschiedenen Amtsgerichtsbezirken wohnenden Schuldner einen gemeinsamen Gerichtsstand zu bestellen, ist unbegründet. Der § 828 bestimmt darüber, welches Amtsgericht zur Vornahme gerichtlicher Vollstreckungshandlungen in Forderungen und andere Vermögensrechte zuständig ist. Dagegen enthielt die ZPO. vom 20. Mai 1898 keine Bestimmung über die Bestellung eines gemeinsamen Vollstreckungsgerichts. Gerade der Umstand, daß die ZPO. bisher für die Zwangsvollstreckung in das unbewegliche Vermögen ausdrücklich die Vorschrift des § 756 enthielt (jetzt aufgenommen in das ZwVG. vom 24. März 1897 § 2), spricht dafür, daß für die Vollstreckungsinstanz eine solche Vorschrift allgemein nicht gegeben werden

[1] Wenn auch die im § 794 Nr. 5 aufgeführten Urkunden einen Vollstreckungstitel bilden, so gilt dies nur bezüglich der in der Urkunde bezeichneten Geldsumme 2c, nicht aber bezüglich einer erst später entstehenden Forderung, wie der Kosten der Vollstreckung (Seuffert zu § 104) und mangelt es sohin an der Voraussetzung der Kostenfestsetzung (OLG. München, Beschluß v. 19. Oktober 1905, Bay. Rpfl. 1 S. 515).

[2] Vgl. Falkmann, ZwV. (2) § 25 N. 20.

sollte. Der Umstand, daß für die Zwangsversteigerung eine solche Vorschrift für nötig erachtet worden ist, spricht auch anderseits dafür, daß auf die Vollstreckungsinstanz § 36 Nr. 3 nicht anwendbar ist. Diese Vorschrift ist vielmehr lediglich für den Fall gegeben, wenn mehrere Personen, welche bei verschiedenen Gerichten ihren allgemeinen Gerichtsstand haben, als Streitgenossen im allgemeinen Gerichtsstande verklagt werden sollen. Die Entsch. des RG. 27 S. 404 hat den § 36 früher selbst für den Zahlungsbefehl im Mahnverfahren gegen mehrere Personen, welche bei verschiedenen Gerichten ihren allgemeinen Gerichtsstand haben, nicht für anwendbar erachtet und hat ihn später nur deshalb auch für das Mahnverfahren anwendbar erklärt, weil auch dieses Verfahren als Rechtsstreit im Sinne des § 36 Nr. 3 anzusehen sei (a. O. 39 S. 425). Vgl. das. 44 S. 418. v. W.

o) **Drittschuldner und Schuldner sind nicht notwendige Streitgenossen.**

OLG. Hamburg, II. ZS. Urteil v. 18. April 1907.

Der Beklagte wendet ein, daß der Kläger nicht gegen ihn allein hätte vorgehen dürfen, sondern gleichzeitig den P. hätte belangen müssen. Das würde nur dann richtig sein, wenn der gepfändete Gläubiger [P.] und der pfändende Gläubiger [Beklagter] gegenüber dem Drittschuldner [Kläger] notwendige Streitgenossen wären. Das ist aber nicht der Fall (Gaupp-Stein zu § 829 N. 2). Wie der pfändende Gläubiger allein gegen den Drittschuldner klagen kann (§ 841), so kann dies auch der gepfändete Gläubiger, wenigstens in einem Falle, wo wie hier die Forderung nicht an Zahlungsstatt zum Nennwert, sondern nur zur Einziehung überwiesen ist. In gleicher Weise kann der Drittschuldner sich gegen die ihm gegenüberstehenden Gläubiger getrennt wenden. Ein Obsiegen des Klägers in den hier streitigen Fragen gegen P. hätte keine Rechtskraft gegenüber dem Beklagten geschaffen. Dieser kann deshalb auch nicht verlangen, daß der Kläger vorgängig die Streitfragen gegen P. austrug oder wenigstens dies gleichzeitig mit dem Vorgehen gegen den Beklagten tat.... M. M.

p) **Pfändung der Rechte, welche der Grundeigentümer für den Fall des Freiwerdens einer Sicherungshypothek hat.**[1]

OLG. Hamburg, II. ZS. Beschluß v. 14. Mai 1907.

Der Gläubiger hat den Erlaß eines Arrestes und die Pfändung der dem Schuldner gegen die Finanzdeputation zustehenden Ansprüche auf Rückübertragung der ihr zugeschriebenen Sicherheitshypothek beantragt. Das Landgericht hat den Arrest bewilligt, die Pfändung aber abgelehnt, weil „ein Anspruch auf Rückübertragung im Recht überhaupt nicht bestehe". Die Beschwerde hierüber ist nicht begründet. Über eine besondere Verpflichtung der Finanzdeputation, die fragliche Hypothek an den Schuldner abzutreten, ist nichts vorgetragen worden. Gemeint ist vielmehr offenbar, daß, sobald die

[1] Vgl. Rsp. 10 S. 388; Entsch. d. RG. 61 S. 374.

Forderung erlischt, für die der Schuldner die Sicherungshypothek (BGB. § 1184) bestellt hat, die Finanzdeputation verpflichtet sei, die Sicherheit herauszugeben und deshalb die Hypothek auf den Schuldner zurückzuübertragen. Das ist irrig, weil auch für die Sicherungshypothek der § 1163 S. 2 BGB. Platz greift (Entsch. des RG. 55 S. 220), wonach, wenn die Forderung erlischt, der Eigentümer des Grundstücks die Hypothek erwirbt, d. h. ohne weiteres kraft Gesetzesvorschrift, so daß es sich nur um eine Berichtigung des Grundbuchs handelt (BGB. § 894).

Es entsteht dann die Frage, ob nicht der Antrag nur schlecht formuliert und ob nicht in der Sache gewollt ist, daß die Rechte gepfändet werden, welche dem Schuldner für den Fall an der Hypothek zustehen, daß die Finanzdeputation befriedigt ist. Da trotz der Fassung des landgerichtlichen Beschlusses der Gläubiger aber nicht einmal in der Beschwerde einen solchen Standpunkt einzunehmen versucht hat, auch es sich bei der Pfändung eines Rechts der bezeichneten Art um etwas nicht nur in der Rechtskonstruktion, sondern auch materiell anderes handelt, als bei dem behaupteten Anspruch auf Rückübertragung — wobei noch zu berücksichtigen ist, daß über die Frage, ob solches Recht pfändbar ist und wie solche Pfändung durchzuführen ist, nach verschiedenen Richtungen hin Streit herrscht (vgl. z. B. Oberneck, Grundbuchrecht 1 S. 848; Predari, GrBO. § 40 S. 574; JW. 1905 S. 731 Nr. 30; Rsp. 3 S. 198 u. a. m.), so bestand auch für das Beschwerdegericht kein Anlaß, den Anträgen einen anderen Sinn zu unterstellen als denjenigen, welchen der an sich klare Wortlaut und die Begründung ergeben. M. M.

q) **Reihenfolge der Eintragung mehrerer Pfändungspfandrechte.**

Kammergericht, I. ZS. Beschluß v. 14. März 1907.

Nach § 830 Satz 1 ist zur Pfändung einer Forderung, für welche eine Briefhypothek besteht, außer dem Pfändungsbeschlusse die Übergabe des Briefes an den Gläubiger erforderlich. Die Vorschrift entspricht den §§ 1274, 1154 BGB., wonach die Verpfändung einer Briefhypothek durch Erteilung einer schriftlichen Verpfändungserklärung und durch Übergabe des Briefes erfolgt. An die Stelle der Verpfändungserklärung tritt im Falle der Pfändung der Erlaß des Pfändungsbeschlusses durch das Vollstreckungsgericht. Die Zustellung des Pfändungsbeschlusses an den Drittschuldner, von der nach früherem Rechte die Wirksamkeit der Pfändung abhing, ist nach jetzigem Rechte für die Entstehung des Pfandrechts ohne Belang. Sie hat nur die Bedeutung, daß im Falle der nachträglichen Übergabe des Briefes das Pfändungspfandrecht dem Drittschuldner gegenüber als schon im Zeitpunkte der Zustellung entstanden gilt, daß also etwaige von dem Drittschuldner nach der Zustellung vorgenommene Erfüllungshandlungen dem Pfändungsgläubiger nicht zum Nachteile gereichen können (vgl. Predari, GrBO. S. 358; Turnau-Förster 1 S. 690; Güthe zu § 19 Anm. 31). Die Eintragung der Pfändung in das Grundbuch ist zwar zulässig, sie ist jedoch auf die Entstehung des Pfändungspfandrechts gleichfalls ohne Einfluß, insbesondere wird durch die Eintragung nicht etwa die fehlende Übergabe des Briefes ersetzt. Die Eintragung ist vielmehr lediglich Grundbuchberichtigung im Sinne des § 22[1] GrBO., und dem Grundbuchrichter muß deshalb die — außerhalb des Grundbuchs durch Erlaß des Pfändungsbeschlusses und durch Übergabe des Briefes erfolgte — Entstehung des Pfändungspfandrechts nachgewiesen werden (vgl. Predari S. 358, 457 f.; Güthe § 22 Anm. 12 c, 36, § 19 Anm. 129, 131).

An einer bereits rechtswirksam verpfändeten oder gepfändeten Briefhypothek kann ein ferneres Pfandrecht nicht ohne die freiwillige oder durch Urteil erzwungene Mitwirkung des ersten Pfandgläubigers begründet werden (vgl. Gaupp-Stein zu § 830 ZPO. V; Predari S. 358). Insbesondere wird die nach § 830 erforderliche Übergabe des Briefes an den neuen Pfändungsgläubiger nicht schon dadurch herbeigeführt, daß dieser die Pfändung und Überweisung des dem Schuldner (Hypothekengläubiger) gegen den ersten Pfandgläubiger zustehenden Anspruches auf Herausgabe des Briefes erwirkt (vgl. Entsch. d. RG. 63 S. 214, Rsp. 11 S. 111 ff.). Im Falle der Bereitwilligkeit des Schuldners und des ersten Pfandgläubigers, welcher sich im körperlichen Besitze des Briefes befindet, ist aber, bei entsprechender Anwendung des § 1274 Satz 2 und des § 1206 BGB., die Übergabe des Briefes unter anderem in der Weise möglich, daß der Schuldner, der erste Pfandgläubiger und der neue Pfändungsgläubiger einen Verwahrungsvertrag schließen, vermöge dessen der erste Pfandgläubiger den Brief künftig zugleich für den neuen Pfändungsgläubiger besitzen soll. Zum Abschluß eines solchen Verwahrungsvertrags, der die Einräumung des (mittelbaren) Mitbesitzes zur Folge hat, bedarf es vielleicht nicht einmal der Mitwirkung des neuen Pfändungsgläubigers, möglicherweise genügt es, wenn der Schuldner zugunsten des neuen Pfändungsgläubigers den Vertrag mit dem ersten Pfandgläubiger abschließt (vgl. § 328[1] BGB., Planck zu § 1206 Anm. 1 b). In diesem Falle entsteht das Pfandrecht des neuen Pfändungsgläubigers mit dem Abschlusse des Verwahrungsvertrags, und es steht, sofern nichts Abweichendes vereinbart wird, als das jüngere Pfandrecht dem älteren des ersten Pfandgläubigers im Range nach. Entsprechendes gilt, wenn zu den beiden Pfandgläubigern später ein dritter, zu dreien ein vierter hinzutritt.

Hiernach ist die tatsächliche Feststellung des Landgerichts, daß vor der Einreichung des Briefes über die Post der 2800 Mark für die drei Pfändungsgläubiger ein Pfändungspfandrecht nicht entstanden sei, weil die Übergabe des Briefes an sie vorher nicht stattgefunden habe, rechtlich nicht haltbar. Ein Verwahrungsvertrag des eben bezeichneten Inhalts und damit der Erwerb des (mittelbaren) Mitbesitzes durch die Pfändungsgläubiger kann sehr wohl der Einreichung des Briefes beim Grundbuchamte vorausgegangen sein, und es liegt auch keineswegs außerhalb des Bereiches der Möglichkeit, daß die drei Pfändungsgläubiger den Mitbesitz an dem Brief in derjenigen zeitlichen Aufeinanderfolge erworben haben, welche der Eintragung ihres

Rangverhältnisses im Grundbuch entspricht. Wollte man annehmen, daß vor Einreichung des Briefes dessen Übergabe an die drei Pfändungsgläubiger nicht stattgefunden hätte, so würde man auch in der Einreichung selbst die Übergabe nicht finden können. Denn die Konstruktion des Landgerichts, daß der Notar M. als Vertreter der Schuldnerin Frau R. und der Volksbank Z., der ersten Pfandgläubigerin, den körperlichen Besitz auf das Grundbuchamt, als den Vertreter der drei Pfändungsgläubiger, übertragen habe, widerspricht der Tatsache, daß der Brief zwar behufs Vermerks der erfolgten Pfändungen und Überweisungen, aber mit dem ausdrücklichen Antrag auf demnächstige Rückgabe an die Volksbank, dem Grundbuchamt eingereicht worden ist.

Ob die Erklärungen der Frau R. und der Volksbank einerseits und der drei Pfändungsgläubiger in ihren Eintragungsanträgen anderseits in Verbindung mit der Einreichung des Briefes durch die Volksbank ausreichten, um dem Grundbuchamte den Nachweis zu erbringen, daß die drei Pfändungspfandrechte entstanden waren, und ob der Eintragung noch ein sonstiges Bedenken entgegenstand (vgl. Jahrbuch 24 S. 132), kann dahingestellt bleiben, da die Eintragung erfolgt ist, und da zwischen den beiden Beschwerdeführern O. und B. nur um den Rang ihrer Rechte gestritten wird. Wenn die Pfandrechte außerhalb des Grundbuches entstanden, so war mit der Entstehung auch schon das Rangverhältnis begründet. Die Eintragung mußte, wenn anders das Grundbuch die an der Hypothek entstandenen Rechte richtig wiedergeben sollte, auch das Rangverhältnis ersichtlich machen. Daß das Grundbuch hierzu nicht bestimmt wäre, läßt sich Angesichts der Vorschriften über die Verpfändung und Pfändung einer Buchhypothek (vgl. §§ 1274, 1154 ³ BGB., § 830 Satz 3 ZPO.) nicht annehmen. Um die Ersichtlichmachung zu ermöglichen, wäre an sich der urkundliche Nachweis des Ranges (vgl. § 29 GrBO.) erforderlich gewesen, der zweifellos nicht erbracht worden war. Den Rang zu ermitteln, war der Grundbuchrichter weder verpflichtet, noch imstande. Er verstieß daher nicht gegen das Gesetz, indem er in Ermangelung abweichender Angaben der Beteiligten die Eintragung der Pfändungspfandrechte in derjenigen Reihenfolge bewirkte, welche der Zeitfolge der Anträge entsprach (vgl. § 46 GrBO.). Die Ansicht des Landgerichts, daß der § 46 GrBO. bloß auf rechtsbegründende Eintragungen zu beziehen sei, findet im Gesetze keine Stütze. Richtig ist nur, daß eine dem § 46 entsprechende Reihenfolge eine Änderung des außerhalb des Grundbuches entstandenen Rangverhältnisses nicht herbeiführt. Ist das wirkliche Rangverhältnis durch eine gemäß § 46 erfolgte Eintragung grundbuchmäßig nicht richtig zum Ausdruck gelangt, so muß es den Beteiligten überlassen bleiben, ihre Rechte im Prozeßwege geltend zu machen (vgl. Jahrbuch 25 S. 163). Zur Anordnung der Eintragung eines Widerspruchs gemäß § 71 ² Satz 2, § 54 Satz 1 lag daher hier kein Anlaß vor: der Grundbuchrichter hat jedenfalls nicht dadurch gefehlt, daß er das Rangverhältnis der Pfändungspfandrechte untereinander dem § 46 ¹ GrBO. entsprechend eintrug. F.

r) **Pfändung von Baugeldern.**

OLG. Dresden, VI. ZS. Beschluß v. 28. November 1906.

Auf Antrag des Beschwerdeführers ist die Forderung seines Schuldners B. an W. auf 1000 Mark Baugelder zwecks Ausführung eines Neubaus auf dem dem B. gehörigen Grundstücke gepfändet und zur Einziehung überwiesen worden. Die Einwendungen des Drittschuldners W. hiergegen wies das Amtsgericht ab. Das LG. hob dagegen den Pfändungsbeschluß auf. Die weitere Beschwerde ist begründet.

Die Pfändung und Überweisung einer Forderung erfolgt auf den bloßen Antrag und auf Grund der einseitigen Angaben des Gläubigers; das Vollstreckungsgericht hat dabei nur zu prüfen, ob die vom Gläubiger bezeichnete Forderung eine solche ist, die der Pfändung unterliegt; eine Entscheidung seinerseits über das Bestehen der Forderung und über etwaige Einreden des Drittschuldners ist ausgeschlossen. Dafür läßt die Pfändung und Überweisung die rechtliche Stellung des Drittschuldners und so insbesondere die ihm gegen die Forderung zustehenden materiellrechtlichen Einwendungen vollständig unberührt. Im Wege der Einwendung kann deshalb nur geltend gemacht werden, daß die Pfändung sich nach den Vorschriften der ZPO. als unzulässig darstelle. Hier könnte nur der § 851^1 in Betracht kommen, und seiner Anwendung steht entgegen, daß einer der in Abs. 2 bestimmten Ausnahmefälle vorliegt. Ob aber der Inhalt des Darlehnsvertrags der Pfändung einer Forderung entgegensteht, ist eine Frage materiellrechtlicher Natur, die sich nur im Anhalt an den einzelnen Fall und auf Grund eingehender tatsächlicher Feststellungen beantworten läßt. So ist z. B. nicht abzusehen, warum ein Gläubiger, auch ohne daß er zu den Baugläubigern gehört, nicht nach Fertigstellung des Baues seine Befriedigung durch Pfändung der noch ausstehenden Baugelderforderung seines Schuldners sollte suchen können und ähnlich verhält es sich unter Umständen, wenn der Bau soweit vorgeschritten ist, daß der Schuldner eine Baugelderrate zu fordern hat. Die sich hierüber erforderlich machenden Feststellungen können mit der genügenden Sicherheit nur im Wege des förmlichen Prozesses und nicht im bloßen Beschlußverfahren getroffen werden. Schon deswegen ist zu bezweifeln, ob das LG. auf die Einwendung des Drittschuldners eingehen durfte. Indessen kann das dahingestellt bleiben, da der Beschwerdeführer jetzt glaubhaft gemacht hat, daß die Forderung, wegen deren gepfändet ist, aus der Lieferung von Ziegeln zu dem Baugrundstück herrührt und daß er also zu denjenigen Personen gehört, zu deren Befriedigung die von dem Drittschuldner zu gewährenden Baugelder bestimmt sind. Dr. B.

s) **Kosten der besonderen Klage gegen den Mann auf Duldung der Zwangsvollstreckung.**

OLG. Posen, IV. ZS. Urteil v. 12. November 1906.

Der Kläger hat gegen die Frau des Beklagten den Anspruch erstritten, sich aus ihrem Grundstück wegen seiner Forderung von 12820 Mark zu befriedigen. Dieses Grundstück gehört zum eingebrachten Gut der Frau, und der Kläger bedarf zu seiner Befriedigung aus dem Grundstück der Zustimmung des beklagten Ehemanns (§§ 1395, 1400, 1411 BGB.). Die prozessuale Form dieser Zustimmung regelt sich nach § 739. Der Beklagte ist dazu in einem besonderen Prozeß verurteilt worden. Die durch diesen Prozeß erwachsenen Kosten fallen nach § 91 dem unterliegenden Ehemann zur Last, wenn nicht die Ausnahme des § 93 vorliegt. Die Ansicht des Beklagten, daß der Kläger die Kosten tragen müsse, weil er unnötigerweise gegen die Frau und ihn, den Mann, gesondert geklagt habe, trifft nicht zu. Der Kläger hatte vielmehr, ohne sich der Gefahr einer Benachteiligung in bezug auf die Prozeßkosten auszusetzen, das Recht, die Ehegatten getrennt zu verklagen (Gaupp-Stein, ZPO. § 739 Anm. 4). Deshalb kommt es auf die Behauptung des Klägers, er habe bei der Erhebung der Klage gegen die Frau gar nicht gewußt, daß sie Ehefrau sei, nicht an. Dagegen hat der Beklagte durch sein Verhalten keine Veranlassung zur Klage gegeben.

Maßgebend ist, ob der Beklagte dem Kläger vor Erhebung der Klage vernünftigen Grund zu der Annahme gegeben hat, daß der Kläger ohne Klagerhebung nicht zu seinem Rechte gelangen werde. Als einen zu dieser Annahme berechtigenden Grund führt der Kläger an absichtliche Verschleppung des Vorprozesses gegen die Ehefrau des Beklagten und Devastierung des Pfandgrundstücks, sowie Beiseiteschaffung des entbehrlichen Inventars durch den Beklagten. Diese Behauptungen sind jedoch nicht geeignet, bei dem Kläger die Annahme zu rechtfertigen, daß er, um zu seinem Rechte zu kommen, der Klage gegen den Ehemann bedurfte. Denn ein Ehemann kann sehr wohl Prozesse, die gegen die Frau gerichtet sind, absichtlich verschleppen und das Grundstück der Frau devastieren und des Inventars berauben, gleichwohl aber als Ehemann die Zwangsvollstreckung in das eingebrachte Gut dulden. Es kommt daher auf jene Behauptung des Klägers nicht an. Der Kläger muß seine Annahme, daß der Beklagte die Zwangsvollstreckung in das eingebrachte Gut nicht dulden werde, mit anderen, besonderen Gründen rechtfertigen. Ein derartiger besonderer Grund wäre es, wenn er vor der Klagerhebung bei ihm angefragt hätte, ob er die Zwangsvollstreckung dulden wolle, und wenn dann der Ehemann hierauf nicht oder verneinend geantwortet oder zwar seine Bereitschaft erklärt, hinterher aber dennoch die Zwangsvollstreckung nicht geduldet hätte. Zu dieser Anfrage war der Kläger, wenn er sich gegen die Kostenlast schützen wollte, verpflichtet. Ihn kann eine etwaige Verschleppung des Vorprozesses oder Devastierung des Pfandgrundstücks durch den Ehemann von der Pflicht zur Anfrage nicht befreien; seine gegenteilige Ansicht trifft nicht zu.

Den Entsch. des KG. und des OLG. Dresden, Rsp. 5 S. 398, 11 S. 97, auf die sich der Kläger beruft, kann nicht beigetreten werden. Diese Entscheidungen gehen davon aus, daß der Ehemann nur dann keine Veranlassung zur Klage gegeben habe, wenn er entweder die Befriedigung des Gläubigers herbeigeführt oder ihn in den Stand gesetzt hat, das gegen die Frau ergangene Urteil sofort in das eingebrachte Gut vollstrecken zu können. Diese Umstände können für die Entscheidung des Kostenstreits nicht maßgebend sein. Denn zur Befriedigung des Gläubigers (Klägers) ist die Ehefrau, nicht der Ehemann verpflichtet gewesen. Es kann dahingestellt bleiben, ob der Beklagte auf Grund seiner Pflicht, das eingebrachte Gut der Frau ordnungsgemäß zu verwalten, der Frau gegenüber verpflichtet gewesen ist, aus dem eingebrachten Gut die zur Befriedigung des Klägers erforderlichen Vermögensstücke bereit zu stellen. Eine derartige, ehelich-güterrechtliche Pflicht des Beklagten kann bei der Frage nach den Voraussetzungen des § 93 ZPO. nicht von entscheidender Bedeutung sein (Gaupp-Stein § 739 Anm. 19). Ebensowenig war der Beklagte verpflichtet, den Kläger zur Zwangsvollstreckung in das Pfandgrundstück instand zu setzen, die Zwangsvollstreckung zu ermöglichen. Er war daher nicht verpflichtet, dem Kläger den nach § 739 erforderlichen Vollstreckungstitel gegen sich dadurch zu verschaffen, daß er etwa in einer vollstreckbaren Urkunde gemäß § 794 Nr. 5 seine Duldungspflicht dem Kläger gegenüber anerkannte (Gaupp-Stein § 739 Anm. 4). Seine Pflicht bestand nur darin, die Befriedigung des Klägers aus dem eingebrachten Gute der Frau, insbesondere aus dem Pfandgrundstück zu dulden. PosMSchr. 1906 S. 177.

t) **Zwangsvollstreckung auf Heizung von Mieträumen (Zentralheizung).**

Kammergericht, XIV. ZS. Beschluß v. 27. Mai 1907.

Der Vollstreckungsantrag stützt sich auf § 888 und bezweckt durch Zwangsstrafen auf den Willen des Schuldners dahin einzuwirken, daß er seiner Verpflichtung aus der einstweiligen Verfügung genüge, d. h. eine Wärme von 20° C. mittels der Zentralheizung herstelle. Die Einwendung, daß die vorhandene Heizungsanlage wegen technischer Unvollkommenheit außerstande sei, die geforderten Temperaturen zu erzeugen, sobald die Außentemperatur unter ein bestimmtes Maß sinke, ist nicht erheblich, da die Erwärmung der Mieträume eine dem Schuldner obliegende Vertragspflicht darstellt und ein der Beseitigung zugänglicher Tauglichkeitsmangel der vom Schuldner vorzuhaltenden und zu betreibenden Heizungsanlage noch keine objektive Unmöglichkeit der Vertragsleistung darstellt, daher auch nicht den Schuldner von der Leistung befreit.

Dagegen hat sich das Landgericht in der Wahl des Vollstreckungsmittels vergriffen. Schon die Strafandrohung ist von der Auffassung beeinflußt, daß es sich um eine Vollstreckung nach § 890 handele, und hiervon geht auch der angefochtene Beschluß aus, indem er eine von Amts wegen beizutreibende Zuwiderhandlungsstrafe von 50 Mark festsetzt. Das ist aber rechtsirrtümlich. Der § 890 ist nur anwendbar, wenn der Schuldner verpflichtet ist, eine Handlung zu unterlassen oder die Vornahme seiner Handlung zu dulden und er dieser Verpflichtung zuwiderhandelt. Hier aber soll umgekehrt der Schuldner gezwungen werden, eine von ihm zu bewirkende Handlung vorzunehmen. Der Schuldner kann nicht dafür bestraft werden, daß er die geschuldete Leistung in der Vergangenheit nicht bewirkt hat — dadurch wird er vielleicht schadensersatzpflichtig und setzt sich einem Vorgehen des Mieters nach § 326 oder § 542 BGB. aus —, sondern er kann nur durch Zwangsmittel dazu angehalten werden, daß er die geschuldete Leistung **künftig bewirke**. Als Zwangsmittel für die dem Vermieter obliegende Heizung kommen daher nur die §§ 887, 888 (abgesehen von § 893) in Betracht. Welche von diesen beiden Vorschriften zutrifft, ist im Gesetze nicht zweifelsfrei entschieden und hängt davon ab, ob man die Heizung der Mieträume mittels einer Zentralanlage als eine vertretbare oder als eine nicht vertretbare Handlung des Vermieters ansieht. Der Senat hat bisher angenommen, daß die dem Vermieter aufgegebene Heizung von Mieträumen gemäß § 888 durch Zwangsstrafen, also durch Einwirkung auf den Willen des Schuldners, erzwungen werden darf. An dieser Auffassung ist auch festzuhalten. Wenn schon das Heizen regelmäßig von dem Schuldner nicht in Person vorgenommen zu werden pflegt und das mechanische Bedienen der Anlage daher auf seine Kosten auch durch einen von dem Gläubiger zu bestellenden Dritten besorgt werden könnte (§ 887), so hängt insofern doch die Handlung ausschließlich vom Willen des Vermieters ab, als er die Anlage in seinem Besitze hat, die tatsächliche Gewalt über sie ausübt und Dritten den Zutritt zu der Anlage nicht zu gestatten braucht. Es müßte also, um eine Vollstreckung des ihn zur Heizung verurteilenden Schuldtitels auf dem Wege des § 887 durchzuführen, der dazu nötige Eingriff in den Besitz des Schuldners stets noch durch einen besonderen Titel, z. B. durch eine dies besonders aussprechende einstweilige Verfügung oder die Einleitung einer Sequestration, angeordnet werden. Ein solches Verfahren würde aber nicht nur die Rechte des Schuldners mehr als nötig beeinträchtigen, sondern auch erheblich größere, vom Schuldner vorzuschießende, Kosten verursachen, als die Anwendung des Zwangsmittels aus § 888. Wird somit durch Anwendung dieser Vorschrift die Lage des Schuldners nicht erschwert, so stehen auch praktische Bedenken der dargelegten Ansicht nicht entgegen. Hiernach hätte der Schuldner zur ordnungsgemäßen Heizung durch Geldstrafen angehalten werden können. Diese Strafen würden von der Partei für Rechnung des **Fiskus** (Entsch. d. RG. 53 S. 181), jedoch nur in dem Falle beizutreiben sein, wenn nicht der Schuldner zuvor die geschuldete Handlung vornimmt. Den Beweis der Erfüllung würde der Schuldner zu führen haben, so daß ihm weder die Nichterfüllung noch ein subjektives Verschulden nachzuweisen sein würde. Dr. S.

2

a) Beschwerde gegen den Haftbefehl aus § 901 ZPO.

OLG. Breslau, V. ZS. Beschluß v. 24. April 1907.

Im Offenbarungstermine erschien der Schuldner nicht, worauf das Amtsgericht auf schriftlichen Antrag der Gläubiger die Haft gegen den Schuldner und die Zusendung einer Ausfertigung des Haftbefehls an die Gläubiger anordnete. In einer als „Einspruch" bezeichneten Schrift erhob der Schuldner gegen den Haftbefehl Einwendungen, weil er bereits 1905 den Offenbarungseid geleistet habe. Das Vollstreckungsgericht gab diese Eingabe als sofortige Beschwerde an das LG. weiter. Dieses stellte fest, daß im Auftrage der Gläubiger der Haftbefehl dem Schuldner vor mehr als 2 Wochen zugestellt worden, und verwarf die Beschwerde als unzulässig. Die weitere Beschwerde ist zwar insofern statthaft, als das LG. auf eine sachliche Prüfung aus formalem Grunde gar nicht eingeht. Die Beschwerde ist jedoch aus einem anderen Grunde unzulässig.

Das LG. sieht — freilich in Übereinstimmung mit der anscheinend herrschenden Meinung — den Haftbefehl oder die ihm zugrunde liegende Anordnung der Haft als eine Entscheidung an, die im Vollstreckungsverfahren ohne vorgängige mündliche Verhandlung erfolgen kann, und läßt demgemäß die sofortige Beschwerde dagegen zu (§ 793). Damit ist jedoch nicht vereinbar, wenn es die lediglich auf Betreiben der Gläubiger erfolgte Zustellung des Haftbefehls an den Schuldner für ausreichend erachtet, um die Rechtsmittelfrist in Lauf zu setzen. Denn sofern die Haftanordnung als eine der vorgängigen Verhandlung nicht bedürfende „Entscheidung" anzusehen ist, was hinsichtlich der ersten Voraussetzung wegen des für das Offenbarungsverfahren jetzt anerkannten Grundsatzes der fakultativen mündlichen Verhandlung zu bejahen ist (vgl. Rsp. 10 S. 399), so ergibt sich aus § 329^3 die Notwendigkeit, den die Haft anordnenden Beschluß beiden Parteien entweder zu verkünden oder ihnen, also auch dem hauptsächlich dabei beteiligten Schuldner, von Amts wegen zuzustellen. Die abweichenden Ansichten von Gaupp-Stein und Petersen, wonach die Zustellung an den Gläubiger erfolgen soll, geben dafür keine Begründung; im Gegenteil, sie erkennen ausdrücklich an, daß § 329 angewandt werden müsse, und gerade der Umstand, daß das Gesetz die Fälle der Zustellung von Beschlüssen an eine Partei oder von der Partei wie z. B. in den §§ 829, 922 besonders ordnet, läßt darauf schließen, daß in den sonstigen Fällen die allgemeine Regel des § 329 entscheiden soll. Dazu kommt, daß ohne eine Zustellung von Amts wegen das Gericht in vielen Fällen die Rechtzeitigkeit der gegen den Haftbefehl eingelegten „Beschwerde" des Schuldners gar nicht festzustellen in der Lage wäre. Die entgegen der Vorschrift des § 329^3 ZPO. lediglich auf Betreiben der Gläubiger erfolgte Zustellung des Haftbefehls an den Schuldner würde daher nicht rechtswirksam sein, und die Beschwerdefrist nicht in Lauf gesetzt haben. Diese Feststellung entzieht der angefochtenen Entscheidung die Grundlage, da sie lediglich auf die unwirksame Parteizustellung gestützt ist, und nur darauf hin die Beschwerde als verspätet verworfen hat.

Trotz dieses der Entscheidung des Landgerichts innewohnenden wesentlichen Mangels ist der dagegen eingelegten Beschwerde doch aus dem Grunde der Erfolg zu versagen, weil es im vorliegenden Falle an einem der Beschwerde unterliegenden Tatbestande überhaupt fehlt. Die Beschwerde gegen den Beschluß würde — wie gezeigt — dessen Verkündung oder Zustellung von Amts wegen voraussetzen. Nach § 909 ist aber der Haftbefehl dem Schuldner bei der Verhaftung vorzuzeigen und auf Verlangen abschriftlich mitzuteilen. Diese Vorschrift erscheint mit der Forderung einer Zustellung des Haftbeschlusses von Amts wegen nicht vereinbar, da es nicht verständlich ist, warum der Gesetzgeber neben der durch die allgemeinen Bestimmungen der §§ 329, 793 gebotenen amtlichen Kundmachung der Haftanordnung noch die besondere Mitteilung des Haftbefehls an den Schuldner aus § 909 erfordert haben sollte. Der scheinbare Widerspruch findet seine Lösung — im Einklange mit dem in der Praxis herrschenden Verfahren — darin: die in § 909 vorgeschriebene besondere Kundmachung ist erforderlich, weil eine Zustellung des Haftbefehls bezw. des die Haft anordnenden Beschlusses von Amts wegen nicht erfolgt. Hierin ist ein Verstoß gegen § 329³ deshalb nicht enthalten, weil die „Anordnung" der Haft nach § 901 keine eine vorgängige Prüfung erfordernde „Entscheidung" des Vollstreckungsgerichts, sondern eine Anordnung ist, durch welche lediglich die durch das Gesetz gegebene notwendige Folge zum Ausdruck gelangt. Diese Auffassung findet in dem Wortlaut des Gesetzes, das deutlich zwischen Entscheidungen, Beschlüssen auf der einen Seite, Anordnungen, Verfügungen auf der andern Seite unterscheidet, eine Stütze. Hieraus ergibt sich, daß die Anordnung der Haft gegen den säumigen Schuldner nicht den §§ 329³, 793 unterliegt, daß somit weder eine Zustellung des Haftbefehls von Amts wegen geboten noch gegen den zugestellten oder verkündeten Haftbefehl die sofortige Beschwerde als Rechtsmittel gegeben ist. Vielmehr kann sich der Schuldner dem Haftbefehl gegenüber nur der Einwendungen und Erinnerungen aus § 766 bedienen, mit der Maßgabe, daß ihm gegen die hierauf ergehende Entscheidung des Vollstreckungsgerichts die in § 793 geregelte sofortige Beschwerde zusteht (übereinstimmend LG. Dresden in Busch Zeitschr. 21 S. 512, vgl. auch Lobe, Sächs. Archiv 5 S. 117). Eine Verschleppung des Verfahrens zum Nachteil des Gläubigers ist hiervon nicht zu besorgen, da den in § 766 geregelten Rechtsbehelfen keine aufschiebende Wirkung zukommt, dem Gericht auch die Prüfung bleibt, inwiefern solche Erinnerungen des Schuldners, die er vor oder in dem Offenbarungstermin vorzubringen in der Lage war, nachträglich überhaupt noch zulässig sind. Vor der Entscheidung des Vollstreckungsgerichts über die etwaige Erinnerung des Schuldners ist aber für ein Beschwerdeverfahren kein Raum. D. E.

b) **Prüfung der Zuständigkeit des Gerichts im Offenbarungseidverfahren.**

OLG. Hamburg, V. ZS. Beschluß v. 3. Mai 1907.

Die Tatsachen, aus welchen die Zuständigkeit des Amtsgerichts, vor welches der Schuldner geladen wird, zur Abnahme des Offenbarungseides zu entnehmen ist, müssen sich aus dem Schriftsatze der Ladung ergeben, weil das Amtsgericht andernfalls nicht in der Lage ist, seine Zuständigkeit zu prüfen. Diesem Erfordernisse genügte die vom Gläubiger zur Terminsbestimmung eingereichte Ladung nicht. Sie enthält die Bezeichnung des Schuldners mit den Worten „gegen Ernst B. an Bord des Dampfers S. zurzeit im Hamburger Hafen", führt aber irgendwelche Tatsachen, aus welchen gefolgert werden könnte, daß der Schuldner seinen Wohnsitz im Deutschen Reich in Hamburg habe oder daß er einen Wohnsitz im Deutschen Reiche nicht besitze und daher das Amtsgericht zu Hamburg als das Gericht des Aufenthaltsorts zur Abnahme des Offenbarungseides zuständig sei, nicht an. Es mag dahingestellt bleiben, ob das Amtsgericht bei dieser Sachlage nicht die Terminsbestimmung hätte ablehnen müssen, keinenfalls durfte es, ohne seine Zuständigkeit zu prüfen, dem Antrage auf Erlaß eines Haftbefehls stattgeben. Einer Ladung vor ein unzuständiges Gericht brauchte der Schuldner nicht zu folgen und insofern beschwert der vom Gläubiger angefochtene Beschluß des Landgerichts den Schuldner, als dieser mit den Kosten des Beschwerdeverfahrens belastet ist, weil er im anberaumten Termin nicht erschienen war. Der angefochtene Beschluß des Landgerichts war, soweit er den Haftbefehl aufgehoben hat, demnach gerechtfertigt. . . . M. M.

c) **Widerspruch gegen Offenbarungseid oder Eidesweigerung?**

Kammergericht, I. ZS. Beschluß v. 12. März 1907.

In der Erklärung des Schuldners, er stehe mit seinen Gläubigern in Vergleichsverhandlungen und wolle deshalb den Eid nicht leisten, ist nicht ein Bestreiten der Verpflichtung zur Eidesleistung, sondern nur eine grundlose Verweigerung des Eides zu finden. Der Wortlaut der Erklärung enthält ein ausdrückliches Bestreiten nicht. Wenn auch der beigefügte Grund ein solcher ist, welcher erfahrungsmäßig oft — wenn auch zu Unrecht — vorgebracht wird, um als Rechtfertigung für den Widerspruch gegen die Verpflichtung zur Eidesleistung zu dienen, so ist doch aus der Erklärung des Schuldners nur zu entnehmen, daß er unter gleichzeitiger Angabe seines Motivs auszudrücken beabsichtigte, daß er nicht den Willen habe, den Eid zu leisten. F.

d) **Zur Anwendung der ZPO. § 903.**

OLG. Hamburg, II. ZS. Beschluß v. 16. April 1907.

Das Landgericht hat den Haftbefehl des Amtsgerichts aufgehoben, weil der Schuldner 1904 den Offenbarungseid geleistet hat. Der Gläubiger beanstandet diese Entscheidung deshalb, weil das damals vorgelegte Vermögensverzeichnis mangelhaft, insbesondere nicht genügend spezifiziert gewesen sei und nicht habe erkennen lassen, welche der benannten Gegenstände pfändbar seien und welche nicht. Selbst wenn diese Bemängelung begründet wäre, vermöchte sie nichts an der Tatsache zu ändern, daß der Schuldner 1904 den Offenbarungseid geleistet hat. . . . M. M.

e) **Streitgegenstand beim Offenbarungseide.**

Kammergericht, XV. ZS. Beschluß v. 24. Mai 1907.

Das Offenbarungsverfahren bildet nach § 32 GebO. für RA. eine besondere Instanz der Zwangsvollstreckung. Der Streitwert bestimmt sich daher, ohne daß es dabei auf die vorausgegangene Vollstreckung ankommt, lediglich nach dem Interesse, das der Gläubiger in dieser besondern Instanz der Zwangsvollstreckung hat. Der mehrfach (Seuffert, Gaupp-Stein, Petersen-Anger zu § 900 ZPO.; Walter-Joachim, GebO. § 32 Anm. 5) vertretenen Ansicht, daß die Höhe der beizutreibenden Forderung maßgebend sei, hat sich das Gericht nicht anschließen können. Dadurch, daß die Klägerin wegen eines Forderungsbetrages von 120 Mark zum Offenbarungseide geladen hat, hat sie ihr Interesse auf diesen Betrag angegeben. W.n.

f) **Arrest eines Ausländers gegen Ausländer.**

OLG. Hamburg, IV. ZS. Urteil v. 24. April 1907.

Der Arrest findet nach § 916 zur Sicherung der Vollstreckung wegen einer Geldforderung statt. Er setzt also eine in Deutschland vollstreckbare oder vollstreckbar zu machende Forderung voraus. Daraus folgt aber keineswegs, daß der Arrest dann zu versagen sei, wenn ein Ausländer ihn gegen einen anderen Ausländer beantragt, denn auch zwischen solchen Parteien kann ein der Vollstreckung in Deutschland fähiges Urteil ergehen. Steht aber, wie auch in der Judikatur allgemein anerkannt (Gaupp-Stein § 917 unter 3 bei Note 19), der Zulässigkeit des Arrestes die Ausländereigenschaft beider Parteien nicht entgegen, so ist nicht abzusehen, weshalb der Arrest dann nicht stattfinden sollte, wenn die Arrestforderung schon durch ein ausländisches Urteil festgestellt ist. Der Arrestkläger ist in der Lage, sich auf dem im § 722 vorgeschriebenen Wege ein deutsches Vollstreckungsurteil zu verschaffen, und zur Sicherung der Zwangsvollstreckung aus diesem Titel ist ein Arrest statthaft. M. M.

g) **§ 920 ZPO. gilt auch für die Prozeßvoraussetzungen.**

OLG. Hamburg, V. ZS. Urteil v. 8. März 1907.

Es handelt sich hier allerdings nicht so sehr um den Nachweis des Arrestanspruchs als vielmehr um den einer Prozeßvoraussetzung [ob Antragstellerin parteifähig ist]. Aber nach Wesen und Zweck des Arrestprozesses muß angenommen werden, daß das für diesen vorgeschriebene eigenartige Beweisverfahren nicht nur — wie nach dem Wortlaut des § 920 geschlossen werden könnte — für die eigentlichen anspruchbegründenden Tatsachen, sondern ganz allgemein statthat. Ist das richtig, dann muß diese Besonderheit aber auch nach beiden Richtungen zur Geltung kommen. Einerseits bedarf es nicht des vollen Beweises, sondern es genügt Glaubhaftmachung (vgl. Gaupp-Stein § 920 II). Anderseits aber ist jede Beweisaufnahme ausgeschlossen, welche nicht sofort erfolgen kann (§ 294^2). M. M.

h) **Einstweilige Verfügung in der Beschwerdeinstanz, wenn das erste Urteil gegen Sicherheit vollstreckbar ist.**

OLG. Breslau, II. ZS. Beschluß v. 4. Januar 1907.

Das Landgericht hat den Antrag der Klägerin mit Recht zurückgewiesen, weil es an dem Nachweise des Rechts zum Rücktritt vom Vertrage (es handelte sich um ein Abzahlungsgeschäft) und der Gefährdung des vorbehaltenen Eigentums fehlte. Dies ist jetzt durch Überreichung des Pfändungsprotokolles und der Korrespondenz mit dem Gerichtsvollzieher geschehen. Außerdem hat sich die Sachlage insofern geändert, als der Beklagte inzwischen durch Versäumnisurteil zur Herausgabe des Pianinos verurteilt worden ist. Da dies Urteil nur gegen eine Sicherheit von 550 Mark für vorläufig vollstreckbar erklärt worden ist, hat die Klägerin noch ein Interesse an der einstweiligen Verfügung und es war nunmehr ihrem Antrage in der Weise stattzugeben, daß die Herausgabe des Pianinos an den zuständigen Gerichtsvollzieher zu erfolgen hat, der seinerseits für eine geeignete Aufbewahrung Sorge zu tragen hat. Kr.

i) **Statt der beantragten einstw. Verfügung darf nicht in der Beschwerde ein Arrest beantragt werden.**

OLG. Hamburg, V. ZS. Beschluß v. 20. Februar 1907.

Die Beschwerdeführerin hat bei dem Landgericht beantragt, zu ihren Gunsten durch einstweilige Verfügung bei zwei auf den Gegner als Grundeigentümer übergegangenen Grundschulden Vormerkung einzutragen, in welcher dem Grundeigentümer verboten wird, diese Grundschulden an jemand anders, als an die Antragstellerin abzutreten oder ohne deren Zustimmung löschen zu lassen. Diesem Antrage konnte schon deshalb nicht entsprochen werden, weil die Antragstellerin die Behauptung, daß ihr ein Anspruch bezüglich dieser Grundschulden zustehe, überall nicht aufgestellt hat. Hiernach fehlt es sowohl nach § 883 BGB., als auch nach § 935 ZPO. an einer Voraussetzung für die einstweilige Verfügung. Die den Antrag abweisende Entscheidung des Landgerichts ist also zu Recht ergangen. Die Antragstellerin hat denn auch in ihrer Beschwerde den in erster Instanz gestellten Antrag nicht aufrecht erhalten, sondern beantragt nunmehr, daß durch einstweilige Verfügung „zur Sicherung des Anspruchs auf Zahlung von 7000 Mark" die Eintragung von Sicherungshypotheken angeordnet werde. Nun ist der Rechtsbehelf, welchen die ZPO. gibt, um dem Gläubiger Sicherung der Zwangsvollstreckung wegen einer Geldforderung zu gewähren, der Arrest (§ 916), während die einstweilige Verfügung dazu dient, die Sicherung eines Anspruchs auf eine Individualleistung herbeizuführen (§ 935). Es würde also in Frage kommen, ob der in der Beschwerde gestellte Antrag nicht tatsächlich als ein Antrag auf Erlaß eines dinglichen Arrests anzusehen ist und demgemäß zu prüfen wäre, ob die Vorbedingungen für die Anordnung eines dinglichen Arrests gegeben sind. In diese Prüfung ist aber nicht einzutreten, weil es sich bei dem in der Beschwerdeinstanz gestellten Antrage nicht mehr um den von dem Landgerichte abgewiesenen, sondern um einen ganz andern Antrag handelt, über welchen in erster Instanz noch nicht entschieden ist. Das Beschwerdegericht hat nachzuprüfen, ob die angefochtene Entscheidung der Vorinstanz zu Recht ergangen ist. Es ist nicht zulässig, in der Beschwerdeinstanz einen von dem Antrage, über welchen die Vorinstanz entschieden hat, ganz abweichenden Antrag einzubringen und eine Entscheidung des Beschwerdegerichts über die Berechtigung dieses Antrags zu begehren. M. M.

k) **Aufhebung einer Fahrnisgemeinschaft im Wege einstweiliger Verfügung.**

OLG. Colmar, I. ZS. Beschluß v. 30. März 1907.

Es handelt sich hier um einen Fall, auf welchen der § 940 „insbesondere" Anwendung zu finden hat, um die Regelung eines einstweiligen Zustandes in bezug auf ein dauerndes Rechtsverhältnis. Streitiges Rechtsverhältnis ist der Güterstand, welcher zwischen den Parteien herrschen soll. Nach den vorgelegten Bescheinigungen ist auch glaubhaft, daß der Beklagte ein Spieler und Trinker und mit erheblichen Schulden belastet ist, sowie daß die gütergemeinschaftlichen Mobilien bereits zwangsweise versteigert wurden, daß demnach ohne Aufhebung der GG. durch die Handlungen und Unterlassungen des Mannes das Vermögen der Frau erheblich gefährdet würde. Das Bedenken, das Planck wegen der konstitutiven Natur des Aufhebungsurteils hegt, erledigt sich damit, daß §§ 938, 940 dem Richter völlig freie Hand hinsichtlich der Wahl der Mittel zur Abwendung der Nachteile lassen, ferner damit, daß, wenn auch die Wirkung des Aufhebungsurteils an die Rechtskraft gebunden ist, es sich bei der einstw. Verfügung nicht um eine endgültige, sondern lediglich um eine vorläufige Aufhebung des Güterstandes handelt (vgl. JW. 1905 S. 179[27]; Schmidt-Habicht, Familienrecht Bem. 5 zu § 1391 BGB.; Freudenthal, Handausg., 2 zu § 940 ZPO.). Frdthl.

l) **Aussetzung aus dem Besitz eines Grundstücks durch einstw. Verfügung unter Verletzung des Zurückbehaltungsrechts. Wiedereinsetzung durch das Berufungsurteil.**

OLG. Hamburg, II. ZS. Urteil v. 1. Juni 1907.

Die Antragstellerin, die ihr Grundstück an den Gegner zu verkaufen beabsichtigte, übertrug ihm gegen 1000 Mark Anzahlung den Besitz des Grundstücks, dessen Baulichkeiten er wesentlich änderte. Demnächst wurde er durch die angefochtene einstw. Verfügung ausgesetzt. Allein da er mit Genehmigung der Klägerin erhebliche Verwendungen für den Umbau gemacht und das Haus zu viel höheren Mieten vermietet hat, so steht ihm ein Zurückbehaltungsrecht nach §§ 1000, 996 BGB. zu.... Ist er hiernach nicht bedingungslos das Grundstück herauszugeben verpflichtet und würde er auch im ordentlichen Prozesse mehr nicht erlangen können als eine Verurteilung Zug um Zug gegen seine Gegenansprüche (§ 273[2] BGB.), so war es nicht angängig, ihn im summarischen Verfahren zur Räumung schlechthin zu verpflichten, d. h. ihn zu einer Leistung zu verurteilen, auf die die Klägerin keinen Anspruch hatte. Hieran kann auch der Umstand nichts ändern, daß das Gericht die Verfügung von einer Sicherheitsleistung abhängig gemacht hatte. Allerdings kann nach § 273[3] BGB. der Gläubiger die Ausübung des Zurückbehaltungsrechts durch Sicherheitsleistung abwenden. Allein die vom Gerichte angeordnete Sicherheit war eine prozessuale, sie bildete die

Voraussetzung, unter der das Gericht sich entschloß, dem Beklagten die bedingungslose Räumung des Grundstücks aufzuerlegen, sie war aber nicht das Äquivalent für das Zurückbehaltungsrecht. Nicht eine bei dem Gerichte, sondern allein eine dem Gegner unmittelbar bestellte, dem Werte seines Zurückbehaltungsrechts entsprechenden Sicherheit konnte die Geltendmachung des Zurückbehaltungsrechts nach § 273³ abwenden. Überdies ist nicht ausreichend dargetan, daß ein Anlaß zu einer einstw. Verfügung vorlag. . . .

Der Antrag des Beklagten, ihm den Wiedereinzug in das Grundstück zu gestatten, stellt sich sachlich dar als das Verlangen nach Wiederherstellung des tatsächlichen Zustandes, der durch die einstw. Verfügung mit Unrecht beseitigt worden ist. Diesem Verlangen kann gleichzeitig mit der Aufhebung der Verfügung entsprochen werden (HansGZ. 1895 Nr. 70). Der Schutz derjenigen, die durch eine ungerechtfertigte einstw. Verfügung in ihren Rechten beeinträchtigt werden, würde nur sehr unvollkommen sein, wenn die zur Entscheidung über die Berechtigung der Verfügung berufenen höheren Instanzen nur zu dem theoretischen Ausspruche der Nichtberechtigung der Verfügung, nicht aber auch dazu berufen sein sollten, die praktischen Folgen der von vornherein als unberechtigt erkannten Verfügung für die Zukunft zu beseitigen und damit wieder den Zustand herzustellen, der von Anfang an durch die Verfügung nicht hätte aufgehoben werden sollen. Erst mit einer solchen Anordnung wird die Entscheidung aus einer bloß theoretischen Erklärung zu einer sachlichen, in das Rechtsleben eingreifenden Maßregel, wie sie der Berufungskläger als Remedur gegen den unberechtigten Eingriff in seine Rechtssphäre verlangen kann. Einer besonderen, auf eine bestimmte Gesetzesvorschrift sich stützenden Rechtfertigung bedarf diese Maßregel nicht. Ihre Rechtfertigung liegt in der allgemeinen Erwägung, daß eine wirkliche sachliche Aufhebung der angefochtenen Verfügung, auf deren Aufhebung der Berufungskläger ein Recht hat, nicht schon in der formalen Erklärung dieser Aufhebung, sondern erst in der Beseitigung der durch die Verfügung geschaffenen Sachlage liegt.

Ergibt sich danach aber, daß das Gericht, indem es dem Antrage auf Wiederherstellung des früheren Zustandes stattgab, nicht etwa einem neuen und selbständigen Antrage des Berufungsklägers stattgab, sondern in Wahrheit erst die die Verfügung aufhebende Entscheidung traf, so folgt daraus auch, daß die Klägerin nicht gemäß § 713 die Vollstreckung durch Sicherheitsleistung abwenden kann. Dem zu einer Leistung verurteilten Schuldner ist nach § 713 nachzulassen, die ihm vom Gläubiger drohende vorläufige Vollstreckung abzuwenden, nicht aber kennt die ZPO. eine Bestimmung, welche einen Antragsteller berechtigte, wenn sein Antrag unter Aufhebung einer zunächst ergangenen Entscheidung von dem Berufungsgerichte zurückgewiesen wird, die Folgen der Aufhebung der Entscheidung und der Zurückweisung seines Antrages durch eine Sicherheitsleistung abzuwenden.

Dem ausdrücklich gestellten Antrage auf Wiederherstellung des früheren

Zustandes, dessen es vielleicht gar nicht einmal bedurft hätte, weil er implizite schon in dem Antrage auf Aufhebung der einstw. Verfügung lag, war hiernach stattzugeben, und zwar in der dem § 885 entnommenen Fassung, daß die Antragstellerin das Grundstück hierauszugeben habe. Die Durchführung dieser Entscheidung wird dann in der Weise zu erfolgen haben, daß der Gerichtsvollzieher sie aus dem Besitze setzt und den Gegner in den Besitz einweist.... M. M.

m) **Zwangsversteigerung eines Grundstücks. Aufwendungen zur Erhaltung eines zur Versteigerung stehenden Grundstücks. Glaubhaftmachung einer angemeldeten Forderung. ZwVG. §§ 10, 45.**

α) Kammergericht, XI. ZS. Beschluß v. 28. Juni 1907.

W. hatte die Zwangsverwaltung eines ins Stocken geratenen Neubaues beantragt und mit Genehmigung des Vollstreckungsgerichts die Fortsetzung des Baues unter vorschußweiser Hergabe der Kosten bewirkt. In der demnächst eingeleiteten Zwangsversteigerung liquidierte er die verauslagten Kosten von 26500 Mark zum geringsten Gebot, in welches sie auch trotz des Widerspruchs der Hypothekengläubiger B. und Frau C. aufgenommen wurden. Beide erhoben alsdann Beschwerde gegen den Zuschlag. Aus den Gründen:

1. Frau C. erhebt zwei Einwände. Sie meint erstens, daß das W.sche Liquidat überhaupt nicht in das geringste Gebot gehöre, weil es sich nicht um Auslagen handle, die zur Erhaltung oder nötigen Verbesserung des Grundstücks gedient hätten, vielmehr nur um solche, welche zur Weiterführung und Vollendung des Baues erforderlich gewesen seien, an welcher Tatsache auch durch die eidesstattliche Versicherung H.s nichts geändert werde, da seine Rechtsauffassung unrichtig sei, und zweitens, daß der von W. erhobene Anspruch nicht glaubhaft gemacht worden sei. Die Einwendungen sind nicht begründet.

Die Ansicht der Beschwerdeführerin, daß die zur Weiterführung und Vollendung eines Baues erforderlichen Aufwendungen nicht als Ausgabe zur nötigen Verbesserung eines zur Zwangsverwaltung stehenden Grundstücks angesehen werden könnten, ist in dieser Allgemeinheit jedenfalls nicht richtig. Die Zwangsverwaltung bezweckt, die Befriedigung des Gläubigers aus den Nutzungen des Grundstücks herbeizuführen. Ein unvollendeter Neubau bringt naturgemäß regelmäßig Nutzungserträge nicht. Aufwendungen, welche dazu dienen, den Bau fertig zu stellen und das Grundstück dadurch nutzbar zu machen, dienen also an sich dem mit der Zwangsverwaltung verfolgten Zwecke. Es kann sich daher nur fragen, ob dieselben nötige Verbesserungen des Grundstücks bewirkt haben. Diese Frage ist nicht allgemein, sondern nach der Lage des einzelnen Falles zu beantworten. Will der die Zwangsverwaltung betreibende Gläubiger z. B. auf dem bisher unbebauten Grundstück einen Neubau errichten und dem Grundstück dadurch eine neue Bestimmung geben, so wird man mit Recht darin eine nötige Verbesserung nicht finden. Anders liegt die Sache aber, wenn es sich um die Vollendung eines bereits in der Ausführung begriffenen Baues handelt, denn in einem solchen Falle wird durch die Vollendung des Baues das Grundstück in ein nutzbares Objekt umgewandelt. Ist der Bau bereits soweit fortgeschritten, daß — im Verhältnis zu dem Wert des Grundstücks in seiner Vollendung — ein nicht zu hoher Betrag aufzuwenden ist, um diese Vollendung herbeizuführen, so ist ein solcher Betrag im Sinne des § 10 Abs. 1 ZwVG. als zur nötigen Verbesserung des Grundstücks dienend zu erachten, weil durch die wirtschaftlich gerechtfertigte Fertigstellung eines Neubaues und die dadurch ermöglichte Bewohnbarkeit und Nutzbarmachung des Grundstücks der Wert des Grundstücks sowohl vom Standpunkt der Zwangsverwaltung als auch der Zwangsversteigerung regelmäßig sich in einer Weise steigert, welche mit den aufgewandten Beträgen in keinem Verhältnis steht. Die Aufwendung stellt sich dann als nützliche Verwendung dar, der § 10 Ziff. 1 ZwVG. beruht auf den Prinzipien des Schutzes der nützlichen Verwendung.

So liegt aber die Sache hier. Für die Herstellung des Baues hat der Gläubiger Auslagen im Betrage von 26500 Mark gemacht. Der Meistgebotspreis hat 270000 Mark betragen. Es sind also Aufwendungen in einem Betrage geleistet, welche noch nicht ein Zehntel des Grundstückswerts betragen. Derartigen Aufwendungen ist der Charakter einer nötigen Verbesserung des Grundstücks daher nicht abzusprechen. Daß die aufgewendeten Beträge zur sachgemäßen Fertigstellung des Grundstücks erforderlich waren, ist nach dem Gutachten des Sachverständigen S., welches der Gläubiger W. zu den Zwangsverwaltungsakten überreicht hat, nicht in Zweifel zu ziehen. Denn S. hat die für die Fertigstellung des Grundstücks aufzuwendenden Kosten auf zirka 25000 Mark veranschlagt, und dieser Schätzungsbetrag wird durch das Liquidat des Gläubigers W. von 26500 Mark nur unerheblich überschritten.

Nun führt die Beschwerdeführerin weiter aus, daß der Anspruch des W. nicht **glaubhaft gemacht** gewesen sei. Das Gericht der weiteren Beschwerde hat daher noch festzustellen, ob diese Ansicht zutreffend ist, denn das Gericht hat gleichfalls nachzuprüfen, ob eine genügende Glaubhaftmachung vorliegt, da bei dem von der Beschwerdeführerin, als betreibende Gläubigerin erhobenen Widerspruch, die **Glaubhaftmachung** des von W. geltend gemachten Rechts die Voraussetzung für die Aufnahme desselben in das geringste Gebot bildet (§ 45^1 ZwVG.). Diese Glaubhaftmachung ist in ausreichender Weise geschehen. Nach der vom Gläubiger W. eingereichten spezialisierten Rechnung und Quittung betreffend die Bauausführung auf dem hier fraglichen Grundstück und der eingereichten eidesstattlichen Versicherung des Baumeisters H. sind die in der Rechnung aufgeführten Leistungen in das zur Zwangsverwaltung und Zwangsversteigerung stehende Grundstück bewirkt. Daß sie dem Zweck der Fertigstellung des auf dem Grundstück betriebenen Neubaues dienten, ist durch die Rechnung und die eidesstattliche Versicherung des H. gleichfalls mit Recht als glaubhaft gemacht angesehen worden, und die Auffassung des Vollstreckungsrichters daher durchaus zu billigen.

Die Beschwerdeführerin hat zwar darzulegen und glaubhaft zu machen versucht, daß das Grundstück nicht um den Wert der geleisteten Arbeiten verbessert sei, weil H. in seiner Rechnung höhere als angemessene Preise in Ansatz gebracht und das Haus nicht vollständig fertiggestellt habe, so daß die Fertigstellung noch einen Kostenaufwand von 5943 Mark erfordern werde, und weil die Arbeiten zum Teil schlecht, zum Teil in geringwertiger Ausführung hergestellt wären; allein diese Ausführungen können im Beschwerdeverfahren nicht berücksichtigt werden.

Die Aufnahme eines Rechts in das geringste Gebot hängt nach § 45[1] davon ab, ob es glaubhaft gemacht ist. Ob eine Post genügend glaubhaft gemacht ist, um in das geringste Gebot aufgenommen zu werden, ist daher nach der Sachlage zu dem Zeitpunkt zu beurteilen, wo die Feststellung als geringsten Gebots zu erfolgen hat, d. h. nach der Sachlage, wie sie dem Versteigerungsrichter im Versteigerungstermin vorlag. Nach dem damals vorliegenden Material ist aber die Glaubhaftmachung des vom Gläubiger W. erhobenen Anspruchs mit Recht angenommen worden.

2. Der Beschwerdeführer B. hat seine Beschwerde zunächst darauf gestützt, daß das Vollstreckungsgericht die Absicht, die 26500 Mark in das geringste Gebot einzustellen, vorher nicht genügend bekannt gegeben habe, so daß eine rechtzeitige Prüfung der Höhe der geltend gemachten Forderung den Interessenten nicht möglich gewesen sei und der Beschwerdeführer, da er mit „einer derartigen Objektssteigerung nicht habe rechnen können", nicht die genügende Summe zur Kautionsstellung zur Verfügung gehabt habe. Der Einwand ist unbegründet. Es besteht keine Pflicht des Versteigerungsrichters Ansprüche, welche zu den Akten angezeigt werden, den übrigen Beteiligten mitzuteilen. Diesen steht die Akteneinsicht offen, und es ist ihre Sache, sich über die sie interessierenden Verhältnisse durch Einsicht der Akten oder geeignete Anfragen Kenntnis zu verschaffen. Ist die Zwangsverwaltung eines zur Zwangsversteigerung gestellten Grundstücks eingeleitet, so muß übrigens jeder Beteiligte sich sagen, daß die Zwangsverwaltung Auslagen des sie betreibenden Gläubigers herbeiführen kann, und er muß sich in seinem Interesse um so mehr um diese Verhältnisse kümmern, wenn es sich um ein Grundstück handelt, das, wie hier, bisher Nutzungen nicht abwarf, die zur Deckung von etwaigen Auslagen dienen konnten.

Weiter führt B. aus, daß die Frau C., wenn die 26500 Mark nicht in das Mindestgebot aufgenommen worden wären, lediglich ihre Hypothek ausgeboten und 26500 Mark weniger gegeben haben würde, daß der Beschwerdeführer dann seine unmittelbar hinter der Hypothek von Frau C. rangierende Hypothek von 8000 herausgeboten und auf diese Weise entweder das Grundstück selbst erstanden oder beim Überbieten durch andere Gläubiger mit seiner Hypothek zur vollen Hebung gelangt sein würde. Allein auch dieser Angriff ist — selbst wenn man die hypothetisch aufgestellten Behauptungen als richtig unterstellt — nicht stichhaltig, denn er beruht auf der nach der Begründung dieses Beschlusses unrichtigen Voraussetzung, daß die 26500 Mark in das Mindestgebot nicht hätten eingestellt werden dürfen. F.

β) OLG. Dresden, IV. ZS. Urteil v. 16. Oktober 1905.

Die Beklagte hat zur Vollendung des in Zwangsverwaltung genommenen und nachmals versteigerten Neubaues 9300 Mark an den Zwangsverwalter gezahlt. Im Teilungsplan ist dieser Betrag als Ausgabe im Sinne von § 10 Ziff. 1 ZwVG. eingesetzt worden. Hiergegen haben die Kläger, als vorgehende Hypothekgläubiger, Widerspruch erhoben und verlangt, daß die 9300 Mark zur teilweisen Deckung ihrer im übrigen ausgefallenen Hypotheken verwandt würden. Ihre Klage ist jedoch abgewiesen. Gründe:

Es handelt sich um die Frage, ob der Beklagten als Gläubigerin, deren Beitritt zum Zwangsversteigerungsverfahren vom Vollstreckungsgerichte zugelassen worden ist, ein Recht darauf zusteht, daß sie die Vorschüsse, die sie dem Zwangsverwalter Schl. zur Vollendung des Neubaues geleistet und die dieser diesem Zweck zugeführt hat, als „Ausgaben zur Erhaltung oder nötigen Verbesserung des Grundstücks" aus der Zwangsversteigerungsmasse in dem dort bezeichneten Range ersetzt erhalten kann. Für ein derartiges Forderungsvorrecht bestehen nach dem Gesetze zwei Voraussetzungen: es müssen nämlich einesteils die Ausgaben zur Erhaltung oder nötigen Verbesserung des Grundstücks gemacht sein, und anderenteils dürfen sie aus den Einkünften nicht erstattet werden können. Das Vorhandensein der letzteren Voraussetzung ist unstreitig. Auch die erstere Voraussetzung ist gegeben. Der Begriff von Ausgaben zur nötigen Verbesserung eines Grundstücks ist weder im ZwVG. oder sonst in einem Reichsgesetze, noch landesgesetzlich festgelegt worden. Unbedenklich darf aber bei der vorbildlichen Bedeutung, die für die Auslegung des ZwVG. dem preuß. Ges. vom 13. Juli 1883 zukommt, auch dem § 10 Ziff. 1 ZwVG. dieselbe Auslegung zuteil werden, welche die stimmentsprechende und auch im Wortlaute nahezu übereinstimmende Vorschrift in § 24 des preuß. Ges. in der Rechtsprechung gefunden hat. Nach der letzteren Entsch. des RG. 17 S. 276, 25 S. 227, 41 S. 323 ist die Erstattung der in einer Zwangsverwaltung gemachten und durch die Einkünfte nicht gedeckten Auslagen aus den Kaufgeldern einerseits nur dann, anderseits wenigstens in dem Falle geboten, wenn ihre Verwendung nicht dem Interesse eines einzelnen Beteiligten, sondern demjenigen der Hypothekengläubiger allgemein gedient hat, und der Zweck der Vorschrift ist, zu verhüten, daß sich die in der Zwangsversteigerung zur Hebung kommenden Realgläubiger zum Nachteile des die Zwangsverwaltung betreibenden Gläubigers bereichern könnten, wenn das Grundstück durch Verwendung der von diesem geleisteten Verwaltungsvorschüsse erhalten oder mit den nötigen Verbesserungen ausgestattet worden ist, und wenn der hierdurch erzielte Kaufpreis lediglich den Realgläubigern nach der unter ihnen bestehenden Rangordnung zugute käme (Reinhard zu § 10 unter II 1b). Alles dies trifft vorliegend zu. Dr. W.

n) Zurückweisung eines Gebots in der Zwangsversteigerung.

OLG. Naumburg, II. ZS. Beschluß v. 31. Mai 1907.

Der Beschwerdeführer hat bei der Zwangsversteigerung des Grundstücks namens seiner minderjährigen Kinder das höchste Gebot abgegeben; dies Gebot ist aber zurückgewiesen, weil er die vom Gericht verlangte vormundschaftsgerichtliche Genehmigung nicht beibringen konnte, diese aber für erforderlich erachtet wurde mit Rücksicht auf den dem Vollstreckungsrichter bekannten Umstand, daß es sich um ein Mühlengrundstück handelte, auf dem bis dahin das Müllereigewerbe betrieben war. Der Zuschlag ist dem voraufgehenden Meistbieter erteilt worden. Die sofortige Beschwerde ist als unzulässig verworfen, weil nur demjenigen Bieter, dessen Gebot nicht erloschen ist, nach § 97 die Beschwerde gegen den Zuschlagsbescheid zustehe, das Gebot des Beschwerdeführers aber nach § 72 erloschen sei, da er ausweislich des Protokolls nicht sofort der Zurückweisung des Gebots widersprochen habe.

Die weitere Beschwerde ist zwar zulässig, da in dem Beschluß ein neuer selbständiger Beschwerdegrund gegeben ist, aber unbegründet. Sie stützt sich darauf, daß das Protokoll über die Versteigerung zwar den vermißten Widerspruch nicht enthalte, daß es aber unvollständig sei, weil er, wie unter Zeugenbeweis gestellt wird, tatsächlich erfolgt sei. Diese Tatsache ist aber dem § 80 gegenüber unerheblich, wonach Vorgänge im Versteigerungstermine, die nicht aus dem Protokoll ersichtlich sind, bei der Entscheidung über den Zuschlag nicht zu berücksichtigen sind. Für diese Entscheidung galt also das Gebot des Beschwerdeführers selbst dann als erloschen, wenn der Widerspruch gegen die Zurückweisung des Gebots wirklich sofort erfolgt wäre. Das Protokoll ist für diesen Vorgang allein beweisend, ein Gegenbeweis ist nach § 80 nicht zulässig. Dr. P.

o) Zulässigkeit der Beschwerde nach § 95 ZwVG.

α) Kammergericht, XI. ZS. Beschluß v. 7. Mai 1907.

Auf Antrag des A. war über vier Grundstücke je in einem selbständigen Verfahren die Zwangsversteigerung eingeleitet. Die Versteigerungstermine standen an vier verschiedenen Tagen an. Nachdem B. wegen einer auf allen vier Grundstücken haftenden Gesamthypothek beigetreten war, beantragte er, die einzelnen Verfahren zu verbinden und einen gemeinschaftlichen Versteigerungstermin anzuberaumen. Das Amtsgericht lehnte ab. Die sofortige Beschwerde wurde als unzulässig verworfen, die weitere sofortige Beschwerde ist unbegründet.

Zutreffend führt der Vorderrichter aus, daß der die Verbindung ablehnende Beschluß nicht als eine vor der Beschlußfassung über den Zuschlag ergangene Entscheidung anzusehen ist, gegen welche gemäß § 95 die Beschwerde zulässig ist, da es sich weder um die Anordnung, Aufhebung, einstweiliger Einstellung, noch Fortsetzung des Verfahrens handelt. Daß nur Entscheidungen, welche den vorgedachten, in § 95 angegebenen Inhalt haben, mit der Beschwerde für anfechtbar erklären, geht auch aus dem Bericht der II. Kommission über die

Vorberatung des ZwVG. hervor, in welchem es heißt: „Abgesehen von ihnen dienen die Vorentscheidungen nur dazu, die Schlußentscheidung über den Zuschlag vorzubereiten. Solche Entscheidungen aber kommen überhaupt nicht als ein selbständiger Beschwerdegrund, sondern nur insoweit in Betracht, als auf sie die Beschwerde über Erteilung oder Versagung des Zuschlags gestützt wird.“ F.

β) OLG. Hamburg, III. ZS. Beschluß v. 20. April 1907.

Die weitere Beschwerde ist begründet. Dem Landgerichte ist zwar darin beizupflichten, daß es für die Frage der Zulässigkeit der Beschwerde gemäß § 95 keinen wesentlichen Unterschied begründen kann, ob das Vollstreckungsgericht in einem ersten Beschlusse die Zwangsversteigerung mehrerer Grundstücke und sodann in einem zweiten Beschlusse die Verbindung der Versteigerungen zu einem Verfahren gemäß § 18 ausspricht oder ob (wie es hier geschehen ist) in einem und demselben Beschlusse die Versteigerung der mehreren Grundstücke und die Verbindung zu einem Verfahren angeordnet wird. Das sind in der Tat zufällige und äußere Umstände, von denen die Zulässigkeit der Beschwerde über die Verbindung zu einem Verfahren gemäß § 18 nicht abhängig gemacht werden kann. Dagegen kann dem Landgerichte darin nicht beigestimmt werden, daß es unter „Anordnung der Versteigerung“ im Sinne von § 95 legdiglich den Versteigerungsbeschluß verstanden und den Beschluß über die Verbindung der Versteigerung mehrerer Grundstücke von der „Anordnung der Versteigerung“ grundsätzlich ausgeschlossen haben will. Wenn diese Rechtsmeinung des Landgerichts richtig wäre, so wäre die sofortige Beschwerde, die sich nicht gegen die Versteigerung überhaupt, sondern nur gegen die beschlossene Verbindung richtet, nach § 95 allerdings unzulässig gewesen. Die Stellung des § 18 im Gesetze (zweiter Titel, I.: Anordnung der Versteigerung) und sein Inhalt müssen aber darauf hinführen, daß auch der Beschluß über die Verbindung der Zwangsversteigerung mehrerer Grundstücke noch zur „Anordnung der Versteigerung“ im Sinne des Gesetzes zu rechnen ist. Aus den Motiven zu § 95 (vgl. Jaeckel zu § 95) ergibt sich überdies, daß nur solche Entscheidungen der Anfechtung durch eine besondere Beschwerde entzogen sein sollten, welche die Schlußentscheidung über den Zuschlag unmittelbar vorbereiten, wie z. B. die Entscheidung über die Zurückweisung oder Zulassung eines abgegebenen Gebots ꝛc. Zu einer solchen vorbereitenden Vorentscheidung kann der Beschluß über die Verbindung nicht gezählt werden (vgl. Jaeckel zu § 18 S. 87; Wolff zu § 18 Anm. 4 S. 64; Altmann zu § 18 Anm. 2 S. 52). M. M.

p) **Anordnung der Zwangsverwaltung eines Grundstücksanteils.**

Kammergericht, I. ZS. Beschluß v. 7. Februar 1907.

Als Eigentümer stehen „die Kinder und Erben des B. als 1. A., 2. B., 3. Fritz“ im Grundbuche vermerkt. Zu diesem ersuchte das VollstrGericht um die Eintragung, daß die Zwangsverwaltung des im Grundbuche eingetragenen 1/3 Grundstücksanteils des Arbeiters Fritz B. aus N. angeordnet worden sei. Der Grundbuchrichter lehnte das Ersuchen ab, weil dieser

Bruchteil aus dem Grundbuche nicht hervorgehe. Die Beschwerde des betreibenden Gläubigers wurde zurückgewiesen. Seine weitere Beschwerde hatte dagegen Erfolg. Gründe:

Nach den §§ 146, 19 kann zwar der Vermerk, daß die Zwangsverwaltung angeordnet ist, nur auf Ersuchen des Vollstreckungsgerichts eingetragen werden. Da jedoch die Eintragung im Interesse des betreibenden Gläubigers zu geschehen hat (§§ 20, 22), so wird dieser durch eine Zurückweisung des Ersuchens in seinem Rechte verletzt; ihm kann daher gegen die zurückweisende Verfügung des Grundbuchrichters die Beschwerde nicht wohl versagt werden. Auch in der Sache selbst ist es nicht zu beanstanden, wenn das Landgericht gleich dem Amtsgerichte davon ausgeht, daß der Bruchteil eines Miteigentümers nur dann mit einem Rechte belastet werden kann, wenn dessen Größe aus dem Grundbuch ersichtlich ist (Entsch. des RG. 54 S. 85; Jahrbuch 20 S. 304, 21 S. 110, 29 S. 150, 236; Rsp. 6 S. 488, 9 S. 336), und daß der Grundbuchrichter diesen Grundsatz an sich dem Ersuchen einer Behörde gegenüber ganz ebenso zur Geltung zu bringen hat wie gegenüber dem Antrag eines Beteiligten (Jahrbuch 23 S. 224). Allein die Eintragung des Zwangsversteigerungs- und des Zwangsverwaltungsvermerkes bildet eine Ausnahme von der aus dem § 40[1] und dem § 48 GrBO. entnommenen Regel. Denn diese Eintragung steht wegen der ihr im § 22 Satz 2 ZwVG. beigelegten Wirkung in einem so engen Zusammenhange mit der Anordnung der Zwangsversteigerung und der Zwangsverwaltung selbst, daß es nicht angängig erscheint, die Entscheidung über das Vorliegen der Voraussetzungen für die Zulässigkeit der Eintragung in die Hand eines anderen Richters als desjenigen zu legen, welcher über die einzutragende Anordnung zu entscheiden hat, d. i. des Vollstreckungsrichters. Indem § 17 die Anordnung der Zwangsversteigerung nicht bloß gegen den eingetragenen Eigentümer, sondern auch gegen den Erben des eingetragenen Eigentümers zuläßt, geht er ohne weiteres davon aus, daß auch die Eintragung des Vermerkes ohne die vorherige Umschreibung des Eigentums auf den Namen des Erben zu erfolgen hat. Das Gesetz macht ferner keine Ausnahme von dem Erfordernisse der Eintragung des Vermerkes, wenn die Zwangsversteigerung von einem eingetragenen Berechtigten betrieben wird und das Grundstück nach der durch Zustellung des die Versteigerung anordnenden Beschlusses bewirkten Beschlagnahme auf den Namen eines neuen Eigentümers umgeschrieben worden ist (§ 26). Endlich ist die Zwangsverwaltung auf Antrag eines dinglich Berechtigten auch gegen den bloßen Eigenbesitzer des Grundstücks anzuordnen (§ 147 ZwVG., § 872 BGB.), und das Gesetz läßt nicht erkennen, daß in diesem Falle die Eintragung des Zwangsverwaltungsvermerkes zu unterbleiben hätte (§§ 146,. 22 Satz 2). Im Anschluß an die Motive zum ersten Entwurf eines ZwVG. (S. 131) nimmt denn auch die Mehrzahl der Schriftsteller an, daß der Grundbuchrichter das Ersuchen des Vollstreckungsrichters um Eintragung des Versteigerungsvermerkes wegen sachlicher, aus dem Grundbuche sich ergebender Anstände nicht ablehnen dürfe, daß es vielmehr Sache des Vollstreckungsrichters sei, derartige Anstände gemäß § 28 zu berücksichtigen (Jaeckel Anm. 1, 2 zu § 19, 2 zu § 28; Fischer-Schäfer Anm. 1 zu § 19; Predari, GrBO. S. 550; Turnau-Förster I 5 zu § 39, I 8 zu § 41 GrBO., Erg. II § 2 Nr. 1 b γ, S. 326, 660; Kretzschmar, ZwVG. § 14 S. 60; Reinhard II zu § 19 ZwVG.). Das Kammergericht hat im Beschlusse v. 16. Februar 1903 (Jahrbuch 26 S. 77), dem ein dem vorliegenden ähnlicher Tatbestand zugrunde lag, die Frage nach der Befugnis des Grundbuchrichters, das Eintragungsersuchen des Vollstreckungsrichters auf Grund der §§ 40, 48 GrBO. abzulehnen, unentschieden gelassen, indes der Möglichkeit Raum gegeben, daß es genüge, wenn die Größe des zur Zwangsversteigerung gezogenen Miteigentumsanteils in dem Eintragungsersuchen genau bezeichnet werde. Diesem letzteren Erfordernis entspricht vorliegend das Ersuchen, die oben angeführten Gründe lassen daher dessen Ablehnung ungerechtfertigt erscheinen. RJA.

q) **Passivlegitimation des Zwangsverwalters.**

Kammergericht, XVI. ZS. Urteil v. 14. März 1907.

Die Passivlegitimation des Beklagten ist zu bejahen: Der Kläger war als Inspektor zur Bewirtschaftung des Rittergutes L. von dessen Eigentümern angestellt worden. Nachdem die Zwangsverwaltung jenes Gutes eingeleitet und der Beklagte zum Zwangsverwalter ernannt worden war, hat er in dieser Eigenschaft den Kläger ohne vorherige Kündigung wegen grober Verletzung der Dienstpflichten entlassen. An sich ist der Zwangsverwalter für befugt zu erachten, Dienstverträge, die mit den zur Bewirtschaftung des unter Zwangsverwaltung stehenden Grundstückes angenommenen Wirtschaftsbeamten geschlossen worden sind, zu lösen, sofern er gesetzliche oder vertragsmäßige Dienstauflösungsgründe geltend machen kann. Der Kläger bestreitet, daß ein Grund zu seiner sofortigen Entlassung gegeben gewesen sei und verlangt Gehalt und Unterhaltsvergütung bis zum 30. Juni 1906. Diesen Anspruch richtete der Kläger, als er die Klage erhob, zu Recht gegen den Beklagten, da die Handlung des Beklagten, die den Anlaß für den Rechtsstreit bildete, vom Beklagten innerhalb seines Rechten- und Pflichtenkreises als Zwangsverwalter vorgenommen worden war, der Rechtsstreit also im Rahmen der Zwangsverwaltung entstanden war und deshalb vom Zwangsverwalter durchzuführen ist. Ergeben die vorstehenden Ausführungen, daß der Beklagte in seiner Eigenschaft als Zwangsverwalter zur Zeit der Klagerhebung passiv legitimiert war, so kann seine einmal gegebene Passivlegitimation nicht im Laufe des Rechtsstreites durch die Aufhebung der Zwangsverwaltung wieder beseitigt werden. Vielmehr ist dem Reichsgericht beizustimmen, welches ausführt, daß mit dem Beschluß, welcher die Zwangsverwaltung aufhebt, die Funktionen des Zwangsverwalters ihr Ende nicht erreicht haben. Er hat die Angelegenheiten, die noch nicht völlig abgewickelt sind, zu Ende zu bringen. Daher ist er zur Fortführung der Rechtsstreitigkeiten berechtigt und verpflichtet, die er im Bereich der ihm übertragenen Verwaltung als Kläger oder Beklagter hat führen müssen (JW. 1902 S. 318; Entsch. des RG. 53 S. 263 ff.). Dr. R.

r) **Streitigkeiten zwischen Konkurs- und Zwangsverwalter.**

Kammergericht, XIV. ZS. Urteil v. 4. Juli 1907.

Der Konkursverwalter erhob gegen den Zwangsverwalter des Massegrundstücks die Eigentumsklage auf Herausgabe gewisser noch nicht eingefügter Baumaterialien, weil er diese, gestützt auf die neuerlich überwiegende Ansicht der Rechtsprechung, nicht für Grundstückszubehör erachtete.... Während der ersten Instanz wurde das Grundstück versteigert und die Zwangsverwaltung aufgehoben, ferner sind die Materialien, soweit noch über sie gestritten wird, in das Haus eingefügt worden. Dem Landgericht ist darin beizutreten, daß der Zwangsverwalter noch passiv legitimiert ist. Obwohl die Zwangsverwaltung beendet ist, dauert das Amt des Beklagten mindestens für die prozessuale Abwicklung des begonnenen Rechtsstreites noch fort, zumal er entsprechend der Entsch. des RG. 36 S. 94 Deckungsmittel für die Kosten des schwebenden Prozesses aus der Verwaltungsmasse zurückbehalten hat.

Die Klage erweist sich jedoch als von Anfang an unbegründet, weil ein Eigentumsanspruch auf Herausgabe nur zwischen dem Eigentümer und einem Nichteigentümer möglich ist. Hier streiten aber zwei Organe mit beamtenartiger Stellung um den Besitz von Sachen, die jedenfalls demselben Schuldner gehören, dessen Vermögen die streitenden Organe verwalten. Ungewißheit besteht unter ihnen nur darüber, ob diese Sachen zur allgemeinen Konkursmasse oder zu der zur abgesonderten Befriedigung der Liegenschaftsgläubiger bestimmten Grundstücksmasse zu ziehen sind. Jedes von diesen Organen übt das Verwaltungsrecht des Schuldners aus und macht dessen Rechte geltend, nur der Kreis der Gläubiger, zu dessen Gunsten sie tätig sind, gestaltet sich verschieden. Es liegt also kein Eigentumstreit vor, sondern ein Zuständigkeitsstreit der beiden Verwalter. Dieser hätte, solange nicht ein Grundstücksgläubiger ausdrücklich abgesonderte Befriedigung aus diesen Sachen oder deren Mitversteigerung verlangte (vgl. § 127 KO.), durch Erinnerung und nötigenfalls Beschwerde des Konkursverwalters über den Zwangsverwalter nach § 766 ZPO., § 95 ZwVG. (so Rsp. 11 S. 320), aber nicht durch gerichtliche Klage der beiden Verwalter untereinander zum Austrag gebracht werden können. Wollte der Konkursverwalter klagen, so hätte er nach § 771 ZPO. vorgehen können. Die Klage hätte aber dann gegen den betreibenden Gläubiger und nicht gegen den Zwangsverwalter gerichtet werden müssen, da dieser — ähnlich wie der Gerichtsvollzieher — nur Vollstreckungsorgan ist und den betreibenden Gläubiger nicht vertritt. Dr. S.

s) **Wann haftet der Zwangsverwalter persönlich?**

Kammergericht, XV. ZS. Urteil v. 30. April 1907.

Der Kläger hat gewußt, daß X. Eigentümer des Grundstücks war, auch ist, als der Beklagte die Arbeiten bestellte, von seiner Eigenschaft als Verwalter die Rede gewesen. Mit dem ersten Richter ist hiernach davon auszugehen, daß beide Parteien darüber einig waren, daß bei der Bestellung der Beklagte als Verwalter handelte. Daß etwa der Beklagte sich ausdrücklich als persönlich haftbar bezeichnet hätte, ist auch jetzt nicht behauptet worden.

Es bedarf nun in diesem Falle nicht einer grundsätzlichen Entscheidung über die Rechtsstellung des Zwangsverwalters (zu vgl. Jaeckel, Zwangsversteigerungsgesetz S. 537; Reinhardt, desgl., 2 S. 221; Entsch. des RG. 25 S. 240, 24 S. 304), weil der Streit nicht darüber geführt wird, in welcher Form die Verurteilung einer Person, welche als Zwangsverwalter ein Werk bestellt hat, erfolgen muß, sondern darüber, ob der Beklagte für sich persönlich bestellt hat und aus diesem Grunde als Zwangsverwalter gar nicht in Betracht kommt, sondern persönlich in Anspruch genommen werden kann. Diese Frage ist aber nach dem erwähnten Ergebnis der Beweisaufnahme zu verneinen. W. n.

t) **Zwangsverwalter als Rechtsnachfolger gemäß ZPO. § 727.**

OLG. Cöln, III. ZS. Beschluß v. 29. Oktober 1906.

Der erst nach Klagerhebung bestellte Zwangsverwalter war dem klagenden Eigentümer als Nebenintervenient i. S. des § 66 ZPO. beigetreten und erzielte ein obsiegliches Urteil, das auf den Namen des Klägers lautete. Die vom Verwalter beantragte vollstreckbare Urteilsausfertigung wurde abgelehnt, auf seine Beschwerde jedoch angeordnet. Gründe:

Ob der Zwangsverwalter im Sinne der ZPO. Rechtsnachfolger des Eigentümers ist, ist allerdings streitig. Zu verneinen ist die Frage, wenn man ihn mit Petersen (§ 727 ZPO.) als gesetzlichen Vertreter auffaßt, so daß eine besondere Vollstreckungsklausel überflüssig ist. Nimmt man aber mit Struckmann-Koch (§ 50 N. 2), Gaupp-Stein (§ 727 III 2) an, daß auf ihn nur die Verfügungsbefugnis hinsichtlich der Rechte des Eigentümers übergeht und daß er kraft seines Amts selbst Partei wird, so muß er bei einem auf den Namen des Eigentümers ergangenen Urteil die Klausel nach § 727 erwirken. Die letztere Ansicht verdient auch schon aus der praktischen Erwägung den Vorzug, daß bei Anwendung des § 727 die Prüfung, ob ein Anspruch zum Wirkungskreise des Verwalters gehört, nicht dem Gerichtsvollzieher, sondern dem Prozeßgericht zufällt. Vorliegend bedarf es nicht einmal einer grundsätzlichen Entscheidung hierüber, weil das Urteil sich bereits auf den Standpunkt gestellt hat, daß der Verwalter Rechtsnachfolger und deshalb nur einfacher Nebenintervenient sei.... Rh. Arch. 104 S. 71.

u) **Ist die Vollstreckung in Grundstückszubehör eingestellt, so ist ein dagegen verstoßender Zuschlagsbeschluß unzulässig, selbst wenn der Ersteher nachträglich auf jenes Zubehör verzichtet.**

OLG. Posen, V. ZS. Beschluß v. 19. Dezember 1906.

Auf Antrag des Intervenienten M. hat das nach §§ 771, 769 ZPO. zuständige Prozeßgericht die Zwangsvollstreckung in die beiden Pferde, die als Zubehörstücke der Zwangsversteigerung des Grundstücks mitunterworfen waren, eingestellt. Der Beschluß ist von keiner der am Interventionsprozeß beteiligten Parteien angefochten. Der von X. zu den Versteigerungsakten erhobene Widerspruch war unbeachtlich, da er dem Versteigerungsverfahren nicht beigetreten war. M., der die Freigabe von Zubehörstücken verlangt, hat diesen Anspruch nur gegen den betreibenden Gläubiger geltend zu machen; mit den übrigen Realgläubigern hat er nichts zu tun und diese nichts mit ihm (vgl. Jaeckel, ZwVG. § 23 Anm. 1). Den Einstellungsbeschluß mußte der Vollstreckungsrichter berücksichtigen. Gemäß § 37 Nr. 5, § 55[2] ZwVG. erstreckte sich die Versteigerung nicht auf die 2 Pferde. Der Zuschlag des Grundstücks schlechthin, also mit den zwei Zubehörstücken, verletzte das Recht des Intervenienten M. und war deshalb gemäß § 83 Nr. 5 zu versagen. Der Zuschlagsbeschluß des Amtsgerichts, der hiergegen verstößt, ist daher auf die Beschwerde des M. mit Recht aufgehoben, auch ist mit Recht der Zuschlag dem Meistbietenden S. versagt worden (§ 83 Nr. 5, § 100). Allerdings hat M. den Zuschlag nur insofern angefochten, als er die beiden Pferde betrifft, und nur insoweit Aufhebung des Beschlusses verlangt. Allein der Zuschlag kann unter anderen als den im Versteigerungstermin festgestellten Bedingungen nicht erteilt werden. Steht der Erteilung des Zuschlags unter diesen Bedingungen das Recht eines Beteiligten entgegen, wie hier, so bleibt nur die Versagung des Zuschlags schlechthin übrig (Jaeckel § 83 Anm. 9). Durch rechtzeitige Erhebung der Beschwerde wird die Rechtskraft des Zuschlagsbeschlusses in vollem Umfange gehemmt. Von einer relativen Rechtskraft des mit der Beschwerde nicht angegriffenen Teils kann nicht die Rede sein.

Mußte hiernach der Zuschlag unter den vom Amtsgericht im Versteigerungstermin aufgestellten Bedingungen versagt werden, so kann auch die nachträgliche Meinung des Erstehers in seiner weiteren sofortigen Beschwerde, daß er sich bereit erkläre, das Grundstück auch ohne die Zubehörstücke für das Meistgebot von 3600 Mark zu übernehmen, und sein Eventualantrag, ihm den Zuschlag unter Ausschluß der zwei Zubehörstücke für jenes Meistgebot zu erteilen, keine Berücksichtigung finden. Hat das Landgericht den Zuschlagsbeschluß mit Recht aufgehoben, so kann dieser auf Grund der einseitigen Erklärung des Erstehers nicht wiederhergestellt werden, am allerwenigsten mit einer Modifikation, die im Versteigerungstermin nicht als Versteigerungsbedingung aufgestellt war. Selbst wenn man in der nachträglichen Erklärung des Beschwerdeführers eine Genehmigung, d. h. einen Verzicht auf die Rüge des prozessualen Verstoßes, den das Amtsgericht durch Nichtachtung des Einstellungsbeschlusses begangen hat, finden wollte (Jaeckel § 81 Anm. 4), so würde diese Erklärung doch nicht berücksichtigt werden können, da sie nicht in der durch § 84[2] vorgeschriebenen öffentlich beglaubigten Form abgegeben ist. Pos. M. Schr. 1906 S. 178.

v) **Prüfung der Gebühren und Auslagen des betreibenden Gläubigers und der sonstigen Beteiligten.**

OLG. Dresden, VI. ZS. Beschluß v. 3. November 1906.

A., für den zwei Hypotheken auf dem versteigerten Grundstück haften und bestehen bleiben, meldete für seine Vertretung durch RA. X. im Verteilungsverfahren rechtzeitig und ohne Widerspruch des betreibenden Gläubigers eine nach dem Kapitalbetrage der Hypotheken berechnete Gebühr an. Das Amtsgericht stellte dagegen nur die Gebühr ein, die sich nach dem Betrage der bar zur Hebung gelangenden Zinsen ergab. A. erhob Widerspruch und sofortige Beschwerde. Auf ersteren wurde der abgestrichene Betrag ihm bedingt zugeteilt und für ihn sowie für den darauf angewiesenen B. hinterlegt. Die Beschwerde hatte Erfolg. Auf die weitere Beschwerde des B. wurde der amtsgerichtliche Beschluß wiederhergestellt. Gründe:

Das LG. bezieht den § 45 ZwVG. auch auf die Kosten der Zwangsvollstreckung. Die Kommentare zum ZwVG. bejahen zwar im allgemeinen diese Anwendbarkeit des § 45, ohne jedoch besonders zu erörtern, ob dies auch für Forderungen gilt, die aus Anlaß der gerade in Rede stehenden Zwangsversteigerung entstanden sind. Diese Frage ist zu verneinen. Nach § 788[1] ZPO., der auch für die Immobiliarvollstreckung gilt, sind die Vollstreckungskosten mit dem Anspruche beizutreiben. Damit ist bestimmt, daß für diese Kosten, anders wie für die Prozeßkosten, kein besonderer Titel neben dem für die Hauptsache erforderlich ist, daß die Kosten vielmehr vom jeweiligen Vollstreckungsorgane festzusetzen sind. Hieraus ergibt sich, daß das Vollstreckungsgericht als die mit der Zwangsversteigerung betraute Behörde ebenso berechtigt wie verpflichtet ist, die von einem Beteiligten berechneten Vollstreckungskosten auf ihre Taxmäßigkeit und Erstattungsfähigkeit zu prüfen, gleichviel ob sie gerade vom betreibenden Gläubiger oder von anderen Beteiligten beansprucht werden. Die auf Grund der Prüfung erfolgte Festsetzung ist eine im Vollstreckungsverfahren ergangene Entscheidung, gegen die nach § 793 ZPO. die sofortige Beschwerde stattfindet und die deshalb (mit materiellem Erfolge) auch nur im Beschwerdewege (und nicht mittels Widerspruchsklage) angefochten werden kann. Daß das Vollstreckungsgericht nach dem ZwVG. keine entscheidende Tätigkeit ausübt und so besonders eine Glaubhaftmachung von Amts wegen nur bei solchen Rechten verlangen kann, die nicht im Grundbuch eingetragen sind, steht nicht entgegen, weil seine Verpflichtung zur Prüfung der Vollstreckungskosten auf der allgemeinen Vorschrift des § 788 ZPO. beruht und durch das ZwVG. unberührt bleibt. Letzteres bedingt lediglich die Besonderheit, daß die Festsetzung nicht selbständig, sondern nur mittels Beschwerde gegen den Zuschlag (wenn nämlich das Meistgebot zur Deckung der abgestrichenen Kosten nicht ausreicht), sonst gegen den Teilungsplan angefochten werden kann. Hierdurch wird das mit der gegenteiligen Ansicht verbundene Ergebnis vermieden, daß sich über die Taxmäßigkeit oder Erstattungsfähigkeit angesetzter Vollstreckungskosten eine urteilsmäßige Entscheidung auf Grund eines lediglich zu diesem Zwecke abzusetzenden Prozeßverfahrens erforderlich machen könnte; ein Ergebnis, das der Gesetzgeber nicht gewollt haben kann.

Die Vorschriften des ZwVG. über den Widerspruch bleiben hierdurch unberührt; eine nicht voll berücksichtigte Kostenanmeldung ist deshalb gemäß § 115 ² als Widerspruch mit den Folgen des § 124 zu behandeln; im Widerspruchsprozesse kommt jedoch der Festsetzung der Vollstreckungskosten durch das Vollstreckungsgericht dieselbe Wirkung zu, wie einem über die Prozeßkosten ergangenen Festsetzungsbeschlusse, so daß der Anspruch auf Abänderung des Planes nicht auf eine unrichtige Festsetzung der Kosten, sondern nur auf sonstige Gründe gestützt werden kann.

Das LG. hätte daher den Abstrich des Amtsgerichts nachprüfen müssen. Hierbei kommt in Betracht, daß sich das Verteilungsverfahren auf das Bargebot beschränkt (§§ 49, 117, 119 ZwVG.) und daß deshalb die in § 39 RAGebO. bestimmte Gebühr auch nur von demjenigen Anspruche berechnet werden kann, der bei der Verteilung des Bargebots zu berücksichtigen ist. Die im § 113² ZwVG. vorgeschriebene Angabe der bestehen bleibenden Rechte bezweckt lediglich, den anderen Beteiligten Gelegenheit zu geben, dem Bestehenbleiben der Rechte zu widersprechen; auf das Bestehenbleiben hat die Angabe des Teilungsplans keinerlei Einfluß. Der Vertreter des A. hatte sonach nicht die Aufnahme der beiden Hypotheken in den Teilungsplan zu überwachen, so daß die Kostenfestsetzung des Amtsgerichts gerechtfertigt erscheint. Bl. f. RA.

3

a) Zuständigkeit der ordentlichen oder der Kaufmanns- bzw. Gewerbegerichte. Anwendung des § 1 KfmGG. vom 6. Juli 1904 im Falle der Rechtsnachfolge. Auslegung des § 538 Nr. 2 ZPO.

α) OLG. Dresden, II. ZS. Urteil v. 30. November 1906.

Die vorliegenden Streitigkeiten (abgetretene Konkursforderungen auf Gehalt, Rückzahlung einer Sicherheit, Ersatz verschiedener Beträge) sind solche im Sinne von § 1¹ zu § 5 Ziff. 2, 3 des KfmGG. v. 6. Juli 1904, denn sie entspringen „aus dem Dienstverhältnisse zwischen einem Kaufmann und seinem Handlungsgehilfen". Daß sie gegenwärtig zwischen einem Sonderrechtsnachfolger des Handlungsgehilfen X. und dem Verwalter im Konkurse über den Nachlaß des Kaufmanns Y. ausgetragen werden sollen, ist unerheblich. Denn wennschon es nach der Fassung von § 1¹ nicht ausgeschlossen sein würde, die Worte „zwischen Kaufleuten einerseits und ihren Handlungsgehilfen andererseits" auf das Wort Streitigkeiten zu beziehen, so liegt es doch in Rücksicht auf ihre Stellung im Satzgefüge näher, sie mit dem Worte „Dienstverhältnis" zu verbinden. Dies ist aber auch sachlich begründet. Schon im Hinblick auf § 1 des GewGG. vom 29. Juli 1890 hat das erkennende Gericht in einer Entscheidung vom 8. November 1901 (Sächs. OLG. 23 S. 181 ff.) dargelegt, daß es ohne Beispiel in der Gesetzgebung und mit der Rücksicht auf den Schuldner unvereinbar sein würde, die sachliche Zuständigkeit der Gerichte mit einem Wechsel in der Person des Gläubigers wechseln zu lassen. Diese Entscheidung ist nun zwar durch Entsch. des RG. 51 S. 193 aufgehoben worden, wonach der Wortlaut des § 1 GewGG. die Zuständigkeit des Gewerbegerichts ausschließen soll, falls nicht die Streitteile selber zueinander in dem Verhältnis von Arbeitgeber und Arbeitnehmer stehen. Diese Erwägung (vgl. auch Entsch. des RG. 55 S. 266) versagt aber gegenüber dem Wortlaute des § 1 KfmGG. Mindestens abgesehen von dem Falle des § 1 GewGG. erscheint deshalb die erwähnte Ausführung a. O. zutreffend. Endlich gibt die Auslegung der letzteren Vorschrift durch das RG. keineswegs einen zulänglichen Grund, die neuere Vorschrift des § 1 KfmGG. übereinstimmend zu deuten. Abgesehen von dem vielfältigen Widerspruch, den die reichsgerichtliche Auslegung des § 1 Gew.GG. gefunden hat (s. unten Bewer u. Jäger, auch Levy in D.JZ. 8 S. 345), verbietet sich eine solche Rücksichtnahme schon deshalb, weil in der dem Entwurfe zum KfmGG. beigegebenen Begründung (Stenogr. Berichte 1903—1904 Bd. 1 S. 722) zur Rechtfertigung der fraglichen Abweichung von dem § 1 GewGG. ausdrücklich bemerkt wird, „es solle damit die Zuständigkeit des Kaufmannsgerichts auch für den Fall einer Rechtsnachfolge klargestellt werden". Ders. Meinung: Kulka, KfmGG. S. 3; Apt S. 36 Ziff. 6; Schulz S. 18 Anm. 2; Bewer in D.JZ. 9 S. 1114; v. Frankenberg in Hirths Ann. 38, 168; v. Simson in Busch Ztschr. 33 S. 578; Jäger in Bay. Z. 1 S. 5; KG. in Rsp. 11 S. 418 [u. 10. Juli 1907]. Dr. v. F.

Dagegen: OLG. Hamburg, I. ZS. Urteil v. 7. Juni 1907.

Die Klägerin, welche als kaufmännische Handlungsgehilfin für das Kaufmannsgewerbe des F. engagiert war, hat, nachdem F. in Konkurs gegangen war, ihr restliches Gehalt angemeldet. Der Konkursverwalter bestritt die Forderung. Das LG. hat die Klage von Amts wegen wegen Unzuständigkeit der ordentlichen Gerichte abgewiesen. Die Berufung der Klägerin hatte Erfolg. Gründe:

Unter der Annahme, daß der klägerische Jahresverdienst an Gehalt (20 % vom Reingewinn) den Betrag von 5000 Mark fürs Jahr nicht übersteigt, wäre nach §§ 1, 4, 6 des Ges. vom 6. Juli 1904 das Kaufmannsgericht dann zuständig, wenn die Streitigkeit aus dem Dienstverhältnis zu entscheiden wäre, zwischen dem Kaufmanne einerseits und dessen Handlungsgehilfen anderseits. Der Fall liegt nicht vor. Beklagter ist kein Kaufmann, sondern Konkursverwalter und Klägerin war Handlungsgehilfin von F., aber nicht des Beklagten. Das Gesetz betr. Kaufmannsgerichte ist in wesentlichen Punkten dem Gewerbegerichtsges. vom 29. September 1901 nachgebildet. Die hier einschlägigen §§ 1^1, 6 des Ges. vom 6. Juli 1904 haben inhaltlich den gleichen Wortlaut mit §§ 1^1, 6 des Ges. von 1901. Nun hat das Reichsgericht bereits wiederholt und stets gleichmäßig und mit Recht ausgeführt, daß die Zuständigkeit des Gewerbegerichts nicht schon dann begründet ist, wenn der erhobene Anspruch auf einem gewerblichen Arbeitsvertrage beruht, daß vielmehr auch erforderlich ist, daß der Rechtsstreit zwischen dem Arbeiter und dem Arbeitgeber anhängig ist. In Fällen, in denen Beklagter nicht der Arbeitgeber, sondern ein Konkursverwalter ist, wäre noch zu prüfen, ob er Vertreter des Gemeinschuldners ist, oder ob er in den Vertrag eingetreten ist. Letzteres liegt unstreitig nicht vor, da die Klägerin nur Salär bis zur Konkurseröffnung fordert, und daß der Konkursverwalter, soweit er für Regulierung und Verteilung der Masse zu sorgen hat, nicht Vertreter des Gemeinschuldners ist, sondern ein im öffentlichen Interesse geschaffenes Organ für die Durchführung des Zweckes des Konkurses, hat das Reichsgericht grundlegend bereits in Bd. 29 Nr. 10 bei der Frage der Zeugnisfähigkeit des Gemeinschuldners ausgesprochen. Das Landgericht ist daher zuständig für die Entscheidung des vorliegenden Rechtsstreites, und es kann dahingestellt bleiben, ob der von der Klägerin angezogene § 146 KO. auch die sachliche und nicht nur die örtliche Zuständigkeit der ordentlichen Gerichte im Bezirke des Konkursgerichts für neue Klagen gegen den Konkursverwalter normiert hat.

Es erschien ferner angemessen, die Sache gemäß § 539 ZPO. an das Landgericht zurückzuverweisen. Ob eine Zurückverweisung auf Grund § 538 Nr. 2 erfolgen kann, wenn der Beklagte die Einrede der Unzuständigkeit gar nicht erhoben hat, sondern das Gericht sie von Amts wegen als begründet erachtet und daraufhin die Klage abweist, ist streitig. Die Entsch. des RG. 27 Nr. 89 hat die Frage verneint; der hiesige I. ZS. hat sie bejaht (Hans. GZ. 1898 Nr. 39 [u. unten S. 57 Nr. 3 f]). Vorliegend braucht nicht von neuem Stellung zu der Frage genommen zu werden. Gegenüber der Rechtsprechung des RG. wird man verlangen müssen, daß die erste Instanz vom richterlichen Fragerecht Gebrauch macht und nicht von Amts wegen der Partei eine Instanz nimmt oder richtiger sie der Gefahr aussetzt, daß die zweite Instanz, dem RG. folgend, eine Zurückverweisung gemäß § 538² nur dann für zulässig hält, falls die Unzuständigkeit des Gerichts vom Beklagten als Einrede vorgeschützt ist. Die Ausübung des Fragerechts erschien vorliegend um so mehr geboten, als die Parteien bei vorausgesetzter Kenntnis der Gesetze und der Rechtsprechung an die Möglichkeit der vom Landgericht abgegebenen Entscheidung nicht denken konnten. Das Urteilsverfahren erster Instanz leidet mithin an einem wesentlichen Mangel. M. M.

β) Ansprüche aus dem Dienstvertrag[1] oder aus § 62 HGB.

Kammergericht, VIII. ZS. Urteil v. 11. Juli 1906.

Die Klägerin war bei dem Beklagten als Verkäuferin angestellt. Bei der ihr obliegenden Tätigkeit fiel sie von einer Leiter herab, weil eine schadhafte Stufe brach. Sie verlangt Schadenersatz auf Grund des § 62 HGB. Zur Entscheidung über einen solchen Anspruch ist das ordentliche Gericht zuständig. Dies hat das RG. (Entsch. 41 S. 136) mit Bezug auf § 3 Nr. 2 des Gewerbegerichtsges. vom 29. Juli 1890 angenommen. Das neue Gesetz

[1] Hatte der Beklagte, Provisionsreisender, monatlich 300 Mark Vorschuß zu erhalten und allmonatlich abzurechnen, so stellt sich die Rückforderung der danach zuviel gezahlten Vorschüsse — mag man die Vorschußleistung als Darlehn oder als Vorauszahlung auf später fällig werdende Provisionen betrachten — als Anspruch aus der Bereicherung oder als ein solcher, der lediglich durch die Zahlung veranlaßt wurde, dar und gehört deshalb vor die ordentlichen Gerichte (OLG. München, II. ZS. Urteil v. 3. Juni 1905; Bl. f. RA. 70 S. 529).

hat daran nichts geändert. Wenn jenes bestimmte, daß die Gewerbegerichte zuständig seien für die Streitigkeiten über Leistungen und Entschädigungsansprüche aus dem Arbeitsverhältnisse, und dieses die Zuständigkeit der Gewerbegerichte ausspricht für Streitigkeiten über Schadenersatzansprüche wegen Nichterfüllung oder nicht gehöriger Erfüllung der Leistungen aus dem Arbeitsverhältnisse, so handelt es sich hier um dieselben Streitigkeiten wie dort. Das Gesetz über die Kaufmannsgerichte stimmt aber in § 5 Nr. 2 und 4 mit dem § 4 Nr. 2 und 4 des GewGG. überein.

Die Entscheidung des Landgerichts I in Berlin (D. JZ. 11 S. 604) übersieht, daß die Verpflichtung des Geschäftsherrn zur Einrichtung und Verhaltung von Gerätschaften nicht **unmittelbar** aus dem **Dienstvertrage** entspringt, sondern aus der für den **Dienstverpflichteten** und für **Dritte**, **im allgemeinen Wohlfahrtsinteresse** und durch den Dienstvertrag **nicht abänderlichen** Vorschrift des § 62 HGB. (vgl. noch **Schulz** zu § 5 bzw. 4 der beiden Gesetze; **Wilhelmi-Bewer**, GewGG. 13 zu § 4; ferner **Haas** GewGG. 12 zu § 4 gegen **Haas**, Kaufmannsgerichte, 4 zu § 5). Dr. P.

γ) **Lohnforderungen eines Zuschneiders.**

OLG. Hamburg, III. ZS. Urteil v. 20. Oktober 1906.

Das Gewerbegericht ist ausschließlich zuständig für Streitigkeiten zwischen Arbeitgebern und Arbeitern, und als solche gelten nach § 2 des Ges. vom 29. Juli 1890 diejenigen Gehilfen, auf welche Teil VII der Gewerbeordnung Anwendung findet und ferner Werkmeister und mit höheren technischen Dienstleistungen betraute Angestellte, deren Jahresverdienst 2000 Mark nicht übersteigt. Wäre mit dem Landgericht anzunehmen, daß Kläger ein „Werkmeister" im Geschäft des Beklagten gewesen sei, so käme obige Bestimmung auf ihn nicht zur Anwendung, weil der Wochenlohn von 40 Mark im Jahre auf 2080 Mark sich stellt. Daß die Tätigkeit eines Zuschneiders nicht eine „höhere technische Dienstleistung" darstellt, hat auch das Reichsversicherungsamt (**Reger** 20 Anhang S. 89) mit Recht ausgeführt. Wenn es aber die Zuschneider anscheinend generell als „Werkmeister" charakterisiert, so kann dem nicht beigestimmt werden. Es ist vielmehr mit der Entsch. des OLG. Stuttgart (**Reger** 20 S. 419 ff.) und aus deren zutreffender Begründung anzunehmen, daß je nach der Größe des Betriebes, der Arbeitsverteilung, der durch die Höhe des Lohnes bedingten sozialen Stellung und der etwa dem Angestellten anvertrauten Aufsicht über andere Angestellte oder gar Stellvertretung des Arbeitgebers **für jeden Einzelfall** entschieden werden muß, ob ein Zuschneider als Werkmeister oder als gewerblicher Arbeiter anzusehen ist. Im vorliegenden Falle bedarf es nicht erst einer Beweisaufnahme, um schon festzustellen, daß es sich um einen Betrieb kleinster Art handelte. Nur 1—2 Gesellen arbeiteten in der Werkstatt, von einer Beaufsichtigung der Heimarbeiter war nicht die Rede, das Gehalt von 2080 Mark ist bei Hamburger Lohnverhältnissen höchstens das eines geschickteren gewerblichen Arbeiters und der Stellung eines Werkmeisters nicht entsprechend. Dem gegenüber kann Betrauung mit einzelnen Einkassierungen und Vertretung des Chefs im Falle seiner Abwesenheit nicht entscheidend ins Gewicht fallen. Der Kläger hätte also etwaige Ansprüche wegen vorzeitiger Entlassung vor dem Gewerbegericht geltend machen müssen. M. M.

δ) **Ansprüche der Maurerpoliere.**

Kammergericht, V. ZS. Urteil v. 6. Oktober 1906.

Die erst in der Berufungsinstanz erhobene Einrede der Zuständigkeit des Gewerbegerichts ist zulässig[1] und auch begründet.

Der Kläger, der als Zimmerpolier bei der Beklagten gearbeitet hat, fordert seinen Wochenlohn für die Zeit von der Beendigung des Rohbaues bis zur vollständigen Herstellung des Baues. Daß sein Jahresverdienst 2000 Mark übersteigt, ist anzunehmen, [da er nach dem Gutachten auf eine fast ununterbrochene Beschäftigung zum Wochenlohn von 45 Mark rechnen kann]. Die Entscheidung über die Zuständigkeit des ordentlichen Gerichts hängt deshalb davon ab, ob der Kläger zu den im Gewerbegerichtsgesetz erwähnten höheren Angestellten gehört. Diese Frage ist zu verneinen. Wen der § 3 das. unter den dort aufgeführten Bezeichnungen verstanden wissen will, ergibt sich aus der GewO., die die materielle Grundlage des Gewerbegerichtsgesetzes bildet und im § 133a dieselben Bezeichnungen für die aus der Klasse der Arbeiter herausgehobenen Personen gebraucht und erläutert. Zu diesen Personen gehört ein einfacher Zimmerpolier, zumal der Kläger, der regelmäßig nur mit 3, vorübergehend auch mit 6 Gesellen einen Dachverband herzustellen hatte, nicht, mögen ihm auch einige äußerliche Tätigkeiten, wie die Beschaffung der Zimmergesellen nach den feststehenden Tarifsätzen, die Verteilung des ihm übergebenen Wochenlohns und das Einkleben der ihm überwiesenen Versicherungsmarken, übertragen gewesen sein. Denn die Leitung des Betriebes oder einer Abteilung desselben hat ein solcher Polier nicht, er hat nur zusammen mit den übrigen Zimmergesellen nach Zeichnungen Holz zuzubereiten und zusammenzusetzen. Er hat auch nicht in die Arbeit einzugreifen, Anleitung zu geben, in einzelnen Richtungen zu bestimmen und anzuordnen, wie etwa ein Werkmeister in einer Fabrik, vielmehr ist die Arbeit vom Meister genau vorgeschrieben (durch die Zeichnungen) und danach von allen einzelnen Mitarbeitern (Polier und Gesellen) auszuführen. Aufsichtsbeamter ist der Polier auch nicht, d. h. das Beaufsichtigen ist nicht seine einzige oder wesentlichste Tätigkeit, vielmehr arbeitet er voll mit, wie jeder Zimmergeselle, er ist nur erster Arbeiter, dem nur einige beschränkte und nebensächliche Aufsichtsbefugnisse — wie dem Vorarbeiter in anderen Betrieben — zustehen, eine Tätigkeit, die ihn nicht in dem Sinne des Gesetzes aus der Reihe der übrigen Arbeiter heraushebt.... B. M.

Dazu: Kammergericht, VIII. ZS. Urteil v. 20. April 1907.

Der Kläger war beim Beklagten, der ein größeres Baugeschäft betreibt, als Maurerpolier für den Neubau eines Fabrikgebäudes in Berlin angestellt.

[1] Ebenso OLG. Düsseldorf, I. ZS. Urteil v. 25. Februar 1907 (Rh. Arch. 104 S. 89).

Der erkennende Senat (vgl. KGBl. 1904 S. 34) und auch der V. ZS. des Kammergerichts [vorstehend] hat die Frage, ob Poliere unter § 133a fallen, verneint. Es ist davon auszugehen, daß die Bezeichnung eines Angestellten als Polier für sich allein keinen zuverlässigen Anhalt dafür bietet, daß es sich um eine Aufsichtstätigkeit im Sinne des § 133a GewO. handelt. Einem Polier können nach der Verschiedenheit der örtlichen gewerblichen und der besonderen Verhältnisse des einzelnen Falles sehr verschiedene Tätigkeiten obliegen, es läßt sich daher für die Anwendung des § 133a auf Poliere kein allgemeiner Grundsatz aufstellen, sondern es ist nach der Lage der Umstände in jedem einzelnen Falle zu bestimmen, ob der einzelne Polier nach der Wichtigkeit und dem Umfange der ihm übertragenen Verrichtungen eine Stellung eingenommen hat, welche der eines Betriebsbeamten, Werkmeisters oder ähnlichen Angestellten dermaßen entspricht, daß § 133a darauf anwendbar wird. In den oben erwähnten Urteilen handelte es sich um einen Steinmetzpolier, dem nur 4—5 Arbeiter untergeben waren, und um einen Zimmerpolier, der zusammen mit sechs anderen Zimmergesellen einen Dachverband in genau vorgeschriebener Weise herzustellen hatte. In einem dritten Urteile ist festgestellt, daß der Maurerpolier nicht selbständig, sondern nur unter besonderer Leitung und Aufsicht eines bauleitenden Architekten tätig gewesen war. In Fällen dieser Art wird die Anwendbarkeit des § 133a mit Recht verneint werden müssen.

Im vorliegenden Falle hat sich aber die Tätigkeit des Poliers anders gestaltet. Auf dem Neubau waren ständig etwa 30—35 Maurer seiner Aufsicht unterstellt. Er übte diese Aufsicht auch im wesentlichen selbständig aus. Der Dienstherr hatte zu gleicher Zeit eine ganze Reihe von Bauten auszuführen, ihm war es nicht möglich, andauernd auf dem Bau anwesend zu sein und die nötigen Anordnungen zu treffen, nur je nach dem Stande der Arbeiten kam er ein- oder zweimal am Tage, mehrere Tage hintereinander oder auch mehrere Tage gar nicht auf den Bau. Auch die Beteiligung des vom Dienstherrn unterhaltenen technischen Bureaus war nicht derartig, daß dadurch die Aufsichtstätigkeit des Poliers ihren selbständigen Charakter verloren hätte. Die laufende Aufsicht über die Maurer lag allein in der Hand des Poliers. Er hatte darauf zu achten, daß alle Maurer ihre Arbeiten gewissenhaft und ordnungsmäßig verrichteten, er hatte neben der besonderen Leitung der Maurerarbeiten auf dem Bau die allgemeine Ordnung aufrecht zu erhalten und namentlich über die Verteilung der Maurerarbeiten sachgemäß zu disponieren, d. h. es so einzurichten, daß die vorhandenen Arbeitskräfte richtig ausgenutzt wurden, also für jeden jederzeit Arbeit vorhanden war und die einzelnen Arbeiter sich nicht gegenseitig behinderten, so daß in der Förderung des Baues keine Stockung eintrat. Der Polier hatte ferner die Arbeiter anzunehmen und zu entlassen. Ihm waren auch weitergehende Anordnungen überlassen worden, z. B. die Bestimmung des Ortes, an welchem der Fahrstuhl für die Förderung der Baumaterialien eingelegt werden sollte. Auch etwaige Wünsche des Bauherrn wurden mindestens teilweise mit dem Polier besprochen. Der Maurerpolier hatte auch den Zimmergesellen die nötigen Maße anzugeben und ähnliche Anweisungen zu erteilen, wenn ihre Arbeiten von der Art der Ausführung und dem Fortschreiten der Maurerarbeiten abhängig waren.

Nach alledem, insbesondere mit Rücksicht auf die geschilderte Art der Aufsichtstätigkeit in Verbindung mit der großen Zahl der ihm unterstellten Maurer ist hier der Kläger unter § 133a zu rechnen. Dem steht auch nicht entgegen, daß seine Tätigkeit nicht über die des gewöhnlichen und durchschnittlichen Berliner Maurerpoliers hinausgegangen sein soll, sowie ob der Kläger keine Baugewerkschule oder Fachschule besucht, sondern sich die für seine Tätigkeit notwendigen Kenntnisse und Fertigkeiten lediglich durch die Praxis angeeignet hat.

Nach der Eigentümlichkeit des Geschäfts des Dienstherrn ist es auch nicht bedenklich, in einem selbständigen Neubau eine Abteilung des Betriebes im Sinne des § 133a zu sehen. Dr. P.

ε) Kaufmännische Angestellte gewerblicher Unternehmen.

OLG. Düsseldorf, II. ZS. Urteil v. 5. März 1907.

Der Kläger, der im Straßenreinigungsinstitute des Beklagten als Geschäfsführer vorwiegend zur Verrichtung kaufmännischer Dienste angestellt war, fordert seine Kaution zurück. Die Einrede der Unzuständigkeit der ordentlichen Gerichte ist begründet. Denn aus der [dargelegten] Entstehungsgeschichte des GewGG. § 3 und dem Wortlaute des § 81 muß mit Wilhelmi-Bewer (GewGG. § 81 Note 2a) und Entsch. des RG. 63 S. 200 gefolgert werden, daß auch die kaufmännischen Angestellten in einem gewerblichen Betriebe für ihre Streitigkeiten der Zuständigkeit des Gewerbegerichts unterstehen, es sei denn, daß, was hier nicht zutrifft, ein Handelsgewerbe vorliegt. Rh. Arch.

ζ) Konkursvorrecht eines Ziegelmeisters.

OLG. Dresden, III. ZS. Urteil v. 2. Mai 1906.

Der klagende Ziegelmeister hat aus dem mit A. geschlossenen Vertrage zum Konkurse des A. Forderungen angemeldet, die als einfache Konkursforderungen festgestellt sind. Er klagt jetzt gegen den Konkursverwalter auf Anerkennung des Vorrechts des § 61 Nr. 1 KO. Für diesen Anspruch sind die ordentlichen Gerichte zuständig. Zwar ist die erste Voraussetzung für die Zuständigkeit der Gewerbegerichte gegeben: die Klage ist auf einen zwischen dem Kläger und dem Gemeinschuldner geschlossenen gewerblichen Arbeitsvertrag gestützt. Dagegen fehlt es an der zweiten Voraussetzung, da der Beklagte als Konkursverwalter nicht gesetzlicher Vertreter des Kridars ist, sondern in Ausübung eines ihm gesetzlich übertragenen selbständigen Amts tätig wird. Außerdem handelt es sich hier nicht um die Feststellung der Forderung an sich, sondern um die eines Vorrechts, also um eine rein privatrechtliche, vollkommen außerhalb des Arbeitsverhältnisses liegende Frage. In solchem Falle hat das ordentliche Gericht zu entstehen. Dem steht der § 146⁵ KO. nicht entgegen, da er die den Sondergerichten an sich zukommende Zuständigkeit nicht erweitert.

Der Anspruch ist auch begründet, weil sich der Kläger zur Leistung von Diensten verdungen hat. Ist auch der wirtschaftliche Zweck des Vertrags im wesentlichen auf den durch die Bemühungen des Dienstleistenden zu erzielenden Arbeitserfolg, das Fertigstellen von Ziegeln gerichtet, so handelt es sich doch bei der Vertragspflicht des Klägers nicht um die Vollbringung eines einheitlichen Erfolges, sondern um eine Reihe selbständiger Einzelleistungen. Daß der Kläger eine Mindestzahl Ziegel zu brennen und zu streichen verpflichtet war, steht nicht entgegen, da auch bei einem auf einzelne Dienste gerichteten Vertrage deren voraussichtlicher Gesamtumfang im voraus bestimmt werden kann. Auch die Tatsache, daß ein Akkordlohn vereinbart ist und der Kläger eine größere Anzahl von Arbeitern anzunehmen hat, denen er seinerseits als Arbeitgeber gilt, ist ebenso unerheblich, wie die Bestimmung, daß ihm wegen seiner Lohnforderungen ein Pfandrecht an den im Lager stehenden Ziegeln zustehen soll.... Endlich nahmen die Dienste, die er zu leisten hatte, voraussetzlich seine ganze Arbeitskraft und Zeit in Anspruch und ließen ihn in ein gewisses Abhängigkeitsverhältnis zu A. treten. Sächs. Arch. f. Rpfl.

b) **Das Amtsgericht ist für Ansprüche aus Viehmängeln auch dann zuständig, wenn sie auf betrügerische Zusicherungen gestützt werden. GVG. § 23.**

OLG. Marienwerder, II. ZS. Urteil v. 18. Januar 1907.

Die Klage ist auf die Behauptung gestützt, daß das den Gegenstand eines Kaufes unter den Parteien bildende Vieh nicht den zu vertretenden Eigenschaften entsprochen habe, also mangelhaft gewesen sei, und daß die Beklagten in dieser Beziehung wissentlich falsche Zusicherungen gemacht hätten. Die Grundlage der Klage bleibt aber stets dieselbe, nämlich der Mangel des Viehes, mag der Anspruch auf das Fehlen gewöhnlich vorausgesetzter oder ausdrücklich zugesicherter Eigenschaften oder auf betrügerisches Verhalten des Gegenkontrahenten gestützt werden. Die Entsch. des RG. 12 S. 369 hat zwar bezüglich der gleichfalls im § 23 Nr. 2 GVG. den Amtsgerichten zugewiesenen Ansprüche aus einem außerehelichen Beischlafe in einem Falle, wo im Gebiete des französischen Rechts aus einem Anerkenntnis der Vaterschaft geklagt war, die Zuständigkeit des Landgerichts für begründet erachtet, weil bei einem solchen Anerkenntnisse noch andere schwierigere Fragen in Betracht kamen. Indessen kann dies vorliegend nicht ins Gewicht fallen. Denn einmal handelte es sich dort um eine besondere Bestimmung des französischen Rechts, sodann aber ergibt die Entstehungsgeschichte, daß der Entwurf des GVG. den Amtsgerichten nur die „Wandelungs- und Minderungsklagen wegen Viehmängel" zuweisen wollte. In der Kommission wurde jedoch hervorgehoben, daß sich diese Klagen in der Praxis oft nicht von den Klagen, die sich auf ein dictum et promissum oder auf dolus stützten, trennen ließen; wolle man nun nur die ersteren den Amtsgerichten überweisen, die letzteren aber den Landgerichten (bei einem Objekt von über 300 Mark) überlassen, so gebe dies zu Verwirrungen Anlaß. Deshalb wurde ein der jetzigen Fassung des Gesetzes entsprechender Antrag angenommen. H.

c) **Streitwert.**[1] α) **Bestimmung nach dem Klagantrage.**

OLG. Karlsruhe, III. ZS. Beschluß v. 4. Dezember 1905.

Der Klagantrag ging dahin, die Beklagte habe dem Kläger das Eigentum an zwei Grundstücken binnen einer vom Gericht zu bestimmenden Frist zu verschaffen. Allerdings hatte dieser Klagantrag nach der Klagbegründung nicht den Sinn, den sein Wortlaut vermuten läßt, denn darin war selbst gesagt, der Grundbucheintrag sei bereits auf den Namen des Klägers erfolgt. Aus der Begründung ergibt sich, daß der wahre Streitgegenstand nach der Darstellung des Klägers darin bestand: Beklagter habe sich verpflichtet, dafür zu sorgen, daß Kläger auf 1. September 1904 auf der gekauften Wirtschaft aufziehen könne und im Widerspruch hierzu bestehe der bisherige Pächter dieser Wirtschaft auf der Einhaltung seines bis 1908 fest abgeschlossenen Pachtvertrags. Danach hätte allerdings ein anderer Klagantrag gestellt werden müssen als der tatsächlich gestellte. Aber für den Streitwert ist der Klagantrag maßgebend, der zwar nicht ohne Würdigung der Klagbegründung ausgelegt werden kann, aber auch nicht mit Bezug auf die letztere in einem Sinne verstanden werden darf, der in seinem Wortlaut schlechterdings nicht enthalten ist. Der Klagantrag läßt sich auch bei Berücksichtigung der Klagbegründung nur dahin auffassen, daß er von der Beklagten die Verschaffung des Besitzes der Grundstücke verlange; weil dieser Besitz im Gegensatz zum Eigentum nicht übertragen worden sei. Auf bestimmte Räume des Hauses war er nicht beschränkt und auch in der kurzen Klagbegründung darüber kein Wort gesagt. Demnach muß für diesen Klagantrag der Wert der Sache, um deren Besitz es sich handelt, nach § 6 ZPO. maßgebend sein. Dieser beträgt 29000 Mark. Dr. E.r.

β) **Eigentum an einem Friedhof.**

OLG. Karlsruhe, IV. ZS. Beschluß v. 7. Mai 1906.

Gegenstand des Rechtsstreits war die Frage, ob die Klägerin (Stadtgemeinde) die Eigentümerin des christlichen Friedhofs ist; es bildet hiernach der Wert des den Friedhof bildenden Grund und Bodens den Streitwert. Als Wert desselben kann aber nicht der Wert des die Umgebung des Friedhofs bildenden Ackerlandes oder Industriegeländes angesehen werden; denn das Friedhofgelände ist kein im freien Verkehr befindliches Grundstück; vielmehr ist in Betracht zu ziehen, daß es auf absehbare Zeit hinaus nicht Gegenstand von Veräußerungsverträgen sein kann. Auch die Tatsache, daß Familiengrabstätten auf längere Zeit um hohen Preis abgegeben werden, beweist nichts,

[1] Ein auf längere Zeit festgesetztes Bierbezugsrecht ist, da sich der Bierbedarf aus den verschiedensten Ursachen mindern kann, nicht nach dem bisherigen Bierbedarf zu bewerten, sondern nach § 3 frei zu schätzen (Beschluß des RG. v. 5. Mai 1905, Rundschau 39 S. 61).

da das Eigentum an denselben in der Regel nach Ablauf der hierfür festgesetzten Zeit wieder an die Stadtgemeinde zurückfällt, jedenfalls aber auch solche Grabstätten nach bestimmten ein für allemal festgesetzten Taxen abgegeben werden und nicht Gegenstand einer Grundstücksspekulation sein können. Hiernach ist der Streitwert gemäß § 3 festzusetzen. Dr. E.r.

γ) **Herausgabe von Sachen.**

OLG. Hamburg, III. ZS. Beschluß v. 28. Februar 1907.

Der Kläger hat auf Herausgabe gewisser Sachen geklagt und sich zur Begründung des Anspruchs auf sein Eigentum gestützt. Für den Streitwert ist mithin nach § 6 der Wert der Sachen maßgebend, den das Gericht auf 300 Mark schätzt. Daß nach der Beschwerde die Sachen für den Kläger 750 Mark wert sind, ist gleichgültig, da für die Festsetzung des Streitwerts der objektive Wert der Sachen, nicht das Affektions- oder sonstige besondere Interesse des Klägers in Betracht kommt. Wenn das Landgericht zur Annahme eines Wertes von 189 Mark kommt, weil der Kläger in seiner Klage angegeben hatte, Beklagter habe an den Sachen ein Mietpfandrecht wegen 189 Mark, so ist das gegenüber dem § 6 nicht zu billigen. M. M.

Dazu: **Klage auf Auflassung gegen sämtliche Erben. Streitwert für den einzelnen Miterben.**

OLG. Breslau, II. ZS. Beschluß v. 22. März 1906.

Der Kläger hat gegen 18 Personen, darunter die L.schen Eheleute auf Auflassung eines 900 Mark werten Grundstücks geklagt, das ihm ihr Erblasser verkauft hatte. Nach Erledigung der Hauptsache ist nur über die Kosten erkannt und der Kläger mit den die L.schen Eheleute betreffenden Kosten belastet worden. Deren Anwalt hat seine Gebühren soweit sie die Hauptsache betreffen von einem Objekt von 900 Mark berechnet. Die dagegen erhobene Beschwerde ist unbegründet.

Allerdings erlangt der Kläger erst durch die Auflassungs- und Genehmigungserklärungen sämtlicher Beklagten das auf 900 Mark bewertete Eigentum des Grundstücks. Trotzdem kann man nicht sagen, daß jede einzelne Erklärung bloß einen Teilbetrag der 900 Mark betreffe. Wäre das Eigentum der Beklagten Miteigentum nach Bruchteilen, so würde die Bewilligung eines jeden lediglich seinen eigenen Bruchteil betreffen. Die Beklagten sind aber als Erben — zusammen mit dem Kläger — Miteigentümer zur gesamten Hand und haben kein anteiliges Verfügungsrecht an dem Grundstück. Gegenstand einer jeden Erklärung ist daher das volle Grundstückseigentum und demgemäß auch der Wert des ganzen Grundstücks bei jedem Streitgenossen als Streitwert maßgebend. Kr.

δ) **Herausgabe von Policen**[1] **rc.**

[1] Bei Klagen auf Herausgabe von Urkunden bemißt sich der Streitwert je nach den Umständen gemäß dem Interesse des Klägers, insbesondere daran, durch Wiedererlangung der Urkunde einem etwaigen Mißbrauche derselben durch den Beklagten vorzubeugen; dies gilt besonders auch für Wechsel, vgl. JW. 1895 S. 4[3], 1897 S. 78[3], 1898 S. 3[8], 1905 S. 113[9]. (OLG. Hamburg, VI. ZS. Beschluß v. 28. Februar 1907.)

OLG. Braunschweig, I. ZS. Beschluß v. 23. November 1906.

A. hatte sein Leben bei zwei Versicherungsgesellschaften zu 3000 und 1500 Mark versichert und die Policen der Beklagten mit der Erklärung übergeben, daß sie für ein ihm gewährtes Darlehn von 1500 Mark als Pfand dienen sollten. Nachdem er in Konkurs geraten war, klagte der Konkursverwalter auf Herausgabe der Policen, weil ein Pfandrecht mangels Benachrichtigung der Gesellschaften nicht zustande gekommen sei. Das LG. hat, da der Rückkaufspreis der beiden Policen zur Zeit der Klagerhebung insgesamt 1547 Mark betrug, den Streitwert auf 12—1600 Mark festgesetzt. Die Beschwerde des klägerischen Rechtsanwalts, wonach entsprechend dem Nennbetrag der Policen die Festsetzung auf 4500 Mark erhöht werden soll, ist unbegründet.

In Frage kann kommen, ob die Richtigkeit der angefochtenen Entscheidung nicht schon nach § 6 aus dem Umstande folgt, daß die Forderung, für welche die Policen verpfändet werden sollten, sich nur auf 1500 Mark beläuft. Die Anwendbarkeit des § 6 würde voraussetzen, daß nach Inhalt der Klagschrift das Bestehen oder Nichtbestehen der angeblichen Pfandrechte der Beklagten den Gegenstand des Rechtsstreits bildete (vgl. Gaupp-Stein § 6 III.). Ob diese Voraussetzung hier gegeben ist, braucht jedoch nicht untersucht zu werden. Denn da der Versicherte noch lebt und die Forderungen auf die Versicherungssummen betagt sind, so kann den Policen nur der Wert beigemessen werden, den sie augenblicklich besitzen. Für die Festsetzung des Streitwertes in einem bestimmten Prozesse ist auf den Wert zur Zeit des Prozeßbeginnes abzustellen (§ 4). Dieser Wert kommt in dem bei Erhebung der Klage bestehenden Rückkaufspreise zum Ausdruck. Ob nicht unter ganz besonderen Umständen, nämlich wenn der Kläger eine Fortsetzung der Versicherung bezweckt, eine höhere Summe als Streitwert betrachtet werden müßte (so JW. 1902 S. 185[18]), darf auf sich beruhen. Hier, wo über das Vermögen des Versicherten der Konkurs eröffnet ist, kann nicht daran gedacht werden, daß der klagende Verwalter die Versicherungen fortsetzen wollte. Sein Ziel muß sein, die Policen für die Masse zu verwerten (KO. § 117). Die hier entwickelte Ansicht, die, mindestens für die Regelfälle, den Rückkaufspreis maßgebend sein läßt, stimmt mit Entsch. des RG. 22 S. 411, 28 S. 182 überein; der abweichenden Entscheidung 37 S. 415 kann nicht beigetreten werden. H.g.

Dazu: Kammergericht, XVII. ZS. Beschluß v. 9. Januar 1907.

Geklagt ist auf die Herausgabe zweier, vom Kläger errichteten und im Besitz des Beklagten befindlichen Testamente. Das Landgericht hat mit Rücksicht auf das erhebliche Vermögen (1 Million) des Klägers nach den Angaben des Klägers, denen der Beklagte nicht widersprochen hat, den Streitwert auf 5000 Mark festgesetzt. Die Beschwerde des Beklagten, die die Herabsetzung des Streitwerts auf 450 Mark begehrt, ist unbegründet. Durch die Testamente hat der Kläger über sein Vermögen verfügt; dafür, daß daneben noch andere letztwillige Verfügungen des Klägers bestehen, daß insbesondere durch die letzteren etwa die früher errichteten Testamente aufgehoben sind, diese also keine Bedeutung mehr haben, spricht nichts als die unbewiesene Behauptung des Beklagten, die nicht einmal auf eigenen Wahrnehmungen, sondern nur auf Mitteilungen des wegen Geisteskrankheit entmündigten Klägers beruhen. Urkunden, die über ein Vermögen von einer Million Mark rechtsgültig verfügen, die auch, nachdem der Testator geschäftsunfähig geworden ist, weder aufgehoben noch abgeändert, und die ferner nicht, wie Hypothekenbriefe und andere Urkunden, wiederhergestellt werden können, stellen nicht bloß den Wert des Papiers, auf dem sie errichtet sind, und den der Schreibarbeit dar, die zu ihrer Fertigstellung notwendig gewesen ist. H.tz.

ε) **Untersagung der Verfügung über einen Hypothekenbrief.**

OLG. Karlsruhe, II. ZS. Beschluß v. 31. Mai 1906.

Die Klage war darauf gerichtet, daß der auf Antrag des Beklagten in seiner Sache wider X. erlassene Beschluß des Amtsgerichts insoweit dem Kläger gegenüber für unwirksam erklärt werde, als er diesem „jede Verfügung" über den näher bezeichneten Hypothekenbrief untersage. Allerdings hat der Beklagte durch die Einwirkung des erwähnten Beschlusses nur eine Sicherung für seine Forderung von 1500 Mark nebst Zins und Kosten erstrebt; allein nicht das Interesse des Beklagten an der Aufrechterhaltung jenes Beschlusses ist für die Bestimmung des Streitwerts der Klage maßgebend, sondern das Interesse des Klägers an der Beseitigung des ihn an jeder Verfügung über den Hypothekenbrief hindernden Beschlusses. Dieses Interesse kommt aber dem realisierbaren Werte des Hypothekenbriefs, welcher unbestritten 2600 Mark beträgt, gleich. Unerheblich ist, daß der Beklagte bei dem Amtsgerichte lediglich eine Anspruchspfändung auf Grund des § 886 ZPO., nicht aber beantragt hatte, daß dem jetzigen Kläger jede Verfügung über den Hypothekenbrief untersagt werde; denn der Beklagte hat doch den auch die letztere Anordnung treffenden Beschluß des Amtsgerichts dem jetzigen Kläger zustellen lassen, und der nur die Aufhebung des Beschlusses insoweit begehenden Klage Widerspruch entgegengesetzt. Dr. E.r.

ζ) **Wandlung eines Grundstückskaufs.**

OLG. Nürnberg, II. ZS. Beschluß v. 22. Dezember 1906.

Die Kläger, die gewandelt haben, beantragen, die Beklagte zur Rücknahme des für 81000 Mark gekauften Grundstücks, zur Befreiung der Kläger von der Haftung für die übernommenen 74000 Mark Hypotheken sowie zum Ersatz der angezahlten 5000 Mark und der Verbriefungskosten von 2200 Mark zu verurteilen. Das Landgericht hat den Streitwert auf 22—24000 Mark festgesetzt. Die Beschwerde, die eine Erhöhung auf 83200 Mark beantragt, ist unbegründet.

Maßgebend ist der Wert der geforderten Leistung. Die Rückgabe des Grundstücks an die Beklagte bildet die Gegenleistung, die den Klägern gemäß §§ 467 BGB. obgelegen hätte. Es begründet keinen Unterschied, ob sie diese Gegenleistung lediglich anboten oder deren Annahme verlangten (Entsch. des RG. 46 S. 422). Demnach kann der Grundstückswert nicht gemäß § 6 zugrunde gelegt werden. Vielmehr ist von dem Interesse der Kläger an der Auflösung des Vertrags auszugehen, wobei ziffermäßige Ansprüche mit zu berücksichtigen sind (JW. 1902 S. 64). Soweit es sich um die Befreiung von der Hypothekenhaftung handelt, durfte dieser Anspruch nur Zug um Zug gegen Rückgabe des Grundstücks erhoben werden. Das Interesse des Klägers belief sich hier keinesfalls höher als die von der Vorinstanz mit Rücksicht auf die Mindererträge der Kaufsache angesetzten 16720 Mark, da ja die Kläger durch den Besitz des Grundstücks Sicherung besaßen. Dazu kommen die Anzahlung und die Verbriefungskosten. Bl. f. RA.

Dazu: Kammergericht, V. ZS. Beschluß v. 9. Januar 1907.

Streitgegenstand ist die Rechtsfolge, über die entschieden werden soll, soweit dies der Klagantrag verlangt. Bei Leistungsklagen ist dabei nur die beantragte Leistung maßgebend, nicht auch die dem Kläger obliegende Gegenleistung zu berücksichtigen. Das gleiche gilt für Wandlungsklagen, wenn sie nicht nur die Einwilligung in die Wandlung, sondern gleichzeitig die Erfüllung des Wandlungsvertrags fordern. Vorliegend ist gefordert: a) Einwilligung in die Wandlung, b) Rücknahme des verkauften Grundstücks, c) Rückzahlung der angezahlten 37000 Mark, d) Ersatz der Vertragskosten von 7000 Mark. Bezüglich des Antrags b) könnte die Anwendung des § 6 fraglich sein. Allein der § 6 will (vgl. JW. 1902 S. 630 [1]) nur den Anspruch auf Erlangung des Besitzes treffen, so daß bei der Entgegennahme einer Sache nicht der „Besitz“, sondern eine Handlung den Streitgegenstand bildet. Demnach ist der Antrag b) nach § 3 zu schätzen und zwar nach dem Interesse des Klägers an der Befreiung von seiner Haftung für 386000 Mark Hypotheken. Der Verkehrswert einer persönlichen Haftung für eine Schuld, für die daneben noch ein Grundstück haftet, ist aber regelmäßig nicht dem Nennbetrage der Schuld gleich, sondern — je nach dem Maße der dinglichen Sicherheit — wesentlich geringer. Mit Rücksicht darauf, daß der Kläger noch weitere 37000 Mark bezahlt hat, erscheint die Schätzung der Vorinstanz auf 50000 Mark angemessen. Der Anspruch a) entbehrt gegenüber den Ansprüchen b) und c) der selbständigen Bedeutung, so daß der Streitwert auf 50000 + 37000 + 7000 = 94000 Mark festzusetzen ist. B. M.

η) **Feststellung, ob ordentliches oder Schiedsgericht zuständig ist.**

OLG. Hamburg, V. ZS. Beschluß v. 28. Juni 1907.

Der Kläger hat auf Feststellung geklagt, daß über Schadensersatzansprüche, welche die Beklagte erhoben habe, nicht durch ein Schiedsgericht, sondern durch die ordentlichen Gerichte zu entscheiden sei. Als Streitwert für eine solche Klage kann der Wert der Ansprüche, über welche je nachdem von den ordentlichen Gerichten oder von dem Schiedsgerichte zu entscheiden sein würde, nicht angesehen werden. Es muß vielmehr eine richterliche Schätzung eintreten und dafür wird mangels anderer bestimmter Anhaltspunkte das Interesse, das der Kläger mutmaßlich daran hat, daß seinem Antrage gemäß erkannt werde, in erster Linie in Betracht kommen. Wenn er zu einer Zeit, zu der in erster Instanz noch nicht entschieden war, dieses Interesse auf 3000 Mark eingeschätzt hat, so gibt der Umstand, daß es sich in dem späteren vor den ordentlichen Gerichten oder vor einem Schiedsgericht anhängig zu machenden Verfahren voraussichtlich um recht erhebliche Ansprüche handeln wird, noch nicht genügende Veranlassung, die Schätzung der Klägerin für unangemessen zu erachten.... M. M.

ϑ) **Feststellung einer Konkursforderung.**

OLG. Karlsruhe, II. ZS. Beschluß v. 14. Februar 1906.

Die Beschwerde behauptet zwar, die Klage sei nur auf Feststellung einer Konkursforderung von 711 Mark gerichtet gewesen; auch ist in der Klagbegründung bemerkt, von dem angeforderten Dahrlehnskapital von 2066 Mark sei der Betrag von 711 Mark bestritten, und es werde gegen die Bestreitenden, Konkursverwalter und Gemeinschuldner, Feststellungsklage erhoben. Allein im Widerspruch damit lautet der Klagantrag auf Feststellung einer Konkursforderung von 2186 Mark. Auch wenn man keinen formalistischen Maßstab anlegt, hätte mindestens in der Klage ausgedrückt werden müssen, daß es sich dabei hinsichtlich des nicht bestrittenen Betrags um ein Superfluum, etwa nur um eine aus Zweckmäßigkeitsgründen gewählte Formulierung, handle, und jedenfalls hätte die Klägerin in der Schlußverhandlung, in welcher nach der Erklärung der Beklagten kein Zweifel mehr obwalten konnte, daß ein Widerspruch nur gegen die doppelte Anmeldung der 711 Mark erhoben worden war, ihrem Antrag entsprechend ändern oder aufklären müssen. Das geschah aber nicht, vielmehr begründete Klägerin ihren Antrag bezüglich des nicht bestrittenen Betrags damit, es fehle insoweit an einer Feststellung in der Konkurstabelle. Das Landgericht hat hiernach mit Recht angenommen, daß die Klägerin einen Rechtsanspruch auf Feststellung auch des nicht bestrittenen Betrags geltend mache.... Wenn endlich die Beschwerde meint, daß nach § 146 KO. nur die vermutliche Konkursdividende von 22% in Betracht käme, so übersieht sie dabei, daß die Klage nicht nur gegen den Konkursverwalter, sondern unter Bezug auf § 164 KO. auch gegen den Gemeinschuldner gerichtet war, und daß diesem gegenüber der volle Betrag für die Bestimmung des Streitwerts maßgebend ist. Dr. E.r.

ι) **Negative Feststellungswiderklage.**

OLG. Karlsruhe, III. ZS. Beschluß v. 2. April 1906.

Nach dem Kaufvertrage der Parteien hatte die Beklagte bei 2000 Mark Strafe jedem ihrer Abnehmer die im Art. 4 bezeichnete Demarkationslinie aufzuerlegen. Der Kläger hat wegen Zuwiderhandlungen hiergegen die Zahlung von 26000 Mark begehrt und fürsorglich die Verurteilung zum Ersatze desjenigen Schadens beantragt, der ihm durch die Nichtauferlegung des Art. 4 entstanden sei. Die Beklagte bat um Klagabweisung und beantragte widerklagend die Feststellung, daß dem Kläger keinerlei Ansprüche auf Grund des

Art. 4 zustehen. Der Kläger bestritt die Behauptung der Beklagten, er habe sich verschiedentlich berühmt, berechtigt zu sein, die Strafe noch in einer großen Anzahl von Fällen zu begehren, und machte geltend, daß diese Behauptung nur in dem Prozesse aufgestellt worden sei, und zwar seien es etwa 50 Fälle. Das LG. hat den Streitwert der Widerklage auf 26000 Mark festgesetzt. Die Beschwerde des RA. F., welche die Erhöhung auf 100000 Mark beantragt, ist unbegründet.

Richtig ist, daß der Streitwert der Klage nicht nach dem fürsorglichen Antrag, sondern nach dem prinzipalen, also auf 26000 Mark zu berechnen ist. Hieraus folgt aber nicht, daß für die Widerklage ein Streitwert von 50 × 2000 Mark = 100000 Mark anzunehmen ist. Sie stellt sich als negative Feststellungswiderklage dar und ihr Streitwert ist nach der Höhe des Anspruchs zu bemessen, dessen Nichtbestehen festgestellt werden soll. In dem Prozesse hat der Kläger bis jetzt weitere Ansprüche wegen 50 weiterer Einzelfälle nicht erhoben und nur gelegentlich bemerkt, daß noch etwa 50 weitere Einzelfälle der Zuwiderhandlung der Beklagten vorhanden seien. Es läßt sich die Annahme nicht abweisen, daß der Kläger nicht ohne weiteres die Vertragstrafe für die von der Klage nicht umfaßten Einzelfälle zu beanspruchen beabsichtigt, sondern daß er eventuell auch hinsichtlich dieser Einzelfälle den fürsorglichen Klagantrag in Aussicht nimmt. Jedenfalls fehlen zur Zeit noch Anhaltspunkte, ob und welche Ansprüche er aus den von der Klage nicht umfaßten Zuwiderhandlungen der Beklagten ableiten will. Bei solcher Sachlage durfte das Landgericht den Streitwert der Widerklage nach § 3 ZPO. festsetzen (vgl. auch JW. 1902 S. 253[17], 1904 S. 401[29]). Dr. E.r.

κ) Vergleich bei Einbeziehung anderer Streitpunkte.

OLG. Karlsruhe, IV. ZS. Beschluß v. 31. Januar 1906.

Mit Recht hat das Landgericht den Streitwert bezüglich des Vergleichs auf 200 Mark festgesetzt, da die Kosten eines zur Beilegung eines Rechtsstreits geschlossenen gerichtlichen Vergleichs zwar nach dem Vergleichsobjekt zu berechnen sind, der Wert des letzteren aber niemals den Wert der Ansprüche, die den Gegenstand des Rechtsstreits gebildet haben, übersteigen kann und daher sonstige durch den Vergleich betroffene Ansprüche bei Bestimmung des Wertobjekts außer Betracht zu bleiben haben (JW. 1901 S. 514[2]). Den Gegenstand des Rechtsstreits bildete aber zur Zeit des Vergleichsabschlusses nur noch der Kassenschrank im Werte von 200 Mark. Der im Vergleich erst hereinbezogene Schuldschein über 2000 Mark war kein Prozeßgegenstand, da hierwegen zwar eine Widerklage in Aussicht gestellt, aber nicht erhoben worden war. Dr. E.r.

λ) Aufhebung der ehelichen Gütergemeinschaft.

OLG. Karlsruhe, I. ZS. Beschluß v. 4. Januar 1906.

Die Klägerin hat auf Aufhebung der zwischen ihr und dem Beklagten bestehenden Fahrnisgemeinschaft des BGB. geklagt. Als Streitwert hat das Landgericht denjenigen Betrag angenommen, den die Klägerin erlangen will;

sie habe in der Klage als das bezügliche Vermögen, welches bei der Auseinandersetzung der Fahrnisgemeinschaft in Betracht komme, angegeben: eine Villa 80000 Mark, Fahrnisse 12450 Mark, Wertpapiere 590786 Mark. Der Streitwert für die Klage betrage also 683236 Mark : 2 = 341618 Mark.

Die Beschwerde der Klägerin ist teilweise begründet. Die Klage hat zwar einen vermögensrechtlichen Anspruch zum Gegenstande, allein die Bestandteile der Gemeinschaftsmasse bilden nicht selbst und auch nicht unmittelbar den Gegenstand des Streits. Letzterer wird vielmehr durch den Aufhebungsanspruch selbst dargestellt und bemißt sich nach dem Interesse, welches der klagende Teil daran hat, daß die bisherige Gemeinschaft nicht länger bestehen bleibe. Bei der Schätzung dieses Interesses kommt allerdings die Gemeinschaftsmasse in aktiver und passiver Hinsicht mittelbar insoweit in Betracht, als das Interesse je nach dem Betrag der Masse ein größeres oder geringeres ist (Rittmann, Wert des Streitgegenstands S. 301). Nun haben die minderjährigen Kinder des Beklagten auf eine jährliche Unterhaltsrente von 10000 Mark geklagt. Bei dieser Sachlage und unter Berücksichtigung der dargestellten Vermögensverhältnisse der Parteien gelangt das Interesse der Klägerin an Aufhebung der Fahrnisgemeinschaft entsprechend zum Ausdruck durch einen Streitwert in Höhe von 200000 Mark. Dr. E.r.

μ) **Nachlaßstreitigkeiten.**

OLG. Naumburg, II. ZS. Beschluß v. 11. Januar 1907.

Die Klägerin hat von ihrer Stieftochter, der Beklagten: 1. Vorlegung eines Verzeichnisses über den Nachlaß des verstorbenen U., 2. Auskunft über den Verbleib des Nachlasses und die von der Beklagten vorgenommenen erbschaftlichen Geschäfte, 3. eidliche Erhärtung des Nachlaßverzeichnisses und der Auskunft verlangt. Sie hat, nachdem im Laufe des Prozesses die Beklagte ein Verzeichnis, nach welchem der Nachlaß 260 Mark beträgt, aufgestellt und eingereicht hatte, zwar geltend gemacht, daß das Verzeichnis unvollständig sei, und daß namentlich eine Hypothekenforderung von 10000 Mark nicht berücksichtigt sei, sie hat aber nicht beantragt, daß diese Forderung in das Verzeichnis eingestellt werden solle. Nur in diesem Falle wäre es geboten, den Streitwert auf einen der Erbquote der Klägerin entsprechenden Teil des von ihr beanspruchten Nachlasses festzusetzen. Da sie sich darauf beschränkt hat, ihre Bedenken gegen das Verzeichnis geltend zu machen ohne einen bestimmten Antrag daran zu knüpfen, war ihr für die Wertfestsetzung maßgebendes Interesse gemäß § 3 frei zu schätzen und zwar höher als ihre Erbquote sich lediglich nach diesem Verzeichnis berechnen würde. . . . P.

Dazu: OLG. Karlsruhe, II. ZS. Beschluß v. 28. Dezember 1905.

Während die Klägerin auf Grund eines Testaments Alleineigentum an drei Grundstücken behauptete, wollten die Beklagten sie nur als gesetzliche Erbin zur Hälfte gelten lassen und hatten deshalb Aufhebung der Erbgemeinschaft im Wege der Zwangsvollstreckung in diese Grundstücke erwirkt. Danach ging der Klagantrag auf Einwilligung in die Übereignung und Auflassung bezüglich der Grundstücke und auf Unzulässigerklärung der Zwangsvollstreckung. Streitgegenstand ist demzufolge das von der Klägerin behauptete und von den Beklagten bestrittene Alleineigentum an den drei Grundstücken und Streitwert ist, auch wenn man § 6 nicht für anwendbar hält, nach § 3 der Wert dieser Grundstücke (JW. 1900 S. 10). Der Umstand, daß die Beklagten bereit gewesen wären, der Klägerin die Hälfte des Erlöses der Grundstücke zu konzedieren, daß also ihr Interesse nur dieser Hälfte gleichkommt, beeinflußt den nach dem Antrag der Klägerin zu bemessenden Streitwert nicht. Dr. E.r.

ν) **Befreiung von einer Mietbürgschaft.**

OLG. Hamburg, III. ZS. Beschluß v. 29. Januar 1907.

Der Kläger verlangt von einer für den Beklagten in Höhe von 90000 Mark dem X. gegenüber übernommenen Bürgschaft befreit zu werden. Bei der Klage auf Befreiung von einer Verbindlichkeit ist der Streitwert regelmäßig gleich dem ziffermäßigen Betrage der zu beseitigenden Schuld, dies auch dann, wenn die Schuld, wie hier, nur eine eventuelle ist, genauer den Verpflichteten nur dann zur Zahlung zwingt, wenn der in erster Linie Verpflichtete seiner Zahlungspflicht nicht nachkommt. Hier ist für das richterliche Ermessen des § 3 kein Raum. Es darf nicht in eine Erwägung darüber eingetreten werden, welches wirtschaftliche Risiko im gegebenen Falle der Bürge angesichts der Persönlichkeit und der sonstigen Verhältnisse des Hauptschuldners mit der Bürgschaft übernommen hat. Der Wert des Rechts allein ist entscheidend, nicht die wirtschaftliche Bedeutung, welche die Zusprechung oder Abweisung des Klagantrages für das Vermögen des Klägers hat (Gruchot 34 S. 1139, Entsch. des RG. 25 S. 367). — Trotzdem war der Streitwert nicht, wie beantragt, auf 90000 Mark festzusetzen, sondern nur auf 45000. Die Klage auf Befreiung von einer Bürgschaftsverpflichtung darf nicht höher bewertet werden, als die Klage auf Feststellung des Bestehens oder Nichtbestehens dieser Verpflichtung zu bewerten wäre. Die Klage auf Feststellung des Bestehens oder Nichtbestehens einer Bürgschaftsverpflichtung wäre gleich zu bewerten der Klage auf Feststellung des Bestehens oder Nichtbestehens der Hauptschuld. Die Hauptschuld ist vorliegend die aus einem Pacht- oder Mietverhältnisse. Es ist nicht behauptet, daß der Beklagte rückständigen Pacht- oder Mietzins schulde. Daher handelt es sich nur um die Erfüllung der Verbindlichkeit des Beklagten für die Zukunft. Wäre diese Verbindlichkeit selbst im Streit, so würde nach § 9a GKG. der Streitwert auf den Betrag des einjährigen Zinses, also auf 45000 Mark, zu berechnen sein. Über diesen Betrag hinaus darf der Wert der Klage auf Befreiung von der Bürgschaftsschuld um so weniger festgesetzt werden, als die Bürgschaft auf einen zweijährigen Mietzins beschränkt. M. M.

ο) **Streitwert bei Unterhaltsforderungen.**

OLG. Hamburg, III. ZS. Beschluß v. 7. März 1907.

Der § 9a³ GKG., der eine Ausnahme zum Abs. 2 enthält, kann nur dann Anwendung finden, wenn über die Unterhaltspflicht eines Ehegatten für die Dauer des Rechtsstreits, welcher eine Ehesache betrifft, Entscheidung getroffen werden soll. Da auch hier das Klagverlangen maßgebend ist und die Klageschrift eine Einschränkung der Unterhaltspflicht auf die Dauer des Scheidungsprozesses nicht erkennen läßt, so hat das Landgericht gemäß Abs. 2 § 9a den Streitwert richtig auf den fünffachen Betrag des einjährigen Bezuges berechnet. Der Umstand, daß die künftige Entscheidung in der Ehestreitsache eine anderweite Regelung der Unterhaltspflicht, als die jetzt beantragte, herbeiführen kann, ist für die gegenwärtige Wertfestsetzung von keinem Einflusse. M. M.

d) **Gerichtsstand des letzten Wohnsitzes. ZPO. § 16.**

Kammergericht, IX. ZS. Urteil v. 19. Februar 1906.

Zur Begründung des Gerichtsstandes aus § 16 hat der Kläger nur nachzuweisen, daß er nach den vernünftigerweise einzuschlagenden Wegen einen im Deutschen Reiche belegenen Aufenthaltsort der Beklagten zu ermitteln außerstande gewesen sei und daher von solchem Wohnsitz oder Aufenthalt keine Kenntnis habe (vgl. Entsch. des RG. 27 S. 401; JW. 1900 S. 410). Dagegen ist der Nachweis nicht erforderlich, daß die Beklagte bei der Zustellung der Klage tatsächlich keinen Wohnsitz hatte; denn sonst wäre dem § 16 seine praktische Anwendbarkeit genommen, weil selbstverständlich in der Mehrzahl der Fälle, auch wenn der Wohnsitz eines Schuldners seinen Gläubigern verborgen blieb, er immerhin ein festes neues Domizil sich begründet haben wird. Das Vorliegen der Voraussetzungen des § 16 kann daher immer nur vom subjektiven Standpunkt aus nachgeprüft werden, ob also zur Zeit der Klagezustellung die Sachlage die war, daß nach dem Ergebnisse der damals angestellten Ermittlungen als erwiesen gelten kann, daß der Kläger seiner Erkundigungspflicht nach dem Wohnsitze der Beklagten genügt hat, es ihm aber nicht gelungen ist, deren Adresse zu erfahren. Aus den wiederholten vergeblichen Versuchen, die Klageschrift der sich damals unstreitig in Paris aufhaltenden Beklagten zuzustellen, geht aber hervor, daß der Kläger ihre Adresse unter Benutzung der ihm zu Gebote stehenden Hilfsmittel, zu deren Gebrauch er auch nur als verpflichtet angesehen werden kann, eben nicht ermitteln konnte.... Deshalb ist die Klage bei dem Gericht des letzten Wohnsitzes mit Recht erhoben. Dr. Br.

e) **Gerichtsstand des Vermögens. Die Schutzgebiete als Ausland.**

OLG. Hamburg, V. ZS. Urteil v. 27. Mai 1907.

... Nach § 23 ist dasjenige Gericht zuständig, in dessen Bezirke sich dem Beklagten gehörige Gegenstände befinden, welche einen Geldwert haben. Daß dieser Wert eine bestimmte Höhe erreicht, ist nicht Vorbedingung der Zuständigkeit. Vorliegend kann mit Rücksicht auf die Tatsache, daß der Beklagte die in Hamburg befindlichen Platten für die Anfertigung von Ansichtspostkarten behufs Verwertung in seinem Gewerbebetriebe bestimmt hatte, keinem Zweifel unterliegen, daß den Platten ein Vermögenswert beizulegen ist. Daraus, daß das Eigentum an den Platten oder das Recht zu ihrem Gebrauch die Möglichkeit gewährt, die Platten zur Herstellung gewerblicher Erzeugnisse, der Ansichtspostkarten, welche ihrerseits wieder durch Verkauf verwertet werden können, zu verwenden, ist zu folgern, daß die Platten selbst auch im geschäftlichen Verkehr einen Geldwert haben, ohne daß es erforderlich wäre, noch festzustellen, daß durch ihren Verkauf ein Erlös in einem bestimmten höheren oder geringeren Betrage zu erzielen sein werde.

Auch die zweite Voraussetzung für die Zuständigkeit der Hamburgischen Gerichte ist gegeben. Beklagter hat seinen Wohnsitz in Deutsch-Südwestafrika. Die Schutzgebiete bilden keinen Teil des Deutschen Reichs, sondern stehen unter dessen Schutzgewalt. Nach dem Wortlaute ist der § 23 also zweifellos anwendbar. Der Beklagte macht aber geltend, man dürfe die Worte „im Deutschen Reiche" nicht pressen, weil nach dem Zwecke des § 23 davon auszugehen sei, daß das Deutsche Reich als Inland dem Auslande gegenüber gestellt worden, der Zweck der Bestimmung aber nicht erfordere, Reichsangehörige, welche in einem deutschen Schutzgebiete ihren Wohnsitz haben, solchen Personen gleichzustellen, welche einen Wohnsitz nur im Auslande haben. Wäre das richtig, so würde es angezeigt sein, dem im Wege der Gesetzgebung durch entsprechende Abänderung des § 23 Rechnung zu tragen. Die Gesetzgebung hat aber, obwohl sie sich mehrfach mit den Verhältnissen der Schutzgebiete beschäftigt hat, eine Änderung nicht eintreten lassen. Es kann die Ansicht des Beklagten aber auch nicht unbedingt als richtig anerkannt werden. Insbesondere bezweckt der § 23 nicht, dem einheimischen Kläger „das Prozessieren vor ausländischen Gerichten zu ersparen wegen der vielleicht geringeren Garantien der ausländischen Rechtsprechung". Der Zweck ist, wie aus den Motiven von 1877 zu entnehmen ist, vielmehr, den Gläubigern der im Auslande wohnenden und im Inlande ohne Domizil sich umhertreibenden Schuldner die Rechtsverfolgung zu erleichtern, insbesondere sie in die Lage zu bringen, ohne Schwierigkeit die im Inlande befindlichen Vermögensstücke des Schuldners als Gegenstände der Zwangsvollstreckung in Anspruch nehmen zu können. Es mag vielleicht nicht erforderlich sein, den Gläubigern solcher Schuldner, welche einen Wohnsitz in einem deutschen Schutzgebiete haben, einen gleichen Schutz zu gewähren. Das allein kann es aber nicht rechtfertigen, den § 23, obwohl dem Wortlaute nach im gegebenen Falle anwendbar, solchen Schuldnern gegenüber nicht anzuwenden. M. M.

f) **Dinglicher Gerichtsstand für Umschreibung einer Hypothek;**[1] **desgl. für Beseitigung der Folgen einer beendigten Vollstreckung. Auslegung des § 538 Nr. 2.**

OLG. Hamburg, V. ZS. Urteil v. 15. Mai 1907.

... Der Anspruch des Klägers auf Umschreibung der Hypothek ist hier-

[1] Für die Anfechtung einer für den Beklagten eingetragenen Hypothek ist das Gericht des § 24 nicht zuständig (OLG. Cöln, III. ZS. Urteil v. 14. Juni 1905, Rh. Arch. 102 S. 7).

nach kein dinglicher, sondern ein persönlicher, mag man ihn nun als Anspruch auf Schadensersatz aus §§ 823, 826 BGB., als Vertragsklage oder als Anspruch aus unberechtigter Bereicherung bezeichnen. Ob derartige persönliche Ansprüche in dem dinglichen Gerichtsstand des § 24 ZPO. geltend zu machen sind, ist bestritten. Die Rechtsprechung hat sich durchweg auf den bejahenden Standpunkt gestellt (Entsch. des RG. 15 S. 387, 20 S. 407, 35 S. 365); nach der Entsch. 25 S. 384 kommt es darauf an, daß der Streit der Parteien die Frage betrifft, ob die dingliche Belastung des Grundstücks materiell rechtlich noch besteht oder deshalb nicht mehr besteht, weil der Grund, auf welchem die Eintragung beruht, weggefallen ist oder der Anfechtung unterliegt. Vorliegend ist gerade streitig, ob der Schuldvertrag, auf Grund dessen die Hypothek eingetragen wurde, in Höhe von 4800 Mark oder nur in Höhe von 3800 Mark zu Recht besteht. Die Ausführungen des Klägers laufen darauf hinaus, daß er dem Beklagten nur 3800 Mark schulde und daß daher nach § 1163 BGB. die Hypothek in der weiteren Höhe von 1000 Mark ihm zustehe. Aus diesem Rechtsgrunde verlangt er die Umschreibung von 1000 Mark auf seinen Namen. Daß Klagen auf Umschreibung von Hypotheken auch unter § 24 fallen, ergibt klar der § 25, wo die einzelnen Klagen, welche im dinglichen Gerichtsstand geltend zu machen sind, aufgezählt werden, unter ihnen auch die Klage auf Umschreibung einer Hypothek (vgl. Hans.GZ. 1906 Nr. 80). Da nun der Gerichtsstand des § 24 ein ausschließlicher ist, da ferner das belastete Grundstück nicht im Bezirk der Hamburger Gerichte liegt, so ergibt sich die Unzuständigkeit der letzteren für den Anspruch auf Umschreibung dieser Hypothek....

Anlangend die Hypothek von 8000 Mark hat das Landgericht die Klage wegen Unzuständigkeit der Hamburger Gerichte abgewiesen, indem es ausführt, es handele sich um eine Klage aus § 767 ZPO. und für diese sei das Prozeßgericht erster Instanz, also das Landgericht Altona ausschließlich zuständig. Dem kann nicht beigetreten werden. Die Klage des § 767 ist prozessualer Natur und richtet sich gegen die Zulässigkeit der Vollstreckung aus dem Urteil, gegen welches die Einwendung erhoben wird. Vorliegend begehrt aber Kläger keinen solchen Ausspruch. Die Zwangsvollstreckung aus dem Urteil war vielmehr gemäß § 866 ZPO. mit der Eintragung der Urteilsforderung als Sicherungshypothek in dem Grundstück des Klägers beendet, und Kläger will jetzt die hierdurch in seinem Vermögen herbeigeführte Veränderung beseitigen, indem er vom Beklagten Löschung verlangt. Das ist ein rein zivilrechtlicher Anspruch, dessen Geltendmachung durch § 767 nicht ausgeschlossen wird (vgl. Seuffert 44 Nr. 236, 50 Nr. 221, JW. 1883 S. 112, 1884 S. 299) und der im ordentlichen Gerichtsstand, das ist gemäß § 24 das Hamburger Gericht, zu verfolgen ist.

Der Vorderrichter hat also zu Unrecht seine Zuständigkeit verneint, und zwar nicht auf Vorbringen des Beklagten, sondern von Amts wegen. Es wirft sich deshalb die Frage auf, ob auch in diesen Fällen der § 538 Nr. 2

Anwendung findet. Die Ansichten über diese Frage sind geteilt; vgl. Entsch. des RG. 27 S. 348; andrerseits 19 S. 77. Der letzteren Ansicht war beizutreten. In § 538 Nr. 2 ist nicht ausdrücklich gesagt, daß die Einreden vom Beklagten vorgeschützt werden müssen; im weiteren Sinne läßt sich auch ein von Amts wegen zu berücksichtigender Mangel als eine Einrede gegen die Klage bezeichnen. Auch aus § 274 folgt nicht, daß der Mangel einer Prozeßvoraussetzung, wie sie dem § 274 zugrunde liegen, nur dann als Einrede zu bezeichnen sei, wenn der Beklagte ihn geltend macht; der § 274 spricht vielmehr von Einreden, auf die der Beklagte nicht wirksam verzichten kann. Es liegt auch kein Grund dafür vor, eine Sache, in welcher eine solche unverzichtbare Einrede gegeben ist, verschieden zu behandeln, je nachdem der Beklagte diesen Mangel geltend macht oder nicht. Das Reichsgericht meint zwar, im letzteren Fall liege ein Urteil in der Sache selbst vor, weil die Sache vollständig verhandelt sei. Wenn das richtig wäre, müßte auch in denjenigen Fällen, in denen zwar eine prozeßhindernde Einrede geltend gemacht, aber auch zur Sache selbst verhandelt ist — was nach § 275 zweifellos zulässig ist — eine Zurückverweisung ausgeschlossen sein. Dieses Ergebnis würde aber nicht nur dem Sinne des § 538, sondern auch dessen Wortlaut widersprechen. Mit Recht macht der hiesige I. ZS. (Hans.GZ. 1898 S. 260) auch noch auf den Zweck des § 538 aufmerksam. Durch die Entscheidung über eine Prozeßvoraussetzung soll den Parteien, für die die Entscheidung in der Hauptsache in der Regel viel bedeutungsvoller ist, nicht der Instanzenzug abgeschnitten werden, und deshalb ist die Zurückverweisung im § 538 angeordnet. Dieser Zweck trifft aber im gleichen Maße zu bei Entscheidungen auf Einreden des Beklagten, wie bei Entscheidungen auf Mängel von Prozeßvoraussetzungen, die von Amts wegen berücksichtigt sind [vgl. oben S. 39 α].... M. M.

g) **Gerichtsstand der Erbschaft. ZPO. § 27.**

α) Bayer. Oberstes Landesgericht, I. ZS. Beschluß v. 3. Juni 1907.

Die Antragsteller, die um Bestimmung des zuständigen Gerichts bitten, wollen als Erben des 1902 an seinem Wohnorte F. verstorbenen A. auf Herausgabe der ihnen von andren Erben vorenthaltenen und von diesen unter sich verteilten Erbsachen, wodurch sie sich ohne Rechtsgrund bereichert hätten, klagen. Sie verfolgen damit nicht einen Bereicherungsanspruch aus § 812 BGB., sondern einen Anspruch aus § 2018, da er gegen Personen gerichtet ist, die sich angeblich unbefugt in den Besitz des ganzen Nachlasses gesetzt haben und sich weigern, die Anteile der Antragsteller am Nachlasse ihnen herauszugeben. Diese Erben besitzen hiernach hinsichtlich der im Auseinandersetzungsverfahren erst zu ermittelnden Anteile der Antragsteller etwas, das sie „auf Grund eines ihnen in Wirklichkeit nicht zustehenden Erbrechts aus der Erbschaft erlangt" haben, sind also insoweit „Erbschaftsbesitzer" des § 2018. Für Klagen solcher Art ist neben dem allgemeinen Gerichtsstande des Wohnsitzes auch der besondere Gerichtsstand der Erbschaft nach § 27[1] ZPO. begründet und somit fehlt eine der Voraussetzungen des § 36 Nr. 3. Bay. Rpfl.

β) Stuttgart, III. ZS. Urteil v. 6. November 1906.

Die Witwe A. klagt gegen die Miterben auf Feststellung, daß ein Grundstück in A. und eine bereits ausbezahlte Lebensversicherungssumme ein Aktivum des Nachlasses ihres Mannes sei und daß dem Miterben Beklagten A. die von ihm behauptete Forderung von 4000 Mark nicht gegen den Nachlaß zustehe. Der Mann A. ist ohne rechtsgültige Verfügung am 11. März 1903 in B. gestorben, woselbst er am 1. März 1903 eine Stelle als Zuschneider angetreten hatte, während die Klägerin noch in der bisherigen Wohnung der Parteien in St., die auf 1. April 1903 gekündigt war, wohnte. Nach dem Tod des A. hatte das Nachlaßgericht St. auf Antrag der Erben die Auseinandersetzung des Nachlasses begonnen, aber wegen der genannten Streitpunkte wieder ausgesetzt. Die Einrede der Unzuständigkeit des angerufenen Gerichts St. wurde für begründet erklärt. Gründe:

Sofern der § 27 in Frage kommt, kann es sich nur um die Bestimmung handeln, daß am Wohnsitze des Erblassers Klagen erhoben werden können, welche „die Teilung der Erbschaft zum Gegenstand haben". Der Gerichtsstand der Erbschaft umfaßt „den sachlichen Gerichtsstand der Erbschaft, bestimmt für diejenigen Ansprüche und Rechtsverhältnisse, die durch den Erbfall als solchen entstehen, und den Gerichtsstand für Klagen der Nachlaßgläubiger" (Gaupp-Stein I zu § 27). Eine Klage, welche „die Teilung der Erbschaft zum Gegenstand hat", ist etwas anderes als eine Klage, die den Nachlaß oder die Feststellung des Nachlasses betrifft. Ein Streit darüber, ob eine Sache oder ein Anspruch zur Erbschaft, zum Nachlaß gehört, kann ebensowohl zwischen Erben und Dritten als unter den Erben entstehen; eine Klage, welche die Teilung der Erbschaft zum Gegenstand hat, ist dagegen begrifflich nur unter Miterben möglich (Gaupp-Stein a. O. III 5).

Bei der Versicherungssumme handelt es sich um die Frage, ob der Anspruch auf sie zum Nachlaß gehört oder nicht (daß die bezahlte Summe schon unter die Erben verteilt wurde, ist rechtlich unerheblich). Würde ein Nichterbe die Summe für sich beanspruchen, so wäre die gegen ihn von den Erben erhobene Klage auf Feststellung, daß der Anspruch zum Nachlaß gehöre, sicherlich keine „Klage, welche die Teilung der Erbschaft zum Gegenstand hat". Freilich könnte die Teilung nicht wohl endgültig erledigt werden, solange in dieser Richtung der Umfang des Nachlasses nicht feststeht; aber sie kann in gleicher Weise nicht endgültig erledigt werden, solange ein angeblicher Darlehnsschuldner des Nachlasses seine Schuld bestreitet und dergl.; trotzdem wird niemand sagen, die Klage gegen einen solchen Darlehnsschuldner habe „die Teilung der Erbschaft zum Gegenstand"; der Gerichtsstand der Erbschaft würde andernfalls eine ungemessene, durch Wortlaut und Sinn des § 27 nicht gerechtfertigte Ausdehnung erhalten. Daß es vorliegend zufällig Miterben sind, gegen die sich der Anspruch richtet, ist rechtlich ohne Bedeutung.

Nicht anders steht es mit dem anderen Klaganspruch, zu welchem Wert und mit welcher Belastung das Grundstück in A. in die Berechnung des

Nachlasses einzustellen ist. Die Entscheidung hierüber mag das Ergebnis der Teilungsklage beeinflussen, aber sie hat nicht „die Teilung der Erbschaft zum Gegenstand"; es handelt sich vielmehr auch hier um Feststellung des Bestehens oder Nichtbestehens von Ansprüchen, die in gleicher Weise dritten, nicht miterbberechtigten Personen oder gegen solche zustehen können, nicht um Ansprüche, die begrifflich nur unter Miterben geltend gemacht werden können.

Nach dem Bisherigen fällt eine Klage auf Feststellung des Nichtbestehens der Forderung eines angeblichen Nachlaßgläubigers keinenfalls unter § 27; aber auch § 28 trifft für eine derartige Klage (wie sie der letzte Klagantrag enthält) nicht zu. Zwar lautet der § 28 jetzt dahin, im Gerichtsstand der Erbschaft können auch „Klagen wegen anderer Nachlaßverbindlichkeiten" (als Pflichtteilsverbindlichkeiten usw., vgl. § 27) erhoben werden, während der Absatz 2 des früheren § 28 (jetzt 27) von „Klagen der Nachlaßgläubiger" sprach, und hieraus will Gaupp-Stein I zu § 28 ableiten, daß auch negative Feststellungsklagen wegen „anderer Nachlaßverbindlichkeiten" im Gerichtsstande der Erbschaft erhoben werden können. Allein mit Unrecht. Die Begründung des jetzigen § 28 sagt: „Eine sachliche Änderung" (gegenüber dem bisherigen § 28²) „liegt nur insofern vor, als nach dem Entwurfe bei dem Vorhandensein mehrerer Erben der Gerichtsstand der Erbschaft für Klagen wegen solcher Nachlaßverbindlichkeiten, die nicht unter § 28" (jetzt § 27) „fallen (vgl. § 1967 BGB.), nicht mehr davon abhängig sein soll, daß der Nachlaß noch nicht geteilt ist, sondern davon, daß die Miterben noch als Gesamtschuldner haften." Die Weglassung der Worte „(Klagen) der Nachlaßgläubiger" hat also keine sachliche Änderung gegenüber dem früheren § 27³ bezweckt; es ist auch nicht ersichtlich, daß bei der Beratung der Novelle von irgendeiner Seite eine andere Auffassung des Sinnes des § 28, als die in der Begründung enthaltene, vertreten worden ist. Dazu kommt, daß kein Anlaß vorliegt, die Nachlaßgläubiger zu nötigen, gegenüber negativen Feststellungsklagen der Erben im Gerichtsstande der Erbschaft Recht zu geben, während der Erblasser gegen sie eine solche Klage an ihrem Wohnsitz oder in einem Gerichtsstand des § 29 hätte erheben müssen. H.

h) **Gerichtsstand des Erfüllungsorts.**

a) OLG. Hamburg, II. ZS. Urteil v. 19. Mai 1906.

... Die Umstände liegen hier derartig, daß aus ihnen auf den Willen der beklagten offenen Handelsgesellschaft, auch trotz der Verlegung ihres Kontors und Lagers von Hamburg nach dem unmittelbar benachbarten preußischen Wilhelmsburg ihre 1901 dem Kläger gegenüber eingegangenen Verpflichtungen in Hamburg zu erfüllen, geschlossen werden muß. Die Handelsgesellschaft hat auch nach der Verlegung ihres Kontors und Lagers sich nach außen hin und ihren Kunden gegenüber genau so zu verhalten, wie wenn diese Verlegung gar nicht stattgehabt hätte. Sie hat nicht nur unterlassen, ihre Firma hier löschen zu lassen, sondern sie hat sogar im März 1899, also nach der Verlegung der Geschäftsräume, noch zum hiesigen Handelsregister die Anzeige von dem Eintritt eines ferneren Gesellschafters in das „hier bestehende Handelsgeschäft“ gemacht und sie hat 1904 die erfolgte Auflösung des „hier bestehenden“ Handelsgeschäfts zum hiesigen Handelsregister angemeldet. Weiter hat sie nicht nur hier ihren Börsenstand, ihr Bankkonto, ihre Telegrammadresse und ihr Postfach beibehalten, sondern sie hat auch ihren Kunden, und so auch dem Kläger gegenüber, sich ständig auf ihren Briefen und Rechnungsformularen als in Hamburg/Wilhelmsburg ansässig bezeichnet, ihnen auf diesen Briefen und Formularen stets nur ihren hiesigen Börsenstand, ihr hiesiges Bankkonto, ihre hiesige Telegrammadresse, die Tatsache, daß ihr Postfach sich hier befinde, mitgeteilt, und auf ihren Rechnungen, und so besonders auch gerade auf den von ihr dem Kläger erteilten Rechnungen, vermerkt, daß Erfüllungsort für Zahlung und Lieferung Hamburg sei. Dieses Verhalten der Handelsgesellschaft rechtfertigt die Annahme, daß Hamburg auch nach und trotz der Verlegung der Geschäftsräume der Ort sein sollte, an dem sie ihre Verpflichtungen erfüllen wollte.... M. M.

β) OLG. Braunschweig, I. ZS. Urteil v. 7. Dezember 1906.

Maßgebend für die Setzung eines vom gesetzlichen Erfüllungsorte abweichenden Erfüllungsortes ist der Wille beider Kontrahenten, nicht der des Gläubigers oder Schuldners allein. Insbesondere gilt dies auch bei Vorgängen von vorliegender Art. Wenn der Reisende nach Entgegennahme einer Bestellung diese in seinem Notizbuche vermerkt und dem Besteller Abschrift der Aufzeichnung übergibt, so darf der letztere nach Treu und Glauben annehmen, daß die Aufzeichnung der Vereinbarung entspricht. Die vorbehaltlose Entgegennahme oder, wie ferner vorliegend, die Bestempelung ganz oben am Rande der Blätter durch die Beklagte präjudiziert ihr nicht (Düringer-Hachenburg, HGB. 2 zu §§ 358, 359²; Bolze 23 Nr. 349). Dafür, daß die Kommissionsnoten nach der Intention der Parteien die Stelle von Schlußscheinen vertreten sollten, so daß erst durch die Unterzeichnung und vorbehaltlose Annahme die Käufe selbst als abgeschlossen gelten sollten, fehlt es an tatsächlichem Material. Wenn das Reichsgericht aus der vorbehaltlosen Annahme der Schlußnote durch den Kontrahenten schließt, daß sich dieser mit ihrem gesamten Inhalte stillschweigend einverstanden erklärt habe, so hat es nicht etwa eine gesetzliche Vermutung für die Genehmigung des Geschäftsabschlusses aufstellen wollen, sondern lediglich der Tendenz des § 94 HGB., den Kontrahenten den Beweis zu erleichtern, entsprechend zum Ausdruck gebracht, daß der Richter nach freier Beweiswürdigung zu ermessen hat, welche Beweiskraft er dem Schlußschein für die Rechtsbeziehungen der Parteien im Prozesse beilegen will (Staub, HGB. 1 zu § 94; Düringer-Hachenburg 2 zu § 94). H.-g.

γ) OLG. Cassel, II. ZS. Urteil v. 21. Februar 1907.

Der Gerichtsstand des Erfüllungsortes ist bei dem Landgericht in C. nicht begründet. Aus den Umständen, nämlich daraus, daß Beklagte der Bauunternehmer der Industriebahn in C. war und daß die Rohre für den

Bau dieser Bahn bestimmt gewesen und nach C. geliefert worden sind, folgt nicht, daß Beklagte auch den Kaufpreis für die Rohre, um den es sich hier handelt, in C. zu zahlen gehabt hätte. Durch jene Umstände wird an dem gesetzlichen Erfüllungsort für die Zahlung des Kaufpreises nichts geändert. Die Absicht der Parteien, daß C. hierfür Erfüllungsort sein solle, ist aus jenen Umständen um so weniger zu entnehmen, als Beklagter ohnehin gesetzlich verpflichtet war, den Kaufpreis auf seine Gefahr und Kosten der Klägerin nach C. zu übersenden. Fs.

δ) OLG. Colmar, I. ZS. Urteil v. 1. März 1907.

Der Beklagte weigert sich mit Unrecht, der Klägerin das in seinem „Subskriptionsschein" versprochene Honorar dafür zu bezahlen, daß sie in ihrem Sprachheilkursus in seinem Wohnort Frankfurt seine stotternden Kinder in Behandlung genommen hat. Die Bestimmung des schriftlichen Vertrages, „die nicht am Kurort entrichteten Beträge sind zahlbar in Straßburg", besagt, wenn sie überhaupt eine Bedeutung haben soll, daß die freiwillig entrichteten Beträge in Frankfurt gezahlt werden können, im übrigen aber Straßburg Erfüllungsort ist, daß also besonders im Falle der Klage der Gerichtsstand des Erfüllungsortes in Straßburg ist. Die Klausel ist unzweideutig; ihr Sinn kann namentlich dem Beklagten, einem geschäftskundigen Kaufmann, nicht zweifelhaft gewesen sein. Frdthl.

ε) OLG. Braunschweig, I. ZS. Urteil v. 5. Juli 1907.

Die Einrede der Unzuständigkeit des Gerichts ist mit Recht verworfen worden. Der in Cöln wohnende Beklagte, der vom Kläger ein Braunschweiger Grundstück kaufte, sollte „bei der Auflassung" 6000 Mark anzahlen. Diese Bestimmung ist offensichtlich deshalb, weil der Kläger das Grundstück ohne Anzahlung nicht auflassen und der Beklagte die Anzahlung ohne Auflassung nicht leisten wollte, getroffen worden und stellt sich deshalb inhaltlich als Verabredung zweier Leistungen Zug um Zug dar. Wie in solchen Fällen der Erfüllungsort zu bestimmen sei, ist zwar bestritten (Nachweise bei Oertmann, Schuldverh. 1b zu § 269 BGB.); hier haben jedoch die Parteien den Erfüllungsort für die Anzahlung durch die Form ihrer Vereinbarung unzweideutig bestimmt. Das Wort „bei" ist für sich allein allerdings farblos, es gewinnt seine Bedeutung erst aus den Umständen, mit welchen es in Verbindung gebracht ist. Wenn z. B. vereinbart ist, daß der Schuldner „bei" der Volljährigkeit eines anderen zahlen solle, so kann es sich nur um eine Bestimmung der Erfüllungszeit handeln. Die Auflassung muß aber bei gleichzeitiger Anwesenheit beider Teile vor dem Grundbuchamt erklärt werden. Folglich läßt die Vereinbarung, daß eine Leistung „bei der Auflassung" zu erfolgen habe, sprachlich die Auslegung zu, daß dadurch außer der Erfüllungszeit auch der Erfüllungsort bestimmt worden sei. Aus dem Inhalt der Leistung kann sich freilich im einzelnen Falle die Unzulässigkeit der Auslegung, daß die Leistung vor der Amtsstelle zu erfolgen habe, ergeben. Man denke an den Fall, daß nach dem Vertrage der Veräußerer oder der Erwerber „bei der Auflassung" ein Mahl geben soll! Die Zahlung des Kaufpreises oder die Leistung einer Anzahlung sind dagegen mit dem Auflassungsgeschäfte vor der Amtsstelle verträglich. Ihre Verbindung mit dem Auflassungsgeschäfte ist auch zweckmäßig, weil sie die Vornahme der Leistungen Zug um Zug gewährleistet. Sie ist deshalb sogar üblich. Danach ist die Vereinbarung, wonach eine Anzahlung „bei der Auflassung" zu leisten ist, dahin auszulegen, daß die Anzahlung vor der für die Entgegennahme der Auflassung zuständigen Amtsstelle zu leisten ist. Für die im Herzogtum Braunschweig liegenden Grundstücke ist aber lediglich dasjenige Grundbuchamt, in dessen Bezirke das aufzulassende Grundstück liegt, zur Entgegennahme der Auflassung zuständig. Vorliegend ist also die Stadt Braunschweig Erfüllungsort sowohl für die Leistung des Klägers als für die Anzahlung durch den Beklagten. Ob der Beklagte infolge der in einigen Bundesstaaten bestehenden Vorbehaltsvorschriften geglaubt hat, daß die Auflassung braunschweigischer Grundstücke auch vor anderen Amtsstellen, besonders auch vor einem preußischen Notare erfolgen könne, ist gleichgültig. Hat er dies geglaubt, so würde zwar sein innerer Wille mit seiner Erklärung nicht übereingestimmt haben. Dadurch würde aber die Einigung nicht ausgeschlossen sein. Vielmehr würde der Beklagte höchstens in der Lage gewesen sein, seine Erklärung wegen Irrtums anzufechten. H.g.

ζ) Vereinbarung eines dem Vertragsinhalte widersprechenden Erfüllungsorts.

OLG. Cassel, II. ZS. Urteil v. 15. November 1906.

Die in B. wohnhafte Beklagte hatte vertragsmäßig den Transport von Holz für den Kläger nach dessen Wohnort A. auszuführen. Der Kläger klagt in A. auf die Feststellung, daß eine Forderung der Beklagten aus diesem Vertrag durch Aufrechnung getilgt sei. Die Beklagte wendet ein, daß ihre allgemeinen Transportbedingungen, besonders die Nr. 10: „als Erfüllungsort und Gerichtsstand für beide Teile ist B. vereinbart" zugrunde gelegt seien und danach das Prozeßgericht unzuständig sei. Die Einrede ist unbegründet.

Es kann dahingestellt bleiben, ob dem Transportvertrag die allgemeinen Transportbedingungen der Beklagten zugrunde gelegt sind. Denn nach dem Inhalt des Vertrags hatte die Beklagte das Holz nach A. zu transportieren, mithin daselbst zu erfüllen. Die Ziffer 10 widerspräche also dem, was den Erfüllungsort für die Verpflichtung der Beklagten anlangt, geradezu dem Vertrage. Sie könnte deshalb jedenfalls insoweit bei dem klaren Inhalt des Vertrags nicht in Betracht kommen. Aus diesem Widerspruch ist aber zu entnehmen, daß mit der Ziffer 10 eine Änderung des Erfüllungsortes als solchen überhaupt nicht beabsichtigt ist, daß die Parteien damit vielmehr nur eine Vereinbarung des Gerichtsstandes beabsichtigt haben. Sie käme hiernach nur insoweit noch in Betracht, als sie eine Vereinbarung des Gerichtsstandes enthält. Diese schlösse aber den in A. gesetzlich begründeten Gerichtsstand des Erfüllungsortes für die Verpflichtung des Klägers zur Zahlung

(§ 29), um die es sich hier handelt, höchstens dann aus, wenn sie auf die Begründung eines ausschließlichen Gerichtsstandes gerichtet wäre. Das ergibt sich aber aus der Ziffer 10 nicht, und es ist nichts angeführt, was zu einer derartigen Auslegung nötigte. Die Vereinbarung hätte also lediglich eine mit dem gesetzlichen Gerichtsstand des § 29 konkurrierende Zuständigkeit schaffen können (vgl. dazu Gaupp-Stein II 1 zu § 38 bei Note 8). Der Kläger wäre also nicht gehindert gewesen, im gesetzlichen Gerichtsstand des § 29 zu klagen. Übrigens wäre die Begründung einer ausschließlichen Zuständigkeit durch Vereinbarung auch nicht möglich (Rsp. 13 S. 80). Fs.

i) **Gerichtsstand der unerlaubten Handlung.**[1]

α) OLG. Hamburg, VI. ZS. Urteil v. 23. Januar 1907.

Nach dem Klagevorbringen hat Beklagter von Hamburg aus seine sämtlichen Anordnungen, die seinem Vertreter in Brasilien zur Last gelegt werden, getroffen und soll als Anstifter bzw. Teilnehmer in Anspruch genommen werden. Diese Ausführungen genügen nicht, um den Gerichtsstand des § 32 in Hamburg begründet erscheinen zu lassen. Dieser zum Zwecke der Erleichterung des Beweises eingeführte Gerichtsstand soll bei dem Gerichte begründet sein, „in dessen Bezirk die Handlung begangen, die durch eine unerlaubte Handlung bewirkte Rechtsverletzung für den Kläger eingetreten ist" (Entsch. des RG. 4 S. 382). Daß vorliegend der Zweck der Beweiserleichterung völlig verfehlt werden würde, wenn die in Brasilien stattgehabten Vorkommnisse hier aufgeklärt werden sollten, mag nur beiläufig bemerkt werden. Die schädigenden Handlungen sind jedenfalls nicht hier, sondern in Südamerika vorgenommen worden. Nicht durch die möglicherweise von Hamburg aus erteilte Instruktion ist der Kläger geschädigt, sie konnte verloren gehen oder von den Angestellten der südamerikanischen Firma unbefolgt gelassen werden, sie war an sich gänzlich bedeutungslos für den Kläger. Erst die in Amerika von den dort ansässigen Personen in Ausführung der angeblichen Instruktion vorgenommenen Handlungen sind es gewesen, durch die der Kläger geschädigt sein will.... M. M.

β) **Klage aus § 4 Patentges. Gerichtsstand des Zusammenhangs.**
OLG. Hamburg, II. ZS. Urteil v. 31. Mai 1906.

Die abwehrende Klage des Patentinhabers hat ihren Grund lediglich in dem absoluten Recht aus § 4 Patentges. und wird auch dadurch nicht zu einer Klage aus einer unerlaubten Handlung im Sinn des § 32 ZPO, daß (wie hier) eine wissentliche Verletzung des Patents durch den Beklagten behauptet wird (Entsch. des RG. 24 Nr. 85; JW. 1890 S. 109[1] entsprechend für Warenzeichen; OLG. Hamburg Seuffert 49 Nr. 196; Celle Rsp. 2 S. 107; Seligsohn zu § 4 S. 123; Isay zu § 4 Anm. 165; Allfeld § 4 unter 13dd; Alexander-Katz, KGBl. 1902 S. 69; Gaupp, Seuffert

[1] Für Klagen auf Ersatz von Tierschäden ist der Gerichtsstand der unerlaubten Handlung gegeben, da darunter nunmehr alle in §§ 823—853 BGB. aufgeführten Handlungen fallen (OLG. Dresden, VII. ZS. Urteil v. 20. April 1906, S. Arch. f. Rpfl. 1 S. 254).

und anscheinend auch Petersen zu § 32 ZPO.; a. A. KG. in KGBl. 1902 S. 47). Wenn der Kläger geltend macht, daß der Untersagungsanspruch hier auf eine wissentliche Patentverletzung und damit auf eine unerlaubte Handlung gegründet sei, so daß wenigstens für den Bezirk des angegangenen Gerichts das Verbot weiterer Patentverletzungen im Gerichtsstand des § 32 ZPO. gefordert werden könne, so steht solcher Auffassung schon die Erwägung entgegen, daß eine unerlaubte Handlung nicht ohne weiteres einen Anspruch auf Unterlassung erzeugt, sondern nur dann — was hier nicht behauptet ist — wenn fernere Zuwiderhandlungen zu befürchten sind (Entsch. des RG. 48 S. 118, 56 S. 286). Es würde sich daher auch bei solcher Begründung nicht um eine Klage aus einer unerlaubten Handlung handeln.

Es kann sich daher nur fragen, ob zusammen mit dem Anspruch auf Ersatz des durch die Verletzung des klägerischen Patents im hiesigen Bezirk verursachten Schadens auch die Unterlassungsklage im Gerichtsstande des § 32 ZPO. erhoben werden kann. Das Landgericht hat dies ohne weiteres auf Grund eines Urteils des RG. vom 23. Mai 1887 (Gareis 6 S. 157 ff.) bejaht. Der Fall lag damals insofern anders, als es sich um einen Ausländer handelte, so daß die Bedenken des RG., welche den bei gegenteiliger Auffassung für den Inländer entstehenden Schwierigkeiten der Rechtsverfolgung entnommen sind, guten Grund hatten. Aber derartige Billigkeitserwägungen können für die Entscheidung einer Frage des prozessualen Rechts nicht maßgebend sein. Es gibt keinen allgemeinen Gerichtsstand des Sachzusammenhanges, wie dies das Reichsgericht noch kürzlich (Gruchot 50 S. 424) ausgesprochen hat. Einzelne ausdrückliche Bestimmungen abweichenden Inhalts (§§ 25, 26) bestätigen nur diese Regel, welche sich ohne weiteres aus § 260 ergibt und welche durch die vereinigten Zivilsenate (Entsch. des RG. 27 S. 386 ff.) auch in der Richtung Anerkennung gefunden hat, daß im Gerichtsstand des § 32 auch keine eventuelle nicht auf unerlaubter Handlung beruhende Klage zuzulassen sei. Mit dieser neueren Rechtsprechung ist jene ältere Entscheidung nicht mehr zu halten (Seligsohn, Isay a. O.). Wenn Allfeld a. O. sie dennoch verteidigt, so ist ihm das nur durch die Annahme möglich, daß der Anspruch auf Unterlassung und der auf Entschädigung sich auf eine und dieselbe rechtsverletzende Handlung stützen. Um aber dem § 32 zu genügen, müßte diese Handlung eine unerlaubte sein und aus ihr müßte geklagt werden. Allfeld gibt aber selbst zu, daß die Abwehrklage keine Klage aus einer unerlaubten Handlung sei. Wenn Allfeld noch bemerkt, es lasse sich ein Interesse des Beklagten, daß der Unterlassungsanspruch getrennt von dem Entschädigungsanspruch verfolgt werde, schlechterdings nicht denken, so wird damit der richtige Ausgangspunkt verschoben. Gewiß kann und wird es nur erwünscht sein, wenn derartige Ansprüche gemeinsam erledigt werden. Gerade der Kläger ist es aber, der hier dem zuwider handelt. Er belangt nicht den Beklagten in dessen in Deutschland belegenen allgemeinen Gerichtsstand auf vollen Schadenersatz und Unterlassung künftiger Eingriffe, sondern hat in einem besonderen Gerichtsstande zunächst die Unterlassungsklage erhoben und erst, als Beklagter die Einrede der Unzuständigkeit ankündigte, seine Klage dahin erweitert, daß er auch Schadensersatz fordere, und zwar „vorsichtigerweise" (Entsch. des RG. 60 Nr. 87) nur Ersatz des ihm im Bezirk des angegangenen Gerichts verursachten Schadens, so daß auch schon aus diesem Grund eine einheitliche erschöpfende Regelung der Angelegenheit durch ein Gericht nicht möglich ist. Deshalb stehen hier dem Kläger nicht einmal die allgemeinen Erwägungen zur Seite, die z. B. dem Reichsgericht Anlaß zu einer gegenteiligen Entscheidung gaben.... M. M.

k) **Zuständigkeit für die Widerklage auf Scheidung.**

OLG. Rostock, II. ZS. Urteil v. 11. Juli 1906.

1903 zu einer Zeit, als der Beklagte sich dauernd im Bezirk des Landgerichts R. aufhielt, hatte daselbst seine Frau auf Scheidung geklagt. Am 5. April 1905 erhob der Beklagte Widerklage auf Scheidung. Das Landgericht wies sie wegen Unzuständigkeit ab, weil der Beklagte damals seinen Wohnsitz nicht im Bezirk des Prozeßgerichts, sondern in Berlin gehabt habe, die Zuständigkeit des für diesen Ort zuständigen Landgerichts eine ausschließliche sei und mithin § 33 nicht zur Begründung der Zuständigkeit herangezogen werden könne, während die Fortdauer der Zuständigkeit des Landgerichts R. für die Entscheidung über die Klage nach § 263² davon unabhängig sei. Hierbei sind jedoch die Besonderheiten des Eheprozesses nicht genügend beachtet. Die Natur des letztern bringt es mit sich, daß zwei getrennte Prozesse über diesen Gegenstand nicht gleichzeitig nebeneinander bestehen können, und daß nach Erhebung der Klage der Beklagte, welchem ebenfalls Ursachen zum Scheidungsantrage zur Seite stehen, sie nicht durch eine abgesonderte Klage, sondern nur in dem bereits anhängigen Verfahren mittels einer Widerklage geltend machen kann (Entsch. d. RG. 15 S. 292). Diese Besonderheit des Eheprozesses führt auch zu Beschränkungen der Zulässigkeit von Teilurteilen (a. O. 45 S. 400, 58 S. 307; JW. 1905 S. 154, 235).

Durch § 616 ist der Beklagte bei Strafe des Verlustes gezwungen, die Tatsachen, auf welche eine Widerklage zu gründen er imstande ist, auf diesem Wege im anhängigen Rechtsstreite geltend zu machen, weil über die verschiedenen Ansprüche nur einheitlich entschieden werden kann und soll. Die einmal unabänderlich für die Vorklage begründete Rechtshängigkeit zieht auch die Unabänderlichkeit der Zuständigkeit des Gerichts für die Widerklage nach sich. Chr.

l) **Bestimmung eines gemeinschaftlichen Gerichtsstandes, wenn die Klage gegen einzelne schon anhängig ist. ZPO. § 36.**[3]

α) Kammergericht, XI. ZS. Beschluß v. 14. Dezember 1906.

Wie die Antragstellerin selbst vorträgt, ist der Rechtsstreit gegen die zu 1 und 2 genannten Beklagten bereits bei dem Landgericht I in Berlin anhängig. Die Klage soll nunmehr noch gegen den zu X. wohnhaften B. erhoben werden, welcher als Streitgenosse im allgemeinen Gerichtsstand mitverklagt werden soll. Die Voraussetzungen des § 36 Ziff. 3 liegen nicht vor. Diese Vorschrift setzt, wie schon ihr Wortlaut ergibt, voraus, daß mehrere Personen erst verklagt werden sollen. Wenn der Rechtsstreit bereits gegen einzelne Streitgenossen bei einem Gericht anhängig ist, ist für die „Bestimmung“ eines Gerichts durch das zunächst höhere Gericht gegenüber diesen Streitgenossen kein Raum. Denn die „Bestimmung“ setzt voraus, daß dem höheren Gericht eine Auswahl unter mehreren Gerichten zusteht. F.

β) **Nachprüfung der Zuständigkeitsbestimmung?**

OLG. Dresden, VII. ZS. Urteil v. 26. Februar 1907.

Der Kläger hat verlangt, daß die Beklagten A. in Leipzig und B. in Breslau als Gesamtschuldner anerkennen, es stünden ihnen aus dem Urteile des Landgerichts I zu Berlin, das in Sachen des Beklagten A. als Klägers gegen den jetzigen Kläger und einen gewissen X. am 17. März 1902 ergangen ist, und aus den diesem zugrunde liegenden sechs Wechseln keine Rechte gegen ihn zu. Vor Erhebung der Klage hat der Kläger einen Beschluß des Reichsgerichts erwirkt, wodurch das Landgericht zu Leipzig nach § 36 Nr. 3 als zuständiges Gericht für die Klage bestimmt worden ist. Trotzdem hat die Vorinstanz den Unzuständigkeitseinwand der Beklagten berücksichtigt und die Klage wegen Unzuständigkeit abgewiesen. Allein ihre Ansicht, daß ihr die Prüfung und Entscheidung über die Frage, ob die Voraussetzungen des § 36 Nr. 3 gegeben gewesen seien, durch den ihre Zuständigkeit aussprechenden Beschluß des RG. nicht entzogen werden, ist unzutreffend und im Widerspruch mit der vom RG. vertretenen Rechtsansicht, wonach durch den nach § 36 Nr. 3 ergangenen Beschluß entsprechend dem erkennbaren Willen des Gesetzgebers das letzte Wort gesprochen sein soll und die Zuständigkeit des bestimmten Gerichts, auch wenn jener einen rechtlichen Verstoß enthielt, nicht weiter soll bemängelt werden dürfen (Seuffert 40 S. 350; JW. 1905 S. 148[31]). Lediglich dann, wenn tatsächlich eine Klage anderen Charakters, als für die das Gericht als zuständig bestimmt wurde, erhoben wäre, würde dieses trotz des Beschlusses zu einer Abweisung wegen örtlicher Unzuständigkeit gelangen können.[1] M. z.

m) **Vereinbarung begründet nicht ohne weiteres einen ausschließlichen Gerichtsstand.**

OLG. Hamburg, VI. ZS. Urteil v. 25. September 1906.

Der Beklagte stützt seine Behauptung, daß der an sich nach § 23 ge-

[1] Danach wird unterstellt, daß das Reichsgericht bei Bestimmung des zuständigen Gerichts davon ausgegangen ist, es könne auch die gegen A. beabsichtigte Klage in dessen allgemeinem Gerichtsstande erhoben werden, obwohl durch sie Einwendungen des Schuldners gegen den durch Urteil festgestellten Anspruch geltend gemacht werden sollen. Richtiger erscheint aber die Annahme, daß der Beschluß lediglich für die im allgemeinen Gerichtsstande zu erhebenden Klagen das zuständige Gericht habe bestimmen wollen, so daß eine Klage aus § 767 ZPO. nicht darunter fallen, sondern eine Klage anderen Charakters darstellen würde. Besonderen Schwierigkeiten würde sonst die Einstellung der Zwangsvollstreckung begegnen, zu der nach § 769 ausschließlich das Prozeßgericht des § 767 befugt ist. D. H.

gegebene Gerichtsstand durch Vereinbarung ausgeschlossen sei, auf den notariellen Vertrag der Parteien, wonach sie „Domizil zur Exekution dieses erwählt“ haben „zum Comptoir des Verwahrers dieses Aktes“. Allein daraus folgt zunächst sowohl nach den Worten, wie nach dem gewöhnlichen Sinne dieser bei Notariatsakten im Gebiete des Code civil und des damit insoweit übereinstimmenden in Groningen geltenden Wetboek gebräuchlichen Klausel zunächst nichts weiter, als daß für Klagen aus diesem Notariatsakte auch das holländische Gericht über Groningen zuständig ist. Daß es ausschließlich zuständig sei, folgt daraus keineswegs ohne weiteres. Daß nach deutschem Recht die Vereinbarung eines Gerichtsstandes nicht notwendig dessen Ausschließlichkeit begründet, auch diese vielmehr freier Vereinbarung unterliegt und nicht einmal eine Vermutung für die Ausschließlichkeit des vereinbarten Gerichtsstandes besteht, ist anerkannt (vgl. Seuffert 54 Nr. 248; JW. 1891 S. 485[1]). Wenn im ersten Urteil hervorgehoben wird, daß eine frühere Entscheidung vom 19. September 1892 über das domicile élu nicht entgegenstehe, so ist damit kein Gegensatz der Rechtsprechung in bezug auf den gewählten Wohnsitz des französischen Rechts ausgesprochen (vgl. Bolze 3 Nr. 1043). Auch die französische Rechtswissenschaft und Praxis hat im allgemeinen stets festgehalten, daß zwar die Wahl des Wohnsitzes einen Gerichtsstand begründet, daß es aber lediglich Auslegungsfrage ist, ob die Parteien damit eine Ausschließlichkeit dieses Gerichtsstandes vereinbaren wollten oder nicht (Zacharias-Dreyer bzw. Aubry-Rau 1 § 146; Sirey-Gilbert, C. c. Anm. 39 zu Art. 111). Dem ist auch die holländische Praxis allem Anschein nach ohne Abweichung gefolgt (vgl. Asser in Leske-Loewenfeld S. 151 II). Das von dem amtlichen Sachverständigen des deutschen Generalkonsulats in Haag eingezogene Gutachten bestätigt das, indem er positiv verneint, daß die in Notariatsakten gebräuchliche Wahl des Wohnsitzes speziell im vorliegenden Falle eine Ausschließlichkeit des dadurch begründeten Gerichtsstandes bewirke. Der Hinweis des Beklagten auf die Artt. 126, 314 der holl. PrO. erscheint verfehlt, da dieses Gesetz natürlich nur maßgebend ist, wenn sich die Parteien ihm unterwerfen wollten, d. h. wenn in Holland geklagt werden sollte und mußte, was gerade in Frage steht. Allerdings scheinen die Kommentatoren des Code civil bei Auslegung der Domizilwahl dann Ausschließlichkeit des Gerichtsstandes im domicile élu als vereinbart anzusehen, wenn diese Wahl im Interesse des Schuldners allein oder im gemeinsamen Interesse getroffen ist, und für diese Auffassung wird auch ein Urteil des Kassationshofes von 1875 angeführt. Allein als eine unbedingt maßgebende Auslegungsregel läßt sich das — wie auch die deutsche Praxis zeigt — nicht allgemein anerkennen, zumal nicht bei einer in Notariatsakten als formularmäßige Phrase wiederkehrenden Domizilwahl. Wenn aber das angefochtene Urteil aus der konkreten Sachlage herleiten will, daß die Parteien, da sie an dem holländischen Vertragsorte, wo auch der holländische Beklagte wohnt, Domizil wählten, dies nur den Sinn eines ausschließlichen Gerichtsstandes haben könne, weil der natürliche Wohnsitz des Beklagten so wie so denselben Gerichtsstand begründe, so kann dies nicht als schlüssig anerkannt werden. Denn, falls der in Manchester wohnhafte Kläger verklagt würde, behält die Wahl des Wohnsitzes unter allen Umständen Bedeutung, auch wenn sie keinen obligatorischen Gerichtsstand begründete. M. M.

n) **Ablehnung wegen Befangenheit. ZPO. § 42.**

α) OLG. Hamburg, III. ZS. Beschluß v. 6. November 1906.

Der § 42² erfordert einen Grund, welcher geeignet ist, Mißtrauen gegen die Unparteilichkeit eines Richters zu rechtfertigen. Ob es genügt, daß die Partei dieses berechtigte Mißtrauen hat, oder ob erforderlich ist, daß es voraussichtlich jeder teilen würde, der die Sachlage kennt und ihr objektiv gegenüber steht, darüber spricht sich das Gesetz nicht aus. Schon der I. ZS. hat indes (Rsp. 2 S. 292) den Standpunkt vertreten, daß es darauf ankomme, ob die Partei, natürlich aus vernünftigen Gründen, die Besorgnis hegen dürfe, sie könne bei dem abgelehnten Richter auf eine unbefangene Beurteilung nicht mit Sicherheit rechnen. Dem schließt sich dieser Senat an. Der Gedanke des Gesetzes ist der, daß niemand gezwungen werden soll, sein Recht da zu nehmen, wo er es aus verständigen Erwägungen heraus nicht finden zu können vermeint. Dieser Auffassung steht das Reichsgericht (JW. 1899 S. 87) nicht entgegen. Denn wenn es dort sagt, es sei nicht entscheidend, ob die ablehnende Partei der Meinung sei, der Richter sei befangen, sondern ob objektiv ein Grund vorliege, der geeignet sei, das Mißtrauen zu rechtfertigen, so kann das nur heißen, daß die bloße, auf vielleicht ganz ungeeignete Gründe gestützte Ansicht der Partei allerdings nicht genüge, daß vielmehr Tatsachen vorliegen müssen, die das Mißtrauen der Partei verständlich und von ihrem Standpunkte aus berechtigt erscheinen lassen. Würde man nämlich weitergehen, so käme man schließlich zu der unhaltbaren Folge, daß trotz schwerwiegender Ablehnungsgründe, z. B. Feindschaft aus Anlaß früherer Prozeßführung mit dem Richter selbst, nahen, nicht unter § 41 fallenden Verhältnisses zum Gegner, dem an sich berechtigten Mißtrauen der Partei das vielleicht ebenso berechtigte Vertrauen anderer, besonders des über das Ablehnungsgesuch erkennenden Gerichts, entgegengesetzt werden könnte, daß sich der abgelehnte Richter gerade angesichts der Tatsachen, auf die sich die Partei beruft, als gewissenhafter Mann und pflichttreuer Beamter zu einer unbefangenen Beurteilung des Parteivorbringens mit Erfolg zu zwingen wissen werde. [Daher Ablehnung des Richters, der als Strafkammervorsitzender den wegen Übertretung des Meldegesetzes angeklagten Beschwerdeführer auf die Anklagebank genötigt hat, während er 1905 einem derselben Übertretung angeklagten Landrichter ohne einen dahingehenden Wunsch gestattet hat, vor dem Gerichtstische Platz zu nehmen.] M. M.

β) OLG. Breslau, II. ZS. Beschluß v. 11. Januar 1907.

Vorliegend handelt es sich um keine Ablehnung wegen Befangenheit des Richters der Partei gegenüber, sondern um eine solche, die der [angeblich grundlos zurückgewiesene] Prozeßagent nur für sich selbst geltend macht wegen des ihm gegenüber vom Gericht eingeschlagenen Verfahrens. Wenn er meint, dadurch werde auch die Partei betroffen, so entbehrt dies jedes ausreichenden Grundes und vermag nicht seine Legitimation zu dem Ablehnungsgesuch zu begründen. Denn darin ist dem Landgericht beizutreten, daß es ein persönliches Ablehnungsrecht des Prozeßbevollmächtigten nicht gibt. Kr.

γ) OLG. Karlsruhe, II. ZS. Beschluß v. 3. Februar 1906.

Der Kläger hat den Vorsitzenden A. und den Beisitzer B. des Gewerbegerichts wegen Befangenheit abgelehnt. Das Landgericht hat die Ablehnung, soweit sie den A. betraf, als unbegründet, soweit sie den B. betraf, als unzulässig verworfen und die Erhebung einer Gebühr nach § 47² GKG. angeordnet, weil der Kläger das Verfahren mutwillig veranlaßt habe. Nachträglich hat der Kläger seine Ablehnung begründet und A. hat sich dazu geäußert. Danach konnte der Beschwerde nicht entsprochen werden; denn die den B. betreffende Ablehnung ist unzulässig, weil der Kläger, wie er in seiner Erklärung zugibt, den Ablehnungsgrund gekannt hat, bevor er sich auf die Verhandlung eingelassen hat.

A. hat eingeräumt, daß er nach Verlesung des Briefes des Klägers, an dessen Schlusse der Beklagten mit der Staatsanwaltschaft gedroht wird, die Äußerung: „das ist, gelinde gesagt, eine Erpressung" getan habe. Allein aus einer solchen Bemerkung des Vorsitzenden des Gerichts kann noch nicht geschlossen werden, daß er den Rechtsstreit nicht unparteiisch zu entscheiden suchen werde. — Anders würde der zweite dem A. gemachte Vorwurf, daß er nämlich Aussagen eines Zeugen, teils absichtlich unrichtig zu Protokoll genommen, teils absichtlich weggelassen habe, zu beurteilen sein. Allein A. hat in Abrede gestellt, dies getan zu haben, will vielmehr bemüht gewesen sein, alle erheblichen Aussagen richtig niederschreiben zu lassen, und das Gericht hat keinen Anlaß, dies zu bezweifeln, weil der Kläger keine einzige Aussage des Zeugen, die unrichtig wiedergegeben oder ganz weggelassen worden wäre, angeführt hat. Soweit der Vorsitzende geduldet hat, daß die Vertreter der Beklagten etwaige irrige Aussagen des Zeugen berichtigten, hat er seine Pflicht nicht verletzt.

Als mutwillig veranlaßt konnte indessen das Verfahren schon im Hinblick auf das, was A. eingeräumt hat, nicht bezeichnet werden, und deshalb wurde die Anordnung der Erhebung einer Gebühr auf Grund des § 47² GKG. aufgehoben. Dr. E.r.

o) **Parteifähigkeit nicht rechtsfähiger Vereine.**

α) Kammergericht, XVII. ZS. Urteil v. 23. Februar 1907.

Der klagende Verein ist als eine erlaubte Privatgesellschaft im Sinne des ALR. anzusehen. Er besitzt als solche ein selbständiges Vereinsvermögen und die dazu gehörenden Rechte werden von den Organen des Vereins bzw. von der Gesamtheit der Mitglieder geltend gemacht. Allerdings würde nach der zurzeit herrschenden Ansicht der Geltendmachung im Wege der Klage, welche nach früherem Recht unbedenklich gegeben war, jetzt der § 50 entgegenstehen. Allein die Praxis hat sich damit geholfen, daß sie die mangelnde Partei- und Prozeßfähigkeit dieser Vereine dadurch für ersetzbar erklärt, daß die sämtlichen jeweiligen Mitglieder einem Mitgliede Vollmacht zur Erhebung der Klage erteilen und daß dieses dann namens der Gesamtheit der Mitglieder klagt. Eine solche Vollmachtserteilung liegt unbedenklich dann vor, wenn nach den Statuten der Vorstand ermächtigt ist, in den Angelegenheiten des Vereins Prozesse zu führen. Diese Grundsätze hat das Reichsgericht (Entsch. 57 S. 92) aufgestellt. Dort ist ausgesprochen, daß die sämtlichen Vereinsmitglieder als Streitgenossen zusammenwirken müssen, daß aber andererseits der Vorstand durch die in den Statuten getroffene Bestimmung die Macht zur gerichtlichen Vertretung der jeweiligen Vereinsmitglieder hat. Die Frage, wie es zu halten ist, wenn im Laufe des Rechtsstreits einzelne Mitglieder durch Tod usw. ausscheiden und wenn neue Mitglieder eintreten, ist nicht berührt. Die Vertretungsbefugnis des Vorstandes kann sich nur auf die tatsächlichen Mitglieder erstrecken. Mit dem Aufhören der Mitgliedschaft erlischt daher notwendig auch das Recht, namens der Ausgeschiedenen den Prozeß fortzusetzen. Dagegen erstreckt sich die Befugnis zur Vertretung von selbst auf die neu eingetretenen Mitglieder. Vertritt der Vorstand regelmäßig die jeweiligen Mitglieder, so ergibt sich als notwendige Folge, daß der Wechsel der Mitgliedschaft auf den Fortgang des Prozesses ohne Einfluß ist. Dies müßte zur Folge haben, daß die Aufführung der einzelnen Mitglieder im Klagerubrum überflüssig oder doch von ganz nebensächlicher Bedeutung ist, so daß, wie es auch vorliegend in erster Instanz geschehen, lediglich zur Berichtigung des Klagerubrums die nach Klagezustellung ausgeschiedenen Mitglieder fortzulassen und die neu eingetretenen an deren Stelle aufzunehmen sind. Diese Auffassung entspricht offenbar auch dem Bedürfnisse der Praxis. Es ist nicht abzusehen, weshalb Mitglieder, die, wie hier, gerade deswegen nach der Klagerhebung aus dem Verein ausgeschieden sind, weil sie sich nicht an dem Prozeß beteiligen wollten, nun fortgesetzt, bis der Prozeß rechtskräftig entschieden ist, wider ihren Willen als Mitkläger figurieren sollen. Ebenso ist nicht abzusehen, wie es im Falle des Todes eines Mitgliedes während des Rechtsstreites gehalten werden sollte, wenn die einzelnen zur Zeit der Klagerhebung vorhandenen Mitglieder tatsächlich Partei im Sinne des Prozeßrechts wären. Die Fortführung des Rechtsstreits könnte dann völlig unmöglich gemacht werden. Denn die Erben des verstorbenen Mitgliedes können doch nicht genötigt werden, auch ihrerseits Mitglieder zu werden und den Rechtsstreit aufzunehmen. Diese Erwägungen müssen allerdings dahin führen, nicht rechtsfähigen Vereinen, die ein selbständiges Vereinsvermögen besitzen, auch die aktive Parteifähigkeit zuzugestehen (vgl. Hellwig, Lehrbuch des Zivilproz. 1 § 45; Recht 8 S. 207). H.-z.

β) Kammergericht, XIV. ZS. Urteil v. 14. Februar 1907.

Der klagende Männerturnverein ist unter dem ALR. gegründet worden und ist noch jetzt nach den landrechtlichen Vorschriften über erlaubte Privatgesellschaften zu beurteilen. Das gilt aber nicht für die Parteifähigkeit im Prozesse; diese richten sich nach den zurzeit geltenden Prozeßgesetzen. Während vor 1900 der Gerichtsgebrauch die erlaubten Privatgesellschaften, weil ihnen die inneren Rechte der Korporationen und Gemeinen zustehen (§§ 13, 14 II 6 ALR.), bei Klagen gegen ihre Mitglieder als parteifähig behandelt hat, kann jetzt nach § 50 ZPO. ein nicht rechtsfähiger Verein nur verklagt werden. Der klagende Verein besitzt nicht juristische Persönlichkeit und damit Rechtsfähigkeit in dem Sinne, welchen das neue Recht mit diesem Begriffe verbindet. Er steht vielmehr einem nicht rechtsfähigen Vereine des neuen Rechts gleich und würde als solcher anzusprechen sein, wenn er unter dem neuen Rechte gegründet worden wäre. Es muß ihm daher die Fähigkeit, als Partei im Prozeß aufzutreten, versagt werden. Dr. S.

p) **Notwendige Streitgenossenschaft.**[1] **ZPO. § 62.**

Kammergericht, VIII. ZS. Urteil v. 27. März 1907.

Auf Antrag der Beklagten A. und B., als der Gesellschafter einer früheren offenen Handelsgesellschaft waren Mietforderungen ihres Schuldners gepfändet. Die Kläger haben die Widerspruchsklage aus § 771 erhoben. Der eine der Beklagten ist vor oder nach der Klagezustellung gestorben. Das LG. hat die Klage gegen den anderen Beklagten abgewiesen. Dies Urteil wurde auf Grund des § 539 aufgehoben und die Sache an das LG. zurückverwiesen.

Gründe:

Dem Pfändungsbeschlusse liegt eine Forderung der Gesellschafter einer früheren offenen Handelsgesellschaft zugrunde. Wenn auch die Klage nicht gegen die Gesellschaft gerichtet ist, sondern gegen die Gesellschafter der früheren Firma persönlich, so dreht sie sich doch um das Bestehen eines Pfandrechts wegen einer Forderung, die nicht etwa einem Gesellschafter nach der Auflösung der Gesellschaft überwiesen, sondern beiden Gesellschaftern zusteht und von ihnen geltend gemacht worden ist. Dieses Rechtsverhältnis kann nur einheitlich entschieden werden. Es kann z. B. bei der Prüfung der Einwendungen des Scheins und der Anfechtung nicht entschieden werden, daß der eine Beklagte zu diesen Einwendungen nicht befugt sei, weil ihm etwa überhaupt keine Forderung zustehe. Aber es ist auch sonst nur eine einheitliche Entscheidung beiden Gläubigern gegenüber denkbar. Es kann ihnen gegenüber nur einheitlich festgestellt werden, ob ihre Pfändung den Klägern gegenüber wirksam oder unwirksam ist, und ob die Kläger als Hypothekengläubiger oder Nießbraucher zum Widerspruche gegen die Pfändung beider

---

[1] Wenngleich jeder der Beklagten mit dem gegen ihn gestellten Antrage (auf Anerkennung der Zubehöreigenschaft der Pfandstücke) in einem besonderen Prozesse hätte belangt werden können, so liegt doch, nachdem tatsächlich beide Beklagte zusammen verklagt sind, der § 62 Abs. 1 insofern vor, als ein im Sinne der Logik identisches Streitverhältnis nicht in demselben Prozesse gleichzeitig als bestehend und als nicht bestehend behandelt werden kann (Beschluß des RG. v. 12. Juli 1905 V 233/05).

Gläubiger berechtigt sind. Verschiedenartige Entscheidungen gegen den einen und den anderen Gläubiger würden widersinnig sein. Beide sind daher notwendige Streitgenossen. Ein Urteil gegen den einen dürfte deshalb nicht erlassen werden (JW. 1903 S. 21², 1907 S. 18²¹; vgl. auch Entsch. des RG. 34 S. 365). Dr. P.

q) **Die Tatsache der Streitverkündung beweist noch nicht das rechtliche Interesse an der Nebenintervention.**

α) OLG. Hamburg, III. ZS. Beschluß v. 13. April 1907.

Der Kläger fordert Schadensersatz, weil ihm der Beklagte als Geschäftsführer der „... G. m. b. H." wider besseres Wissen falsche Angaben über die Kreditwürdigkeit dieser Gesellschaft gemacht habe. Die Klage gründet sich also auf eine unerlaubte Handlung des Beklagten. Wenn dieser den jetzigen Nebenintervenienten den Streit allein um deswillen verkündet, weil sie, solange Beklagter Geschäftsführer war, auch Geschäftsführer gewesen seien und „daher eventuell als Gesamtschuldner mithafteten", so daß Beklagter gegen sie Regreß nehmen könne, so ist nicht abzusehen, wieso Beklagter, wenn er verurteilt wird, wegen seiner wissentlich falschen Angaben der Klägerin den eingeklagten Schaden zu ersetzen, sich ohne weiteres rückgreifend an seine Mitgeschäftsführer sollte halten können. Auf eine unverständliche Streitverkündung allein kann sich aber der Nebenintervenient zur Glaubhaftmachung seines rechtlichen Interesses am Siege des Streitverkünders nicht berufen, so wenig, wie auf die Tatsache der Streitverkündung als solche. Das Landgericht meint, es genüge die Ankündigung des Regreßanspruches, um den Dritten zum Beitritt für legitimiert zu erachten, und die gleiche Ansicht wird in dem Zwischenurteile (Rsp. 5 S. 23) vertreten, weil es nicht darauf ankomme, welche Aussicht auf Erfolg die angedrohte Regreßklage biete, vielmehr schon wegen der Notwendigkeit, den Prozeß zu führen, für den Dritten ein Interesse daran bestehe, ihn durch Unterstützung der ihn androhenden Partei von sich fern zu halten. Dem konnte nicht zugestimmt werden. Nach § 74¹ bestimmt sich, wenn der Dritte dem Streitverkünder beitritt, sein Verhältnis zu den Parteien nach den Grundsätzen über die Nebenintervention. Zu diesen Grundsätzen gehört der des § 71¹, daß der Dritte als Nebenintervenient nicht zuzulassen ist, wenn er sein Interesse nicht glaubhaft macht. Keineswegs sagt das Gesetz, daß es nach der Streitverkündung nur des Hinweises auf sie zur Glaubhaftmachung des Interesses bedürfe. Diese Meinung läßt sich auch dem Gesetze nicht unterstellen. Denn sie würde dazu führen, daß eine Partei durch eine gänzlich willkürliche und haltlose Streitverkündung einem beliebigen Dritten Eingang in den Prozeß verschaffen und sich seine Unterstützung sichern könnte, zum — vielleicht beabsichtigten — Schaden des Gegners, der, abgesehen von anderen prozessualen Folgen, z. B. der, daß der Nebenintervenient als Zeuge regelmäßig nicht zu beeidigen sein wird, auch die auf sich nehmen müßte, daß er ohne jeden Grund mehreren Gegnern gegenüberstände und im Falle seines Unterliegens die dem Nebeninterveninten erwachsenen Kosten mit zu tragen hätte, obwohl dieser am Prozesse vielleicht in keiner Weise interessiert ist. M. M.

β) **Angabe des Interesses. ZPO. § 70 Nr. 2.**

OLG. Hamburg, III. ZS. Zwischenurteil v. 27. November 1906.

Die absolute Vorschrift des § 70 (vgl. JW. 1901 S. 799[3]) hat vorliegend der Streitverkündete verabsäumt. Es genügt nicht, daß der Gegner darauf verwiesen wird, er könne aus anderweiten Umständen (hier eine der Zeugenaussagen in erster Instanz) das Interesse des Beitretenden entnehmen (JW. 1902 S. 213). Es muß bestimmt angegeben werden, und zwar in dem den Beitritt erklärenden Schriftsatze. Deshalb muß die Nebenintervention als unzulässig zurückgewiesen werden. Wenn sich daraus auch mit Notwendigkeit ergibt, daß die nur vom Nebeninterveninten eingelegte Berufung ebenfalls unzulässig ist, so kann diese Folge doch zurzeit noch nicht ausgesprochen werden, weil der § 71[3] ausdrücklich die Zuziehung des Interveninten so lange vorschreibt, als nicht „die Unzulässigkeit der Intervention rechtskräftig ausgesprochen ist", d. h. solange nicht die Beschwerdefrist (§ 71[2]) ungenützt verstrichen oder eine erhobene sofortige Beschwerde verworfen worden ist. Es konnte daher lediglich durch Zwischenurteil erkannt werden [daß die Nebenintervention unzulässig ist]. M. M.

γ) **Übertragung der Prozeßvollmacht.**

Kammergericht, XVI. ZS. Urteil v. 14. März 1907.

Der Beklagte hat zur Führung eines gegen ihn bei dem Landgericht II in Berlin angestrengten Prozeß dem dort nicht zugelassenen RA. A. Prozeßvollmacht mit der Befugnis zur Substitution erteilt, worauf A. dem bei dem Landgericht II zugelassenen Kläger die Vertretung des Beklagten übertrug, sich selbst aber die schriftliche Bearbeitung der Sache vorbehielt. Als der Beklagte hiervon Kenntnis erhielt, kündigte er das Mandat. Der Kläger verlangt nunmehr Zahlung seiner Gebühren und Auslagen. Allein der RA. A. war nicht berechtigt, den Kläger zum Prozeßbevollmächtigten des Beklagten zu bestellen. Ein derartiges Recht würde ihm dann zugestanden haben, wenn ihm der Beklagte eine allgemeine Vollmacht zur Besorgung der dem Vorprozeß zugrunde liegenden Geschäfte erteilt hätte. Dies ist aber nicht der Fall gewesen; der Beklagte ist, nachdem er bis dahin seine Geschäfte selbst besorgt hatte, an A. erst herangetreten, als die Klage gegen ihn bereits erhoben war und er nunmehr die Prozeßführung einem Anwalt gemäß § 78 übertragen mußte. Er wollte also, da er den Prozeß persönlich nicht führen konnte, dessen Durchführung dem A. übertragen, es handelte sich bei der Erteilung der Vollmacht an A. um die Erteilung einer reinen Prozeßvollmacht, wie denn auch die ausgestellte Urkunde ausdrücklich als Prozeßvollmacht bezeichnet ist und in den üblichen Formen einer solchen ausgestellt ist. Es steht also ein ganz anderer Sachverhalt zur Entscheidung, als in den KGBl. 1906 S. 90, wo der Beklagte dem Anwalt den allgemeinen Auftrag erteilt hatte, die nötigen Schritte zur Wiedererlangung der bei ihm deponiert gewesenen und vom Schuldner unterschlagenen Wertpapiere zu tun, sich auch mit der Erhebung der Klage einverstanden erklärt hatte. Vorliegend war aber dem A. lediglich Prozeßvollmacht erteilt. Zu den Befugnissen eines Prozeßbevollmächtigten gehört es aber nicht, für die untere Instanz die Vollmacht mit allen Befugnissen aus § 81 auf einen anderen Anwalt vollständig zu übertragen, so daß dieser an die Stelle des ersteren träte und als von der Partei bevollmächtigt zu gelten hätte (Struckmann-Koch, Seuffert, Gaupp-Stein zu §§ 78, 81 ZPO. Entsch. des RG. 11 S. 369). Auch die dem A. eingeräumte Substitutionsbefugnis hat, wie sich aus § 81 und der ganz einheitlichen Praxis ergibt, nur den Sinn, daß A. einzelne in den Rahmen der Prozeßvollmacht fallende Handlungen einem Vertreter übertragen durfte, der dann aber immer nur Vertreter des Prozeßbevollmächtigten blieb, nicht selbst Prozeßbevollmächtigter werden konnte.

Überdies war nach § 306 BGB. der zwischen A. und dem Beklagten abgeschlossene Dienstvertrag ungültig. Denn A. war mangels Zulassung beim Landgericht II nicht fähig, den Beklagten in seinem Prozeß zu vertreten. Das Unvermögen des Schuldners, eine Leistung zu bewirken, begründet dann eine objektive Unmöglichkeit, wenn, wie hier, die Leistung durch den Schuldner in Person erfolgen muß (Planck, Vorbem. 1 zu den §§ 275, 290 BGB.). Dr. R.

s) **Nichtbeibringung der erforderten Vollmacht.**

Kammergericht, XVI. ZS. Beschluß v. 30. Mai 1907.

Dem als Vertreter des Klägers auftretenden RA. H. ist auf Antrag des Beklagten aufgegeben, bis zum 1. März 1907 eine beglaubigte Prozeßvollmacht vorzulegen. Überreicht ist eine solche Vollmacht zu den Akten nicht. Ob sie dem Beklagten oder dessen Vertreter vorgelegt ist, ist nicht ersichtlich. Im Termine vom 25. März 1907 ist für den Kläger niemand erschienen und deshalb gegen ihn Versäumnisurteil auf Antrag des Beklagten erlassen. Da Einspruch nicht eingelegt wurde, hat der Beklagte die Erteilung des Rechtskraftzeugnisses nachgesucht, der Gerichtsschreiber sie aber abgelehnt, weil die Zustellung des Urteils an RA. H. nicht gültig sei, da dieser die bezügliche Prozeßvollmacht nicht vorgelegt habe und deshalb nicht als Prozeßbevollmächtigter angesehen werden könne. Allein die ZPO. enthält keine Bestimmung des Inhalts, die Nichtbeachtung eines nach § 80² gestellten Verlangens habe die Folge, daß eine Vollmacht auf die als Vertreter auftretende Person überhaupt nicht als erteilt gelte und deren Prozeßhandlungen sämtlich, auch soweit sie vor dem Verlangen liegen, als unwirksam zu behandeln seien. Vielmehr ist die Wirkung der Nichtbefolgung lediglich die, daß der Gegner von da an sich mit der nicht legitimierten, als Prozeßbevollmächtigter auftretenden Person nicht einzulassen braucht (Entsch. des RG. 30 S. 401), während die Wirksamkeit der früheren Prozeßhandlungen unberührt bleibt. Der Gegner ist aber an sein Verlangen der Beibringung einer Vollmacht nicht ein für alle Male gebunden, er kann davon abgehen, und wenn dies geschieht, hat das Gericht in Anwaltsprozessen nicht mehr die Befugnis, die Legitimation des als Vertreter auftretenden Anwalts zu bezweifeln (§ 88). Vorliegend hat der Beklagte das Versäumnisurteil dem RA. H. zustellen lassen und dadurch zum Ausdruck gebracht, daß er diesen trotz des vorhergestellten Verlangens der Vorlegung einer beglaubigten Prozeßvollmacht als legitimierten Vertreter behandeln wolle, der RA. H. hat seinerseits das Urteil entgegengenommen, Zustellungsurkunde ausgestellt und sich dabei ausdrücklich als Prozeßbevollmächtigten bezeichnet. Ob Beklagter so gehandelt hat, weil ihm in irgend einer Weise der Nachweis der Bevollmächtigung erbracht ist, oder ob er ohne solchen Nachweis von seinem früheren Verlangen abgegangen ist, entzieht sich der Kenntnis des Gerichtes, ist aber auch unerheblich, da das Gericht jedenfalls nicht mehr befugt ist, von Amts wegen die zwischen den Parteien nicht mehr streitige Bevollmächtigung nachzuprüfen. Die Zustellung ist somit nach § 176 an die richtige Person erfolgt. Dr. R.

t) **Zeitliche und sachliche Tragweite der Prozeßvollmacht.**

Kammergericht, XIV. ZS. Urteil v. 28. März 1907.

Die Prozeßvollmacht ermächtigt nach § 81 zu allen Prozeßhandlungen, die den Rechtsstreit betreffen, und endigt nicht mit der Zustellung des Endurteils, sondern bleibt auch für die Zwangsvollstreckung wirksam. Sie umfaßt auch die Beseitigung des Rechtsstreits durch Vergleich, Verzicht auf den Streitgegenstand und Anerkennung des Anspruchs. In diesem Punkte reicht sie über den Kreis der eigentlichen Prozeßhandlungen hinaus. Sie umfaßt aber nicht die Befugnis zu anderen rechtsgeschäftlichen Erklärungen für den Auftraggeber nach Beendigung des Rechtsstreits. Wenn daher der Prozeßbevollmächtigte auch noch befugt war, die Eintragung einer Zwangshypothek zu beantragen, obwohl der Prozeß schon 1901 beendigt war, so durfte er doch nicht während der Zwangsvollstreckung lediglich auf Grund der Prozeßvollmacht einen Vergleich mit dem Schuldner schließen. Das war kein Vergleich „zur Beseitigung des Rechtsstreits". Der Streit war durch den Prozeß selbst endgültig erledigt, und es ist nicht ersichtlich, daß in der Vollstreckungsinstanz von neuem Streit entstanden wäre. Es handelt sich um einen bloßen Verzichts- und Stundungsvergleich. Für diesen hatte aber der frühere Prozeßbevollmächtigte keine ausreichende Vollmacht. Dr. S.n.

4

a) **Gebührenerstattungsanspruch des Fiskus?**

OLG. Colmar, I. ZS. Beschluß v. 28. November 1906.

Unter den Auslagen, die der klagende Landesfiskus gegen den Beklagten (Unternehmer des Baues eines Amtsgerichtsgebäudes) zur Festsetzung angesetzt hat, befinden sich 24 Mark Vergütung für Zeitversäumnis des von der Bauverwaltung mit 240 Mark monatlich besoldeten Aufsichtsbeamten P., der infolge des Beweisbeschlusses von dem Sachverständigen als Auskunftsperson zugezogen worden ist und drei Tage auf Prüfung von Baurechnungen betreffend den Bau des Amtsgerichts, sowie auf Erteilung von Aufschlüssen an den Sachverständigen verwendet hat. Laut der Rechnung des Hochbauinspektors waren hierfür dem Fonds der Hochbauverwaltung 24 Mark zu erstatten; auch hat zu ihrer Erstattung die Justizverwaltung die Landeshauptkasse angewiesen.

Wenn auch hiernach die Justizverwaltung die 24 Mark der Bauverwaltung ersetzt hat, so wird doch durch diese rein rechnungsmäßige Operation nichts daran geändert, daß dem Kläger eine dem Beklagten gegenüber erstattungsfähige Auslage nicht entstanden ist. Die einzelnen Verwaltungszweige des Fiskus sind keine selbständigen Rechtssubjekte, sondern bilden in ihrer Gesamtheit die Rechtspersönlichkeit des Fiskus. Aus seiner Einheitlichkeit folgt von selbst, daß die von einer fiskalischen Station für eine andere geleistete Ausgabe keine Zahlung im privatrechtlichen Sinne darstellt und demzufolge keine privatrechtliche Ersatzpflicht derjenigen Station erzeugt, in deren Interesse jene Ausgabe geleistet worden ist. Da die Justizverwaltung mithin der Bauverwaltung dafür, daß sie drei Tage lang die Dienste des P. in Anspruch nahm, nichts zu erstatten hat, kann sie hierfür auch vom Beklagten nichts ersetzt verlangen. Anders würde sich die Sachlage dann gestaltet haben, wenn für P. ein Ersatzmann angestellt und dessen Tätigkeit vom Kläger mit 24 Mark vergütet worden wäre. Dies hat er aber nicht behauptet.

Frdthl.

b) **Kosten bei abgelehnter Entmündigung.**

Kammergericht, XVII. ZS. Beschluß v. 26. Februar 1907.

Die weitere Beschwerde der Staatsanwaltschaft ist begründet. Dem zu Entmündigenden steht bei Ablehnung der Entmündigung ein Anspruch auf Erstattung seiner Gebühren und Auslagen gegen die Staatskasse nicht zu. Denn das Entmündigungsverfahren vor dem Amtsgerichte stellt keinen eigentlichen Rechtsstreit zwischen den Parteien dar; es handelt sich dabei vielmehr um einen inquisitorischen Amtsbetrieb, bei dem von einer unterliegenden Partei nicht die Rede sein kann und deshalb auch § 91 auf den erhobenen Erstattungsanspruch angewendet werden kann. Der § 658 handelt auch nur von den Kosten des Verfahrens. Im Gegensatze hierzu wird nur insoweit, als das Verfahren in den Formen des bürgerlichen Rechtsstreits wie bei der Anfechtungs- und der Aufhebungsklage sich bewegt, bei dem Unterliegen der Staatsanwaltschaft ein Erstattungsanspruch gegen die Staatskasse eingeräumt.

H.-z.

c) **Erstattung von Kosten des Bürgermeisters für die im Prozesse der Gemeinde in deren Interesse unternommenen Reisen 2c.**

OLG. Colmar, III. ZS. Beschluß v. 28. März 1907.

Das LG. hat die von der Gemeinde angesetzten Posten 10 und 11, betreffend Reisen des Bürgermeisters zur Bestellung des Prozeßbevollmächtigten und Besprechung mit ihm, gestrichen mit Rücksicht auf dessen gerichtsbekannte fast tägliche Anwesenheit am Sitze des Prozeßgerichts. Wenn auch die Angabe des Gegners, daß er sogar dort eine Wohnung habe, ungenau sein sollte, so besitzt er unstreitig daselbst eine Milchhalle, ein umfangreiches Geschäft, das seine häufige Anwesenheit bedingt, selbst wenn dessen Leitung durch einen älteren Sohn mitbesorgt wird. Bei dem allgemeinen Grundsatz der möglichsten Kostenersparnis bei Führung von Prozessen hätte er also seine sonstwie veranlaßte Anwesenheit am Sitze des Prozeßgerichts auch zum Verkehr mit dem Anwalte benutzen können. — Der Posten 12 der Rechnung mit 40 Mark für Versäumnis bei Vorbereitung der Belege des Prozesses und Besprechung mit den Sachverständigen ist ebenfalls mit Recht gestrichen und ist nicht erstattungspflichtig. Der Großgrundbesitzer R. versieht das Amt des Bürgermeisters als Ehrenamt und wird von der Gemeinde nicht für jede mit einer Zeitversäumnis verbundene Amtshandlung entschädigt. Die Verwaltung dieses Ehrenamts ist naturgemäß und, wie jedem, der sich zur Übernahme eines solchen bereit finden läßt, bekannt ist, mit Arbeit und Zeitversäumnis verbunden. In den Rahmen dieser ehrenamtlichen Verwaltung fallen auch die Beschaffung von Belegen, die hier größtenteils aus dem Gemeindearchiv entnommen worden sind, und die sonstigen Vorbereitungen zur Prozeßführung. Würde der Bürgermeister für seine im Interesse der Gemeinde entfaltete Tätigkeit sich bezahlen lassen, so wäre das Amt nicht unentgeltlich, also kein Ehrenamt. Gewährt aber die Klägerin vorliegend ihrem Ehrenbürgermeister keine Entschädigung für Zeitversäumnis, selbst wenn er als Großgrundbesitzer dadurch einen Erwerbsverlust hätte, so kann sie auch die Erstattung einer solchen von der Beklagten nicht verlangen. Frdthl.

d) **Erstattung: α) der Kosten von Mahnschreiben.**

OLG. Rostock, II. ZS. Beschluß v. 7. Juli 1906.

Es handelt sich um Kosten von Mahnschreiben an beide Beklagte und um Kosten eines weiteren Schreibens an den Beklagten P., durch welches ihm auf Verlangen die Rechnungen der Klägerin über die beanspruchten Beträge mitgeteilt sind. Alle drei Schreiben stehen mit dem Rechtsstreit im engsten Zusammenhange. Die Klageschrift ist bald danach zur Terminsbestimmung eingereicht. Durch diese Mahnung sind die Beklagten in Verzug gesetzt, und es sind demgemäß in dem vorläufig vollstreckbaren Urteil die Folgen des Verzugs vom 3. Februar an gerechnet. Ohne diese Mahnung hätte sich die Klägerin der Gefahr ausgesetzt, nach § 93 die Kosten tragen zu müssen, falls die Beklagten den Anspruch sofort anerkannt hätten. Da der Rechtsstreit sich im zeitlichen und sachlichen Anschluß an die fraglichen Schreiben entwickelt hat, so sind die Kosten der letzteren auch zu den Kosten des Rechtsstreits zu rechnen, wie im Beschluß vom 21. Mai 1894 (Meckl. Zeitsch. 14 S. 130) ausgeführt ist. Chr.

β) **Schreiben an die Hinterlegungsstelle.**

OLG. Hamburg, I. ZS. Beschluß v. 29. Juni 1906.

Der Plenarbeschluß vom 29. Juni 1891 verneint nur die Frage, ob der Anwalt für das bei der Zustellung als Urschrift verwendete Konzept Schreibgebühren fordern darf, entscheidet aber nicht die Frage, ob dem Anwalte für die aus dem Konzepte hergestellte und nach Unterzeichnung bei der Zustellung als Urschrift verwendete Abschrift Schreibgebühren zustehen. Der II. ZS. (JW. 1891 S. 410) verneint nur die Frage, ob der Anwalt Schreibgebühren für mittels Reinschrift eines Konzepts hergestellte Urschriften von Schriftsätzen fordern darf, welche dazu bestimmt sind, mit der Terminsbestimmung versehen in die Hand des Anwalts zurückzukehren und bei seinen Handakten zu bleiben. Diese Entscheidungen treffen den vorliegenden Fall nicht, in welchem es sich darum handelt, ob der Anwalt für Herstellung der gesetzlich vorgeschriebenen Ersuchen an die Hinterlegungsstelle des Amtsgerichts um Annahme zur Hinterlegung von Geld Schreibgebühren fordern darf. Nach § 4 HinterlO. vom 14. Juli 1899 ist dies Annahmeersuchen in zwei Exemplaren bei der Hinterlegungsstelle einzureichen. Wird die Hinterlegung angenommen, so wird von diesen zwei Exemplaren das eine mit einem entsprechenden Vermerk oder, falls die Hinterlegung sofort erfolgt, mit Empfangsbescheinigung versehen zurückgegeben, das andere verbleibt in den Händen der Hinterlegungsstelle. Ihrem rechtlichen Charakter nach sind diese Ersuchen Anträge auf Abschließung eines Hinterlegungsvertrages zwischen der Hinterlegungsstelle und dem Gesuchsteller. Die Rückgabe des mit Empfangsbescheinigung versehenen Exemplars dokumentiert den Abschluß des Vertrages. Die Frage ist, ob der Anwalt, wenn er die beiden Exemplare des Vertragsantrages anfertigt, hierfür Schreibgebühren fordern darf. Die GebO. entscheidet diese Frage nicht. Ihr Entwurf enthielt im § 75[1]: „Schreibgebühren stehen dem Rechtsanwalt nur für die zum Zweck der Einreichung bei Gericht oder zum Zweck der Zustellung anzufertigenden Abschriften von Schriftsätzen, Urkunden, Urteilen oder Beschlüssen zu." Die Streichung dieses Absatzes im Reichstage ist nur geschehen, um die Einschränkung auf die hier bezeichneten Abschriften zu beseitigen. Daraus wird jedenfalls gefolgert werden können, daß für die Anfertigung des Ersuchens, welches bei der Hinterlegungsstelle verbleibt, Schreibgebühren berechnet werden können. Es kann aber auch das Exemplar, welches, mit der Empfangsbescheinigung der Hinterlegungsstelle versehen, zurückgegeben wird, nicht den Schriftstücken gleichgestellt werden, welche dazu bestimmt sind, mit einer Terminsbestimmung versehen in die Hand des Anwalts zurückzukehren und bei seinen Handakten zu bleiben. Denn die Hinterlegungen fallen nicht in die regelmäßige Tätigkeit des Anwalts, sondern sind von der Partei zu beschaffen, und wenn der Anwalt sie für die Partei besorgt, so ist er berechtigt, für die Herstellung der dazu erforderlichen Schriftstücke eine angemessene Entschädigung zu fordern. Solche Entschädigung ist mit 10 Pf. für die Seite des Ersuchens angemessen berechnet. Sie ist von der kostenersatzpflichtigen Partei zu erstatten, weil sie eine zur zweckentsprechenden Rechtsverfolgung notwendige Aufwendung der ersatzberechtigten Partei darstellt. M.M.

e) **Ob Brief oder Postkarte zu verwenden war, ist nicht nachzuprüfen.**

OLG. Hamburg, IV. ZS. Beschluß v. 15. Juni 1906.

Dem pflichtgemäßen Ermessen des Rechtsanwalts muß überlassen bleiben, ob er seine Mitteilungen durch Briefe oder durch Postkarten zu machen für richtig hält, demnach dürfen von den Kostenrechnungen nicht deshalb Abstriche gemacht werden, weil der Anwalt Briefe geschrieben hat, während das Gericht der Ansicht ist, daß Postkarten genügt haben würden.... M. M.

f) **Kosten der Beweissicherung, deren Gegenstand nicht streitig wurde.**

OLG. Karlsruhe, III. ZS. Urteil v. 25. Juni 1906.

Wenn das Rechtsverhältnis, für welches der Beweis gesichert wurde, nicht Gegenstand eines Prozesses geworden ist, so ist für die Pflicht, die Kosten dieses Verfahrens zu tragen, der § 91 nicht anwendbar. Die Ersatzpflicht muß dann auf einen Rechtstitel des materiellen Rechts gestützt werden. Als solche können hier in Betracht kommen: Verschulden hinsichtlich der Lieferung, insofern ein solches die allgemeine Pflicht zum Schadensersatz begründet (vgl. Entsch. des RG. 53 S. 200), ferner ein Verhalten des Verkäufers hinsichtlich des Zustandes der Kaufsache, das den Käufer zur Beweissicherung nötigte.

Für den ersteren Gesichtspunkt hat der Beklagte nichts beigebracht. Daraus, daß die Häute zum Teil mangelhaft waren, kann ein Verschulden des Klägers hinsichtlich der Lieferung als solcher nicht ohne weiteres gefolgert werden, wenn es richtig ist, daß derartige Geschäfte sich so abzuwickeln pflegen, daß die Häute von Versteigerungen weg ohne Prüfung im einzelnen versandt werden.

Dagegen trifft der zweite Rechtsgrund zu. Es handelt sich um eine Ware, bei der, zumal angesichts der damals herrschenden großen Hitze, Verderb zu befürchten war, auch wenn die geeigneten Vorsichtsmaßregeln beobachtet wurden. Es war deshalb nötig, die entstandene Differenz einer baldigen Regelung zuzuführen. Dabei war es Aufgabe des Klägers, dessen Ware, wie dann festgestellt wurde, etwa zur Hälfte nicht vertragsmäßig beschaffen gewesen ist, an dieser Regelung dadurch mitzuwirken, daß er sich von dem Zustand der Häute überzeugte und die rechtlichen Konsequenzen davon auf sich nahm. Er tat dies nicht; insbesondere hat er damit, daß er eine Vergütung anbot, die der Beklagte nicht annahm, nicht dasjenige getan, was nach dem Zustand der Ware, wie er objektiv bestand, von ihm verlangt werden konnte, nämlich Rücknahme wenn nicht aller, so jedenfalls der schlechten Häute unter Ersatz aller Kosten. Bei diesem Verhalten blieb dem Beklagten nichts übrig, als den Zustand der Ware durch Beweissicherung festzulegen. Auf dem ordentlichen Prozeßweg konnte diese Beweiserhebung leicht sich so lange verzögern, daß sie nicht mehr möglich war. Allerdings hat sich der Beweis auch auf die Häute erstreckt, die als lieferbar befunden und dann vom Beklagten angenommen wurden. Allein diese Mituntersuchung war insofern nicht ohne berechtigten Grund, als damals nicht feststand, ob die Regelung der Differenz gleichmäßig für die ganze Sendung oder getrennt für die lieferbaren Teile einerseits, die nicht lieferbaren anderseits zu erfolgen haben werde. Auch die Untersuchung der guten Häute war insofern durch das Verhalten des Klägers bedingt. Dr. E.r.

g) **Kosten des Verfahrens vor dem Strandamt.**

OLG. Hamburg, IV. ZS. Beschluß v. 16. November 1906.

Die Kosten, welche eine Partei aufwendet, um sich in einer Verhandlung vor dem Strandamt über einen gegen sie geltend gemachten Anspruch auf Bergungs- oder Hilfslohn vertreten zu lassen, gehören nicht zu den Kosten des Rechtsstreits, der durch Beschreiten des Rechtswegs gegen den strandamtlichen Bescheid nach § 39 StrandungsO. entsteht. M. M.

h) **Veröffentlichung der Verurteilung. Keine Anwaltsgebühr, wenn Beklagter der Aufforderung nachkommt.**

OLG. Colmar, II. ZS. Beschluß v. 17. Dezember 1906.

Zunächst kann die Veröffentlichung auch des Berufungsurteils nicht beanstandet werden. Dieses bildet, nachdem die Beklagten durch Einlegung der Berufung eine Entscheidung des OLG. über das landgerichtliche Urteil herbeigeführt haben, dessen notwendige Ergänzung. Die Veröffentlichung des ersteren liegt daher im Sinne des letzteren. — Dagegen ist die Gebühr für Veranlassung der Veröffentlichung des Urteils durch die Beklagten mit Unrecht bewilligt worden. Die Kläger haben sie gemäß § 23 Nr. 2 RAGebO. angesetzt, weil ihr Prozeßbevollmächtigter die Beklagten brieflich zur Veröffentlichung aufgefordert hat, und die Beklagten dann dieser Aufforderung nachgekommen sind. Damit läßt sich aber diese Gebühr nicht rechtfertigen. Allerdings ist glaubhaft gemacht, daß die Veröffentlichung auf jene Aufforderung hin erfolgt ist. Hieraus ergibt sich aber auch, daß die Beklagten der an sie ergangenen Aufforderung freiwillig nachgekommen sind, ohne daß es einer Anrufung des Gerichts bedurfte. Die Tätigkeit des Prozeßbevollmächtigten ist hiernach lediglich als eine die Zwangsvollstreckung vorbereitende Maßregel aufzufassen, die regelmäßig durch die Prozeßgebühr des vorhergegangenen Rechtsstreites entlohnt wird (vgl. Walter-Joachim S. 262; Pfafferoth S. 128, 129; Drucker S. 79; Willenbücher S. 154; JW. 1899 S. 746[16]). Es bedarf daher hier nicht der Erörterung der Frage, ob überhaupt die Erstattung dieser Gebühr im Wege des Kostenfestsetzungsverfahrens verlangt werden könnte. Frdthl.

i) **Anwaltsgebühr für den Entwurf eidesstattlicher Versicherungen.**

α) Kammergericht, V. ZS. Beschluß v. 28. November 1906.

Die für den Entwurf eidesstattlicher Versicherungen berechnete Anwaltsgebühr ist dem Beschwerdeführer abgesetzt worden. Seine Beschwerde hierüber ist unbegründet. Ihm steht das von ihm angerufene Urteil (Rsp. 13 S. 261) nicht zur Seite. Denn dort handelte es sich um die Gebühr, die der Korrespondenzmandatar gegen seinen Auftraggeber für den Entwurf eidesstattlicher Versicherungen eingeklagt hatte. Hier handelt es sich dagegen um die Frage, ob die zu den Prozeßkosten verurteilte Partei eine solche Gebühr dem Gegner zu erstatten hat, ob also diese Auslage zur zweckentsprechenden Rechtsverfolgung notwendig war. Diese Frage, die sich nicht durch § 91² erübrigt, ist vorliegend unbedenklich zu verneinen. Die eidesstattliche Versicherung dient als Ersatz für die Vernehmung von Zeugen. Wie nun hierbei der Zeuge alles, was ihm von dem Gegenstande seiner Vernehmung bekannt ist, dem Prozeßgerichte im Zusammenhange anzugeben hat (§ 396), ebenso hat er bei der Versicherung an Eidesstatt seine Angaben unmittelbar zu Papier zu bringen. Nur in diesem Falle kann ihm die volle zivil- und strafrechtliche Verantwortlichkeit für seine Aussage auferlegt werden und wird dem Richter die Nachprüfung der Glaubwürdigkeit dieser Aussage ermöglicht. Beide Voraussetzungen fehlen einem Verfahren, bei dem der Zeuge das, was ihm die Partei oder deren Vertreter vorgeschrieben oder entworfen hat, einfach nachschreibt. Deshalb kann es nicht als zweckentsprechend erachtet werden. Ebensowenig war es notwendig; denn nichts ist dafür beigebracht, daß die Aussteller der Bescheinigungen nicht die Fähigkeit zu ihrer schriftlichen Abfassung besessen haben oder am Erscheinen im Verhandlungstermin verhindert gewesen sind. Hiernach kann dahingestellt bleiben, ob die Anfertigung der Bescheinigungen in keinem Falle oder wenigstens dann, wenn der Entwurf nur den Inhalt der Begründung des Widerspruchs wiedergibt (vgl. Rsp. 7 S. 224), zum Prozeßbetriebe gehört. B. M.

β) Kammergericht, XIV. ZS. Beschluß v. 3. Januar 1907.

Nimmt man mit der Beschwerde an, daß die Anfertigung solcher Entwürfe, die den Auskunftspersonen fertig zur Unterschrift vorgelegt werden und deren eigene Niederschrift ersetzen sollen, nicht in den Rahmen der dem Prozeßbevollmächtigten obliegenden Tätigkeit falle, so gehören solche Aufwendungen für eine den Auskunftspersonen geleistete Schreibhilfe auch nicht zu den Kosten des Rechtsstreits, und sie sind aus diesem Grunde nicht erstattungsfähig. Geht man umgekehrt davon aus, daß die Beschaffung der eidesstattlichen Versicherungen in den Rahmen des Prozeßbetriebs fällt und zu den Berufspflichten des Prozeßbevollmächtigten gehört, so ist diese Tätigkeit durch die Prozeßgebühr des § 13 Nr. 1 GebO. mit abgegolten und kann dann nicht den Gegenstand einer besonderen Gebühr bilden. Die Erstattungsfähigkeit ist also in jedem Falle zu verneinen. Dr. S.

γ) Kammergericht, VIII. ZS. Beschluß v. 6. Juni 1907.

Durch den angefochtenen Beschluß sind von der Kostenrechnung des Klägers 8 Mark für den Entwurf eidesstattlicher Versicherungen abgesetzt worden, die dazu bestimmt waren, gemäß § 771 die tatsächlichen Behauptungen, die den Antrag auf Einstellung der Zwangsvollstreckung begründen sollten, glaubhaft zu machen. Die Beschwerde hat lediglich behauptet, daß der Abstrich der Praxis der höheren Gerichte zuwiderlaufe. Diese Annahme ist nicht begründet. Der XIV. ZS. (vorstehend) verneint die Erstattungspflicht des Gegners grundsätzlich. Sollte die Beschwerde etwa die vom XV. ZS. (Rsp. 13 S. 261) getroffene Entscheidung meinen, so steht ihr diese nicht zur Seite; denn dort wird die Frage behandelt, ob einem Korrespondenzanwalt neben der ihm zustehenden Korrespondenzgebühr eine besondere Gebühr für den Entwurf von eidesstattlichen Versicherungen gegen seinen Auftraggeber zusteht. Hier aber ist zu entscheiden, ob die zur Tragung der Prozeßkosten verurteilte Partei die Erstattung einer besonderen Gebühr für die eidesstattliche Versicherung von der Gegenpartei zu fordern berechtigt ist. Könnte man dem XV. ZS. zustimmen, daß dem Anwalt für derartige Entwürfe eine besondere Gebühr nach § 89 GebO. gegen seine Auftraggeber zusteht, so folgt doch daraus noch nicht die Erstattungspflicht für dessen Prozeßgegner. Würde man grundsätzlich verneinen, daß die Anfertigung von Entwürfen eidesstattlicher Versicherungen in den Rahmen der dem Prozeßbevollmächtigten obliegenden Tätigkeit fällt (vgl. Rsp. 7 S. 224), so würde sich daraus noch nicht ergeben, daß die vom XV. ZS. dem Anwalt aus § 89 GebO. gewährte Gebühr auch erstattungsfähig wäre. Diese Frage läßt sich nur nach § 91³ ZPO. entscheiden. Es ist in jedem einzelnen Falle zu prüfen, ob mit Rücksicht auf die Persönlichkeit und den Bildungsgrad des Ausstellers der eidesstattlichen Versicherung oder etwa mit Rücksicht auf die rechtliche Schwierigkeit der darzustellenden Verhältnisse die zweckentsprechende Rechtsverfolgung den Entwurf der dem Gericht einzureichenden eidesstattlichen Versicherungen durch einen Anwalt erheischt. Hiervon kann aber im vorliegenden Falle keine Rede sein; es ist kein Anhalt dafür ersichtlich, daß die Aussteller der eidesstattlichen Versicherungen nicht selbst in der Lage waren, sie unmittelbar niederzuschreiben. Daß es übrigens regelmäßig wünschenswert ist, daß die Aussteller ihre eidesstattlichen, den Ersatz von Zeugenaussagen bildenden Erklärungen ohne fremde Beihilfe abgeben, ist im Beschluß vom 1. November 1906 (unter α) ausführlich begründet. H.

δ) OLG. Hamburg, VI. ZS. Beschluß v. 26. Februar 1907.

Die Mitwirkung des Anwalts bei Abfassung eidesstattlicher Versicherungen im Arrestverfahren wird nicht durch die Prozeßgebühr abgegolten (Rsp. 13 S. 261). Auch war die Inanspruchnahme des Anwalts durch eine rechtsunkundige und wenig geschäftsgewandte Partei zur zweckentsprechenden Rechtsverteidigung notwendig. M. M.

k) **Vertretung in auswärtigen Beweisterminen:** α) **durch den Bureauvorsteher des Prozeßbevollmächtigten.**

OLG. Breslau, II. ZS. Beschluß v. 26. März 1907.

Gebühren nach der GebO. für RA. können nicht angesetzt werden, da der zur Wahrnehmung des Termins bevollmächtigt gewesene Anwalt sich weder durch einen anderen Anwalt noch durch eine ihm von der Landesjustizverwaltung allgemein zum Vertreter bestellte Person hat vertreten lassen (vgl. Entsch. d. RG. 31 S. 427). Nur die durch die Bestellung des Vertreters und die Wahrnehmung des Termins erwachsenen Unkosten können erstattet verlangt werden, da nach den Entsch. des RG. 51 S. 11 es stets als zweckentsprechende Rechtsverfolgung anzusehen ist, wenn die Partei sich in einem Beweistermine vertreten läßt. Dafür aber — wie der Beschwerdeführer will — die Hälfte der Anwaltsgebühr als Pauschalsatz zuzubilligen, wenn der Termin durch den Bureauvorsteher des Anwalts wahrgenommen wird, liegt nicht der mindeste Grund vor, vielmehr können nur die wirklich nachgewiesenen Aufwendungen — im vorliegenden Falle die beiden Vollmachtsstempel — zur Erstattung liquidiert werden. Kr.

Dazu: OLG. Naumburg, II. ZS. Beschluß v. 26. März 1907.

Die Reisekosten des Bureauvorstehers zum Beweistermine waren zur zweckentsprechenden Rechtsverfolgung erforderlich, weil jede Partei berechtigt ist, sich bei Beweisterminen durch ihren Anwalt oder einen von diesem gewählten Vertreter vertreten zu lassen. Dr. P.

β) **durch sachverständige Beamte einer Partei.**

OLG. Naumburg, II. ZS. Beschluß v. 30. März 1907.

Der siegreiche beklagte Fiskus hat verschiedene Beweistermine vor dem ersuchten Richter durch sachverständige Beamte des einschlägigen Ressorts wahrnehmen lassen. Ebenso sind solche bei dem vom Prozeßgericht den Gutachtern aufgegebenen Vorbesichtigungen der streitigen Elbstrecke zugegen gewesen. Die hierfür liquidierten Tagegelder und Reisekosten der Beamten hat das LG. festgesetzt. Die Beschwerde des Klägers erachtet eine Teilnahme des Fiskus an den Besichtigungen für überflüssig und meint, daß im übrigen die Vertretung in den amtsgerichtlichen Beweisterminen durch Anwälte genügt hätte und bedeutend billiger gewesen wäre. Die Beschwerde ist nur zum Teil begründet. Bei der Vernehmung der Sachverständigen und ebenso bei der Vorbereitung ihres Gutachtens durch verschiedene Lokalbesichtigungen handelt es sich um die Prüfung von Verhältnissen und die Beantwortung von Fragen, welche ohne besondere Fachkenntnisse in Wasserbausachen und über die Natur und Eigentümlichkeiten der Fische schwer verständlich waren. Es war daher nur berechtigt, wenn sich der Beklagte bei den Terminen, in welchen Sachverständige vernommen wurden und bei deren Inspektionsreisen durch technisch geschulte Beamte vertreten ließ. Diese konnten seine Rechte in besserer und geeigneterer Weise wahrnehmen, als es im gegebenen Falle ein Fachjurist vermocht hätte.

Anders liegt die Sache bei den Terminen, in welchen nur Zeugen gehört worden sind. Diese waren nur über einfache Fragen, wie über den Ertrag der Fischerei in einer bestimmten Periode, über die Beschaffenheit der Elbufer zu gewissen Zeiten und dergleichen zu hören. Zwar war der Beklagte auch hier berechtigt, die betreffenden Termine durch einen Bevollmächtigten wahrnehmen zu lassen. Doch mußte er hier einen Anwalt wählen, wenn dessen Kosten die der Reise seiner Beamten nicht erreichten. Wählte er, obschon ein Anwalt weniger gekostet hätte, einen Beamten, so tat er dies bezüglich des die Auslagen für einen Anwalt übersteigenden Betrags auf seine Gefahr. Dr. P.

l) **Reisekosten eines auswärtigen Rechtsanwalts.**

α) Bayer. Oberstes Landesgericht, I. ZS. Beschluß v. 2. November 1906.

Die angefochtene Entscheidung gibt aber insofern zu rechtlicher Beanstandung Anlaß, als das Beschwerdegericht deswegen, weil dem Beschwerdeführer sowohl bei dem Amtsgerichte R. als bei dem Amtsgerichte F. mindestens ein am Orte des Gerichtssitzes wohnender Anwalt zur Verfügung stand, ohne weiteres, insbesondere ohne den Beschwerdeführer oder dessen Anwalt zu hören, die Wahrnehmung der Beweisaufnahmetermine durch einen Münchener Anwalt für nicht erforderlich erklärt und die dadurch entstandenen Mehrkosten von der Erstattung ausgeschlossen hat. Das Beschwerdegericht scheint nicht erwogen zu haben, daß, wenn bei einem Gerichte nur ein Anwalt zugelassen ist oder höchstens zwei Anwälte zur Verfügung stehen, leicht Umstände vorliegen können, die es einem Beteiligten untunlich machen, den einen Anwalt oder einen von den zweien mit seiner Vertretung zu betrauen, und die Zuziehung eines anderen Anwalts rechtfertigen. Bei solcher Sachlage durfte das Beschwerdegericht, das nach § 12 FrGG. von Amts wegen die zur Feststellung der Tatsachen erforderlichen Ermittelungen zu veranstalten hatte, nicht die durch die Zuziehung eines anderen Anwalts entstandenen Mehrkosten abstreichen, ohne dem Beschwerdeführer Gelegenheit zu geben, die Umstände darzulegen, mit denen er die Zuziehung des anderen Anwalts rechtfertigen zu können glaubte. Ohne Gewährung des rechtlichen Gehörs entbehrte es der vollen Kenntnis des Sachverhalts und war es nicht in der Lage, auf Grund erschöpfender Würdigung der Verhältnisse zu entscheiden. D.

β) OLG. München, II. ZS. Beschluß v. 27. Juni 1905.

Die durch Zuziehung eines auswärtigen Anwalts verursachten Mehrkosten sind, zumal bei so einfachen Sachen wie einer Alimentenklage, im Zweifel nicht zu erstatten und dürfen auch vorliegend, als zur zweckentsprechenden Rechtsverfolgung keineswegs erforderlich, dem Gegner nicht auferlegt werden. Diese Mehrkosten können auch nicht mit Rücksicht darauf, daß bei einem etwaigen Übergange der Sache in die zweite Instanz der schon für die erste Instanz zugezogene landgerichtliche Anwalt infolge persönlicher Kenntnis des bisherigen Verfahrens nach Auffassung der Kläger ihre Interessen hätte besser vertreten können, als berechtigt erachtet werden, zumal nach der in § 78 ZPO. und §§ 8—12, sowie 18, 19 RAO. zum Ausdruck gebrachten Intention des Gesetzgebers für die höhere Instanz ein Wechsel in der Person der Prozeßbevollmächtigten als wünschenswert erscheint. U.

m) **Kosten der Vertretung der beiden Beklagten durch zwei gemeinschaftliche Anwälte.**

OLG. Hamburg, VI. ZS. Beschluß v. 20. September 1906.

Zunächst ist überhaupt nur der RA. X. von beiden Beklagten mit ihrer Vertretung betraut gewesen. Dann hat der Beklagte zu 1., der offenbar den Prozeß instruiert und den anderen Beklagten vertreten hat, die Zuziehung noch eines zweiten Anwalts für geboten erachtet. Als solcher ist Y. bestellt worden. Auch er ist von beiden Beklagten bestellt. Die Vertretung ist im übrigen auch von beiden Anwälten tatsächlich völlig gemeinschaftlich wahrgenommen worden. Beide Beklagte sind also durch jeden der beiden Anwälte vertreten gewesen. In diesem Sinne sind auch beide Kostenfestsetzungsgesuche von einem jeden der beiden Anwälte für beide Beklagte gemeinschaftlich eingereicht worden. Für jeden der beiden Beklagten sind danach aber auch die Anwaltskosten bereits im ersten Festsetzungsbeschlusse festgesetzt worden; nämlich insoweit RA. X. als Vertreter für beide Beklagte in Betracht kam. Die jetzt geltend gemachten, sachlich sich mit den früher geltend gemachten deckenden Anwaltskosten des RA. Y. können also hinsichtlich eines jeden der beiden Beklagten nur noch als „Kosten mehrerer Anwälte" in Betracht kommen. Auf den Umstand, daß ein jeder der beiden Beklagten ja einen der beiden Anwälte hätte bevollmächtigen können, in welchem Falle der Kläger keinen Grund zur Beschwerde gehabt haben würde, kann dem gegenüber entscheidendes Gewicht nicht gelegt werden. Denn die Beklagten haben von der Tatsache, daß sie zwei Streitgenossen seien, deren jedem das Recht zustehe, einen besonderen Prozeßbevollmächtigten zu bestellen, sich nicht leiten lassen, als die Hinzuziehung eines zweiten Anwalts von ihnen in Aussicht genommen wurde, sondern nur von der Erwägung, daß es sich in ihrem einheitlich von ihnen zu führenden Prozeß um schwerwiegende Fragen handele, deren Bedeutung diese Hinzuziehung rechtfertige. Die Entscheidung wäre nicht anders ausgefallen, wenn der unter 1 Beklagte allein Beklagter gewesen wäre.... M. M.

n) **Sind bei Verweisung einer Sache vom Amts- an das Landgericht die Gebühren zweier Anwälte erstattungsfähig?**

OLG. Posen, V. ZS. Beschluß v. 5. November 1906.

Es würde eine zweifache Festsetzung der Prozeß- und Verhandlungsgebühren für den Prozeßvertreter des Klägers beim AG. und beim LG. nur dann ausgeschlossen sein, wenn der Kläger durch denselben Anwalt vertreten gewesen wäre. Das ist nicht geschehen und konnte hier auch nicht geschehen, weil der RA. R. beim LG. nicht zugelassen ist. Die Frage, ob der Beklagte die Kosten beider Anwälte zu erstatten hat, ist lediglich nach § 91 zu entscheiden, d. h. danach, ob ihre Annahme zur zweckentsprechenden Rechtsverfolgung notwendig war. Die Frage ist zu bejahen, wenn wie hier in der Person des Anwalts ein Wechsel eintreten mußte. Nachdem das AG. auf Antrag des Beklagten seine Unzuständigkeit ausgesprochen und die Sache an das LG. verwiesen hatte, befand sich der Kläger in der Notwendigkeit, einen Wechsel in der Person seines Prozeßbevollmächtigten vorzunehmen und einen beim LG. zugelassenen Anwalt zu beauftragen (Entsch. des RG. 26 S. 416; JW. 1887 S. 416, 1890 S. 293). Der Umstand, daß der Kläger von seinem Rechte, einen Teilbetrag von 300 Mark einzuklagen, Gebrauch gemacht hat, kann ihm nicht angerechnet werden, denn nur infolge des unberechtigten Bestreitens des Beklagten und seiner unberechtigten Widerklage ist der Rechtsstreit auf seinen Antrag an das LG. verwiesen. E.I.

o) **Kostenpflicht des obsiegenden Beklagten?**

OLG. Colmar, II. ZS. Beschluß v. 3. April 1907.

Das LG. hat die Prozeßkosten dem obsiegenden Beklagten deshalb auferlegt, weil er der ihm durch § 840[1] ZPO. auferlegten Erklärungspflicht nicht nachgekommen sei und deshalb für den aus der Nichterfüllung entstandenen Schaden hafte; als ein solcher Schaden seien besonders die durch die Erhebung der Klage entstandenen Kosten zu erachten. Diese Herleitung der Kostenpflicht aus Vorschriften des bürgerlichen Rechts über den Schadensersatz ist aber unzulässig. Die Bestimmungen darüber, von welcher Prozeßpartei die Kosten zu tragen sind — und zwar sowohl die Regeln als die Ausnahmen —, sind zwingend und erschöpfend in den §§ 91ff. enthalten, und die Gerichte sind nicht befugt, die dortigen Ausnahmen aus Zweckmäßigkeits- oder anderen Gründen um weitere zu vermehren. Insbesondere kann nicht in dem Falle, daß der Beklagte durch sein Verhalten den Kläger zur Erhebung der unbegründeten Klage veranlaßt hat, eine dem § 93 entsprechende Kostenpflicht des obsiegenden Beklagten geschaffen werden. Gerade daraus, daß der Gesetzgeber diese dem § 93 so naheliegende Ausnahme nicht getroffen hat, ergibt sich mit Notwendigkeit, daß er sie nicht treffen wollte.

Ebensowenig ist es zulässig, dem obsiegenden Beklagten deshalb die Prozeßkosten aufzuerlegen, weil er dem Kläger ersatzpflichtig ist und die Prozeßkosten einen Teil des Schadens bilden. Der Schadensersatzanspruch des Klägers wird im gegenwärtigen Prozesse nicht geltend gemacht und kann nicht geltend gemacht werden, weil er erst mit dem Erlaß des Urteils entsteht. Der Kläger hat ihn in besonderem Prozesse nach den dafür maßgebenden Vorschriften des BGB. zu verfolgen (vgl. Seuffert 4 zu § 840 ZPO.) Frdthl.

p) **Kosten der Hypothekenklage bei sofortigem Anerkenntnis des Eigentümers (Konkursverwalters).**[1]

α) Kammergericht, XIV. ZS. Beschluß v. 1. Oktober 1906.

Noch vor der Konkurseröffnung war die auf dem Massegrundstücke haftende Hypothek des Klägers fällig geworden, ohne daß dieser einen ihn zur Zwangsvollstreckung in das Grundstück ermächtigenden vollstreckbaren Titel erlangt hatte. Damit war ihm Anlaß zur Hypothekenklage gegeben, die er nach der Konkurseröffnung nur gegen den Verwalter erheben könnte

[1] Rsp. 13 S. 102, 10 S. 192, 9 S. 65, 6 S. 386, 3 S. 214. 318, 1 S. 259. — Wenn der Kläger dem Vertagungsantrage des Gegners ausdrücklich widersprochen und das Gericht die Vertagung trotzdem angeordnet hat, kennzeichnet sich das erst im andern Termin abgegebene Anerkenntnis nicht mehr als sofortiges, mindestens dann nicht, wenn bereits vorher, sei es auch auf Antrag des Klägers, eine Vertagung stattgefunden hatte, also dem Beklagten ein angemessener Zeitraum für die Entschließung zur Verfügung gestanden hat (OLG. Dresden, VII. ZS. Beschluß v. 21. März 1906; S. Arch. f. Rpfl. 1 S. 295).

(KO. § 6). War aber Anlaß zur Klage gegeben, so kann die nach der Klagerhebung geschehene Erfüllung des Anspruchs die Kosten des Rechtsstreits nicht auf den Kläger wälzen. Sie treffen den beklagten Verwalter, da er ohne die Erfüllung in dem Rechtsstreit unterlegen wäre. § 11 KO. ist eine Sondervorschrift, die nur die bereits gegen die Gemeinschuldner anhängig gewesenen Rechtsstreitigkeiten betrifft, aber nicht ausdehnend ausgelegt werden darf und daher auf die erst gegen den Konkursverwalter neu erhobenen Klagen keine Anwendung findet (OLG. Cassel, Rsp. 13 S. 102). Der abweichenden Ansicht des OLG. Stettin (Rsp. 10 S. 189) stimmt das Beschwerdegericht nicht zu. Dr. S.n.

β) **Anerkenntnis ohne Zahlungsbereitschaft.**

OLG. Hamburg, IV. ZS. Urteil v. 1. Februar 1907.

Das Landgericht hat mit Unrecht der Tatsache, daß der Beklagte bei Abgabe seines Anerkenntnisses im ersten Verhandlungstermine sich im Zahlungsverzuge befand, keine Bedeutung für die Kostenentscheidung beigemessen. Die den Gegenstand der Klage bildenden Hypothekenzinsen waren infolge Ablaufes der vor der Klagzustellung gewährten Frist am 10. August fällig geworden und noch bei Abgabe des Anerkenntnisses sowie auch noch heute unbezahlt gelassen. Wie auch die Entsch. des RG. 53 S. 326 ausgeführt hat, ist für den § 93 die Erwägung des Gesetzgebers entscheidend gewesen, daß, wenn der Beklagte zur Erhebung der Klage keine Veranlassung gegeben habe und er den Anspruch sofort als begründet anerkenne, dann der Schluß gerechtfertigt sei, daß es des gerichtlichen Vorgehens nicht bedurft habe. Diese Erwägung trifft aber nicht zu in einem Falle, wie dem vorliegenden, wo sich aus dem Zahlungsverzuge klar ergibt, daß dem Anerkenntnisse keine Zahlungsbereitschaft entsprach und es deshalb nichts bedeutete, als ein leeres Wort. Ein durch den begleitenden Verzug so sich charakterisierendes Anerkenntnis ist nicht ein solches, wie es § 93 voraussetzt. Daher verbleibt es bei der Regel des § 91. M. M.

γ) **Anwendbarkeit des § 93 auf Klagen wegen Leistung des Offenbarungseides.**

OLG. Karlsruhe, II. ZS. Urteil v. 14. Juli 1906.

Unnötige Prozesse sollen tunlichst vermieden werden; soweit ein Anspruch ohne Zuhilfenahme der Gerichte durchgesetzt werden kann, gleichwohl aber gerichtlich geltend gemacht wird, versagt der Grundsatz des § 91, und es erscheint dem Gesetze angemessen, daß der den Anspruch alsbald anerkennende Beklagte von Kosten verschont bleibt (§ 93). Der Kläger muß sich deshalb, sofern nicht der Beklagte ausdrücklich oder durch schlüssige Handlungen den Anspruch bestritten hat, vor der Klagerhebung darüber verlässigen, ob der Beklagte den Anspruch nicht freiwillig erfüllen will. Vorliegend hatte er die Möglichkeit, dies durch Beschreitung des im § 163 FrGG. vorgesehenen Weges unzweifelhaft festzustellen; er war dazu um so mehr veranlaßt, als er nicht behaupten kann, daß Beklagter seine Absicht, die ihm etwa obliegende Leistung des Offenbarungseides zu verweigern, irgendwie ausgedrückt habe. Durch sein lediglich passives Verhalten hat der Beklagte, der vor der Zustellung der Klage nicht wußte, daß der Eid von ihm verlangt werde, keine Veranlassung zur Erhebung der Klage gegeben. Entscheidend ist aber das Verhalten des Beklagten vor Erhebung der Klage, und es erscheinen schon deshalb die — das Verhalten des Beklagten im Rechtsstreite zur Grundlage nehmenden — Ausführungen der Berufungsbegründung nicht als stichhaltig. Dr. E.r.

q) **Kosten, wenn die Berufung infolge Vergleichs zurückgenommen wird. ZPO. §§ 98, 515³.**

Kammergericht, VIII. ZS. Urteil v. 26. Juni 1907.

Nachdem der abgewiesene Kläger Berufung eingelegt hatte, ließ er nach Schriftwechsel dem Gegner folgenden Schriftsatz zustellen: „Nachdem sich die Parteien verglichen, nehme ich die Berufung zurück." Hierauf lud der Gegner zur Verhandlung „über die Kosten" und beantragte im Termin, die Kosten gemäß § 515³ dem Kläger aufzuerlegen. Die Kosten wurden gegeneinander aufgehoben. Gründe:

Durch den Vergleich wurde nicht nur der Streit über die Hauptforderung, sondern auch der Kostenpunkt miterledigt. Die Parteien unterwarfen sich, indem sie eine Vereinbarung über die Kostenfrage unterließen, dem § 98, wonach die Kosten des durch Vergleich erledigten Rechtsstreits als gegeneinander aufgehoben anzusehen sind, wenn die Parteien nicht ein anderes vereinbaren. Vorliegend ist diese Auslegung um so mehr geboten, als die Beklagte in der Hauptsache mit einem nicht unbeträchtlichen Teile ihrer Forderung unterlag. Hiernach haben die Parteien die sämtlichen Gerichtskosten zur Hälfte zu tragen, während die außergerichtlichen Kosten als gegeneinander aufgehoben anzusehen sind.

Ist aber ein dahingehender Vergleich zwischen den Parteien zustande gekommen, so hat sich hierdurch die Beklagte des Rechts begeben, eine hiervon abweichende Kostenentscheidung, die ihr sonst die Rücknahme der Berufung auf Grund des § 515³ gibt, gegen den Kläger zu erwirken. Denn es ist nicht anzunehmen, daß die Parteien beim Vergleichsschlusse auch nur entfernt daran gedacht haben, daß der Beklagten aus der formellen Erklärung der Berufungsrücknahme irgendwelche besonderen Rechte noch neben dem Vergleiche erwachsen sollten. Die prozessuale Lage hindert auch nicht, die im Vergleiche getroffene Kostenentscheidung noch durch ein besonderes Urteil auszusprechen. Denn die Rücknahme der Berufung ist nur unter Bezugnahme auf den Vergleich erklärt, und die Parteien streiten über die Auslegung des Vergleiches. Es würde übertriebener Formalismus sein, und den Bedürfnissen der Rechtspflege nicht entsprechen, wollte man in einem solchen Falle den Parteien verwehren, ihre Streitpunkte in demselben Prozesse zu erledigen. Die Vorschriften der ZPO. über die Wirkung der Rücknahme der Berufung zwingen zu einer so engen Auffassung nicht, sie lassen ausdrücklich eine Kostenentscheidung noch zu, und den Parteien ist nicht das Recht genommen, sich auch hierüber zu vergleichen. Kommen dann die Parteien darüber in Streit, ob und wie der Vergleich über den Kostenpunkt geschlossen ist, so müssen sie auch das Recht haben, diesen Zeitpunkt noch in demselben Prozesse zur Entscheidung zu bringen. Das Berufungsgericht vermag sich aus diesen Gründen den gegenteiligen Ausführungen des RG. (JW. 1904 S. 365, 1907 S. 392) nicht anzuschließen. H.ck.

r) **Der § 99[1] gilt auch für Zwischenurteile des § 387.**

α) OLG. Dresden, VII. ZS. Beschluß v. 8. Februar 1907.

Der Beklagte ficht die Entscheidung, die dem von beiden Parteien benannten Zeugen das Zeugnisverweigerungsrecht abspricht, insoweit an, als nach ihr die Kosten des Zwischenstreits derjenigen Partei, die schließlich im Rechtsstreite unterliegt, und nicht dem Zeugen auferlegt werden. Die Anfechtung einer Kostenentscheidung ist aber nach § 99[1] unzulässig, wenn nicht auch gegen die Entscheidung in der Hauptsache — und als solche ist das Zwischenurteil anzusehen, vgl. Gaupp-Stein § 99 I — ein Rechtsmittel eingelegt wird. Die Anwendung dieser Bestimmung wäre nur ausgeschlossen, wenn durch die Entscheidung über den Kostenpunkt eine dritte Person betroffen würde, die keine Parteistellung einnimmt (vgl. § 89 S. 3, Gruchot 37 S. 135). Das trifft aber für das vorliegende Zwischenurteil nicht zu. Parteirolle haben in dem gemäß § 387 anhängig gewordenen Zwischenstreit Kläger und Beklagter als Beweisführer einerseits und der die Aussage verweigernde Zeuge anderseits (Gaupp-Stein zu § 387 III). Die angefochtene Entscheidung richtet sich demnach nicht gegen dritte, an dem in Frage stehenden Prozeßrechtsverhältnisse Unbeteiligte. M.z.

β) **Mittelbare Entscheidung in der Hauptsache.**

OLG. Karlsruhe, I. ZS. Beschluß v. 11. Dezember 1905.

Durch das angefochtene Urteil sind den Beklagten, die dem Klagebegehren nach der Klagerhebung entsprochen hatten, die Kosten auferlegt worden. Sie hatten eingewendet, daß das Landgericht sachlich nicht zuständig sei und daß sie zur Erhebung der Klage keine Veranlassung gegeben hätten. Beide Einreden erklärte das Landgericht in seinen Gründen für unzutreffend. Mit der gemäß § 99[3] ergriffenen Beschwerde werden diese Einreden wiederholt. Wenn nun auch die Beklagten in ihrem Endzweck nur darauf abzielen, die Entscheidung über den Kostenpunkt zu ändern, so ist doch unmittelbar ihre Beschwerde dagegen gerichtet, daß das Landgericht sich für zuständig erklärt hat. Das Urteil enthält eine Entscheidung über die sachliche Zuständigkeit, wenn auch in der Urteilsformel hierüber nichts gesagt ist. Diese Entscheidung ist aber eine Entscheidung in der Hauptsache, denn auf die Hauptsache im Sinne des § 99[3] beziehen sich alle Entscheidungen, die nicht den Kostenpunkt betreffen (Petersen § 99 Anm. 2; Entsch. des RG. 23 S. 341; JW. 1891 S. 248[8], 1893 S. 470). Danach ist die sofortige Beschwerde nicht zulässig, vielmehr konnte das Urteil nur nach § 99[1] mit der Berufung angefochten werden. Dr. E.r.

s) Zulässigkeit der sofortigen Beschwerde nach § 99³.

α) OLG. Rostock, I. ZS. Beschluß v. 16. Oktober 1906.

Die Kläger hatten beantragt, daß der Beklagte das Patent Nr. 125 mit Zusatzpatent Nr. 139 auf die Kläger umschreibe und die Patenturkunden an sie herausgebe. Demnächst hatten sie den Antrag wegen des Hauptpatents aufgegeben und nur die Umschreibung des Zusatzpatents und die Herausgabe der darüber ausgefertigten Patenturkunde beansprucht. Das LG. hat von den gesamten Prozeßkosten unbedingt $^4/_{10}$ den Klägern und $^1/_{10}$ den Beklagten auferlegt. Die Entscheidung über den aufrechterhaltenen Klaganspruch machte es von einem den Klägern auferlegten Eide abhängig und legte für den Nichtschwörungsfall den Klägern und für den Schwörungsfall dem Beklagten weitere $^5/_{10}$ der Gesamtkosten zur Last. Über den aufgegebenen Teil des Klaganspruchs bezüglich des Hauptpatents war eine Sachentscheidung nicht getroffen. Die gegen das Urteil von den Klägern eingelegte sofortige Beschwerde mit dem Antrage, die den Klägern unbedingt auferlegten $^4/_{10}$ Kosten dem Beklagten aufzuerlegen, wurde als unzulässig verworfen. Gründe:

Es kann dahingestellt bleiben, ob nicht, wie Petersen § 99 Bem. 2 annimmt und wie dem Wortlaut des § 99³ entspricht, die Anwendbarkeit dieser Vorschrift an die Voraussetzung geknüpft ist, daß überhaupt eine Entscheidung zur Hauptsache nicht ergangen ist, oder ob wenigstens dann der § 99³ nicht zutrifft, wenn in demselben Urteil über einen Teil der Hauptsache und über die Kosten des im übrigen erledigten Prozesses entschieden ist, wie Gaupp-Stein § 99 VI 5 ausführt. Denn faßt man auch den § 99³ in einem weitergehenden Sinn auf, wie die erwähnten Kommentatoren, so konnte dennoch vorliegend nach der ganzen Sachlage das Rechtsmittel der sofortigen Beschwerde nicht für zulässig gehalten werden. Es handelt sich um einen einheitlichen Rechtsstreit; die beiden Klagansprüche sind in erster Linie auf den zwischen den Parteien 1902 abgeschlossenen Vergleich gestützt. Der Streitwert ist einheitlich für beide Klagansprüche auf 6000 Mark festgesetzt.

Das angefochtene Urteil belastet die Kläger nicht mit besondern Kosten, die etwa durch die Richtung des Rechtsstreits auf den, wenn nicht vor Erhebung der Klage, so doch jedenfalls nachher erledigten Anspruch bezüglich des Hauptpatents entstanden sind, sondern es verteilt die Gesamtkosten nach Quoten unter den Parteien, wobei es die Hälfte auf den sachlich erledigten Teil des Prozesses rechnet. In der den Klägern auferlegten Quote sind danach auch Kosten enthalten, die entstanden sind durch den Teil des Rechtsstreits, bezüglich dessen eine Entscheidung in der Hauptsache und zwar nach einer den Anspruch wegen des Zusatzpatents allein betreffender Beweisaufnahme ergangen ist. Demnach liegt hier nicht die Voraussetzung des § 99³ vor, daß eine Entscheidung über Kosten in Frage steht, rücksichtlich welcher eine Entscheidung in der Hauptsache nicht ergangen ist (vgl. Entsch. des RG. 55 S. 394, 59 S. 429). Bei einer andern Beurteilung würden übrigens Unzuträglichkeiten entstehen, indem neben der Beschwerde des Klägers die Berufung des Beklagten gegen das Urteil zugelassen werden müßte, durch welche dann die Entscheidung über die gesamten Kosten zur Prüfung des Berufungsgerichts gelangen könnte. Chr.

β) OLG. Karlsruhe, II. ZS. Beschluß v. 3. Februar 1906.

Der Kläger hatte 115 Mark eingeklagt und der Beklagte widerklagend 2300 Mark beansprucht. Das LG. hat zunächst ein Teilurteil dahin erlassen, daß der Kläger abzuweisen sei und auf die Widerklage 1900 Mark an den Beklagten zu zahlen habe. Nachdem wegen des noch streitigen Widerklagebetrags Beweis erhoben worden war, hat der Kläger ihn bezahlt, so daß die Parteien deshalb nur noch wegen der Kosten verhandelten. Das LG. hat den Kläger zu $^{19}/_{20}$ und den Beklagten zu $^{1}/_{20}$ der Kosten verurteilt. Die sofortige Beschwerde des Klägers ist unzulässig.

Die Voraussetzung des § 99³ „wenn eine Entscheidung in der Hauptsache nicht ergangen ist" trifft vorliegend nicht zu; vielmehr ist durch das Teilurteil die Klage abgewiesen und über die Widerklage hinsichtlich eines Teilbetrags von 1900 Mark erkannt worden. Es ist deshalb die Beschwerde jedenfalls insoweit unzulässig, als sie sich auf diejenigen Kosten bezieht, welche zufolge der im Teilurteil getroffenen Entscheidung über die Hauptsache dem Kläger auferlegt wurden. Dabei ist unerheblich, daß die Kostenentscheidung nicht gleichzeitig mit derjenigen über die Hauptsache erlassen wurde, ihr vielmehr nachgefolgt ist; denn der Mißstand, welchem nach der Absicht des Gesetzes durch das Verbot der Anfechtung der Kostenentscheidung für sich allein ohne gleichzeitige Anfechtung der Hauptentscheidung begegnet werden soll, daß nämlich eine Nachprüfung der erledigten Entscheidung in der Hauptsache durch die Rechtsmittelinstanz gelegentlich der Entscheidung über die Kostenfrage vermieden werden soll, ist ebenso vorhanden, wenn die Kostenentscheidung der Hauptentscheidung nachfolgt, als wenn sie gleichzeitig mit ihr ergeht (Entsch. des RG. 46 S. 393; Rsp. 3 S. 346; Petersen 5. Aufl. 1 S. 254 Note 11).

Es kann sich hiernach nur noch darum handeln, ob die Beschwerde etwa wenigstens insoweit zulässig ist, als sie sich auf diejenigen Kosten bezieht, welche durch den Teil des Streitgegenstands entstanden sind, hinsichtlich dessen keine Hauptentscheidung ergangen ist. Diese Frage ist mit der auch vom RG. Entsch. 59 S. 429 hervorgehobenen Beschränkung zu verneinen, daß die Beschwerde dann immer unzulässig ist, wenn sich aus der Kostenentscheidung nicht erkennen läßt, welcher Teil der Kosten durch das ergangene Sachurteil und welcher Teil durch den Rest des Prozeßstoffes veranlaßt wurde. In solchen Fällen würde die Zulassung der Beschwerde hinsichtlich der letzteren Kosten ein Eingehen auf die Sachentscheidung erfordern, was der Absicht des Gesetzes widerspricht. Vorliegend handelt es sich um eine solche Kostenentscheidung; das angefochtene Urteil enthält zwar im allgemeinen die Grundsätze, welche für die Art der Verteilung der Kosten maßgebend waren; ein bestimmter Ausspruch, welcher Teil der Kosten wegen des nicht durch Urteil erledigten Teiles der Hauptsache der Klägerin auferlegt wurde, ist jedoch nicht darin enthalten. Dr. E.r.

γ) Kammergericht, V. ZS. Beschluß v. 6. April 1907.

Die Annahme der Beschwerde, daß eine Entscheidung in der Hauptsache nicht ergangen sei, ist irrig. Geklagt war auf Zahlung von 2000 Mark nebst 4% Zinsen seit 15. November 1906. Nachdem am Tage der Klagezustellung die Hauptsumme bezahlt worden, wurden die bisher als Nebenforderung geltend gemachten Zinsen die Hauptsache. Da über sie das Anerkenntnisurteil vom 26. Februar 1907 erlassen wurde, ist insoweit die Voraussetzung des § 99[2] gegeben, so daß die Kostenentscheidung mit der Berufung anzufechten ist. Dies muß auch bezüglich desjenigen Teils der Kosten gelten, der den durch jenes Urteil nicht berührten Teil der Hauptsache betrifft. Allerdings hat sich hierauf das am 26. Februar abgegebene Anerkenntnis nicht bezogen, aber nur deshalb nicht, weil die Beklagte schon vorher die Hauptsumme bezahlt hatte. Daß hierin ein Anerkenntnis enthalten ist, kann nicht zweifelhaft sein. Die Verurteilung zur Zahlung der 2000 Mark hat sich also nur deshalb erübrigt, weil die Beklagte ihre Verpflichtung nicht bloß anerkannt, sondern auch erfüllt hat. In solchem Falle ist anzunehmen, daß sich auch die Hauptsache auf Grund des Anerkenntnisses erledigt hat und daß die demgemäß getroffene einheitliche Entscheidung über den Kostenpunkt auch nur einheitlich mit dem im § 99[2] zugelassenen Rechtsmittel der Berufung angefochten werden muß. B. M.

δ) OLG. Hamburg, III. ZS. Urteil v. 5. Februar 1907.

Vorliegend ist die Hauptsache, d. h. das sachliche Klagbegehren, das aus zwei verschiedenen Anträgen bestand, nicht ganz, sondern nur zum Teil durch Anerkenntnisurteil erledigt, nämlich nur hinsichtlich des Antrages 2. Bezüglich des Antrages 1 ist eine Entscheidung überhaupt nicht ergangen, weil Beklagter die darin geforderte Löschung seines Warenzeichens nach Klagerhebung und vor der ersten mündlichen Verhandlung bewirkte. Für die Kostenentscheidung kommt aber das Verhalten des Beklagten hinsichtlich beider Anträge in Betracht, wovon auch das Landgericht ausgegangen ist. Wie es sich bei solcher und ähnlicher Prozeßlage mit der Anwendbarkeit des § 99[2, 3] verhält, darüber gehen die Meinungen auseinander. Verwiesen werden mag auf folgende Entscheidungen: Hans.GZ. 1901 S. 181, 1904 S. 153, 1905 S. 158; Rsp. 3 S. 437, 5 S. 158; Entsch. des RG. 55 S. 394, 59 S. 332; DJZ. 1906 492. Das Reichsgericht hat verschieden erkannt. Der VII. ZS. hält (JW. 1906 S. 169) noch daran fest, daß die Berufung überhaupt unzulässig sei, wenn lediglich ein Teil der Hauptsache durch Anerkenntnisurteil, der Rest aber durch kontradiktorisches Urteil erledigt und die Kostenentscheidung einheitlich getroffen sei. Ob dieser vom I. ZS. zu einem wesentlichen Teile nicht gebilligten Ansicht (a. O. S. 170[15], 1905 S. 534[19]) in dem Falle, der zur Entscheidung des VII. ZS. stand, beizutreten wäre, mag dahingestellt bleiben. Der hier zu entscheidende Fall liegt insofern anders, als der nicht anerkannte Teil des Klaganspruchs nicht durch kontradiktorisches Urteil erledigt ist, sondern durch Erfüllung des Beklagten, so daß es einer Entscheidung nicht mehr bedurfte. Hier jedes Rechtsmittel für ausgeschlossen zu erachten, wäre um so weniger am Platze, als die Kostenentscheidung, soweit für sie das Verhalten des Beklagten hinsichtlich des durch Erfüllung erledigten Klagantrages maßgebend war, dem Rechtsmittel der Beschwerde unterlegen hätte, wenn sie selbständig und getrennt erfolgt wäre. Daraus aber, daß eine Kostenentscheidung zum Teil die Voraussetzungen des § 99², zum Teil die des § 99³ erfüllt, kann unmöglich die Folgerung gezogen werden, daß sie dem Prinzip des § 99¹ unterworfen und ein Rechtsmittel gegen sie überhaupt nicht zugelassen sei.

Anderseits ist die Berufung nicht gegen die ganze Kostenentscheidung zuzulassen. Die durch § 99² ermöglichte Anfechtung „darf unter keinen Umständen über den Rahmen der durch das Anerkenntnisurteil bedingten Kostenentscheidung hinausgehen" (VII. und I. ZS. a. O.). Hieraus aber zieht das Reichsgericht, I. ZS. die richtige Konsequenz, daß eine Sonderung der Kostenentscheidung, insoweit sie das Anerkenntnis zur Grundlage hat, von dem übrigen Teile der Entscheidung zu erfolgen habe, soweit solche Sonderung möglich sei. Sie ist hier möglich, wie sich überhaupt schwerlich ein Fall denken läßt, in welchem sie unausführbar wäre. Erforderlich ist nicht, daß schon die angefochtene Entscheidung zu der Sonderung geschritten ist, also z. B. jeder Partei einen ziffermäßigen Bruchteil der Kosten auferlegt hat. Es genügt vielmehr, daß sich die verschiedenartig erledigten Teile der Hauptsache selbständig bewerten und sich die Kosten, die durch den einen und anderen Teil veranlaßt sind, schätzen lassen. Das trifft hier zu. Wäre das Landgericht nicht der Ansicht gefolgt, daß Beklagter zum Klagantrage 2 keine Veranlassung gegeben habe, so hätte es schon seinerseits eine Teilung der Kosten vornehmen müssen. Eine Teilung nach Hälften wäre dann angezeigt gewesen. Die Teilung aber muß jetzt vorgenommen werden, weil eben das Rechtsmittel der Berufung gegen eine Kostenentscheidung, die das Verhalten des Beklagten gegenüber einem nicht durch Anerkenntnisurteil und überhaupt nicht durch Urteil erledigten Teile des Klagbegehrens zur Grundlage hat, nicht gegeben, eine solche Entscheidung vielmehr nach § 99³ nur mit der Beschwerde anfechtbar ist. Dies führt freilich dazu, gegen eine und dieselbe, wenn auch tatsächlich zusammengesetzte Kostenentscheidung die Berufung und die Beschwerde für gegeben zu erachten. Aber das ist an sich nichts Unmögliches und der Fehler, wenn man von einem solchen sprechen will, liegt jedenfalls im Gesetz. Hieraus ergibt sich, daß das Berufungsgericht sich nicht mit der Frage zu befassen hat, ob hinsichtlich des Klagantrages 1 der Beklagte kostenpflichtig ist; seine Berufung ist insoweit unzulässig. Dagegen war die Nachprüfung hinsichtlich des Klagantrages 2 vorzunehmen. M. M.

e) OLG. Hamburg, IV. ZS. Beschluß v. 26. April 1907.

Zwar ist nach § 99³ die Zulässigkeit der Beschwerde davon abhängig, daß eine Entscheidung in der Hauptsache nicht ergangen ist, und vorliegend ist in erster Instanz ein Urteil ergangen, das die Kläger zum Teil unter Belastung mit 1/3 der Kosten abwies und im übrigen als Versämnisurteil den ausgebliebenen Beklagten zur verlangten Entfernung des am klägerischen Hause angebrachten Reklameschildes und zur Tragung der anderen Kosten verurteilte. Aber insoweit diese Entscheidung Versäumnisurteil war, hat sie durch den eingelegten Einspruch als Entscheidung ihre Geltung verloren; und insoweit sie den Kläger rechtskräftig abgewiesen hat, hat sie mit denjenigen Kosten, die den Gegenstand der klägerischen Beschwerde bilden, nichts zu tun. Der § 99³ setzt voraus, daß in der Hauptsache — also eventuell in dem Teile der Hauptsache —, auf die sich die angefochtene Kostenentscheidung erkenntlich bezieht, nicht entschieden worden ist. Dies trifft hier bezüglich des negatorischen Klaganspruchs zu, der sich nach dem Einspruche erledigt hat.... M. M.

t) **Kosten des Nebenintervenienten bei Vergleich der Hauptparteien.**

OLG. Hamburg, IV. ZS. Urteil v. 15. Oktober 1906.

Wie das RG. (Entsch. 56 S. 113) — in einem Falle, der nur dadurch, daß hier der Nebenintervenient S. nicht bloß dem Beklagten, sondern nachträglich auch dem Kläger beigetreten ist, von dem vorliegenden abweicht — ausgeführt hat, steht dem Nebenintervenienten auch bei Erledigung des Rechtsstreits durch Vergleich der Hauptparteien das Recht zu, eine gerichtliche Entscheidung über die Kosten herbeizuführen, für die jedoch lediglich der Inhalt des Vergleichs maßgebend ist. Hier wie dort sind demnach die Kosten der zunächst in Frage stehenden ersten Nebenintervention des S., durch die er dem Beklagten mit dem Antrage auf Abweisung der Klage beigetreten ist, gemäß § 101 zur Hälfte dem Kläger, zur andern Hälfte dem Nebenintervenienten aufzuerlegen, da der Vergleich auf gegenseitige Aufhebung der Kosten lautet.

Zweifel können nur bezüglich der Kosten der zweiten Nebenintervention bestehen, durch die S. dem Kläger zur Verteidigung des Standpunktes, daß Beklagter und nicht ein Dritter der richtige Beklagte sei, mit dem Antrage auf „kostenpflichtige" Verwerfung der Einrede der mangelnden Passivlegitimation beigetreten ist. Bei diesem Rechtsakte des S. aber handelt es sich gar nicht um eine „Nebenintervention", denn S. hatte kein Interesse am Obsiege des Klägers im Prozesse, sondern nur daran, daß ein einzelner Streitpunkt zu dessen Gunsten entschieden würde. Ob deshalb die Nebenintervention auf Widerspruch der Parteien gemäß § 71 zurückzuweisen gewesen wäre, bedarf keiner Entscheidung, jedenfalls aber kann auf sie, obwohl es mangels Antrages der Parteien nicht zu einer Entscheidung über ihre Zulassung oder Nichtzulassung gekommen ist, nicht das Prinzip des § 101 angewendet werden, da es sich eben um eine eigentliche Nebenintervention überall nicht handelt. Hiernach sind ihre Kosten dem S. selbst aufzuerlegen. M. M.

u) **Festsetzung der Schiedsgerichtskosten.**

OLG. Hamburg, V. ZS. Beschluß v. 13. Juni 1907.

Der Beklagte ist durch Schiedsspruch verurteilt, dem Kläger 900 Mark zu zahlen und die Hälfte der Kosten des Schiedsgerichtsverfahrens zu tragen. Der Kläger hat bei dem Prozeßgericht, das das Vollstreckungsurteil erlassen hat, beantragt, die Schiedsgerichtskosten festzusetzen, und gegen den ablehnenden Beschluß sofortige Beschwerde erhoben. Zulässig wird nicht die sofortige, sondern die einfache Beschwerde sein (Entsch. des RG. 6 S. 390; Gruchot 29 S. 1030, 43 S. 212; JW. 1899 S. 335).

In welcher Weise die Kosten des schiedsrichterlichen Verfahrens festzusetzen sind, wenn, wie hier, eine Partei durch den bestätigten Schiedsspruch zur Tragung dieser Kosten verurteilt ist, ist streitig. Dem Landgericht ist darin beizutreten, daß das Prozeßgericht auf Grund von § 104 dazu nicht berufen ist (Struckmann-Koch § 1040 Nr. 2, Seuffert § 1042 Nr. 1, Cohn bei Gruchot 40 S. 584, JW. 1905 S. 25, Hans. GZ. 1905 S. 24; abweichend KG. in KGBl. 2 S. 53, 6 S. 86, Posen in Rsp. 3 S. 437, Kiel das. 11 S. 191). Denn zu den Prozeßkosten im Sinne von § 104[1] gehören die Kosten des schiedsrichterlichen Verfahrens nicht. Die Festsetzung dieser Kosten wird vielmehr noch dem Schiedsgericht obliegen als ein Teil seiner Aufgabe, über die Kosten des schiedsrichterlichen Verfahrens überhaupt zu entscheiden (Petersen-Anger § 104 Nr. 4, JW. 1905 S. 25). Insbesondere ist unbegründet, daß mit der Niederlegung des Schiedsspruchs „die schiedsrichterlichen Funktionen" aufgehört hätten (so Gaupp-Stein § 1042 Nr. 1, Posen a. O.). Das Schiedsgericht hat in Ansehung der Kosten des schiedsrichterlichen Verfahrens bisher nur über den Grund des Anspruchs der Parteien entschieden; die Entscheidung über die Höhe steht noch aus (über die Wirkung der Entscheidung im Verhältnis der Parteien zu den Schiedsrichtern vgl. Rsp. 13 S. 243). M. M.

v) **Muß die dem Festsetzungsgesuche beigefügte Kostenberechnung und ihre Abschrift unterzeichnet sein?**[1]

Kammergericht, XI. ZS. Beschluß v. 25. September 1906.

Der Vorsitzende hatte den Anwalt aufgefordert, auch die seinem Festsetzungsgesuche beigefügte, nicht unterzeichnete Kostenberechnung zu unterschreiben. Auf Vorstellung des Anwalts beschloß das Gericht: „Die Verfügung des Vorsitzenden wird zum Beschluß des Kollegiums erhoben, da es auch ohne besondere gesetzliche Bestimmung selbstverständlich ist, daß ein Prozeßvertreter ein Schriftstück, dessen Inhalt er im einzelnen zu vertreten hat, dem Gericht nicht unvollzogen überreicht."

Die hiergegen gerichtete Beschwerde ist zulässig. Denn im angefochtenen Beschluß ist, wenn auch nicht ausdrücklich, so doch dem Sinne nach ausgesprochen: dem Festsetzungsgesuche könne nicht stattgegeben werden, solange

[1] Ebenso OLG. Oldenburg am 31. Mai 1907: Datierung und Unterschrift der Kostenberechnung ist nirgends vorgeschrieben; auch eine Beglaubigung ist dann nicht erforderlich, wenn der Festsetzungsbeschluß auf die Rechnung Bezug nimmt (Recht 1907 S. 770).

es an der Unterschrift unter der Kostenrechnung fehle. Der Beschluß hat mithin die Bedeutung einer Ablehnung des Festsetzungsantrages, also eines das Verfahren betreffenden Gesuches im Sinne des § 567. Gegen den Beschluß findet daher die einfache Beschwerde statt (Entsch. des RG. 6 S. 391).

Die Beschwerde ist auch begründet. Durch die Unterzeichnung des Festsetzungsantrages, in welchem auf die ihm beigefügte Rechnung Bezug genommen ist, hat der Prozeßbevollmächtigte klar zu erkennen gegeben, daß er sich den Inhalt der Rechnung, welche die im Antrage geforderte Summe im einzelnen erläutert, zu eigen mache. Es besteht daher kein Grund, welcher die Unterzeichnung der Rechnung geboten erscheinen ließe. Der § 86[1] RAGebO. bezieht sich nur auf das Verhältnis des Anwalts zu seinem Auftraggeber. Erwähnt sei, daß auch der § 130 Nr. 6 ZPO. die Unterschrift des Anwalts nur unter dem Schriftsatze, aber nicht unter etwaigen Anlagen desselben erfordert. In der Praxis ist auch nur die Unterzeichnung der Schriftsätze, aber nicht der Anlagen durch die Anwälte üblich. F.

w) **Vollstreckungskosten bei Quotenverteilung.**

OLG. Dresden, VII. ZS. Beschluß v. 17. Mai 1907.

Das Verfahren nach § 106 darf nicht auf Kosten erstreckt werden, die nicht nach Quoten verteilt sind; es ist also namentlich dann ausgeschlossen, wenn der einen Partei die Kosten eines bestimmten Prozeßstadiums oder bestimmter prozessualer Maßnahmen, der anderen die eines anderen Teils des Prozesses auferlegt, oder wenn die Kosten etwa nach Zeitabschnitten verteilt worden sind. Solchenfalls steht jeder Partei ein selbständiger Anspruch auf Festsetzung der ihr zu erstattenden Kosten zu (Entsch. des RG. 19 S. 431; Annalen 24 S. 464). Die Vollstreckungskosten gehören nicht zu den durch das Urteil nach Quoten verteilten Kosten des Rechtsstreits, deren Ausmittlung das Festsetzungsverfahren als ein Anhangsverfahren zum Urteil bezweckt, sondern fallen nach § 788 dem Schuldner zur Last, gegen den die Vollstreckung sich richtet. Die auf ihre Erstattung berechtigte Partei kann also, soweit sie der besonderen gerichtlichen Festsetzung bedarf, nur einen selbständigen Anspruch auf letztere erheben, die fraglichen Kosten aber nicht gegenüber dem Anspruch des Prozeßgegners ansetzen, der auf Grund der Quotenverteilung Erstattung eines bestimmten Betrags zu fordern hat. Auch im Wege der Aufrechnung ist das unzulässig, da nach feststehender Rechtsprechung Einwendungen, die die Tilgung der Kostenforderung durch Zahlung, Aufrechnung oder ein ähnliches Rechtsgeschäft zum Gegenstand haben, im Festsetzungsverfahren ausgeschlossen sind.

Vorliegend hatte der Kläger, wenn man die für ihn auf 43 Mark festgesetzten Vollstreckungskosten außer acht läßt, dem Beklagten 26 Mark zu erstatten. Das ist der Betrag, der sich bei der im Urteile vorgeschriebenen Quotenverteilung als Guthaben des Beklagten herausstellt. Das Landgericht ist nur dadurch dazu gelangt, dem Kläger einen Erstattungsanspruch in Höhe von 19 Mark zuzusprechen, daß es jene Vollstreckungskosten mit verrechnet und, weil demzufolge ein Guthaben für den Kläger sich herausstellt, diesem als dem obsiegenden Teil im Festsetzungsverfahren noch 2,20 Mark Kosten für den Festsetzungsantrag zugesprochen hat. Da tatsächlich in dem nach § 106 eingeleiteten Verfahren der Beklagte mit jenen 26 Mark obsiegt, mußten diese 2,20 Mark hier in Wegfall kommen und war ihm ein gleich hoher Betrag von den durch die Vorinstanz gestrichenen Festsetzungskosten zuzubilligen. Denn die Kosten für den Festsetzungsantrag hat auch in Fällen der Quotenverteilung nur die Partei erstattet zu verlangen, für die sich ein Guthaben herausstellt. Daß das LG. die mit Tinte bewirkte Durchstreichung der den Festsetzungsantrag betreffenden Ansätze der Kostenrechnung des Beklagten, die gegenwärtig die letztere zeigt, einseitig vorgenommen hat, ergibt die Begründung des Festsetzungsbeschlusses. Übrigens erscheint es unzulässig, wenn das Gericht in Schriftsätzen oder Eingaben Anordnungen, Zusätze oder Durchstreichungen einseitig und ohne Einwilligung der Partei in einer Weise vornimmt, die nicht ohne weiteres für jedermann kenntlich macht, daß sie vom Gericht und nicht von dem Verfasser des Schriftsatzes oder der Eingabe herrühren.

In Frage kommt noch, ob nicht der Festsetzungsbeschluß neben der Festsetzung des dem Beklagten auf Grund der Quotenverteilung zukommenden Betrags zugleich die selbständige Festsetzung der dem Kläger zu erstattenden Vollstreckungskosten zu enthalten habe. Das war allerdings im Anschluß an die herrschende Ansicht (Bolze 22 Nr. 702c; Annalen 19 S. 507, 21 S. 270, 27 S. 191; Rsp. 11 S. 100), die die Festsetzung der Vollstreckungskosten durch das Prozeßgericht zuläßt, im Hinblick auf den diese Kosten mitumfassenden Antrag des Klägers zu beziehen. Zu den sonach dem Kläger zu ersetzenden 43 Mark Vollstreckungskosten haben noch die Kosten des Festsetzungsantrags zu treten, soweit sie diese betreffen. M.z.

x) **Keine Anwendung des § 106 im Falle des § 124².**

OLG. Stuttgart, I. ZS. Beschluß v. 29. Januar 1907.

Das LG. hat den Kläger zu $^2/_3$ und den Beklagten zu $^1/_3$ der Kosten verurteilt. Die Berufung des Beklagten ist auf seine Kosten zurückgewiesen. Dem Kläger war für die Berufungsinstanz ein Armenanwalt beigeordnet, der gemäß § 124¹ Festsetzung seiner Gebühren und Auslagen beantragte. Das Landgericht hat ihm aufgegeben, den Nachweis einer Aufforderung im Sinne des § 106 binnen zwei Wochen zu erbringen. Die Beschwerde hierüber ist begründet.

Aus § 106 folgt nicht etwa, daß eine Kostenfestsetzung in demselben Rechtsstreit überhaupt nur einmal zulässig wäre, so daß eine Partei, die die Aufrechnung von Kosten verlangen kann, genötigt wäre, dieses Verlangen in demjenigen Verfahren zu stellen und demzufolge auch in diesem Verfahren Festsetzung der ihr erwachsenen Kosten zu beantragen, das durch das Festsetzungsgesuch des Gegners veranlaßt ist, sondern wie eine Partei nicht gehindert ist, nachträglich Posten festsetzen zu lassen, auch wenn sie diese Posten schon früher hätte geltend machen können (Entsch. des RG. 27 S. 402), so kann auch der Gegner, der seinerseits Erstattungsansprüche hat, diese Ansprüche geltend machen, nachdem bereits die Kosten der anderen Partei festgesetzt sind. Dies ist für die Fälle des § 106 im § 106 Satz 2 ausdrücklich anerkannt.

Durch § 106 ist aber auch nicht etwa vorgeschrieben, daß wenigstens in allen den Fällen, in denen gegenseitige Erstattungsansprüche bestehen, ein einheitliches Verfahren stattzufinden habe. Die Vorschrift will nicht eine Ausgleichung ermöglichen, sondern bezweckt, eine der gerichtlichen Entscheidung über die Kosten entsprechende Festsetzung zu ermöglichen. Sie bezieht sich nur auf die Fälle, in denen die Kosten ganz oder teilweise nach Quoten verteilt sind. In diesen Fällen kann die dem Gegner auferlegte Quote nicht berechnet werden, wenn nicht der Gegner seine Kostenrechnung vorlegt; deshalb ist vorgeschrieben, daß die Partei vor Anbringung des Gesuchs den Gegner aufzufordern habe, die Berechnung seiner Kosten bei dem Gerichte einzureichen. Dagegen findet § 106 keine Anwendung, wenn die Kosten nicht nach Quoten, sondern zeitlich geteilt sind. Denn hier kann jede Partei unabhängig von der anderen ihre Kosten berechnen und Erstattungsantrag stellen (Entsch. des RG. 19 S. 430). Der § 106 kann vollends dann nicht zur unmittelbaren Anwendung kommen, wenn die Kosten nicht nach Zeitabschnitten einer Instanz, sondern wie hier nach Instanzen geteilt sind. Dies ist auch nicht die Ansicht des LG.; es hält vielmehr den § 106 deshalb für anwendbar, weil der § 124² dies mit sich bringe.

Diese Annahme ist nicht zutreffend. Aus § 124² ergibt sich, daß der Gegner der armen Partei, der seinerseits nach der in demselben Rechtsstreit erlassenen Entscheidung Erstattungsansprüche hat, die betreffenden Kosten dem Anwalt der armen Partei aufrechnen kann, obgleich dieser den Erstattungsanspruch der armen Partei, soweit er die Gebühren und Auslagen des Anwalts betrifft, kraft eigenen Rechts geltend zu machen berechtigt ist. Dagegen ist im § 124² nicht bestimmt, daß in diesem Falle der § 106 entsprechend anzuwenden sei. Dies versteht sich auch von selbst, da der § 106 nicht etwa auf dem Grundsatz beruht, daß bei dem Vorhandensein gegenseitiger Ansprüche eine Ausgleichung und zu diesem Zwecke ein einheitliches Verfahren einzutreten habe. Wenn der Gegner die Festsetzung der ihm zu erstattenden Kosten beantragt und die Aufrechnung verlangt, so ist dies in dem Verfahren betreffend die Festsetzung der Gebühren und Auslagen des Armenanwalts zu berücksichtigen; aber in Ermangelung einer gesetzlichen Bestimmung ist das Gericht nicht befugt, die Ansprüche des Gegners von Amts wegen durch Veranlassung eines Verfahrens im Sinne des § 106 zur Geltung zu bringen, sondern es ist dem Gegner zu überlassen, ob und wann er in Anwendung des § 106 die Feststellung seiner Kosten betreiben und deren Aufrechnung nach Maßgabe des § 124² verlangen will. . . . H.

y) Ist die Veranlassung zur Sicherheitsleistung weggefallen, wenn wegen Konkurseröffnung die Vollstreckung unmöglich wird? ZPO. § 109.

α) OLG. Frankfurt, I. ZS. Beschluß v. 11. Juli 1907.

Der Kläger hat 1906 ein gegen Sicherheitsleistung vollstreckbares Urteil erwirkt, das durch Berufung angefochten ist. Nachdem der Kläger die Sicherheit am 27. Februar 1907 hinterlegt und den Gegner benachrichtigt hatte, daß die Pfändung gewisser Ansprüche bevorstehe, ist über das Vermögen des Schuldners am 5. März 1907 das Konkursverfahren eröffnet worden. Auf Antrag hat das Prozeßgericht demnächst dem Verwalter gemäß § 109 eine Frist bestimmt. Die Beschwerde hierüber wurde als unzulässig verworfen, weil sie nur gegen den Beschluß, der den Antrag auf Fristbestimmung ablehnt, gegeben ist.

Demnächst hat der Kläger beantragt, die Rückzahlung der Sicherheit anzuordnen, und das Landgericht hat diesem Antrage entsprochen. Die Beschwerde hierüber ist begründet.

Voraussetzung für das Verfahren nach § 109 ZPO. ist, daß die Veranlassung für eine Sicherheitsleistung weggefallen ist. Das Vorhandensein dieser Voraussetzung unterliegt der Nachprüfung des Beschwerdegerichts, weil sonst der Ausschluß der Beschwerde gegen die Fristsetzung nicht verständlich sein würde (Gaupp-Stein § 109 IV 5). Unter „Veranlassung zur Sicherheitsleistung“ ist (Entsch. des RG. 50 S. 376) zu verstehen die Möglichkeit, die Gefahr, daß durch die prozessuale Maßnahme — im vorliegenden Falle die Anordnung der vorläufigen Vollstreckbarkeit gegen Sicherheitsleistung — dem Betroffenen ein widerrechtlicher Nachteil entstehe. Demgemäß ist die Veranlassung nicht schon dann weggefallen, wenn die Prozeßmaßregel, wie hier infolge der Konkurseröffnung, wirkungslos geworden ist, sondern nur dann, wenn die oben erwähnte Möglichkeit eines Schadens ihre Erledigung gefunden hat. Von einem „Wegfall“ kann daher nur dann gesprochen werden, „wenn die Verhältnisse geklärt sind, wenn weitere Schäden aus der prozessualen Maßregel nicht mehr entstehen können, und hinsichtlich der etwa entstandenen einer sofortigen Liquidierung nichts mehr im Wege steht, daher namentlich die Frage der Rechtmäßigkeit oder Unrechtmäßigkeit der fraglichen prozessualen Maßregel ihre Erledigung bereits gefunden hat“ (a. O. S. 378). Hiervon kann aber keine Rede sein, wenn und solange hier das vorläufig vollstreckbare Urteil noch nicht rechtskräftig, also noch ungewiß ist, ob die Anordnung der vorläufigen Vollstreckbarkeit gerechtfertigt war oder nicht (vgl. auch Gaupp-Stein § 109 III; Radlauer in Buschs Ztschr. 30 S. 471ff.; Levis ebenda 34 S. 165ff.). K.

β) Pflicht der Nordamerikaner zur Sicherheitsleistung.

OLG. Hamburg, V. ZS. Urteil v. 8. Mai 1907.

Die Klägerin ist als Ehefrau eines Bürgers der Vereinigten Staaten von Nordamerika Ausländerin und deshalb an sich zur Leistung der Sicherheit verpflichtet. Nach § 110 Nr. 1 tritt allerdings die Befreiung davon ein, wenn nach den Gesetzen des Staates, dem der Kläger angehört, ein Deutscher in gleichem Falle zur Sicherheitsleistung nicht verpflichtet wäre. Diese Befreiung fällt jedoch nicht nur dann fort, wenn ein Deutscher, in dieser seiner

Eigenschaft als Ausländer, in dem Heimatsstaate des Klägers sicherheitspflichtig ist, sondern auch dann, wenn nach den Gesetzen dieses Staates zwar ein Unterschied zwischen Einheimischen und Fremden nicht gemacht wird, trotzdem aber ein Deutscher nach jenen Gesetzen zu einer Sicherheitsleistung für die Prozeßkosten verpflichtet wäre, wenn er den Ausländer in dessen Heimatsstaate mit einem gleichen Prozesse belangte (Entsch. des RG. 51 S. 1). Das trifft vorliegend zu. Nach dem in den Vereinigten Staaten geltenden Rechte muß jeder Kläger, der nicht in dem Staate des Gerichtsorts seinen Wohnsitz hat, auf Verlangen des Beklagten Sicherheit für die Prozeßkosten leisten (Gebr. Coudert im Journal du droit intern. 1879 S. 27; Koppers, Zusammenstellung S. 17; Leske-Löwenfeld 1 S. 767 Nr. 3; Gaupp § 110 Note 28). Ein Deutscher würde deshalb sicherheitspflichtig in New York bei Anstellung einer Klage wie die hier erhobene sein, wenn er außerhalb des Staates New York seinen Wohnsitz hätte; es ist darum die Klägerin auch hier in gleicher Weise verpflichtet, wenn sie ihren Wohnsitz im Auslande hat. Das aber ist der Fall, da für die Frage, an welchem Orte eine in Deutschland sich aufhaltende und vor deutschen Gerichten Recht begehrende Person ihren Wohnsitz hat, das deutsche Recht Anwendung findet und nach § 10 BGB. die Frau den Wohnsitz des Mannes teilt, wenn er nicht seinen Wohnsitz im Auslande an einem Orte begründet, an dem die Frau ihm nicht folgt und zu folgen nicht verpflichtet ist. Diese Ausnahme trifft hier nicht zu, da die Klägerin ihrem Manne bei Eingehung der Ehe nach New York gefolgt ist, sie teilt somit dessen Wohnsitz, der nach wie vor unbestritten in New York, also im Auslande ist. . . . M. M.

z) **Zeitpunkt der Armenrechtsbewilligung.**

OLG. Breslau, VIII. ZS. Beschluß v. 4. Juni 1907.

Das LG. hat den vom Kläger nach Erlaß eines Versäumnisurteils gegen den Beklagten gestellten Antrag auf Bewilligung des Armenrechts mit der Begründung zurückgewiesen, daß der Prozeß in erster Instanz beendet sei. Die Beschwerde hierüber ist unbegründet. Aus § 114[1] geht hervor, daß das Armenrechtsgesuch der Rechtsverfolgung oder -verteidigung vorauszugehen hat (Entsch. des RG. 2 S. 378). Vorliegend ist eine solche Vorprüfung unmöglich, da gegen den Beklagten bereits ein Versäumnisurteil ergangen ist und im Falle der Nichteinlegung des Einspruchs die Instanz erledigt ist. Hiernach könnte der Kläger allerdings, wenn der Beklagte Einspruch eingelegt hätte, die Erteilung des Armenrechts beantragen; daß aber Einspruch eingelegt werden wird, ist nicht ohne weiteres anzunehmen. Es muß daher dem Kläger überlassen bleiben, das Gesuch nach etwaiger Einlegung des Einspruchs zu wiederholen; zurzeit kann er nur das Armenrecht für die Vollstreckungsinstanz nachsuchen. D.

5

a) **Klagerhebung als Willenserklärung.**

α) Kammergericht, XIV. ZS. Urteil v. 7. Februar 1907.

Nach der Klagebehauptung hatte die Beklagte ihrem Vermieter, dem Kläger, angeboten, ihr Geschäftslokal gegen eine Entschädigung von 40000 Mark am 1. Oktober 1906 zu verlassen, und dem Kläger das Recht eingeräumt, sich bis zum 27. Juni über die Annahme des Angebots zu erklären. In der Zwischenzeit versuchte er jedoch, die Beklagte ohne Entschädigung aus dem Mietverhältnisse zu entsetzen, indem er eine — wie jetzt feststeht — unbegründete Exmissionsklage gegen sie erhob. Darin erklärte er ausdrücklich, daß er durch die Klagerhebung nicht auf sein Recht verzichten wolle, falls er mit dem Räumungsanspruch unterliege, das ihm mit Erklärungsfrist bis zum 27. Juni gestellte Angebot noch anzunehmen. Dieser Vorbehalt war jedoch wirkungslos. Er hat durch die Exmissionsklage den Vergleichsvorschlag tatsächlich abgelehnt, nach welchem die Beklagte erst zum 1. Oktober und nur gegen Zahlung von 40000 Mark räumen wollte. Mit dem Klagantrage verlangte der Antragsempfänger im Gegensatze dazu sofortige Räumung ohne eine Entschädigung. Damit erklärte er zugleich seinen Willen, daß er das Angebot, zum 1. Oktober gegen Zahlung von 40000 Mark zu räumen, nicht annehme. Daran ändert der Vorbehalt in der Räumungsklage nichts. Er konnte sich nicht vorbehalten, den Vorschlag später noch anzunehmen, wenn er ihn im Klagantrag ausdrücklich ablehnte. Die Erklärung, die Räumungsklage solle keine Ablehnung des Vergleichsvorschlags sein, steht im Widerspruch zu dem durch die Klagerhebung betätigten, auf das Gegenteil gerichteten Willen. Von den beiden widersprechenden, miteinander unvereinbaren Erklärungen, muß diejenige vorgehen, welche den Nachdruck für sich hatte, daß sie mit einer auf zwangsweise Durchführung gerichteten Handlung verbunden war. Dr. S.

β) **Materielle Wirkung schriftsätzlicher Parteierklärung.**

OLG. Hamburg, V. ZS. Urteil v. 11. Juli 1906.

... Für die Frage, ob der klagende Handlungsgehilfe zur Erfüllung während der weiteren Vertragsdauer (bis 1909) verpflichtet erscheint, kann dahingestellt bleiben, ob er den Vertrag 1905 mit Recht gelöst hat, denn auch wenn dies zu verneinen wäre, kann der Beklagte und Widerkläger nach § 340 BGB. Vertragserfüllung nicht mehr beanspruchen, weil er dem Kläger erklärt hat, daß er die Vertragsstrafe verlange. Diese Erklärung findet sich im Schriftsatze vom 7. August, den der Anwalt des Beklagten unterzeichnet hat. Daß der Anwalt zur Abgabe der Erklärung legitimiert war, ist nicht bestritten; es braucht deshalb nicht erörtert zu werden, ob die Befugnis zu dieser materiellrechtlichen Erklärung sich schon aus der Prozeßvollmacht als solcher (Entsch. des RG. 48 S. 221) ergibt. Es ist auch nicht bestritten, daß der gegnerische Anwalt zur Entgegennahme der Erklärung für den Kläger legitimiert war. Beklagter hält die Erklärung nur deshalb für bedeutungslos, weil sie, wenn auch dem Gegner zugestellt, doch in der mündlichen Verhandlung nicht vorgetragen sei. Diese Ansicht ist zutreffend, soweit die prozessuale Wirkung in Frage kommt, denn für den Prozeß haben die Schriftsätze lediglich vorbereitenden Charakter. Anders dagegen bezüglich der materiellen Wirkung. Materiellrechtliche Erklärungen können, wenn nicht durch Gesetz oder durch Vereinbarung besondere Formen vorgeschrieben sind, in jeder beliebigen Form, auch in Gestalt eines der Gegenseite mitgeteilten vorbereitenden Schriftsatzes abgegeben werden. Ist dies geschehen, so enthält der Schriftsatz ein Doppeltes, einmal die Erklärung selbst und daneben die Ankündigung, daß sie demnächst in der Verhandlung vorgetragen werden soll. Unterbleibt der Vortrag aus irgendwelchen Gründen, so wird die Erklärung für den Gang des Prozeßverfahrens allerdings ohne Bedeutung sein, sie wird aber dadurch nicht wieder beseitigt, sondern die durch Abgabe der Erklärung erzeugte Rechtswirkung bleibt bestehen.

Möglich ist allerdings, daß der Inhalt eines Schriftsatzes lediglich die demnächstige Abgabe einer Erklärung ankündigt ohne sie selbst zu enthalten. Dieser Fall liegt aber hier nicht vor, denn es ist nicht gesagt, daß demnächst in der Verhandlung die Strafe werde verlangt werden, sondern es heißt: „daß der Beklagte nunmehr seinen bisherigen Widerklagantrag abändert" in Verurteilung des Klägers zur Zahlung der Strafe. M. M.

b) Aussetzung der Verhandlung gemäß § 148.

α) Kammergericht, XVII. ZS. Beschluß v. 20. März 1907.

Durch den angefochtenen Beschluß ist der Rechtsstreit bis zum Abschluß des Auseinandersetzungsverfahrens des Amtsgerichts B. über den Nachlaß des A. ausgesetzt worden. Die Beschwerde der Klägerin hierüber ist begründet. Es kann dahingestellt bleiben, ob die Entscheidung des ganzen vorliegenden Rechtsstreits von der Frage, ob und in welcher Weise die Klägerin ihren Mann beerbt, abhängig ist, sowie, ob, selbst wenn letzteres anzunehmen, die Aussetzung bis zum vollständigen Abschluß des Nachlaß- und Auseinandersetzungsverfahrens gerechtfertigt war. Denn die Aussetzung erscheint nach § 148 schon deshalb nicht zulässig, weil jene Frage weder den Gegenstand eines anderen anhängigen Rechtsstreites bildet noch von einer Verwaltungsbehörde festzustellen ist. Die Entscheidung darüber, ob die Klägerin Erbin ihres Mannes geworden sei, kann vom Richter der freiwilligen Gerichtsbarkeit nicht getroffen werden. Dadurch, daß das Nachlaßgericht hier gemäß Art. 46 § 4 Ausf.-G. dem überlebenden Ehegatten auf Antrag eines Miterben zur Erklärung über das dem märkischen Ehegatten in Ansehung der Erbfolge zustehende Wahlrecht eine Frist bestimmt hat, wird nicht ein Rechtsstreit über das Erbrecht bei dem Amtsgericht anhängig, zumal die Rechtsfolgen der Erklärung oder Nichterklärung des Ehegatten nicht vom Nachlaßgericht zu bestimmen, sondern vom Gesetze geregelt sind. Die Aussetzung wurde auch nicht dadurch statthaft, daß sie im Interesse der Parteien lag oder auf übereinstimmenden Antrag der Parteien erfolgt war. H. z.

β) OLG. Karlsruhe, III. ZS. Beschluß v. 13. Juni 1906.

Das Landgericht F. hat am 1. Mai 1906 nach kontradiktorischer Verhandlung das Verfahren bis zur rechtskräftigen Erledigung des bei dem Landgerichte K. anhängigen Rechtsstreits gemäß § 148 ausgesetzt. Im letzteren Rechtsstreite handelt es sich um eine am 4. August 1905 erfolgte Warenlieferung, deren Annahme die Beklagten verweigert hatten. Diese haben dort Widerklage mit dem Antrage erhoben, den zwischen den Streitteilen am 27. Mai 1905 abgeschlossenen Vertrag, nach welchem die Klägerin den Beklagten das Verkaufsrecht hinsichtlich ihrer Warenlieferung für eine Anzahl Bezirke überträgt und die Beklagten sich zur Abnahme eines Mindestquantums verpflichten, für nichtig, eventuell für aufgelöst zu erklären. Bei dieser Sachlage fehlt es an der Voraussetzung des § 148, daß die Entscheidung des Rechtsstreits, in dem die Aussetzung stattfinden soll, von dem Bestehen oder Nichtbestehen des den Gegenstand eines anderen Rechtsstreits bildenden Rechtsverhältnisses abhängt, daß also ohne vorangegangene Feststellung des Rechtsverhältnisses der auszusetzende Rechtsstreit nicht spruchreif ist. Wenn nämlich auch die Widerklage in dem K.er Rechtsstreit einen für die Beklagten günstigen Erfolg haben sollte, so wird dadurch der hier in Betracht kommende Klaganspruch nicht hinfällig, weil die Lieferung, für die hier Zahlung begehrt wird, zeitlich *vor* dem Lieferungsvertrage liegt und die Entscheidung in dem K.er Rechtsstreit, auch soweit Zahlung für die Lieferung vom 4. August 1905 gefordert wird, an sich an der Verpflichtung der Beklagten zur Zahlung der am 4. April 1905 versuchsweise bezogenen Ware nichts ändert. Die Entscheidung im K.er Rechtsstreite bildet mithin keine Vorfrage für das hier zu fällende Urteil. Dr. E.r.

γ) OLG. Stuttgart, III. ZS. Beschluß v. 6. April 1907.

Der Kläger hat im Urkundenprozeß beim LG. St. auf Bezahlung gelieferter Waren geklagt. Der Beklagte hat eine höhere Gegenforderung entgegengestellt, die er darauf stützt, daß die gelieferten Waren mangelhaft seien, weshalb ihm ein Schadenersatzanspruch zustehe, den er gegen den Kläger beim LG. M. geltend gemacht hat. Dieser Prozeß ist jedoch wegen Unzuständigkeit des LG. M. abgewiesen und schwebt in der Revisionsinstanz. Auf Antrag des Beklagten hat das LG. St. den bei ihm anhängigen Rechtsstreit bis zur rechtskräftigen Erledigung des bei dem LG. M. anhängigen Rechtsstreites ausgesetzt. Es verkennt nicht, daß im Urkundenprozeß eine Aussetzung gemäß § 148 ZPO. nur ausnahmsweise stattfinden soll (vgl. *Seuffert* 58 Nr. 88); es hält sie aber hier deshalb für geboten, weil mit der Möglichkeit zu rechnen sei, daß nach Erledigung des anderen Rechtsstreites der Beklagte in der Lage sein werde, seine Einwendungen mit den im Urkundenprozeß zulässigen Beweismitteln zu beweisen. Nun sind aber nach § 598 im Urkundenprozeß solche Einwendungen des Beklagten, deren Beweis er nicht mit den im Urkundenprozeß zulässigen Beweismitteln antritt, als im Urkundenprozeß unstatthaft zurückzuweisen, und es läuft hiernach augenscheinlich dem Zwecke des Urkundenprozesses geradezu entgegen, wenn das angerufene Gericht, um dem Beklagten die Möglichkeit zu gewähren, sich für eine zurzeit als unstatthaft zurückzuweisende Einwendung im Urkundenprozeß zulässige Beweismittel zu verschaffen, das Verfahren aussetzt, zumal wenn, wie vorliegend, die rechtskräftige Erledigung des andern Rechtsstreites — falls in ihm überhaupt eine Entscheidung zur Sache ergeht — in weiter zeitlicher Ferne liegt.... H.

c) **§ 176 gilt allgemein für das Entmündigungsverfahren.**

α) OLG. Köln, Ferien-ZS. Beschluß v. 27. Juli 1906.

Indem der Gesetzgeber absichtlich das gesamte Entmündigungsverfahren in der ZPO. geregelt hat, hat er deutlich ausgedrückt, daß es nicht den Regeln der freiwilligen, sondern der streitigen Gerichtsbarkeit unterstellt sein soll, und daß er dieses ganze Beschluß- wie Urteilsverfahren als einen Rechtsstreit ansieht. Jeder Zweifel schwindet gegenüber der Tatsache, daß absichtlich davon abgesehen ist, die Entmündigung dem FrGG. zu unterstellen. Es kann deshalb dahingestellt bleiben, ob nicht sogar gemäß § 16 FrGG. selbst in den Angelegenheiten der freiw. Gerichtsbarkeit der § 176 ZPO. gilt (dafür: Rsp. 4 S. 3 und zahlreiche Schriftsteller; dagegen: Bayer. Ob. LG., Recht 8 S. 141 [neuerdings auch KG.]). Jedenfalls liegt kein Grund vor, den im Buch 1 der ZPO. enthaltenen „Allgemeinen Bestimmungen" die Anwendbarkeit auf das Entmündigungsverfahren zu versagen, gleichviel ob es durch Antrag oder durch Klage eingeleitet und damit zu einem anhängigen Rechtsstreit i. S. des § 176 wird. Rh. Arch.

β) **Urteilszustellung bei Vereinigung von Anwälten.**

OLG. München, III. ZS. Urteil v. 5. April 1906.

Wenn mehrere Anwälte sich vereinigen, so kann das innere Verhältnis zwischen ihnen sehr verschieden sein; sie können sich als Dienstberechtigter und Dienstverpflichteter gegenüberstehen; sie können sich zur Ausübung der Anwaltschaft für gemeinsame Rechnung verbunden haben; es ist auch möglich, daß die Berufsausübung vollständig getrennt ist und lediglich eine Ersparung von Kosten durch Beziehung einer gemeinsamen Kanzlei und Anstellung gemeinsamer Bediensteter bezielt wird; im letzteren Falle kann auch gegenseitige Aushilfe vereinbart sein oder nicht. Dieses innere Verhältnis ist im Einzelfalle nicht beachtlich; denn einerseits kennt die RAO. nur selbständige Anwälte, anderseits erklärt die ZPO. in §§ 181, 183, 184 nur äußere, dem zustellenden Beamten leicht erkennbare und deshalb von ihm ohne weiteres festzustellende Beziehungen der Ersatzperson zum Zustellungsempfänger als maßgebend. Das Gesetz will nicht, daß der zustellende Beamte eingehendere Erhebungen zu pflegen hat, die mitunter durchaus nicht einfach sind. Weder nach der RAO. noch nach der ZPO. kann demnach ein Anwalt als Gehilfe eines anderen in Frage kommen. Dem Gesetze wäre eine entsprechende Fassung gegeben worden, wenn eine Ersatzzustellung an einen Anwalt für einen das gleiche Geschäftslokal teilenden, daselbst nicht angetroffenen Anwalt zugelassen werden wollte. Das Gesetz läßt als Ersatzpersonen nur solche

Personen zu, deren hierfür maßgebende Beziehungen zum Zustellungsempfänger offen liegen. Das Urteil wurde dem RA. M. als Prozeßbevollmächtigten des Beklagten in seiner Abwesenheit im Geschäftslokale zu Händen seines „Gehilfen" RA. G. durch die Post zugestellt. Diese Urteilszustellung ist ungültig.[1] U.

γ) **Beglaubigung der Abschrift der Zustellungsurkunde.**

OLG. Hamburg, IV. ZS. Beschluß v. 21. April 1907.

Die Abschrift der Zustellungsurkunde über die Zustellung des Versäumnisurteils trägt offensichtlich nicht die handschriftlich vollzogene Unterschrift des beglaubigenden Gerichtsvollziehers, sondern nur seinen durch Blaustempel aufgedrückten Namen. Die letztere Form der Beglaubigung ist allerdings vielfach, auch vom Reichsgerichte, zugelassen, doch muß es dem Ermessen des Gerichtsschreibers und bei beantragter gerichtlicher Entscheidung dem des Prozeßgerichts überlassen bleiben, ob es auf die Zustellung in der ihm vorgelegten Form das daraufhin nachgesuchte Zeugnis der Rechtskraft zu erteilen vermag. Demnach hat das LG., wenn es Bedenken trägt, anzunehmen, daß der Beglaubigungsvermerk tatsächlich von dem Gerichtsvollzieher gleichen Namens herrührt und nicht etwa der Stempel ohne sein Wissen von einer dritten Person gebraucht ist, mit Recht im Interesse der Rechtssicherheit Anstand genommen, auf Grund der Zustellungsurkunde, die keine handschriftliche Unterschrift des beglaubigenden Beamten trägt, das Zeugnis der Rechtskraft zu erteilen. Die Beschwerde ist daher unbegründet. ... M. M.

δ) **Wann gilt ein Schriftsatz bei dem Gerichtsschreiber als eingereicht? ZPO. § 207.**

Kammergericht, XX. ZS. Beschluß v. 12. Juli 1906.

Die Berufungsschrift ist unstreitig am letzten Tage der Frist nachmittags nach 4 Uhr, also nach Schluß der Geschäftsstunden der Gerichtsschreiberei in den Briefkasten des Gerichts gesteckt worden. Der Eingangsvermerk datiert zwar erst vom folgenden Tage, indessen ist mit dem hiesigen IV. ZS. (4 U 4981/03) anzuerkennen, daß der Einwurf des Schriftsatzes in jenen Briefkasten schon die im Gesetze vorausgesetzte „Einreichung bei dem Gerichtsschreiber" darstellt. Daß die aus dem § 207² hervorgehende Vergünstigung, welche den Erfolg einer Verlängerung einer Zustellungsfrist hat, nicht auf den Fall beschränkt ist, wo — nach dem Wortlaute dieser Bestimmung — das Schriftstück dem Gerichtsschreiber eingereicht ist, daß dieser Einreichung vielmehr auch die Überreichung an den Richter, ferner die Anbringung zu Protokoll gemäß § 496 gleichsteht, ist bereits im Komm.-Bericht (Drucks. des Reichstages 1897 Nr. 240 S. 75) angenommen worden. Für eine weitgehende Auslegung spricht auch das Urteil des RG. (JW. 1901 S. 21²⁷),

[1] Nur dann, wenn der Anwalt nicht im Geschäftslokale angetroffen wird, kann seinem darin anwesenden Gehilfen zugestellt werden; eine Zustellung an den Gehilfen auf der Straße ist, selbst wenn er zur Annahme bereit ist, unwirksam (OVG. VIII. S. Urteil v. 5. Januar 1906; Entsch. d. OVG. 48 S. 445).

wonach die Übergabe an einen zur Entgegennahme befugten Beamten außerhalb der Diensträume und Dienststunden genügt. Der Briefkasten des Gerichts ist aber seiner Aufschrift nach bestimmt „für Eingänge nach 4 Uhr". Seine Leerung geschieht mit dem Erfolge, daß die in den Nachmittags- und Abendstunden eingeworfenen Schriftstücke noch den Eingangsvermerk dieses Tages erhalten, obwohl sie in Wirklichkeit in die Hände eines Gerichtsschreibers an diesem Tage nicht mehr gelangen. Das bei der Herstellung des Eingangsvermerks beobachtete Verfahren erscheint zulässig, weil eine Einreichung bei dem Gerichtsschreiber schon dann als geschehen zu erachten ist, wenn ihm objektiv die Möglichkeit geboten wird, das Schriftstück in seinen Besitz zu nehmen. Insbesondere kann der Beweis der Einreichung nicht davon abhängig gemacht werden, daß auch der Annahmeakt des Gerichtsschreibers festgestellt und durch Herstellung des Eingangsvermerks zur äußern Erscheinung gebracht wird. R.

d) **Keine Beschwerde gegen die auf Antrag erfolgte Vorverlegung eines Verhandlungstermins.**

OLG. Hamburg, VI. ZS. Beschluß v. 17. Januar 1907.

Dem Antrage des Klägers, den Verhandlungstermin auf einen früheren Tag anzuberaumen, ist nach Anhörung des Gegners gemäß § 225² stattgegeben worden. Die Beschwerde hierüber ist unzulässig. Denn es handelt sich um einen gemäß § 224² erlassenen Beschluß auf einen vom Kläger gestellten Antrag und diesem Antrage ist stattgegeben worden. Nach § 567 findet aber die Beschwerde nur gegen solche Entscheidungen statt, durch die ein das Verfahren betreffendes Gesuch zurückgewiesen ist. Es hätte also, wenn die Abkürzung der Frist abgelehnt worden wäre, dem Antragsteller die Beschwerde zugestanden (Entsch. des RG. 55 S. 99), während nach § 225³ im Falle einer beantragten Hinausschiebung des Termins (§ 227²) auch nicht einmal gegen einen ablehnenden Beschluß die Beschwerde gegeben ist. M. M.

e) **Unabwendbarer Zufall des § 233 ZPO.**

α) OLG. Kassel, II. ZS. Urteil v. 24. September 1906.

Da der am letzten Tage der Berufungsfrist mit Einreichung der Berufungsschrift beauftragte Bureaugehilfe K. bereits seit sieben Monaten im Bureau des Anwalts tätig war und sich bis dahin als zuverlässig gezeigt hatte, so war das vernünftigerweise zu erwartende Maß von Sorgfalt erfüllt, wenn ihm vor seinem Weggange die sofortige Einreichung der Berufungsschrift eingeschärft und wenn er nach Rückkunft über die Ausführung seines Auftrags befragt wurde. Daß die von ihm gegebene Antwort, er habe die Berufungsschrift auf der Gerichtsschreiberei abgegeben, falsch war, konnte nicht vorausgesehen werden [Entsch. des RG. in Strafs. 35 S. 109]. Fs.

β) Kammergericht, V. ZS. Urteil v. 3. Juli 1907.

Gegen den sich selbst vertretenden beklagten Rechtsanwalt erging am 12. Januar ein Versäumnisurteil, das am 30. Januar gehörig zugestellt wurde. Am letzten Tage der Frist unterzeichnete er die Einspruchsschrift, doch ist diese erst am folgenden Tage bei Gericht eingegangen. Im Termine vom 9. März wurde deshalb der Einspruch verworfen, worauf er ein Wiedereinsetzungsgesuch am 23. März dem Gegner zustellen ließ. Das Gesuch wurde verworfen und die Berufung hiergegen zurückgewiesen. Gründe:

Die für das Wiedereinsetzungsgesuch bestimmte zweiwöchige Frist ist nicht gewahrt. Die Einspruchsfrist lief am 13. Februar ab, also zu einer Zeit, wo sich der Beklagte wegen eines schweren Augenübels seit dem 21. Januar in der Klinik befand. Daselbst hat er sich bis zum 20. Februar im dunkeln Zimmer aufgehalten und war nicht imstande, zu lesen oder zu schreiben. Ist hierin ein die Wiedereinsetzung rechtfertigender Grund zu finden, so war das Hindernis jedenfalls mit dem 20. Februar gehoben. Konnte er auch nach dem ärztlichen Zeugnisse noch bis zum 19. März weder lesen noch schreiben, so war er doch jedenfalls jetzt in der Lage, sich einen Vertreter zu beschaffen, dem er die Führung des Prozesses übertragen konnte. Der Beklagte meint zwar, daß er damals die Versäumung der Einspruchsfrist nicht gekannt, diese vielmehr erst im Termine den 9. März erfahren habe. Allein die Einspruchsschrift mit der Terminsbestimmung auf den 9. März, die dem Gegner am 16. Februar zugestellt worden ist, ist am 18. Februar an die Adresse des Beklagten gelangt und war ihm jedenfalls am 20. Februar zugänglich. Aus dieser Urkunde ging aber deutlich hervor, daß der Einspruch erst am 14. Februar, also verspätet bei Gericht eingegangen war. Beklagter brauchte nur durch eine Person seiner Umgebung sich den Inhalt des Schriftstückes vorlesen oder mitteilen zu lassen, um sich über die Zeit des Eingangs seines Einspruchs zu vergewissern. Hierzu hatte er um so mehr Veranlassung, als er wußte, daß er die Einspruchsschrift erst am letzten Tage der Frist an das Gericht geschickt hatte.... M.

f) **Unterbrechung oder Aussetzung des Verfahrens?**

α) OLG. Breslau, VIII. ZS. Beschluß v. 9. November 1906.

Das den Beklagten zur Zahlung von Alimenten verurteilende Urteil des Amtsgerichts ist dem Prozeßbevollmächtigten des Beklagten am 25. September zugestellt worden. Nachdem demnächst am 30. September die Klägerin gestorben war, hat der Beklagte am 25. Oktober die Aussetzung des Verfahrens bei dem Berufungsgerichte beantragt. Dieses hat ihn jedoch zurückgewiesen, weil es mit der Sache in keiner Weise befaßt sei. Die sofortige Beschwerde des Beklagten ist unbegründet. Zwar ist der Entscheidungsgrund des Landgerichts nicht zutreffend, da als Prozeßgericht im Sinne des § 248 nach der Zustellung des Urteils nicht mehr das Amts-, sondern das Landgericht anzusehen ist, wenn auch die Berufung noch nicht eingelegt worden ist (Entsch. des RG. 40 S. 370, JW. 1905 S. 373[17], 536[22]). Trotzdem ist die Zurückweisung gerechtfertigt, weil nicht ein Fall der Aussetzung des Verfahrens vorliegt, letzteres vielmehr durch den Tod der Klägerin gemäß § 239 unterbrochen ist. Die Anwendbarkeit des § 246[1], wonach im Falle des Todes einer Partei das Verfahren dann nicht unterbrochen wird, wenn eine Vertretung der Partei durch einen Prozeßbevollmächtigten stattfand, ist hier nicht gegeben; denn unter „Vertretung“ ist eine für eine bestimmte Instanz bestellte Vertretung zu verstehen, die Instanz aber, für welche der Bevollmächtigte der Klägerin bestellt worden ist, war mit der Zustellung des amtsgerichtlichen Urteils, also am 25. September beendet (vgl. Entsch. des RG. 44 S. 359). Der Beschwerde könnte übrigens auch dann nicht abgeholfen werden, wenn man mit Gaupp-Stein (§ 246 II[2]) annehmen wollte, daß die Prozeßvollmacht auch noch nach der Zustellung des Endurteils der Instanz wirksam bleibe; denn ein Antrag auf Aussetzung ist nur so lange zulässig, als das Verfahren noch nicht durch ein rechtskräftiges Urteil beendet ist (vgl. JW. 1901 S. 341[4]), das Urteil des Amtgerichts wäre aber, wenn man die Fortwirkung der Prozeßvollmacht der Klägerin annehme, am 25. Oktober rechtskräftig geworden, so daß die Beschwerde gegenstandslos sein würde (vgl. Entsch. des RG. 36 S. 402). D.

β) **Beseitigung eines während der Unterbrechung des Verfahrens ergangenen Versäumnisurteils.**

OLG. Hamburg, IV. ZS. Zwischenurteil v. 7. Januar 1907.

Am 3. Mai 1902 geriet der Kläger in Konkurs. Dadurch wurde der Prozeß unterbrochen, denn er betraf einen nunmehr zur Konkursmasse gehörigen Anspruch. Die Unterbrechung dauerte noch fort, als am 1. Juli 1902 in Unkenntnis der Konkurseröffnung gegen den Kläger Versäumnisurteil erging. Während nun das LG. dies Urteil als nicht vorhanden behandelt und demgemäß den an sich formgerechten Einspruch durch Urteil vom 29. November 1902 als unzulässig verworfen hat, haben sowohl der II. als als auch der V. ZS. des OLG. Hamburg ein derartiges Verfahren für unstatthaft erklärt: das Versäumnisurteil sei nun einmal ergangen; es bedürfe daher seiner Anfechtung und Aufhebung, um zu einer anderweitigen Entscheidung zu gelangen. Nach der Meinung des II. ZS. hatte die Anfechtung gemäß § 513 im Wege der Berufung zu erfolgen. Dagegen sprach der V. ZS., an den alsdann die Berufung gelangte, sich dahin aus, daß diese unzulässig sei und dem Kläger nur der Einspruch zustehe. Diese letztere Auffassung teilt offenbar auch das Reichsgericht, wenn es dem Kläger das Armenrecht für die Revisionsinstanz wegen Aussichtslosigkeit der Rechtsverfolgung versagt hat. Ihr tritt auch der jetzt erkennende Senat bei. Danach steht nur noch zur Frage, ob der erneute Einspruch, den der Kläger im April 1904 gegen das Urteil vom 1. Juli 1902 eingelegt hat — sei es gegenüber der Zustellung dieses Urteils an den Konkursverwalter vom 18. Juli 1902, sei es gegenüber dem Urteil vom 29. November 1902, welches den ersten Einspruch als unzulässig verwarf —, für unzulässig zu erachten ist. Beides ist zu verneinen.

Dem Konkursverwalter konnte das Versäumnisurteil nicht rechtswirksam zugestellt werden, solange er den Rechtsstreit nicht aufgenommen hatte; erst die „Aufnahme“ legitimierte ihn zu Prozeßhandlungen und zu Prozeßhandlungen ihm gegenüber, und diese Aufnahme ist niemals erfolgt.

Aber auch aus dem Urteil vom 29. November 1902 kann der Beklagte Einwendungen gegen die Zulässigkeit des erneuten Einspruchs nicht herleiten. Darin kann freilich dem II. ZS. nicht zugestimmt werden, daß der erste Einspruch des Klägers mit Recht als unzulässig verworfen ist. Denn an sich war er — da die Zustellung vom 18. Juli 1902 wirkungslos geblieben war — fristgerecht, und im übrigen bildete er gegenüber dem Versäumnisurteil vom 1. Juli 1902 das allein zulässige Rechtsmittel. Der Kläger hätte daher sich bei dem den Einspruch verwerfenden Urteil vom 29. November 1902 nicht zu beruhigen brauchen; er hätte dagegen Berufung einlegen können. Daraus, daß er dies nicht getan hat, folgt aber keineswegs, daß nunmehr ein weiteres Einspruchsverfahren überhaupt nicht mehr zulässig ist. Der erste Einspruch ist ja nicht als sachlich unbegründet, sondern als formell unzulässig zurückgewiesen; er ist, wenn auch unrichtigerweise, für wirkungslos und nichtig erklärt worden, und diese Nichtigkeitserklärung wirkt genau ebenso zugunsten des Klägers wie zugunsten des Beklagten. Daher hängt die Entscheidung darüber, ob der zweite Einspruch zuzulassen ist, lediglich davon ab, ob zur Zeit seiner Einlegung die Einspruchsfrist bereits abgelaufen war, und das ist zu verneinen. Denn die Einspruchsfrist wurde erst in Lauf gesetzt durch die am 18. April 1904 erfolgte Zustellung des Versäumnisurteils vom 1. Juli 1902, und dann ist innerhalb der zweiwöchigen Frist die Einspruchsschrift beim Gericht eingereicht und am 4. Mai 1904 durch Vermittlung des Gerichtsschreibers ordnungsmäßig zugestellt worden. M. M.

g) **Substantiierung einer Hypothekenklage.**[1]

OLG. Hamburg, V. ZS. Urteil v. 20. Februar 1907.

Der Kläger hat vorgetragen, daß die Beklagten Eigentümer des im Grundbuch verzeichneten Grundstücks Nr. 4 seien und daß darauf für ihn in Abt. III Nr. 13 eine Hypothek von 5000 Mark verzinslich mit 5 % eingetragen sei. Unter Bezugnahme auf das Grundbuch zum Beweise dieser Behauptungen und unter der weiteren Behauptung, daß die Hypothek auf den 1. Juli 1906 rechtzeitig gekündigt sei, hat der Kläger beantragt, die Beklagten zur Zahlung der 5000 Mark nebst Zinsen seit 1. Januar 1906 aus dem vorbezeichneten Grundstücke zu verurteilen. Der Einwand der Beklagten, daß diese Klage ungenügend begründet sei, weil es an einer Angabe des Schuldgrundes fehle, ist unzutreffend. Wäre neben der dinglichen auch die persönliche Klage angestellt worden, so wäre allerdings eine Erörterung des dem Schuldverhältnis zugrunde liegenden Rechtsverhältnisses in der Klage selbst unerläßlich gewesen. Bei Erhebung der dinglichen Klage aber bedarf es einer solchen Erörterung

[1] Wird ein Verstorbener verklagt und die Klage zu Händen seines Sohnes zugestellt, so sind die Erben befugt, die Parteiunfähigkeit des Beklagten durch einen Prozeßbevollmächtigten einwenden zu lassen. Nimmt der Kläger vor der Verhandlung die Klage zurück, so hat er die Kosten den Erben zu erstatten (OLG. Frankfurt, III. ZS. Beschluß v. 5. Dezember 1904; Rundschau 39 S. 37).

nicht, es genügt die Behauptung des Bestehens des dinglichen Rechts, auf das allein die Klage gestützt werden solle, und daneben die Bezugnahme auf das Grundbuch, aus welchem sich das Schuldverhältnis ergibt; damit erscheint der dingliche Anspruch genügend begründet (Planck, BGB. § 1138 Anm. 3).

Weiter haben Beklagte ihre Berufung dahin begründet, daß nach §§ 891, 892 BGB. allerdings eine Vermutung für die Richtigkeit der in das Grundbuch erfolgten Eintragungen bestehe, damit sei aber der Gegenbeweis nicht ausgeschlossen. Beklagte bestreiten nun trotz der Eintragung, daß die Hypothek dem Rechtsvorgänger des Klägers, dem Wirt B., zugestanden hätte und daß dieser eine Darlehnsforderung gegen die Beklagten gehabt habe, und behaupten, daß die Unrichtigkeit der Eintragung dem Kläger als Erwerber bekannt gewesen sei. Beweis in beiden Richtungen Zeugnis des B. Diesem Vorbringen ist insoweit beizutreten, als allerdings die Rechtsvermutung für die Richtigkeit des Grundbuchs nicht jeden Gegenbeweis ausschließt, daß gilt sowohl hinsichtlich der der Hypothek zugrunde liegenden Forderung, wie hinsichtlich der Hypothek selbst (§§ 1138, 892 BGB.). Zu dem Ende genügt aber nicht ein einfaches Leugnen der Richtigkeit und Benennung eines Zeugen für das Gegenteil des Grundbuchsinhaltes. Es wird vielmehr der Angabe bestimmter, unter Beweis zu verstellender Tatsachen bedürfen, aus denen sich die Unrichtigkeit ergeben würde. Nach § 373 ist der Zeugenbeweis nur für Tatsachen zulässig, während der von den Beklagten angetretene Beweis in keiner Weise erkennen läßt, über welche tatsächlichen Verhältnisse B. aussagen soll. M. M.

h) Rechtliches Interesse[1] an alsbaldiger Feststellung.

α) OLG. Stuttgart, III. ZS. Urteil v. 30. April 1907.

Der Kläger hat, nachdem die Schutzfrist des dem Beklagten erteilten Gebrauchsmusters abgelaufen war, auf Feststellung geklagt, daß das Gebrauchsmuster während der Schutzzeit mangels Neuheit nicht zu Recht bestanden habe. Die Klage ist schon deshalb abzuweisen, weil für sie das erforderliche Feststellungsinteresse fehlt. Man mag (Gaupp-Stein § 256 Anm. 42) eine Feststellungsklage in Beziehung auf nicht mehr bestehende Rechtsverhältnisse zulassen, „wenn daraus Rechtsfolgen für die Gegenwart und Zukunft abgeleitet werden"; immer aber muß „das Interesse so geartet sein, daß es die

[1] Wie der Oberste Gerichtshof in Wien dieses Interesse auffaßt, ergibt seine Entsch. v. 23. Oktober 1906 (Gellers Z. 25 S. 86): Die Klägerin verlangt die Feststellung, daß sie am 6. April 1905 dem Beklagten 2 Waggons Zucker zum Preise von ... lieferbar bis Ende August 1906 verkauft habe. Die Entscheidung dieser Frage habe für sie insofern rechtliches Interesse, weil sie nur auf Grund des Feststellungsurteils wissen könne, ob sie bezüglich des streitigen Zuckers mit andern Personen neue Kaufverträge abschließen dürfe. Allein zu diesem Zwecke braucht sie ein Feststellungsurteil nicht, weil sie selbst doch behauptet hat, daß der Beklagte den Vertragschluß bestreite, sie also ohne Bedenken über den Zucker verfügen konnte. Wenn sie weiter anführt, der Zucker unterliege großen Preisschwankungen und müsse sie sich für die Zeit bis August 1906 bei dem derzeitigen niedrigen Preisstande des Zuckers bei sonstigem außerordentlichen Schaden schon jetzt decken, so ist auch nach dieser Begründung anzunehmen, daß es sich für sie nur darum handelt, Gewißheit darüber zu erlangen, ob sie zu liefern verpflichtet sei, in welcher Hinsicht sie aber kein Urteil nötig hat.

alsbaldige Feststellung notwendig macht, es muß also . . . das Rechtsschutzbedürfnis schon jetzt vorliegen, nicht nur ein mögliches sein". Hieran fehlt es vorliegend. Der Kläger mag unter Umständen von dem Beklagten einen Schadenersatzanspruch wegen Gebrauchsmusterschutzverletzung zu erwarten haben; ob es aber zur Erhebung eines solchen Anspruches kommt, ist durchaus ungewiß und der Kläger konnte jedenfalls ohne Nachteil für seine Rechtsverteidigung eine einschlägige Klage des Beklagten abwarten und ihr, falls sie erhoben wurde, im Wege der Einrede entgegenhalten, was er jetzt zum Gegenstande der Feststellungsklage gemacht hat. Es ist nicht einzusehen, welches Interesse er daran haben sollte, die (angebliche) Ungültigkeit des Gebrauchsmusters schon jetzt („alsbald") festgestellt zu sehen. Durch seine Klage wurde ein Rechtsstreit hervorgerufen, dessen Entscheidung alle Bedeutung abgeht, falls der Beklagte — auch wenn sein Gebrauchsmuster für gültig erklärt wird — von einer Schadenersatzklage wegen Verletzung des Gebrauchsmusters gegen den Kläger absieht. Auch daß auf Antrag des Beklagten gegen den Kläger ein Strafverfahren wegen des bezeichneten Vergehens eingeleitet worden ist, vermag die Klage nicht zu rechtfertigen: der Kläger konnte, was er im Wege der Zivilklage geltend machen will, ebensowohl im Strafverfahren vorbringen, und das im Zivilprozeß ergehende Urteil ist für den Strafrichter nicht bindend. . . . H.

β) Fortfall des Feststellungsinteresses nach der Klagerhebung.

OLG. Königsberg, I. ZS. Urteil v. 26. Februar 1907.

Zwischen den Parteien entstand infolge eines Versehens bei der bahnamtlichen Verwiegung Streit über das Gewicht der dem Kläger gelieferten Wolle. Er verlangte die Feststellung, daß er nicht, wie Beklagte beansprucht, 700, sondern höchstens 400 kg zu bezahlen habe. Aus den Gründen:

Zur Zeit der Klagerhebung war ein rechtliches Interesse des Klägers an der alsbaldigen Feststellung des Rechtsverhältnisses gegeben. Es fragt sich, ob es auch zur Zeit der Urteilsfällung vorhanden sein muß. Diese streitige Frage wurde — wenigstens für Fälle, in denen im Laufe der Berufungsinstanz eine Änderung der Verhältnisse eintritt, die es dem Kläger gestatten würde, an Stelle einer Feststellung eine Leistung zu verlangen — in älteren Entscheidungen des RG. verneint (vgl. JW. 1896 S. 21[79] u. 334[8]). In neueren Entscheidungen läßt das RG. die Frage ausdrücklich dahingestellt (JW. 1900 S. 509[4]), oder es führt aus, weshalb der Beklagte vom Kläger in dem besonderen Falle den Übergang von der Feststellungs- zur Leistungsklage nicht verlangen könne, bzw. weshalb ein Feststellungsinteresse noch fortbestehe (JW. 1900 S. 551[2], 1902 S. 420[11]). Der erkennende Senat nimmt an, daß das Interesse auch noch zur Zeit der Urteilsfällung vorhanden sein muß. Denn es ist nicht lediglich eine Prozeßvoraussetzung, sondern eine materiell-rechtliche Voraussetzung des Klagerechts (Wilmowski-Levy 5 zu § 231; Gaupp-Stein IV 2a zu § 256 ZPO.; Hellwig, Lehrb. S. 388; Wach, Feststellungsanspruch S. 24). Fällt diese im Laufe des

Rechtsstreites fort, so fehlt es für den begehrten Rechtsschutz an einem Gegenstande, der Rechtsstreit ist in der Hauptsache erledigt. Dieser Fall liegt hier vor. Schon vor der ersten mündlichen Verhandlung, in der das Klagebegehren geltend gemacht wurde, hatte sich der Irrtum, der die Beklagte veranlaßt hatte, mehr als 400 kg Wolle bezahlt zu verlangen, aufgeklärt. Sie berühmte sich dieses Rechts nicht mehr, und es war nach Lage der Sache nicht der geringste Anhalt dafür vorhanden, daß sie je wieder auf ihren als irrig erkannten und als solchen zugegebenen Anspruch zurückkommen würde. Es fehlte also nunmehr an jedem Feststellungsinteresse des Klägers, und dieser konnte demgemäß auch nicht mehr verlangen, daß die Beklagte seinen Feststellungsanspruch anerkenne. Er mußte vielmehr den veränderten Verhältnissen Rechnung tragend seinen Anspruch als erledigt ansehen und seine Anträge auf den Kostenpunkt beschränken. Dasselbe gilt für die Beklagte. Beide Parteien haben dadurch, daß sie noch eine Entscheidung in der Hauptsache begehrten, mehr verlangt, als ihnen zustand, und es sind deshalb die Kosten des in der Hauptsache für erledigt zu erklärenden Rechtsstreits gemäß § 92 gegeneinander aufgehoben worden. M.

γ) **Erhebung der Widerklage auf die Leistung.**

OLG. Hamburg, V. ZS. Urteil v. 13. Februar 1907.

Zweifelhaft kann sein, ob dieses rechtliche Interesse der Kläger an der alsbaldigen Feststellung noch fortbesteht, nachdem Beklagter Widerklage auf Bezahlung seiner Forderungen erhoben hat. Dies ist zu bejahen, denn der Widerklage haben die Kläger Aufrechnungsforderungen entgegengesetzt; diese sind aber noch in einem andern Prozesse der Parteien anhängig; es würde also die Entscheidung über die Widerklage möglicherweise noch auf längere Zeit hinausgeschoben werden, und daher die Ungewißheit über die Richtigkeit der klägerischen Buchungen weiterbestehen. Übrigens kann die Zulässigkeit der Feststellungsklage, welche durch das Verhalten des Beklagten veranlaßt ist, nicht dadurch beeinflußt werden, daß der Beklagte infolge der Feststellungsklage sein Verhalten ändert und die Feststellungsklage als solche durch Erhebung der Widerklage überflüssig macht (vgl. JW. 1896 S. 334). M. M.

i) **Klagenhäufung durch Nachschiebung in der Verhandlung.**

OLG. Hamburg, V. ZS. Urteil v. 1. Mai 1907.

In der Klage ist unter der Behauptung, daß die daselbst bezeichneten Gegenstände an den Kläger übereignet und von ihm den Beklagten leihweise überlassen seien, auf Herausgabe dieser Gegenstände angetragen. Nach Erhebung dieser Klage ist in der mündlichen Verhandlung ferner beantragt, die Beklagten auch noch als Gesamtschuldner zur Zahlung von 4000 Mark zu verurteilen. Das Landgericht hat hierin eine Klagänderung erblickt, die Verteidigung der Beklagten für wesentlich erschwert erachtet und aus diesem Grunde diesen ferneren Antrag abgewiesen. In Wahrheit handelt es sich indessen nicht eigentlich um Klagänderung als vielmehr darum, daß der Kläger außer dem von ihm aufrecht erhaltenen, auf Herausgabe beweglicher

Gegenstände gerichteten Klaganspruch einen davon gänzlich verschiedenen ferneren Anspruch auf eine Geldleistung erhebt, zu deren Zahlung die beiden Beklagten als Gesamtschuldner verurteilt werden sollen; es steht mithin eine objektive Klagenhäufung (Gaupp-Stein zu § 260) in Frage, insofern der Kläger mehrere auf verschiedenen Rechtsgründen beruhende Ansprüche nebeneinander geltend macht. Dies hätte nach § 260 zwar in derselben Klage erfolgen können, anderseits aber bedurfte es auch einer demgemäßen Klagerhebung, und der Kläger war nicht berechtigt, anstatt dessen seinen ferneren Anspruch dadurch geltend zu machen, daß er in der späteren Verhandlung einen Antrag aus einer Protokollanlage verlas und überreichte (Gaupp-Stein zu § 260 IIIb; Schmidt, Lehrb. 2. Aufl. S. 834). M. M.

k) **Stützung eines Antrags auf zwei selbständige Ansprüche.**

α) OLG. Hamburg, II. ZS. Urteil v. 20. Oktober 1906.

Die Beklagten (Mieter) haben widerklagend Zahlung von 200 Mark gefordert und diesen Antrag sowohl darauf gestützt, daß der Kläger unbefugt am Miethause einen Umbau vorgenommen, als auch darauf, daß er den bei dem Vertragschluß zugesicherten Umbau unterlassen und durch beides ihnen einen Verlust von je 200 Mark zugefügt habe. Die Vorinstanz hat die Widerklage gänzlich abgewiesen. Die Berufung der Beklagten ist teilweise begründet.

Durch den tatsächlich ausgeführten Umbau ist nicht die rechte Wand des Gastzimmers fortgenommen und durch eine Wand von anderer Lage bzw. Richtung ersetzt worden, wie es der von den Parteien getroffenen Vereinbarung entsprochen hätte, sondern es ist die Außenwand des Gastzimmers abgeschrägt worden. Zur Vornahme eines so gearteten Umbaus war der Kläger nicht berechtigt; da hierdurch wenigstens 3 Tage lang der Wirtschaftsbetrieb der Beklagten gestört worden ist, so haben diese zweifellos eine Verdiensteinbuße erlitten. Dieser Anspruch war daher dem Grunde nach für berechtigt zu erklären und die Sache zu weiterer Verhandlung über den Betrag an die Vorinstanz zurückzuverweisen.

Der weitere Anspruch der Beklagten auf Ersatz eines Schadens daraus, daß der ihnen zugesicherte Umbau unterblieb, ist an sich unbegründet. Doch war zu erwägen, ob es bezüglich dieses Anspruchs bei der Abweisung des angefochtenen Urteils bereits endgültig zu belassen, also die Berufung zurückzuweisen sei, oder ob es richtiger wäre, lediglich in den Gründen des Urteils darzulegen oder durch Zwischenurteil auszusprechen, daß der Anspruch nicht begründet sei. Die Beklagten verfolgen mit ihrer Widerklage zwei selbständige Ansprüche auf Zahlung von je 200 Mark; sie verlangen aber nicht 400 Mark, sondern im ganzen nur 200 Mark nebst Zinsen, indem sie dem Gerichte überlassen, nach seinem Gutbefinden die von ihnen erstrebte Verurteilung des Klägers entweder nur auf den einen Anspruch oder nur auf den andern Anspruch oder teils auf den einen, teils auf den andern Anspruch zu gründen. In solcher Weise zu klagen, ist nicht etwa als unzulässig anzusehen (§ 260). Durch eine so geartete Widerklage haben die Beklagten das Gericht in die Lage versetzt, daß es — sofern es für sachdienlich hält, so zu verfahren — über beide Ansprüche zu entscheiden hat, jedoch nur mit der Beschränkung, daß der Kläger nicht zu mehr als 200 Mark nebst Zinsen verurteilt werden darf. Bei solcher Sachlage erscheint es richtig, bezüglich des zweiten Anspruchs aus der Nichtvornahme des zugesicherten Umbaus sogleich endgültig (auf Abweisung) zu erkennen. M. M.

β) Kammergericht, V. ZS. Urteil v. 1. Juni 1907.

Der Kläger, der 1888 in die von seinem Erblasser mit dem Beklagten gebildete offene Handelsgesellschaft als Gesellschafter eingetreten war, hat 1891 notariell seinen Austritt erklärt. Er hält diese Erklärung für unverbindlich, betrachtet sich noch als Gesellschafter und hat beantragt, daß ihm der Beklagte als Gewinnanteil an der Gesellschaft für 1890 und 1891 6000 Mark zahle, event.: daß ihm als Gewinn für 1892 und 1893 6000 Mark gezahlt würden, eventualissime (falls nämlich der Austritt für wirksam erachtet wird): daß ihm 6000 Mark als Teilbetrag des Auseinandersetzungsguthabens zu zahlen seien. Die Vorinstanz hat den Beklagten zur Zahlung von 6000 Mark verurteilt und in den Gründen ausgeführt, daß der Austritt wirksam und deshalb nur der letzte Antrag begründet sei. Die Berufung des Klägers wurde als unzulässig verworfen. Gründe:

Der Kläger macht nicht drei verschiedene Ansprüche geltend, sondern nur einen einzigen Anspruch, der in drei Anträge eingekleidet ist. Dieser Anspruch ist auf Zahlung von 6000 Mark gerichtet und auf drei verschiedene Klagegründe gestützt, welche in ein Eventualverhältnis zueinander gestellt sind. Daß die Klage nur einen Anspruch zum Gegenstand hat, zeigt die Klageschrift, in welcher der Kläger vorläufig nur einmal 6000 Mark zu verlangen erklärt, die er als Gewinnanteil für 1890/91 begehrt. Vorsorglich gründet er „seinen Anspruch" auch noch auf den Gewinn für 1892/93. Schließlich trägt er dem Umstand Rechnung, daß seine Austrittserklärung für wirksam befunden würde, und verlangt für diesen Fall einen Teil des Auseinandersetzungsguthabens, das ihm infolge des Ausscheidens zustehe. Es liegt also nur eine eventuelle Verbindung mehrerer Klagegründe eines Anspruchs vor. Das rechtliche Interesse des Klägers erschöpft sich darin, daß er 6000 Mark erhält. Welche von den drei Begründungen des Anspruchs für zutreffend erachtet wird, mag für ihn tatsächlich von erheblichem Werte sein. Einer Entscheidung über jeden einzelnen Klagegrund in der Urteilsformel bedarf es nicht, sondern nur eines Ausspruchs über den geltend gemachten Anspruch selbst, ohne Rücksicht darauf, auf welche der drei Klagegründe die Entscheidung gestützt ist. Dabei handelt es sich um Urteilsgründe; diese werden aber nicht dahin rechtskräftig, daß sich der Kläger auf sie bei späterer Geltendmachung weiterer Ansprüche aus dem Gesellschaftsverhältnisse der Parteien zu stützen vermöchte. Er ist also durch die angefochtene Entscheidung nicht beschwert. B. M.

l) **Keine Rechtshängigkeit durch Anmeldung der Klagforderung zum ausländischen Konkurse des Schuldners.**

OLG. Hamburg, VI. ZS. Urteil v. 14. Juli 1906.

Unter den Parteien herrscht kein Streit über die Zuständigkeit des hiesigen Gerichts an sich, sondern nur darüber, ob hier der Beklagte verklagt werden kann, obwohl in London über sein Vermögen sowie über die dortige Firma, deren alleiniger Inhaber er ist, der Konkurs eröffnet wurde und in diesem noch schwebenden Verfahren die Klagforderung angemeldet ist. Daran ist jedoch nicht zu zweifeln, weil einmal die Anmeldung im Konkurse zwar insofern der Klagerhebung gleichgestellt ist, als sie die Verjährung unterbricht (BGB. § 209²), aber nicht in betreff der Rechtshängigkeit (ZPO. § 263). Hierüber herrscht keine Meinungsverschiedenheit (Struckmann-Koch, Kommentar § 263 Anm. 1; Gruchot 41 S. 1200; Jaeger zu § 237 KO.). Daher kommt es auf den § 237 KO. überhaupt nicht an; denn die dort ausgesprochene Zulässigkeit der Vollstreckung in inländisches Vermögen eines Schuldners, über den im Auslande Konkurs eröffnet ist, bildet keine Voraussetzung für die Zuständigkeit des inländischen Gerichts zur Entscheidung über eine bei ihm erhobene Klage gegen den Gemeinschuldner. Die Berufung des Beklagten war daher zu verwerfen. M. M.

m) **Vergleich und Beendigung des Rechtsstreits.**[1]

α) OLG. Hamburg, III. ZS. Urteil v. 9. Februar 1907.

Die Zulässigkeit der erhobenen Feststellungsklage ist nicht deshalb zu verneinen, weil der Kläger bei Anfechtbarkeit des geschlossenen Vergleiches die früher erhobene Leistungsklage von neuem erheben könne. Dieser Klage würde die Rechtshängigkeit entgegengesetzt werden können. Denn nach richtiger Ansicht bewirkt der nach § 794 Nr. 1 abgeschlossene gerichtliche Vergleich das Erlöschen der Rechtshängigkeit nicht schlechthin, sondern nur, wenn ein (formell und materiell) gültiger Vergleich vorliegt (Gaupp-Stein 2 (1904) S. 508 unter c, d). Andernfalls dauert die Rechtshängigkeit fort. Will daher der Kläger behaupten, der Vergleich sei nichtig und von ihm wegen Betrugs des Beklagten mit Recht angefochten, so steht nichts im Wege, daß er den Beklagten im anhängigen Rechtsstreit nach § 214 von neuem ladet; das Gericht des Vorprozesses hat dann durch Urteil zu entscheiden, ob der Vergleich den Prozeß beendet hat oder nicht (Gaupp-Stein 2 S. 509; Entsch. des RG. 39 S. 393 [Zweibrücken, Bay. Rpfl. 2 S. 290]). Gerade weil der Kläger in der Lage war, den Vorprozeß fortzusetzen, muß aber die Erhebung der jetzigen Klage als unzulässig erachtet werden. Denn es läßt sich nicht einsehen, welches rechtliche Interesse des Klägers an der alsbaldigen Feststellung der Unwirksamkeit des Vergleiches durch richterliche Entscheidung bestehen könnte, wenn er jene Unwirksamkeit jederzeit im früheren Verfahren behaupten und beweisen und dort eine Entscheidung darüber herbeiführen kann. Das Vorliegen besonderer Umstände, welche jenes Interesse des

[1] Vgl. auch oben Nr. 4q S. 88.

Klägers auch der gegenwärtigen Rechtslage gegenüber zu begründen vermöchten, ist nicht behauptet worden.... M. M.

β) OLG. Hamburg, III. ZS. Urteil v. 16. Februar 1907.

Erachtet eine Partei einen im Prozesse abgeschlossenen Vergleich für hinfällig, so kann sie freilich zur Fortsetzung des Verfahrens laden und das Gericht hat dann durch Urteil zu entscheiden, ob es die Klage durch den Vergleich für erledigt erachtet oder nicht, im letzteren Falle über den Klagantrag erkennend. Gegenstand des Urteils kann aber niemals der Antrag einer Partei sein: den Vergleich aufzuheben. Schon deshalb war der urteilsmäßige Ausspruch des Landgerichts, der Vergleich vom ... werde für aufgehoben erklärt, unhaltbar. Übrigens hatte Beklagter das nicht einmal beantragt. Prozessual richtig war vom materiellen Standpunkt des Landgerichts aus die Verurteilung des Beklagten zur Zahlung von 250 Mark. Über den weitergehenden Antrag der Klägerin hätte dann aber auch eine abweisende Entscheidung gefällt werden müssen, die das Urteil wiederum vermissen läßt.... M. M.

γ) OLG. Dresden, II. ZS. Urteil v. 21. Januar 1907.

Der Kläger behauptet, daß der zur Beilegung des Rechtsstreits abgeschlossene Prozeßvergleich wegen Irrtums und Betrugs anfechtbar und angefochten, also nichtig sei. Daß von der Klägerin dieses Vorbringen im Wege der Fortstellung des in der Instanz zur Erledigung gebrachten Rechtsstreits nicht geltend gemacht werden kann, hat das OLG. in ständiger Praxis angenommen. Hiervon abzugehen, liegt kein Anlaß vor. Ob auf die Ladung überhaupt die Anberaumung eines Termins hätte versagt werden dürfen, kann dahingestellt bleiben. Jedenfalls ist, nachdem über den Antrag mündlich verhandelt worden ist, nunmehr durch Urteil seine Zurückweisung auf Kosten des Klägers auszusprechen. Dr. v. F.

δ) Kammergericht, XV. ZS. Urteil v. 7. Mai 1907.

Der Vorderrichter nimmt an, daß der zwischen den Parteien im Vorprozeß geschlossene Prozeßvergleich, den der Kläger selbst der Klage zugrunde gelegt hat, einem rechtskräftigen Urteile auch insofern gleichstehe, daß er als eine rechtskräftige Entscheidung anzusehen sei. Wenn auch diese Ausführung bedenklich erscheint, so ist doch der Entscheidung, daß der Vergleich der jetzigen Klage entgegenstehe, beizutreten. Denn jede Klage setzt ein Rechtsschutzbedürfnis, ein Interesse des Klägers an dem von ihm erstrebten Urteile voraus. Der Rechtsschutz ist deshalb zu versagen, wenn nach der bestehenden Sachlage der Kläger kein Interesse hat (Gaupp-Stein vor § 253 unter III 2). Ein solches Interesse liegt aber dann nicht vor, wenn der Kläger einen der in § 794 bezeichneten Vollstreckungstitel bereits erlangt hat und aus diesem die Zwangsvollstreckung in demselben Maße betreiben kann wie aus dem von ihm erstrebten Urteile. W. n.

ε) OLG. Jena, I. ZS. Beschluß v. 24. Februar 1906.

Die Fragen, ob ein Vergleich, der nach Erhebung der Klage abgeschlossen wird, den Prozeß beendige, und ob er, vor dem Gericht zu Protokoll erklärt, die Rechtshängigkeit beseitige, können hier ununtersucht bleiben, denn zweifellos hat in dem zu Protokoll erklärten Vergleich der Kläger die Klage formell wirksam zurückgenommen. Dies aber hat die Beendigung des Rechtsstreites stets zur Folge, denn nach § 271 gilt dann der Rechtsstreit als nicht anhängig geworden.

Den Vergleich, auf Grund dessen die Zurücknahme erklärt worden, hat aber der Beklagte angefochten, weil bezüglich der Kosten eine Erklärung niedergeschrieben worden sei, die er nicht habe abgeben wollen. In diesem Punkt sei deshalb der Vergleich wegen Irrtums nichtig und deshalb gemäß § 139 BGB. auch der ganze Vergleich. Nun ist allerdings auch die Frage bestritten, ob ein vor Gericht nach Erhebung der Klage zur Beendigung des Rechtsstreites abgeschlossener Vergleich wegen Irrtums angefochten werden könne; indessen wird doch die Anfechtbarkeit fast allgemein für zulässig erachtet. Aber die Frage ist, ob die Anfechtung in dem verglichenen Prozeß geschehen könne oder in einem anderen Prozeß vorgenommen werden müßte. Vorliegend ist der verglichene Prozeß durch die Zurücknahme der Klage beendigt, beendet ist nicht nur der Streit der Parteien um den geltend gemachten Anspruch, sondern auch der Prozeß selbst. Diese Beendigung ist freilich von bleibender Wirkung nur dann, wenn die Erklärung über die Zurücknahme der Klage rechtswirksam und nicht etwa infolge der Anfechtung des Vergleichs nichtig ist. Aber solange nicht feststeht, sei es durch zustimmende Erklärung des Gegners, sei es durch Urteil, daß der behauptete Irrtum vorliegt, muß die vor Gericht abgegebene Erklärung, der jetzt nur einseitige, bestrittene Behauptungen gegenübergestellt werden, als rechtswirksam gelten, so daß, solange nicht diese Erklärung mit Erfolg angefochten und der Vergleich für nichtig erklärt worden ist, der verglichene Rechtsstreit als beendet zu gelten hat (JW. 1905 S. 435). Da sonach der Rechtsstreit nicht mehr anhängig ist, so war jede weitere Verhandlung in der Sache abzulehnen. Diese Ablehnung konnte durch Beschluß erfolgen, wie ja auch der Vorsitzende die Anberaumung eines Verhandlungstermines hätte ablehnen können.

Über Kosten für diesen Beschluß war nicht zu entscheiden. Denn Gerichtsgebühren sind nicht erwachsen, weil kein in der ZPO. oder im GKG. vorgesehenes Verfahren stattgefunden hat, und auch vom Standpunkte der GebO. f. RA. aus erscheint das durch die Ladung der Beklagten zur Fortsetzung der Verhandlung erneuerte Verfahren nur als eine Fortsetzung des früheren, bezüglich dessen die Kostenpflicht in dem abgeschlossenen Vergleich geregelt worden ist (JW. 1895 S. 359). Gr.

n) **Nachträgliche Heilung der Unzuständigkeit?**

OLG. Celle, II. ZS. Urteil v. 5. November 1906.

Für die Klage, die gegenüber einer vollstreckbaren Urkunde eine den Anspruch selbst betreffende Einwendung geltend macht, ist gemäß §§ 797 ^{5}, 802 das Gericht des Wohnsitzes des Schuldners (Klägers) ausschließlich zuständig.

Der Kläger hat das LG. H. angerufen, aber erst nach Eintritt der Rechtshängigkeit, jedoch vor dem ersten Verhandlungstermine seinen Wohnsitz in H. genommen. Für die Zuständigkeit des Gerichts ist allein der Zeitpunkt der Klagerhebung maßgebend. Damit tritt die Rechtshängigkeit ein, und diese hat gemäß § 263 Nr. 2 die Wirkung, daß die Zuständigkeit des Prozeßgerichts durch eine Veränderung der sie begründenden Umstände nicht berührt wird. Ist sie bei der Klagerhebung begründet, so bleibt sie es trotz später veränderter Umstände; ist sie ursprünglich nicht gegeben, so soll sie auch nachträglich durch den Eintritt von Umständen, die sie an sich begründen würden, nicht mehr herbeigeführt werden (Gaupp-Stein II B zu § 263 und Vorbem. IV zu § 12; Seuffert 3 II zu § 235; Reinke II a zu § 263). Die Entsch. des RG. 52 S. 136 bezieht allerdings unter strengem Festhalten am Wortlaut den § 263 nur auf den positiven Fall, daß die Zuständigkeit zur Zeit der Klagerhebung gegeben war, die sie begründenden Umstände aber nachträglich wegfielen, und nimmt demgemäß an, daß im negativen Falle die anfangs vorhandene Unzuständigkeit nachträglich — wenigstens bis zur ersten Verhandlung — geheilt werden könne. Die hierfür angeführten Gründe sind aber nicht überzeugend. Bei sinngemäßer Auslegung braucht die Regel des § 263 nicht auf den positiven Fall beschränkt zu werden, sie kann sich vielmehr auf beide Fälle beziehen. Letzteres entspricht auch dem Grundgedanken des Prozeßrechts, daß der Beklagte, der, um prozessuale Nachteile zu vermeiden, stets zur Einlassung auf eine Klage gezwungen ist, wenigstens verlangen darf, daß die Klage beim zuständigen Gericht erhoben werde. Dem widerspricht nicht die Zulassung eines Verzichts auf die Unzuständigkeitseinrede oder einer Vereinbarung über die Zuständigkeit. Auch der ferneren Ausführung, die nachträgliche Heilung müsse hier aus den gleichen Gründen möglich sein, die für materiellrechtliche Veränderungen (z. B. eine nach Klagerhebung eintretende Fälligkeit des Klaganspruches) zuträfen, ist nicht beizustimmen. Unzweifelhaft ist der § 263 rein prozessualer Natur, zu seiner Auslegung können daher nicht Gründe herangezogen werden, die zur ausnahmsweisen Zulassung von Klagen geführt haben, deren materiellrechtliche Voraussetzungen erst nachträglich eintreten (vgl. noch Petersen-Anger II 4 zu § 263). H.ch.

o) **§ 265² bezieht sich auch auf die Überweisung einer Forderung zur Einziehung. Überweisungsgläubiger als Nebenintervenient.**

OLG. Frankfurt, IV. ZS. Urteil v. 3. Juli 1907.

Der im Streit befindliche Wandlungsanspruch der Kläger gegen die Beklagten ist erst nach der Rechtshängigkeit auf Antrag der Nebenintervenientin gepfändet und ihr zur Einziehung überwiesen worden. Durch § 265 Abs. 2 ZPO. wird nun für den Fall, daß nach Eintritt der Rechtshängigkeit durch Veräußerung oder Abtretung eines im Streit befindlichen Anspruchs eine Rechtsnachfolge eintritt, eine ausdrückliche Bestimmung getroffen, nach welcher dem Rechtsnachfolger, der im Laufe des Prozesses einer Partei als Nebenintervenient beitritt, nicht die Stellung eines streitgenössischen, sondern die des einfachen Nebenintervenienten zukommt (§§ 63, 67, 69 ZPO.). Wenn die Nebenintervenientin diese Vorschrift deswegen für unanwendbar ansieht, weil es sich im vorliegenden Falle nicht um eine Abtretung des Anspruchs handele, die Wirkungen der gerichtlichen Pfändung und Überweisung zur Einziehung aber allein aus § 829 ZPO. in Verbindung mit § 136 BGB. zu beurteilen seien, so kann dem nicht beigetreten werden. Wie die Entsch. des RG. 20 S. 420ff. dargelegt hat, beruht die Vorschrift des jetzigen § 265 Abs. 2 ZPO. auf der Absicht, die Lage des Beklagten gegen jede Verschlechterung seiner prozessualen Lage zu schützen, die durch eine Verfügung des Klägers über die im Streit befangene Forderung herbeigeführt werden kann. Bei einer streng wörtlichen Auslegung des § 265 a. O. würde sich nun ergeben, daß zwar der Zessionar nicht Streitgenosse sein kann, wohl aber der Gläubiger, der seine Rechte aus einer gerichtlichen Pfändung und Überweisung herleitet, der also ein geringeres Recht an der Forderung hat, als ein Zessionar. Um dieses unbefriedigende Ergebnis zu vermeiden, bleibt nichts anderes übrig, als den § 265 a. O. auch auf die Fälle der hier vorliegenden Art anzuwenden. Hierdurch ergibt sich allerdings die Möglichkeit, daß der Kläger durch unsachgemäße Prozeßführung den Pfändungsgläubiger schädigt, insbesondere kann er durch Widerspruch gegen Rechtsmitteleinlegung ein abweisendes Urteil rechtskräftig werden lassen. Auf diese Möglichkeit muß der Gläubiger gefaßt sein und sie bei der Entschließung darüber berücksichtigen, ob er eine im Streit befangene Forderung pfänden will. Für ihre abweichende Ansicht kann sich die Nebenintervenientin auch nicht auf die Entsch. des RG. 21 S. 366 berufen, denn dort wird nur ausgesprochen, daß jede Verfügung des Schuldners unwirksam ist, durch welche die „durch die Pfändung fixierten Rechte" des Gläubigers an dem Pfandobjekte beeinträchtigt werden, während es sich hier um den Umfang dieser Rechte speziell in prozessualer Beziehung handelt. Man muß mithin davon ausgehen, daß die Brauerei nur die Stellung eines gewöhnlichen Nebenintervenienten hat und die Bedeutung ihrer Prozeßhandlungen nach Maßgabe des § 67 ZPO. beurteilen.

Ob das gleiche dann gilt, wenn die beiden Hauptparteien absichtlich den Prozeß zum Nachteile des Nebenintervenienten führen, z. B. durch ein Versäumnisurteil die rechtskräftige Aberkennung des gepfändeten Anspruchs herbeiführen oder ob dann der Nebenintervenient die seiner Prozeßführung entgegenstehenden Erklärungen und Handlungen der Hauptpartei mit der Berufung auf Arglist bekämpfen kann, mag zweifelhaft sein (vgl. Gaupp-Stein Note II zu § 322 ZPO.). Für den vorliegenden Rechtsstreit erledigt sich diese Frage dadurch, daß keine ausreichenden tatsächlichen Anhaltspunkte für arglistiges Verhalten vorhanden sind.

In dieser Instanz haben die Kläger erklärt, daß die Berufung als solche unzulässig sei, weiter widersprechen sie der Fortführung des Prozesses und eventuell nehmen sie die Berufung zurück. Ob die Einlegung der Berufung mit Rücksicht auf § 67 ZPO. unzulässig ist, hängt wesentlich davon ab, welche Tragweite der Zurücknahme der Klage zugestanden wird. Daß die Zurücknahme eine Disposition über den Prozeß enthält, und als solche für den Nebenintervenienten bindend ist, läßt sich nicht bezweifeln.

Vollzogen ist die Zurücknahme bereits mit ihrer Erklärung in der mündlichen Verhandlung, und zwar auch dann, wenn es der Einwilligung der Beklagten bedarf (Gaupp-Stein Note IV zu § 271 ZPO.). Allerdings hat der Beklagte durch seine Einlassung ein Recht auf sachliche Entscheidung erlangt und kann daher der Zurücknahme widersprechen, aber hierdurch wird die Zurücknahme nur ihm gegenüber ihrer prozessualen Wirksamkeit entkleidet. Wenn freilich der Kläger sich weiter am Prozesse beteiligt, so widerruft er sachlich seine Zurücknahme und alsdann kann auch der Nebenintervenient weiter für ihn tätig sein. Enthält sich aber der Kläger trotz des Widerspruchs gegen die Zurücknahme einer weiteren prozessualen Tätigkeit, läßt er, wie hier, zunächst ein Versäumnisurteil und dann einen vom Nebenintervenienten eingelegten Einspruch als unzulässig verwerfendes Urteil ergehen, so kann sein Verhalten nur dahin ausgelegt werden, daß er trotz des Widerspruchs des Beklagten an der Zurücknahme der Klage festhält, daß er sich um den Prozeß nicht mehr kümmern wolle. Diese Handlungsweise des Klägers hindert auch den Nebenintervenienten an weiterer Tätigkeit für den Kläger. Natürlich ist zugegeben, daß die Verhältnisse auch anders liegen können, daß der Kläger mit der Fortführung der von ihm zurückgenommenen Klage seitens des Nebenintervenienten einverstanden sein kann, aber hierfür fehlt es im vorliegenden Falle an allen Anhaltspunkten. Es muß daher die Einlegung der Berufung für unzulässig erachtet werden, weil sie im Widerspruch mit den Handlungen und Erklärungen der Kläger erfolgt ist.

Zu diesem Ergebnis gelangt man aber auch dann, wenn man mit der Nebenintervenientin die Einlegung der Berufung für unzulässig hält. Die Kläger haben durch ihre in dieser Instanz abgegebenen Erklärungen der weiteren Durchführung des Prozesses widersprochen und hierdurch jede fernere Tätigkeit der Nebenintervenientin unmöglich gemacht. Eine sachliche Verhandlung des Rechtsstreits ist daher auch aus diesem Grunde unmöglich, es hätte nur zweifelhaft sein können, ob die Berufung durch die erwähnte Erklärung der Kläger unzulässig oder unbegründet geworden sei, eine Frage, die jetzt dahingestellt bleiben darf.

Für die Kostenentscheidung ist wesentlich, daß die Nebenintervenientin gegen den Willen der Kläger das Rechtsmittel eingelegt hat (vgl. Rsp. 2 S. 102; Entsch. des RG. 59 S. 173); es waren ihr daher nicht nur ihre eignen, sondern auch die sonstigen Kosten der Berufungsinstanz, einschließlich derjenigen der Beklagten aufzuerlegen (§ 101 ZPO.), ausgenommen jedoch die den Klägern besonders entstandenen Kosten. Nach §§ 101, 97 fallen normalerweise die Kosten eines erfolglosen Rechtsmittels der Hauptpartei zur Last, soweit sie nicht nach § 101 Abs. 1 vom Nebenintervenienten selbst zu tragen sind. Von dieser Regel wird mit Recht eine Ausnahme dann gemacht, wenn der Nebenintervenient das Rechtsmittel von sich aus eingelegt und sich die Hauptpartei an dem weiteren Verfahren nicht beteiligt; es muß dann der Nebenintervenient an Stelle der Hauptpartei für die gerichtlichen Kosten und diejenigen des Gegners aufkommen. Dagegen fehlt es an der Möglichkeit, dem Nebenintervenienten auch diejenigen Kosten aufzuerlegen, die der von ihm unterstützten Hauptpartei dadurch entstehen, daß diese es für zweckmäßig erachtet hat, sich im Verfahren vertreten zu lassen, um eine ihrem Willen nicht entsprechende Prozeßführung zu verhindern. Die §§ 91 ff. bezwecken die Regelung der Kostenlast zwischen den Parteien, der Nebenintervenient ist aber keine selbständige Partei, sondern steht neben der von ihm unterstützten Partei. Wäre nun hier die Nebenintervenientin Streitgenosse nach § 69, so könnte der § 100³ von den Klägern für sich angerufen werden, wenn man die Berufung als ein selbständiges Angriffsmittel im Sinne dieser Vorschrift ansehen dürfte (dagegen Gaupp-Stein Note II zu § 96 ZPO.), aber auch diese Möglichkeit fällt hier, weil es sich um eine unter § 67 fallende Nebenintervention handelt. Die Kläger können daher nicht verlangen, daß die ihnen in der Berufungsinstanz erwachsenen Kosten der Nebenintervenientin auferlegt werden. K.

p) **Begriff, Wirkung der Klagerücknahme.**

α) OLG. Naumburg, V. ZS. Beschluß v. 23. April 1906.

In der Schlußverhandlung vor dem LG. beantragte der Beklagte, die Widerklage auf Kosten des Klägers für erledigt zu erklären, während der Kläger bat, die Kosten der Widerklage dem Beklagten aufzuerlegen. Der Kläger hat also dem Antrage, die Widerklage für erledigt zu erklären, nicht widersprochen. Damit ist die Widerklage zur Hauptsache beendigt (§ 308). Streitig blieb nur noch die Tragung der Kosten, und die Entscheidung darüber hängt davon ab, wie die Erklärung, die Widerklage sei erledigt, rechtlich zu würdigen ist. Soweit sie vom Beklagten abgegeben ist, enthält sie die Erklärung, den Widerklaganspruch nicht weiter verfolgen zu wollen, eine Entscheidung darüber nicht zu begehren. Eine solche Erklärung kann nun dann nicht als Fallenlassen des Hauptanspruchs und damit als Klagezurücknahme (Entsch. des RG. 54 S. 39, 15 S. 424) angesehen werden, wenn sie durch ein Ereignis herbeigeführt wird, welches im Laufe des Prozesses das Klagerecht zum Erlöschen gebracht und dadurch die Entscheidung in der Hauptsache unnötig oder untunlich gemacht hat. So wenn im Laufe des Rechtsstreits der Klaganspruch durch Befriedigung des Klägers oder durch Aufrechnung mit einer vom Beklagten erst nach Klagerhebung erworbenen Forderung erlischt, das Dienst- oder Mietverhältnis, dessen Bestehen Gegenstand der Feststellungsklage ist, durch Kündigung oder Ablauf der Zeit, für die es eingegangen ist, beendet wird. Dann zieht der Kläger, wenn er den Klaganspruch für erledigt erklärt und nur wegen der Kosten Anträge stellt, und aus einer später (d. h. im Laufe des Rechtsstreits) eingetretenen Veränderung des materiellen Rechtsverhältnisses die gebotene Konsequenz, wie dies durch § 268 Nr. 3 ZPO. ausdrücklich zugelassen ist.... Solche Umstände hat hier auch der Beklagte vorgebracht; sie waren aber — wie dargelegt wird — nicht geeignet, auf das den Gegenstand der Widerklage bildende Rechtsverhältnis irgendwelche Wirkungen zu äußern, noch auch das rechtliche Interesse des Beklagten an der Feststellung dieses Rechtsverhältnisses zu beseitigen. Deshalb beruht der Antrag des Beklagten, die Widerklage für erledigt zu erklären, nicht auf einem Erlöschen des Klagrechts, sondern lediglich auf seiner Entschließung, und deshalb ist er rechtlich als Fallenlassen, als Zurücknahme der Widerklage anzusehen.... Nun behauptet der Beklagte, daß er die Widerklage nicht habe zurücknehmen wollen. Das kann nur heißen, daß er sich über die rechtlichen Folgen der von ihm abgegebenen und unstreitig auch gewollten Erklärung im Irrtum befunden habe. Ein solcher Irrtum wäre aber unbeachtlich (Entsch. des RG. 51 S. 283, Rsp. 8 S. 264, Planck 2a zu § 119 BGB.). Möglich wäre nach dem Vorbringen des Beklagten auch, daß er sich über die rechtliche Bedeutung der Umstände, die ihn nach seiner Angabe dazu veranlaßt haben, die Widerklage für erledigt zu erklären, im Irrtum befunden hat. Das wäre aber ein Irrtum im Beweggrunde, der bei einer Prozeßhandlung sicherlich gleichfalls unerheblich wäre. Der Beklagte hat daher die Kosten der Widerklage zu tragen. Darüber, daß § 271 auf die Widerklage entsprechend anzuwenden ist, vgl. Entsch. des RG. 28 S. 404, Wilmowski-Levy § 243 a. F., Gaupp-Stein 2a zu § 271. S.

β) Kammergericht, XIII. ZS. Beschluß v. 18. Oktober 1906.

Der Kläger hat im Verhandlungstermin, in welchem der Beklagte nicht vertreten war, die Klage zurückgenommen. Nachträglich hat der Beklagte ihn zur Verhandlung über die Kosten geladen. Das LG. hat diese dem Kläger auferlegt. Die sofortige Beschwerde ist unbegründet.

Der Kläger geht davon aus, daß infolge der Klagerücknahme der Rechtsstreit als nicht anhängig geworden anzusehen sei, und daraus folge, daß es ein weiteres Verfahren in dem Rechtsstreit nicht geben könne. Nach § 271 hat der Kläger aber auch die Kosten des Rechtsstreits zu tragen, und der Beklagte das Recht auf ein diese Verpflichtung aussprechendes Urteil. Da dieser Antrag immer erst gestellt werden kann, nachdem die Klage durch Erklärung in der mündlichen Verhandlung oder durch die Zustellung eines Schriftsatzes zurückgenommen worden ist, wenn auch in ersterem Falle in unmittelbarem Anschluß an die Zurücknahme, so ist die vom Kläger geltend gemachte Folge der Zurücknahme nur mit der Einschränkung zu verstehen, daß trotzdem noch eine Verhandlung und Entscheidung über die Kosten des Rechtsstreits und im Anschluß daran unter Umständen ein Kostenfestsetzungsverfahren zulässig sind. Kann aber der Beklagte seinen Antrag noch nach der Zurücknahme der Klage, und falls diese durch Zustellung eines Schriftsatzes erfolgt ist, in einem zeitlich davon getrennten Akte stellen, so liegt kein Grund vor, ihn auf die mündliche Verhandlung, welche auf die Klage anberaumt ist, zu beschränken und ihm die Befugnis zu versagen, den Kläger zu einer besonderen mündlichen Verhandlung über diesen Antrag zu laden. Der Beklagte ist auch nicht genötigt zur Begründung seines unmittelbar durch die Norm gerechtfertigten Antrags darzutun, daß ihm Kosten entstanden sind und zwar weitere Kosten, als die durch den Antrag selbst veranlaßten. Ob die Ablehnung des Antrags gerechtfertigt wäre, wenn feststände, daß dem Beklagten zur Zeit der Zurücknahme überhaupt keine Kosten entstanden waren, ist nicht zu erörtern, da das Gegenteil hier feststeht.... Daß der Beklagte die Zurücknahme der Klage arglistig oder mutwillig benutze, um dem Kläger Kosten aufzubürden, die er selbst vermieden hätte, wenn er nicht auf ihre Erstattung hätte rechnen können, ergibt sich aus der Sachlage nicht; der Umstand allein, daß der Beklagte dem Anwalt, der ihn in diesem Verfahren vertritt, erst nach der Zurücknahme angenommen hat, beweist es keineswegs, da der Beklagte das tun mußte, um den Antrag zu stellen. Es ist also auch nicht zu untersuchen, welche Wirkung ein derartiges Verhalten des Beklagten haben würde. v. W.

q) **Prüfung der Einrede des Schiedsvertrags.**

α) OLG. Hamburg, V. ZS. Urteil v. 17. Mai 1907.

Das Landgericht hat die Einrede aus § 274 Nr. 3 schon deshalb für begründet erklärt, weil die Frage, ob die Löschung des Leichters noch unter den Schiedsvertrag falle, „immerhin diskutabel" sei. Dieser Grund kann aber nicht genügen. Allerdings ist auch das Schiedsgericht in Zweifelsfällen berechtigt, über seine Zuständigkeit zu entscheiden. Wird aber die Einrede, daß der Rechtsstreit durch Schiedsrichter zu entscheiden sei, im ordentlichen Verfahren geltend gemacht, dann hat das Gericht endgültig darüber zu entscheiden und darf seine Zuständigkeit nicht schon deshalb verneinen, weil die Möglichkeit der Zuständigkeit des Schiedsgerichts gegeben ist.... M. M.

β) OLG. Hamm, V. ZS. Urteil v. 17. Juni 1907.

Der Kläger fordert Schadenersatz, weil die Beklagte ihm statt der festgesetzten 2000 nur 1400 t zum Transport übergeben habe. Die Beklagte wendet ein, daß der Rechtsstreit durch Schiedsrichter zu entscheiden sei. Denn die Parteien gehörten der Essener bzw. Duisburger Börse an, für diese Börsen bestehe aber die Schiedsgerichtsordnung, nach deren § 1 die Mitglieder Streitigkeiten aus ihrem geschäftlichen Verkehr unter Ausschluß der ordentlichen Gerichte durch ein Schiedsgericht zu schlichten haben. Die Einrede ist unbegründet. Denn nach § 1026 hat ein Schiedsvertrag über künftige Rechtsstreitigkeiten keine rechtliche Wirkung, wenn er sich nicht auf ein bestimmtes Rechtsverhältnis und die daraus entspringenden Rechtsstreitigkeiten bezieht. Ein bestimmtes Rechtsverhältnis liegt aber noch nicht vor, wenn wie hier der Kreis der Rechtsstreitigkeiten lediglich dadurch begrenzt wird, daß diese aus dem geschäftlichen Verkehr zwischen den Mitgliedern der genannten Börsen hervorgegangen sein müssen. Der geschäftliche Verkehr umfaßt eine ganz unbestimmte und unbegrenzte Kategorie von Rechtsverhältnissen, deren Rechtscharakter und Umfang noch in keiner Weise feststeht. E. M.

γ) **Einrede aus § 274 Nr. 6 gegenüber der erneut erhobenen Herstellungsklage.** Urteil v. 29. Januar 1907 (10. S. 45/06).

Der Kläger hat gegen seine Frau, die seit dem August 1899 von ihm getrennt lebt, früher schon dreimal auf Eheherstellung geklagt. In allen drei Fällen hat die Beklagte vorgebracht, der Mann unterhalte seit Ostern 1902 fortdauernd ein ehebrecherisches Verhältnis mit der ledigen K. Daraufhin wurde jedesmal die Klage zurückgenommen und Kostenurteil erlassen. Sämtliche Kosten sind nicht bezahlt worden. Mit der gegenwärtigen Klage auf Eheherstellung hat der Kläger insbesondere geltend gemacht, er habe die Beklagte am 24. Februar 1906 aufgefordert, entweder die häusliche Gemeinschaft herzustellen oder gegen ihn wegen des bis zum Februar 1906 mit der K. unterhaltenen geschlechtlichen Verkehrs auf Scheidung zu klagen. Die Beklagte hat keine Scheidungsklage erhoben. Auf die von ihr vorgeschützte Einrede aus § 274 Nr. 6 hin hat das LG. die Klage abgewiesen, die denselben Anspruch wie in den früheren Klagen verfolge. Das Berufungsgericht hat dagegen die Einrede verworfen. Gründe:

Die Einrede, „daß die zur Erneuerung des Rechtsstreits erforderliche Erstattung der Kosten des früheren Verfahrens noch nicht erfolgt sei", beruht auf § 271⁴, wonach die Zurücknahme einer Klage unter anderem die Wirkung hat, daß, wenn die Klage von neuem angestellt wird, der Beklagte die Einlassung verweigern kann, bis die Erstattung der Kosten des ersten Verfahrens erfolgt ist. Die Ausdrücke „Erneuerung der Klage", „Anstellung der Klage von neuem" lassen erkennen, daß „dieselbe Klage" in Frage kommen (Seuffert 52 S. 353), daß der Kläger dasselbe prozessuale Klagerecht geltend machen muß. Gegenwärtig aber handelt es sich nicht um eine Erneuerung der alten Klagen. Hätte der Kläger die früheren Klagen nicht zurückgenommen, so würden sie allerdings abgewiesen worden sein. Die Abweisung wäre aber — der Wirkung nach — nur „zur Zeit" erfolgt. Der Richter würde nicht das Recht auf die Herstellung des ehelichen Lebens verneint, sondern nur ausgesprochen haben, daß der Kläger unter den bewandten Umständen die Herstellung nicht fordern könne. Der Kläger würde auch im Falle der Abweisung, eben weil diese nur aus einem „temporären" Grunde erfolgte, von neuem haben klagen können, sobald die Verhältnisse sich in der entsprechenden Weise geändert hätten (Entsch. des RG. 6 S. 149; 17 S. 386). Die Befugnis zur klageweisen Geltendmachung des Rechts — das prozessuale Klagerecht — wäre nur zur Zeit, nämlich für die Zeit des Bestehens des hemmenden Umstandes, verneint worden. Der Kläger verfolgt, indem er jetzt von neuem die Herstellung fordert und dabei behauptet, die sein Klagerecht früher ausschließenden Umstände seien weggefallen, er sei nunmehr berechtigt, die Rückkehr der Frau zu verlangen, einen neuen

Anspruch (actio); er erhebt nicht die frühere Klage von neuem. Dafür, daß im prozessualen Sinne ein anderer Klaganspruch als in den Vorprozessen vorliegt, sprechen namentlich die folgenden Erwägungen: Die Abweisung einer Herstellungsklage schließt die Erhebung einer anderen auf die Herstellung der häuslichen Gemeinschaft gerichteten Klage jedenfalls dann nicht aus, wenn der Kläger behauptet, die Sachlage sei eine andere geworden. Ist die frühere Klage deshalb abgewiesen worden, weil der klagende Ehegatte dem anderen einen begründenden Anlaß zur Aufhebung der Gemeinschaft gegegeben hat, so kann eine neue Klage mit Erfolg erhoben werden, sobald der Kläger dartut, sein gegenwärtiges Verhalten biete der Gegenpartei die Gewähr für eine dem Wesen der Ehe entsprechende häusliche Gemeinschaft; der andere Ehegatte kann sich dann nicht darauf berufen, daß über den Anspruch des Klägers bereits rechtskräftig entschieden worden sei. Die Wirkung der Rechtskraft kann aber im gegebenen Falle nicht weiter gehen als die der Rechtshängigkeit, und umgekehrt ist aus der Rechtskraftwirkung auf den rechtshängig gewordenen Anspruch zurückzuschließen.

Es muß also auch gesagt werden, der jetzige Klaganspruch sei durch die Erhebung der früheren Klagen nicht rechtshängig geworden. In der Tat ist zwar der erstrebte Rechtsschutz seinem Gegenstande nach im gegenwärtigen Prozesse der gleiche, wie in den früheren, aber der abzuurteilende Tatbestand, die Summe der zur Substantiierung des Anspruchs dienenden Tatsachen — der Klagegrund — hat in einem wesentlichen Punkte gewechselt; der Kläger stützt seinen Anspruch nicht darauf, daß die Beklagte sich früher einmal von ihm getrennt habe; er behauptet, er habe das Verhältnis zur K. inzwischen gelöst und deshalb lebe die Beklagte jetzt ohne Grund von ihm getrennt. Die für die Rechtshängigkeit maßgebenden Grundsätze sind auch für die Entscheidung der Frage, ob dieselbe Klage erneuert werde, maßgebend (Gaupp-Stein V 3 zu § 271).

r) **Beweislast hinsichtlich der Befristung.**

OLG. Braunschweig, II. ZS. Urteil v. 18. Juni 1907.

Der Beklagte hatte mehrere Grundstücke durch Vermittelung des Klägers gekauft und ihm eine Provision von 500 Mark versprochen. Der Kläger verlangt sie nebst 4 % Zinsen seit der Klagezustellung (19. Okt.). Der Beklagte behauptet unter Eideszuschiebung, beim Versprechen der Provision vereinbart zu haben, daß sie erst am Tage der Auflassung (2. Nov.) zu zahlen sei. Eine derartige Abrede kann dahin verstanden werden, daß die Zahlung, da das Zustandekommen der Auflassung überhaupt damals noch niemand bestimmt wissen konnte, von der tatsächlich erfolgten Auflassung abhängig gemacht werden sollte. Dann würde nicht bloß eine Befristung, sondern eine aufschiebende Bedingung vorliegen. Deren Behauptung ist ein qualifiziertes Leugnen, das dem Kläger den Beweis der Bedingungslosigkeit aufbürden würde. Jedenfalls ist das heutzutage die weitaus herrschende Meinung (Braunschw. Z. 9 S. 142, 35 S. 61, 41 S. 14 u. S. 175, 45 Beil. S. 66

Nr. 87; Wolfenb. Seuffert 26 Nr. 186; Dresden das. 2 Nr. 330p, 4 Nr. 32, 17 S. 294; Celle das. 10 S. 300, 25 S. 280; Cassel das. 14 S. 252; München das. 14 S. 252,30 S. 283, 32 S. 361, 34 S. 76; Ob. Tr. Berlin das. 33 S. 271; ROHG. 23 S. 53; Urteile des RG. JW. 1883 S. 129, 88 S. 259, Gruchot 29 S. 729 f., Entsch. des RG. 18 S. 158; Windscheid, Pand. 1 § 86 N. 4; Dernburg, Pand. 1 § 16 N. 4; Becker, Pand. 2 § 348; — für die Einredetheorie: Darmstadt Seuffert 8 S. 311; Jena das. 1 S. 370; Dresden das. 2 Nr. 330b; Lübeck das. 17 S. 108; 33 S. 19; München das. 31 S. 287; Berlin das. 27 S. 269; ROHG. das. 25 S. 81; Fitting in Busch Z. 13 S. 55 ff.; Betzinger, Beweislast 1. Aufl. S. 329 ff.; Beckt, Beweislast S. 180; Wach in Busch Z. 29 S. 393). Dementsprechend ist auch für das Recht des BGB. die Leugnungstheorie von vornherein die herrschende, auch vom Reichsgericht festgehaltene gewesen, der nur noch vereinzelter Widerspruch ohne überzeugende Gründe entgegengetreten ist (Dernburg, bürg. R. 1 S. 465 f.; Crome, bürg. R. 1 § 127 N. 13; Endemann[9] 1 S. 507 oben u. N. 18; Gaupp-Stein § 282 IV 4 d § 289, II[1]; Petersen-Remelé § 289 N. 4; Seuffert § 289 N. 3; Leonhard, Beweislast S. 280 ff.; Martinius, bürg. Arch. 25 S. 157; Rehbein, BGB. 1 S. 243 N. IV; Stölzel, Schulung 1 S. 108, 163; Marienwerder, Seuffert 58 S. 136; JW. 1902 S. 376, 1903 S. 100[13]; anderer Ansicht: Betzinger, Beweislast 2. Aufl. 1904 S. 161, 122 ff.; derselbe im Recht 1901 S. 161 f.). Allein die behauptete Abrede kann auch den Sinn gehabt haben, daß die Forderung sofort und endgültig entstehen, aber deren Erfüllung hinausgeschoben werden sollte. Dann lag überhaupt keine Bedingung, sondern eine Befristung während angemessener Zeit vor (Entsch. des RG. v. 3. Febr. 1902 in JW. 1902 Beil.). Ob dies oder jenes hier der Fall, ist Auslegungsfrage. Da sich nun hier der Wille der Parteien nicht unmittelbar aus der mitgeteilten Abrede ergibt, so ist für die Beweislast lediglich entscheidend, was hierüber von dem behauptet ist, der sich auf diese Abrede stützt. Beklagter sagt aber ausdrücklich, daß er vom Kläger nur befristet sei.

Die Behauptung einer Befristung kann in dreifacher Weise geschehen. Zunächst kann nachträgliche Vereinbarung einer Zahlungsfrist behauptet werden. In diesem, hier nicht vorliegenden Falle ist beweispflichtig, wer sich auf diese Vereinbarung beruft (Staudinger § 158 N. 9; Dernburg, bürg. R. S. 467; Crome, System 2 S. 510; Stölzel in Busch Z. 35 S. 13). Der zweite Fall ist der, daß beide Parteien einig sind oder sonst feststeht, daß von vornherein eine Frist gesetzt sei, aber uneinig, wie lang sie ist. In diesem Falle muß der Kläger die von ihm behauptete Frist beweisen (Braunschw. Z. 45 Beil. S. 48; Urteil des RG. in Seuffert 144 Nr. 4; a. A. ohne Angabe von Gründen (Braunschw. Z. 45 Beil. S. 51 Nr. 36). Diesen Fall nimmt Beklagter für vorliegend an, wenn er sich auf den Brief vom 3. Oktober 1906 beruft, worin Kläger ihm bis zum 1. Oktober Frist erteilt habe. Allein aus dem Briefe ergibt sich nichts dafür, daß diese Frist ursprünglich vereinbart sei. Die Behauptung der nachträglichen Befristung stellt aber eine Einrede dar, die Beklagter im ganzen Umfange beweisen muß; gibt der Kläger eine kürzere Befristung zu, so ist das lediglich ein qualifiziertes Geständnis, das an der Beweislast nichts ändert. Es bleibt deshalb nur der dritte Fall als möglich übrig, daß Beklagter behauptet, der Kläger habe von vornherein die Zahlung der Provision in der angegebenen Weise befristet, der Kläger dieses aber bestreitet.

Der Vorderrichter hält hier mit der Entsch. des RG. 57 S. 50 den Beklagten rücksichtlich der behaupteten Befristung für beweispflichtig. Auch diese Frage ist schon seit dem gemeinen Rechte äußerst strittig. Während die Praxis anfänglich überwiegend der Leugnungstheorie huldigte (Ob. Trib. Stuttgart, Seuffert 5 S. 239; Darmstadt das. 23 S. 268; Dresden das. 45 S. 165; ROHG. 23 S. 53; Gruchot 29 S. 729) war die Rechtsprechung des erkennenden Gerichts wechselnd (Zeitschr. 42 S. 162, anderseits 54 Nr. 219) und namentlich die Wissenschaft vielfach der Einredetheorie anhängend (Fitting, Betzinger 1. Aufl. a. O.; Staub[5] 1 S. 13 f.; Beckt, Beweislast S. 180; Hamburg, Seuffert 55 Nr. 134 u. a.). Diesen Zweifeln wollte der I. Entwurf zum BGB. begegnen, indem er durch § 196 dem Kläger für die Negative den Beweis auferlegte, von der Erwägung aus, daß wer einen geltend gemachten Tatbestand zugestehe, dabei aber Zusätze vortrage, welche, wie bei Zeitangaben, den Tatbestand rechtlich zu einem anderen machen, in Wirklichkeit den geltend gemachten Tatbestand leugne (Motive 1 S. 383 f.). Die 2. Kommission strich aber den § 196 wieder, weil es sich nicht empfehle, in den noch unausgetragenen Streit über die Beweislastverteilung einzugreifen. Wenn man von einer herrschenden Meinung überhaupt reden könne, so stehe diese dem Entwurfe gerade entgegen (Prot. 1 S. 263). Die Folge ist gewesen, daß der Streit fortgedauert hat. Auf der einen Seite haben sich namentlich gewichtige Vertreter der Wissenschaft für die Leugnungstheorie, also die Beweispflicht des Klägers, ausgesprochen (Dernburg 1 S. 466 N. 4; Staudinger § 158 N. 9; Rehbein 1 S. 244; Windscheid-Kipp S. 387 ff.; Leonhard, Beweislast S. 315 f.; OLG. Stuttgart, Recht 1906 S. 13/17; Stölzel, Schulung 1 S. 177; Recht 1901 S. 503, 1902 S. 271; Busch Z. 35 S. 13, 61). Anderseits ist der entgegengesetzte Standpunkt festgehalten (KG. in D. JZ. 1903 S. 250, Königsberg, Rsp. 5 S. 144; Breslau, Recht 1905 S. 431; Oertmann, Schuldverh.[2] § 163 N. 7; Planck § 269 N. 2, § 271 N. 1; Endemann § 135 N. 7; Staub (5/6) S. 23 ff.; Rosenberg, ziv. Arch. 94 S. 102, 105; Martinius, bürg. Arch. 25 S. 157; Betzinger, Beweislast 2. Aufl. a. O.). Wie die neuere Praxis des Reichsgericht (Entsch. 57 S. 50), so behandeln auch die angeführten Vertreter der Wissenschaft vielfach die Beweislast hinsichtlich der aufschiebenden Bedingung und hinsichtlich der Befristung entgegengesetzt. Aber für diese Verschiedenheit fehlt es an jedem inneren Grunde. Das Reichsgericht sagt selbst in einer neueren Entscheidung, daß der von ihm eingenommene Standpunkt in Ansehung der Beweislast über die behauptete Bedingung ein **allgemeines Prinzip** ausspreche, das überall da angewandt werden müsse, wo der Beklagte behaupte, daß vom Kläger der Vertragsinhalt nicht richtig oder nicht vollständig angegeben sei (D.JZ. 1903 S. 127 Nr. 26). Ebensowenig läßt es sich rechtfertigen, wie beispielsweise **Gaupp-Stein** (zu § 282 IV 4) es tun, auf den Einwand der Befristung im allgemeinen die Leugnungstheorie anzuwenden, dagegen den Standpunkt der Einredetheorie zu vertreten, soweit eine Abweichung von der Regel des § 271 BGB. behauptet werde. Es ist zunächst davon auszugehen, daß durch § 271 BGB. gegen das frühere gemeine Recht eine Änderung nicht eingetreten ist. Denn der § 271 hat den gemeinrechtlichen Satz: quod sine die etc. wörtlich aufgenommen. Wie man deshalb in jenem Satze ausnahmslos lediglich eine Dispositivvorschrift erblickt hat, so gilt dasselbe auch von der entsprechenden Vorschrift des BGB. Eine Rechtsvermutung enthält sie nicht. Denn es ist nicht gesagt, daß im **Zweifel** der Gläubiger die Leistung sofort verlangen könne, sondern das Gesetz drückt sich so aus, daß der Gläubiger, **wenn** eine Zeit für die Leistung weder bestimmt noch aus den Umständen zu entnehmen sei, die Leistung sofort verlangen könne. Die in § 271[1] aufgestellte Rechtsfolge der sofortigen Leistungspflicht des Schuldners ist also abhängig gemacht von einem ganz bestimmten Tatbestande. Daß dieser Tatbestand vorliegt, ist Voraussetzung, die nach allgemeinen Grundsätzen und der Terminologie des BGB. der Kläger beweisen muß, wenn sie bestritten ist. Hätte dem Schuldner der Beweis auferlegt werden sollen, so wäre das dadurch zum Ausdruck gebracht, daß die Rechtsfolge als Regel vorangestellt und für geltend erklärt wäre, **es sei denn**, daß eine Zeit für die Leistung bestimmt sei, oder in ähnlicher Weise (vgl. **Planck**, BGB. 1 S. 45 N. 4). Die hier bekämpfte Ansicht, welche auf einer Verwechselung der Rechtsfolgen mit dem Nachweise ihrer tatsächlichen Voraussetzungen beruht, verfährt aber auch insofern gegen die Logik, als selbst die Anhänger der Einredetheorie den Kläger für beweispflichtig erklären, wenn Beklagter sich darauf beschränkt, die Richtigkeit und Vollständigkeit des gegnerischen Vorbringens über den Vertragsinhalt zu bestreiten, während sie umgekehrt verfahren, wenn der Beklagte sein Leugnen näher damit begründet, daß der Kläger vergessen habe, des vereinbarten Zusatzes zu erwähnen, daß die Leistung erst in späterer Zeit zu erfüllen sei. Zwischen wesentlichen und unwesentlichen Bestandteilen eines Vertrags zu unterscheiden, ist wenigstens für die Beweislast irreführend. Ebensowenig spricht, wie noch von denen, welche an sich auch den Beweis bestrittener Nebenbestimmungen eines Vertrags dem Kläger aufbürden, behauptet wird, ein Erfahrungssatz für sofortige Leistung, demgegenüber die befristete eine vom Schuldner zu beweisende Ausnahme bilde (OLG. Breslau, Recht 1905 S. 431). Es mag zugegeben werden, daß Erfahrungstatsachen im Einzelfalle die Beweislast umzukehren vermögen, sie müssen dann aber allgemein anerkannt sein. Das ist hinsichtlich der Tatsache, daß eine Schuld sofort zu zahlen sei, aber keineswegs der Fall; am wenigsten rücksichtlich einer Provision, wie sie hier in Frage kommt. Die Annahme einer solchen einschneidenden Erfahrungstatsache hat auch keineswegs in § 271 BGB. irgendwelchen Ausdruck gefunden. Das ergibt sich aus der Entstehung dieser Vorschrift, welche mit dem Grundsatze der Vertragsfreiheit, auf dem das BGB. auch sonst steht, sich durchaus im Einklange befindet. Aus allen diesen Gründen war der Kläger für beweispflichtig zu erklären, daß beim Versprechen der Provision ursprünglich keine Zahlungsfrist vereinbart sei. H. g.

s) **Schriftstücke betr. Ablehnung eines Richters gehören zu den Prozeßakten.**

α) OLG. Hamburg, III. ZS. Beschluß v. 20. Dezember 1906.

Zu den Prozeßakten gehören, von den Urschriften der Entscheidungen hier abgesehen, alle Schriftstücke, die aus Anlaß des Rechtsstreites erwachsen und entweder dem Gerichte übergeben sind oder von ihm selbst herrühren. Auch das einen Richter ablehnende Gesuch einer Partei ist aus Anlaß des Rechtsstreites gestellt. Deshalb hat das Beschwerdegericht seine beiden Beschlüsse, ebenso die dienstliche Äußerung des abgelehnten Richters zu den Prozeßakten gegeben und der Vorsitzende der Kammer hätte sie schon deshalb nicht wieder daraus entfernen lassen und ihre Aufbewahrung in verschlossenem Umschlage anordnen dürfen. Wollte er folgerichtig verfahren, so hätte er auch nicht bloß die drei in der Beschwerdeinstanz erwachsenen Schriftstücke, sondern weiter auch die Blätter 29—32, 38—41 absondern lassen müssen, denn auch diese beziehen sich ausschließlich auf das Verfahren betreffend die Ablehnung eines Richters. Warum überhaupt Schriftstücke, die den Beteiligten von Amts wegen zugestellt werden, als geheim behandelt werden sollen, ist nicht zu verstehen. Dasselbe muß von dem Vorbeschluß des OLG. gelten. Aber auch die nach § 44^3 abgegebene dienstliche Äußerung des abgelehnten Richters hat keinen Anspruch auf Geheimhaltung gegenüber der ablehnenden Partei. Es handelt sich nicht um eine Angelegenheit des inneren Dienstes der Gerichte, nicht um einen amtliche Rechenschaft gebenden Bericht eines Richters gegenüber seinem dienstlichen Vorgesetzten, sondern lediglich um eine Äußerung, die dem beschließenden Gerichte nach Art der Aussage eines Zeugen Aufklärung über den dem Ablehnungsgesuche zugrunde liegenden Sachverhalt geben soll. Kann sich die Partei doch selbst zur Glaubhaftmachung des Ablehnungsgrundes auf die dienstliche Äußerung des abgelehnten Richters beziehen, denn daß man unter dem „Zeugnis des abgelehnten Richters" im Sinne des § 44^2 dessen dienstliche Äußerung zu verstehen hat, darüber besteht nirgends Meinungsverschiedenheit. Ist der Partei aber das Recht eingeräumt, ein bestimmtes Beweismittel zu benutzen, so folgt daraus logisch, daß sie das Recht haben muß, sich über das Ergebnis seiner Benutzung zu unterrichten, denn sie darf darauf hinwirken, daß aus dem Ergebnis die richtigen Folgerungen gezogen werden. Und das gleiche Recht muß ihr auch dann zustehen, wenn sie selbst nicht zu dem Beweismittel gegriffen, sondern das Gericht von

Amts wegen gemäß § 44³ die dienstliche Äußerung eingefordert hat. Die Äußerung verliert damit ihren Charakter in keiner Weise. Ist eine Beschwerde zulässig, so muß die Partei auch die Befugnis haben, die eingeholte Äußerung zur Begründung ihrer Beschwerde zu benutzen. Alles das weist mit Notwendigkeit darauf hin, daß die Äußerung zu den Prozeßakten gehört. M. M.

β) **Umfang des Rechts auf Ausfertigungen.**

OLG. Hamburg, IV. ZS. Beschluß v. 13. Juli 1906.

Wenn sich auch die Parteien nach § 299 Ausfertigungen erteilen lassen können, so versteht es sich von selbst, daß sie nicht unter Belastung der Gerichtskanzleien mit unnützem Schreibwerke eine beliebige Anzahl von Ausfertigungen derselben Entscheidung, sondern nur dann eine zweite oder weitere verlangen können, wenn sie ein besonderes Interesse dartun; vgl. Gaupp-Stein Anm. 6 zu § 299 [RG. 6. März 1900 VII 17/00; JW. 1900 S. 565]. Ein solches Interesse ergibt sich für den Gläubiger nicht schon daraus, daß er einer Ausfertigung zur Vollstreckung und zur Behändigung an den Schuldner gemäß § 757 und einer anderen Ausfertigung zum Nachweise der Zustellung behufs Erwirkung der Rechtskraftsbescheinigung oder behufs Rückerlangung einer gestellten Sicherheit (§ 715) bedürfte. Denn der Nachweis der Zustellung kann auch geführt werden durch Vorlegung einer vom Anwalt oder vom Gerichtsvollzieher beglaubigten Abschrift mit beglaubigter Abschrift der Zustellungsurkunde; nach der Registratur des Gerichtsschreibers des Landgerichts entspricht dies der ständigen Praxis. Daß dadurch irgendwelche Unzuträglichkeiten entstanden seien, kann der Beschwerdeführer selbst nicht behaupten. Solange dies aber nicht der Fall ist, fehlt es an einem anzuerkennenden rechtmäßigen Interesse an Erteilung einer zweiten Ausfertigung. Der aus der besonderen Sachlage hergeleitete Grund des Beschwerdeführers, wonach er wegen schon erfolgter Aushändigung der ihm erteilten Ausfertigung an das Gerichtsvollzieheramt behufs Vollstreckung ohne vorgängige Abschriftnahme nicht in der Lage sei, ohne Unterbrechung der Vollstreckung sich nachträglich eine Abschrift zu beschaffen und die Rückgabe der gestellten Sicherheit zu erwirken, hat inzwischen durch Rückgabe der Sicherheit seine Erledigung gefunden. M. M.

t) **Erlöschen des Patents während des Rechtsstreits.**

OLG. Hamburg, IV. ZS. Urteil v. 20. Oktober 1906.

Der Auffassung des Beklagten, daß der klägerische Anspruch jedenfalls zur Zeit der landgerichtlichen Urteilsfällung unbegründet gewesen sei, weil schon am 27. Oktober 1905 das klägerische Patent durch Nichtzahlung der Gebühren erloschen sei, kann nicht beigetreten werden. Allerdings war am 27. Oktober 1905 die Gebühr für das 14. Jahr des Patentes gemäß § 8 PatG. fällig geworden. Aber nach § 8³ ist die Gebühr innerhalb sechs Wochen und unter Zuschlag innerhalb weiterer sechs Wochen zu entrichten. Läßt nun der § 9 das Patent dann erlöschen, wenn die Gebühren nicht rechtzeitig eingezahlt sind, so kann unter „rechtzeitig" nicht der Tag der

Fälligkeit, sondern nur die zur Zahlung gesetzte Frist gemeint sein, da sonst die Gestattung einer nachträglichen Frist gänzlich zwecklos wäre. Die Frist lief vorliegend aber erst am 19. Januar 1906, also erst nach Einlegung der Berufung ab. Der Umstand, daß der Kläger überhaupt nicht bezahlt hat, wirkt auch nicht ex tunc auf den Tag der Fälligkeit zurück, wie Beklagter meint. Die Worte des Gesetzes „das Patent erlischt, wenn die Gebühren nicht rechtzeitig eingezahlt sind“, sagen das Gegenteil; es müßte sonst mindestens heißen „wenn ... nicht eingezahlt worden“; und eine derartige Verschärfung des Rechtsverlustes — denn um einen solchen handelt es sich, da ein Patent nach § 7 PatG. an sich 15 Jahre läuft — hätte im Gesetz klar zum Ausdruck kommen müssen (vgl. auch Kohler, Handbuch S. 663, Allfeld § 9 Anm. 3g, Seligsohn 2 zu § 9).

Endlich kann auch das nachträgliche Erlöschen des Patentes nicht dahin führen, die Klage als nunmehr unbegründet abzuweisen. Sie war von vornherein dem Sinne nach darauf gerichtet, dem Beklagten die Herstellung und Vertreibung seines Apparates für die Dauer des Patentes zu verbieten. Dieser Anspruch war begründet; er ist auch niemals zurückgezogen; er ist nur durch das Erlöschen des Patentes gegenstandslos geworden, so daß eine Entscheidung über ihn selbst für keine Seite Interesse hat. Demgemäß haben auch beide Parteien eine solche Entscheidung für jetzt überflüssig erklärt. Über die Kosten des gewesenen Streites muß in solchem Falle unter Anwendung des dem § 91 ZPO. zugrunde liegenden allgemeinen Prinzips, daß der die Kosten zu tragen hat, der Unrecht hat, danach erkannt werden, auf welcher Seite das Recht gewesen ist (Entsch. des RG. 57 S. 385). M. M.

u) **Berechnung der Berichtigungsfrist § 320.**

OLG. Hamburg, II. ZS. Beschluß v. 20. Oktober 1906.

Gegen die Rechtzeitigkeit des [klägerischen] Berichtigungsantrages hat der Vertreter des Beklagten keine Einwendungen erhoben, so daß diese Frage schon aus diesem Grunde als erledigt angesehen werden konnte (Entsch. des RG. 47 S. 399). Die Frist ist aber auch als gewahrt anzusehen gewesen. Denn der Antrag ist zwar nicht binnen einer einwöchigen Frist nach dem Aushange des Urteils, wohl aber vor Zustellung des Urteils in einem Zeitpunkt gestellt, in welchem die Wahrung der im § 320^2 gesetzten zweimonatigen, mit dem Aushange des Urteils beginnenden, für die Zustellung des Urteils gesetzten Frist deshalb noch möglich war, weil diese Frist keine Notfrist ist und somit ihr Lauf durch die Gerichtsferien gehemmt wurde. Ob nachträglich das Urteil innerhalb zweier Monate nach dem Aushange zugestellt werden wird, ist gleichgültig, da es für die Rechtzeitigkeit des Berichtigungsantrages, der vor Beginn der Frist gestellt werden darf, lediglich darauf ankommt, ob diese zweimonatige Frist in dem Zeitpunkte, in welchem der Antrag gestellt wurde, noch gewahrt werden konnte. M. M.

v) **Wiederholte Einklagung rechtskräftiger Ansprüche.**

OLG. Hamburg, IV. ZS. Urteil v. 23. Oktober 1906.

A. ist 1902 rechtskräftig verurteilt worden, dem Kläger 480 Mark jährlich in Monatsraten von 40 Mark vom 1. November 1902 zu zahlen. Der Kläger verlangt nunmehr, daß der Testamentsvollstrecker des A. verurteilt werde, ihm für die Lebensdauer vom 1. Juni 1906 ab monatlich 40 Mark zu zahlen. Das Landgericht hat diesem Verlangen stattgegeben; es ist indessen unbegründet.

Das Wesen der materiellen Rechtskraft erschöpft sich freilich in dem Satze, daß die formell rechtskräftige Entscheidung den Richter, der zum andern Male mit dem Anspruch befaßt wird, bindet, und hindert an sich nicht, daß der Anspruch wiederholt durch Klage geltend gemacht wird. Doch ist dies davon abhängig, daß der Kläger ein berechtigtes Interesse hat, daß für ihn ein Bedürfnis nach wiederholter Inanspruchnahme staatlicher Hilfe, ein Rechtsschutzbedürfnis, besteht (Entsch. des RG. 16 S. 435, JW. 1891 S. 310; Jena, Rsp. 5 S. 62 aus BGB. § 226; Dresden das. 9 S. 136 „Einrede aus Rechtskraft"; Posen das. 10 S. 375; Hamburg, Hans. GZ. 1900 S. 300; abw. Gruchot 42 S. 1129; vgl. auch Entsch. des RG. 39 S. 5; 46, 304; JW. 1897 S. 110).

Vorliegend fehlt es an einem Rechtsschutzbedürfnisse. Der Kläger hätte gemäß § 749 verfahren können und sollen. Ist er nicht in der Lage, in der durch § 727 bestimmten Form nachzuweisen, daß der Nachlaß seines Schuldners durch den Beklagten als Vollstrecker verwaltet wird, so hätte ihm obgelegen, auf Erteilung der Klausel zu klagen (§ 731). Die Erhebung dieser Klage setzt insbesondere nicht etwa voraus, daß der Kläger außerstande ist, den in § 727 bestimmten Nachweis zu führen, sondern nur, daß er tatsächlich nicht im Besitze der für den Nachweis erforderlichen Urkunde ist (vgl. JW. 1900 S. 155). Daß aber der jetzt geltend gemachte Anspruch derselbe ist, über den rechtskräftig entschieden ist, kann keinem Zweifel unterliegen, wenn man den Gegenstand der rechtskräftigen Verurteilung mit dem vorliegenden Antrage vergleicht. Während A. zeitlich unbeschränkt zur Zahlung von monatlichen Beträgen verurteilt ist, wird vorliegend dasselbe nur mit zeitlicher Beschränkung, nämlich mit Beschränkung auf die Lebenszeit des Klägers, also gegenüber dem Gegenstande der Verurteilung jedenfalls nichts anderes oder mehreres, verlangt. M. M.

w) **Zustellung nicht verkündeter Beschlüsse.**

Bayer. Oberstes Landesgericht, I. ZS. Beschluß v. 10. Mai 1907.

Der Widerspruch des Schuldners gegen die Leistung des Offenbarungseides wurde vom Amts- und vom Landgericht für unbegründet erklärt. Der Beschluß des OLG. vom 22. März, der die weitere Beschwerde als unzulässig verwarf, wurde nur dem Schuldner zugestellt. Das Verlangen des Gläubigers, daß dieser Beschluß auch ihm zugestellt würde, hat der Gerichtsschreiber abgelehnt und das OLG. diese Entscheidung bestätigt. Die Beschwerde hierüber ist begründet. Allerdings hat in manchen Fällen die Zustellung oder Mitteilung nur an eine Partei zu erfolgen, es sind dies die

Fälle, in denen dem anderen Teile eine Parteirolle nicht zukommt, wie z. B. bei der Verweigerung des Armenrechts u. dgl. Ist nur die eine Partei vorhanden, so ergibt sich aus § 329³ von selbst, daß nur an sie zuzustellen ist. Dagegen müssen Beschlüsse, die in einem zweiseitigen, beide Parteien berührenden Verfahren ergehen, beiden Teilen zugestellt werden, sofern sie nicht verkündet werden. Es kommt weder darauf an, ob der Gegner des Antragstellers gehört worden ist, noch wird die Unterlassung der Zustellung an ihn dadurch gerechtfertigt, daß für ihn kein besonderes Interesse besteht, von der Entscheidung benachrichtigt zu werden. Das Recht des Gläubigers auf die Eidesleistung, die nach § 900³ erst nach Eintritt der Rechtskraft des Beschlusses zu erfolgen hatte, hing davon ab, ob die Anfechtung Erfolg hatte. Die Anfechtung berührte also auch das Recht des Gläubigers; er war bei dem Rechtsmittelverfahren beteiligt und demzufolge muß der Beschluß auch ihm von Amtswegen zugestellt werden.[1] M.

x) **Wem steht der Einspruch beim Wechsel der Firmeninhaber zu?**

OLG. Dresden, II. ZS. Urteil v. 21. September 1906.

Das angefochtene Urteil erachtet den Einspruch der offenen Handelsgesellschaft „Brauerei N.&Co.", welche gebildet wird durch B. und K., für unzulässig, weil die Klage nicht dieser, sondern der früher von der Witwe N. und ihren Kindern unter der gleichen Firma betriebenen, allerdings vor Erlaß des Versäumnisurteils aufgelösten Gesellschaft zugestellt worden sei. Nicht darauf kommt es jedoch an, wer etwa im Versäumnisurteile zutreffend als beklagte Partei aufzuführen gewesen wäre, sondern daß darin tatsächlich die Firma „Brauerei N. & Co." als Beklagte bezeichnet worden ist und daß zur Zeit der Urteilsverkündung B. und K. bereits Inhaber dieser Firma waren. Das ergibt sich aus § 313 Nr. 1, denn danach hat das Urteil besonders auch die Parteien zu bezeichnen. Die Entscheidung, für wen und gegen wen ein Urteil ergangen ist, darf also nicht etwa hinterdrein auf Grund einer freien Nachprüfung der Tatsachen erfolgen, welche ein prozessuales Rechtsverhältnis zu begründen geeignet sind. Das Urteil stellt vielmehr zugleich bindend fest, welche Personen als Parteien zu gelten haben, für und gegen wen es demzufolge im Falle der Rechtskraft wirken will (§ 325). Ausschließlich aus der Parteienbezeichnung in einem Versäumnisurteile ist also zu entnehmen, wem nach § 338 der Einspruch dagegen zusteht. Eine bloße Unrichtigkeit in der Parteibezeichnung (§ 319) liegt hier nicht vor. Die Kläger haben ersichtlich das Versäumnisurteil gegen die unter jener Firma bestehenden Gesellschaft begehrt, und das Gericht hat es gegen diese erteilen wollen. Die Frage der Klagezustellung bedarf nicht der Erörterung. Die Erklärung der Kläger, daß von ihnen aus

[1] Obige Entscheidung erscheint bedenklich. Sie übergeht zunächst die Zulässigkeit der Beschwerde gänzlich, obwohl doch fraglich sein kann, ob in der unterbliebenen Zustellung des Beschlusses vom 22. März die Zurückweisung eines das Verfahren betreffenden Gesuchs des Klägers enthalten ist. Sodann führt sie dazu, daß der obige Beschluß vom 10. Mai 1907 auch dem Schuldner zugestellt werden muß, und daß dieser durch Einlegung unzulässiger Rechtsmittel den Eintritt der Rechtskraft hinhalten kann.

dem Versäumnisurteile Rechte wider die jetzigen Firmeninhaber nicht hergeleitet würden und namentlich eine Zwangsvollstreckung in ihr Vermögen nicht stattfinden solle, ist für sich allein nicht geeignet, das Versäumnisurteil zu beseitigen. Hiernach rechtfertigt sich dessen Aufhebung und die Zurückverweisung der Sache in die Instanz, § 538 Nr. 1. Dr. v. F.

y) **Inhalt der Ladung in der Einspruchsschrift.**

OLG. Hamburg, III. ZS. Urteil v. 28. Februar 1907.

Nach § 340 Nr. 3 muß allerdings der Gegner zur mündlichen Verhandlung „über die Hauptsache" geladen werden. Wenn aber in der Einspruchsschrift zur mündlichen Verhandlung ohne weiteren Zusatz geladen wird, so kann das nur so verstanden werden, daß die Parteien über die Hauptsache verhandeln sollen; dem Ladenden, der das Versäumnisurteil beseitigen will, kann nicht die Absicht unterstellt werden, daß er zu einem anderen Zwecke geladen habe. Das ist auch in der Theorie und Praxis anerkannt; insbesondere verlangt Gaupp-Stein zu § 340 II die Ankündigung eines Sachantrages nur in dem Falle, wenn zur Verhandlung über den Einspruch, nicht aber auch in dem anderen Falle, wenn überhaupt zur Verhandlung (ohne Beifügung einer Beschränkung) geladen ist. Auch der Entscheidung (Hans. GZ. 1902 S. 20) liegt der Fall zugrunde, daß nur zur Verhandlung über den Einspruch geladen war. Ob nicht auch in solchem Falle der Schriftsatz dem § 340 entspricht, weil doch nur angenommen werden kann, daß der Ladende außer über den Einspruch, zugleich auch über die Hauptsache verhandelt haben will, mag dahingestellt werden; denn vorliegend war der Ladung zur mündlichen Verhandlung eine Einschränkung nicht hinzugefügt, während der Durchstreichung der drei Worte „über die Hauptsache" keine andere Bedeutung beizumessen ist, als daß zur mündlichen Verhandlung überhaupt (ohne Zweckbestimmung) geladen werden sollte. Das angefochtene Urteil mußte daher aufgehoben und die Sache gemäß § 538 Nr. 1 zurückverwiesen werden. M. M.

z) **Keine Parteiladung zu dem nach § 370 ² Satz 2 bekannt gegebenen Termin.**

OLG. Hamburg, II. ZS. Urteil v. 22. November 1906.

Gemäß § 370 ² Satz 2 ist ein Termin zur weiteren Verhandlung von Amts wegen bestimmt und den (durch Anwälte vertretenen) Parteien bekannt gemacht worden. Daß dann noch eine Partei die andere zu den beiden Parteien schon amtlich bekannt gegebenen Termin laden müßte, bestimmt die ZPO. nicht. Auch allgemeine Erwägungen sprechen nicht für, sondern gegen solche Annahme. Eine Partei, welche in einem von ihr zu erwirkenden Termin verhandeln will, hat ihn vom Vorsitzenden zu erwirken und ihn dann im Wege einer Ladung dem Gegner bekannt zu geben (§§ 214 ff.). Alles dies ist überflüssig, wenn das Gericht wie hier den Termin von Amts wegen bestimmt und den Parteien bekannt macht. In solchem Falle würde die Ladung eine überflüssige Formalität sein, welche das Gesetz ersichtlich nicht gewollt hat. Gegen diese Auffassung könnte allenfalls der § 218, wonach zu Terminen, welche in verkündeten Entscheidungen bestimmt sind, eine Ladung der Parteien nicht erforderlich ist, angeführt und hieraus gefolgert werden, daß zu Terminen, welche in nicht verkündeten Entscheidungen bestimmt sind, eine Parteiladung erforderlich sei. Dagegen spricht aber schon der § 329[3], wonach nicht verkündete Beschlüsse den Parteien von Amts wegen zuzustellen sind. Angesichts dieser ganz allgemeinen, nicht auf Terminbestimmungen beschränkten Bestimmung erscheint es vielmehr richtiger, den § 218 dahin zu verstehen, daß, obwohl doch die Verkündung nicht die gleiche Sicherheit wie eine amtliche Bekanntgabe bzw. Zustellung dafür gewährt, daß die Partei den Termin kennt, dennoch die Verkündung des Termins eine Ladung erübrigt. Der § 218 ist daher nur ein Beleg dafür, daß das Gesetz die Ladungen einschränken will, und bestätigt somit die Auffassung, daß in einem Falle des § 370[2] es einer Parteiladung nicht bedarf (vgl. Gaupp, vor § 214 III, Hamburg Hans. GZ. 1898 Nr. 86, Königsberg und Köln Rsp. 2 S. 301, 5 S. 66). Demgemäß war das beantragte Versäumnisurteil zu erlassen. M. M.

6

a) Zeugnisfähigkeit eines Streitgenossen. Unmittelbare Beteiligung. ZPO. §§ 373, 393[4].

OLG. Bamberg, I. ZS. Urteil v. 9. Juni 1906.

Die Klägerin hatte gegen M. als Wechselaussteller und gegen S. als Akzeptanten Wechselklage erhoben. Gegen M. erging Versäumnisurteil, welches rechtskräftig wurde, gegen S. bedingtes Endurteil. Die Klägerin legte Berufung ein und zwar gegen beide Beklagte. Die Berufung gegen M. wurde als unzulässig verworfen, jene gegen S. als unbegründet zurückgewiesen. In der Berufungsinstanz hatte S. den M. als Zeugen über die von ihm vorgebrachte Stundungseinrede benannt. Dies wurde für zulässig erachtet. Gründe:

Zeugen können nur Dritte sein; die Partei selbst ist vom Zeugnisse ausgeschlossen. Das gilt auch von Streitgenossen, welche sogar hinsichtlich solcher Ansprüche ihrer Genossen, an denen sie für ihre Person nicht beteiligt sind, als Parteien gelten. Dagegen ist eine bloße Mitberechtigung oder Mitverpflichtung ohne formelle Teilnahme am Rechtsstreite für die Fähigkeit zum Zeugnisse gleichgültig; sie spielt nur eine Rolle für die Frage der Beeidigung nach § 393 Nr. 4. Ist aber im Laufe des Prozesses ein Wechsel in der Person der Parteien eingetreten, so gibt für die Zulassung zum Zeugnis der Zeitpunkt der Vernehmung den Ausschlag. Die frühere Parteistellung steht der Zeugnisfähigkeit der ausgeschiedenen Partei nicht entgegen, mag ihr Ausscheiden aus welchem Grunde immer erfolgt sein (Gaupp-Stein Vorbem. I A. C. zu §§ 373 ff.).

Vorliegend ist schon in I. Instanz durch die Erlassung des Versäumnisurteils gegen M. eine Trennung des Prozesses zwischen den Streitgenossen eingetreten; M. war von da an in dem Prozesse zwischen der Klägerin und

S. nicht mehr Partei. Die Streitgenossenschaft zwischen M. und S. konnte auch für die II. Instanz nicht durch die Berufungseinlegung gegen M. wieder hergestellt werden, da die Hereinziehung desselben in den gegenwärtigen Streit ganz unstatthaft war. M. ist also zeugnisfähig. Er ist auch am Prozesse nicht unmittelbar beteiligt. Unmittelbare Beteiligung liegt vor, wenn dem Zeugen aus der Beantwortung der an ihn zu richtenden Fragen ein unmittelbarer, vermögensrechtlicher Schaden droht, oder ein derartiger Gewinn in Aussicht steht. Dies ist der Fall, wenn er, ohne Partei zu sein, durch das Urteil einen rechtlichen Vorteil oder Nachteil in der Weise hat, daß das Urteil für oder gegen ihn Rechtskraft oder Vollstreckbarkeit erlangen würde. Wer aber nur ein wirtschaftliches Interesse am Ausgange des Streites hat, während hinsichtlich seines Rechts- und Pflichtenkreises kein rechtlicher Zusammenhang mit dem Streitverhältnisse besteht, ist lediglich mittelbar beteiligt und wegen eines solchen bloß tatsächlichen Interesses darf seine Beeidigung als Zeuge nicht unterbleiben (Gaupp-Stein § 393 II 4; JW. 1897 S. 546[14]). Hier ist M. am Ausgange des Prozesses nicht unmittelbar beteiligt. Die Verurteilung des S. hätte für M. keine rechtlichen Wirkungen; das Urteil würde gegen ihn weder Rechtskraft noch Vollstreckbarkeit erlangen. Die Verurteilung des S. hätte aber für M. eine tatsächliche Wirkung, wenn die Vollstreckung gegen ersteren durchgeführt würde. S. ist Akzeptant des Wechsels; zahlt dieser die Wechselschuld, so werden hierdurch alle Regreßverpflichteten, auch der Aussteller, befreit (Staub, WO. Art. 82 § 52). M. als Wechselaussteller hätte also von der Verurteilung des S. den Vorteil, möglicherweise von seiner Haftung für die Wechselschuld der Klägerin gegenüber entbunden zu werden. Er wäre daher nur mittelbar beteiligt und müßte als Zeuge beeidigt werden. Sch.

b) **Zur Auslegung des § 374 ZPO.**[1]

OLG. Hamburg, V. ZS. Urteil v. 25. März 1907.

Nachdem Beklagter für seine Behauptungen den H. als Zeugen benannt hatte, diesen aber nicht hat auffinden können, hat sich die Klägerin nunmehr zum Gegenbeweis auf diesen Zeugen berufen. Zwar hat sie keine Veranlassung, den Prozeß zu verschleppen. Aber wenn sie auf H. überhaupt Wert legt und glaubt, seinen Aufenthalt ausfindig machen zu können, so ist es eine grobe Nachlässigkeit, daß sie untätig zusieht, wie Beklagter sich vergeblich abmüht, den auch für sie wichtigen Zeugen zu suchen. Zum mindesten hätte sie sich auf diesen Zeugen berufen müssen, nachdem sie erfahren hatte, daß G. aus eigner Wahrnehmung überhaupt keine Kenntnis von dem besaß, was zwischen H. und dem Beklagten verhandelt worden war. Daß die Klägerin, rechnend darauf, die vom Beklagten angebotene indirekte Beweisführung werde nicht zum Ziele führen, untätig blieb, als Beklagter sich genötigt sah, auf das Zeugnis des H. zu verzichten, statt nunmehr ihrerseits

[1] Eine dem Wortlaute des § 374 entsprechende Begründung des Berufungsurteils ist mit der Revision nicht angreifbar (Urteil des RG. vom 23. April 1903 IV 432/02).

die Herbeischaffung des Zeugen auf sich zu nehmen, ist im Zusammenhang der Prozeßvorgänge, wie der § 374 sie im Auge hat, eine grobe Nachlässigkeit. M. M.

c) **Verschwiegenheitspflicht des Arztes.**

OLG. Dresden, VII. ZS. Beschluß v. 8. Februar 1907.

Der § 383 Nr. 5 gibt den Ärzten ebenso wie den sonstigen dort genannten Personen durchaus nicht schlechthin das Recht, ihr Zeugnis in betreff der ihnen kraft ihres Standes anvertrauten Tatsachen zu verweigern, sondern nur unter der Voraussetzung, daß deren Geheimhaltung durch die Natur derselben oder durch gesetzliche Vorschrift geboten ist. Eine solche gesetzliche Vorschrift besteht für die Ärzte nicht, insbesondere setzt der § 300 StrGB. eine Geheimhaltungspflicht voraus, bestimmt aber nichts darüber, unter welchen Voraussetzungen ein Privatgeheimnis bestehe. Ob die Geheimhaltung durch die Natur der anvertrauten Tatsachen geboten sei, hat das Gericht nach freiem Ermessen im einzelnen Falle zu entscheiden. Die Vorinstanz nimmt allerdings eine solche Verschwiegenheitspflicht schlechthin in allen Fällen an, wo der Arzt infolge seiner Zuziehung Kenntnis von einer Krankheit seines Patienten erhält. Allein in den von ihr angezogenen Entscheidungen handelte es sich um das Vorliegen einer Geschlechtskrankheit; da ist allerdings durch die Natur der Krankheit deren Geheimhaltung geboten und gleiches wird man überall da annehmen dürfen, wo ein berechtigtes persönliches Interesse des Patienten an der Geheimhaltung hervortritt, wie namentlich dann, wenn die Offenbarung des Krankheitszustandes zu einer Mißachtung oder Herabsetzung der Persönlichkeit des Patienten in den Augen Dritter führen oder auch seinen Verkehr mit seinen Mitmenschen erschweren könnte, was z. B. bei gewissen, leicht das Gefühl des Ekels erregenden Krankheiten einzutreten vermöchte. Der vorliegende Fall einer chronischen Nephritis (Nierenleiden) gibt keinen Anlaß, die Grenzen der Verschwiegenheitspflicht bestimmter zu ziehen. Denn das Bekanntwerden dieser Krankheit ist ebenso wie die eigene Kenntnis des Patienten von der Natur seines Leidens durchaus ungeeignet, eine der besprochenen ungünstigen Folgen für den Kranken herbeizuführen. Der Umstand, daß unter besonderen Voraussetzungen die Krankheit und deren Kenntnis für die Vermögenssphäre des Patienten von Bedeutung werden kann, ein Umstand, der bei jeder Erkrankung eintreten kann, vermag die Pflicht des Arztes, die Krankheit geheim zu halten, nicht schon zu begründen. War aber nach dem Dargelegten dem Zeugen durch die ärztliche Behandlung des X. die Verpflichtung nicht auferlegt, zu verschweigen, daß dieser an einem Nierenleiden gelitten und dies gewußt habe, so kam eine Entbindung von einer solchen Verpflichtung und die Frage nicht mehr in Betracht, ob die Erben des Patienten sie noch erklären können. Unter entsprechender Anwendung des § 91 (JW. 1899 S. 140⁹, Buschs Ztschr. 17 S. 462) war der Zeuge in die Kosten des Zwischenverfahrens zu verurteilen. M. z.

d) **Bedeutung von „Vertreter" im § 385 Nr. 4.**

OLG. Dresden, VII. ZS. Urteil v. 12. April 1907.

Nach der Darstellung der Beklagten hat ihr Mann bei der Verhandlung mit dem Kläger in Gegenwart seiner Frau für diese das Wort geführt. In solchem Falle liegt ein Auftreten als „Vertreter“ nicht vor. Die Frau, die bei den von einem Dritten mit ihr gepflogenen Verhandlungen ihren Mann für sich, aber in ihrem steten Beisein, reden läßt, bedient sich damit seiner wie eines bloßen Mundstücks; sie macht jede seiner Erklärungen durch ihre stillschweigende Billigung zu einer von ihr selbst abgegebenen; er stellt sich rechtlich nicht sowohl als Vertreter wie als Werkzeug der Frau dar. M. z.

e) **Beschwerde des Gegners wegen Zeugnisverweigerung.**

OLG. Hamburg, III. ZS. Beschluß v. 9. Februar 1907.

Der Kläger ist zur Erhebung der Beschwerde legitimiert. Es handelt sich freilich um einen Zeugen des Gegners. In dem Antrage des Klägers aber, das Zeugnis zu erzwingen, liegt stillschweigend die Erklärung, daß er sich nunmehr seinerseits auf den Zeugen berufe, um den nach Lage der Sache gegebenen Verdacht, die exceptio plurium sei begründet, zu beseitigen. Andernfalls wäre, da der Beklagte auf die Zeugnisverweigerung geschwiegen hat, Anlaß zu einer gerichtlichen Entscheidung trotz § 399 nicht gegeben gewesen (Seuffert 60 Nr. 245). In der Sache selbst mußte der Beschwerde entsprochen werden, weil der Unverheiratete, der mit einer Unverheirateten geschlechtlich verkehrt, nichts Unehrenhaftes begeht, es sei denn, daß besondere Umstände, für die hier aber keinerlei Anhalt vorliegt, die gegenteilige Annahme rechtfertigen. So auch Kammergericht, KGBl. 1893 S. 76. Die Kosten des Zwischenstreits müssen nach § 91 dem Zeugen auferlegt werden. M. M.

f) **Kein Auslagenvorschuß, wenn die Vernehmung eines Sachverständigen von Amts wegen angeordnet ist.**

Kammergericht, XIII. ZS. Urteil v. 1. November 1906.

Der Beklagte, der teils durch Aufrechnung, teils durch Widerklage die Vergütung für die dem Kläger gelieferten Tischlerarbeiten geltend macht, hat sich zum Beweise zunächst auf die Handelsbücher der Parteien berufen. Das Landgericht hat deren Vorlegung unter Zuziehung eines Bücherrevisors angeordnet, dessen Ladung aber davon abhängig gemacht, daß der Beklagte 300 Mark hinterlege. Da dies nicht geschah, unterblieb die Beweisaufnahme; auch der nunmehr vom Beklagten angebotene Zeugenbeweis wurde auf Antrag des Klägers gemäß § 374 ZPO. abgelehnt und die Entscheidung ohne Berücksichtigung der Gegenforderung getroffen. Das Berufungsgericht hat aufgehoben und zurückverwiesen. Gründe:

Die Zuziehung eines Bücherrevisors war von den Parteien nicht beantragt worden, konnte aber, um dem Gericht das Verständnis des Parteivorbringens zu ermöglichen, nach § 144 von Amts wegen angeordnet werden. Nach § 144² richtet sich das Verfahren nach den Vorschriften für eine auf Antrag angeordnete Begutachtung durch Sachverständige, also sind nach § 402 die Vorschriften über die Vernehmung von Zeugen entsprechend anzuwenden.

Der § 379 läßt eine solche Anwendung nicht zu, da seine Berechtigung darauf beruht, daß die Partei selbst die Benutzung des Beweismittels veranlaßt, das wird auch von den Kommentatoren anerkannt, während die Entsch. des RG. 7 S. 390 die Frage zwar streift aber nicht beantwortet.

Auch die Anwendung des § 374 ist rechtsirrtümlich, da der Beklagte nicht neue Zeugen für seine Behauptung benannt hat und die frühere Unterlassung der Benennung nicht auf grober Nachlässigkeit beruht.

Beide Verstöße sind wesentlich, da sie die Entscheidung dahin beeinflußt haben, daß diese ohne Rücksicht auf das Vorbringen des Beklagten erlassen worden ist; deshalb ist von der Befugnis des § 539 Gebrauch gemacht worden, da die Parteien sonst eine Instanz verlieren würden. v. W.

g) **Sachverständige Erkundigung bei Dritten.**[1]

OLG. Hamburg, VI. ZS. Urteil v. 21. Juni 1906.

Der Sachverständige hat erklärt, daß seine Aussage, wonach in Marseille für die Ware ein Preis von 120 Franken zu erzielen gewesen wäre, sich nicht auf ein bestimmtes Kaufgeschäft gründe, sondern auf die von ihm eingezogenen Erkundigungen. Diese Erklärung stellt seine Sachkunde nicht in Frage. Wer auf Grund seiner Sachkunde über den Verkaufswert einer Ware berichten soll, hat nicht, einem Zeugen gleich, über bestimmte Tatsachen auszusagen, sondern aus seiner durch eine Reihe von Erscheinungen und ihre Beurteilung begründeten Erfahrung zu berichten. Ein einzelnes Geschäft kann zwar zum Ausgangspunkt eines solchen Berichts gemacht werden, aber es ist ebensowohl möglich, daß das Geschäft oder daß auch mehrere Geschäfte wegen ihrer Eigenart oder wegen ihres vereinzelten Auftretens ungeeignet sind, bei der Bestimmung des Verkaufswertes berücksichtigt zu werden. In solchen Fällen wird es Sache des Gutachters sein, durch Heranziehung von anderen Geschäften, also durch entsprechende Erkundigungen festzustellen, welcher Preis dem im gewöhnlichen Geschäftsverkehr, dem im Durchschnitt der Geschäfte erzielten am meisten entspricht. Durch seine auf die Kenntnis der Ware und früherer Geschäfte gestützte Erfahrung ist gerade er in den Stand gesetzt, solche Erkundigungen so einzuziehen, daß ihr Ergebnis ein zutreffendes Bild der Verkehrslage darbietet. . . . M. M.

h) **Beweiskraft der vom Bürgermeister unter eine Privaturkunde gesetzten Unterschriftsbeglaubigung.**

OLG. Colmar, IV. ZS. Urteil v. 21. März 1907.

. . . Eine solche Beglaubigung fällt nicht unter § 415, da in ihr nicht bezeugt ist, daß die angeblichen Aussteller der Unterschriften vor dem Bürgermeister die Erklärung abgegeben haben, daß die Unterschriften von ihnen herrühren. Sie fällt auch nicht unter § 417, da sie keine amtliche Anordnung, Verfügung oder Entscheidung enthält. Sie gehört vielmehr zu den in § 418 bezeichneten öffentlichen Urkunden, welche einen anderen als den in §§ 415, 417 bezeichneten Inhalt haben. Sie enthält nämlich das Zeugnis

[1] Vgl. JW. 1901 S. 718, 1902 S. 323, 1904 S. 66 und Gruchot 47 S. 1167.

des Bürgermeisters, daß die Unterschriften von den Ausstellern herrühren. Dieses Zeugnis beruht aber nicht auf eigener Wahrnehmung des Bürgermeisters, da nicht beurkundet ist, daß die Unterschriften in Gegenwart des Bürgermeisters vollzogen worden sind. Infolgedessen würde nach § 418[3] ‚die Urkunde' nur dann vollen Beweis der darin bezeugten Tatsachen begründen, wenn sich aus den Landesgesetzen ergäbe, daß die Beweiskraft des Zeugnisses von der eigenen Wahrnehmung unabhängig ist. Landesgesetze, aus denen sich dies ergibt, bestehen aber in Elsaß-Lothringen nicht.... Frdthl.

i) **§ 453 gilt auch im Falle des § 468 und bei Beschlußeiden.**

OLG. Stuttgart, II. ZS. Urteil v. 4. April 1907.

Nachdem das LG. durch Beschluß nach § 461[1] den Eid auferlegt hatte, blieb im Eidestermin der schwurpflichtige Beklagte aus; sein Vertreter beantragte Vertagung zwecks nachträglicher Eidesabnahme, während der Kläger beantragte, den Eid als verweigert anzusehen. In dem hierauf zur Eidesabnahme und Fortsetzung der Verhandlung anberaumten Termin blieb der Beklagte abermals aus; sein Vertreter beantragte abermals Vertagung und trat für den Fall ihrer Ablehnung Zeugenbeweis für die unter Eid gestellte Tatsache an; der Kläger erklärte diesen Beweisantritt als unzulässig. Das Landgericht hat den Eid als verweigert erachtet und den Beklagten verurteilt. Dieses Urteil ist aufgehoben worden. Gründe:

Nach § 453 wird durch die Zuschiebung, Annahme oder Zurückschiebung des Eides die Geltendmachung anderer Beweismittel nicht ausgeschlossen. Daß der Eid schon durch Beschluß auferlegt ist, steht nicht entgegen. Dies trifft auch in dem Falle zu, wenn die Eidesleistung gemäß § 461[1] angeordnet worden ist. Das Einverständnis der Parteien über die Norm und Erheblichkeit des Eides berechtigt nur das Gericht, die Form des Beschlusses zu wählen; durch einen demgemäß erlassenen Beschluß ist aber das Gericht nicht gebunden und sind die Parteien an der Geltendmachung anderer Beweismittel nicht gehindert, solange der Eid nicht geleistet oder endgültig verweigert ist. Die Versäumnisfolge des § 465 tritt daher nicht ein, wenn eine der Parteien von dem Recht des § 453 Gebrauch macht (vgl. Gaupp-Stein zu § 465 III A 1 b). Dies gilt aber auch dann, wenn wie hier in dem zweiten zur Eidesleistung bestimmten Termin andere Beweismittel gemäß § 453 geltend gemacht werden. Denn durch den vom Beklagten gemäß § 466 gestellten Antrag auf nachträgliche Abnahme des Eides ist die Folge der Versäumung des ersten Termins beseitigt worden (entsprechend der Bestimmung des früheren Rechts, wonach im Falle des Versäumnisurteils des § 430 a. F. durch den zulässigen Einspruch der Prozeß in die Lage zurückversetzt wurde, in der er sich vor Eintritt der Versäumnis befand). Deshalb gilt für die Zulässigkeit der Geltendmachung anderer Beweismittel auch bei dem zweiten Eidesleistungstermin des § 468 nichts anderes. Für diesen Termin gilt nur die Besonderheit, daß ein nochmaliger Antrag auf Abnahme des Eides nicht zulässig ist (entsprechend dem § 345, die den weiteren Einspruch gegen ein den Einspruch verwerfendes Versäumnisurteil ausschließt). Allein der Beklagte hat nicht, wie das LG. annimmt, einen nochmaligen Antrag auf Abnahme des Eides gestellt, sondern in erster Linie wegen entschuldigten Ausbleibens Vertagung beantragt, in zweiter Linie aber nunmehr zur Widerlegung der zum Eid verstellten Behauptung Zeugenbeweis angetreten. Daß auch im zweiten Eidesleistungstermin auf Antrag oder von Amts wegen Vertagung eintreten kann, ist nicht zu bezweifeln; es entspricht dies dem früheren Recht, wenn Versäumnisurteil gemäß § 430 a. F. beantragt wurde (vgl. § 334); die Rücksichtnahme auf solche Hindernisse, die das Erscheinen des Schwurpflichtigen unmöglich machten, sollte selbstverständlich durch die neuen Vorschriften des § 465 ff. nicht ausgeschlossen werden (vgl. auch Seuffert 1 zu § 468). Zur Geltendmachung des Rechts aus § 453 bedurfte es nicht des persönlichen Erscheinens des Beklagten; den Beweisantrag hatte vielmehr nach § 78 der Anwalt zu stellen. . . . H.

k) **Widerspruch der Gegenpartei gegen Abnahme des Urteilseides wegen angeblicher Geisteskrankheit.**

OLG. Breslau, II. ZS. Urteil v. 30. Oktober 1906.

Die Frage, ob der Kläger die zur Eidesleistung erforderliche geistige Gesundheit besitzt, hat das Gericht nach seiner freien Überzeugung zu entscheiden (§ 286), und es sind Sachverständigengutachten nur Hilfsmittel zu deren Bildung, die entbehrlich werden, wenn das Gericht auf Grund des sonstigen Verhandlungsergebnisses seine Überzeugung erlangen kann. Dies ist geschehen auf Grund der durchaus vernünftigen Antworten auf die zahlreichen dem Kläger gestellten Fragen und des gesamten Eindruckes, den er bei der Verhandlung mit ihm auf alle Mitglieder des Gerichts gemacht hat, und es bleibt dies Ergebnis um so mehr bestehen, als der Gegner irgendwelche bestimmte Tatsachen, die jenen Eindruck erschüttern oder abschwächen könnten, nicht vorgebracht hat. — Eine besondere Entscheidung über den Streit ist nicht vorgeschrieben und würde auch des Zwecks entbehren. Deswegen konnte — ganz abgesehen von der ausdrücklichen Ladung des Klägers zu diesem Termine als Eidesleistungstermin — sofort zur Eidesabnahme geschritten werden, nachdem sich das Gericht seine Überzeugung gebildet hatte und der Kläger zur Eidesleistung bereit war. Kr.

l) **Eidesweigerung vor dem ersuchten Richter.**[1] **Ist die schriftliche Erklärung wirksam? ZPO. § 464.**

Kammergericht, XIII. ZS. Urteil v. Dezember 1906 (7416/06).

Den Vorstandsbeamten der klagenden Aktiengesellschaft sollte ein zugeschobener Eid durch den ersuchten Richter abgenommen werden. Im Schwurtermin erschien niemand. Vorher war ein Schriftsatz eingegangen, laut dessen die Gesellschaft erklärte, daß sie von der Eidesleistung absehe und die anderen

[1] Die Frist des § 466 zum Antrage auf nachträgliche Eidesabnahme läuft vom Schwurtermine, nicht von dem Zeitpunkt, in welchem der Gegner beantragt, den Eid als verweigert anzusehen (OLG. Cöln, IV. ZS. Urteil vom 14. Februar 1907, Rh. Arch. 104 S. 66).

Wechselverpflichteten heranziehen wolle. Unterzeichnet war der Schriftsatz von einem der schwurpflichtigen Vorstandsmitglieder und einem Prokuristen, beide Unterzeichner waren zur Vertretung der Gesellschaft befugt. Trotz des nachträglichen Erbietens der Schwurpflichtigen zur Eidesleistung hat das Prozeßgericht den Eid als verweigert angenommen.

Dem ist beizutreten. Die schriftliche Erklärung kann nicht anders verstanden werden, als daß die Leistung des Eides verweigert werde. Die allerdings von Petersen und von Gaupp-Stein vertretene Ansicht, daß die Weigerung vor dem beauftragten oder ersuchten Richter nur im Schwurtermine erklärt werden könne, findet im Gesetz keinen Anhalt. Das Prinzip der Mündlichkeit gilt nicht für Parteierklärungen, die sich nicht als Teil der Verhandlung des Prozesses darstellen. Unerheblich ist es auch, daß nicht beide schwurpflichtigen Vertreter unterzeichnet haben. Die Erklärung ist namens der Partei von den zu ihrer Vertretung befugten Personen abgegeben worden und daher für die Partei bindend. Daß auch der Direktor, der die Erklärung nicht unterzeichnet hat, mit ihr einverstanden war, ergibt sich aus seinem Ausbleiben im Schwurtermin. Ob der ersuchte Richter bei einem anderen Verhalten beider Direktoren oder eines von ihnen den Eid hätte abnehmen dürfen, ist eine Frage, die nach dem Ausgeführten zu verneinen ist, bei der konkreten Sachlage aber der Beantwortung nicht bedarf. v. W.

m) **Änderung der Eidesnorm. Vereinbarung der Eidesfolgen.**

OLG. Karlsruhe, II. ZS. Urteil v. 22. Mai 1906.

Bei der Zuschiebung und Fassung der Eide ist man allerseits davon ausgegangen, daß der schwurpflichtige Beklagte in der Lage sein werde, bei Besichtigung der dem Gerichte vorliegenden Ringe sich darüber auszusprechen, ob sie mit den ihm vom Kläger gelieferten identisch seien. Es besteht kein Anlaß, in die Erklärung des sachverständigen Schwurpflichtigen, daß er mangels besonderer äußerer Kennzeichen der Ringe dazu nicht imstande sei, Zweifel zu setzen. Die Eide können aber nach dieser Erklärung nicht als verweigert gelten; vielmehr durfte das LG. die Eidesnormen, wie geschehen, ändern, da sie nur unerhebliche Umstände betraf. Allerdings hatte der Kläger die Identität im allgemeinen bestritten, allein dies bezog sich nicht darauf, daß die vom Vertreter der Beklagten dem Gerichte übergebenen Ringe diejenigen seien, welche der Beklagte ihm übersandt hatte, sondern nur darauf, daß die vom Beklagten seinem Vertreter übersandten Ringe in Wirklichkeit aus den klägerischen Lieferungen herrührten. Daß etwa auf der Reise oder bei dem Vertreter des Beklagten oder bei Gericht eine Verwechselung vorgekommen sei, hat der Kläger niemals angedeutet. Der Schwerpunkt lag also bei Erlassung des bedingten Endurteils in der Frage, ob Beklagter seinem Vertreter die Ringe übersandt hat, welche ihm der Kläger geliefert hatte, und dies ist in der geänderten Eidesfassung zum Ausdruck gekommen.

Die Berufung hat geltend gemacht, daß, wenn die Eide nicht als verweigert gelten, doch jedenfalls die im Vergleiche vom 17. Januar 1905 vereinbarten Folgen der Eidesleistung hätten ausgesprochen werden sollen. Allein ein **Vergleich** über die im Streit befangenen Ansprüche liegt nicht vor, weil ein Nachgeben des Klägers nicht ersichtlich ist.... Wollte man aber annehmen, daß es Vertragsabsicht war, die urteilsmäßigen Folgen der Eidesleistung schon im Läuterungsurteile zu ändern, so wäre dem keine Folge zu geben. Denn es können die Parteien nicht willkürlich die an die Eidesleistung geknüpften urteilsmäßigen Folgen durch eine beliebige Vereinbarung mit der Wirkung ändern, daß das Gericht im Läuterungsurteile diese gewillkürten Folgen auszusprechen hätte. Unter allen Umständen muß das dann angenommen werden, wenn die Parteien, wie hier geschehen, an die Eidesleistung Folgen knüpfen wollen, welche mit dieser gar nichts zu tun haben, wenn sie eine des Eidesbeweises gar nicht bedürfende Forderung hereinbeziehen und deren Berücksichtigung im Läuterungsurteil herbeiführen wollen (§ 462[2]). Dr. E.r.

n) **Zur Auslegung des § 471 Abs. 1 ZPO.**

OLG. Hamburg, VI. ZS. Urteil v. 11. Mai 1907.

Allerdings ist das bedingte Endurteil rechtskräftig und somit kann die Erheblichkeit der zum Eide gestellten Behauptung nicht mehr in Frage gezogen werden. Allein nachdem der Schwurpflichtige vor der Eidesleistung gestorben und somit das bisher geltend gemachte Beweismittel fortgefallen ist, gilt es völlig neu und selbständig zu prüfen, ob und wie die erhebliche Tatsache zu beweisen ist. Wie einerseits die Parteien „in Ansehung der betr. Beweisführung" nunmehr freie Hand gewonnen haben, so ist auch das Gericht in seiner Beurteilung, ob die neu vorgebrachten Beweismittel geeignet sind, ihrem Zweck zu dienen, ebenso frei wie in der Würdigung der etwa neu erhobenen Beweise selbst. Dieses Ergebnis steht mit Seuffert 48 Nr. 224 (vgl. auch Entsch. des RG. 13 S. 385, 38 S. 414; Rsp. 6 S. 398) nicht in Widerspruch. Das Reichsgericht spricht lediglich aus, daß die Erheblichkeit des Eidessatzes durch das aus § 471 resultierende Verfahren nicht in Frage gezogen, sondern nur mit den ordentlichen Rechtsmitteln angefochten werden kann. Darüber nun, daß die Entscheidung von dem Beweise der angeblichen Unterschlagungen des X. abhängig bleiben muß, herrscht vorliegend überhaupt kein Streit. Darüber hinaus ist aber das Gericht nicht deshalb, weil mangels Anschlußberufung des Klägers eine frühere Eidesauflage rechtskräftig geworden war, jetzt genötigt, das nämliche Thema, und zwar in unveränderter Gestalt, zum Gegenstand einer neuen Eidesauflage zu machen.... M. M.

o) **Verwertung eines ungerechtfertigten Schiedseides.**

OLG. Dresden, VII. ZS. Urteil v. 26. Februar 1907.

An sich würde der vom Kläger geleistete Eid, weil die ihn anordnende Entscheidung sachlich ungerechtfertigt war, die in § 463 ausgesprochene Folge nicht nach sich ziehen, sondern für bedeutungslos zu erachten sein und besonders nicht dazu verwertet werden können, das Anführen des Klägers als glaubhaft gemacht zu behandeln (Entsch. des RG. 17 S. 335). Wenn jedoch das Gericht dazu gelangt, an Stelle jenes Schiedseides einen Eid desselben Inhalts als richterlichen Eid der Partei, die bereits geschworen hat, anzuvertrauen, so ist von einer nochmaligen Abnahme des Eides abzusehen und die bereits bewirkte als genügend zu behandeln. Die nochmalige Abnahme des nämlichen, bereits unter Wahrung der Eidesförmlichkeiten geleisteten Eides durch die nämliche Person liefe auf einen ungesunden, mit der Heiligkeit der Eidesleistung nicht vereinbaren Formalismus hinaus, da doch die Vorschriften des StrGB. über die Verletzung der Eidespflicht und die Bestimmungen der ZPO. über die Anfechtung eines Urteils wegen einer solchen Verletzung auch hinsichtlich eines Parteieides Platz greifen, dessen Auferlegung nach den sachlichen oder prozessualen Bestimmungen nicht gerechtfertigt war, und sonach ein vernünftiger Grund für die Wiederholung der Eidesleistung fehlt, dieser vielmehr nur der Mangel anhaftet, daß sie in einem unrichtigen Prozeßstadium bewirkt worden ist. Das ist auch bereits für die Fälle ausgesprochen, wo der Eid, auf den zuzukommen war, der Partei gesetzwidrig durch Beschluß statt durch bedingtes Endurteil auferlegt worden war (Entsch. des RG. 9 S. 345, Bolze 20 Nr. 793). M. z.

p) **Verletzung des § 477³. Heilung gemäß § 295²?**

OLG. Hamburg, VI. ZS. Urteil v. 19. März 1907.

Die als Zeugin vernommene Frau des Beklagten hat den von diesem behaupteten Vergleich bekundet, worauf das LG. dem Beklagten, der dem Kläger über diesen Vergleich den dann von diesen angenommenen Eid zugeschoben hatte, einen richterlichen Eid mittels Beweisbeschlusses auferlegt hat. Dieser Eid wurde geleistet, ohne daß der für den Kläger erschienene und verhandelnde Prozeßvertreter Widerspruch erhoben hätte. Ob dadurch gemäß § 295 das nach § 477³ unzulässige Verfahren geheilt ist und daher auch durch den geleisteten Eid gemäß § 463 die beschworene Tatsache als unter den Parteien festgestellt zu gelten hat, oder ob die Auflage eines richterlichen Eides durch Beweisbeschluß, wenigstens in dem Falle, wo wie hier nicht der schwurpflichtigen Partei, sondern von ihr dem Gegner der Eid über dieselbe Tatsache in der Negative zugeschoben war, eine nach § 295² unheilbare Verletzung der Formvorschrift des § 477³ darstellt, kann zweifelhaft sein. Gaupp-Stein zu § 477 III hält eine Heilung für ausgeschlossen, weil auf die Befolgung der Vorschrift eine Partei nicht wirksam verzichten könne, während er andererseits eine Verletzung des § 466 durch Auflage eines zugeschobenen Eides mittels Beweisbeschlusses, auch wenn die Voraussetzungen des § 461 nicht vorliegen, als eine heilbare Verletzung des Gesetzes ansieht. Das Reichsgericht (JW. 1903 S. 100¹³) hat diese Frage, weil sofort Widerspruch erhoben war, unentschieden gelassen, aber freilich ausgesprochen, daß trotz § 477¹ zweifellos „insoweit", nämlich insoweit als § 477³ verletzt sei, der § 464 keine entsprechende Anwendung auf den richterlichen Eid finde. Danach würde es auch nicht den § 463 auf einen derartigen gegen § 477³ verstoßenden, nicht der schwurpflichtigen Partei zugeschobenen Eid anwenden.

Allein vorliegend bedarf diese Anwendbarkeit des § 463 keiner Entscheidung, da dieses Gericht durch die Tatsache der Eidesleistung in Verbindung mit der, wenn auch unbeschworenen Aussage der Zeugin den Beweis der vergleichsweise eingegangenen Verpflichtung des Klägers, die gegenwärtige Klage zurückzuziehen, für erbracht und daher nach § 446 die Eideszuschiebung des Klägers an den Beklagten für unzulässig erachtet.... M. M.

q) **Beweissicherung wegen hohen Alters des Zeugen zc.**[1]

α) Kammergericht, XIV. ZS. Beschluß v. 11. Oktober 1906.

Daß ein Zeuge 76 Jahre alt ist, reicht nicht aus, um die Besorgnis zu begründen, daß das Beweismittel verloren gehen könnte, zumal der Zeuge nach dem ärztlichen Zeugnisse sich in vollkommener geistiger Frische befindet und von körperlicher Schwäche oder irgend welchem Leiden nichts gesagt ist. Dr. S.

β) Kammergericht, V. ZS. Beschluß v. 15. Mai 1907.

Der zurzeit hier anwesende Zeuge, dessen Vernehmung hier beantragt ist, wohnt in Paris; daß er dort nicht jederzeit, sobald seine Vernehmung im ordentlichen Verfahren beschlossen wird, vernommen werden kann, ist nicht behauptet. Der Umstand, daß es für die hier wohnhafte Beklagte bequemer ist, wenn der Zeuge hier vernommen wird, ist nicht geeignet, die nachgesuchte außerordentliche Maßregel zu rechtfertigen, zumal der in Paris wohnende Gegner ein ebenso großes Interesse daran hat, daß der Zeuge dort vernommen werde. Der Umstand allein, daß die Vernehmung im Auslande wird erfolgen müssen, ist nicht geeignet, die Besorgnis, daß „die Benutzung des Beweismittels erschwert" werde, zu begründen. Jedenfalls ist die Besorgnis nicht so dringend, um den Gegner der Gefahr auszusetzen, daß er der Vernehmung nicht beiwohnen könne (§ 491). B. M.

γ) **Beweissicherung für Einreden. ZPO. § 486.**

Kammergericht, XI. ZS. Beschluß v. 9. Oktober 1906.

Der Beklagte, auf Bezahlung von Bauarbeiten belangt, hat in der Klagebeantwortung auch vorgetragen, daß die Bauarbeiten zahlreiche Mängel hätten, und daß er sich die Geltendmachung seiner Rechte wegen dieser Mängel vorbehalte. Er hat demnächst bei dem Prozeßgericht beantragt, gemäß § 488 zur Sicherung des Beweises über die im einzelnen angeführten Mängel den X. als Sachverständigen zu vernehmen. Das Prozeßgericht hat diesen Antrag wegen Unzuständigkeit abgelehnt, weil der Beklagte sich seine Rechte aus den Mängeln nur vorbehalten habe, hierdurch aber die Rechtshängigkeit seiner Ansprüche aus den Mängeln nicht begründet sei. Die Beschwerde hierüber ist begründet.

Der Rechtsstreit, auf dessen Anhängigkeit es nach § 486 für die Zuständigkeit ankommt, ist derjenige Rechtsstreit, für den der zu sichernde Beweis bestimmt ist. Der Grund, weshalb das Gesetz im Falle der Anhängigkeit dieses Rechtsstreites dem Prozeßgericht die Sicherung des Beweises überträgt,

[1] Das RG. hat die Beschwerde gegen diesen Beschluß zurückgewiesen.

ist offensichtlich der, daß das Prozeßgericht, wenn bei ihm der Rechtsstreit schon anhängig ist, mit den in Betracht kommenden Streitpunkten bereits vertraut und daher zur Erledigung des Antrages auf Beweissicherung besser in der Lage ist, als das mit dem Streitstoff nicht vertraute Amtsgericht. Dagegen ist im Gesetz nicht zum Ausdruck gebracht, daß etwa auf Grund der Behauptungen, über welche der Beweis erhoben werden soll, der Antragsteller einen Klag- oder Widerklaganspruch erhoben haben müsse. Es muß daher für die Zuständigkeit des Prozeßgerichts genügen, wenn ein Rechtsstreit anhängig ist, für den die zu beweisenden Behauptungen, sei es zur Begründung von erhobenen Ansprüchen, sei es zur Beseitigung solcher Ansprüche, insbesondere auch im Wege der Einrede, bestimmt sind (Petersen 1 zu § 486). Vorliegend sollen die unter Beweis gestellten Behauptungen des Beklagten über Mängel der Arbeiten dazu dienen, den Anspruch der Klägerin auf Bezahlung der Arbeiten zu beseitigen — wenigstens bis zur Abstellung der Mängel. Der zu sichernde Beweis soll mithin in dem schon anhängigen Rechtsstreit über den Preis der Arbeiten verwendet werden. Das Landgericht, bei dem die Klage auf Bezahlung des Preises schon erhoben ist, ist demnach für die Sicherung des Beweises zuständig. F.

δ) **Kosten des Beweissicherungsverfahrens.**

Kammergericht, XI. ZS. Urteil v. 5. Juli 1907.

... Dagegen sind die vom Beklagten verauslagten Kosten der Beweissicherung erst im Festsetzungsverfahren zu berücksichtigen. Sie gehören, da das Ergebnis der Beweissicherung im gegenwärtigen Rechtsstreit berücksichtigt ist, zu den Prozeßkosten der §§ 91, 104 (Gruchot 32 S. 1168, 35 S. 1182; OLG. Darmstadt: Seuffert 42 S. 1168, Naumburg: Busch Ztschr. 19 S. 292, woselbst ausgeführt ist, daß es sich um Kosten zur Vorbereitung des Rechtsstreites, nämlich um Kosten eines im Rechtsstreit benutzten Beweismittels, mithin um Prozeßkosten handelt). Wenn das OLG. Rostock (Seuffert 56 S. 298) sowohl die Geltendmachung im Klagewege, als auch in der Kostenfestsetzung nach Wahl der Partei zulassen will, so ist dem nicht beizutreten. Denn die Erstattung von Prozeßkosten kann nur in dem durch § 104 geregelten Verfahren betrieben werden, wie dies der § 104² ergibt. Die Entsch. des RG. 13 S. 325, wonach über die Beweissicherungskosten entweder in dem Verfahren über die Hauptsache zu erkennen sei, oder der Antragsteller seinen Kostenerstattungsanspruch in besonderem Prozeß verfolgen müsse, ist mit dem OLG. Darmstadt dahin zu verstehen, daß nur der eine oder der andere Weg offen steht, je nachdem das Ergebnis der Beweissicherung im Prozeß benutzt worden ist oder nicht. Im ersteren Falle gehören die Kosten zu denjenigen des Hauptprozesses, werden also in der Entscheidung über dessen Kosten mitumfaßt und sind auf Grund dieser Entscheidung demnächst festzusetzen. Im letzteren Falle sind sie als nicht zu den Prozeßkosten gehörig durch besondere Klage zu fordern. [Vgl. oben S. 79 Nr. 4f.] F.

ε) **Rechtsmittel gegen ein die Kostenentscheidung ablehnendes Urteil.**

OLG. Hamburg, III. ZS. Beschluß v. 12. Juli 1906.

Das amtsgerichtliche Urteil war insofern fehlerhaft, als es nicht über die Kosten entschied. Wenn auch ein Urteil, das von den drei Beklagten zwei in der Hauptsache für sachfällig erklärt, mit Rücksicht auf den nicht verurteilten Dritten als Teilurteil im Sinne des § 301 sollte bezeichnet werden können, so enthält doch die ZPO. keine Vorschrift darüber, daß Teilurteile überhaupt nicht über die Kosten entscheiden dürften. Nur bei Teilurteilen in quantitativer Beziehung ergibt sich im Hinblick auf § 92 von selbst, daß die Entscheidung über den Kostenpunkt vorbehalten wird. Bei der subjektiven Klagenhäufung hingegen (§ 59) ist über die Kosten immer zu entscheiden; etwaige Differenzen sind im Festsetzungsverfahren zu erledigen. Der Kläger hätte daher gemäß § 321 auf Ergänzung des Urteils antragen sollen. Hätte das Amtsgericht nach mündlicher Verhandlung die Ergänzung abgelehnt, so hätte dem Kläger die Berufung zugestanden. Er hat indessen von dem Rechtsbehelf des § 321 überhaupt keinen Gebrauch gemacht, vielmehr seine beiden Gegner (die Beklagten zu 1 und 3) von neuem geladen und im Verhandlungstermin, in welchem die Beklagten wiederum nicht erschienen sind, beantragt, sie zu den Kosten zu verurteilen. Wofern ein solcher Antrag mit Rücksicht auf § 321 überhaupt noch zulässig war, kann er nur als neuer selbständiger Klagantrag auf Erlaß der noch fehlenden Kostenentscheidung beurteilt werden. Die den Antrag zurückweisende Entscheidung des Amtsgerichts stellt sich daher nicht nur der Form, sondern auch dem Inhalte nach als ein Urteil dar, das nur mit der Berufung, nicht mit der sofortigen Beschwerde, anzugreifen war. M. M.

s) **Unzulässigkeit der Berufung gegen ein vom Landgerichte im Berufungsverfahren erlassenes Widerspruchsurteil.**

OLG. Stuttgart, I. ZS. Urteil v. 22. Februar 1907.

In der Berufungsinstanz hat das LG. als Gericht der Hauptsache auf Antrag des Klägers eine einstweilige Verfügung erlassen und auf Widerspruch des Beklagten mittels Urteils bestätigt. Die Berufung hiergegen ist unzulässig. Ein Urteil I. Instanz ist das angefochtene Urteil allerdings insofern, als es nicht auf Grund einer erneuten Verhandlung eines bereits in einer früheren Instanz verhandelten Rechtsstreites (§ 525), sondern auf Grund eines erstmals bei dem Landgericht gestellten und verhandelten Antrags erlassen worden ist. Anderseits ist es das Urteil eines Berufungsgerichts, das nach § 943 das zuständige Gericht war, weil die Hauptsache in der Berufungsinstanz anhängig ist. Für die Frage der Anwendbarkeit des § 511 kommt es hiernach darauf an, welche der beiden Eigenschaften, die sich bei dem angefochtenen Urteil gemischt vorfinden, als die vorherrschende anzusehen ist. Sowohl das RG. (Entsch. 5 S. 430, 50 S. 343, 57 S. 235; JW. 1897 S. 420[17]) als das Bayer. Ob. LG. (Seuffert 39 Nr. 61) haben Urteile, die in einem erstmals bei einem OLG. anhängig gewordenen Verfahren wegen Anordnung eines Arrestes ergangen sind, als in der Berufungsinstanz erlassene Endurteile angesehen. Was hiergegen in Busch Ztschr. 2 S. 398, 10 S. 296 geltend gemacht ist, geht über eine Beweisführung aus streng wörtlicher Gesetzesauslegung nicht hinaus. Eine solche Auslegung ist aber hier unzureichend, weil danach einem derartigen Urteil mit gleichviel Recht die Eigenschaft eines Urteils I. Instanz wie diejenige eines Urteils II. Instanz beigelegt werden kann. Erst die Heranziehung weiterer Gesichtspunkte führt dazu, das Überwiegen der zweiten Eigenschaft erkennbar zu machen. Nach der Begründung ist der § 943 zu dem Zwecke gegeben, um eine abweichende Beurteilung der Hauptsache zu verhüten (Entsch. des RG. 5 S. 431). Zur Erreichung dieses Zweckes wird, wenn die Hauptsache bei dem Berufungsgericht anhängig ist, dem Verfahren über einen Arrest ꝛc die an sich gegebene I. Instanz durch positive Bestimmung entzogen. Daß ihm damit aber auch die III. Instanz (der Revision) entzogen werden sollte, wird mit gutem Grunde verneint. Etwas anders liegt die Frage hier. Die an sich gegebene I. Instanz des Amtsgerichts war durch § 943 beseitigt, und nun fragt es sich, ob nicht zum Ersatz durch §§ 511, 943 die Zuständigkeit des OLG. als II. Instanz gegeben sei. Der Bejahung dieser Frage steht aber die Erwägung entgegen, daß es sich um einen Anspruch handelt, dessen Wert 300 Mark nicht übersteigt, und daß für solche Ansprüche für die Regel nur zwei Instanzen gegeben sind. Nach § 943 ist das Verfahren und das Urteil über eine einstweilige Verfügung von der Hauptsache abhängig gemacht, somit akzessorischer Natur, und es muß danach auch für ausgeschlossen erachtet werden, daß der Klaganspruch, um den es sich bei der Haupt- und Nebensache handelt, der grundlegenden Regel zuwider die drei Instanzen des Amts-, des Land- und des OLGerichts beschäftigen könnte. Es haben denn auch die OLG. Jena (nach Gaupp-Stein 1 zu § 545) und Dresden (Annalen 27 S. 466) entschieden, daß gegen Urteile von Landgerichten, die in einer dort anhängigen Berufungssache über Arrestanträge erlassen sind, kein Rechtsmittel stattfindet. . . . H.

t) **Berufungsrücknahme des Vormunds.**

α) OLG. Posen, III. ZS. Urteil v. 15. Januar 1907.

Eine unmittelbar prozeßrechtlich wirkende Rücknahmeerklärung der Klägerin liegt nicht vor, da ein von ihrem Prozeßbevollmächtigten unterzeichneter Schriftsatz dem Gegner nicht zugestellt, und der Anwaltszwang nicht auf die mündliche Verhandlung beschränkt ist. Ob aber die schriftliche Erklärung des Vormunds gegenüber den Beklagten diese berechtigt, von der Klägerin oder ihrem Vertreter die formelle Zurücknahme der Berufung zu verlangen, oder aber ob sich damit wegen materieller Erledigung des Anspruchs die Zurückweisung der Berufung gegen das abweisende Urteil erster Instanz rechtfertigt (Entsch. des RG. 45 S. 328), hängt davon ab, ob der Vormund jene Erklärung wirksam abgeben konnte. Das ist zu verneinen. Mit Rücksicht auf die ergangene Klagabweisung hätte der Verzicht auf Rechtsmittel die Bedeutung einer endgültigen Aufgabe der eingeklagten Forderung. Insbesondere würde eine erneute Geltendmachung der Klageforderung auch im Wege der Wideraufnahme, für die an sich die Voraussetzung des § 579 Nr. 4 vorläge, durch § 579² ausgeschlossen sein, weil die Nichtigkeit des Verfahrens durch die Berufung geltend gemacht werden konnte. Es würde sich also jener Verzicht als eine Verfügung über die Forderung im Sinne des § 1812 BGB. darstellen, nicht aber zu den bloßen Prozeßhandlungen zu rechnen sein, zu denen der Vormund allerdings unbeschränkt befugt ist. Wenn im § 1822 Nr. 12 BGB. von den eine „Disposition über den Prozeß" darstellenden rechtsgeschäftlichen Handlungen des Vormunds (vgl. Skonietzki-Gelpcke § 81 Anm. 7a) nur der Vergleich und der Schiedsvertrag beim Vorliegen eines unschätzbaren oder an Geldwert 300 Mark übersteigenden Gegenstands des Streites oder der Ungewißheit von der Genehmigung des Vormundschaftsgerichts abhängig gemacht wird, so ist daraus nicht zu folgern, daß in allen übrigen Fällen die auf einen Prozeß bezüglichen rechtsgeschäftlichen Erklärungen des Vormunds solcher Genehmigung nicht bedürfen (vgl. Planck § 1822 Erl. 12b und 12d). Nach § 1812 BGB. kann der Vormund über eine Forderung des Mündels, kraft deren eine Leistung verlangt werden kann, nur mit Genehmigung des Gegenvormunds verfügen und bedarf, sofern ein Gegenvormund nicht vorhanden ist, der Genehmigung des Vormundschaftsgerichts. Mangels dieser Genehmigung entbehrt also der Verzicht des Vormunds auf die Berufung auch der materiellen Wirksamkeit. E.l.

β) **Kostenlast bei Berufungsrücknahme.**

OLG. Hamburg, VI. ZS. Urteil v. 5. Januar 1907.

Der § 515 spricht nicht aus, daß die Zurücknahme der Berufung notwendig die daselbst bezeichnete Folge haben muß, oder daß doch jedenfalls dem Antrage des Gegners auf Verurteilung zur Kostentragung zu entsprechen wäre (für den Fall der Zurücknahme der Revision mit Recht abweichend: JW. 1904 S. 365). Wie die Parteien überhaupt über die Kosten des Rechtsstreits gerichtlich oder außergerichtlich sich vergleichen können und dieser Vergleich im Falle einer Verurteilung zur Kostentraguhg zu berücksichtigen ist (§ 98), so können sie auch mit Wirkung für den Rechtsgang vereinbaren, daß die Klage (§ 271) oder die Berufung zurückgenommen werden solle, dagegen der Gegner die Kosten des Verfahrens tragen solle. In solchen Fällen entsteht keine Verpflichtung des Klägers oder des Berufungsklägers, die Kosten zu tragen, und es kann mangels einer solchen Verpflichtung auch nicht beantragt werden, die Verpflichtung auszusprechen. Die Beweisaufnahme hat nicht ergeben, daß sich der Kläger durch Vergleich verpflichtet hat, die Kosten zu tragen. Es muß deshalb unter entsprechender Anwendung des § 98 die Regel zugrunde gelegt werden, daß die Kosten, soweit nicht über sie rechtskräftig erkannt ist, als gegeneinander aufgehoben anzusehen sind. Über die Kosten der ersten Instanz ist rechtskräftig entschieden; da die Berufung zurückgenommen ist und demnach nur noch die Kosten der Berufung im Rechtsstreit befangen sind, würde ohnehin nicht über die Verpflichtung zur Tragung der

Kosten erster Instanz entschieden werden können. [Die Kosten der Berufung sind gegeneinander aufgehoben.] M. M.

γ) **Zurücknahme unzulässiger Berufungen.**

OLG. Hamburg, VI. ZS. Urteil v. 5. Januar 1907.

Dem Antrage, die [verspätete] Berufung als unzulässig zu verwerfen, war nicht stattzugeben. Denn der Kläger hat die Berufung bis zum Beginne der mündlichen Verhandlung zurückgezogen. Gemäß § 515³ hat dies den Verlust des Rechtsmittels und die Verpflichtung zur Kostentragung zur Folge, Wirkungen, die auf Antrag des Gegners durch Urteil auszusprechen sind. Ist der Kläger danach aber kraft Gesetzes der Berufung verlustig und hat demgemäß das diese Wirkung aussprechende Urteil nur deklaratorische Bedeutung, so ist kein Raum mehr dafür, noch über die Zulässigkeit der zurückgenommenen Berufung zu entscheiden (Gaupp-Stein III² zu § 515). Dagegen war dem bezüglich der Kosten gestellten Antrage durch Versäumnisurteil (Entsch. des RG. 31 Nr. 100, 113) zu entsprechen. M. M.

u) **Zur Auslegung des § 538 Nr. 2 und Abs. 2 ZPO.**

Kammergericht, XV. ZS. Urteil v. 3. Mai 1907.

Der Vorderrichter hat in zutreffender Anwendung der §§ 110, 113, nachdem der Beklagte die prozeßhindernde Einrede der mangelnden Sicherheit für die Prozeßkosten (§ 274 Nr. 5) erhoben hatte, nach fruchtlosem Ablauf der dem Kläger gesetzten Frist die Klage für zurückgenommen erklärt. Nach Einlegung der Berufung haben sich die Parteien dahin außergerichtlich verglichen, daß der Rechtsstreit als erledigt gelten und jede Partei ihre außergerichtlichen und die Hälfte der gerichtlichen Kosten tragen solle. Die Frage, ob das Berufungsgericht dieses Vorbringen beachten darf, war zu bejahen. Allerdings hat nach § 538 Nr. 2 und Abs. 2 das Berufungsgericht, wenn das angefochtene Urteil nur über prozeßhindernde Einreden entschieden hat, lediglich solche zu erledigen. In den Rahmen dieser Aufgabe fällt aber die Prüfung der Behauptung, daß die Beklagte auf die Geltendmachung der prozeßhindernden Einrede verzichtet habe. Denn in diesem Falle kann er mit der trotzdem erhobenen Einrede nicht gehört werden. Daß vorliegend die Einrede zu denjenigen gehört, auf welche wirksam verzichtet werden kann, unterliegt keinem Bedenken, da der § 110 die Verpflichtung nicht von Gesetzes wegen, sondern nur dann eintreten läßt, wenn der Beklagte die Sicherheitsleistung verlangt (Gaupp-Stein zu § 274 V 1). Wenn sich nun die Parteien im Laufe eines Rechtsstreits wie geschehen vergleichen, so liegt in diesem Vergleich, der die endgültige Erledigung des Prozesses herbeiführen soll, unbedenklich ein Verzicht des Beklagten auf die weitere Geltendmachung der erwähnten prozeßhindernden Einrede, so daß eine Verhandlung und Entscheidung über die erledigte Hauptsache nicht mehr in Frage kommt. W. n.

v) **Aufhebung eines Urteils, das gegen eine andere Person als den Beklagten erlassen ist. ZPO. § 539.**

OLG. Cassel, VI. ZS. Urteil v. 16. Mai 1907.

Verklagt ist die Firma A. & B. Hahn, Inhaber Fabrikant August Hahn. Als ein Sohn des Beklagten, Adolf Hahn, als Zeuge vernommen werden sollte, erklärte er, er sei jetzt als Teilhaber in das Geschäft seines Vaters eingetreten; er wurde deshalb unvernommen entlassen. Durch ein Urteil, das als Beklagte bezeichnet „die Firma A. & B. Hahn, Inhaber August und Adolf Hahn" wurde darauf die Klage abgewiesen. Auf die Berufung ist das Urteil aufgehoben worden. Gründe:

Da die Firma eines Einzelkaufmanns nie als solche, sondern nur die Person, von der sie als Name geführt wird, Prozeßpartei sein kann (Staub zu 17 HGB.), so konnte auch hier nur August Hahn als verklagt angesehen werden. Wenn im Laufe des Prozesses der Träger der Firma A. & B. Hahn wechselte, indem durch den Eintritt des Adolf Hahn an die Stelle der bisherigen Einzelperson eine offene Handelsgesellschaft trat, so konnte dadurch nicht ohne weiteres zugleich das Prozeßsubjekt wechseln. Es mag dahingestellt bleiben, ob dies im Wege der Klagänderung möglich gewesen wäre (vgl. Seuffert 18 Nr. 289, JW. 1901 S. 651). Jedenfalls ergibt sich eine solche nicht aus den Akten, besonders nicht aus dem Protokoll über die Schlußverhandlung, welches über die verlesenen Anträge keine Feststellung enthält. Es besteht mithin ein unvereinbarer Widerspruch zwischen der Klagschrift und dem Urteil. Denn daß eine offene Handelsgesellschaft rechtlich etwas anderes ist, als die einzelnen sie bildenden Personen, ist einleuchtend (§§ 124, 129 HGB., JMBl. 1905 S. 321). Aus diesem Grund ist das Urteil prozessual auch insofern nicht gerechtfertigt, als es August Hahn betrifft; denn dieser ist im Urteil nur als Mitinhaber der Firma und nicht persönlich aufgeführt. Es ist daher auch unrichtig, daß in den Gründen des Urteils Adolf Hahn als nunmehriger Mitbeklagter erwähnt wird. Da sich hiernach das Urteil nicht als ein Urteil in dem Rechtsstreit der Klägerin gegen den Beklagten August Hahn darstellt, so liegt ein wesentlicher Mangel des Verfahrens vor. Das Berufungsgericht war daher nicht in der Lage, in der Sache selbst zu verhandeln, und deshalb mußte, zumal auch der Klägerin durch das Urteil ein Beweismittel entzogen ist, die Sache in die erste Instanz zurückverwiesen werden. [Vgl. oben Nr. 5x S. 133.] Fs.

w) **Beschwerde:** *α)* **Zulässigkeit nach §§ 567 ff. ZPO.**

Kammergericht, XIII. ZS. Beschluß v. 23. Mai 1906.

Das LG. hat den Antrag des Beklagten, die in der Revisionsinstanz befindlichen Prozeßakten zum Verhandlungstermin einzufordern, zurückgewiesen. Die Beschwerde hierüber ist unzulässig. Ein im Gesetz hervorgehobener Fall liegt nicht vor, auch ist die angegriffene Verfügung keine Entscheidung, durch die ein das Verfahren betreffendes Gesuch zurückgewiesen ist. Durch die Bestimmung des § 133 wird das Institut der Gerichtsakten beibehalten. Die in den Prozeßakten erfolgte Niederlegung der Schriftsätze hat den Zweck, dem Vorsitzenden die für eine sachgemäße Leitung der Verhandlung nötige Vorbereitung zu ermöglichen (Gaupp-Stein I zu § 133). Auch der § 299 kann das Vorliegen der Akten notwendig machen. Hiernach ist zwar die Herbeischaffung der Akten eine das Verfahren, d. h. die Abwicklung des Rechtsstreits vorbereitende Maßregel, sie ist jedoch keine richterliche, das Verfahren selbst betreffende Handlung. Nicht das Gericht, sondern der Vorsitzende oder der Gerichtsschreiber hat für das Zurstellesein der Akten zu sorgen. Kann nun auch nicht verkannt werden, daß es unzweckmäßig ist, die Herbeischaffung der Akten zu einem Verhandlungstermin, sei es auch mit Rücksicht auf eine beabsichtigte Vertagung, zu unterlassen, so ist doch in dieser Beziehung Abhilfe höchstens im Dienstaufsichtswege zu erzielen. v. W.

β) **Beschwerdesumme gilt auch für Vollstreckungskosten.**

Kammergericht, XIV. ZS. Beschluß v. 1. November 1906.

In betreff der Prozeßkosten erlassene Entscheidungen (§ 568[3]) sind nicht bloß solche in den Fällen der §§ 99[3], 103[1], 105[4], 107[3], welche die Begründung zur Prozeßnovelle als Beispiele anführt, sondern alle Entscheidungen, die den Kostenpunkt überhaupt betreffen (Entsch. des RG. 47 S. 362; 49 S. 387). Ebenso wie § 568[3] für die Beschwerden über die Festsetzung der Zeugengebühren, der Gerichtskosten und des Streitwertes gilt, muß er auch auf die weitere Beschwerde in betreff der Vollstreckungskosten gelten, gleichviel aus welchem Grunde und nach welcher gesetzlichen Vorschrift diese Kosten von dem Fordernden beansprucht werden. Dr. S.

γ) **Gegenstandslosigkeit der Beschwerde.**

OLG. Naumburg, II. ZS. Beschluß v. 23. November 1906.

Nachdem auf Antrag des Interventionsklägers die Zwangsvollstreckung in die Pfandstücke (Tiere) eingestellt worden war, ist auf Antrag der Gläubiger mit Rücksicht auf die bedeutenden Futterkosten Versteigerung der Pfandstücke angeordnet und ausgeführt worden. Die Beschwerde des Klägers hierüber enthält zwar keinen bestimmten Antrag; der Beschwerdeführer will jedoch die Aufhebung oder Ungesetzlichkeit des angefochtenen Beschlusses ausgesprochen wissen, um eine Grundlage für einen künftigen Schadenersatzprozeß zu gewinnen. Es ist jedoch nicht Aufgabe des Beschwerdegerichts, einen solchen vorzubereiten. Nachdem die Tiere zwangsweise versteigert sind, ist der Beschwerde jeder Boden entzogen. Sie ist, wie das Landgericht zutreffend annimmt, gegenstandslos geworden. Eine Rückgängigmachung der Zwangsversteigerung steht nicht in der Macht des Gerichts... Dieses hat nur realisierbare Entscheidungen zu treffen, nicht abstrakte Aussprüche über die Zulässigkeit oder Unzulässigkeit einer bereits durchgeführten und im Erfolge nicht mehr zu ändernden gerichtlichen Anordnung oder Maßregel, nicht Aussprüche, die nur rein theoretische Bedeutung haben, zu tun. P.

x) **Wiederaufnahme des Verfahrens. Neue Entscheidung der Hauptsache. Klagerweiterung.**

α) Kammergericht, XVII. ZS. Urteil v. 16. Mai 1906.

A. hatte 1898 auf Rückzahlung eines Darlehns geklagt, war aber in der Berufungsinstanz am 30. September 1899 rechtskräftig abgewiesen worden.

Nachdem er 1903 wegen Geisteskrankheit entmündigt worden, hat er, vertreten durch seinen Vormund, im Wege der Nichtigkeitsklage beantragt, das Urteil von 1899 für nichtig zu erklären und den Beklagten zur Rückzahlung des Darlehns zu verurteilen. Er behauptet, daß er schon bei Beginn des Hauptprozesses geisteskrank und daher nicht vorschriftsmäßig vertreten gewesen sei. In der Sache selbst stellt er die Hingabe des Darlehns unter Beweis. — Der Beklagte bestreitet und bittet um Abweisung der Klage; eventuell stellt er anheim, die Sache in die erste Instanz zu verweisen oder die Klage wegen Prozeßunfähigkeit des Klägers für nicht erhoben zu erklären. Im letzteren Sinne wurde erkannt. Gründe:

Nach dem Gutachten war der Kläger bereits 1898 geisteskrank und zwar blödsinnig. Daraus ergibt sich zugleich seine Prozeßunfähigkeit zu jener Zeit. Zwar war er noch nicht entmündigt und hatte deshalb auch keinen Vormund; er war aber trotzdem wegen seiner tatsächlich bestehenden Geisteskrankheit prozeßunfähig. Da er im Hauptprozesse nicht durch einen gesetzlichen Vertreter vertreten war, mußte gemäß § 579 Nr. 4 das angefochtene Urteil und das gesamte vorausgegangene Verfahren aufgehoben und in der Hauptsache selbst erkannt werden. Vorliegend führt nun derselbe Grund, der die Statthaftigkeit der Nichtigkeitsklage begründet, zur Abweisung der in der Hauptsache erhobenen Klage, da die Klagerhebung wegen der Prozeßunfähigkeit des Klägers unwirksam war (vgl. Gaupp-Stein II a zu § 590). Es bleibt dem Kläger überlassen, seine angeblichen Ansprüche in einem neuen Prozesse geltend zu machen. Eine Zurückverweisung in die Vorinstanz ist nicht angängig, insbesondere ist von den im § 538 genannten Zurückweisungsgründen keiner gegeben. Ebensowenig hat der Vormund des Klägers die Prozeßführung bis zum Erlasse des Urteils von 1899 etwa teilweise genehmigt. Die Kosten der Nichtigkeitsklage treffen den Beklagten, die übrigen Kosten dagegen den Kläger.

β) Kammergericht, V. ZS. Urteil v. 3. November 1906.

Bei der vorstehenden Sachlage wurde derselbe Kläger mit dem erweiterten Klaganspruche (auf Herausgabe von 6 Aktien) kostenpflichtig abgewiesen. Gründe:

Da der Kläger trotz seiner Geisteskrankheit den Hauptprozeß selbst geführt hat, so ist die Nichtigkeitsklage aus § 579 Nr. 4 gegeben, es sei denn, daß sein jetziger gesetzlicher Vertreter die Prozeßführung genehmigt. Diese dem Prozeßrecht angehörige Genehmigung ist nicht etwa an die Voraussetzungen des bürgerlichen Rechts geknüpft. Insbesondere kann auch eine Klage, die von vornherein deshalb, weil die Partei nicht nach der Vorschrift der Gesetze vertreten war, unwirksam erhoben worden ist, durch nachträgliche Genehmigung wirksam werden (JW. 1900 S. 653[2], 854[6]). Ebensowenig ist zu bezweifeln, daß die Genehmigung nicht das ganze Verfahren des Hauptprozesses zu erfassen braucht, sondern sich auf einzelne Abschnitte desselben beschränken kann, so daß die übrigen ungenehmigt bleiben. Vorliegend hat nun der Vormund diejenige Schlußverhandlung, auf der das angefochtene Urteil beruht, nicht genehmigt; denn er ficht ja gerade dieses Urteil mit der Nichtigkeitsklage an. Anderseits ist eine stillschweigende Genehmigung der Klagerhebung unbedenklich darin zu finden, daß der Vormund neben dem Antrage auf Nichtigkeitserklärung des Urteils den weiteren Antrag auf Verurteilung des Beklagten zur Herausgabe von 6 Aktien stellt, also nicht nur denselben Anspruch, den sein Mündel erhoben hatte, verfolgt, sondern diesen Antrag noch erweitert, da mit der Klage die Herausgabe von nur 5 Aktien begehrt war. Diese Erweiterung war im Rescissiorium unbedenklich zuzulassen. Denn da nach § 590 die Hauptsache von neuem zu verhandeln ist, so ist auch eine Klagerweiterung ebenso statthaft, wie neue Angriffs- und Verteidigungsmittel vorgebracht werden können. . . . B. M.

γ) **Keine Verbindung des Verfahrens im Urkundenprozeß mit dem ordentlichen Verfahren.**

α) Kammergericht, XIII. ZS. Urteil v. 14. März 1907.

Der Kläger, welcher 16 Wechsel über zusammen 40000 Mark im Wechselprozeß eingeklagt hatte, erklärte nach Verlesung der Anträge, daß er in Höhe von 11000 Mark vom Wechselprozesse Abstand nehme (er wollte gegenüber einer Eideszuschiebung über Einwände gegen einige Wechsel Zeugenbeweis antreten). Das LG. erachtete den Kläger wegen jener Wechsel überhaupt nicht für legitimiert, es wies durch dasselbe Urteil den Kläger in Höhe von 11000 Mark ab und verurteilte die Beklagte zu 29000 Mark unter Vorbehalt der Ausführung ihrer Rechte. Auf die Berufung beider Teile wurde die Sache gemäß § 539 zurückverwiesen. Gründe:

Daß in der erwähnten Erklärung nicht die einzelnen Wechsel bezeichnet waren, ist, da in dieser Beziehung sonst kein Zweifel obwaltete, unwesentlich. Dagegen ist die Verbindung der Verhandlung und Entscheidung im Wechselprozesse und im ordentlichen Verfahren als nach §§ 147, 260 unzulässig und infolgedessen das angefochtene Urteil keine geeignete Grundlage für das Berufungsverfahren. Abgesehen davon, daß die Berechnung der Gerichts- und Anwaltsgebühren auf Grund des angefochtenen Urteils zu unlösbaren Schwierigkeiten führen muß, konnte sich in der Berufungsinstanz infolge neuer Anführungen herausstellen, daß dieselbe Tatsache bald für erwiesen oder erweislich erachtet oder als unbewiesen oder unbeweisbar unberücksichtigt bleiben mußte. Dadurch wird die begriffliche Unmöglichkeit desselben Prozesses hinsichtlich je eines Teils des Streitgegenstands in verschiedenen Prozeßarten zu verhandeln, bestätigt. v. W.

β) **Zuständigkeit der Berliner Gerichte in Wechselsachen nach § 603 seit dem 1. Juni 1906.**

Kammergericht, XIII. ZS. Urteil v. 29. April 1907.

Geklagt ist bei dem Landgericht I in Berlin aus einem Wechsel, in dem als Adresse des beklagten Bezogenen Berlin W, Freisingerstraße angegeben ist. Da diese Straße in Schöneberg liegt und zum Bezirk des Landgerichts II in Berlin gehört, ist die Klage wegen Unzuständigkeit abgewiesen worden. Gründe:

Nach Entsch. des RG. 32 S. 110 wäre als Zahlungsort des Wechsels Schöneberg anzusehen. Dieser Auffassung hat sich der Senat nicht anzuschließen vermocht, indes gelangt er auf anderem Wege zu dem Ergebnis, daß das Gericht über Schöneberg als Gericht des Zahlungsorts in Frage kommt. Ist Berlin Zahlungsort, so kann die Wechselklage nach § 603 bei dem Gerichte Berlins angestellt werden. Seit dem 1. Juni 1906 bestehen für Berlin drei Landgerichte, deren jedes Teile der politischen Gemeinde Berlin zu seinem Sprengel zählt. Gutfeld (Veröffentl. des Berliner Anwaltvereins 21 S. 31, 39, 40) und Staub (48b zu Art. 4 WO.) sind der Ansicht, daß ein Bewohner Berlins bei allen drei Gerichten seinen allgemeinen Gerichtsstand habe, daß auch bei allen drei Gerichten hinsichtlich einer in Berlin zu erfüllenden Verpflichtung der Gerichtsstand des Erfüllungsorts begründet sei. Gutfeld geht davon aus, daß unter dem Wohnsitze des § 13 ZPO. der in § 7 BGB. bezeichnete Ort, unter diesem Orte und dem Orte der §§ 29, 603 ZPO. aber die politische Gemeinde zu verstehen sei. Es kann aber nicht zugegeben werden, daß sich daraus jene Ansicht „mit Notwendigkeit" rechtfertigt. Da keines der drei Gerichte das Gebiet der Stadt Berlin beherrscht, kann keines als das Gericht „des Orts" Berlin angesehen, es könnte also eher die Zuständigkeit aller drei Gerichte verneint werden. Der Ausgangspunkt ist nicht richtig gewählt. Weder das BGB. noch die ZPO. bestimmen den von ihnen gebrauchten Begriff „Ort" näher, in den Motiven zum BGB. § 34 wird eine Begriffsbestimmung ausdrücklich abgelehnt. Die übliche Identifizierung des „Orts" mit einem politischen Bezirke ist weder begrifflich geboten, noch historisch begründet, wie Eccius (Gruchot 50 S. 209) unter Hinweis auf Savigny (System 8 § 358, 359) dartut. Der Ort des Wohnsitzes ist vielmehr, wie Eccius im Anschluß an Hölder definiert, ein nach rechtlichen Momenten abzugrenzender Teil der Erdoberfläche; daß dieser Teil mit einer politischen Gemeinde zusammenfallen müsse, ist niemals Rechtens gewesen und kann nicht Rechtens sein, wenn rechtliche Momente die Teilung eines politischen Bezirks in mehrere Orte im öffentlichrechtlichen, prozeßrechtlichen oder im privatrechtlichen Sinne fordern. Das Reichsrecht hat die Abgrenzung der Gerichtsbezirke der Landesgesetzgebung überlassen; macht die letztere von dieser Befugnis in der Weise Gebrauch, daß sie die Grenze zweier Gerichtssprengel durch einen politischen Bezirk zieht, so schafft sie dadurch im Sinne der §§ 13, 29, 603 verschiedene Orte, es ist ihr also in der Tat ein Einfluß zwar nicht auf die Zuständigkeitsnormen, aber auf das bei Anwendung dieser Normen zu gewinnende Ergebnis eingeräumt. Es ist nicht richtig, daß, wie Gutfeld ausführt, das Landgericht I in Berlin durch die Veränderung seines Bezirkes kein anderes Gericht geworden sei. Bisher war es das Gericht „des Orts Berlin", jetzt ist es das Gericht eines Orts, der Teile der Stadtkreise Berlin und Charlottenburg und der Kreise Nieder-Barnim und Teltow umfaßt. Es haben also einerseits nicht mehr alle Berliner ihren allgemeinen Gerichtsstand beim Landgericht I in Berlin, anderseits haben ihn nunmehr daselbst die Einwohner anderer politischer Gemeinden. Ebenso ist das Landgericht I in Berlin das Gericht des Erfüllungsorts nach § 29 und des Zahlungsorts nach § 603 nur insoweit, als die streitigen Verpflichtungen innerhalb der Grenzen seines Bezirks zu erfüllen sind und der sich nach Art. 4 Ziff. 8 WO. ergebende Zahlungsort innerhalb dieser Grenzen liegt. Dabei können sich, wie auch Eccius S. 214 hervorhebt, Schwierigkeiten ergeben. Das Geschäftslokal oder die Wohnung, in dem oder in der der Wechsel zur Zahlung zu präsentieren ist, kann im Wechsel nicht angegeben, auch durch Nachfrage bei der Polizei nicht zu ermitteln sein, so daß, obwohl Berlin als Zahlungsort angegeben ist, ein Gericht des Zahlungsorts nicht angerufen werden kann. Ob diese Konsequenz wirklich gezogen werden muß, bedarf hier der Entscheidung nicht. Der Klagewechsel enthält bei dem Zahlungsort Berlin die Angabe Freisinger Straße 9. Läge dieses Haus in Berlin, so wäre nach dem Gesagten unbedenklich dasjenige Gericht als Gericht des Zahlungsorts zuständig, zu dessen Bezirk der Teil des Berliner Gebiets gehört, in dem die Freisinger Straße belegen ist. Das Haus gehört aber zum Bezirk des Landgerichts II in Berlin. Aus dem Wechsel ergibt sich also einerseits Berlin als gewillkürter Zahlungsort, anderseits, daß die Zahlung zu suchen ist zwar nicht in einem Teile der politischen Gemeinde Berlin, wohl aber an einer Stelle, die zum Bezirke eines der drei Landgerichte in Berlin gehört. Daraus folgt, daß dieses Gericht als Gericht des Zahlungsorts zuständig ist, unbeschadet der hier nicht zu erörternden Folgen der unrichtigen Ortsbezeichnung, insbesondere der Frage, ob der Wechsel in der Freisinger Straße zur Zahlung vorgelegt werden mußte oder ob so, wie geschehen, Windprotest erhoben werden konnte. v. W.

z) **Versäumnisurteil und Anschlußberufung im Eheprozeß.**

α) OLG. Hamburg, IV. ZS. Urteil v. 7. Dezember 1906.

Nachdem das LG. die Ehe der Parteien wegen Ehebruchs des Beklagten geschieden hatte, hat die Klägerin mit der Behauptung, daß sie dem Beklagten inzwischen verziehen habe, Berufung eingelegt, ist aber im Verhandlungstermine nicht vertreten gewesen. Der Beklagte legte Anschlußberufung ein, weil die Klägerin ihm inzwischen verziehen habe. Seinem Antrage entsprechend wurde durch Versäumnisurteil die Berufung verworfen und auf die Anschlußberufung die Klage abgewiesen. Gründe:

Die Berufung, gegen deren Zulässigkeit Bedenken nicht bestehen (Entsch. des RG. 36 S. 354), war beim Ausbleiben der Klägerin gemäß §§ 542 [1], 330 zu verwerfen. Auch die Zulässigkeit der Anschlußberufung ist nicht zu beanstanden. Sie verliert auch nicht etwa dadurch gemäß § 522 ihre Wirkung, daß die Berufung verworfen wird; denn diese Verwerfung geschieht nicht, weil die Berufung wegen des Ausbleibens der Klägerin als zurückgenommen angesehen oder weil sie dadurch unzulässig wird, sondern weil sie infolgedessen als materiell unbegründet zu behandeln ist; die Motive zu dem analogen § 330 sprechen von einem zu fingierenden zulässigen Verzichte auf das von der klagenden Partei geltend gemachte **materielle** Recht, dem bei dem ausbleibenden Berufungskläger die Fiktion eines zulässigen materiellen Anerkenntnisses des vorangegangenen Urteils entsprechen würde. Gemäß dem auf das Ausbleiben des Anschlußberufungsbeklagten analog anwendbaren § 542² ist die neu behauptete Verzeihung der Klägerin von dieser als zugestanden anzunehmen. Der § 617 steht dem nicht entgegen, da es sich um eine zum Zwecke der Aufrechterhaltung der Ehe aufgestellte Behauptung handelt. M. M.

β) **Verschwägerte im Entmündigungsprozeß.**

OLG. Karlsruhe, III. ZS. Urteil v. 11. Juni 1906.

Ein prozessualer Verstoß liegt darin, daß der Mann der Tochter und der einer Enkelin des wegen Geistesschwäche Entmündigten zum Rechtsstreit zugelassen worden sind, denen nach § 666³ mit § 646 ZPO. §§ 1589 u. 1590 BGB. und Art. 33 EG. z. BGB. der Beitritt nicht zustand, weil sie nicht Verwandte, sondern Verschwägerte des Entmündigten sind. Die Zulässigkeit des Beitritts war von Amts wegen zu prüfen, da der § 666³ ZPO. ohne Frage der Parteidisposition entrückt ist. Nachdem gegen die beiden ein Kostenurteil ergangen ist, sind sie zur Anfechtung desselben legitimiert. Dr. E.r.

7

a) **Streitwert des nach § 717² anhängig gemachten Schadenersatzes.**

OLG. Hamburg, V. ZS. Beschluß v. 17. Mai 1907.

Der bisherige § 655² hatte dem Beklagten die Möglichkeit gegeben, das von ihm Geleistete in dem noch anhängigen Verfahren zurückzuerlangen; daneben blieb ihm aber unbenommen, sein Rückforderungsrecht durch besondere Klage geltend zu machen. Gegenstand einer solchen Klage bildete die Leistung in dem Umfange, in welchem sie zurückgefordert wurde, ohne Rücksicht darauf, ob die Leistung zur vorläufigen Erfüllung der durch das Urteil festgestellten Verpflichtung wegen einer im Vorprozesse geltend gemachten Hauptforderung oder zugleich wegen einer der im § 4 bezeichneten Nebenforderungen gemacht war. Gleichwohl ist mit Entsch. des RG. 9 Nr. 117 durchweg angenommen, daß für den Streitwert der § 4 dann maßgebend bleibe, wenn der Beklagte in Ausübung der ihm durch § 655² gegebenen Befugnis in dem noch anhängigen Verfahren die Verurteilung des Klägers zur Erstattung des vom Beklagten Gezahlten oder Geleisteten beantragt, daß also der Wert dieses Antrags nur nach dem Betrage der in dem vorläufig vollstreckbaren Urteile dem Kläger zugesprochenen Hauptforderung zu bemessen sei (vgl. auch 23 Nr. 82, 29 Nr. 83, 31 Nr. 88). Der jetzige § 717 hat nun an Stelle der Rückzahlung dem Beklagten einen Schadenersatzanspruch gegeben; er bleibt aber wie früher befugt, diesen Anspruch und damit auch die Erstattung des Geleisteten entweder durch einen Antrag im anhängigen Verfahren oder durch Erhebung einer besonderen Klage zur Geltung zu bringen. Dieser Umstand kann jedoch nicht dazu führen, abweichend von der früher vertretenen Anschauung, den Wert des im anhängigen Verfahren gestellten Rückzahlungsantrags in gleicher Weise zu bemessen, wie wenn der Beklagte eine besondere Klage auf Erstattung des Gezahlten (Geleisteten) erhoben hätte. Denn nach § 249 BGB. hatte der Kläger auf Grund seiner Ersatzpflicht, abgesehen von etwa weitergehenden Ansprüchen der Beklagten — die aber hier nur insoweit erhoben sind, als Zinsen vom gezahlten Betrag gefordert sind, ein Anspruch, der für den Streitwert nicht in Betracht kommt —, den früheren Zustand durch Rückzahlung der erhaltenen Beträge wieder herzustellen, also dasjenige zu leisten, zu dessen Leistung er auch nach § 655 a. F. zu verurteilen gewesen wäre. Es trifft also durchaus zu, was die Entsch. des RG. 9 Nr. 117 ausgeführt hat, daß durch den Antrag der Beklagten nicht ein neuer Streitpunkt erhoben wird, sondern es sich nur darum handelt, eine prozessuale Folge des vorinstanzlichen, für vorläufig vollstreckbar erklärten Urteils zu beseitigen und zwar sowohl soweit in dem Urteile über den Hauptanspruch, als auch soweit über eine der im § 4 bezeichneten Nebenforderungen, nämlich die Zinsenforderung, entschieden ist. M. M.

b) **Vollstreckbare Ausfertigung für den Rechtsnachfolger auch bei vorläufig vollstreckbaren Urteilen. ZPO. § 727.**

OLG. Braunschweig, I. ZS. Beschluß v. 3. Mai 1907.

Der Beklagte vertritt die Ansicht, daß für den Rechtsnachfolger des im Urteil bezeichneten Gläubigers nur dann eine vollstreckbare Ausfertigung erteilt werden darf, wenn das Urteil rechtskräftig, nicht aber auch dann, wenn es nur für vorläufig vollstreckbar erklärt ist. Das LG. hält die Erteilung auch im letzteren Falle für zulässig, indem es gegen Entsch. des RG. 35 S. 386 sich Seuffert und Gaupp anschließt. Während als Gegner noch Petersen, Struckmann-Koch, das RG. (JW. 1898 S. 160[22]), das OLG. Jena (Busch Zeitschr. 27 S. 345), können für die Ansicht des LG. ferner angeführt werden das Oberste LG. in Bayern (Blätter für RA. 59 S. 77), OLG. Rostock (Rsp. 9 S. 112) und Kohler in Busch Zeitschr. 12 S. 117. Der letzteren Meinung war beizutreten.

Die Wortfassung des § 727 kennt die Beschränkung auf rechtskräftige Urteile nicht. Wenn hier das Gesetz den Weg der Zwangsvollstreckung für den Rechtsnachfolger öffnet, ohne zwischen rechtskräftigen und für vorläufig vollstreckbaren Urteilen zu unterscheiden, so hat man zunächst den Wortlaut gelten zu lassen. Beiderlei Urteilsarten sind als Vollstreckungstitel in dem § 764 gleichwertig nebeneinander gestellt. Hinzu kommt, daß der § 729[2] einen Fall besonders hervorhebt, in welchem die Erteilung einer vollstreckbaren Ausfertigung an die Voraussetzung rechtskräftiger Feststellung von Verbindlichkeiten geknüpft ist. Der Gesetzgeber hätte daher, falls er allgemein rechtskräftige Verurteilung für erforderlich erachtete, dringende Veranlassung gehabt, diesem Gedanken Ausdruck zu geben. Der Umstand, daß er das Erfordernis eines rechtskräftigen Urteils im allgemeinen nicht aufgestellt, in einem Sonderfalle aber verlangt hat, führt zu dem Schlusse, daß er für den Regelfall von der Unterscheidung zwischen rechtskräftigen und für vorläufig vollstreckbaren Urteilen absehen wollte. Die von den Gegnern angeführten Gründe sind den §§ 265 und 717 entnommen. Aus § 265 folgert man die Beschränkung, weil sonst der Rechtsnachfolger zum Beklagten in ein prozessuales Rechtsverhältnis eintrete und dieses gerade vom Gesetze reprobiert werde. Der § 717, der im Falle der Aufhebung des Urteils den Kläger zum Schadenersatz verpflichtet, würde insofern zu einem befremdenden und abzulehnenden Ergebnisse führen, als nicht der Kläger, sondern der Rechtsnachfolger die Forderung eingezogen hätte. Allein beide Bedenken sind nicht am Platze. Denn in der ersteren Hinsicht ist nicht richtig, daß der Rechtsnachfolger durch Erlangung einer vollstreckbaren Ausfertigung in eine vom § 265 mißbilligte prozessuale Beziehung zum Beklagten eintritt. Das eigentliche, auf die urteilsmäßige Anerkennung des Anspruchs gerichtete Prozeßverfahren ist durch das Urteil beendigt; es handelt sich nachher um das Vollstreckungsverfahren und darum, die unmittelbare Grundlage dafür zu beschaffen. Der Abs. 2 Satz 1 ist aber nur auf jenes, nicht auch auf dieses Verfahren anwendbar. Das ergibt sich, wie das Bayer. Ob. LG. hervorgehoben hat, aus dem Abs. 3, daß die Entscheidung auch gegen den Rechtsnachfolger wirksam und vollstreckbar ist. Bezüglich des § 717 aber sind überhaupt Erwägungen, die für die Entscheidung der streitigen Frage verwertet werden könnten, durch die Vorschrift ausgeschlossen, daß der Kläger zum Ersatz des Schadens verpflichtet ist. Wenn der Gesetzgeber den Beklagten an diese Stelle und nicht an den Rechtsnachfolger des Klägers verwiesen hat, so ist dazu genugsam erkennbarer Grund vorhanden. Ohne des Klägers Zutun wäre kein Rechtsnachfolger da, er ist derjenige, durch dessen Handlungsweise eine Sondernachfolge eintrat und nur eintreten konnte. Es ist daher vollkommen konsequent, wenn er für die etwaigen, aus der Sondernachfolge und der durch diese für den Rechtsnachfolger ermöglichten Zwangsvollstreckung dem Beklagten entstandenen Schäden verantwortlich gemacht wird; er mag sich eventuell an den Rechtsnachfolger erholen. H.g.

c) **Keine Beschwerde gegen Erteilung weiterer vollstreckbarer Ausfertigungen.**

OLG. Hamburg, II. ZS. Beschluß v. 16. Mai 1907.

Hat der Gerichtsschreiber, entsprechend der Anordnung des Vorsitzenden, eine weitere vollstreckbare Ausfertigung erteilt (§ 733), so kann der Schuldner die Entscheidung des Prozeßgerichts nachsuchen (§ 576). Geht dessen Entscheidung wie hier dahin, daß die weitere Ausfertigung mit Recht erteilt sei, so ist das keine Entscheidung im Vollstreckungsverfahren, wogegen die sofortige Beschwerde nach § 793 zulässig wäre (vgl. namentlich Entsch. des RG. 42 S. 321 oben; Gruchot 46 S. 1099), sondern eine die Vollstreckung vorbereitende Maßregel. Die Entscheidung des Prozeßgerichts unterliegt auch nicht etwa der Beschwerde nach § 576², denn hier wird nicht bestimmt, daß gegen die Entscheidung des Prozeßgerichts Beschwerde zulässig ist, sondern nur bestimmt, daß die Beschwerde, wenn sie zulässig ist, gegen die Entscheidung des Prozeßgerichts (und nicht etwa gegen die des Gerichtsschreibers) stattfindet (JW. 1902 S. 253[18]). Die vorliegende Entscheidung unterliegt daher nach der Regel des § 567[1] nur dann der Beschwerde, wenn sie ein das Verfahren betreffendes Gesuch zurückgewiesen hat. Daran fehlt es hier: das Gesuch ist nicht zurückgewiesen (in welchem Falle die Beschwerde zulässig wäre), sondern es ist ihm stattgegeben. Wenn der Schuldner ausführt, daß sein Gesuch, der Gläubigerin die Rückgabe der Ausfertigung aufzuerlegen oder wenigstens von der Gläubigerin eine Sicherheit zu verlangen, zurückgewiesen sei, so handelte es sich bei solchen Anträgen des Schuldners nicht um ein selbstständiges Gesuch, sondern um die Einkleidung seiner Angriffe gegen die Stattgebung des gegnerischen Gesuchs in die Form selbständiger Anträge. Indem das Prozeßgericht diese Anträge zurückwies, hat es nicht selbständige Anträge des Schuldners zurückgewiesen, sondern hat in Veranlassung solchen, auf die Beseitigung bzw. Einschränkung der Erteilung der Ausfertigung durch den Gerichtsschreiber hinzielenden Vorbringens die vom Schuldner damit tatsächlich nach § 576[1] nachgesuchte Entscheidung gegeben, durch welche, obwohl dem Wortlaut nach die Anträge des Schuldners zurückgewiesen sind, der Antrag der Gläubigerin für begründet erklärt ist. Gegen eine solche Entscheidung ist aber die Beschwerde unzulässig (Rsp. 4 S. 361, Entsch. d. RG. 31 Nr. 103, JW. 1900 S. 605[8], Petersen-Anger 5 zu § 733 unter 3; anscheinend auch Gaupp-Stein zu § 733 II mit § 732 I und § 724 III). M. M.

d) **Pflicht des Mannes zur Duldung der Zwangsvollstreckung in das Vermögen der Frau bei getrennten Gütern (§ 1426 BGB.). Handelsvollmacht zur Eingehung von Wechselverpflichtungen (§ 54 HGB.).**

Kammergericht, XIII. ZS. Urteil v. 27. Juni 1907.

1. Die Beklagten, welche in getrennten Gütern leben, behaupten, daß die Voraussetzung des § 1431 BGB. insofern vorliege, als dem Kläger dies Verhältnis schon 1903 bekannt war. In diesem Falle bedurfte er zur Vollstreckung gegen seine angebliche Schuldnerin allerdings keines Titels gegen deren Mann (Seuffert in Gruchot 43 S. 139). Es wird (so von Jolly ziv. Archiv 93 S. 453) angenommen, daß der Gläubiger dann auch nicht das Recht habe, von dem Manne der Schuldnerin die Duldung der Vollstreckung zu verlangen, da die Duldung nur entstehe, wenn eine besonders qualifizierte Frauenschuld vorliege. Mit dieser Ansicht steht die herrschende Auffassung über den § 741 ZPO. als eine zugunsten des Gläubigers getroffene Bestimmung, die seine anderweitigen Rechte nicht beeinträchtige (Petzold in JW. 1902 S. 335, Rsp. 6 S. 413), nicht im Widerspruch. Denn daselbst wird die Vollstreckung der Schuld in das eingebrachte Gut der Schuldnerin, also die Möglichkeit einer Kollision des Rechts des Gläubigers mit einem bereits vorhandenen Recht des Ehemanns vorausgesetzt. Diese Möglichkeit wird aber auch im Falle des § 739 als genügend angesehen, ein rechtswidriges Verhalten des Mannes ist nicht Voraussetzung der gegen ihn

zu erhebenden Klage. Es ist deshalb kein so weiter Schritt, statt aus dem dem Manne am Frauenvermögen zustehenden Rechte aus dem ehelichen Verhältnis an sich den Anspruch des Gläubigers herzuleiten, daß der Mann die Vollstreckung in das Vermögen seiner Frau dulde. Das Gesetz, das der Frau Geschäfts- und Prozeßfähigkeit beigelegt hat, muß auch dafür sorgen, daß der Gläubiger seine Ansprüche gegen die Frau ohne weitere Umstände zu verwirklichen in der Lage sei, sich also von vornherein gegen die Hindernisse zu sichern vermöge, die sich aus dem Umstande ergeben, daß seine Schuldnerin verheiratet ist. Daß der Mann im Zeitpunkt der Klagerhebung kein Recht an dem Vermögen seiner Frau hat, schließt nicht aus, daß er ein solches im Zeitpunkt der Vollstreckung habe. Aber auch abgesehen hiervon kann der Mann kraft seiner Befugnis, die Ehewohnung zu bestimmen, die Vollstreckung gegen die Frau in seiner von ihr geteilten Wohnung nach § 758 vereiteln oder verzögern. Der Schutz des Gläubigers vor solchen Kollisionen bedeutet für den Mann der Schuldnerin insofern keine erhebliche Belästigung, als er sich durch sofortiges Anerkenntnis vor Prozeßkosten schützen kann (§ 93, Rsp. 5 S. 398).

2. Durch die Weigerung des Mannes, den für ihn normierten Eid zu leisten, steht nach § 472 fest, daß der Mann zurzeit sowohl des Vertragsschlusses als auch der Annahme der Klagwechsel den Betrieb des Uhrmachergeschäfts seiner Frau selbständig leitete, seine Frau im Geschäfte ständig vertrat, allgemein die erforderlichen Bestellungen machte, die Einkäufe besorgte und Orders erteilte. Er war nach den in der Eidesform aufgezählten einzelnen Befugnissen im weitesten Umfange zur Vertretung seiner Frau als Geschäftsinhaberin befugt, besonders auch zum Abschlusse eines solchen Vertrags wie des streitigen. Unter jenen Befugnissen ist die Eingehung von Wechselverbindlichkeiten nicht enthalten, mit Rücksicht auf § 54² HGB. wird auch für einen Generalhandlungsbevollmächtigten eine besondere Erteilung dieser Befugnis verlangt (Staub § 54 Note 20), die auch durch die Üblichkeit der Eingehung von Wechselverbindlichkeiten in einem derartigen Betriebe nicht entbehrlich werde. Diese Auffassung ist indes in den Fällen nicht berechtigt, in denen die Eingehung von Wechselverbindlichkeiten nicht nur üblich, sondern geradezu die notwendige Grundlage des ganzen Geschäftsbetriebes ist. Solche kleinere Geschäftsbetriebe, wie der der Beklagten, beruhen in der Regel darauf, daß Waren gegen Wechsel angeschafft und bis zu deren Fälligkeit wieder verkauft werden, ein Vertreter kann daher ein solches Geschäft nur führen, wenn er stets in der Lage ist, Akzepte in Zahlung oder Prolongation zu geben. Es ist nicht anzunehmen, daß der Geschäftsinhaber, der einen Vertreter mit den weitgehendsten Befugnissen einsetzt, sich diese ganz selbstverständliche und regelmäßige Funktion sollte vorbehalten haben, es ist vielmehr, wenn er einen solchen Vorbehalt nicht ausspricht, anzunehmen, daß er auch diese Befugnis zwar nicht ausdrücklich, was das Gesetz nicht verlangt, aber besonders seinem Vertreter übertragen habe. v. W.

e) **Widerspruchsklage gegen Anspruchspfändungen.**[1]

OLG. Dresden, I. ZS. Urteil v. 13. Juli 1905.

Die Mutter der Kläger ist zu 1/3 Erbin ihres Mannes geworden, doch sind hinsichtlich dieses Erbteils die Kläger zur Nacherbschaft berufen. Der Beklagte hat aus einem gegen die Mutter erstrittenen Urteile deren Ansprüche gegen ihre Miterben auf Auseinandersetzung und auf Herausgabe der ihr dabei zukommenden Gegenstände gepfändet und sich zur Einziehung überweisen lassen. Dieser Beschluß wurde insoweit für unzulässig erklärt, als er den Herausgabeanspruch pfändet. Gründe:

Die Widerspruchsklage bezweckt, die Veräußerung der Pfandstücke zu verhüten. Sie ist daher grundsätzlich schon vor dem Beginne der Veräußerung zulässig, sobald es sich nur um eine Vollstreckungsmaßregel handelt, die im Fortgange des Verfahrens zur Veräußerung der Sache und damit zur Vernichtung des an ihr bestehenden, die Veräußerung hindernden Rechts führen kann. Die Pfändung des Anspruchs auf Herausgabe einer Sache bewirkt zwar an sich noch nicht die Pfändung dieser Sache selbst; wohl aber führt sie zur Begründung eines Pfandes an der Sache von dem Augenblicke an, wo der Drittschuldner sie der Anordnung des Pfändungsbeschlusses gemäß an den Gerichtsvollzieher herausgibt (Entsch. des RG. 13 S. 344, 25 S. 187).... Nunmehr ergreift das Pfandrecht des Gläubigers ohne weiteres die dem Gerichtsvollzieher übergebenen Sachen, und das Rechtsverhältnis ist ebenso zu beurteilen, als wenn er sie nach § 808 im Gewahrsam des Schuldners unmittelbar gepfändet hätte. Wie der Gerichtsvollzieher im letzteren Falle die Pfandstücke, ohne einen weiteren Antrag des Gläubigers abzuwarten, öffentlich zu versteigern oder gepfändetes Geld abzuliefern hat, so hat er in gleicher Weise auch bei der Verwertung der Gegenstände zu verfahren, die ihm auf Grund einer Anspruchspfändung der im § 846 bezeichneten Art vom Drittschuldner herausgegeben worden sind (§ 847 ²). Deshalb muß der Dritte, dem an den Sachen ein die Veräußerung hinderndes Recht zusteht, in der Lage sein, schon der Anspruchspfändung gegenüber Widerspruchsklage zu erheben. S. Arch. f. Rpfl.

f) **„Vorpfändung“ keine Vollstreckungshandlung.**

Kammergericht, VIII. ZS. Urteil v. 20. Oktober 1906.

Der am Gerichtsstande seines Wohnsitzes gegen eine Vorpfändung erhobenen Widerspruchsklage setzt der Beklagte den Einwand der Unzuständigkeit entgegen, weil in dem ausschließlichen Gerichtsstande des § 771 hätte geklagt werden müssen. Die Einrede ist unbegründet.

Das vorläufige Zahlungsverbot konnte nach § 744 (a. F.) nicht als eine Vollstreckungshandlung angesehen werden. Die Gründe der entgegenstehenden, allerdings herrschenden und auch vom Reichsgericht vertretenen Ansicht sind nicht überzeugend (vgl. bes. Raddatz bei Gruchot 37 S. 677; JW. 1895 S. 127 ⁵; Bad. Rpr. 1905 S. 228). Die Novelle (§ 845) hat daran nichts

[1] Vgl. dagegen KG. Rsp. 7 S. 352.

geändert (vgl. Komm.-Bericht S. 2151). Zunächst spricht schon der Wortlaut des § 845 gegen die Annahme, daß das Zahlungsverbot eine Vollstreckungsmaßregel sei, denn es heißt dort: „Schon vor der Pfändung kann der Gläubiger ... die Benachrichtigung, daß die Pfändung bevorstehe, zustellen lassen". Nach § 803 erfolgt die Vollstreckung durch Pfändung. Eine Handlung, die vor der Pfändung liegt, kann also keine Vollstreckungshandlung sein. Wenn Raddatz S. 674 dagegen anführt, daß es auch Vollstreckungshandlungen gebe, die nicht unter den Begriff der Pfändung fallen, so übersieht er, daß die von ihm erwähnten Fälle dadurch zu Vollstreckungshandlungen werden, daß sie vom Gericht oder vom Gerichtsvollzieher vorgenommen werden, und wenn er weiter zu dem Ergebnis kommt, daß es der in die äußere Erscheinung tretende staatliche Zwang gegen bestimmte Vermögensobjekte sei, der den Beginn der Vollstreckung charakterisiere, und daß diese Objekte deshalb noch nicht von der Staatsgewalt ergriffen zu sein brauchten, so ist die Vorpfändung noch nicht ein in die äußere Erscheinung tretender staatlicher Zwang, sondern nur ein Mittel, den mit der Pfändung später eintretenden staatlichen Zwang in seinen Wirkungen auf einen früheren Zeitpunkt zurückzuverlegen. Ohne den nachfolgenden gerichtlichen Akt ist die Vorpfändung bedeutungslos. Sie ist eine Sicherungshandlung des Gläubigers, durch die dieser schon vor der Vollstreckung die Sachen, an die er sich zu seiner Befriedigung später im Zwangswege halten will, dem Zugriffe Dritter entziehen kann (vgl. auch Reincke zu § 845). Er selbst erwirbt durch die Vorpfändung keine Rechte an den mit Beschlag belegten Forderungen.

Nach § 845² hat ferner die Benachrichtigung an den Drittschuldner die Wirkung eines Arrestes, sofern die Pfändung der Forderung innerhalb drei Wochen bewirkt wird. Er legt also der Ankündigung nur die Wirkung eines Arrestes bei, und dies auch nur dann, wenn die Pfändung in der vorgeschriebenen Frist nachfolgt. Also erst durch die Pfändung, d. h. durch die auf das Zahlungsverbot des Gläubigers folgende Zwangsvollstreckung wird die Wirkung einer vorläufigen, außerhalb der Zwangsvollstreckung liegenden Maßregel herbeigeführt. Die Wirkung dieser Maßnahme macht diese selbst noch nicht zu einer Vollstreckungshandlung. Gegen die Gegner spricht aber auch folgendes: Die Vorpfändung besteht in der vom Gläubiger ausgehenden und vom Gerichtsvollzieher zuzustellenden Benachrichtigung. Letzterer ist dabei nicht etwa als Vollstreckungsbeamter tätig (vgl. Gaupp-Stein § 845 I⁵, Raddatz S. 677 und § 78 Nr. 2 der preuß. GeschAnw.). Übermittelt er aber nur als Urkundsperson eine Erklärung des Gläubigers, so fällt damit die Vorpfändung aus dem Rahmen der Vollstreckungshandlungen heraus und stellt sich lediglich als „Parteiformalakt" dar (Schmidt, Lehrbuch § 110 S. 617). Es ist nicht anzunehmen, daß der Staat dem Gläubiger selbst, einem Privaten, die Vornahme der Zwangsvollstreckung durch § 845 ZPO. ausnahmsweise habe überlassen wollen. Selbst wenn man mit Raddatz annehmen wollte, daß die ZPO. die Vollstreckung eines Urteils nicht ausschließlich in die Hände des Gerichtsvollziehers oder des Gerichts gelegt habe (§§ 887, 866, 867 ZPO.; vgl. auch §§ 6ff. des preuß. Ges. v. 13. Juli 1883), sondern ausnahmsweise auch der eigenen Tätigkeit des Gläubigers überlasse, so sind doch derartige Ausnahmen stets im Gesetz ausdrücklich bezeichnet. Dies ist aber hier nicht der Fall. Allerdings wird die Vorpfändung im 8. Buche „Zwangsvollstreckung" behandelt; allein dort werden auch Handlungen gesetzlich geregelt, die wie z. B. die Erteilung vollstreckbarer Ausfertigungen anerkanntermaßen keine Vollstreckungshandlungen, sondern nur Vorbereitungsakte darstellen. Dr. P.

g) **Pfändung von Sachen im Gewahrsam Dritter.**

Kammergericht, VIII. ZS. Beschluß v. 13. April 1907.

Ein bei der Zwangsvollstreckung nicht beteiligter Dritter hat, wenn in seinem Besitze befindliche Sachen gegen seinen Willen gepfändet werden, die Einwendung aus § 766 und die Widerspruchsklage aus § 771. Mit jener kann aber nur geltend gemacht werden, daß die Vollstreckung hinsichtlich der Art und Weise unzulässig gewesen sei, oder daß der Gerichtsvollzieher bei seinem Verfahren gegen gesetzliche oder andere Dienstvorschriften verstoßen habe. Vorliegend hat der Gerichtsvollzieher einen Drahtzaun, ein Wasserbassin und einen Erdkeller gepfändet und im Protokolle ausdrücklich festgestellt, daß er sich nach dem Pachtgrundstücke des Schuldners begeben und dort gepfändet habe. Der Beschwerdeführer behauptet, daß er das Grundstück und damit auch das Inventar am Tage vor der Pfändung in der Zwangsversteigerung erworben habe, daß der Drahtzaun die Grenze zwischen diesem Grundstücke, dessen Vorbesitzer ihn errichtet habe, und dem Pachtgrundstücke des Schuldners bilde, daß der Erdkeller sich zum Teil unter der Grundmauer des erstandenen Grundstücks befinde und der Eingang von diesem Grundstücke ausgehe, und daß das Bassin auf der Anhöhe des Pachtlandes in die Erde eingebaut sei, zur Bewässerung des erstandenen Grundstücks diene, und auch von hier aus das Wasser in das Bassin hineingepumpt werde. Für die Nachprüfung der Zulässigkeit der Vollstreckung im Beschwerdeverfahren reicht die Feststellung des Gerichtsvollziehers aus. Dieser kann bei Pfändungen der vorliegenden Art nicht vor ihrer Vornahme in eine umständliche Sachverständigen-Beweisaufnahme darüber eintreten, wie die Besitzverhältnisse liegen, sondern hat sich selbst mit den ihm zu Gebote stehenden Hilfsmitteln über die Besitzverhältnisse schlüssig zu machen. Hat er in dieser Beziehung seiner Pflicht genügt, so läßt sich vom Standpunkte des Vollstreckungsrichters weder die Art und Weise der Vollstreckung noch das dabei eingeschlagene Verfahren beanstanden. Die Akten ergeben nicht, daß der Gerichtsvollzieher die Feststellung unter Verletzung von Vorschriften des materiellen oder formellen Rechts getroffen hätte. Die Beschwerde beruft sich zwar auf das Gutachten des zuständigen Katasterkontrolleurs, weil nur dieser in der Lage sei, ein maßgebendes Gutachten über die Grenzen und Besitzverhältnisse der beiden Grundstücke zu erstatten. Hierauf kann es aber nicht ankommen, weil die

Einwendung aus § 766 nicht dazu bestimmt ist, über die streitige Besitzfrage und die damit zusammenhängenden übrigen verwickelten Fragen eine endgültige Entscheidung herbeizuführen, hierzu vielmehr in zweifelhaften Fällen der vorliegenden Art nur die aus § 771 zu erhebende Widerspruchsklage gegeben ist (JW. 1895 S. 145). Dr. P.

h) **Keine Vollstreckung in unentbehrliches Gewerbsgerät der gütergem. Frau des Schuldners.**

α) OLG. Posen, V. ZS. Beschluß v. 6. März 1907.

Nach dem die allgemeine GG. des BGB. beherrschenden Prinzip der Zugehörigkeit alles Vermögens der Ehegatten zum Gesamtgute spricht die Vermutung gegen die Nichtzugehörigkeit eines dem einen oder andern Ehegatten gehörenden Rechts zum Gesamtgut. Es muß daher auch das von der Frau des Schuldners betriebene Altwarengeschäft mit dem dazu gehörigen Kastenwagen und Pferd mangels entgegenstehender Umstände als zum Gesamtgute gehörig betrachtet werden. Beide Eheleute, der Schuldner sowohl wie seine Frau, sind sonach mit der Zwangsvollstreckung tatsächlich in Anspruch genommen worden (§ 1438 BGB.), und beide sind mithin auch als Schuldner i. S. des § 811 Nr. 5 ZPO. anzusehen. Da ferner Pferd und Kastenwagen zur Fortführung des Altwarenhandels unentbehrlich sind, gehören sie zu den zur persönlichen Fortsetzung der Erwerbstätigkeit unentbehrlichen Gegenständen, gleichgültig ob beide Ehegatten in jenem Gewerbe persönlich tätig sind, oder ob das nur bei einem von ihnen zutrifft. Die Pfändung war daher unzulässig. E.l.

β) **Unpfändbarkeit eines Motorrades.**[1]

OLG. Colmar, Feriensenat. Beschluß v. 13. August 1907.

Mit Recht zählt das Amtsgericht den Schuldner, einen Brauereivertreter und Weinreisenden, also einen Handlungsagenten im Sinne der §§ 84 ff. HGB., zu denjenigen „aus persönlichen Leistungen ihren Erwerb ziehenden" Personen, welche hinsichtlich der zur persönlichen Fortsetzung ihrer Erwerbstätigkeit unentbehrlichen Gegenstände unter dem Schutze des § 811 Nr. 5 stehen. Der Schuldner sucht die Kunden der Brauerei und des Weinhandels in den um B. zerstreut liegenden Dörfern persönlich auf, und er muß sie persönlich aufsuchen, wenn er dem Geschäftsbetriebe der von ihm vertretenen Firmen nutzbringend dienen und den Wettbewerb ihrer Konkurrenten überwinden will. Er leistet also Dienste, bei denen neben der rein kaufmännischen Tätigkeit die persönliche Arbeit, besonders die recht eigentliche körperliche Leistung von Reisen und Besuchen, derart von Bedeutung ist, daß auf sie zu einem wesentlichen Teile sein Erwerb zurückzuführen ist. Diese Erwerbs-

[1] Unzulässig ist die Pfändung eines Motors, der dem Schuldner (Schlosser) für die Bohrmaschine unentbehrlich ist, die zur Fortsetzung seines Erwerbsgeschäfts notwendig ist (Beschluß des OLG. Darmstadt vom 19. März 1907; Hess. Rpr. 8 S. 83). Auch der Umstand, daß der Schuldner bessere, vollkommenere Werkzeuge als andere Handwerker besitzt, ist unerheblich; entscheidend ist allein, daß er andere Werkzeuge, mit denen die gleiche Arbeit, wenngleich mit mehr Aufwand an Zeit oder Kraft geleistet wird, nicht besitzt (Beschluß von demselben Tage a. O.).

tätigkeit von Handlungsagenten genießt aber nach dem Sinne und Zwecke des Gesetzes denselben Schutz, wie die Tätigkeit von Künstlern, Handwerkern und gewerblichen Arbeitern (vgl. die Beschlüsse der OLG. Dresden, Celle und München bei Soergel 1906 S. 605, sowie Rsp. 4 S. 152, 7 S. 308). Gleichfalls zutreffend hat das Amtsgericht angenommen, daß das Motorzweirad zur persönlichen Fortsetzung der Erwerbstätigkeit des Schuldners, besonders mit Rücksicht auf dessen Beinleiden, das ihm längeres Gehen unmöglich macht und die Benutzung eines Tretrades verbietet, sowie auf den Mangel genügender Eisenbahnverbindungen unentbehrlich ist, wobei es auf die Art und den Umfang der bisherigen Ausübung der Erwerbstätigkeit die erforderliche Rücksicht nimmt.... Frdthl.

i) **Vor Einleitung des Verteilungsverfahrens keine Klage eines Gläubigers auf Auskehrung des Erlöses.**

OLG. Hamburg, III. ZS. Urteil v. 7. März 1907.

Da der Versteigerungserlös den Gläubigern nicht ausgekehrt sondern hinterlegt ist, hat die Zwangsvollstreckung noch nicht ihr Ende erreicht. In diesem Stadium ist aber eine Klage der einzelnen Pfandgläubiger auf Auskehrung des Erlöses nicht zugelassen. Vielmehr ist das Verfahren (§§ 827, 872ff.) so geregelt, daß zunächst der Gerichtsvollzieher die Sachlage unter Beifügung der auf das Verfahren sich beziehenden Schriftstücke dem Vollstreckungsgericht anzuzeigen, und daß dieses alsdann von Amts wegen das Verteilungsverfahren einzuleiten hat. Die Voraussetzungen eines solchen liegen hier vor; der Erlös ist zur Deckung der Forderungen der durch Abtretung an die Stelle des erstpfändenden Gläubigers getretenen Klägerin und des Beklagten, der dieselben Sachen im Anschluß gepfändet hat, nicht ausreichend, und der Beklagte verlangt, wie sich aus seiner Widerklage ergibt, ohne Zustimmung der übrigen beteiligten Gläubiger eine andere Verteilung als nach der Reihenfolge der Pfändungen. Die Einleitung des Verteilungsverfahrens muß also erfolgen. Ob es dazu noch eines dem Vollstreckungsgericht gegenüber zu erklärenden formellen Widerspruchs des Beklagten, welcher anscheinend bisher nicht erfolgt ist, bedürfen wird, ist hier nicht zu erörtern. Anders als im Verteilungsverfahren kann der Beklagte sein Recht auf den Erlös der Pfänder überhaupt nicht geltend machen. Die Erhebung einer Widerspruchsklage nach § 878, für welche das im § 879 bezeichnete Gericht gemäß § 802 ausschließlich zuständig ist, ist dem späteren Verfahren vorbehalten. Die jetzt erhobene Klage mußte daher als prozessual unzulässig abgewiesen werden. M. M.

k) **„Sold" nach § 850 Nr. 5 ZPO.**

OLG. Stuttgart, I. ZS. Beschluß v. 2. April 1907.

Wegen eines Unterhaltsanspruches seines unehelichen Kindes ist dem Schuldner A., Feuerwerker bei dem Artilleriedepot, das Gehalt gepfändet. Diese Pfändung ist jedoch unzulässig. Denn als Feuerwerker ist A. nach der Äußerung des Kriegsministeriums Unteroffizier, Person des Soldatenstandes im Sinne der Ziffer A II der Anlage des MilStrGB. Der Feuerwerker hat den Rang eines Sergeanten, bezieht aber nicht wie sonstige Unteroffiziere Löhnung, sondern Gehalt und Servis. Hiernach ist der A. nicht unterer Militärbeamter im Sinne von B der Anlage des MilStrGB. und von A 1 des Reichsmilitärges. Daraus ergibt sich, daß § 850 Nr. 8, die sich auf Beamte bezieht, so auch auf Militärbeamte, also auch auf den Schuldner A. keine Anwendung finden kann und ebensowenig die Ausnahme des § 850[4], die sich neben zwei nicht in Frage kommenden Arten von Fällen auf die Fälle der Nr. 8 beschränkt. Es fragt sich nun, ob Nr. 5 § 850 zutrifft, für welche die erwähnte Ausnahme des § 850[4] zugunsten der unehelichen Kinder nicht besteht. § 850 Nr. 5 nimmt von der Pfändung aus den „Sold der Unteroffiziere". Unteroffizier ist der Schuldner, aber sein Diensteinkommen besteht in Gehalt und Servis, nicht in Löhnung, und Löhnung ist der Ausdruck, der in der neueren deutschen Heeressprache an Stelle von Sold getreten ist. Es fragt sich daher weiter, ob das Wort Sold des § 850 Nr. 5 in diesem eigentlichen, engsten Sinne zu verstehen ist oder in dem weiteren des Diensteinkommens der Unteroffiziere und Soldaten, gleichviel wie dieses im einzelnen gestaltet ist. Für diese letztere Auslegung ist zu entscheiden. Es ist nicht anzunehmen, daß der mehr oder weniger ausgedehnte Schutz gegenüber der Pfändung, der den Einkommen aus Dienstleistung nach § 850 gewährt wird, besonders durch Nr. 1, 5 und 8, dem hier fraglichen Einkommen nicht gewährt werden sollte, obwohl es sich hinsichtlich der Schutzbedürftigkeit nicht wesentlich besonders von den unzweifelhaft unter Nr. 5 und 8 fallenden unterscheidet. Das in Nr. 1 angeführte Lohnbeschlagnahmeges. bezieht sich nicht auf den öffentlichen Dienst (vgl. dessen § 4 Nr. 1). Die den öffentlichen Dienst betreffenden Bestimmungen, von welchen hier nur Nr. 5 und 8 des § 850 in Betracht kommen, müssen daher unter sich in der Weise anschließen, daß nicht zwischen ihnen eine gleichartige Dienststellung ungeschützt bleibt. An Nr. 8 kann die vorliegende Dienststellung nach dem Ausgeführten nicht angeschlossen werden, dagegen an Nr. 5 bei Auffassung des Ausdrucks Sold in weiterem Sinne. H.

l) **Bedeutung der Worte: „für das Jahr" im § 4 LohnbeschlGes.**

OLG. Düsseldorf, I. ZS. Beschluß v. 24. Januar 1907.

Das Gesetz will allerdings dem gegen Gehalt (Lohn) arbeitenden Schuldner ein gewisses Existenzminimum frei von der Pfändung lassen, aber nichts spricht dafür, daß es dieses Minimum gleich für ein ganzes Jahr sicherstellen will; sonst hätte es gesagt: soweit der Gesamtbetrag ... 1500 Mark im Jahre (nicht: für das Jahr) übersteigt". Die Folge dieser Auffassung wäre, daß bei Gehalt, dessen Summe in dem bestimmten Arbeitsverhältnisse nicht zur Zeit der Pfändung erkennbar 1500 Mark übersteigt, eine Pfändung überhaupt nicht möglich, dagegen nach Erreichung von 1500 Mark der ganze Rest auf einmal pfändbar wäre. Bei Schuldnern ohne dauernde Stellung wäre regelmäßig die Vergütung unpfändbar, da sich wohl nie übersehen läßt, ob ihr Gesamtbetrag 1500 Mark übersteigen wird. Eine solche Absicht des

Gesetzes ist nicht annehmbar. Die Worte „1500 Mark für das Jahr“ können daher nur einen Maßstab für die Höhe des Teils der Vergütung geben, der der Pfändung entzogen sein soll. Die Vergütung soll soweit pfändbar sein, als sie einen Lohn übersteigt, der für das Jahr berechnet 1500 Mark ausmacht. Es kommt nicht darauf an, ob der Schuldner wirklich in dem Jahre aus dem Arbeitsverhältnisse mehr als 1500 Mark verdient, sondern darauf, wieviel sein wirklicher Verdienst in jedem einzelnen Zeitraume, für den die Zahlung (Berechnung) des Lohns erfolgt, höher ist wie ein Lohn, der jährlich 1500 Mark beträgt. Insofern er höher ist, als ein solcher Lohn, übersteigt er „1500 Mark für das Jahr“. Da regelmäßig der Schuldner darauf angewiesen und in der Lage ist, das ganze Jahr zu arbeiten und zu verdienen, ist bei einem Monatsgehalte der unpfändbare Teil gleich $^1/_{12}$ von 1500, also 125 Mark (Seuffert, Petersen-Anger zu § 850, Busch Zeitschr. 32 S. 400).... Steht dagegen fest, daß der in einem Bruchteile eines Jahres verdiente Lohn der einzige ist, den der Schuldner im ganzen Jahre verdient und verdienen muß, wie z. B. bei Artisten einer bestimmten Spezialität, Saisonarbeitern ꝛc, dann ist die vorstehende Berechnung des unpfändbaren Teils insofern unzutreffend, als es nicht auf diejenige Quote von 1500 Mark ankommt, die dem Verhältnisse des bestimmten Zeitraumes zu einem Jahre entspricht. Das Arbeitsjahr, für das 1500 Mark freibleiben sollen, besteht in solchen Fällen ebenso wie das Jahr, in welchem der Lohn verdient wird, nicht aus 12 Monaten, sondern demjenigen geringeren Zeitraume, in welchem der Schuldner überhaupt verdienen **kann**, bei einem Zeitraume von nur 7 Monaten ist daher in jedem Kalendermonat $^1/_7$ von 1500 = $214^2/_7$ Mark der Pfändung entzogen. Vorliegend hat aber der Schuldner nicht nachgewiesen, daß er zu den Arbeitern dieser Art gehört. Er ist jetzt Theatersekretär und eigentlich Buchhändler, also nach seiner Ausbildung und seinen Fähigkeiten nicht darauf angewiesen, nur einige Monate im Jahre zu arbeiten. Daß er aus seinem gegenwärtigen Arbeitsverhältnisse nur für 7 Monate ein Einkommen hat, ist unerheblich; käme das in Frage, so wäre das Einkommen von Schuldnern, die fortgesetzt das Arbeitsverhältnis wechseln, niemals pfändbar.[1] Rh. Arch. 104 S. 26.

m) **Recht des Hypothekars auf vorzugsweise Befriedigung, wenn auf dem Grundstücke getrennte Früchte (geschlagenes Holz) von persönlichen Gläubigern gepfändet werden.**

[1] Das Pfändungsprivilegium des § 4a LohnbeschlagnGes. gilt nur für die Unterhaltsbeiträge und die durch deren Beitreibung erwachsenen Vollstreckungskosten. Dagegen sind die Kosten desjenigen Rechtsstreits, in welchem der Schuldner zur Zahlung einer monatlichen Unterhaltsrente verurteilt ist, kein Teil dieser Unterhaltsforderung; insbesondere treffen die Gründe, die für die Besserstellung der letzteren in der Zwangsvollstreckung sprechen, für diese Kostenforderung nicht zu; für ihre Beitreibung gelten vielmehr die allgemeinen Vorschriften (OLG. Dresden, 14. Dezember 1904, S. Arch. f. Rpfl. 1 S. 108, Düsseldorf, 24. Januar 1907, Rh. Arch. 104 S. 26, Gaupp-Stein, Petersen-Anger zu § 850, Meyer, Recht der Beschlagn. S. 73; vgl. dagegen Celle, Rsp. 6 S. 422).

Kammergericht, VIII. ZS. Urteil v. 1. Juni 1907.

Nach § 476 I 20 ALR. konnte, solange der Hypothekar die von der Substanz abgesonderten Früchte und Nutzungen oder die an deren Stelle tretenden Pacht- und Mietgelder noch nicht in gerichtlichen Beschlag genommen hatte, der Eigentümer gültig darüber verfügen. Als solche Verfügung ist nicht bloß eine Veräußerung, d. h. Eigentumsübertragung, anzusehen, sondern auch die Bestellung eines anderen dinglichen Rechts, z. B. eines Pfandrechts, das dem Rechte des Hypothekars vorgeht. Was für die Bestellung eines vertraglichen Pfandrechts gilt, müßte nach jetzigem Rechte auch für die Begründung eines Zwangspfandrechts, d. h. für die Pfändung gelten, so daß der Hypothekar gegenüber dem Pfändungsgläubiger ein Recht auf vorzugsweise Befriedigung aus § 805 ZPO. nicht geltend machen könnte.

Der Rechtszustand ist in der hier fraglichen Beziehung im ganzen sowohl nach den §§ 30, 31 EEG. als nach den §§ 1123, 1124 BGB. hinsichtlich der Pacht- und Mietzinsforderungen unverändert geblieben; insbesondere wird nach der in Theorie und Praxis ganz überwiegend vertretenen Ansicht die Anwendbarkeit des § 805 ZPO. verneint (Rsp. 7 S. 38, 8 S. 208).

Dagegen ist der Standpunkt des ALR. hinsichtlich der getrennten Naturalfrüchte bereits im § 30 EEG. und weiterhin in den §§ 1121, 1122 BGB. verlassen worden. Nach jetzigem Recht werden die Erzeugnisse des Grundstücks erst dann von der hypothekarischen Haftung frei, wenn sie veräußert und vom Grundstücke entfernt werden, bevor sie zugunsten des Hypothekars in Beschlag genommen worden sind; jedoch genügt, was hier nicht in Betracht kommt, innerhalb der Grenzen einer ordnungsmäßigen Wirtschaft auch die bloße Entfernung nach näherer Maßgabe des § 1122 BGB. Hieraus folgt, daß das Pfandrecht des Hypothekars erst dann erlischt, wenn die gepfändeten Erzeugnisse vom Gerichtsvollzieher veräußert und vom Grundstücke fortgeschafft sind. Bis dahin aber kann der Hypothekar als ein nicht im Besitze der Sache befindlicher Pfandgläubiger zwar der Pfändung nicht widersprechen, aber seinen Anspruch auf vorzugsweise Befriedigung aus dem Erlöse nach § 805 ZPO. geltend machen. Allerdings wird die Auffassung vertreten, daß er die Beschlagnahme des Grundstücks oder doch der Früchte bewirken müsse, um kollidierenden Gläubigern gegenüber Befriedigung aus den Früchten verlangen zu können. Aus § 1121 BGB. folgt aber nur, daß nach der Beschlagnahme sein Recht an den Früchten regelmäßig auch dann nicht erlischt, wenn die Früchte vom Gerichtsvollzieher veräußert und vom Grundstück entfernt werden. Aus § 865 ZPO. ergibt sich, daß die Pfändung getrennter Früchte zulässig ist, so lange nicht ihre Beschlagnahme im Wege der Immobiliarvollstreckung erfolgt ist. Daraus folgt, daß der Hypothekar zur Beschlagnahme greifen wird, wenn er sich gegen Zugriffe der Personalgläubiger möglichst wirksam schützen will. Es kann aber nicht geschlossen werden, daß ihm ohne Beschlagnahme jede Verwirklichung seines Hypothekenrechts unmöglich sein soll. Auch aus den Worten des § 865 ZPO., daß vor der Immobiliarbeschlagnahme die getrennten Früchte „der Zwangsvollstreckung in das bewegliche Vermögen unterliegen", ist nur zu schließen, daß die Pfändung an sich zulässig ist, nicht aber, daß der pfändende Personalgläubiger auch einem besser berechtigten Hypothekar die Befriedigung aus dem Erlöse verweigern dürfe. Ferner ist aus dem Umstande, daß das BGB. die „Hypothek, Grundschuld, Rentenschuld" in den §§ 1113 ff., das „Pfandrecht an beweglichen Sachen und an Rechten" in den §§ 1204 ff. behandelt, nicht zu folgern, daß der § 805 ZPO., indem er von „einem Pfand- oder Vorzugsrecht" spricht, das hypothekarische Recht nicht habe mitbegreifen wollen, da die Fassung dieser Gesetzesvorschrift älter als das BGB. ist. Auch aus den §§ 20 bis 23, 148 ff. ZwVG. ist nicht abzuleiten, daß die Beschlagnahme die angegebene Bedeutung für die Verwirklichung des hypothekarischen Rechts habe.[1] Dr. P.

n) **Widerspruch des Schuldners, die Leistung des Offenbarungseides würde seiner Gesundheit schaden.**

Kammergericht, XI. ZS. Beschluß v. 12. Juli 1907.

Der Schuldner hatte schriftlich angezeigt, daß er gesundheitshalber im Termin nicht erscheinen könne. Auf Antrag des Gläubigers erließ das Amtsgericht Haftbefehl, es erklärte das Ausbleiben für nicht entschuldigt, da der Schuldner in einer anderen Sache zu seiner Vernehmung an der Gerichtsstelle erschienen sei. Die Beschwerde wurde zurückgewiesen. Auch die weitere Beschwerde blieb erfolglos. Gründe:

Zu den gegen die Verpflichtung zur Eidesleistung gerichteten Einwendungen gehören auch diejenigen, welche die Verpflichtung zur sofortigen Leistung des Eides in Abrede stellen. Auch sie müssen in dem zur Leistung anberaumten Termine erhoben werden (§ 900). Wer so krank zu sein behauptet, daß er den Eid nicht leisten könne, muß dies also im Termin vorbringen. Das Ausbleiben im Termin würde nur dann als entschuldbar gelten können, wenn dargetan würde, daß der Schuldner zum Erscheinen im Termin und zur Abgabe der Widerspruchserklärung physisch nicht imstande gewesen wäre. Der Schuldner ist aber nicht in diesem Grade krank gewesen.... [Vgl. Rsp. 13 S. 219.] F.

o) **Einstw. Verfügung. Prüfung des Anspruchs.**

OLG. Braunschweig, I. ZS. Urteil v. 14. Juni 1907.

Die infolge ihres leidenden Zustandes erwerbsunfähige Klägerin, die auswärts in der Familie M. verpflegt wird und jetzt gegen ihren Vater auf eine jährliche Unterhaltsrente klagt, hat eine einstweilige Verfügung des LG. erwirkt,

---

[1] Für die obige Ansicht: Jäckel 5 vor § 1 ZwVG.; Fischer-Schäfer 5 zu § 865 ZPO.; Gaupp-Stein Anm. 4; Petersen-Anger Anm. 4; Seuffert Anm. 2 zu § 865 ZPO.; Kiel in Seuffert 59 S. 296. Dagegen: Staudinger II B zu § 1120 BGB.; Oberneck 1 § 132 unter IV; Hachenburg, Beiträge zum HypR. S. 73; Dresden Rsp. 3 S. 180, 10 S. 122, Annalen 23 S. 339. Vgl. ferner: Planck 2, 3 vor §§ 1120 ff. BGB. — Eine verwandte Frage behandelt Entsch. des RG. 42 S. 85 ff. D. E.

nach der der Beklagte während des Hauptprozesses 150 Mark monatlich zu zahlen hat. Der Beklagte fühlt sich beschwert durch die Art und Weise, in welcher ihm die Alimentation auferlegt wird, nämlich durch die Gewährung einer Geldrente. Er behauptet, daß die Klägerin imstande sei, den Unterhalt in der von ihm angebotenen Weise durch Naturalverpflegung, sei es in seiner Wohnung oder in einem Sanatorium, zu genießen und daß sie auf einen Unterhalt in Gestalt einer Geldrente, um sich von der Familie M. verpflegen zu lassen, keinen Anspruch habe. Das Berufungsgericht sieht jedoch davon ab, zu den verschiedenartigen Gutachten der Ärzte, sowie überhaupt zu der den Gegenstand des Hauptprozesses bildenden Streitfrage, ob die Klägerin einen Unterhaltsanspruch in Form einer Geldrente im ordentlichen Prozeßwege zu fordern berechtigt ist, Stellung zu nehmen und dadurch dem Hauptprozesse vorzugreifen. Denn gegenwärtig ist lediglich zu prüfen, ob es erforderlich ist, für die Dauer des Hauptprozesses die Alimentierung der Klägerin in der von ihr beantragten Weise zu regeln, um wesentliche Nachteile von ihr abzuwenden. Diese Notwendigkeit ist aber anzuerkennen. Solange der Streit über die Art der Alimentierung der Klägerin nicht ausgetragen ist, kann ihr nicht zugemutet werden, daß sie ihren Unterhalt in der vom Beklagten angebotenen Art durch Naturalverpflegung in dessen Wohnung oder durch Unterbringung im Sanatorium entgegennimmt, vielmehr ist bei dem Mißverhältnis, das zwischen den Parteien — und zwar während des Prozesses in größerer Schärfe — besteht, die nötige provisorische Alimentierung für die Klägerin nur erreichbar, wenn unter Verhütung der mit dem Angebot des Beklagten zurzeit verknüpften Übelständen der Unterhalt in Gestalt einer vom Beklagten zu leistenden Geldrente gewährt wird. H.g.

8

a) Wertfestsetzung über 2000 Mark. GKG. § 10.

OLG. Hamburg, VI. ZS. Beschluß v. 2. Oktober 1906.

Für die Klage auf Herstellung der häuslichen Gemeinschaft ist der Streitwert auf 2000 Mark festgesetzt. Der beschwerdeführende Anwalt beantragt Festsetzung auf 20000 Mark, da die Frau eine Mitgift von 40000 Mark erhalten habe und weitere 70000 Mark von ihrem Vater habe erhalten sollen, der Mann aber ein jährliches Einkommen von mindestens 10000 Mark habe. Allein bei nicht vermögensrechtlichen Ansprüchen ist der Wert mit 2000 Mark nur „ausnahmsweise“ höher anzunehmen. Ein Ausnahmefall liegt hier nicht vor. Die Berücksichtigung der Vermögensverhältnisse, die auch im Falle des § 10 allerdings stattzufinden hat, kann nicht, zumal nicht in einem Rechtsstreit, der nicht die Scheidung einer Ehe, sondern die Herstellung der ehelichen Gemeinschaft zum Gegenstande hat, so weit gehen, daß bei Einkommensverhältnissen, wie den hier in Frage stehenden, die gesetzliche Regel verlassen wird. M. M.

b) **Kostenvorschußpflicht des Widerklägers.**[1]

OLG. Stuttgart, I. ZS. Beschluß v. 3. Oktober 1906.

Der Beschwerdeführer, der zur Zahlung eines Gebührenvorschusses wegen der von ihm erhobenen Widerklage aufgefordert worden ist, beruft sich auf § 120 ZPO., weil dem zu den Kosten verurteilten Kläger das Armenrecht bewilligt worden war. Jedoch kommt die Befreiung von der Vorschußpflicht nach § 120, wie sich aus dessen Entstehung ergibt (vgl. Entsch. des RG. 46 S. 416) nur dem zugute, der von der armen Partei angegriffen wird; ist dem Kläger das Armenrecht bewilligt und beschränkt sich der Beklagte nicht auf die Abwehr der Klage, sondern geht selbst durch Erhebung einer Widerklage zum Angriff über, so ist er insoweit vorschußpflichtig (so jetzt auch Gaupp-Stein zu § 120). Ob der Kläger durch die Art seiner Antragstellung dem Beklagten Anlaß zur Erhebung der Widerklage gegeben hat und ob deren Gegenstand ein selbständiger Anspruch des Beklagten oder nur ein Antrag auf negative Feststellung ist, kann hierbei keinen Unterschied begründen, da die Erhebung der Widerklage unter allen Umständen nicht der Verteidigung, sondern dem Angriffe dient und dies allein für die Frage der Vorschußpflicht entscheidend ist. H.

c) **Bedeutung der Zweigniederlassung einer amerikanischen Handelsgesellschaft für § 85 GKG.**

OLG. Hamburg, II. ZS. Beschluß v. 4. April 1907.

Allerdings besitzt die A.-Company, eine Aktiengesellschaft mit dem Sitz in Chicago, hier eine ins Handelsregister eingetragene Zweigniederlassung, deren Vertreter, der Kaufmann D. hier, die Firma der Gesellschaft allein zeichnen darf und sie in allen Rechtsstreitigkeiten, die aus Geschäften der Gesellschaft im Deutschen Reiche entstehen, vor den hamburgischen Gerichten zu vertreten hat. Allein da die Zweigniederlassung einer Aktiengesellschaft ein selbständiges Rechtssubjekt weder ist noch sein kann, so ist das durch den hier ansässigen und für das Deutsche Reich als Vertreter — nicht etwa bloß der Zweigniederlassung, sondern — der A.-Company selber vertretene Rechtssubjekt, das mit der beim Landgerichte eingereichten Klage als Kläger auftritt, lediglich die in Chicago, also im Auslande bestehende Aktiengesellschaft. Diese ist aber weder dadurch, daß ein von ihr mit der Wahrnehmung ihrer Geschäfte im Deutschen Reiche betrauter und zur Zeichnung ihrer Firma bevollmächtigter Vertreter hier wohnt, noch dadurch, daß sie hier für das Einkommen aus ihrem durch ihren Vertreter bewirkten, als „Zweigniederlassung" bezeichneten und zum Handelsregister angemeldeten Gewerbebetrieb besteuert wird, Inländerin geworden. Sie hat also nicht die Eigenschaften eines Deutschen im Sinne des § 85 erworben.... M. M.

d) **Einziehung und Rückzahlung von Gerichtskosten.**

---

[1] In dem auf Aufhebung des Arrestes gerichteten Widerspruchsverfahren ist der Antragsgegner als Antragsteller vorschußpflichtig (Kammergericht, II. Ferien-ZS. Beschluß v. 28. August 1906).

OLG. Hamburg, IV. ZS. Beschluß v. 9. Mai 1906.

Die vom Beklagten (Berufungskläger) eingeforderten Kosten der Berufungsinstanz sind, was die erste Hälfte anlangt nach § 81 und was die zweite nach Verwerfung der Berufung und vor Erlaß des die Kostentragungspflicht ändernden Reichsgerichtsurteils eingeforderte Hälfte anlangt, nach § 86, der, wie § 87 zeigt, keine rechtskräftige Entscheidung voraussetzt, in Verbindung mit § 93 mit Recht eingefordert. Daß der Kläger und Berufungsbeklagter in der Berufungsinstanz zum Armenrechte zugelassen ist, macht keinen Unterschied. Der § 123² ZPO. trifft nicht zu, da der Beklagte von der Berichtigung der fraglichen Kosten nicht befreit gewesen ist. Eine einstweilige Befreiung des Gegners einer armen Partei von den Kosten einer Instanz tritt nur ein, wenn die arme Partei Kläger (Berufungs- oder Revisionskläger) ist (§ 120 ZPO.). M. M.

e) **Die durch Urteil gegenüber der Staatskasse begründete Kostenpflicht kann auch durch Vergleich beseitigt werden.**

Kammergericht, XX. ZS. Beschluß v. 15. Mai 1907.

In dem Urteil über die einstw. Verfügung sind die Kosten der Klägerin auferlegt worden. Vor Eintritt der Rechtskraft und vor Zahlung der Gerichtskosten schlossen die Parteien im Hauptprozeß einen Vergleich, durch den jede Partei von den Gerichtskosten beider Rechtsstreitigkeiten die Hälfte übernahm. Trotzdem sind von der Klägerin die gesamten Gerichtskosten des ersteren Verfahrens eingezogen worden. Die Beschwerde hierüber ist begründet.

Durch das Urteil ist die Klägerin zunächst allerdings Schuldnerin sämtlicher Gerichtskosten geworden (§ 86). Ihre Kostenpflicht ist aber gemäß § 87 durch den später geschlossenen Vergleich dahin gemindert worden, daß sie nur die Hälfte zu tragen hat. Der Annahme des Vorderrichters, daß § 87 die Abänderung gerichtlicher Entscheidungen durch Vergleich nicht im Sinne habe, ist nicht beizutreten. Der Wortlaut läßt eine solche Beschränkung nicht erkennen. Aber auch der Sinn des Gesetzes läßt die Beschränkung nicht zu. Die Parteien können durch Vergleich nicht allein über den Hauptgegenstand des Rechtsstreits, sondern auch über die Kosten mit Wirkung unter sich und für die Staatskasse verfügen. Daß auch ein über die Kosten geschlossener Vergleich nach jeder Richtung hin wirksam ist, ergibt sich aus § 98 ZPO. Denn danach sind im Falle des Vergleichsschlusses die Kosten des Rechtsstreits, über die noch nicht rechtskräftig erkannt ist, als gegeneinander aufgehoben anzusehen. Jedoch ist den Parteien ausdrücklich freigestellt, ein anderes zu vereinbaren. Da diese Bestimmung ganz allgemein lautet, so ist anzunehmen, daß durch den Vergleich der Parteien auch die Staatskasse bezüglich der Kosten gebunden wird, und zwar selbst dann, wenn schon eine Entscheidung über die Kosten ergangen ist, sofern diese noch nicht die Rechtskraft erlangt hat. An sich sind also die Gerichtskosten entsprechend dem Vergleiche einzuziehen. Ein Schutz der Staatskasse liegt jedoch darin, daß nach § 88 jede Partei im Falle der Zahlungsunfähigkeit der anderen gegenüber der Staatskasse wenigstens für die Hälfte der Gerichtskosten haftet. Gerade diese Bestimmung läßt erkennen, daß das Gesetz an sich den Parteien auch in ihrem Verhältnisse zur Staatskasse volle Freiheit bei Vergleichsschlüssen gewähren wollte.

Die hier vertretene Ansicht hat auch der hiesige VIII. ZS. am 2. März 1901 (KGBl. 1901 S. 45) als die richtige bezeichnet. Dieser Entscheidung hat sich jetzt auch Pfafferoth angeschlossen (S. 316 § 86 Anm. 4), der auf „Paul, Der Vergleich im Zivilprozeß" verweist, wo ausgeführt wird, daß der Vergleich ein Urteilssurrogat sei, ein Standpunkt, der allerdings dazu führen müßte, den Vergleich auch hinsichtlich der Kosten dem Urteile gleichzustellen. Abweichender Meinung sind Rittmann (GKG. 1906 § 86 Anm. 6) und Sydow (GKG. 7. Aufl. § 88 Anm. 2). Wenn das RG. (JW. 1899 S. 371[21]) bemerkt, die Staatskasse sei an die Übereinkunft der Parteien nicht gebunden, so handelte es sich dort um die Anwendung des § 88, der allerdings nicht durch Übereinkunft der Parteien abgeändert werden kann. R.

f) **Zur Auslegung des § 88 GKG.**

OLG. Karlsruhe, IV. ZS. Beschluß v. 29. Dezember 1905.

Nachdem die Parteien angezeigt hatten, daß die Sache durch außergerichtlichen Vergleich erledigt sei und daß darin der (zum Armenrecht zugelassene) Kläger die Gerichtskosten übernommen habe, hat der Kostenbeamte ohne weiteres die Hälfte der Gerichtskosten auf die Beklagten angesetzt. Ihre Erinnerung wurde zurückgewiesen; auch ihre Beschwerde hatte keinen Erfolg. Gründe:

Es wurde bisher ziemlich allgemein angenommen, daß, wenn eine zum Armenrecht zugelassene Partei durch Übereinkunft die sämtlichen Prozeßkosten übernommen hat, die Haftbarkeit des Gegners für die Hälfte trotz der Einschränkung des § 88² ohne weiteres eintrete, weil der in erster Reihe Verpflichtete nach § 115 Nr. 1 ZPO. von der Staatskasse nicht in Anspruch genommen werden darf und diese Unmöglichkeit einer erfolglos vorgenommenen Zwangsvollstreckung im Sinne des § 88² gleichkomme (OLG. Colmar, ElsLoth. Zeitschr. 8 S. 272, Pfafferoth und Rittmann zu § 88 GKG. Nr. 4). Die vom Beschwerdeführer angerufene Entscheidung JW. 1905 S. 117[22] erklärt es für unstatthaft, daß die Hälfte der Kosten ohne weiteres auf den nach § 88 Haftbaren deshalb angesetzt würde, weil die Partei, welche die sämtlichen Kosten übernommen hatte, Ausländer war und nach der in Preußen, wo der Prozeß anhängig war, bestehenden Anw. des Justizministers die Justizbehörden Ersuchen um zwangsweise Einziehung in außerdeutschen Staaten zu unterlassen haben, da erfahrungsgemäß die ausländischen Regierungen ihre Mitwirkung zu einer solchen in Ermangelung dahin gehender Staatsverträge ablehnen. Zur Begründung wird aber ausgeführt, daß der § 88² nach Wortlaut und Sinn zu Zweifeln über seine Bedeutung nicht den geringsten Anlaß biete, und „auch die Entstehungsgeschichte gewähre keinen Anhalt dafür, daß der Gesetzgeber dem Falle der erfolglos bewirkten Vollstreckung denjenigen habe gleichstellen wollen, in dem die Vollstreckung, deren

Herbeiführung an sich möglich ist, wegen besonderer ihr entgegenstehender Schwierigkeiten oder etwa deshalb unterlassen wird, weil sie voraussichtlich erfolglos bleiben würde". Das Reichsgericht setzt also hier voraus, daß die Herbeiführung der Vollstreckung mindestens doch möglich sein müsse, woraus zu schließen ist, daß es immerhin den Fall der Unmöglichkeit einer Vollstreckung dem in § 88² allein ausgedrückten Fall der erfolglos bewirkten Vollstreckung gleichstellen will. Gegen die arme Partei ist aber, solange ihr das Armenrecht nicht wieder entzogen oder sie wegen gebesserter Vermögensverhältnisse zur Nachzahlung für verpflichtet erklärt worden ist (§§ 121, 125, 126 ZPO.), für die Staatskasse die Vollstreckung wegen der Gerichtskosten unmöglich, weil die Partei nach § 115 einstweilen von Berichtigung der Gerichtskosten befreit ist. Dr. E.r.

g) **Kostenpflicht des Antragstellers. Für Auslagen anläßlich eines Antrags beider Parteien haftet jede Partei.**

OLG. Hamburg, V. ZS. Beschluß v. 27. März 1907.

Der Kläger will für die durch Einholung eines Gutachtens erwachsenen Auslagen nur zur Hälfte haften, da das Gutachten von beiden Parteien beantragt sei. Dabei kann dahingestellt bleiben, welche Partei die Beweislast für die Angemessenheit der vom Kläger angesetzten Posten traf, denn es ist für die Verpflichtung der Parteien, einen Auslagenvorschuß zu leisten, gleichgültig, ob eine Beweiserhebung, mit welcher bare Auslagen verbunden sind, zwecks Führung des Beweises oder des Gegenbeweises beantragt wird. Beantragen beide Parteien die Einholung eines Gutachtens über eine unter ihnen streitige Frage, so ist jede Partei für sich der Gerichtskasse gegenüber für die Auslagen, welche durch die beantragte Beweiserhebung entstehen, zur Vorschußleistung verpflichtet. Es kann sich der Kläger daher auch nicht auf § 89 Satz 2 berufen. M. M.

h) **Verrechnung des Vorschusses, den eine Partei für eine von beiden Parteien beantragten Beweis bezahlt hat.**

OLG. Colmar, IV. ZS. Beschluß vom 25. März 1907.

Nachdem der Prozeß ohne Kostenentscheidung beendigt worden, verlangt die Staatskasse von der Beklagten 86 Mark Auslagen für die auf Antrag beider Parteien angeordnete Vernehmung eines Sachverständigen. Diese hatte das Gericht davon abhängig gemacht, daß der Kläger einen Auslagenvorschuß von 100 Mark leiste. Er hat ihn auch tatsächlich geleistet. Da jedoch die Staatskasse noch nicht für die gesamten Gerichtskosten (Gebühren und Auslagen) bezahlt ist, so erachtet sie sich nach § 90 für berechtigt, die 86 Mark von der Beklagten einzuziehen. Das LG. hat die Erinnerung hiergegen mit Recht für begründet erklärt. Es ist zutreffend davon ausgegangen, daß für Auslagen, welche durch beide Parteien veranlaßt sind, auch beide Parteien gemäß § 84 vorschußpflichtig sind. Ebensowenig hat es verkannt, daß die Verpflichtung einer Partei zur Zahlung der vorzuschießenden Beträge nicht nur in den im § 90 hervorgehobenen Fällen — wenn nämlich die Kosten einem andern auferlegt oder von ihm übernommen sind —, sondern auch fortbestehen bleibt, wenn der Prozeß ohne Entscheidnng über die Kosten oder ohne deren Übernahme durch einen andern beendet ist. Sie besteht jedoch nur dann fort, wenn die Staatskasse für die vorzuschießenden Beträge keine Deckung erhalten hat. Dies ist aber hier der Fall, da durch den vom Kläger eingezahlten Auslagenvorschuß die Staatskasse bereits gedeckt war, ehe sie noch die Auslage machte. Die 100 Mark sind ausdrücklich als Auslagenvorschuß für das Gutachten gefordert und bezahlt worden; es ist deshalb nicht angängig, diese Zahlung auf einen andern Teil der vom Kläger geschuldeten Gesamtkosten, nämlich auf die vom Kläger allein geschuldeten sonstigen Kosten, anzurechnen, um dadurch die Beklagte, die lediglich für die fr. Auslagen mit dem Kläger haftbar war, zur Zahlung heranziehen zu können. Zu der Zeit, als der Auslagenvorschuß gezahlt wurde, war die Kostenforderung noch keine einheitliche in dem Sinne, daß nicht zwischen Gebühren und Auslagen zu unterscheiden gewesen wäre. Vielmehr beruhte damals die Verpflichtung zur Zahlung einerseits eines Gebühren-, anderseits eines Auslagenvorschusses auf durchaus verschiedenen Rechtsgründen (§ 81 bzw. § 84). Erst nachdem eine Partei durch Entscheidung oder Übereinkunft Kostenschuldnerin geworden ist, kann man von einer Einheitlichkeit der Kostenschuld reden; die Ausführungen bei Rittmann S. 477 sind lediglich in diesem Sinne zu verstehen. Übrigens hindert auch die Einheitlichkeit einer Schuldforderung nicht, daß eine Zahlung bestimmungsgemäß auf eine bestimmte Post derselben angerechnet wird, die dadurch erlischt. In solchem Falle erlischt dann auch die auf diesen Teil beschränkte Haftung der übrigen Gesamtschuldner (§ 422 BGB.). Durch nachträgliche abweichende Anrechnung des Gläubigers lebt die Haftung des Gesamtschuldners nicht wieder auf. Auch aus dem Urteil des RG. v. 8. November 1886 (Bureaublatt 1887 S. 5) ist keineswegs, wie die Beschwerde meint, zu entnehmen, daß eine von der ursprünglichen Bestimmung des bezahlten Betrages abweichende Anrechnung zulässig wäre; vielmehr handelte es sich dort, soweit ersichtlich ist, um eine „Verrechnung" im Sinne einer Aufrechnung zweier sich gegenüberstehender Forderungen, nämlich einerseits der Forderung des Klägers gegen die Staatskasse auf Rückzahlung eines bezahlten Gebührenvorschusses, anderseits der Forderung der Staatskasse gegen den Kläger auf Einzahlung eines Auslagenvorschusses. Eine solche Aufrechnung steht hier nicht in Frage. Frdthl.

i) **Berechnung der Jahreskosten. GKG. § 94.**

Kammergericht, XIV. ZS. Beschluß v. 3. Januar 1907.

Der aus §§ 94, 89 GKG. in Entsch. des RG. 36 S. 409 hergeleitete Grundsatz, daß die Verpflichtung zur Zahlung der Jahreskosten bestehen bleibt, auch wenn nach Ablauf des Jahres durch gerichtliche Entscheidung die Kosten der Gegenpartei auferlegt sind, rechtfertigt nicht das vorliegend beobachtete Verfahren. Durch das nach Aufstellung der Jahresrechnung ergangene Urteil sind die Kosten des Rechtsstreits zu $^1/_6$ dem Kläger, zu $^5/_6$ dem Beklagten auferlegt. Die angefochtene Kostenrechnung verteilt nur die nach Aufstellung der Jahresrechnung entstandenen Restkosten nach diesem Verhältnis auf die Parteien und berücksichtigt nicht diejenigen Kosten, welche vorher als Vorschuß und als Jahreskosten vom Kläger erfordert sind. Es ist zwar nicht ausdrücklich ausgesprochen, aber selbstverständlich, daß die von der Partei auf Grund des § 94 als Jahreskosten erforderten Beträge, ebenso wie die auf Grund der §§ 81—85, 90 erforderten Vorschüsse (vgl. KassenO. § 17 Nr. 4) in erster Linie auf denjenigen Bruchteil der Gesamtkosten angerechnet werden müssen, welcher dieser Partei durch die Endentscheidung auferlegt ist. Der Kläger hat bereits erheblich mehr gezahlt, als die Kosten betragen, die ihm durch das Urteil mit dem $^1/_6$ der Kosten auferlegt sind. Deshalb ist es unzulässig, weitere Kosten von ihm zu erfordern. Dr. S.

k) **Kostenniederschlagung bei Klagabweisung wegen unrichtiger Bezeichnung des Reichsfiskus.**

OLG. Colmar, II. ZS. Beschluß v. 1. Juli 1907.

Gemäß § 6 können nur Gebühren, die durch unrichtige Behandlung entstanden sind, niedergeschlagen werden. Der Antrag, die gesamten Gerichtskosten niederzuschlagen, ist daher insofern unbegründet, als eine Niederschlagung der Auslagen überhaupt nicht angängig ist. Im übrigen aber war er gerechtfertigt.

Ausweislich des Tatbestandes hat der Prozeßbevollmächtigte der beklagten Partei die vom Kläger gewählte Bezeichnung derselben als „Generaldirektion der Reichseisenbahnen" dahin bemängelt, daß es richtiger „Reichsfiskus, vertreten durch die Generaldirektion" hätte heißen sollen. Indes hatte unbestreitbar und unbestritten der Kläger den Reichsfiskus als Gegner im Auge gehabt, nicht die diesen vertretende Behörde, die als solche kein eigenes Rechtssubjekt ist. Dementsprechend hat der Beklagte die sachgemäße ausdrückliche Erklärung abgegeben, er lege auf die unrichtige Bezeichnung kein Gewicht, da außer Zweifel stehe, wer in Wirklichkeit habe verklagt werden sollen. Infolgedessen hat der Kläger eine förmliche Berichtigung der Parteibezeichnung für überflüssig gehalten, und er durfte das auch, da es sich bei der Einigkeit der Parteien über die Person des wirklichen Beklagten um eine bloß formale, äußerliche Berichtigung handelte, die das Gericht bei Abfassung des Urteils sogar selbst ohne weiteres hätte vornehmen können. Hielt es aber eine förmliche Erklärung der Parteien für notwendig, so hatte es gemäß § 139 ZPO. die Parteien zu entsprechenden Erklärungen zu veranlassen. Dagegen durfte es nicht die Klage abweisen mit der Begründung, der Kläger habe wirklich und ernstlich gerade die „Generaldirektion" im Gegensatz zum „Reichsfiskus" verklagen wollen. Das war eine unrichtige Behandlung der Sache, und der Kläger, der eine derartige Auffassung und ein derartiges Verfahren des Gerichts nicht voraussehen konnte, hat sie nicht verschuldet.

Ist hiernach die Niederschlagung der Entscheidungsgebühr gerechtfertigt, so muß für die Verhandlungsgebühr dasselbe gelten. Denn die unrichtige Entscheidung hat zur Folge gehabt, daß der Kläger, um keine Instanz zu verlieren, von neuem klagen und daß eine nochmalige Verhandlung stattfinden muß. Die bisherige Verhandlung ist also vergeblich gewesen, und ihre Kosten sind durch die nachherige Behandlung des Gerichts unnütz geworden. Letzteres aber steht der „Entstehung" der Gebühr durch unrichtige Behandlung der Sache gleich, und deshalb ist darauf der § 6, der allerdings seinem Wortlaute nach nur die durch unrichtige Behandlung der Sache entstandenen Gebühren betrifft, entsprechend anzuwenden. Frdthl.

l) **Sachverständigenvergütung: α) eines Landwirts.**

OLG. Breslau, I. ZS. Beschluß v. 5. Oktober 1906.

Dem Beschwerdeführer, Oberamtmann in C., welcher schriftliche Gutachten über Grundstückswerte erstattet hat, ist eine Vergütung von 90 Pfg. für die Stunde festgesetzt worden, weil er nur 2700 Mark Einkommen für 1906 versteuere. Das LG. stützt sich dabei auf einen Erlaß der Oberrechnungskammer vom 16. Oktober 1882 Nr. 7859, worin es heißt: „Bei Zugrundelegung von 2 Mark für die Stunde müßte sich das jährliche Einkommen auf mehr als 6000 Mark belaufen. Die Geltendmachung des Umfanges und der Beschaffenheit der geleisteten Arbeit erscheint für die Berechnung des für jede Stunde festgesetzten Entschädigungssatzes ungeeignet, da diese Umstände nur hinsichtlich der erforderlich gewesenen Zeit in Betracht kommen könnten." Dieser Ausspruch richtet sich also nur dagegen, daß der Entschädigungssatz erhöht oder erniedrigt wird, weil Umfang und Beschaffenheit des Gutachtens dafür sprächen. Die Oberrechnungskammer spricht dagegen nicht aus, daß Sachverständige mit einem Einkommen unter 6000 Mark den Entschädigungssatz von 2 Mark nicht erhalten dürften. Vielmehr ist für die Bemessung der Vergütung allein maßgebend der § 3, der in Abs. 1 die Leistungen nach Maßgabe der Zeitversäumnis bis zu 2 Mark für jede angefangene Stunde vergütet wissen will und in Abs. 2 die „Berücksichtigung der Erwerbsverhältnisse" bestimmt. Die Erwerbsverhältnisse des Beschwerdeführers, eines Landwirts, können nicht nach dem Steuersatze des gerade laufenden Jahres sicher bemessen werden, da einmal dessen Ermittelung besonderen Schwierigkeiten unterliegt (vgl. preuß. EinkStG. vom 24. Juni 1891 § 9 Nr. 1; Ges. vom 19. Juni 1906 § 91) und ferner der Steuersatz auf dem Durchschnitt von nur 3 Jahren beruht (EinkStG. § 10). Die erheblichen natürlichen Einflüsse der Witterung, denen der Landwirt unterliegt, können die der Steuerberechnung zugrunde liegenden Jahre derart beeinflussen, daß das Berechnungsergebnis den tatsächlichen Erwerbsverhältnissen widerspricht, wie dies vorliegend anzunehmen ist. Der Grundsteuerreinertrag der Domäne C. beträgt 8293 Mark. Es ist ferner bekannt, daß der 1861 festgestellte Reinertrag in Schlesien hinter dem tatsächlichen Reinertrag bei weitem zurückbleibt. Ist nun auch von letzterem die Pachtsumme des Beschwerdeführers abzuziehen, so ist doch nicht zu bezweifeln, daß seine Erwerbsverhältnisse einer Jahreseinnahme von 6000 Mark mindestens entsprechen, mag er auch in einzelnen Jahren selbst Kapitalverbrauch eintreten lassen, um die gewohnte und seiner Stellung entsprechende Lebenshaltung fortführen zu können. Deshalb ist der Gebührensatz von 2 Mark gerechtfertigt. N.

β) **bei Ausdehnung auf nicht gestellte Fragen.**

OLG. Karlsruhe, IV. ZS. Beschluß v. 16. Dezember 1905.

Als Gegenstand des abzugebenden Gutachtens bezeichnet der Beweisbeschluß den „Umfang der vom Beklagten auf seinem Grundstücke betriebenen Zementfabrikation"; in diesem Sinne erfolgte auch die Instruktion des Sachverständigen durch den beauftragten Richter. Das schriftliche Gutachten hat sich jedoch mit der Beantwortung dieser Frage nur in den acht ersten Nummern beschäftigt, dann ist es in eine sehr detaillierte Behandlung der Frage eingegangen, wie sich die Verhältnisse für den Beklagten infolge der Enteignung gestalten werden, welche Nachteile daraus für ihn erwachsen, mit welchen Mitteln diese Nachteile für seinen Geschäftsbetrieb einigermaßen wettgemacht werden können, und wie daher die ihm zu gewährende Entschädigung zu bemessen wäre, lauter Fragen, deren Beantwortung für den Sachverständigen mit großer Mühe und Arbeit verbunden war, die aber ganz außerhalb der ihm vom Gerichte aufgegebenen Begutachtung lag. Es wäre nun eine offenbare Unbilligkeit gegen die Prozeßparteien, wenn ihnen die Tragung der durch die Überschreitung der Aufgabe erwachsenen Mehrkosten zugemutet würde, und es konnte daher dem Sachverständigen eine Entschädigung für seine Zeitversäumnis, seine Mühewaltung und seine Auslagen nur in der Höhe gewährt werden, wie sie durch die Erfüllung der ihm in Wirklichkeit aufgetragenen Arbeit bedingt war. Allerdings hat der Sachverständige die Ausdehnung seines Gutachtens über den Rahmen des ihm gewordenen Auftrags hinaus auf mangelhafte Instruktion zurückgeführt; allein der Beweisbeschluß selbst spricht hinsichtlich des Gegenstandes der Begutachtung eine so deutliche Sprache, daß er kaum mißverstanden werden konnte; etwaige Zweifel des Sachverständigen darüber, ob die Begutachtung sich auch auf weitere Punkte bezog, wären durch eine Anfrage bei dem beauftragten Richter in einfachster Weise zu lösen gewesen. Dr. E.r.

m) **Beginn der Frist des § 16 GebO. für Zeugen.**

OLG. Hamburg, IV. ZS. Beschluß v. 30. November 1906.

Wird auch der Lauf der Ausschlußfrist des § 16 durch die Gerichtsferien nicht unterbrochen, so beginnt er doch erst mit Beendigung der Zuziehung des Sachverständigen; und diese den Beginn des Fristenlaufs bedingende Tatsache muß dem Sachverständigen zum Bewußtsein gebracht sein, wenn sie den Ausgangspunkt für die Ausschließung mit seinem Gebührenanspruch bilden soll. Da in dieser Richtung nichts festgestellt und dem Sachverständigen zu glauben ist, daß er bei Beendigung seiner Vernehmung vom 23. Mai 1906 nicht unter dem bestimmten Eindruck gestanden habe, daß seine

Tätigkeit als Sachverständiger im vorliegenden Rechtsstreit zum Abschluß gelangt sei, ihm auch später vor Einreichung seiner Rechnung keine Mitteilungen oder Eröffnungen in diesem Sinne gemacht sind, so war am Tage des Eingangs der Rechnung des Sachverständigen (16. Oktober 1906) die dreimonatige Frist noch nicht abgelaufen.... M. M.

9

a) Anwaltsgebühr für Konferenzen, Vertragsentwürfe. Preuß. GebO. vom 27. September 1899 Art. 3, 11, 13.

Kammergericht, VIII. ZS. Urteil v. 19. Juni 1907.

1. Der klagende Anwalt hatte für zwei Konferenzen nach einem Streitwert von 400000 Mark auf Grund des Art. 3 der preuß. GebO. v. 27. September 1899 je 28 Mark gefordert und zugesprochen erhalten. In der Berufungsinstanz erklärte er jedoch diesen Ansatz für irrig; denn die Ratserteilungen hätten sich auf den Beginn eines (allerdings nicht angestellten) Prozesses wegen Anfechtung eines Kaufvertrages durch Miterben bezogen. Er forderte daher (in Erweiterung des Klagantrages) gemäß §§ 9, 47 RAGebO. und zwar, weil beide Beratungen sich auf denselben Gegenstand bezogen, eine Beratungsgebühr von 155,70 Mark. Allerdings bestimmt die RAGebO. nach § 1 auch die Vergütung „für die beratende Berufstätigkeit, welche den Beginn oder die Fortsetzung" eines Verfahrens vor den ordentlichen Gerichten betrifft, so daß jene GebO. auch zur Anwendung kommen kann, wenn die beratende Tätigkeit zur Einleitung eines Rechtsstreits überhaupt nicht geführt hat (vgl. JW. 1886 S. 459[5]). Voraussetzung ist aber stets, daß diese Tätigkeit den Beginn oder die Fortsetzung eines Verfahrens der genannten Art „betroffen" hat, d. h. „daß die Intention des Auftraggebers darauf gerichtet sein muß, die Tätigkeit des Anwalts zum Zwecke des Beginnens oder der Fortsetzung eines gerichtlichen Verfahrens in Anspruch zu nehmen; wo dieser subjektive Zusammenhang fehlt, ist die GebO. nicht anzuwenden" (Walter-Joachim S. 49). An dieser Voraussetzung fehlt es hier.... Vielmehr ergibt sich aus den gestellten Fragen, daß das Ersuchen auf Erteilung einer Auskunft über gewisse Rechtsfolgen und auf Raterteilung darüber gerichtet war, wie in friedlicher Weise eine Regelung getroffen werden könne und die Rechte des Beklagten in Beziehung auf das verkaufte Gut für die Zukunft gesichert werden könnten.

2. Der Kläger hat die Gebühren für vier Vertragsentwürfe nach Art. 13, 11 preuß. RAGebO. und § 33 des preuß. GKG. angesetzt und dabei für den ersten Entwurf „laut Vereinbarung" den doppelten Kostensatz eingestellt. Mit Recht hat das LG. nur den einfachen Satz und zwar auch nur für einen Entwurf zugebilligt. Denn nach Art. 13[2] preuß. RAGebO. kann der Betrag der Vergütung für die Anfertigung eines Entwurfes nur insoweit abweichend durch Vertrag bestimmt werden, als dies nach § 26 NotGebO. zulässig ist. Der Kläger bestreitet (mit Joachim, Gebühren der RA. und GV.

in Preußen, Einl. § 5 und Anm. 56 zu Art. 13) die Rechtsgültigkeit dieser Bestimmung, da sie dem BGB., das die Vertragsfreiheit für die Dienstverträge ausspreche, zuwiderlaufe. Dieser Auffassung kann nicht beigetreten werden. Allerdings ist der Rechtsanwalt kein Staatsbeamter, weil er in keinem Dienstverhältnis zum Staate steht. Gleichwohl hat er „eine Stellung öffentlichrechtlicher Natur. Der Anwalt nimmt wesentlich teil an der Übung der Rechtspflege, seine Tätigkeit ist bestimmt, dem Publikum überhaupt zu dienen, wenn er auch einzelne Aufträge ablehnen darf, und er übt seinen Beruf und übernimmt dessen Pflichten gegenüber dem Publikum als solchen (Entsch. des RG. 14 S. 285). Er ist dann auch verpflichtet, die Rechte einer Partei, der er vom Gerichte beigeordnet worden ist, wahrzunehmen, und die Prozeßgesetze räumen ihm gewisse Vorrechte ein“ (Entsch. des RG. in Strafs. 34 S. 272; JW. 1901 S. 615[42]). Er nimmt daher eine Doppelstellung ein. Er nimmt Geschäfte wahr, die in der objektiven Rechtsordnung — den Prozeßordnungen — als notwendig zur Durchführung der staatlichen Aufgaben vorausgesetzt und begründet sind. Seine berufsmäßige Tätigkeit „ist demnach für den Staat notwendig; sie ist ein durch die staatliche Rechtsordnung selbst erforderter Faktor der Rechtspflege, und man kann die Rechtsanwaltschaft in derselben Weise wie die Staatsanwaltschaft als eine Einrichtung ansehen, welche einen Bestandteil der Gerichtsverfassung im weiteren Sinne bildet“ (Laband, Staatsrecht 4 S. 426). In diesem Sinne bekleidet der Anwalt, ohne Beamter zu sein, ein öffentliches Amt, dessen Ausübung die Zulassung durch die Landesjustizverwaltung, also einen staatlichen Akt, voraussetzt. Anderseits wird doch im einzelnen Fall seine Tätigkeit gegen Entgelt von Privatpersonen beansprucht, denen er für eigene Rechnung Dienste leistet. In diesem Sinne ist seine Tätigkeit der Betrieb eines Privatgewerbes (Laband S. 426, 428). Aus dieser Doppelstellung ergibt sich einerseits, daß allerdings im einzelnen Falle auf das Verhältnis des Anwalts zum Auftraggeber Vorschriften des bürgerlichen Rechts, besonders über den Dienstvertrag, Anwendung finden; auf der anderen Seite aber, daß die Regelung der Bedingungen, unter denen der Anwalt seine Tätigkeit ausübt — und dazu gehört auch die Regelung seiner Gebühren — Gegenstand des öffentlichen Rechts ist, und daß daher die Vorschriften des bürgerlichen Rechts nur insoweit anwendbar sind, als sie dieser Regelung nicht widersprechen. Deshalb ist es der Landesgesetzgebung unbenommen, soweit nicht die reichsgesetzliche GebO. entgegensteht, über die Gebühren allgemein bindende Vorschriften zu geben, auch wenn dadurch die im bürgerlichen Rechte für den Dienstvertrag herrschende Vertragsfreiheit eingeschränkt wird.

Der Kläger weist noch darauf hin, daß im Art. 80 EG. zum BGB. ausdrücklich die landesgesetzlichen Vorschriften über die vermögensrechtlichen Ansprüche der Beamten zc aufrecht erhalten sind, und schließt aus dem Nichtbestehen einer gleichen Bestimmung für das Dienstverhältnis der Anwälte, daß für letzteres die Aufrechterhaltung einer Zuständigkeit der Landesgesetzgebung habe abgelehnt werden sollen. Allein bei der ausdrücklichen Aufrechterhaltung der landesgesetzlichen Vorschriften bezüglich der Beamten in Art. 80 (I Art. 54) ist der Gesetzgeber (vgl. Motive zu Art. 54) davon ausgegangen, daß die Ansichten über die rechtliche Natur des Beamtenverhältnisses geteilt seien, daß nach der einen, der herrschenden Meinung die Begründung dieses Verhältnisses auf einem einseitigen Akt der Staatsgewalt, nach der anderen dagegen auf einem öffentlichrechtlichen Vertrage beruhe, und daß die Vertreter der ersteren Meinung die dem Beamten auf Grund der Anstellung gegenüber dem Staate zustehenden Ansprüche auf Besoldung, Wartegeld usw. für privatrechtliche Ansprüche erklärten, während die anderen dem widersprechen. Da eine Definition des Begriffs des Privatrechts nicht gegeben werde — führen die Motive weiter aus —, erscheine die Klarstellung des Verhältnisses, in dem das BGB. zu den für die betreffenden Ansprüche maßgebenden Sondernormen stehe, notwendig. Dazu komme, daß das BGB. selbst die vermögensrechtlichen Ansprüche und Verpflichtungen der Beamten aus dem Amtsverhältnisse in gewissen einzelnen Beziehungen in den Bereich der Regelung ziehe (I §§ 157, 296, 288, 736), woraus gefolgert werden könnte, daß das Kodifikationsprinzip auf die Gesamtheit der in Rede stehenden Normen sich erstrecke. Daraus, daß für die Anwälte eine dem Art. 80 entsprechende Vorschrift nicht gegeben worden ist, kann hiernach auf die vom Kläger behauptete Absicht des Gesetzgebers nicht geschlossen werden. Denn die Meinungsverschiedenheiten über die rechtliche Natur des Beamtenverhältnisses und der vermögensrechtlichen Ansprüche gegen den Staat berühren den Anspruch des Anwalts gegen seinen Auftraggeber nicht. Ebensowenig konnte gegenüber der Vorschrift über die kurze Verjährungsfrist für die Ansprüche der Anwälte (I § 156 Nr. 7) allein der zweite Grund in Betracht kommen. Irgend einen Schluß auf die Absicht des Gesetzgebers hinsichtlich der Regelung der Rechtsverhältnisse der Anwälte läßt daher der Art. 80 nicht zu. — Daß der Gesetzgeber aber tatsächlich eine andere Auffassung hatte, ergibt sich aus den Motiven zu § 156 Nr. 7. Dort heißt es nämlich: Die Vorschrift „gilt auch für die nach Landesrecht sich bemessenden Gebühren und Auslagen der Anwälte in Angelegenheiten der nichtstreitigen Gerichtsbarkeit". Danach sollte die landesgesetzliche Zuständigkeit für die Regelung dieser Gebühren durch das BGB. nicht aufgehoben werden. Die Rechtsgültigkeit des Art. 13^3 preuß. Gebührengeſ. unterliegt hiernach keinem Bedenken. Selbst wenn eine Vereinbarung über die Honorierung der Entwürfe getroffen sein sollte, wäre sie daher ungültig, da der Gegenstand dieser Entwürfe unzweifelhaft nicht zu den in § 26 NotGebO. aufgezählten Geschäften gehört, für die eine vertragliche, abweichende Festsetzung der Vergütung zugelassen ist.

Der Kläger behauptet nun ferner, es handele sich um vier selbständige Entwürfe, für deren jeden ihm schon nach dem Gesetz eine besondere Gebühr zustehe. Unter Berücksichtigung des § 56 preuß. GKG., der nach § 13^1 preuß. Gebührenges. und § 5 NotGebO. Anwendung zu finden hat, und nach dem die Gebühr die gesamte Tätigkeit einschließlich aller Nebengeschäfte umfaßt, ergibt sich, daß alles, was zur Fertigstellung eines Entwurfes notwendig war, besonders das Entwerfen, Umändern und Bessern der Urkunde, durch die Entwurfsgebühr mitabgegolten wird (vgl. Joachim a. O. S. 134; Mügel, Preuß. GKG. § 8 NotGebO. Anm. 3). Aus den vorgelegten „Entwürfen" aber ist ersichtlich, daß sie im Gegenstand und im wesentlichen Inhalt übereinstimmen, und ferner, daß es sich nur um die Anfertigung des Entwurfs eines Rechtsgeschäft gehandelt hat, der nach mehreren Umänderungen in dem letzten „Entwurf" seine endgültige Fassung gefunden hat. Der Kläger kann daher die Entwurfsgebühr nur einmal fordern. Ob dabei die Vorentwürfe vor ihrer Umänderung schon in Reinschrift fertiggestellt waren, ist für die Berechnung der Gebühr ohne Bedeutung.

3. Der Kläger fordert dafür, daß er sich auf Ansuchen des Beklagten in die Fabrikräume des X. begeben und dort unter Einsicht der Geschäftsbücher „eine Erfindung geprüft" hat, eine Gebühr nach § 47 GebO. vom 7. Juli 1879. Allein auch dieser § 47 setzt voraus, daß es sich bei der Raterteilung um den Beginn oder die Fortsetzung eines Verfahrens vor den ordentlichen Gerichten gehandelt habe. Daß aber hier die nachgesuchte Raterteilung sich auf derartiges bezogen habe, ergibt sich aus den Anführungen des Klägers in keiner Weise. Er kann daher nur nach dem preuß. Gebührengesetz. liquidieren.

Der Kläger hat für diesen Fall ausgeführt, es habe sich um eine Konferenz außerhalb der Geschäftsräume gehandelt, und deshalb komme nicht der Art. 11, sondern der Art. 10 jenes Ges. in Betracht. Allein die Tätigkeit, für welche die Gebühr gefordert wird, bestand darin, daß sich der Kläger mit dem Beklagten auf dessen Bitten in die Geschäfts- und Fabrikräume des X. begab, wo eine Prüfung der Erfindung stattfand und die Geschäftsbücher eingesehen wurden. Die Gebühr des Art. 10 steht aber dem Anwalt für die „Wahrnehmung eines Termins" zu. Im Sinne des bürgerlichen Rechts bedeutet „Termin" einen Zeitpunkt, zu dem etwas geschehen soll. In einem engeren, hier allein in Betracht kommenden Sinne wird es in Beziehung auf das Verfahren vor den Gerichten oder bestimmten anderen Behörden gebraucht. In diesem Sinne bedeutet es einen Zeitpunkt, der von der Behörde selbst für eine bestimmte, einen Bestandteil des Verfahrens bildende Tätigkeit vorher festgesetzt wird. (Daß damit vereinzelt in ungenauer Verwendung die im Termine zu entfaltende Tätigkeit selbst bezeichnet wird, kann hier außer Betracht bleiben.) Unter gewissen Umständen kann auch ein von einem Gehilfen der Behörde, wie dem Sachverständigen, auf Grund einer Ermächtigung durch die Behörde bestimmter Zeitpunkt unter den Begriff des Termins fallen. Eine weitergehende Auslegung aber widerspricht dem Sprachgebrauche. Keinesfalls kann deshalb eine Anwesenheit oder Mitwirkung des Anwalts bei Besprechungen oder Beratungen des Auftraggebers mit einem Dritten, bei Besichtigung von Räumen oder bei Prüfungen irgendwelcher

Art zu Zeitpunkten und an Orten, die vorher von dem Anwalt und seinem Auftraggeber oder einem Dritten vereinbart sind, unter der „Wahrnehmung eines Termins“ verstanden werden. Mit Recht hat deshalb das LG. nicht den Art. 10, sondern den Art. 11 zit. angewendet. H. K.

b) **Gebühren 2c des Anwalts als Konkursverwalter.**

OLG. Hamburg, II. ZS. Beschluß v. 26. Januar 1907.

Der Kläger würde die Korrespondenzgebühr nach § 7 nur dann beanspruchen können, wenn er seinerseits einen Korrespondenzanwalt bestellt und diesem die Gebühr zu erstatten hätte. Das wäre aber nicht der Fall, weil für einen Konkursverwalter, welcher die Bildung und die Erfahrung eines Rechtsanwalts besitzt, die Hinzuziehung eines Korrespondenzanwalts unnötig gewesen wäre. Es ist denn auch ständige Praxis, dem Anwalt, der als Konkursverwalter klagt, die Gebühr aus § 44 nicht zuzubilligen (vgl. Walter-Joachim zu § 7 Note 4).

Dagegen stehen dem Kläger die Schreibgebühren für die von ihm an seinen Prozeßbevollmächtigten gerichteten Briefe zu. Allerdings hat er sie nicht als prozeßbevollmächtigter Anwalt oder als Korrespondenzmandatar zu beanspruchen; er kann aber nach § 91 ZPO. als Partei Ersatz der notwendigen Auslagen, unter welchen Begriff übrigens auch die GebO. die Schreibgebühren bringt, verlangen. Er mußte den auswärtigen Prozeßbevollmächtigten instruieren. Daß er als Konkursverwalter die Urschriften seiner Schreiben behielt und Abschriften sandte, war angebracht, da er über den Inhalt seiner Mitteilungen instruiert bleiben mußte. Die beanspruchte Vergütung von je 10 Pfg. erscheint angemessen, da er ein Bureau hält und Auslagen für die Herstellung der Schreiben hatte. M. M.

c) **Prozeßgebühr, wenn der Beklagte aus prozeßhindernden Einreden die Klagabweisung beantragt.**

OLG. Dresden, V. ZS. Beschluß v. 11. Dezember 1906.

Das LG. hat die vom Beklagten berechnete volle Prozeßgebühr um die Hälfte ermäßigt, weil sich der Geschäftsbetrieb des Prozeßbevollmächtigten des Beklagten auf die Unzuständigkeit des Gerichts beschränkt habe. Die Beschwerde ist begründet.

Im allgemeinen ist davon auszugehen, daß der Anwalt, der zu allen den Rechtsstreit betreffenden Prozeßhandlungen ermächtigt wird, sich im vollen Umfange über die tatsächlichen Grundlagen des Rechtsstreites unterrichten zu lassen hat; nur dann wird er imstande sein, sachgemäß zu bestimmen, welche Maßregeln er im Interesse seiner Partei zu ergreifen hat. Einer solchen Prüfung kann er sich in der Regel auch dann nicht entschlagen, wenn das Vorliegen einer schon nach der Klagschrift ihm begründet erscheinenden prozeßhindernden Einrede die Handhabe zu einer schnellen Erledigung des Prozesses zugunsten seiner Partei zu bieten scheint. Auch in solchen Fällen hat er besonders auch die Frage zu erwägen, ob er nicht dem Auftraggeber zur Vermeidung eines zweiten Prozesses den Verzicht auf eine prozeßhindernde Einrede oder die vergleichsweise Beilegung des Rechtsstreites anzuraten habe, und hierzu ist die Kenntnis des Verteidigungsvorbringens des Beklagten im vollen Umfange unerläßlich. Auf eine Ausnahme kann dann zugekommen werden, wenn die Vollmacht auf die Verteidigung in den Grenzen der Einrede beschränkt worden ist.... Wenn der Anwalt den angekündigten Antrag auf Abweisung der Klage lediglich auf die Einrede der Unzuständigkeit gestützt und die Verweigerung der Verhandlung zur Hauptsache in Aussicht gestellt hat, so kann auch hieraus nicht die Unzulässigkeit der Berechnung einer vollen Prozeßgebühr hergeleitet werden. Zwar hat anscheinend das Reichsgericht Entsch. 19 S. 429 ff., 20 S. 426 ff. (vgl. auch JW. 1889 S. 171[16], 1895 S. 330[24], 1896 S. 75[39], 1898 S. 224[18]) aussprechen wollen, daß für die Beurteilung des Umfanges der dem Anwalt erteilten Information in Fällen der vorliegenden Art nur der Inhalt der Gerichtsakten maßgebend sei. Dieser Ansicht kann, wie der Senat schon in einem früheren Falle (5 C 63/06) ausgesprochen hat, nicht beigepflichtet werden. Denn die Glaubhaftmachung, wie sie in § 105[3] ZPO. gefordert, aber auch für genügend erklärt wird, kann mit jedem nach § 294 zugelassenen Mittel erfolgen. Auf diesen Standpunkt hat sich auch das RG. in anderen Fällen, z. B. JW. 1899 S. 166[16], gestellt, hier ist bereits nach den Darlegungen der Beschwerdeschrift die Erteilung der Information für die ganze Sache ohne Einschränkung als glaubhaft angesehen und dabei bemerkt, es sei „von vornherein für unwahrscheinlich zu erachten, daß sich der Anwalt Auftrag und Information nur für die Einrede der Unzuständigkeit — auf Grund deren die Einlassung zur Hauptsache verweigert und die Klage abgewiesen worden war — habe erteilen lassen". J. M.

d) **Verhandlungsgebühr, wenn zunächst nicht zur Hauptsache und später nicht kontradiktorisch über die Kosten verhandelt ist.**

RAGebO. § 25.

OLG. Hamburg, II. ZS. Beschluß v. 16. April 1907.

Mit Unrecht hat das LG. angenommen, daß im Termine vom 1. Dezember eine Verhandlung im Sinne der GebO. nicht stattgefunden habe. Der Vertreter des Klägers hat die Verhandlung dadurch eingeleitet, daß er seinen Sachantrag verlesen hat. Daß der Beklagte hierauf unter Verweigerung der Verhandlung zur Hauptsache die gegnerische Vollmacht beanstandet und, ohne seinerseits einen Sachantrag zu stellen, zunächst verlangt hat, daß die Vollmacht notariell beglaubigt werde, läßt zwar die Annahme einer kontradiktorischen Verhandlung der Parteien ausgeschlossen erscheinen, schließt aber nicht aus, sondern beweist, daß die Parteien, wenn auch nicht kontradiktorisch, verhandelt haben. Der Begriff der Verhandlung macht nicht erforderlich, daß zur Hauptsache verhandelt und unmittelbar sich auf diese richtende Anträge gestellt oder Ausführungen gemacht werden. Auch die Verhandlung über eine prozessuale Vorfrage, das Verlangen, daß der Prozeßvertreter des Gegners sich als zur Prozeßführung legitimiert durch eine notariell beglaubigte Vollmacht ausweise, muß als ein Verhandeln angesehen werden. In diesem weiten

Sinne hat sich der hiesige III. ZS. (Hans. GZ. 1896 Nr. 15 I) ausgesprochen, wo ausgeführt wird, daß, wenn auch ein passives Verhalten der Partei niemals als ein Verhandeln bezeichnet werden dürfe, doch anderseits ein solches in einer jeden, wie auch immer gearteten aktiven Beteiligung an dem den Gegenstand der Terminsverhandlung bildenden Rechtsstreit erblickt werden müsse, gleichgültig, ob sich diese Beteiligung auf die Hauptsache oder bloße Nebenpunkte, auf den Anspruch selber oder auf nur peripherisch sich angliedernde Tatumstände beziehe. Auch das OLG. Stuttgart (Jahrbücher 9 S. 352) hat den nämlichen Standpunkt eingenommen, indem es ausgeführt hat: für den Begriff des Verhandelns sei nicht eine materielle Erörterung des Rechtsstreits in dem Sinne zu verlangen, daß durch tatsächliche oder rechtliche Begründung der Parteianträge unmittelbar eine Grundlage für das Urteil geschaffen werde; vielmehr genüge auch eine solche Verhandlung, die auf die prozessuale Erledigung des Rechtsstreits abziele oder eine prozessuale Vorfrage zum Gegenstand habe. Um das Aufwerfen einer solchen prozessualen Vorfrage, und zwar einer solchen, deren Stellung für den Prozeß von ausschlaggebender Bedeutung werden konnte, handelt es sich hier. Ein Grund, dem Beklagten wegen seiner so gekennzeichneten aktiven Prozeßbeteiligung die halbe Gebühr des § 13 zu verweigern, liegt nicht vor.

Nur das erscheint fraglich, ob er neben dieser ihm auf Grund des § 16 bewilligten, vom ganzen Streitwert zu berechnenden Gebühr noch eine weitere nicht kontradiktorische Gebühr für seine Tätigkeit im Termine vom 4. Februar 1907 verlangen kann, in dem er nach (durch außergerichtlichen Vergleich) erledigter Hauptsache gegen den Kläger ein Versäumnisurteil wegen der Kosten erwirkt hat, oder ob der Geltendmachung dieser weiteren Gebühr der § 25 entgegensteht. Daß der § 25 hier in Frage kommt, obwohl er nur von den „im § 13 benannten Gebühren“ spricht, hier es sich aber um die Gebühr des § 16 handelt, ergibt die Entstehungsgeschichte des Gesetzes und ist auch in Entsch. des RG. 9 S. 333 eingehend dargelegt worden.

Weniger zweifelsfrei erscheint die Frage, ob die am 4. Februar an sich verdiente Gebühr für eine nicht kontradiktorische Verhandlung über die Kosten des Rechtsstreits als mit der Gebühr, die durch die nicht kontradiktorische Verhandlung vom 1. Dezember verdient ist, abgegolten anzusehen ist. Soweit ersichtlich, ist über einen gleichliegenden Fall oberstrichterlich noch nicht entschieden. Die Fälle, in denen getrennt über Hauptsache und Kosten verhandelt wurde und für jede der Verhandlungen je eine Gebühr zugebilligt wurde, waren (vgl. z. B. Entsch. des RG. 33 S. 403) solche, in denen es sich um ungleichartige Gebühren, also z. B. eine nichtkontradiktorische Gebühr für die Hauptsache, eine kontradiktorische Gebühr für die Kosten handelte, in denen daher wegen der Ungleichartigkeit der Gebühren die Anwendung des § 25 nicht in Frage kam. Hier aber handelt es sich bei beiden Verhandlungen um die gleiche Gebühr und somit darum, ob der Streitgegenstand, über den am 4. Februar verhandelt ist, einen Teil desjenigen Streitgegenstandes darstellt, über den schon am 1. Dezember verhandelt worden war. Ist diese Frage zu bejahen, so ist in Anwendung des § 25 dem Beschwerdeführer nur die halbe Verhandlungsgebühr für die erste Verhandlung zuzubilligen. Richtig ist, daß nach Erledigung der Hauptsache die nicht erledigte Kostenforderung ihren Charakter als Nebenforderung verloren hat und zur Hauptforderung geworden ist, allein diese nachträgliche Änderung des Charakters der Kostenforderung vermag die Tatsache nicht zu beseitigen, daß die erste Verhandlung auch schon diese Kostenforderung als Streitgegenstand mitumfaßte. Daß bei der Berechnung des Streitwertes die Kosten, soweit sie als Nebenforderungen geltend gemacht werden, außer Ansatz bleiben, ändert daran nichts, daß diese Kosten von Anbeginn an einen Teil des Streitgegenstandes gebildet haben. Ist das aber richtig, dann ist am 4. Februar nicht über etwas Neues, sondern nur über einen Teil des Streitgegenstandes verhandelt, der bereits Gegenstand einer Verhandlung gewesen ist. M. M.

e) **Voraussetzungen der Beweisgebühr.**

α) OLG. München, Ferien-ZS. Beschluß v. 14. September 1906.

Auf Widerspruch gegen einen Arrestbeschluß wurde über dessen Rechtmäßigkeit verhandelt und sofort nach Vernehmung der zur Stelle gebrachten Zeugen das Endurteil erlassen. Das LG. hat die Beweisgebühr gestrichen, indessen ohne Grund. Unter Beweisaufnahmeverfahren im Sinne des § 13 Nr. 4 ist nämlich nicht ein besonderes durch Beweisbeschluß angeordnetes Verfahren im Sinne des § 358 ZPO. zu verstehen, vielmehr ist das Wort im weitesten Sinne auszulegen, so daß es — ohne den beschränkenden Zusatz — auch auf Urkundenvorlage der Parteien anzuwenden wäre. Ein solches Beweisaufnahmeverfahren im weiteren Sinne findet auch im Arrestverfahren statt; das Gesetz spricht in § 294 ZPO. ausdrücklich von einer Beweisaufnahme zum Zwecke der Glaubhaftmachung. Aus der Anwendbarkeit des § 13 Nr. 4 folgt aber auch die Anwendbarkeit des § 17. U.

β) OLG. Hamburg, VI. ZS. Beschluß v. 31. Januar 1907.

Zur Begründung der Beweisgebühr bedarf es keines korrekten Beweisbeschlusses (JW. 1903 S. 124[6]). Folgerichtig kann es für diesen Gebührenanspruch gleichgültig sein, ob das Gericht überhaupt durch Beschluß oder der Vorsitzende durch seine Verfügung die beantragte Heranziehung der nicht in den Händen einer Partei befindlichen Akten zum Zwecke der Beweisaufnahme über eine erhebliche streitige Tatsache bewirkt und auf Grund derselben die beantragte Beweisaufnahme vornimmt. M. M.

f) **Vergleichsgebühr:** α) **Mitwirkung des Anwalts.**

OLG. Naumburg, II. ZS. Beschluß v. 26. März 1907.

Der RA. P. ist bei den Verhandlungen über den Vergleich selbst tätig gewesen und kann nach § 13 Nr. 3 RAGebO. für diese Mitwirkung die Vergleichsgebühr beanspruchen, da diese nicht die Anwesenheit des Anwalts selbst beim Abschluß des Vergleichs erfordert. [Ebenso OLG. München am 19. Juni 1905, Bay. Rpfl. 1 S. 473.] Dr. P.

β) **bei Einbeziehung anderer Gegenstände.**

OLG. Hamburg, IV. ZS. Beschluß v. 17. April 1907.

Die durch Schriftsatz angekündigte Forderung auf Zahlung weiterer 20000 Mark war mangels Geltendmachung in einer mündlichen Verhandlung nicht rechtshängig, als der Vergleich geschlossen wurde. Die Einbeziehung nicht im Prozeß befangener Ansprüche in einen zur Erledigung eines Rechtsstreits geschlossenen Vergleich rechtfertigt nicht eine Erhöhung der Vergleichsgebühr, welche immer nur nach dem Wert des Streitgegenstandes, d. h. des rechtshängig gemachten Anspruches zu bemessen ist. So auch der I. ZS. hier am 8. März 1889 und am 7. Juni 1893, der III. ZS. am 22. November 1890 und der II. ZS. am 2. Januar 1900 [und oben Nr. 4 S. 95]. M. M.

γ) **Vergleichsschluß nach Erlaß eines Teilurteils.**

Kammergericht, VIII. ZS. Beschluß v. 2. Dezember 1905.

Die Klägerin hatte auf Zahlung von 3000 Mark geklagt. Durch Teilurteil wurde der Beklagte zu 2390 Mark verurteilt. Nachdem über den Rest verhandelt war, verglichen sich die Parteien dahin, daß der Beklagte 3000 Mark nebst Zinsen in Teilbeträgen zahlt, sofern er aber dem nicht nachkommt, die Forderung auch vor Gericht anzuerkennen hat. Da er demnächst nur 2390 Mark zahlte, beantragte die Klägerin, ihn zur Zahlung von 610 Mark zu verurteilen. Nach diesem Antrage wurde er seinem Anerkenntnisse gemäß kostenpflichtig verurteilt. Streitig ist, ob die Vergleichsgebühr nur von 610 Mark oder 3000 Mark zu berechnen ist. Letzteres ist anzunehmen.

Die obige Vereinbarung stellt einen Vergleich dar. Ein solcher liegt auch dann vor, wenn der Gläubiger zwar von der zu zahlenden Summe nichts nachläßt, aber Ratenzahlungen bewilligt, wo er sofortige Zahlung der ganzen Summe verlangen zu dürfen glaubt. Die Vereinbarung hatte ferner den ganzen Streitwert zum Gegenstande, denn die Klägerin bewilligte Stundung des ganzen Betrags. Auch über die bereits zuerkannte Forderung konnten sich die Parteien vergleichen, insbesondere in Verbindung mit einer noch streitigen Forderung. Wie es ihnen freisteht, trotz eines abgeschlossenen Vergleichs ein Urteil zu nehmen, indem sie den Vergleich nicht einwenden, ebenso können sie sich trotz eines vorliegenden Urteils vergleichen, weil es für sie nicht zwingender sondern nur dispositiver Natur ist.

Die Vergleichsgebühr ist erwirkt, mag der Vergleich gerichtlich oder außergerichtlich abgeschlossen worden sein, und kann auch im Erstattungsverfahren geltend gemacht werden. Wesentlich für den Gebührenanspruch ist nicht die Beilegung des Rechtsstreits durch den Vergleich (A. M. Beschluß des XI. ZS. des KG., KGBl. 1896 S. 62), sondern nur die Schließung des Vergleichs zum Zwecke der Beilegung des Rechtsstreits (vgl. Joachim-Walter Nr. 56 zu § 13 und Anm. 65; Pfafferoth Nr. 11 zu § 13³). Dr. P.

δ) **anderer Anwälte als des Instanzbevollmächtigten.**

OLG. Dresden, II. ZS. Urteil v. 26. Oktober 1906.

Die Meinung, daß die in § 13 festgesetzten Gebühren nur den Instanzbevollmächtigten zuständen, vermag das OLG. für die Vergleichsgebühr nicht zu teilen. Auch andere Rechtsanwälte können bei dem Vergleichsabschlusse mitwirken; z. B. ist es sehr wohl möglich, daß die Parteien zur Beilegung eines schon in die höhere Instanz gelangten Rechtsstreits Vergleichsverhandlungen nur durch ihre erstinstanzlichen Anwälte, ohne irgendwelche Mitwirkung der für die höhere Instanz bevollmächtigten Anwälte pflegen. Solchenfalls ist nicht abzusehen, warum nicht den Anwälten, die bei dem Vergleichsabschlusse mitgewirkt haben, die in § 13 Nr. 3 festgesetzte Gebühr zukommen soll. In Ansehung von Vergleichen gibt es weder einen Anwaltszwang, noch eine örtliche Gebundenheit.

Die Kläger haben indessen wegen des Vergleichs zwar mehrfach mit den Beklagten verhandelt, aber insoweit immer nur den Verkehr zwischen den Beklagten und ihren zweitinstanzlichen Prozeßbevollmächtigten RA. B. geführt. Dieser hat die Vergleichsvorschläge des Prozeßgegners selbst entgegengenommen und den Klägern zu dem Zwecke mitgeteilt, damit sie mit den Beklagten verhandeln könnten, auch fort und fort den Vergleichsabschluß im Auge behalten und den Klägern bloß den unmittelbaren Verkehr mit den Beklagten überlassen; die Kläger aber haben, wie sie selbst sagen, angenommen, daß B., dem die erforderliche Information von ihnen erteilt worden, den Vergleich zustande gebracht habe. Bei dieser Sachlage fällt ihre Mitwirkung beim Vergleiche lediglich unter die Tätigkeit des Korrespondenzmandatars und wird daher durch die ihnen nach § 44 zustehende Gebühr abgegolten. Für Anwendung des § 89 ist darum kein Raum. Für die hier entfaltete Tätigkeit der Kläger ist eine Entlohnung schon im Gesetze vorgesehen. Auch kommt nichts darauf an, daß die Tätigkeit der Kläger besonders umfangreich gewesen ist. Belanglos ist ferner, daß dem zweitinstanzlichen Bevollmächtigten der Beklagten die Vertretungsmacht nicht unmittelbar von letzterem, sondern von den Klägern erteilt worden ist. Dr. v. F.

g) **Auslegung des § 20 Nr. 10. Ausdehnung der Beschwerde.**

OLG. Karlsruhe, II. ZS. Beschluß v. 21. Februar 1906.

Die sofortige Beschwerde der Beklagten richtet sich zunächst dagegen, daß das LG. die Prozeßgebühr auf $^5/_{10}$ ermäßigt hat. Der im Tatbestand niedergelegte Antrag des Klägers zeigt, daß mit der auf die Aufhebung des Schiedsspruchs gerichteten Klage eine Feststellungsklage verbunden worden ist, und die Entscheidungsgründe legen auch dar, warum diese letztere abzuweisen war. Die Voraussetzung des § 20 Nr. 10, daß die Tätigkeit des Anwalts ausschließlich die Aufhebung eines Schiedsspruchs betrifft, ist danach nicht gegeben, und es rechtfertigt sich die volle Prozeßgebühr. Was aber für die Prozeßgebühr gilt, muß ebenso für die Verhandlungsgebühr gelten, und die Beschwerde der Beklagten ist deshalb auch insoweit begründet, als sie über den eigenen Antrag der Beklagten im Festsetzungsgesuche hinaus die Erhöhung der Verhandlungsgebühr um $^5/_{10}$ begehrt. Zweifelhaft könnte hier nur die Zulässigkeit der Beschwerde sein; sie ist indessen zu bejahen. Anders als in dem Falle der Entsch. des RG. 35 S. 427 ist vorliegend die Beschwerde durch den Strich von $^5/_{10}$ der Prozeßgebühr an sich statthaft geworden; in diesem Beschwerdeverfahren konnte die Beklagte ihren Antrag, selbst wenn er einen „neuen Anspruch" in sich schloß, erweitern (Entsch. des RG. 55 S. 61). Dem Beschwerdeantrag der Beklagten war daher zu entsprechen; in analoger Anwendung des § 97[2] ZPO. waren aber die Kosten der Beschwerde zum Teil der obsiegenden Beklagten aufzuerlegen; die übrigen Kosten dieses Verfahrens haben die Kläger nach § 91 ZPO. zu tragen. Dr. E.r.

h) **Gebühr aus Nr. 2 neben der aus Nr. 1 § 23 GebO.**

OLG. Karlsruhe, III. ZS. Beschluß v. 4. Dezember 1905.

Der Kläger hat mit dem Antrag auf dinglichen Arrest gleichzeitig und in derselben Schrift die Forderungspfändung beantragt und fordert neben der $^3/_{10}$-Gebühr für den Arrestantrag zugleich $^3/_{10}$ für den Antrag auf Arrestvollzug. Das LG. hat jedoch die letztere Gebühr gestrichen, weil die Vollziehung des Arrestes kein Vollstreckungsakt im Sinne des § 23 Nr. 2 sei. Allein für die Gerichtskosten sind auch dann, wenn Arrest und Forderungspfändung gleichzeitig in einem Beschlusse erlassen werden, doch die beiden Gebühren aus § 35 Nr. 3 GKG. für die Anordnung des Arrestes durch Beschluß und daneben aus § 35 Nr. 2 für die zum Vollzug derselben erlassene Forderungspfändung zu erheben (Entsch. des RG. 8 S. 402, JW. 1890 S. 274, 1896 S. 338[32]). Es ist kein Grund ersichtlich, weshalb bei der RAGebO., deren Bestimmungen sich hier direkt an die des GKG. anlehnen, eine Abweichung hiervon geboten sein sollte. Nach GebO. § 36 findet bei Vollziehung eines Arrestbefehls der § 31 das. entsprechende Anwendung, es erwächst also für jede selbständige Vollstreckungsmaßregel eine Gebühr, weil sie als „eine Instanz" gilt. Die Vollziehung des Arrests beginnt mit der ersten Vollstreckungsmaßregel, also entweder mit dem Auftrag an den Gerichtsvollzieher zur Fahrnispfändung oder mit dem Antrag auf Forderungspfändung beim Arrestgericht. Wird der letztere Antrag zulässigerweise schon mit dem Arrestantrag verbunden, so fällt der Arrestantrag noch in die Anordnungsinstanz, der Pfändungsantrag aber in die Vollziehungsinstanz (Walter-Joachim S. 319 vor Note 3[a], Willenbücher S. 149; OLG. Karlsruhe Bad. Rpr. 1899 S. 184[58], 1902 S. 100[8]). Dr. E.r.

i) **Umfang der „Instanz" im Sinne des § 29.**

Kammergericht, XIII. ZS. Beschluß v. 30. Mai 1907.

Der Kläger hat vor die Zivilkammer geladen, die Beklagte hat mit der Behauptung, daß der Kläger Kaufmann sei, Verweisung des Prozesses vor die Kammer für HS. beantragt. Die Zivilkammer hat über diese Behauptung Beweis erhoben, den Antrag zurückgewiesen und auf die mündliche Verhandlung zur Sache ohne weitere Beweisaufnahme verurteilt. Die vom Kläger berechnete Beweisgebühr und weitere Verhandlungsgebühr wurden gestrichen. Die Beschwerde hierüber ist unbegründet.

Nach § 29 umfassen die im § 13 benannten Gebühren die gesamte

Anwaltstätigkeit in der Instanz. Zur Instanz gehört nach Nr. 6 das. und nach § 47 D. GKG. das Verfahren über die Zuständigkeit der Kammer für Handelssachen. Es soll also durch die für die Hauptsache verdienten Gebühren die im bezeichneten Verfahren entwickelte Tätigkeit des Anwalts mit abgegolten sein. Dabei kann es keinen Unterschied machen, ob in jenem Verfahren eine Beweisaufnahme stattgefunden hat, in der Hauptsache aber nicht, denn es ist nicht bestimmt, daß die Tätigkeit in den zur Instanz gerechneten besonderen Teilen des Verfahrens nur insoweit durch die Gebühren der Hauptsache abgegolten sein solle, als auch in der Hauptsache für die entsprechende Tätigkeit eine besondere Gebühr verdient ist.

Nach § 23 Nr. 1 steht dem Anwalt für seine Tätigkeit in den in § 47 Nr. 1 bis 12 GKG. bezeichneten Angelegenheiten eine Gebühr von $^3/_{10}$ zu. Nach dieser Norm hat der Kläger seine Forderung nicht berechnet, es wäre das auch nicht gerechtfertigt, da sie nur Anwendung findet, wenn nicht andere Vorschriften eine besondere Vergütung für die Tätigkeit in den nach § 23 bezeichneten Angelegenheiten ausschließen, wie das hier durch § 29 geschieht (vgl. Meyer-Irmler 3 zu § 23 GebO.). v. W.

k) **Sondergebühr für die Tätigkeit des § 715 ZPO.?**

α) OLG. Karlsruhe, IV. ZS. Beschluß v. 7. Mai 1906.

Es herrscht Streit darüber, ob die Gebühr des § 24 dem Anwalt auch dann zukomme, wenn er als Prozeßbevollmächtigter die Gebühren nach § 13 zu beanspruchen hat, da letztere Gebühren nach § 29¹ die gesamte Tätigkeit des Anwalts von dem Auftrage bis zur Beendigung der Instanz umfassen. Nach der einen Ansicht gehört nämlich auch das Verfahren nach § 715 ZPO. noch zu der Instanz, nach der anderen nicht. Letztere stützt sich hauptsächlich darauf, daß § 29³, wo die Fälle, welche „insbesondere" zur Instanz gehören sollen, aufgeführt sind, das Verfahren nach § 715 ZPO. nicht bezeichnet, vielmehr in Nr. 6 nur das Verfahren über die im GKG. § 47 Nr. 1—12 bezeichneten Streitpunkte und Anträge unterbringt, sonach § 47 Nr. 16 als ausgeschlossen anzusehen sei. Ferner wird darauf hingewiesen, daß in § 35 ausdrücklich für die einmalige Erwirkung des Zeugnisses der Rechtskraft (§ 706 ZPO.) durch den Anwalt der Instanz eine Gebühr ausgeschlossen ist, sonach dieses Gesuch vom Gesetz nicht als zur Instanz gehörig angesehen werde, weil andernfalls schon nach § 13¹ die besondere Gebühr ausgeschlossen, somit diese Bestimmung in § 35 überflüssig wäre. Da dieses Gesuch in § 47 Nr. 16 neben den Anträgen auf Rückgabe einer Sicherheit aufgeführt ist, so sei anzunehmen, daß auch letztere vom Gesetzgeber nicht als zur Instanz gehörig angesehen wurden, und da für diese in § 35 nicht wie für jenes Gesuch eine Sonderbestimmung getroffen wurde, sei zu schließen, daß man für sie in jedem Fall eine Gebühr bewilligen wollte. Die andere Ansicht beruft sich besonders darauf, daß nach der reichsgerichtlichen Rechtsprechung vor Einführung der Änderungen der ZPO., des GKG. und der RAGebO., wodurch erst der neue § 715 ZPO. (Antrag auf Rückgabe bei Gericht) und die darauf bezüglichen neuen Bestimmungen der beiden letzteren Gesetze zur Geltung kamen, nicht nur die Tätigkeit des Instanzanwalts wegen Hinterlegung der die vorläufige Vollstreckbarkeit bedingenden Sicherheit, sondern auch seine (vor Geltung des neuen § 715 nicht bei Gericht, sondern) bei der Hinterlegungsbehörde zu stellenden Gesuche wegen Rückgabe als nach § 13 zur Instanz gehörig und deshalb durch die Prozeßgebühr entlohnt angesehen wurden. Es sei nicht anzunehmen, daß der Gesetzgeber bei obigen Änderungen diesen Standpunkt deshalb habe verlassen wollen, weil nunmehr nach dem neuen § 715 ZPO. der Antrag auf Anordnung der Rückgabe an das Gericht gestellt wird. Auch spreche § 29 Nr. 6, d. h. die Einbeziehung des § 47 GKG. nur bis Nr. 12 nicht gegen diese Auffassung, weil durch die Einleitung dieses Satzes: „Zu der Instanz gehören insbesondere" zum Ausdruck gebracht sei, daß die aufgeführten Fälle nicht erschöpfend sein sollen. Daß der Instanzanwalt keine besondere Gebühr für den Antrag auf Rückgabe der Sicherheit nach § 715 ZPO. anzusprechen habe, sei auch deshalb anzunehmen, weil in § 30 Nr. 3 GebO. dem Anwalt für seine Tätigkeit bei Anträgen auf Rückgabe einer Sicherheit in den Fällen des § 109 Abs. 1, 2 ZPO. eine besondere Gebühr zugebilligt sei, im Falle des § 715 dagegen nicht. Der Senat schließt sich der letzteren Entscheidung an, indem er annimmt, daß die gegen die Gebühr angeführten Gründe die für Zulassung der Gebühr angegebenen überwiegen.[1]

β) OLG. Karlsruhe, II. ZS. Beschluß v. 24. April 1906.

Die Beschwerde rügt den Abstrich einer auf Grund des § 24 für den Antrag auf Anordnung der Rückgabe einer Sicherheit liquidierten Gebühr. Der Senat hält auch bei neuerlicher Prüfung an seiner mit Beschluß vom 11. April 1903 (Bad. Rpr. 1903 S. 151) eingehend begründeten, zur Verneinung des Gebührenanspruchs führenden Ansicht fest und pflichtet der inzwischen in der JW. 1905 S. 511 mitgeteilten gegenteiligen Auffassung eines weiteren Senates des OLG. Dresden nicht bei. Dr. E.r.

γ) OLG. Breslau, II. ZS. Beschluß v. 8. Februar 1906.

Die GebO. enthält keine ausdrückliche Entscheidung, ob der Anwalt neben der Prozeßgebühr eine besondere Gebühr für jenen Antrag beanspruchen kann. Unter denjenigen Handlungen, die der § 29 als zur Instanz gehörig aufzählt, ist er allerdings nicht mit einbegriffen, es ist dies aber unerheblich, weil der § 29 keine erschöpfende Bestimmung darüber enthält, was zur Instanz gehört, sondern nur Beispiele gibt. Es ist deshalb an der Hand der allgemeinen Grundsätze zu prüfen, ob ein solcher Antrag als durch die Prozeßgebühr mitabgegolten anzusehen ist. In die Vollstreckungsinstanz fällt er nicht. Es kann nicht als richtig anerkannt werden, daß die Prozeßinstanz mit dem vorgehenden Endurteil abschließt, vielmehr gehören dazu auch solche Handlungen, die die Vollstreckung nur vorbereiten oder deren es bedarf, um die Rechtskraft der Entscheidung herbeizuführen. Nicht anders liegt der Fall

[1] Ebenso Beschluß des OLG. Nürnberg v. 6. Dezember 1904, Bayer. Rpfl. 1 S. 134.

bei den Anträgen aus § 715, da auch sie nur auf eine endgültige Abwickelung und Erledigung des Prozeßverfahrens gerichtet sind; deswegen müssen sie auch bei demjenigen Gericht gestellt werden, welches den Prozeß geführt und entschieden hat. — Eine Sondergebühr für den Empfang und die Ablieferung der Sicherheit kann der Anwalt deswegen nicht beanspruchen, weil der § 87 sich nur auf Gelder bezieht, die dem Machtgeber geschuldet werden. Kr.

δ) OLG. Posen, IV. ZS. Beschluß v. 17. Januar 1907.

Nach § 29[1] umfassen die im § 13 benannten Hauptgebühren die gesamte Tätigkeit des Anwalts von dem Auftrage bis zur Beendigung der Instanz. Zu dieser Tätigkeit gehört zunächst auch diejenige, die darauf gerichtet ist, durch Hinterlegung der erforderlichen Sicherheit die Vollstreckbarkeit des Urteils herbeizuführen; denn erst mit der Erreichung dieses auf Verwirklichung und Befriedigung des Klaganspruchs gerichteten Zieles hat das Prozeßverfahren sein Ende erreicht. Deshalb ist die Sicherheitsleistung noch ein Akt des Prozeßbetriebs, da sie erst die Möglichkeit schafft, Befriedigung im Wege der Zwangsvollstreckung zu erlangen. Es wird daher diese Tätigkeit des Anwalts durch die Prozeßgebühr mitabgegolten. Das gleiche muß aber auch gelten von der auf Rückerlangung der Sicherheit nach Rechtskraft des Urteils gerichteten Tätigkeit, die lediglich darauf abzielt, den für Durchführung des Klaganspruchs veränderten Vermögenszustand des Klägers in den früheren Stand zurückzuversetzen. E.l.

l) **Arrest und einstweilige Verfügung. Trennung des Verfahrens von der Hauptsache. Vollziehung.**

α) OLG. Hamburg, II. ZS. Beschluß v. 15. Dezember 1906.

Die vom Kläger für das Verfahren betr. einstw. Verfügung beanspruchte halbe (Prozeß-)Gebühr hat das LG. gestrichen, weil jenes Verfahren mit dem über die Hauptsache verbunden gewesen sei. Allein die Verfügung war hier erlassen worden, nachdem zunächst ein Schriftwechsel der Parteien über den Antrag auf Anordnung des Gerichts stattgefunden hatte. Gegen die Verfügung ist dann Widerspruch eingelegt, worauf das Gericht einen von der Verhandlung über die Hauptsache getrennten Termin anberaumt hat. Zur Verhandlung über den Widerspruch ist es nicht gekommen, weil sich die Parteien über die Erledigung des erlassenen Gebots gütlich geeinigt haben. Hiernach ist das Verfahren über die Verfügung von dem über die Hauptsache durch das Gericht getrennt worden, und zwar jedenfalls durch die Anordnung eines Termins zur gesonderten Verhandlung über den Widerspruch. Wenn das RG. in zahlreichen Entscheidungen (bei Walter-Joachim 4 S. 295 zu § 30) betont hat, daß der § 30 Nr. 2 eine solche Trennung des Verfahrens erfordere, bei der durch eine besondere mündliche Verhandlung eine Mehrarbeit des Anwalts bedingt wird, so trifft dieser Gesichtspunkt auch vorliegend zu, wo die Vorbereitung einer besonderen Verhandlung über einen besonderen, mit dem Klagbegehren nicht zusammenfallenden Antrag in Frage stand.

Die Höhe der Gebühr bestimmt nicht der § 23 ($^3/_{10}$), sondern der § 20 ($^5/_{10}$); denn nachdem der Termin zur Verhandlung über die Verfügung angeordnet und damit die besondere Gebühr für den Anwalt erwachsen war, war — wie GKG. § 26 Nr. 9 es abstellt — die Entscheidung durch Endurteil zu treffen, mag sie auch wegen der späteren gütlichen Erledigung der Sache nicht so getroffen worden sein.

Dagegen fordert der Kläger mit Unrecht eine Gebühr von $^3/_{10}$ für die Vollziehung der Verfügung, welche er darin erblickt, daß er sie dem Gegner hat zustellen lassen. Wenn auch die Zustellung einer einstweiligen Verfügung, welche lediglich ein Gebot oder Verbot enthält, gleichzeitig die Vollstreckung der Verfügung darstellt (vgl. Gaupp-Stein zu § 938 II 1; Entsch. des RG. 21 S. 418, 40 S. 383, 51 S. 132), so ist doch die vom Anwalt entwickelte Tätigkeit, der Zustellungsauftrag an den Gerichtsvollzieher, keine solche, welche er in der Vollstreckungsinstanz entwickelt, sondern für ihn nur eine die Vollstreckung vorbereitende Tätigkeit, wie die Veranlassung der Zustellung eines jeden vollstreckbaren Titels, wofür der Anwalt schon durch die Prozeßgebühr entlohnt wird. M. M.

β) OLG. Hamburg, VI. ZS. Beschluß v. 26. Februar 1907.

Das LG. hat die Prozeßgebühr des Beklagten für das Widerspruchsverfahren gestrichen, weil gleichzeitig über den Widerspruch und zur Hauptsache verhandelt sei. Allerdings hat die Entsch. des RG. 13 S. 322 die Prozeßgebühr nur dann als erworben erachtet, wenn bezüglich des Arrestes eine gesonderte mündliche Verhandlung stattgefunden hat (vgl. Hans. OLG. Beschluß vom 14. November 1905 II 107/05; dagegen Walter-Joachim S. 295). Allein hier hatte das OLG. nach Erlaß des Arrestes und Einlegung des Widerspruchs einen Termin zur gesonderten Verhandlung über den Widerspruch anberaumt, und der Anwalt des Beklagten hatte diese Verhandlung gesondert schriftlich vorbereitet. Im Verhandlungstermin ist dann aber gleichzeitig zur Hauptsache verhandelt worden, weil sich beide Parteivertreter mit dem dahingehenden Vorschlage des Vorsitzenden und entsprechender Aufhebung des auf eine spätere Zeit anberaumten Hauptverhandlungstermins einverstanden erklärten. Dieser letztgenannte Umstand ist nicht imstande, die Tatsache zu beseitigen, daß das Verfahren über den Arrest von dem über die Hauptsache durch das Gericht getrennt und dadurch eine Mehrarbeit des Anwalts geschaffen worden ist. Da aber auch nach der Auffassung des Reichsgerichts die durch Anordnung einer gesonderten mündlichen Verhandlung erforderte Mehrarbeit des Anwalts die Bedingung für die Anwendbarkeit des § 30² GebO. bildet, so kann vorliegend die Berechnung einer solchen Gebühr nicht als unberechtigt angesehen werden (vgl. Beschluß des Hans. OLG. vom 15. Dezember 1906 II 100/06).

Gleichfalls mit Unrecht ist die Gebühr gestrichen worden, welche der Anwalt des Beklagten für Vertretung in der Vollstreckungsinstanz berechnet hat. Auf Grund des Arrestes hatte der Kläger eine Forderung des Beklagten gepfändet. Dies veranlaßte den Beklagten zur Rücksprache mit seinem Anwalt und zur Korrespondenz des letzteren mit dem Anwalt des Klägers. Es handelt sich also um eine Tätigkeit, welche die Zwangsvollstreckung betrifft und den Anwalt zur Erhebung einer Gebühr von $^3/_{10}$ berechtigt (§§ 23², 31, 36). M. M.

m) **Keine besondere Gebühr des Korrespondenzanwalts für die Wahrnehmung eines Beweis- oder Sühnetermins.**

OLG. Posen, IV. ZS. Beschluß v. 18. Oktober 1906.

Wenn die GebO. für ein so häufig vorkommendes Geschäft wie die Vertretung der Partei im Sühnetermin — abgesehen von dem Ausnahmefall des § 37 — keine Gebühr bestimmt, so hat es damit deutlich ausgedrückt, daß es hierfür keine Vergütung gewähren will, sondern die Tätigkeit durch die Prozeßgebühr für abgegolten erachtet. Aus der gleichen Auffassung erklärt sich der § 37², der selbst für diesen Fall die Anrechnung der Gebühr auf die nachträglich verdiente Prozeßgebühr anordnet. Die Prozeßgebühr steht dem Korrespondenzanwalt A. zwar nicht zu, wohl aber hat er die Korrespondenzgebühr gefordert und nach § 44 zu erhalten. Was von der Prozeßgebühr gilt, muß auch für die Korrespondenzgebühr gelten. Auch sie ist eine Bauschgebühr. Durch sie wird auch die Tätigkeit des Anwalts bei Wahrnehmung eines Beweis- oder Sühnetermins abgegolten. Eine Gebühr aus § 45 kann nur gefordert werden, wenn sich die Tätigkeit des Anwalts auf die Leistung aus § 45 beschränkt; neben der Korrespondenzgebühr kann sie nicht geltend gemacht werden (vgl. hierzu Willenbücher § 44 Anm. 3 und 5; JW. 1892 S. 235, 1898 S. 576, 1899 S. 746, 1900 S. 124; Rsp. 3 S. 262 Nr. 13β). E. I.

n) **Keine besondere Gebühr für die Informierung des auswärtigen Terminsvertreters.**

Kammergericht, XVII. ZS. Beschluß v. 28. November 1906.

In dem Termin, in welchem ein Zeuge von dem deutschen Generalkonsulat zu New York vernommen wurde, war der Beklagte durch den dortigen RA. X. vertreten. Der Beklagte hat für eine ausführliche Sachdarstellung und gutachtliche Begründung, die sein Anwalt der Berufungsinstanz dem X. zur Wahrnehmung des Beweistermins übersandt hat, $^3/_{10}$ des Gebührensatzes des § 9 auf Grund der §§ 44, 88, 89 berechnet. Die Beschwerde über die Absetzung dieser Post ist nicht begründet.

Die Tätigkeit des Anwalts betraf die Erledigung einer Beweisaufnahme; durch die Beweisgebühr, die für den Anwalt II. Instanz liquidiert und ihm zugebilligt ist, wird aber die gesamte Tätigkeit, die er in einem Beweisaufnahmeverfahren für die Partei entfaltet, abgegolten. Findet die Beweisaufnahme an einem nicht am Sitz des Prozeßgerichts belegenen Ort statt, so ist die Partei berechtigt, sich in diesem Termin durch einen Anwalt vertreten zu lassen, dem, wenn er ein anderer ist als der Prozeßbevollmächtigte, die Gebühr des § 45 zusteht; in solchem Falle wird immer erforderlich sein, daß der Prozeßbevollmächtigte den anderen Anwalt informiert, wenn er ihm nicht die Handakten zusendet, damit er sich selbst informiert. Jedenfalls kann die Partei neben den Gebühren des § 13 Nr. 4 und § 45 zu Lasten der Gegenpartei keine weiteren Gebühren liquidieren, weder für die Information, die der Prozeßvertreter dem Terminsbevollmächtigten zugehen läßt, noch für die Tätigkeit des letzteren, die er entfaltet, um sich selbst die Information aus den übersandten Handakten zu verschaffen. H. tz.

o) **Ersatzpflicht des Anwalts wegen grundloser Niederlegung des Mandats.**

Kammergericht, XIII. ZS. Urteil v. 21. Dezember 1905.

Der beklagte Anwalt hat als Prozeßbevollmächtigter des Klägers in einem Beweistermin das Mandat niedergelegt und seine Gebühren erhalten. Der Kläger fordert aber jetzt die Beträge, die er an den nunmehr mit seiner Vertretung betrauten Anwalt hat bezahlen müssen, als Schadenersatz zurück und ist damit durchgedrungen. Gründe:

Der Vertrag zwischen dem Anwalt und der Partei ist ein Dienstvertrag, auf den an sich die §§ 627, 628 BGB. Anwendung finden mit der Maßgabe, daß nach § 50 GebO. der Anwalt auch in den in § 628 ausgeschlossenen Fällen einen Anspruch auf Gebühren hat. Aus der ihm in § 28 RAO. auferlegten Verpflichtung ergibt sich aber als stillschweigend vereinbart, daß er ein ihm übertragenes Mandat bis zur Erledigung durchzuführen hat. Daraus folgt wieder, daß er, wenn er vorher kündigt, den dem Klienten dadurch erwachsenden Schaden ersetzen muß, sofern er nicht wichtige Gründe zur Kündigung gehabt hat. Die Geltendmachung dieses Anspruches auf Schadenersatz wird dadurch, daß der Klient der durch § 50 begründeten Verpflichtung gemäß dem Anwalt seine Gebühren bezahlt hat, nicht ausgeschlossen.

Von den Gründen des Beklagten scheiden diejenigen aus, welche nicht unmittelbar für die Mandatsniederlegung bestimmend waren. Ob der Beklagte das Mandat schon früher hätte niederlegen können, ist gleichgültig, da er es nicht getan hat; ob der Grund, der ihn zur Mandatsniederlegung veranlaßt hat, diese rechtfertigte, ist vielmehr ohne Rücksicht auf das frühere Verhalten des Klägers zu prüfen. Nach der Behauptung des Beklagten hat der Kläger im Beweistermin persönlich Fragen an die Zeugen gerichtet und zwar solche, die den Anschein erweckten, als ob er die Zeugen beeinflussen wolle. Daß der Anwalt einen Eingriff in die ihm obliegenden Funktionen seitens des Klienten nicht zu dulden braucht, versteht sich von selbst, indes ist nicht jeder Verstoß der Partei in dieser Beziehung als ein die Mandatsniederlegung rechtfertigender Grund anzusehen, zumal wenn kein Versuch des Anwalts, den Klienten in seine Schranken zurückzuweisen, vorausgegangen ist. Es kommt hierbei auf die Lage des einzelnen Falles an, in Betracht kommt daher, daß zwar der gegnerische Anwalt das Verhalten des Klägers unangemessen gefunden hat, die Gerichtspersonen aber nichts Auffälliges bemerkt haben. Die Behauptung des Beklagten, daß er sich im Beweistermine von der Aussichtslosigkeit der Sache überzeugt habe, ist unerheblich. Der Beklagte durfte auf

Grund dieser Überzeugung nicht ohne weiteres das Mandat kündigen, er war vielmehr verpflichtet, zunächst seine Auffassung der Prozeßlage dem Kläger mitzuteilen und ihm die entsprechenden Schritte anzuraten. v. W.

p) **Gebühr nach § 51 Satz 2 GebO.**

OLG. Hamburg, IV. ZS. Beschluß v. 2. Juli 1906.

Die Gebühr nach § 51 Satz 2 steht einem Anwalte nur in dem Falle zu, daß, wenn bereits eine der Hauptparteien ihn zu ihrem Prozeßbevollmächtigten bestellt hatte, nachträglich dem Rechtsstreite Streitgenossen beitreten und ihm Vollmacht zu ihrer Vertretung im Rechtsstreite erteilen, oder aber eine Hauptpartei sich nachträglich der von einem Intervenienten dem betreffenden Anwalte erteilten Vollmacht anschließt (Entsch. des RG. 35 S. 361). Der vom Beschwerdeführer vertretenen Beklagten zu 3 sind aber Nebenintervenienten überhaupt nicht beigetreten, während der Beitritt der Beklagten zu 3 als Nebenintervenientin für die Beklagten zu 1, 2 und 4 dem Beschwerdeführer als Prozeßbevollmächtigten der Beklagten zu 3 einen Anspruch auf die Gebühr des § 51 nicht verleiht . . . M. M.

q) **Die Fuhrkosten des Rechtsanwalts.**

OLG. München, I. ZS. Beschluß v. 10. Juni 1906.

Obwohl die Beweisaufnahme in der nächsten Nähe einer Bahnstation stattfand, kann man dem Vertreter des Klägers nicht zumuten, die Eisenbahn zu benützen. Hätte er den ersten Zug benützt, so hätte er volle vier Stunden warten müssen, bis der Termin begann. Es kommt weiter in Betracht, daß der auf nachm. 1 Uhr bestimmte Termin einen Augenschein und die Vernehmung von vier Zeugen umfaßte, und daß man nicht bemessen konnte, ob der Termin bis zum Abgang des letzten Zuges nachm. $4^1/_2$ Uhr beendet sein werde. Der Anwalt hatte das Recht, der ganzen Beweiserhebung beizuwohnen. Er kann nicht auf Benützung eines Transportmittels verwiesen werden, das ihn möglicherweise zum vorzeitigen Verlassen des Termines nötigte. Demnach kann die Benützung eines Wagens statt der Eisenbahn nicht beanstandet werden. U.

10

a) **Umwandlung einer Sicherungs- in eine Darlehnshypothek als zweiseitiger Vertrag. Preuß. GKG. § 35.**

Kammergericht, I. ZS. Beschluß v. 4. Juli 1907.

Der Notariatsakt Nr. 896 betrifft die von dem Notar entworfene und hinsichtlich der Unterschriften der Eheleute A. von ihm beglaubigte, nachstehende Erklärung: „Die . . eingetragene Sicherungshypothek von 50000 Mark wandeln die Eigentümerin und der Gläubiger hiermit in Höhe von 36400 Mark mit dem Vorzugsrechte vor dem Überrest in eine gewöhnliche Darlehnshypothek um, indem sie gleichzeitig vereinbaren, daß sie von 1907 ab mit $4^1/_2$ % jährlich verzinst wird. . . . Gläubiger und Schuldner bewilligen und beantragen, diese Änderung im Grundbuch einzutragen und den zu bildenden Brief dem

Gläubiger auszuhändigen." Dem Notar steht daher gemäß § 8 NotGebO., obwohl er nur die Unterschriften der Eheleute A., nicht auch diejenige des Gläubigers beglaubigt hat, die Beurkundungsgebühr zu, einerlei ob es sich um einen einseitigen oder um einen zweiseitigen Vertrag handelt. § 43 Nr. 4 preuß. GKG. kommt nicht zur Anwendung, weil der Inhalt der Erklärung über den einer bloßen Schuldurkunde nebst Eintragungsbewilligung und -antrag hinausgeht. Den Inhalt bildet die Umwandlung eines Teiles der Höchstbetragssicherungshypothek in eine Briefhypothek von 36400 Mark, deren Gegenstandswert dem Betrage des umgewandelten Teiles (36400 Mark) gleichkommt (vgl. Mügel zu § 39 Anm. 2[4], zu § 60 Anm. 2 d[1]). Die Beglaubigungsgebühr beträgt deshalb nicht $^2/_{10}$ des Gebührensatzes A im § 57 (§ 43 Nr. 4), sondern bei Annahme eines zweiseitigen Vertrages $^4/_{10}$ der Gebühr des § 33 (vgl. § 42[1], Mügel zu § 42[1] Nr. 14 der Beschlüsse der Breslauer Notare in der Bresl. AnwZeitschr. 1896 S. 10).

Die Annahme eines zweiseitigen Vertrages ist aber geboten. Denn die ursprüngliche Hypothek haftet dem Gläubiger für alle Forderungen aus dem Kreditverkehr. Der Gläubiger hat somit durch die Vereinbarung, daß die Hypothek in Höhe von 36400 Mark künftig nur für eine bestimmte Darlehnsforderung haften solle, die Sicherung, die ihr die Hypothek für andere Forderungen gewähren konnte, aufgegeben. Denn sie hätte nach § 1190[4] BGB. die Darlehnsforderung ohne die Hypothek abtreten und die Hypothek zur Sicherung sonstiger Forderungen in Höhe von 50000 Mark behalten können. Es ist also rechtsirrtümlich, wenn die Vorinstanzen meinen, daß in der Urkunde nur die Eheleute A. Verpflichtungen eingegangen seien. Auch der Gläubiger hat solche übernommen und erfüllt, indem er mit dem Ausschlusse weiterer Forderungen von dem umgewandelten Teile der Hypothek sich einverstanden erklärt hat (vgl. Mügel zu § 35 Anm. 4[2]). Außerdem handelt es sich um die Umwandlung einer brieflosen Hypothek (§§ 1185, 1190 BGB.) in eine Briefhypothek, die dem Gläubiger nicht bloß Vorteile bietet, sondern auch mit gewissen Nachteilen für ihn verbunden ist (vgl. Turnau-Förster zu § 1116 BGB Anm. 4). Auch diese Erwägung muß zur Annahme eines zweiseitigen Vertrages im Sinne des § 35 führen (vgl. Jahrbuch 32. S. 11). Ein einseitiger Vertrag würde nur dann vorliegen, wenn die bisherige Hypothek eine gewöhnliche Sicherungshypothek aus § 1184 BGB. gewesen und für den umgewandelten Teil die Bildung eines Briefes ausgeschlossen worden wäre. Denn nur in diesem Falle würde die Vereinbarung lediglich einen Vorteil für den Gläubiger herbeigefürt haben. Dr. H.

b) **Gegenstandswert der Anmeldung zum Handelsregister. Anmeldung einer Zweigniederlassung.**

Kammergericht, I. ZS. Beschluß v. 25. April 1907.

Die Grundsätze, nach denen die Gebühr für die Eintragung einer Zweigniederlassung oder der Erhöhung (Herabsetzung) des Grundkapitals in das Register der Zweigniederlassung zu berechnen ist, können bei der Frage nach der Höhe der Gebühr für die Beglaubigung der Anmeldung dieser Eintragungen weder unmittelbar noch mittelbar zur Anwendung kommen. Die Gebühr für die beglaubigende Tätigkeit des Richters oder Notars ist nach ganz anderen Gesichtspunkten geregelt als die Gebühr für die Tätigkeit der Registerbehörde. Die Tätigkeiten sind innerlich verschieden, und die Gebührenvorschriften sind auch äußerlich gesondert (Teil I Abschnitt 2 und 4 GKG.; vgl. Jahrbuch 29 S. 20). Eines Eingehens auf die Streitfrage, ob für die Eintragung einer Zweigniederlassung eine gleichhohe Gebühr zu berechnen ist, wie für die Eintragung der Hauptniederlassung (vgl. Jahrbuch 16 S. 175, 20 S. 31, 24 S. 12, 26 S. 27; Entsch. des RG. 38 S. 261; Reskr. vom 22. Januar 1902, 29. August 1902, 19. März 1903, bei Mügel zu § 73 preuß. GKG.), bedarf es daher nicht.

Geschieht die Beurkundung einer zur Eintragung bestimmten Anmeldung vor dem zur Führung des Handelsregisters bestellten Gerichte, so kommt nach § 75 Nr. 1 preuß. GKG. eine Gebühr für die Beurkundung nicht zum Ansatze. Wird dagegen die Anmeldung von einem anderen Gericht oder von einem Notar beurkundet oder beglaubigt, so finden die im Teil 1 Abschn. 2 GKG. gegebenen Vorschriften Anwendung (vgl. §§ 2, 5 NotGebO.). Zu ihnen gehört auch der § 39⁵, wonach auf Anmeldungen, sofern ein bestimmter Geldwert nicht erhellt, der § 23 entsprechend anzuwenden ist. Die Anmeldung ist kein Rechtsgeschäft, sondern eine einseitige Erklärung der Beteiligten gegenüber der Registerbehörde, abzielend auf die Eintragung der angemeldeten Tatsache. Den Gegenstand der Anmeldung bildet somit die Eintragung, und ein bestimmter Geldwert der Anmeldung kann demzufolge, wie in ständiger Rechtsprechung angenommen ist (Jahrbuch 28 S. 69, 29 S. 18), immer nur dann erhellen, wenn die Höhe des Geschäftsvermögens im Register anzugeben ist. Den bestimmten Geldwert stellt der in das Register einzutragende Kapitalbetrag dar, nicht der wirtschaftliche Wert des Geschäftsvermögens, wie er sich bei Aktiengesellschaften etwa im Tageskurse der Aktien (vgl. § 21 Nr. 8 preuß. GKG.) oder im Ausgabekurse neuer Aktien (vgl. § 282² HGB.) äußert. Auf das Interesse der Beteiligten an der Eintragung oder auf den größeren oder geringeren Umfang der mit dieser verbundenen Wirkungen kommt es nicht an. Daraus ergibt sich aber, daß zwischen Anmeldungen zum Register der Hauptniederlassung und solchen zum Register einer Zweigniederlassung in denjenigen Fällen, in welchen die Anmeldung auf die Eintragung eines bestimmten Kapitalbetrages gerichtet ist, kein Unterschied gemacht werden darf. In § 201³ HGB. ist ausdrücklich vorgeschrieben, daß bei der Eintragung einer Aktiengesellschaft in das Register der Zweigniederlassung die Angabe der Höhe des Grundkapitals ebenso zu erfolgen hat, wie bei der Eintragung in das Register der Hauptniederlassung (§ 198¹), und in den §§ 286, 280, 284 findet sich die gleiche Bestimmung hinsichtlich der Erhöhung des Grundkapitals. In dem einen, wie im anderen Falle bildet der einzutragende oder neu einzutragende Nennbetrag des Grundkapitals den Gegenstand der Anmeldung. Wollte man das für die Zweigniederlassung leugnen, so würde für diese ein bestimmter Geldwert niemals erhellen, vielmehr immer bloß der § 23[1] preuß. GKG. anzuwenden sein. F.

c) **Kosten bei gleichzeitiger Eintragung des Übergangs der Hypothek auf den Eigentümer, der Abtretung mit Unterlegung einer neuen Forderung und der Unterwerfungsklausel.**

Kammergericht, I. ZS. Beschluß v. 1. November 1906.

Eingetragen im Grundbuche sind der Übergang der Hypothek auf den Eigentümer, die Abtretung an die neue Gläubigerin, die Unterlegung der für diese neu begründeten Darlehnsforderung mit anderen Verzinsungs- und Zahlungsbedingungen und die Unterwerfung des Eigentümers unter die sofortige Zwangsvollstreckung. In solchem Falle kommen, wie der Beschluß vom 14. Juni 1906 (Y 583/06) näher nachgewiesen hat, als besondere Gegenstände einmal die Umwandlung in die Hypothek oder Grundschuld des Eigentümers, sodann die Unterlegung der neuen Forderung in Verbindung mit der Abtretung und drittens die Unterwerfung unter die Zwangsvollstreckung in Betracht. Abtretung und Unterlegung der neuen Forderung sind als ein einheitlicher Akt anzusehen (§ 1180[2], 1198 BGB.), und die veränderten Verzinsungs- und Zahlungsbedingungen haben hier als Bestandteile des neuen Forderungsverhältnisses kostenrechtlich keine selbständige Bedeutung. Die Unterwerfung unter die Zwangsvollstreckung ist in der Regel mit 20% des Betrages der Hypothek angemessen bewertet (Jahrbuch 19 S. 156). Besondere, eine Abweisung von dieser Regel rechtfertigende Umstände sind hier nicht erkennbar. F.

d) **Nebengeschäfte zur Hypothekeneintragung.**

Kammergericht, I. Ferien-ZS. Beschluß v. 19. Juli 1906.

Auf den Antrag der Beschwerdeführer ist unter Nr. 27 ein Darlehn von 40000 Mark für A. und bei den im Range vorgehenden Posten Nr. 25, 26 eine Vormerkung dahin eingetragen worden, daß sich der Eigentümer dem A. gegenüber verpflichtet habe, die Hypotheken löschen zu lassen, wenn sie sich mit dem Eigentum in seiner Person vereinigten. Der Gerichtsschreiber stellte hierfür (neben der Gebühr für die Eintragung der Hypothek) gemäß § 60 eine Gebühr in Rechnung, welche er von dem Werte jeder der beiden Posten Nr. 25, 26 gesondert berechnete. Auf Erinnerung des Kostenschuldners setzte das Grundbuchamt diese Gebühr ab. Dagegen hat auf Beschwerde des Ersten Staatsanwalts das LG. den Ansatz mit der Maßgabe aufrecht erhalten, daß die Gebühr nur einmal nach dem Gesamtwert der Posten Nr. 25, 26 zu berechnen sei, weil die Vormerkung nicht die gleichzeitig eingetragene Hypothek, sondern zwei andere bereits bestehende Hypotheken betreffe, und von der Hypothekeneintragung ganz unabhängig sei. Die weitere Beschwerde der Kostenschuldner ist unbegründet.

Wie der Gerichtshof bereits in einer früheren Entscheidung (Zeitschrift für mittlere Gerichtsbeamte 1902 S. 674) ausgesprochen hat, liegt ein Nebengeschäft zur Hypothekeneintragung im Sinne des § 59 dann nicht vor, wenn gleichzeitig mit dieser die Eintragung einer Vormerkung gemäß § 1179 BGB. bei einer anderen Hypothek beantragt wird. An dieser Auffassung ist festzuhalten. Wenn die Beschwerdeführer auf den innigen Zusammenhang hinweisen, der nach ihrer Meinung zwischen beiden Eintragungen besteht, so übersehen sie, daß dieser lediglich in dem wirtschaftlichen Zweck bestehen kann, welcher mit beiden Eintragungen verfolgt wird, nämlich möglichster Sicherung des Hypothekengläubigers. An sich sind beide Eintragungen zwei voneinander ganz unabhängige selbständige Geschäfte. Dr. L. W.

e) **Zur Auslegung des § 64² preuß. GKG.**

Kammergericht, I. ZS. Beschluß v. 3. Januar 1907.

Im Grundbuche der zum Familienfideikommiß gehörigen Herrschaften a, b, c, d und e wurde auf den einheitlich gestellten Antrag eine Hypothek von 618000 Mark, und zwar mit dem Vorrang vor anderen bereits eingetragenen Hypotheken, eingetragen. Die Herrschaften a, b liegen im Bezirke des Amtsgerichts A., die Herrschaften c, d in dem des Amtsgerichts B., die Herrschaft e in dem des Amtsgerichts C. Das Amtsgericht A. ist jedoch durch Beschluß des OLG. Breslau (nach Art. 37 der V. vom 13. November 1899) mit der Führung des Grundbuchblattes für sämtliche, zum Fideikommiß gehörigen Grundstücke beauftragt. Der Gerichtsschreiber liquidierte 1. für die Eintragung der Hypothek bzw. des Vorrechts auf a und b die volle Gebühr und für die weiteren Eintragungen auf c, d und e je zwei halbe Gebühren. Der Kostenschuldner erinnerte dagegen, daß nach § 64² für die Eintragung der Hypothek und des Vorrechts nur einmal die vollen Gebühren berechnet werden dürften, daß dagegen die weiteren ($^5/_{10}$) Gebühren fortfallen müßten, da zwar die mehreren Grundstücke, auf denen die Eintragungen gleichzeitig beantragt und verfügt seien, in verschiedenen Amtsgerichtsbezirken lägen, die Führung des Grundbuches über sämtliche Grundstücke aber einem Amtsgericht übertragen sei. Der Erinnerung wurde stattgegeben. Die weitere Beschwerde der Staatskasse blieb erfolglos. Gründe:

Mit Recht sind die Vorinstanzen davon ausgegangen, daß der gesetzgeberische Grund des § 64² nur der gewesen sein kann, daß in diesem Falle die Tätigkeit nur eines Gerichts beansprucht wird, dessen Mühewaltung dann auch mit der einmaligen Gebühr als hinreichend abgegolten anzusehen ist, daß dagegen, wenn mehrere Gerichte sich mit der Prüfung des Antrages und mit der Verfügung auf ihn befassen müssen, auch erhöhte Gebühren angezeigt sind (vgl. den auf demselben Gedanken beruhenden § 73² für Eintragungen in das Handelsregister). Nun kann es aber für die Anwendung jenes Grundsatzes keinen Unterschied machen, ob die Grundstücke, auf denen die gleiche Eintragung gleichzeitig erfolgt, in dem allgemeinen geographischen Bezirke desselben Amtsgerichts liegen, und in allen rechtlichen Beziehungen ein und demselben Amtsgericht unterstehen oder nur für die Führung des Grundbuches demselben Gericht zugewiesen sind. Auch soweit nur die Führung des Grundbuches über Grundstücke, die sonst in verschiedenen Amtsgerichtsbezirken liegen, einem Amtsgericht einheitlich übertragen ist, hat insoweit dessen Bezirk als Grundbuchamt eine Erweiterung erfahren, und man kann sehr wohl sagen, daß solche grundbuchamtlich verbundenen Grundstücke im Bezirke desselben Amtsgerichts liegen — soweit dessen Zuständigkeit und Tätigkeit als Grundbuchamt in Frage kommt. Eine solche Auslegung ist hiernach mit dem Wortlaute des § 64[2] vereinbar und wird jedenfalls der Absicht des Gesetzgebers am besten gerecht, selbst wenn dieser bei Erlaß jener Vorschrift zunächst den Normalfall im Auge gehabt haben sollte, daß es sich um Grundstücke handeln müsse, welche in demselben allgemeinen Amtsgerichtsbezirk liegen. K.l.

f) **Nachforderung von Gebühren auf einen zu beschränktem Zwecke ausgefertigten Erbschein.**

OLG. Colmar, I. ZS. Beschluß v. 9. Januar 1907.

... Zulässig ist die weitere Beschwerde; denn das LG. hat dadurch, daß es den in der Beschwerde ausdrücklich geltend gemachten § 36[3] des els.-lothr. GKG. nicht in Betracht gezogen hat, den § 551 Nr. 7 ZPO. mit § 27 FrGG. verletzt. Im Ergebnis ist ihm jedoch beizustimmen. Der Erbschein nach Witwe A. war nämlich beschränkt: „auf ein Sparkassenbuch über 240 Mark und auf ein bestimmtes Grundstück im Werte von 440 Mark". In dem vor dem Notar beurkundeten Akt haben jedoch die Erben der Eheleute A. nicht über dieses, sondern über eine beträchtliche Anzahl anderer Grundstücke zum Preise von 6905 Mark verfügt, in Beziehung auf welche es heißt, daß sie den Eheleuten A. „auf Grund regelmäßiger Titel gehörten, wie die Erben dies ohne Nachweis zu erbringen erklären". Der erwähnte § 36 läßt nun (ebenso wie § 81[5] preuß. GKG.) dann, wenn demnächst über ein anderes, im Erbschein nicht bezeichnetes Grundstück verfügt wird, denjenigen Betrag nachentrichten, um den sich unter Zugrundelegung des Wertes der Gesamtheit der veräußerten Grundstücke die Gebühr erhöht. Diese Nachforderung hängt davon ab, daß die demnächstige Verfügung „ohne Kenntnis und Einsicht vom Erbschein untunlich gewesen wäre". Nach der Begründung sollte hierdurch „dem Mißbrauch vorgebeugt werden, daß ein zu beschränktem Zwecke ausgefertigter Erbschein in der Folge auch zu anderen Zwecken benutzt, oder daß auch andere Verfügungen über den Nachlaß getroffen werden, die an sich die Erwirkung eines Erbscheins erfordern, deren Vornahme aber den Beteiligten dadurch ermöglicht ist, daß sie von dem Bestehen eines zu anderen Zwecken ausgefertigten und nach Maßgabe des beabsichtigten beschränkten Gebrauchs besteuerten Erbscheins Kenntnis haben". Gerade einen solchen Mißbrauch aber haben die Beschwerdeführer versucht. Nachdem sie am 24. Oktober zahlreiche Grundstücke aus dem Nachlasse ihrer beiden Erbschaften verkauft haben, warteten sie den Erbschein vom 4. November ab, um sich auf ihn im Eintragungsantrage zum erforderlichen Nachweise ihrer Erbfolge in die verkauften Grundstücke zu berufen. Frdthl.

g) **Kosten eines nach § 1666 BGB. eingeleiteten Verfahrens, das zu einer Anordnung nicht geführt hat.**

Kammergericht, I. ZS. Beschluß v. 2. Mai 1907.

Aus § 94 Nr. 6 könnte, wie Wortlaut und Sinn dieser Vorschrift und der des Abs. 2 ergeben, eine Gebühr nur dann in Ansatz kommen, wenn das Vormundschaftsgericht im Interesse der A. gemäß § 1666 BGB. Anordnungen gegen den Vater getroffen hätte (Rsp. 10 S. 288). Dies ist nicht geschehen. Das Amtsgericht hat zwar aus § 1666 ein Verfahren eingeleitet, auch vorläufige Maßregeln angeordnet und der A. zur Wahrnehmung ihrer Rechte im Verfahren einen Pfleger bestellt, den Erlaß einer endgültigen Anordnung aber schließlich abgelehnt und unter Einstellung des Verfahrens die Pflegschaft aufgehoben, nachdem die vorläufigen Maßregeln schon früher wieder beseitigt worden waren. Auch diese vorläufigen Maßregeln und die Pflegschaft konnten den Ansatz einer Gebühr nicht rechtfertigen. Sie würden, wenn es zu einer endgültigen Anordnung gemäß § 1666 gekommen wäre, als reine Verfahrensmaßregeln einer besonderen Gebühr neben der des § 94 Nr. 6 nicht unterworfen gewesen sein (vgl. Jahrb. 27 S. 182), und sie haben den Charakter gebührenfreier Nebengeschäfte nicht dadurch verloren, daß das Vormundschaftsgericht zum Erlaß einer endgültigen Anordnung keinen Anlaß gefunden hat (vgl. Mügel zu § 91 Anm. 1).

Zur Zahlung der Schreibgebühren und Porti ist der Vater auf Grund des preuß. GKG. gleichfalls nicht verpflichtet. Es handelt sich um ein von Amtswegen im ausschließlichen Interesse der Tochter betriebenes Verfahren, das zu einer, die Anwendung des § 94[2] rechtfertigenden Anordnung nicht geführt hat. Kostenschuldnerin ist daher nach § 1[1] lediglich die Tochter (vgl. Rsp. 10 S. 288). Ob für den Vater etwa nach dem bürgerlichen Recht die Verpflichtung zur Zahlung der entstandenen Auslagen begründet ist (vgl. § 5), kommt hier nicht in Betracht. Die Entscheidung hierüber ist gemäß § 3 V. vom 15. November 1899 im Verwaltungszwangsverfahren zu treffen. F.

h) **Gegenstandswert eines zur Zwangsversteigerung gestellten Grundstücks, das mit einem bewohnbaren und bewohnten, aber noch nicht in die Steuerrolle aufgenommenen Gebäude besetzt ist.**

Kammergericht, I. ZS. Beschluß v. 25. Oktober 1906.

Es ist davon auszugehen, daß das Grundstück bereits bei Einleitung der Zwangsversteigerung mit einem bewohnbaren und bewohnten Gebäude besetzt war, also mit einem seiner Natur nach der Gebäudesteuer unterliegenden Gegenstande, dessen Aufnahme in die Steuerrolle nur darum noch nicht erfolgt war, weil nach § 19 Ges. vom 21. Mai 1861 Gebäude während der ersten 3 Kalenderjahre steuerfrei sind. Da somit für das an sich der Gebäudesteuer unterliegende Grundstück, das im Steuerbuch unrichtig noch lediglich als „Acker" eingetragen war, ein Gebäudesteuernutzungswert staatlich noch nicht ermittelt war, fehlte es an der Voraussetzung des § 124 Satz 3, und daher muß für die, nach § 125 Nr. 1 zu erhebende Gebühr, welche sich nach

§ 127² Satz 2 nach dem Wert des Gegenstandes richtet, dieser Wert anderweitig ermittelt werden, und zwar gemäß §§ 119¹, 19 nach freiem Ermessen des Gerichts. Die Richtigkeit dieser Auffassung ergibt sich aus der Entstehungsgeschichte. In § 22 SubhastO. vom 15. März 1869 war die Bietungskaution auf den 4fachen Grundsteuerreinertrag und 2½fachen Gebäudesteuernutzungswert festgestellt, und in § 3 des Kostentarifs war bei der Gebührenberechnung ebenfalls auf das Steuerbuch zurückgegangen. Schon unter der Herrschaft dieser Gesetze war es zweifelhaft geworden, ob, wenn auf einem Grundstücke noch nicht zur Gebäudesteuer veranlagte Gebäude neu errichtet waren, die Kaution nur nach dem Grundsteuerreinertrage zu bemessen oder nach Anhörung von Sachverständigen festzusetzen sei. Das Kammergericht hat schon damals mit Dernburg und Jaeckel sich für die letztere Alternative entschieden. Um diese Zweifel zu beseitigen, wurde im Ges. vom 13. Juli 1883 die ausdrückliche Bestimmung des § 41 getroffen und im § 4³ des dazu gehörigen Kostenges. vom 18. Juli 1883 angeordnet, daß „bei Gegenständen, welche der Grundsteuer oder der Gebäudesteuer unterliegen — mit Ausnahme des Falles des § 41 des ZwVG. —, der Wert auf den 40fachen Betrag des Grundsteuerreinertrages und den 25fachen Betrag des Gebäudesteuernutzungswerts zu bestimmen ist." Aus diesem § 4³ ist der jetzige § 124 Satz 3 GKG. übernommen. Da aber das ZwVG. vom 24. März 1897 eine dem § 41 Ges. von 1883 entsprechende Bestimmung nicht hatte, strich man die darauf bezügliche Ausnahme. In der Begründung des AusfG. vom 23. September 1899 zu Art. 44, auf dem der § 124 GKG. beruht, wurde aber diese Streichung damit gerechtfertigt: „Von selbst versteht es sich, daß ein Zurückgehen auf die Steuerbücher ausgeschlossen ist, wenn nach Lage der Rollen der Steuerwert des Grundstücks nicht festgestellt werden kann." Man hat also bei der Neuredaktion des Kostengesetzes allerdings die Aufnahme der, im § 41 Ges. vom 13. Juli 1883 und § 4 Ges. vom 18. Juli 1883 enthaltenen Ausnahme unterlassen, aber nicht etwa, weil man die dort festgelegten Grundsätze nicht billigte, sondern weil man sie als selbstverständlich ansah. Bei richtiger Interpretation des § 124 Satz 3 preuß. GKG. sind sie auch darin implizite ausgesprochen.

Die Kostenschuldner berufen sich zu Unrecht auf die Kommentare von Jaeckel, Mügel und Schultz zu diesem § 124; daselbst wird nur betont, daß „Baustellen" lediglich zum 40fachen Werte des Grundsteuerreinertrages angesetzt werden können, obwohl sie oft einen erheblich höheren Wert haben werden. Das ist richtig, weil sie ihrer Natur nach nur der Grundsteuer und nicht der Gebäudesteuer unterliegen und deshalb nicht davon die Rede sein kann, daß das Steuerbuch unrichtig oder unvollständig sei, weil es über ihren „Gebäudesteuernutzungswert" noch keinen Aufschluß gebe. Anders liegt die Sache aber, wenn bewohnbare und bewohnte Gebäude, sei es wegen der positiven Vorschrift des § 19 Ges. vom 21. Mai 1891, sei es aus Versehen, noch nicht in das Steuerbuch aufgenommen sind. Gr.

i) **Vermittlung einer Auseinandersetzung.**

Kammergericht, I. ZS. Beschluß v. 13. Juni 1907.

Das LG. geht in Anwendung der im Beschlusse (Rsp. 7 S. 251) aufgestellten Grundsätze mit Recht davon aus, daß die Vermittlungsgebühr des § 10 NotGebO. dem Notar nicht zustehe, wenn seine Tätigkeit sich darauf beschränke, die zwischen den an der Auseinandersetzung Beteiligten bereits anderweitig getroffene Vereinbarung in eine ihrem wahren Willen entsprechende urkundliche Form zu bringen. Dem LG. ist aber auch darin beizupflichten, daß nach der eigenen Darstellung des Notars eine nicht in den Rahmen der beurkundenden Tätigkeit fallende Vermittlung nicht festzustellen ist. Zunächst ergeben die Handakten in keiner Weise, daß der Notar vor dem 5. Juni irgendeine, auf die Vermittlung der Auseinandersetzung abzielende Tätigkeit entwickelt hätte. Sodann gibt er selbst an, daß er sich persönlich der Vorgänge vor und bei Aufnahme des Vertrages vom 5. Juni nur noch sehr dunkel erinnere, daß er nur noch wisse, daß die Kontrahenten stundenlang bei ihm gesessen hätten, und daß er glaube, daß sie von vornherein darüber einig gewesen seien, welche Grundstücke Ferdinand P. übernehmen und welche gemeinschaftlich bleiben sollten. Auch seine beiden Bureaugehilfen wissen angeblich nur, daß die Verhandlung vom 5. Juni von mehrstündiger Dauer gewesen ist, daß Ferdinand P., vielleicht auch einer der anderen Beteiligten, sich inzwischen einmal entfernt hat, um sich Rat zu holen, und daß derselbe Ferdinand um jene Zeit zweimal wöchentlich bei ihm gewesen ist, um mit ihm oder seinem Bureauvorsteher zu konferieren. Sicherlich liegt bei dieser Sachlage die Möglichkeit vor, daß der Notar eine, über daß Maß der bloßen Beurkundungsarbeit hinausgehende, vermittelnde Tätigkeit entfaltet hat. Zu einer die Festsetzung der Vermittlungsgebühr rechtfertigenden Feststellung reichen die Angaben jedoch nicht aus. Es ist sehr wohl möglich, daß die richtige, allen Wünschen der Beteiligten Rechnung tragende Formulierung eine außergewöhnlich lange Zeit beansprucht hat, und daß die zeitweilige Abwesenheit des einen oder anderen Beteiligten zum Zwecke der Ratserholung ebenfalls nur auf diese Formulierung Bezug hatte. Daß aber Ferdinand P. zweimal wöchentlich mit dem Notar 2c konferiert hat, läßt einen Schluß auf die Vornahme einer Vermittlung der Auseinandersetzung überhaupt nicht zu. — Die sonstigen Ausführungen des Notars sind irrtümlich. Der Vertrag vom 5. Juni war nur insofern noch nicht perfekt, als die Ehefrauen A. und B. durch ihre nicht legitimierten Männer vertreten waren. Es bedurfte aber irgendwelcher Bemühungen, ihren Beitritt herbeizuführen, nicht mehr, da sie offenbar ihre Männer für sich hatten handeln lassen. Die in dieser Hinsicht vom Notar entwickelte Tätigkeit beschränkte sich also auf die Anfertigung der Entwürfe zu den von anderen Notaren am Wohnorte der beiden Miterbinnen zu beglaubigenden Beitrittserklärungen. Hierfür kann er die Gebühr des § 8, nicht aber die des § 10 beanspruchen. Gebührenrechtlich war mit dem Abschlusse des Vertrages vom 5. Juni die

Auseinandersetzung beendet. Die von dem Notar nachträglich, zum Zwecke der Ausführung des Auseinandersetzungsvertrages vorgenommenen Geschäfte, insbesondere die Auszahlung von Geldern, haben mit der Vermittlung der Erbauseinandersetzung nichts zu tun. Dies gilt auch von der angeblichen Vermittlung der Auseinandersetzung über den Erlös der nach dem Vertrage vom 5. Juni gemeinschaftlich gebliebenen Grundstücke. Denn es handelt sich hierbei, wenn überhaupt eine Vermittlung vorliegt, nicht mehr um die der Erbauseinandersetzung. Die beiden gemeinschaftlich gebliebenen Grundstücke waren durch den Vertrag den einzelnen Miterben zu ideellen Anteilen zugeteilt, das Gesamthandeigentum der Miterben sonach in gewöhnliches Miteigentum verwandelt worden. Die spätere Auseinandersetzung über dieses Miteigentum stand also mit der Erbteilung, für deren Vermittlung die hier streitige Gebühr verlangt wird, in keinem gebührenrechtlichen Zusammenhange. Glaubt der Notar, daß ihm neben der Gebühr, die er für die Beurkundung der Auseinandersetzung über die 17000 Mark Erlös und für Empfang, Aufbewahrung und Auszahlung dieses Betrages berechnet und vom LG. festgesetzt erhalten hat, auch noch eine Vergütung für die Vermittlung dieser zweiten Auseinandersetzung zusteht, so mag er sie liquidieren und seine Berechnung dem Zahlungspflichtigen mitteilen (vgl. § 24 NotGebO.). Dr. H.

k) **Vertragsentwurf und Beglaubigung nur einer Unterschrift. Vertrag über Bestehenbleiben einer Hypothek nach der Versteigerung ist zweiseitiger Vertrag.**

Kammergericht, I. ZS. Beschluß v. 2. Mai 1907.

Der Beschluß (Jahrb. 22 S. 22) betrifft den von dem hier vorliegenden wesentlich verschiedenen Fall, daß der Notar die Erklärung nur des einen der beiden Kontrahenten eines zweiseitigen Vertrages beurkundet hat. Hier handelt es sich nicht um eine Beurkundung, sondern um die Anfertigung eines Entwurfes, die in § 8 NotGebO., und nur die Beglaubigung einer Unterschrift, die in § 42[1] preuß. GKG. (vgl. § 5 NotGebO.) besonders geregelt worden sind. Nach § 8[1] zit. erhält der Notar für einen erforderten Entwurf $^{8}/_{10}$ der für die Beurkundung bestimmten Gebühr, also für den Entwurf eines einseitigen Vertrages $^{8}/_{10}$ der Gebühr des § 34, für den eines zweiseitigen Vertrages $^{8}/_{10}$ der Gebühr des § 35 preuß. GKG., und zwar ohne Rücksicht darauf, ob er demnächst die Unterschriften unter der von ihm entworfenen Urkunde beglaubigt oder nicht. Gelangt er zur Beglaubigung der Unterschriften, so steht ihm außerdem die Gebühr des § 42[1] preuß. GKG. zu, die $^{3}/_{10}$ und, wenn es sich um einen zweiseitigen Vertrag handelt, $^{4}/_{10}$ der vollen Gebühr (§ 33) beträgt. Diese letztere Gebühr erwächst ihm schon im Falle der Beglaubigung auch nur einer Unterschrift (vgl. Beschluß 14 der Breslauer Notare), es tritt jedoch die in § 8[2] NotGebO. vorgesehene Beschränkung ein, daß er für Entwurf und Beglaubigung zusammen, mag er auch mehrere Unterschriften gleichzeitig oder nacheinander beglaubigt haben, niemals mehr erhält, als wenn er das von den Unterzeichnern abgeschlossene

Rechtsgeschäft beurkundet hätte (vgl. Jahrb. 19 S. 165). Wenn deshalb in der von dem Notar M. entworfenen und hinsichtlich der Unterschrift des B. beglaubigten Urkunde ihrem sachlichen Inhalte nach ein zweiseitiger Vertrag zu finden ist, dessen Gegenstandswert 255000 Mark beträgt, so ist die Gebühr mit 112 Mark richtig berechnet.

Beide Voraussetzungen treffen aber zu. Den wesentlichen Inhalt der Urkunde bildet die gemäß § 91² ZwVG. zwischen der Bank als Hypothekengläubigerin und dem B. als Ersteher getroffene Vereinbarung, daß die Hypothek entgegen der Regel des § 91¹ bestehen bleiben soll. Diese Vereinbarung ist begrifflich ein zweiseitiger Vertrag. Sie schließt mit Notwendigkeit das Aufgeben von Rechten seitens beider Vertragsteile in sich, seitens der Bank den Verzicht auf das Recht, Befriedigung aus dem Versteigerungserlöse zu verlangen (vgl. Entsch. d. RG. 55 S. 264, 60 S. 253, 63 S. 216), seitens des B. das Aufgeben des ihm durch den Zuschlag erwachsenen Rechts auf das Erlöschen der Hypothek. Die Vereinbarung hat ferner, wie Rsp. 11 S. 127 nachgewiesen ist, ohne weiteres den Eintritt des Erstehers an Stelle des bisherigen Schuldners in die der Hypothek zugrunde liegende persönliche Schuld zur Folge. Die Schuldübernahme würde daher, auch wenn sie nicht in der Urkunde besonders ausgedrückt wäre, einen Teil der vertraglichen Gegenleistung des B. gegenüber dem Verzichte der Bank auf das Recht der Befriedigung aus dem Erlöse darstellen. Daß sie urkundlich einen besonderen Ausdruck gefunden hat, nimmt ihr den Charakter einer vertraglichen Gegenleistung nicht; sie würde vielmehr diesen Charakter auch dann haben, wenn man annehmen wollte, daß die Vereinbarung des Bestehenbleibens der Hypothek die Übernahme der persönlichen Schuld seitens des Erstehers nicht von selbst herbeiführte.

Bei der einen, wie bei der andern Auffassung bildet den Gegenstand des zweiseitigen Vertrages die Forderung von 255000 Mark und deren Sicherstellung, so daß nach § 40² Satz 3 preuß. GKG. ihr Betrag für die Wertberechnung maßgebend ist. Die Forderung ist in vollem Umfang Vertragsgegenstand, weil an die Stelle des bisherigen ein neuer Schuldner tritt, die Sicherstellung ist es, weil es sich um die gänzliche Aufhebung oder Nichtaufhebung des Hypothekenrechts handelt (vgl. § 39¹ preuß. GKG.). Der § 23¹ (vgl. § 39² das.) ist bei dieser Sachlage nicht anwendbar. F.

l) **Ablieferung des vom Notar aufgenommenen und verwahrten Testaments an das Nachlaßgericht.**

Kammergericht, I. ZS. Beschluß v. 20. September 1906.

Die 1903 verstorbene Frau des A. hatte 1876 vor dem Notar F. ein Testament errichtet, welches mit den Urkunden des Notars F. in die Verwahrung des Notars G. gelangt war. Infolge einer Anzeige des A. forderte das Amtsgericht die Ablieferung des Testamentes zur Eröffnung. Für diese Ablieferung stellte G. dem A. eine Gebühr in Rechnung. Die weitere Beschwerde hierüber ist begründet.

Der § 2259¹ BGB. findet auch auf den rheinischen Notar Anwendung, wenn er eine von ihm oder seinem Amtsvorgänger (Art. 143 preuß. FrG.) vor 1900 aufgenommene letztwillige Verfügung einer nachher verstorbenen Person in Verwahrung hat (Art. 213 EG. zum BGB.). Eine besondere amtliche Verwahrung durch den Notar, wie § 2259² BGB. hier voraussetzt, findet in Preußen nicht statt (Art. 81 Ausf.-G.; Jahrbuch 21 S. 67, 27 S. 187). Richtig ist nur, daß der Notar bei der Ablieferung des Testaments eine amtliche Verrichtung vornimmt, und daß sie somit zu seiner Berufstätigkeit im Sinne des § 1 der NotGebO. gehört. Allein hieraus folgt keineswegs, daß ihm dafür auch eine besondere Gebühr zustände. In § 9¹ GebO. ist ausdrücklich bestimmt, daß der Notar für die Einsendung einer von ihm aufgenommenen Urkunde Gebühren nicht fordern kann, wenn er für die Aufnahme der Urkunde Gebühren bezieht. Ob diese Bestimmung hier unmittelbare Anwendung zu finden hat, kann dahingestellt bleiben; entsprechend anwendbar ist sie jedenfalls, denn die Ablieferung des Testaments kann nicht als ein selbständiges Geschäft, sondern gleich der Aufbewahrung nur als ein Nebengeschäft der Aufnahme des Testaments gelten. Hieran ändert namentlich der vom Notar G. behauptete Umstand nichts, daß A. ihn um die Ablieferung besonders ersucht habe. Der Notar war dazu kraft Gesetzes verpflichtet, weil er sich im Besitze der Urkunde befand. Wenngleich die Ablieferung erst durch die Änderung der Gesetzgebung notwendig geworden ist, so hat sie trotzdem doch nur die Bedeutung eines Nebengeschäftes neben demjenigen Geschäfte, für das der Notar bzw. sein Amtsvorgänger die gesetzlich bestimmte Gebühr bezogen hat. Als Nebengeschäft ist sie aber auch nicht nach § 15 gebührenpflichtig, weil diese Vorschrift sich nur auf selbständige Geschäfte des Notars bezieht (Mügel zu § 15 Anm. 1 und 5). B.

Dazu: **Wer ist Kostenschuldner des Notars für das versehentlich ihm abgeforderte und von ihm abgelieferte Testament?**

OLG. Colmar, I. ZS. Beschluß v. 10. Oktober 1906.

Obwohl A., der Vater und Erblasser der Beschwerdeführer, ohne Testament gestorben war, hat zufolge einer irrigen Mitteilung des Steueramts das Nachlaßgericht den Notar S. zur Ablieferung des A.schen Testaments aufgefordert und demnächst das abgelieferte Testament eröffnet. Dabei ergab sich, daß es das eines noch lebenden gleichnamigen, aber ledigen A. war, worauf es dem Notar zurückgegeben wurde. Dieser forderte von den Beschwerdeführern die Zahlung seiner Gebühren und Auslagen für die Testamentsablieferung, und erlangte auch deren Festsetzung gegen sie. Die sofortige Beschwerde hierüber ist begründet. Da die Beschwerdeführer in keiner Weise als Beteiligte in Betracht kommen, weder als gesetzliche Erben noch als Bedachte, und das irrtümlich hinterlegte Testament eines Lebenden sie gar nichts angeht, können sie auch nicht Schuldner von Gebühren und für die Hinterlegung sein.... Der Notar hat die Festsetzung nur durch die unrichtige Angabe erwirkt, daß der Erblasser der Beschwerdeführer das abgelieferte

Testament errichtet habe, während ihm bekannt war, daß das hinterlegte und und ihm bereits zurückgegebene Testament dasjenige einer noch lebenden anderen Person gleichen Namens war. Frdthl.

m) **Festsetzung der Notariatsgebühren, wenn die Vergütung vereinbart ist. NotGebO. §§ 25, 26.**

Kammergericht, I. ZS. Beschluß v. 28. Juni 1906.

Nach § 26 kann zwar bei der Beurkundung von Generalversammlungsbeschlüssen der Betrag der Vergütung des Notars abweichend durch Vertrag festgesetzt werden. Ob eine solche Festsetzung getroffen worden ist und welchen Inhalt sie hat, darüber hat jedoch im Streitfall allein der Prozeßrichter zu entscheiden. Das in § 25 geregelte Verfahren hat nur die Festsetzung der dem Notar kraft Gesetzes zustehenden Gebühren und Auslagen zum Gegenstande und auch diese nur, soweit nicht die besondere Bestimmung des § 16 Platz greift. Die Festsetzung hat den Zweck, ein für den Notar und den Zahlungspflichtigen bindende Entscheidung über die Höhe der gesetzlichen Gebühren und Auslagen herbeizuführen (vgl. § 25⁶). Eine Festsetzung durch den Richter auf der Grundlage einer von den Parteien vereinbarten Festsetzung ist unnötig und im Gesetze nicht vorgesehen. Letzteres ergibt schon eine Vergleichung der §§ 25 und 26. In § 25 ist von der gerichtlichen Festsetzung durch Beschluß des Amtsgerichts, in § 26 von der, abweichend von den Vorschriften der GebO. erfolgenden Festsetzung durch Vertrag die Rede. Der Gegensatz zeigt klar, daß die gerichtliche Festsetzung nicht abweichend von den Vorschriften der GebO. stattfindet. In § 26³ Satz 2 ist ferner ausdrücklich vorgeschrieben, daß, falls der Notar durch den Vertragsschluß die Grenze der Mäßigung überschritten hat, die durch Vertrag festgesetzte Vergütung im Prozeßwege bis auf den in der GebO. bestimmten Betrag herabgesetzt werden kann. Auch diese Vorschrift setzt voraus, daß die vom Gesetz abweichend getroffene Vereinbarung der Festsetzung in dem Verfahren des § 25 nicht fähig ist. In dem Entwurfe lautete die Bestimmung: „Hat der Notar durch den Vertragschluß die Grenze der Mäßigung überschritten, so kann die durch Vertrag festgesetzte Vergütung bei der gemäß § 27 (jetzt § 25) stattfindenden gerichtlichen Festsetzung bis auf den in diesem Gesetz bestimmten Betrag herabgesetzt werden." Es wurde jedoch für angemessen erachtet, über die Anfechtung der Vereinbarung den Prozeßrichter entscheiden zu lassen, und die Worte: „bei der gemäß § 27 stattfindenden gerichtlichen Festsetzung" wurden deshalb durch die Worte: „im Prozeßwege" ersetzt. Damit ist aber die Gebührenvereinbarung überhaupt der Entscheidung im Festsetzungsverfahren entzogen. Eine von der Vereinbarung abweichende Festsetzung soll der Richter im Festsetzungsverfahren nicht treffen dürfen, und eine mit der Vereinbarung übereinstimmende Festsetzung, von der begrifflich nur bei Einhelligkeit der Beteiligten die Rede sein konnte, würde praktisch ohne Bedeutung sein. Selbstverständlich ist trotz Vorliegens eines dem § 26 gemäß geschlossenen Vertrages das Festsetzungsverfahren des § 25 an sich zulässig. Das Verfahren kann aber immer nur die Festsetzung derjenigen Gebühren und Auslagen zum Gegenstande haben, die dem Notar zustehen würden, wenn ein Vertrag nicht vorläge. Leugnet ein Beteiligter die Rechtsbeständigkeit des Vertrages, oder will der Zahlungspflichtige geltend machen, daß der Notar beim Vertragschlusse die Grenzen der Mäßigung überschritten habe, so hat er naturgemäß ein berechtigtes Interesse an der Vornahme der gerichtlichen Festsetzung (vgl. §§ 25^6, 26^3 Satz 2), d. h. an der Festsetzung desjenigen Betrages, welcher den Vorschriften der GebO. entspricht. F.

n) **Stempelpflichtigkeit einer im Auslande erklärten Abtretung einer Buchhypothek.**

Kammergericht, I. ZS. Beschluß v. 17. Januar 1907.

A. aus Berlin hat Buchhypotheken, welche auf Grundstücken daselbst für die A.-Bank zu München eingetragen waren, an die B.-Aktiengesellschaft zu München abgetreten. Die Urkunde ist von München datiert und auch dort unterschrieben, die Unterschrift ist aber in Berlin notariell beglaubigt. Der Gerichtsschreiber berechnete zu dieser Urkunde einen Stempel von $^1/_{50}$ %. Dies wurde gebilligt. Gründe:

Allerdings ist nach der eidesstattlichen Versicherung des A. die Urkunde in München, also im Sinne des StStG. im Auslande errichtet: denn mit der Unterschrift des A. war die rechtsgeschäftliche Willenserklärung abgegeben, während die spätere Beglaubigung der Unterschrift mit der Errichtung der Urkunde unmittelbar nichts zu tun hat, sondern nur für ihre formelle Beweiskraft und Verwendbarkeit (§ 29 GrBO.) von Bedeutung war. Nach § 2 StStG. ist jene Urkunde daher nur dann stempelpflichtig, wenn sie entweder im Inlande befindliche Gegenstände betraf oder im Inlande zu erfüllen war. Die erstere Voraussetzung ist von den Vorinstanzen mit Recht verneint; in Übereinstimmung mit der bisherigen Rechtsprechung (vgl. Entsch. des RG. 11 S. 257) und mit der Literatur (vgl. Hummel-Specht S. 39; Heinitz S. 29 IV 1) muß daran festgehalten werden, daß als Gegenstände, welche sich im Inlande befinden, nur körperliche Sachen gelten können, aber nicht Forderungen, auch wenn sie hypothekarisch sichergestellt und dadurch mit bestimmten Grundstücken in Verbindung gebracht sind. Wohl aber liegt die zweite Voraussetzung vor. Es handelte sich um die Übertragung von Hypothekenforderungen, welche auf Berliner Grundstücken hafteten; die Vorinstanzen haben jedoch den Umstand nicht richtig gewürdigt, daß es durchweg Buchhypotheken waren, welche nach §§ 1154^3, 873 BGB. nur durch Einigung und Eintragung abgetreten werden konnten und daß diese Form auch für die Abtretung der Forderungen notwendig war. Die in München ausgestellte Abtretungserklärung bewirkte daher nicht den — dinglichen — Übergang der Hypothekenforderungen auf die neue Gläubigerin, sondern begründete höchstens eine obligatorische Verpflichtung der bisherigen Gläubigerin zur Abtretung. Diese Verpflichtung selbst mußte auch dadurch erfüllt werden, daß die bisherige Gläubigerin zur Umschreibung der Hypotheken in der gesetzlich erforderlichen Weise mitwirkte, wie sie dann auch tatsächlich durch ihren Bevollmächtigten B. die Umschreibung im Grundbuche beantragt hat. Erfüllungsort für diese Verpflichtung war aber Berlin, wo das Grundbuch geführt wird — ebenso wie für den, zu einer Auflösung oder Löschungsbewilligung Verpflichteten der Erfüllungsort da ist, wo das Grundbuch geführt wird (Gruchot 35 S. 917). Daran ändert der Umstand nichts, daß die bisherige Gläubigerin ihrer Verpflichtung in der Weise hätte genügen können, daß sie der neuen Gläubigerin eine beglaubigte Umschreibungsbewilligung aushändigte und ihr überließ, selbst die Umschreibung beim Grundbuchamt zu beantragen. Das ist ebenso unerheblich, wie z. B. der Erfüllungsort für die Pflicht zur Übergabe körperlicher Sachen dadurch verrückt wird, daß der zur Übergabe Verpflichtete eventuell den Erwerber ermächtigen kann, sich selbst in den Besitz der Sachen zu setzen. W.g.

o) **Voraussetzung der Stempelfreiheit für Auflassungen auf Grund des Fluchtliniengesetzes v. 2. Juli 1875.**

Kammergericht, I. ZS. Beschluß v. 5. Juli 1906.

Auf Grund mündlicher Verträge wurden der Stadt K. am 30. März 1900 zwei Grundstücke aufgelassen. Der Stempel wurde außer Ansatz gelassen, weil die Grundstücke nach Mitteilung der Stadt zur Straßenverbreiterung erworben seien. 1905 stellte jedoch das Amtsgericht fest, daß der durch Gemeindebeschluß vom 13. Februar 1900 festgesetzte Fluchtlinienplan am 21. März die Zustimmung des Polizeipräsidiums erhalten und vom 6. April bis 3. Mai offen ausgelegen hatte und daß erst am 4. Mai die förmliche Feststellung angeordnet und am 13. Mai die vom 8. datierte Bekanntmachung hierüber in die Zeitungen gesetzt war. Infolgedessen bestimmte es die Einziehung eines Stempels von 1 % des Kaufpreises. Dieser Beschluß wurde auf die Beschwerde der Stadt aufgehoben. Die weitere Beschwerde der Staatskasse hatte Erfolg. Gründe:

Durch § 4 zu e StStG. ist der entsprechende, auf die Stempelsteuer bezügliche § 43[4] Enteignungsges. überholt (Gruchot 44 S. 1003). Nach der völlig unzweideutigen Fassung des § 4 zu e ist die Steuerfreiheit von Urkunden über die dort bezeichneten Besitzveränderungen davon abhängig, daß eine gesetzliche Verpflichtung der Beteiligten besteht, sich der Veränderung zu unterwerfen. Die Frage, mit welchem Zeitpunkte diese Steuerfreiheit beginnt, hängt also von der Beantwortung der anderen Frage ab, in welchem Zeitpunkte für die Beteiligten nach dem Gesetze die Verpflichtung begründet wird, die unfreiwillige Besitzveränderung zu dulden.

Nach § 2 EnteignGes. erfolgt regelmäßig die Entziehung 2c des Grundeigentums auf Grund Königlicher Verordnung. Dieser Ausspruch ist der Akt, durch den der Unternehmer das generelle Enteignungsrecht erlangt. Die Feststellung des Plans (Titel III Nr. 1) ergänzt jenen Ausspruch durch Spezialisierung des Enteignungsrechts, indem sie die von der Enteignung betroffenen Grundstücke, die Art der Enteignung (Entziehung oder Beschränkung) und den

Umfang der Rechte des Erwerbers an den zur Enteignung gezogenen Grundstücken bestimmt.

Das Fluchtliniengesetz. legt das Befinden über die Zulässigkeit der Enteignung unter gesetzlichen Voraussetzungen in die Hand der betreffenden Gemeinde. Das Verfahren ist dahin geordnet, daß der Gemeindevorstand im Einverständnisse mit der Gemeinde bzw. deren Vertretung unter Zustimmung der Ortspolizeibehörde die Fluchtlinien festzusetzen (§ 1), den Plan zu jedermanns Einsicht offenzulegen und, wie dies geschehen soll, unter Bezeichnung einer Präklusivfrist zur Anbringung von Einwendungen bekannt zu machen hat (§ 7) und daß er dann den Plan förmlich feststellen, zu jedermanns Einsicht offenlegen und, wie dies geschehen soll, bekannt machen muß (§ 8). „Mit dem Tage, an welchem die in § 8 vorgeschriebene Offenlegung [nämlich des förmlich festgestellten Planes] beginnt", tritt die Beschränkung des Grundeigentümers, daß Neu-, Um- und Ausbauten über die Fluchtlinie hinaus versagt werden können, endgültig ein. Gleichzeitig erhält die Gemeinde das Recht, die durch die festgesetzten Straßenfluchtlinien für Straßen und Plätze bestimmte Grundfläche dem Eigentümer zu entziehen (§ 11). Aus dieser Ordnung ergibt sich, daß nach dem Fluchtliniengesetz erst die Offenlegung des förmlich festgestellten Planes der Gemeinde das die Entziehung des Grundeigentums betreffende Enteignungsrecht verleiht. Erst mit dem Beginn dieser Offenlegung sind die Beteiligten nach dem Gesetze verpflichtet, sich der aus Gründen des öffentlichen Wohles für angezeigt erachteten Besitzveränderung zu unterwerfen. Erst von diesem Zeitpunkte ab kann daher auch für die Besitzveränderungen die Stempelfreiheit beansprucht werden.

Die vom LG. herangezogene Analogie der Vorschriften des Enteignungs- und des Fluchtliniengesetz. erscheint demgegenüber nicht durchgreifend. Richtig ist, daß beide zwischen vorläufiger und endgültiger Planfeststellung unterscheiden, daß der vorläufigen Planfeststellung (§ 15 Enteignungsgesetz.) die Offenlegung des Planes mit entsprechender Bekanntmachung behufs Ermöglichung der Erhebung von Einwendungen folgt (§ 19) und daß dann nach Erörterung und unter Entscheidung etwa angebrachter Einwendungen die endgültige Planfeststellung stattfindet (§§ 20, 21). Sobald die vorläufige Planfeststellung erfolgt ist, greift hier die Stempelbefreiung des § 4 zu e Platz. Denn mit diesem Zeitpunkte ist der nach dem Befinden der zuständigen Behörde zum Unternehmen erforderliche Grund und Boden bis auf weiteres bestimmt und damit für die durch die Königliche Verordnung begründete Verpflichtung der Beteiligten, die Besitzveränderung zu dulden, ein greifbarer Anhalt gewonnen (Jahrbuch 12 S. 162, 14 S. 214, 18 S. 109, 28 S. 53; Gruchot 46 S. 364). Immer aber ist in diesem Falle die rechtliche Grundlage der Besitzveränderung in der das Enteignungsrecht verleihenden Königlichen Verordnung bereits gegeben. Bei der Besitzveränderung im Verfahren des Fluchtliniengesetz. fehlt diese Grundlage bis zu dem Tage, an dem die Offenlegung des förmlich festgestellten Planes beginnt. Das ist der maßgebende Grund für die verschiedene Bestimmung des Anfangspunktes der Steuerbefreiung bei Besitzveränderungen im Rahmen des allgemeinen Enteignungsges. und bei solchen im Rahmen des Fluchtliniengeſ. Soweit das letztere entscheidet, kann eine Besitzveränderung vor Beginn der Offenlegung des förmlich festgestellten Planes nicht nach § 4 zu e steuerfrei sein, weil vorher die Beteiligten nach § 11 Satz 2 Fluchtliniengeſ. nicht schuldig sind, die Besitzveränderung zu dulden. Abwegig ist in dieser Hinsicht besonders die Auffassung, daß das Fluchtliniengeſ. als solches den Titel für die Eigentumsentziehung darstellt. Auf dem Gesetze beruht die Entziehung ebenso in den gewöhnlichen Fällen der Enteignung wie in denen nach Maßgabe des Fluchtlinienrechts. Um aber auf Grund dieses Gesetzes die Beteiligten im konkreten Falle zur Hergabe ihres Eigentums zu verpflichten, bedarf es noch eines besonderen Ausspruchs. Zu diesem Ausspruch ist nach dem Enteignungsges. nur der Träger der Krone, nach dem Fluchtliniengeſ. nur die Gemeinde berufen. Nach dem letzteren Gesetz erfolgt eben der die Beteiligten verpflichtende Ausspruch durch die dem Gemeindevorstand übertragene Offenlegung des förmlich festgestellten Planes.

Diese Grundsätze widersprechen nicht etwa den Entsch. des RG. 21 S. 212, 43 S. 356. Gewiß trifft das zu, daß in Fällen wie hier der Beginn des Enteignungsverfahrens auf Grund des Fluchtliniengesetzes durch die Aufstellung des Fluchtlinienplans gemäß § 51 das. bestimmt wird, denn es muß zugegeben werden, daß diese Aufstellung auf eine Inanspruchnahme des danach für Straßen und Plätze vorgesehenen Landes wenigstens dann abzielt, wenn die neue Fluchtlinie sofort zur Ausführung kommen soll. Es mag ferner aus § 11 Satz 1 das., wonach mit der Offenlegung des förmlich festgestellten Planes die Beschränkung des Grundeigentümers endgültig eintritt, herzuleiten sein, daß schon früher eine vorläufige Beschränkung nach dieser Richtung hin besteht. Alles das wird für die Frage nach der Bemessung der Entschädigung und für die nach der Zulässigkeit der Versagung von Bauerlaubnis vor der Offenlegung des förmlich festgestellten Planes von Bedeutung sein. Aber für die gegenwärtig zu entscheidende Stempelfrage ist er ohne Belang. In dieser Hinsicht knüpft das Gesetz einerseits die Stempelbefreiung an das Bestehen der gesetzlichen Verpflichtung der Beteiligten, und es macht anderseits das Recht der Gemeinde, die für Straßen rc bestimmte Grundfläche dem Eigentümer zu entziehen und damit die Pflicht der Beteiligten, die Entziehung zu dulden, von der Offenlegung des förmlich festgestellten Planes abhängig. Vor dieser Offenlegung hat die Gemeinde keine Berechtigung, die Besitzveränderung zu verlangen und der als Eigentümer Beteiligte keine Verpflichtung, sich der Besitzveränderung zu unterwerfen. Die Gemeinde erhält, so sagt das Gesetz, das gedachte Recht mit dem Tage, an dem die Offenlegung des förmlich festgestellten Planes beginnt. Dies ist auch in der Literatur anerkannt (Heinitz S. 53 zu 2, Hummel-Specht S. 63 zu 9; auch Koffka, Enteignung S. 154 N. 3; anders Luther, Enteignungsges. S. 140 zu 2c). Auf demselben Standpunkte befinden sich die Beschlüsse (Jahrbuch 14 S. 218, 27 S. 29 und vom

30. Mai 1904 Y 224). In gleichem Sinne hat sich der Finanzminister bei einer Sachlage, die mit der gegenwärtig erörterten im wesentlichen übereinstimmt, im Reskripte vom 4. August 1893 (III. 9683) schlüssig gemacht. W. g.

p) **Verstempelung beider das Veräußerungsgeschäft bildenden Urkunden. Zahlungspflicht.**

Kammergericht, I. ZS. Beschluß v. 14. März 1907.

Der Beschwerdeführer hat sein Grundstück an die Stadt zu Schulzwecken aufgelassen. Mit Recht hat der Gerichtsschreiber nicht die Auflassung vom 2. Oktober, sondern die Urkunden vom 17. Juli und 5. September über das der Auflassung zugrunde liegende lästige Veräußerungsgeschäft für stempelpflichtig erachtet (vgl. Tarifst. 8^3), und er hat auch zutreffend zu der einen der beiden Urkunden nur die Hälfte des nach Tarifst. 32 Abs. 1a zu berechnenden Stempels mit den Gerichtskosten angesetzt, da das den Gegenstand des beurkundeten Kaufvertrages bildende Grundstück unstreitig zur Errichtung einer von der Käuferin zu unterhaltenden öffentlichen Schule bestimmt ist (vgl. § 5 Abs. 1 f., Abs. 6 StStG., §§ 31, 30 preuß. GKG.). Dagegen hat er übersehen, daß auch die andere Unkunde, weil gleichfalls von einer Urkundsperson in der Form eines Protokolls aufgenommen, um ihres nach Tarifst. 71 Nr. 2 steuerpflichtigen Inhalts willen, auf Grund der Tarifst. 53^1 und des § 5 Abs. 1 Lit. f und Abs. 6 mit 1 Mark, als der stempelgesetzlich darstellbaren Hälfte des Feststempels von 1,50 Mark, zu belegen war (vgl. Art. 12 § 2 preuß. Ausf.-G. zum BGB., Heinitz zu Tarifst. 53 Anm. 7; vgl. dagegen Hummel-Specht zu § 5 StStG. Anm. 34^3, zu Tarifst. 53 Anm. 7^3, woselbst angenommen wird, daß der Protokollstempel in voller Höhe zu erheben sei). — Denn entweder enthielt schon die erste Urkunde einen bedingten Kaufvertrag im Sinne der Tarifstelle 32^1 und die zweite Urkunde eine der Tarifstelle 71^2 unterfallende Änderung dieses Vertrages, oder die erste Urkunde stellte nur einen Offertvertrag im Sinne der Tarifstelle 72^2 (vgl. Hummel-Specht zu Tarifstelle 32 Anm. 6) und die zweite Urkunde den nach Tarifstelle 32^1 zu versteuernden Kaufvertrag dar. Die Kostenrechnung ist daher entsprechend zu ergänzen (vgl. § 26 preuß. GKG.).

Der Beschwerdeführer hat gegen die Stempelpflichtigkeit der Urkunde an sich nichts eingewendet, er hat nur geltend gemacht, daß nicht er, sondern die Stadt zahlungspflichtig sei. Allein die Stadt genießt vorliegend Steuerfreiheit, der Staatskasse gegenüber ist aber nicht sie, sondern er, A., allein zahlungspflichtig. Ob nach dem zwischen ihm und der Stadt bestehenden Vertragsverhältnisse die letztere verpflichtet ist, den von ihm an die Staatskasse zu entrichtenden Stempelbetrag ihm zu ersetzen, ist hier nicht zu entscheiden. L. W.

q) **Berechnung des Kaufstempels, wenn der Kaufpreis erst später fällig und unverzinslich ist.**

OLG. Celle, II. ZS. Urteil v. 21. Januar 1907.

Die Ansicht des LG., daß, wenn der Kaufpreis erst später fällig wird und unverzinslich ist, nicht sein Nennbetrag für die Stempelberechnung maßgebend, sondern daß der Zwischenzins abzuziehen ist, verdient vor den abweichenden Äußerungen von Hummel-Specht und Heinitz (zu § 6) den Vorzug. Denn nur sie steht im Einklange mit § 6¹, wonach der gemeine Wert „zur Zeit der Beurkundung des Geschäfts" entscheidet. Eine in 10 Jahren fällige unverzinsliche Forderung von 10000 Mark ist aber zur Zeit der Beurkundung nicht 10000 Mark, sondern ungefähr 7150 Mark wert. Für eine solche Forderung schon jetzt einen Wert von 10000 Mark anzunehmen, widerspricht so sehr dem Rechtsgefühle, daß man dazu nur dann kommen würde, wenn es im Gesetze unzweideutig vorgeschrieben wäre. Das ist aber nicht der Fall. Der § 6³: „bei Geldforderungen ist der aus der stempelpflichtigen Urkunde ersichtliche Geldbetrag . . . als Wert anzusehen," ist mit der hier vertretenen Ansicht wohl vereinbar; denn auch der nach Abzug des Zwischenzinses verbleibende Geldbetrag ergibt sich aus der Urkunde insofern, als diese den Nennbetrag der unverzinslichen Geldforderung und deren Fälligkeitstermin angibt; daß es dazu einer Berechnung des Zwischenzinses bedarf, steht dem Abs. 3 nicht entgegen. Auch der Umstand, daß das StStG. keine Bestimmung über die Berechnung des Zwischenzinses enthält, ist nicht ausschlaggebend; man wird auch ohne besondere Anordnung die im früheren wie im jetzigen Rechte — wenn auch nur für bestimmte Fälle — anerkannte Hoffmannsche Methode (BGB. §§ 1133, 1217; KO. § 65) als die mathematisch genaue anwenden dürfen. Dagegen findet die hier vertretene Ansicht, wenigstens in dem vorliegenden Falle der Tarifstelle 32, ihre Unterstützung in folgender Erwägung. Nach dieser Tarifstelle beträgt der Stempelsteuersatz beim Grundstückskauf 1 % vom Kaufspreis „unter Hinzurechnung des Wertes der ausbedungenen Leistungen und vorbehaltenen Nutzungen". Findet nun die Hinausschiebung der Fälligkeit des unverzinslichen Kaufpreises, wie das die Regel bilden wird, ihre Erklärung darin, daß die Nutzungen des verkauften Grundstücks bis zum Eintritte der Fälligkeit dem Verkäufer verbleiben sollen, so würde die Berechnung des Stempels von dem Nennbetrage des Kaufpreises und von dem Werte der Nutzungen zu einem unannehmbaren Ergebnisse führen, da die Nutzungen das Entgelt für die Hinausschiebung der Fälligkeit und die Unverzinslichkeit des Kaufpreises bilden; es würde also ein dem Zwischenzins ungefähr entsprechender Betrag doppelt angerechnet werden. Diese Unbilligkeit wird vermieden, wenn man außer dem Werte der vorbehaltenen Nutzungen nur den nach Abzug des Zwischenzinses verbleibenden Teil des Kaufpreises der Stempelberechnung zugrunde legt. H.ch.

r) **Verstempelung eines Gesellschaftsvertrages bei Einbringung von Vermögensgegenständen, welche verschiedenen Steuersätzen unterliegen.**

Kammergericht, I. ZS. Beschluß v. 10. Januar 1907.

Der Kaufmann A. ließ sein Fabrikgrundstück, auf dem eine Sparkassenhypothek von 50000 Mark ruhte, an die von ihm und B. gebildete offene

Handelsgesellschaft Gebr. A. auf. Als der Auflassung zugrunde liegend wurde ein mit 27,50 Mark verstempelter privatschriftlicher Vertrag vom 17. April 1906 vorgelegt, in welchem es heißt, B. trete in das von A. unter der Firma Gebr. A. betriebene Fabrikgeschäft als persönlich haftender Gesellschafter ein und die so gebildete offene Handelsgesellschaft führe das Geschäft unter der bisherigen Firma fort. Der § 2 lautet:

A. bringt sein vorgedachtes Geschäft mit allen Aktiven und Passiven nach dem Stande vom 1. Januar 1906 dergestalt ein, daß alle seitdem geschlossenen Geschäfte als für Rechnung der offenen Handelsgesellschaft geschlossen gelten.

Die Differenz zwischen dem Werte der Aktiven und Passiven gemäß dem Stande jener Bilanz bildet den Anteil des A. am Gesellschaftsvermögen und zugleich den Gegenwert für das eingebrachte, mit 140000 Mark bewertete Geschäftsgrundstück einschließlich Dampfmaschinen und Dampfkesseln, das eingebrachte mit 60000 Mark bewertete Geschäftsinventar und einen Teil der eingebrachten Warenvorräte, während die übernommenen Passiven den Gegenwert für den Rest der Warenvorräte und die eingebrachten mit 130000 Mark bewerteten Außenstände bilden.

B. bringt eine ihrer Höhe nach noch zu vereinbarende Bareinlage ein.

Nach Eintragung des Eigentums der Gesellschaft setzte der Gerichtsschreiber einen Vertragsstempel von 500 Mark (1 % der übernommenen Hypotheken) an. Auf Erinnerung der Gesellschaft hob das Amtsgericht diesen Stempelansatz auf, das Landgericht stellte ihn auf Beschwerde des Ersten Staatsanwalts wieder her. Die weitere Beschwerde der Gesellschaft ist begründet.

Durch die Auflassung und die Eigentumsumschreibung ist der Vertrag vom 17. April 1906 seinem ganzen Inhalte nach gültig und stempelpflichtig geworden, so daß er geeignet ist, den Auflassungsstempel auszuschließen (JMBl. 1905 S. 310, Jahrbuch 32 S. 41). Auch darin ist dem LG. beizupflichten, daß Gesellschaftsverträge, in denen das Einbringen eines nicht in Geld bestehenden Vermögens in eine offene Handelsgesellschaft beurkundet wird, nur insoweit dem bloßen Feststempel der Tarifstelle 25 b unterliegen, als die für das Einbringen zu gewährende Vergütung durch die Einräumung gesellschaftlicher Rechte erfolgt, daß dagegen, soweit eine andere Vergütung, beispielsweise durch Übernahme von Schulden des Einbringenden, vereinbart wird, ein reines der Besteuerung nach Tarifstelle 32 (oder 2) unterworfenes Veräußerungsgeschäft vorliegt. Dagegen übersieht das LG., daß es bei der Einbringung mehrerer verschiedenen Steuersätzen unterliegender Gegenstände den Vertragschließenden unbenommen ist, über die Verrechnung der Werte besondere Bestimmungen zu vereinbaren, welche die Höhe der Stempelabgabe beeinflussen (§ 10[1], Heinitz zur Tarifstelle 25 unter 3). Dies ist aber hier ausdrücklich geschehen. A. bringt sein Fabrikgeschäft mit Aktiven und Passiven in die zu bildende offene Handelsgesellschaft ein, und zu den Aktiven gehören: a) das Fabrikgrundstück mit Dampfmaschine und Dampfkessel im angegebenen Werte von 140000 Mark, b) das Geschäftsinventar im angegebenen Werte von 60000 Mark, c) die Warenvorräte, d) die mit 130000 Mark bezifferten Forderungen. Als Gegenleistung für die übernommenen Geschäftsschulden, zu denen die für die Sparkasse eingetragenen 50000 Mark ebenso zu rechnen sind, wie die sonstigen Schulden, sollen zufolge unzweideutiger Vertragsberedung die ausstehenden Forderungen im Betrage von 130000 Mark (zu d) und der eine Teil der Warenvorräte (zu c) dienen, während die Differenz zwischen dem Gesamtwerte aller Vermögensstücke (zu a bis d) und den sämtlichen Geschäftsschulden für den Geschäftsanteil des Einbringenden maßgebend sein soll. Daraus ergibt sich klar, daß für das Grundstück (zu a), das Geschäftsinventar (zu b) und den anderen Teil der Warenvorräte (zu c) ausschließlich die Gewährung gesellschaftlicher Rechte vereinbart worden ist, und dies ist sogar noch besonders durch § 2² Schlußsatz zum Ausdrucke gelangt.

Eine gesetzliche Vorschrift, wonach bei gleichzeitiger Veräußerung von Grundstücken und anderen Vermögensstücken die als Teil der Gegenleistung übernommenen, auf den Grundstücken eingetragenen Schulden des Veräußerers nur die Gegenleistung für die Grundstücke darstellen könnten, besteht nicht. Die Vertragschließenden sind, auch wenn sie damit lediglich die Ersparung von Stempelabgaben bezwecken, durch nichts gehindert, im Wege der Vereinbarung festzustellen, daß die Gegenleistung für die Übernahme der Hypothekenschulden nicht in den Grundstücken, sondern in den sonstigen, den Gegenstand des Vertrages bildenden Vermögensstücken bestehen soll. Ist dies aber richtig, so kann vorliegend nicht angenommen werden, daß A. für das eingebrachte Grundstück in anderer Weise als durch Gewährung gesellschaftlicher Rechte entschädigt worden wäre. Den Entgelt für die Übernahme der Hypothekenschulden hat er durch Hingabe seiner ausstehenden Forderungen und eines Teils seiner Warenvorräte entrichtet.

Hinsichtlich der die Übernahme der Schulden und den Entgelt hierfür betreffenden Vereinbarungen kommt sonach die lit. a Abs. 1 der Tarifstelle 32 nicht zur Anwendung. Fraglich kann nur sein, ob diese Vereinbarung mit den gemäß Tarifstelle 2¹ in Natur verwendeten 26 Mark ($^1/_{50}$ % der eingebrachten Geschäftsforderungen) hinreichend verstempelt ist, oder ob der Überschuß der übernommenen Schulden über die eingebrachten Forderungen, für den ein Teil der Warenvorräte als Entgelt dient, der Stempelabgabe der Tarifstelle 32 lit. c unterliegt. Die Beschwerde beansprucht jedoch mit Recht die Befreiung der Tarifstelle 32¹¹ Ziffer 3, deren Voraussetzungen auch beim Verkauf eines ganzen Handelsgeschäfts gegeben sein können (Jahrbuch 21 S. 33). Es unterliegt ferner keinem Bedenken, daß die Vereinbarung eines in der Übernahme von Schulden des Veräußerers bestehenden Entgelts für die veräußerten Gegenstände der Annahme eines Kaufgeschäfts nicht entgegensteht (Hummel-Specht zu Tarifstelle 32 Anm. 26, 96). Es kann aber nicht wohl einen Unterschied machen, ob das Kaufgeschäft einen selbständigen Vertrag darstellt oder den Bestandteil eines nach Tarifstelle 25b zu versteuernden Gesellschaftsvertrages bildet. Dr. Frkst.

s) **Stempel, wenn bei fortgesetzter GG. das Grundstück dem einen Kinde in Anrechnung auf seinen Erbteil überlassen wird.**

*

Kammergericht, I. ZS. Beschluß v. 26. Februar 1907.

Der Witwer hat das zum Gesamtgut gehörige Grundstück einem Kinde unter Zustimmung der anderen Kinder zum Alleineigentum überlassen und bestimmt, daß der Kaufpreis durch Übernahme der Hypotheken gedeckt, der Rest aber dem Übernehmer auf dessen künftigen Erbteil angerechnet werden sollte. Der Notar hat diesen Vertrag auf Grund der Tarifstelle 32[11] richtig mit 1,50 Mark versteuert. Zwar kann der Beschwerdeführer nicht die Stempelbefreiung aus Nr. 2 das. beanspruchen; denn im Sinne dieser Vorschrift genügt nicht, daß der Aszendent formell als alleiniger Veräußerer auftritt, sondern er muß an der auf den Deszendenten übertragenen Sache materiell allein berechtigt sein. Das ist aber der gütergem. Gatte nicht, auch wenn man berücksichtigt, daß den gütergem. Genossen keine quotativen Anteile an den zum Gesamtgut gehörigen Sachen zustehen. Nach §§ 1443, 1487 BGB. ist der Mann lediglich Verwalter des Gesamtguts; er vertritt nur die übrigen Genossen; deren materielle Mitberechtigung kommt in dem Erfordernis ihrer Zustimmung zu Verfügungen über Grundstücke zum Ausdruck (§§ 1444ff. BGB., § 378 II 1 ALR.). Veräußert der mit mehreren Kindern in fortgesetzter GG. lebende Vater ein zum Gesamtgut gehöriges Grundstück an ein Kind mit Zustimmung der übrigen Kinder, so liegt nicht ein Vertrag zwischen dem Vater allein und dem Erwerber, sondern zwischen dem Vater und den durch ihn vertretenen Kindern einerseits und dem Erwerber andererseits vor. Die angeführte Befreiungsvorschrift greift daher nur insoweit Platz, als der Vater, nach dem Verhältnis seiner Beteiligung am Gesamtgut überhaupt, an dem veräußerten Grundstück beteiligt sein würde, wenn das Gesamtgut nur aus diesem Grundstücke bestände (Beschluß vom 20. November 1899 Y 566/99).

Dagegen muß Nr. 1 Abs. 11 Tarifstelle 32 Anwendung finden. Nach Abs. 2 wird zu den Teilnehmern auch der überlebende Ehegatte gerechnet, der mit den Erben gütergemeinschaftliches Vermögen zu teilen hat. Alle Voraussetzungen der Nr. 1 sind hier gegeben. Insbesondere ist die Überweisung des Grundstücks an einen Erben „zum Zwecke der Teilung" des Gesamtguts geschehen. Das Landgericht legt die Vorschrift zu eng aus, wenn es fordert, daß durch den Vertrag selbst schon die Erbteilung hätte erfolgen müssen; dann würde überhaupt nicht diese Tarifvorschrift, sondern die Tarifstelle 20 („Erbrezesse") anzuwenden sein (Hummel-Specht S. 822 A[3]). Die Ermäßigung der Nr. 1 soll aber gerade die Teilung und das Ausscheiden einzelner Stücke des Gesamtsguts erleichtern, und zu ihrer Anwendung muß genügen, wenn die Kauf- oder Tauschverhandlung die künftige Erbteilung vorbereitet und erleichtert, und insoweit „zum Zwecke der Teilung" erfolgt. Das ist hier offensichtlich der Fall, da in dem Vertrage das Grundstück dem einen Miterben übereignet wird, und dieser anerkennt, durch die Übereignung 30000 Mark aus dem Gesamtgute erhalten zu haben und sich diesen Betrag bei der künftigen Erbteilung anrechnen lassen zu müssen. Zn.

t) Teilschuldverschreibungen ohne Beurkundung einer Rückzahlungspflicht als Schuldverschreibungen?[1]

Kammergericht, I. ZS. Beschluß v. 6. Juni 1907.

Mittels eines die Überschrift: „Sicherungshypothekenurkunde" (§ 1187 BGB.) tragenden Schriftstücks vom 30. November 1903 erklärten die Direktoren A. und B.: Ihre Aktiengesellschaft hätte bei dem Bankhause M. eine Anleihe aufgenommen in Höhe von 2100000 Mark, über welche 2100 Stück Teilschuldverschreibungen zu je 1000 Mark lautend auf den Namen des Bankhauses ausgestellt worden seien, welche durch Indossament oder Blankoindossament übertragbar seien und vom 1. Oktober 1903 ab mit $4^1/_2$% jährlich verzinst würden; zur Sicherung aller Forderungen und Ansprüche, welche das Bankhaus, sei es durch direkte Geschäfte oder durch Übertragung oder auf andere Weise gegen sie erwerben werde oder bereits erworben habe, bestellten sie eine Sicherungshypothek im Höchstbetrage von 2100000 Mark nebst $4^1/_2$% Zinsen seit dem 1. Oktober 1903 unter Verpfändung des näher bezeichneten Grundstückes. Zu dem Schriftstücke waren 5 Mark Stempel verwandt. Das Amtsgericht trug am 5. Februar 1904 folgenden Vermerk ein: „2100000 Mark Sicherungshypothek bis zum Höchstbetrage von 2100000 Mark nebst $4^1/_2$% Zinsen seit dem 1. Oktober 1903 für das Bankhaus M. unter Bezugnahme auf die Bewilligung vom 30. November 1903." Der Gerichtsschreiber sah jedoch diese Urkunde als Schuldverschreibung an und setzte einen Fehlstempel von 1745 Mark zu Lasten der Aktiengesellschaft an. Die Erinnerung hiergegen wies das Amtsgericht zurück, das LG. gab ihr statt. Die weitere Beschwerde der Staatskasse hatte Erfolg.

Gründe:

Die Urkunde vom 30. November 1903 und der Eintragungsvermerk vom 5. Februar 1904 enthalten je einen inneren Widerspruch insofern, als die bestellte Sicherungshypothek einerseits eine Höchstbetragshypothek sein und anderseits mit $4^1/_2$% Zinsen verzinst werden soll, ohne daß die Zinsen in den Höchstbetrag eingerechnet worden sind (vgl. § 1190$^{1 \cdot 2}$ BGB.). Der Widerspruch ist darauf zurückzuführen, daß der Notar zur Anfertigung des Entwurfes ein Formular benutzt hat, welches zur Bestellung einer Höchstbetragssicherungshypothek gemäß § 1190 zu dienen bestimmt war, während die Absicht der Beteiligten augenscheinlich auf die Beurkundung einer Sicherungshypothek im Sinne des § 1187 BGB. und § 51 GrBO. ging. Diese Absicht hat ihren urkundlichen Ausdruck dadurch gefunden, daß in der Überschrift die Paragraphenzahl „1190" handschriftlich in „1187" geändert worden ist, daß als Gegenstand der bestehenden Geschäftsverbindung, unter Streichung der im Formular vorgedruckten Worte: „Kredit in laufender Rechnung", ausschließlich die Aufnahme einer Anleihe von 2100000 Mark angegeben wird, über welche 2100 Stück Teilschuldverschreibungen, jede zu 1000 Mark, lautend auf den Namen des Bankhauses M., durch Indossament

[1] Vgl. das Urteil des RG. v. 22. März 1907, IW. 318 Nr. 22.

oder Blakoindossament übertragbar und vom 1. Oktober 1903 ab mit 4½% Zinsen verzinslich ausgestellt seien, und daß sich Eintragsbewilligung und Antrag ausdrücklich auf die Eintragung der Sicherungshypothek nebst Zinsen richten. Trotz der Erklärung, zur Sicherung aller Forderungen ..., muß deshalb die Bestellung einer dem § 1187 und nicht dem § 1190 entsprechenden Sicherungshypothek als beurkundet gelten, zumal da die mit dem Eintragungsantrage überreichten Anleihebedingungen an der Absicht der Begründung einer Hypothek im Sinne des § 1187 keine Zweifel lassen. Die Anleihebedingungen bilden zwar keinen Bestandteil der Urkunde, sie sind darin sogar nicht einmal erwähnt, immerhin stellen sie jedoch ein zum Zwecke der Feststellung des Urkundeninhalts geeignetes Auslegungsmittel dar. Demgemäß ist auch in der Eintragung, ungeachtet ihrer Fassung und trotz des Verstoßes gegen den auch auf indossabele Teilschuldverschreibungen anwendbaren § 51 GrBO., wonach die Anzahl, der Betrag und die Bezeichnung der Teile im Eintragungsvermerke selbst angegeben werden sollen, nicht eine Höchstbetragssicherungshypothek im Sinne des § 1187 BGB. und des § 51 GrBO. zu finden.

Ist dies aber richtig, so muß dem Landgerichte darin beigepflichtet werden, daß die Urkunde lediglich die Bestellung einer Sicherungshypothek für die Summe der Teilverschreibungen, nicht aber eine Gesamtschuldverschreibung über die ganze Anleihe enthält. Denn die Eintragung einer Sicherungshypothek gemäß § 1187 BGB. war nach § 51 GrBO. auch ohne das Vorhandensein einer Gesamtschuldverschreibung zulässig, und weder Form noch Inhalt der Urkunde berechtigen zu der Annahme, daß trotzdem eine Schuldverschreibung über das Gesamtdarlehn hätte beurkundet werden sollen (vgl. auch Beschluß des Kammergerichts vom 14. Februar 1907, 1414/06 und Urteil des RG. vom 22. März 1907 VII 255/06). Des Gesamtbetrages der Anleihe geschieht in der Urkunde nur insoweit Erwähnung, als dies mit Rücksicht auf § 51 GrBO. und § 1115 BGB. geboten war. Von einer selbständigen Beurkundung der Rückzahlungspflicht in Ansehung der Gesamtschuld kann nach der ganzen Fassung nicht die Rede sein.

Mit dieser Verneinung fällt nun zwar unbedenklich die Anwendbarkeit der Tarifstelle 58 I, dagegen folgt daraus nicht die Anwendbarkeit der Tarifstelle 59. Das Landgericht übersieht, daß nach Tarifstelle 58 III auch der Antrag auf Eintragung einer Hypothek im Grundbuche mit $^1/_{12}$% der einzutragenden Summe zu verstempeln ist, sobald die beantragte Eintragung stattgefunden hat. Diese Vorschrift gilt auch für den Antrag auf Eintragung einer dem § 1187 entsprechenden Sicherungshypothek (vgl. die Min.Verf. im JMBl. 1901 S. 156). An sich ist daher die Nachforderung eines Stempelbetrages von 1745 Mark gerechtfertigt. Die Nachforderung hätte jedoch nur unter Beobachtung der nach Tarifstelle 58 III² entsprechend anwendbaren Tarifstelle 2⁶ (vgl. §§ 19, 16 Allg. Verf. vom 29. Februar 1896/17. Juli 1900) erfolgen dürfen. Es hätte also bei Zustellung der Kostenrechnung der Zahlungspflichtigen mit zweiwöchentlicher Frist die Vorlegung der Teilschuldverschreibungen in Urschrift, Ausfertigung oder beglaubigter Abschrift unter der Erklärung aufgegeben werden müssen, daß im Falle der Nichteinhaltung der Frist die Zahlung der 1745 Mark zu erfolgen habe. Da dies nicht geschehen ist, so muß es nachgeholt werden, weil im Falle des rechtzeitigen Nachweises, daß die der Hypothek zugrunde liegenden Teilschuldverschreibungen der Reichsstempelsteuer unterworfen sind, die Erhebung des Landesstempels ausgeschlossen ist (vgl. § 4[1] RStGes.). Kann die Vorlegung der Teilschuldverschreibung nicht erfolgen, so genügt, wenn innerhalb der mit der Zustellung der Aufforderung beginnenden zweiwöchigen Frist ein Exemplar der inhaltlich gleichlautenden Teilschuldverschreibungen in Urschrift oder beglaubigter Abschrift beigebracht oder durch eine öffentliche Urkunde (etwa durch eine Bescheinigung des Steueramts) dargetan wird, wie viele solcher Teilschuldverschreibungen zu dem anzugebenden Geldbetrage vorhanden und daß sie mit dem Reichsstempel versehen sind (vgl. Gutachten des Kammergerichts I. ZS. vom 8. Mai 1907, Gen. III 67. 5). L. W.

11

a) **Wem gehören die während des Konkurses erwachsenen, diesen betreffenden Schriftstücke?**

OLG. Colmar, III. ZS. Urteil v. 5. März 1907.

Der Kläger, der von seinem Amte als Konkursverwalter zurückgetreten ist, hat Schlußrechnung gelegt und deren Belege dem Konkursgericht überreicht. Von seinem Nachfolger, dem sie ausgehändigt worden sind, fordert er unter der Behauptung, daß sie ihm gehören, deren Herausgabe; es handelt sich um mehrere Bände Akten, darunter die Tabelle, Protokolle über die Verhandlungen des Gläubigerausschusses, Belege über hinterlegte Gelder, Verkaufsbücher. Die Klage wurde abgewiesen. Gründe:

Der auch durch Petersen-Kleinfeller (7 zu § 86 KO.) vertretenen Ansicht des Klägers, daß das BGB., besonders die §§ 666, 667 auf den Konkursverwalter nicht einmal entsprechende Anwendung finden könnten, wird nicht beigetreten. Das LG. wendet auch diese Vorschriften gar nicht an, sondern bedient sich ihrer mit Recht nur zur Erläuterung dafür, daß wegen der fast gleichen Grundlage auch nach der KO. das gleiche gelten müsse. Es ist davon auszugehen, daß der Gemeinschuldner Eigentümer der Konkursmasse bleibt und daß nur das Verwaltungs- und Verfügungsrecht auf den Verwalter übergeht. Soweit letzterer in dieser Eigenschaft tätig wird, erwirbt er Eigentum oder sonstige Rechte nicht für sich, sondern für die Masse. Mit Beendigung des Konkurses fällt die durch § 6 geschaffene Verfügungsbeschränkung weg und wird der Gemeinschuldner wieder unbeschränkter Eigentümer der noch etwa vorhandenen Masse. Der Kläger beruft sich darauf, daß die fraglichen Urkunden bei der Konkurseröffnung noch nicht bestanden haben und deshalb nicht Teil der Masse seien, daß sie vielmehr erst von ihm beschafft und deshalb sein Eigentum geworden seien. Allein zur Konkursmasse gehört auch alles, was infolge der tatsächlichen und rechtlichen Entwicklung der durch das Konkursverfahren bedingten Verhältnisse erworben oder geschaffen wird. Nach § 1 fallen in die Masse, wie allgemein anerkannt ist, auch alle diejenigen Urkunden, welche, sei es als Beweismittel oder sonstwie, erheblich für den vom Konkurse ergriffenen Vermögensbestand des Schuldners sind. Die Geschäftsbücher sind ausdrücklich genannt; aber auch die Geschäftskorrespondenz u. dgl. gehört dazu. Wenn daher die Konkurszwecke wie z. B. beim Fortbetrieb eines Geschäftes oder auch nur für die Abwicklung desselben die Fortführung oder Neuanlegung von Geschäftsbüchern, Geschäftskorrespondenz oder dgl. notwendig machen, so bilden diese Urkunden ebenso einen Bestandteil der Masse wie die bei der Konkurseröffnung vorhandenen. Für ein Privateigentum des Verwalters, der als solcher auf eigene Rechnung überhaupt nicht tätig wird, ist hierbei kein Raum. Daß der Kläger die Urkunden etwa auf eigene Kosten beschafft habe, ist bei dem größten Teile derselben ihrer Natur nach ausgeschlossen und im übrigen unbewiesen; übrigens würde dadurch kein Eigentum des Klägers, sondern nur eine Auslagenforderung an die Masse entstehen. Wegen des noch nicht festgesetzten Anspruchs auf Vergütung hat der Verwalter an den Massengegenständen kein Zurückbehaltungsrecht (JW. 1903 S. 51). Frdthl.

b) **Ausscheiden eines Gegenstandes aus der Konkursmasse durch Erklärung des Verwalters.**

OLG. Frankfurt, I. ZS. Urteil v. 18. April 1907.

Der Kläger verlangt auf Grund seines Hypothekenrechts abgesonderte Befriedigung aus einem auf den Namen des Gemeinschuldners eingetragenen Grundstücksanteil. Dieser Anspruch ist gemäß § 48 dann, aber auch nur dann begründet, wenn jener Anteil zur Konkursmasse gehört. Der Eintrag im Grundbuch ist hierfür nicht unbedingt entscheidend; er hat zwar zur Folge, daß das Grundstück zunächst zur Konkursmasse gezogen wird. Der Verwalter hat es jedoch in der Hand, auf das Verwaltungs- und Verfügungsrecht durch Freigabe des Grundstücks zu verzichten. Geschieht dies, so scheidet es aus der Masse aus, was zur Folge hat, daß das Verwaltungs- und Verfügungsrecht des Gemeinschuldners wieder in Kraft tritt. Zur Herbeiführung dieser Rechtswirkung bedarf es aber einer ausdrücklichen Entschließung des Verwalters und ihrer Kundgebung an den Gemeinschuldner. Es genügt nicht, daß der Verwalter tatsächlich keine Ansprüche an das Grundstück erhebt, z. B. weil er der Ansicht ist, daß das Grundstück nicht zur Masse gehörte. Ein solches, auf einer selbst nicht irrigen Rechtsanschauung beruhendes passives Verhalten des Verwalters ist nicht geeignet, die Ausscheidung eines Gegenstandes aus der Masse zu bewirken. Auch die bloße Erklärung des Verwalters, das Grundstück werde nicht zur Masse gezogen, vermag jene Wirkung nicht zu begründen, wofern sie lediglich der Ausdruck der Meinung ist, daß das Grundstück nicht zur Masse gehöre. Demgemäß war das bisherige Vorbringen des Beklagten nicht geeignet, den an sich begründeten Klaganspruch zu Fall zu bringen. Denn es machte nur die und zwar irrige Rechtsauffassung geltend, daß der Grundstücksanteil Eigentum der X-Gesellschaft sei, also nicht zur Konkursmasse gehöre. Der Beklagte hat aber jetzt behauptet, daß der Gläubigerausschuß beschlossen habe, jenen Anteil nicht zur Masse zu ziehen, und daß er, der Verwalter, diese Entschließung dem Gemeinschuldner kundgegeben habe. Diese Behauptungen hat die Beweisaufnahme im wesentlichen bestätigt. Zwar hat danach bei den Mitgliedern des Gläubigerausschusses die irrige Ansicht obgewaltet, daß der Grundstücksanteil der X-Gesellschaft gehöre, und daß deshalb der Konkursmasse ein Anspruch darauf nicht zustehe. Allein der Verwalter hat hiergegen Bedenken geltend gemacht und schließlich, was das Entscheidende ist, bündig erklärt: „Also, wir ziehen die Grundstücke nicht zur Masse!" Damit hat er den Entschluß kundgegeben, die in Frage stehenden Grundstücke und Grundstücksanteile für den Fall, daß sie als Bestandteile der Masse anzusehen seien, aus der Masse auszuscheiden. Da diese Erklärung im Beisein des Gemeinschuldners erfolgt ist und unzweifelhaft auch für diesen bestimmt war, wenn sie auch nicht ausdrücklich an ihn gerichtet wurde, so hat eine rechtswirksame Freigabe der Grundstücke und damit auch des hier in Betracht kommenden Grundstücksanteils stattgefunden. Die Klage war daher abzuweisen.

Obwohl die erwähnte Sitzung des Gläubigerausschusses schon vor Erhebung der vorliegenden Klage stattgefunden hat, so sind doch die Kosten des Rechtsstreits nicht dem Kläger als dem unterliegenden Teil, sondern dem Beklagten auferlegt worden. Denn die Bestimmungen der ZPO. über die Kostenhaftung beruhen auf dem Grundgedanken, daß diejenige Partei die Kosten zu tragen haben soll, welche sich materiell im Unrecht befindet (Entsch. des RG. 57 S. 381). Dies ergibt sich namentlich aus §§ 93, 94, insofern hiernach einer Partei[1] trotz ihres Obsiegens Kosten auferlegt werden können, wenn ihr nämlich in der Prozeßführung ein Verschulden zur Last fällt. Das Obsiegen allein ist also nicht unbedingt entscheidend. Vorliegend trifft dem Beklagten insofern ein Verschulden, als er es unterlassen hat, dem Kläger rechtzeitig von der Freigabe des Grundstücksanteils Kenntnis zu geben. Denn solange der Kläger hiervon nicht wußte, blieb ihm nichts übrig, als seine Klage gegen den Verwalter zu richten. Der Umstand, daß der Kläger im Laufe des Prozesses und zwar schon in der Klagebeantwortung erfuhr, daß das Grundstück nicht zur Masse gehöre, war nach den obigen Ausführungen nicht genügend. Hiernach hat der Beklagte jedenfalls die Kosten erster Instanz verschuldet. In der zweiten Instanz hat er sich allerdings besser verteidigt und dadurch eine ihm günstige Entscheidung herbeigeführt. Allein da er sehr wohl in der Lage war, sein Vorbringen auch schon in der ersten Instanz entsprechend zu gestalten, so erschien es angemessen, ihm gemäß § 97² ZPO. auch die Kosten der Berufung aufzuerlegen. Dr. Ka.

[1] Die §§ 93, 94 gestatten jedoch nur dem obsiegenden Kläger Kosten aufzuerlegen und dürfen als Ausnahmen nicht auf den obsiegenden Beklagten ausgedehnt werden. D. H.

c) **Verfahren nach § 10 KO.**

α) OLG. Hamburg, I. ZS. Urteil v. 6. März 1907.

Nachdem der abgewiesene Kläger Berufung eingelegt hatte, ist er in Konkurs gegangen. Der Beklagte hat den Verwalter zur Aufnahme und zur Verhandlung des Rechtsstreits geladen und gegen den zum Termine nicht erschienenen Verwalter die Verwerfung der Berufung durch Versäumnisurteil beantragt. Diesem Antrage konnte jedoch insoweit, als er eine Entscheidung in der Hauptsache bezweckt, nicht stattgegeben werden. Es liegt hier ein Fall des § 10 vor und ist gemäß Satz 2 der § 239 ZPO. entsprechend anzuwenden. Dabei darf jedoch nicht außer acht gelassen werden, daß für den Fall, daß der Verwalter einen anhängigen Prozeß nicht aufnehmen will, dem Gemeinschuldner das Recht auf die Aufnahme verbleibt, und daß der Verwalter nicht Vertreter des Gemeinschuldners in dem Sinne ist, daß er über jenes Recht verfügen könnte. Es würde aber beeinträchtigt werden, wenn ein Versäumnisurteil in der Hauptsache erlassen würde. Es kann deshalb nur — als ein in dem gestellten Antrage zu befindendes Minus — festgestellt [und in der Urteilsformel ausgesprochen] werden, daß der Verwalter als das Verfahren nicht aufnehmend anzusehen ist. Es bleibt dann, sofern der Verwalter keinen Einspruch einlegt, sowohl für den Gemeinschuldner wie auch für den Beklagten die Möglichkeit einer Aufnahme bestehen. M. M.

β) **Kosten des vom Verwalter nicht aufgenommenen Prozesses.**

OLG. Stuttgart, III. ZS. Urteil v. 7. Mai 1907.

Der Kläger hatte gegen die beklagte Gesellschaft m. b. H. den Kaufpreis eingeklagt und ihn auf Grund des ersten Urteils beigetrieben; während der II. Instanz kam die Beklagte in Konkurs, ohne daß der Verwalter den Prozeß aufnahm. Im Konkurs hat der Kläger seine Prozeßkosten angemeldet und, nachdem diese Forderung bestritten worden war, bei dem Berufungsgericht in dem Kaufpreisprozeß den Verwalter zur Verhandlung geladen und beantragt, seine Prozeßkosten als Konkursforderung festzustellen. Der Antrag wurde zurückgewiesen. Gründe:

... Es steht ein Rechtsstreit über das zur Konkursmasse gehörige Vermögen im Sinne des § 10 KO. in Frage, der zur Zeit der Konkurseröffnung für den Gemeinschuldner anhängig war (Entsch. des RG. 11 S. 389, 45 S. 324; Jäger, KO. Anm. 16 zu § 10). Nachdem aber der nach § 10¹ zunächst allein dazu befugte Verwalter die Aufnahme abgelehnt hatte, hörte der streitige Anspruch auf, zur Konkursmasse zu gehören und wurde zum konkursfreien Vermögen der Gemeinschuldnerin (Entsch. des RG. 41 S. 135). Gegen den Vertreter der Konkursmasse, die am Ausfall des Prozesses nicht länger beteiligt ist, kann kein weiterer Antrag weder zur Hauptsache noch im Kostenpunkt gestellt werden. Sollte das Verfahren fortgesetzt werden, so mußte die Gemeinschuldnerin oder der Kläger es gemäß § 250 ZPO. aufnehmen (vgl. Gaupp-Stein, ZPO. zu § 240 bei Anm. 14, 15). Ohne Grund macht hiergegen der Kläger geltend, daß seit der Eröffnung des Konkurses ein

Gemeinschuldner nicht mehr vorhanden sei und der Kläger sich nur an den Konkursverwalter halten könne. Allerdings gelangte die Beklagte als Gesellschaft m. b. H. durch den Konkurs in den Zustand der Auflösung, ohne daß diese wie sonst die Liquidation zur Folge hatte, die entsprechende Tätigkeit vielmehr dem Verwalter obliegt (vgl. Staub-Hachenburg Anm. 9 zu § 63). Allein neben dem Verwalter blieb die Gesellschaft in ihren seitherigen Organen (Geschäftsführer 2c) bestehen; diese fungieren, insoweit sie nicht durch die Tätigkeit des Verwalters, die aber wie erwähnt hier nicht ausgeübt wird, zurückgedrängt werden, fort, können also auch insoweit klagen und verklagt werden (Staub-Hachenburg Anm. 10; Staub, HGB. Anm. 7 u. 8 zu § 292). Dabei soll zwar nicht verkannt werden, daß die bis zur Konkurseröffnung entstandenen Prozeßkosten eventuell eine Konkursforderung des Klägers darstellen; diese Forderung ist jedoch durch den Ausgang des zurzeit ruhenden Hauptprozesses bedingt. Ehe in der Hauptsache gegen die Beklagte entschieden ist, fehlt es einem Antrag des Klägers im Kostenpunkt überhaupt an jeglicher Grundlage ... H.

d) **Zur Auslegung des § 11² KO.**

α) OLG. Braunschweig, II. ZS. Urteil v. 31. Mai 1906.

Kurz vor der Verkündung des die Klage abweisenden Urteils ist der Konkurs über den mitbeklagten B. eröffnet worden. Der Kläger hat alsbald den die Aufnahme des Prozesses enthaltenden Schriftsatz, das Urteil und die Berufungsschrift dem Verwalter zugestellt. Dieser hat den Anspruch unter Verwahrung gegen die Kostenlast sofort anerkannt. Die Kosten wurden dem Kläger auferlegt, ihm jedoch vorbehalten, sie als Konkursforderung oder gegen B. persönlich geltend zu machen. Gründe:

In der Reichstagskommission, auf deren Beschluß der § 11² zurückzuführen ist, haben der Antragsteller und ein Regierungsvertreter erklärt, hierdurch werde der Frage, ob die Prozeßkosten dem Gemeinschuldner zur Last zu legen seien oder ob sie als Konkursforderung geltend gemacht werden könnten, nicht vorgegriffen, es sei nach allgemeinen Grundsätzen darüber zu entscheiden, wer die Kosten zu tragen habe. Dem Gemeinschuldner können sie deshalb nicht auferlegt werden, weil er nicht mehr Prozeßpartei ist. Ebensowenig können sie den Verwalter als Konkursforderung treffen; denn Konkursforderungen können auch dem Grunde nach bloß in dem durch die KO. vorgeschriebenen Anmeldungs- und Prüfungsverfahren mit eventuell nachfolgendem Feststellungsprozesse festgestellt werden. Da aber das jetzt ergehende Urteil eine Kostenentscheidung enthalten muß, so bleibt nichts anderes übrig, als sie dem Kläger aufzuerlegen. Darin würde eine unbillige Härte nur dann liegen, wenn er auf Grund dieses Urteils auch die vor der Konkurseröffnung entstandenen Kosten endgültig zu tragen hätte. Das ist jedoch nicht der Fall. Zwar kann der Ansicht Wilmowskis (6 zu § 11 KO.), daß in dem Urteil nur über die seit der Aufnahme des Prozesses entstandenen Kosten entschieden werde, nicht beigestimmt werden; denn das Wesen der Aufnahme besteht in der Fortsetzung des früheren Verfahrens und darum bilden die vorher und nachher entstandenen Kosten eine einzige Masse, über die nur einheitlich entschieden werden kann. Aber das Urteil hat nicht weiter zu gehen als der § 11^2, und dieser will nur die sonst eintretende Folge der Prozeßführung des Verwalters ausschließen, daß die Prozeßkosten Masseschulden bildeten. Um Zweifel über den Umfang der Rechtskraft dieses Urteils zu verhüten, ist im Tenor auszusprechen, daß nicht darüber entschieden ist, ob und inwieweit der Kläger einen Ersatzanspruch als Konkursforderung oder demnächst gegen B. geltend machen kann. Im Ergebnis stimmen hiermit überein die Kommentare zu § 11^2 von Petersen-Kleinfeller (Anm. 12), v. Sarwey (Nr. 5) und Wilmowski (Anm. 6); a. A. ist Jäger (Anm. 14). H.g.

β) Kammergericht, XIV. ZS. Urteil v. 6. Dezember 1906.

Gegen den Verwalter des Nachlaßkonkurses wurde ein nach dem Tode des Erblassers fällig gewordener Hypothekenzinsbetrag eingeklagt. Er erkannte den Anspruch an, wurde aber in die Kosten verurteilt. Gründe:

Der § 11^2 bezieht sich nur auf Prozesse, welche schon gegen den Gemeinschuldner anhängig waren, dann gemäß § 240 ZPO. unterbrochen wurden und sodann von dem Verwalter oder dem Gegner wieder aufgenommen worden sind. Hier ist jedoch von vornherein gegen den Verwalter geklagt worden, und es kann sich daher nur fragen, ob dieser gemäß § 93 ZPO. die Kostenpflicht von sich abwenden konnte. Die beiden Vorschriften unterscheiden sich dadurch, daß im § 11 KO. nicht vorausgesetzt wird, der Beklagte habe keine Veranlassung zur Klagerhebung gegeben, und daß nur negativ bestimmt wird, die Kosten fallen nicht dem Verwalter zur Last. Die erste Voraussetzung fehlt deshalb, weil zu einem bereits vor der Konkurseröffnung eingeleiteten Prozesse der Verwalter keine Veranlassung gegeben haben kann. Die negative Bestimmung will nur besagen, daß die Prozeßkosten, wenn der Verwalter den Anspruch anerkennt, nicht Masseschulden sind (§§ 224^1, 59^1 KO.). Sie schließt nicht aus, daß die Kosten des gegen den Gemeinschuldner eingeleiteten Prozesses diesem zur Last fallen und als Konkursforderung geltend gemacht werden dürfen. Dr. P. S.

e) **Eintritt des Verwalters in einen Werkvertrag, wenn der Preis durch Forderungen des Bestellers beglichen werden sollte.**

Kammergericht, XV. ZS. Urteil v. 20. März 1906.

Nach § 17 wird regelmäßig der Verwalter, welcher sich entschließt, an Stelle des Gemeinschuldners zu erfüllen, den Vertrag so gelten lassen müssen, wie ihn der Gemeinschuldner geschlossen hat. In JW. 1906 S. 104^2, 105^3 hat das RG. diesen Grundsatz in der Weise angewendet, daß der Verwalter, der sich für weitere Annahme der vom Gegenkontrahenten übernommenen Lieferungen entschieden hat, auch die rückständigen Forderungen des Gegners aus der Zeit vor der Konkurseröffnung vollständig befriedigen muß, und daß er nur wegen Irrtums seine Erklärung anfechten kann. Immerhin ist die letztere Einschränkung höchst wesentlich; und wenn die Wirkung der Erklärung des Verwalters zu würdigen ist, so wird davon auszugehen sein, daß er einen für die Masse günstigen wirtschaftlichen Erfolg erzielen, nicht einem einzelnen Gläubiger zur vollen Befriedigung verhelfen will (Entsch. des RG. 11 S. 137), und daß auch der Gegner, der der Regel nach insofern keinen Schaden erleiden wird, als er andernfalls die vom Verwalter übernommene Leistung sich anderweitig zu angemessenem Preise würde verschaffen müssen, jene Absicht des Verwalters erkennen wird. Freilich ist denkbar, daß nach Maßgabe der Verhältnisse des besonderen Falles anders zu urteilen wäre; indessen ist hier in dieser Richtung nichts beigebracht.

Hiernach kann die Vertragsbestimmung, daß die Preise der künftigen Lieferungen des Gemeinschuldners gegen die Forderungen des Beklagten aufgerechnet werden sollten, keine Bedeutung haben. Der Beklagte ist den Preis der Lieferung „zur Masse schuldig geworden" (§ 55 Nr. 1). Die Behandlung, die der Mietvertrag gefunden hat (Entsch. des RG. 33 S. 50), darf hier nicht verwertet werden, weil, wenn dem Verwalter die volle Forderung aus der Fortsetzung der Vermietung zugesprochen wurde, dies in einer besonderen Bestimmung des früheren Rechts seinen Grund hatte. Wn.

f) **Gilt § 18 KO. bei fester Abladezeit?**

OLG. Hamburg, II. ZS. Urteil v. 15. Juni 1907.

Wenngleich der § 18 zwingendes Recht ist und trotz vorgängiger abweichender Vereinbarungen der Vertragschließenden Anwendung finden muß (Jäger Anm. 1 und 26 zu § 18 KO.; Staub Anm. 74 zu § 382 HGB.), so trifft er doch vorliegend nicht zu. Es kann dahingestellt bleiben, ob nach der Auffassung in dem hier fraglichen Geschäftsverkehr die Zeitangabe „November 1905 for 250 and December 1905 for 250 tons" als derart fest bestimmt und für das Geschäft wesentlich angesehen wird, daß mit der Innehaltung oder Versäumung der Frist das Geschäft steht oder fällt (ROHG. 7 S. 260; Seuffert 51 Nr. 281; Entsch. des RG. 36 S. 81). Denn hier handelt es sich nach dem unzweideutigen Wortlaute: „Sold... from the Danube say 500 tons each as per Bill or Bills of Lading to be dated November... überall nicht um eine Lieferungsfrist, sondern lediglich um die Abladezeit... Durch die Vereinbarung einer fest bestimmten Abladezeit wird nach der feststehenden Rechtsprechung (ROHG. 24 Nr. 51; Seuffert 49 Nr. 35; Entsch. des RG. 30 S. 60 und Abraham, Hans. Rechtspr. 1 S. 177 ff.) die rechtzeitige Abladung als eine Eigenschaft der vertragsmäßigen Leistung angesehen, bei deren Nichtinnehaltung dem Käufer der Rücktritt ohne Nachweis eines besonderen Interesses gestattet wird. Derartige Geschäfte werden deshalb in mancher Beziehung den Fixgeschäften analog behandelt. Immerhin sind die Vorschriften über Verträge mit festbestimmter Lieferungszeit nicht schlechthin auf solche Geschäfte anwendbar, wie denn auch namentlich bei Geschäften letzterer Art die Praxis verlangt, daß der Käufer, der zurücktreten will, diese Absicht dem Verkäufer sofort anzeige (ROHG. 25

Nr. 51; Seuffert 45 Nr. 35; Hans. GZ. 1897 S. 114). Jedenfalls rechtfertigt es sich bei dem Unterschiede zwischen einer Lieferungs- und einer Abladefrist nicht, die Ausnahmebestimmmung des § 18 KO. erweiternd auch auf solche Geschäfte anzuwenden, bei denen nur Abladung, nicht Lieferung, genau zu einer festbestimmten Zeit oder binnen einer festbestimmten Frist bedungen ist.... M. M.

g) **Zahlungseinstellung:** *α*) **einer Kommanditgesellschaft und die des persönlich haftenden Gesellschafters.**[1]

OLG. Hamburg, II. ZS. Urteil v. 18. Dezember 1906.

Der Konkursverwalter hat aus § 30 Nr. 2 KO. die Pfändung angefochten, welche A., der Rechtsvorgänger der Beklagten, am 30. März in der Privatwohnung des Gemeinschuldners G. hat vornehmen lassen. Das LG. hält zwar für bewiesen, daß die Kommanditgesellschaft G. & Co., deren alleiniger persönlich haftender Gesellschafter G. war, am 29. März ihre Zahlungen eingestellt hatte; anderseits sei aber auch dargetan, daß der Rechtsvorgänger der Beklagten und seine Vertreter keine Kenntnis von der Zahlungseinstellung gehabt haben. Diese Gründe sind nicht geeignet die Entscheidung zu tragen. Es handelt sich um zwei Pfändungen des A.: am 29. März hat er gegen die Kommanditgesellschaft in deren Räumen Geschäftsinventar gepfändet, das er demnächst freigab; am 30. März hat er in der Wohnung seines Schuldners G. Mobiliar gepfändet, dessen Erlös hinterlegt ist und den Prozeßgegenstand bildet. Hiernach kommt es nicht darauf an, ob die Kommanditgesellschaft ihre Zahlungen vor dem 29. März eingestellt hatte, sondern allein darauf, ob G. vor dem 30. März die Zahlungen für seine Person eingestellt hatte. Wie das Vermögen einer Kommanditgesellschaft von dem (Privat-)Vermögen eines persönlich haftenden Gesellschafters getrennt ist, so ist auch die Zahlungsfähigkeit und Zahlungseinstellung der Kommanditgesellschaft rechtlich getrennt zu halten von der Zahlungsunfähigkeit und der Zahlungseinstellung des persönlich haftenden Gesellschafters (Jäger zu §§ 209, 210[4], 212[1]). Über das Vermögen beider ist das Konkursverfahren ein selbständiges (§§ 209, 212) und der Konkurs der Gesellschaft hat nicht den des persönlichen Gesellschafters zur rechtlichen Folge und umgekehrt. Tatsächlich werden allerdings die Verhältnisse wohl oft so liegen, daß, wenn eine Kommanditgesellschaft ihre Zahlungen einstellt, der einzige persönlich haftende Gesellschafter auch sein Privatvermögen erschöpft haben wird und auch für seine Person seine Zahlungen einstellt. Die Beweisaufnahme hat aber hier ergeben, daß dies für die erhebliche Zeit nicht der Fall war... M. M.

β) **Nichteinlösung von Gefälligkeitsakzepten.**

[1] Der § 30 Nr. 1 verlangt die Kenntnis der Beklagten und stellt ihr das Kennenmüssen nicht gleich. Hat also der Prozeßvertreter des Beklagten bei dem Empfange der angefochtenen Zahlung alle auf die Zahlungseinstellung des Schuldners hinweisenden Tatsachen gekannt, sie aber infolge falscher rechtlicher Beurteilung als bloße Zahlungsstockung aufgefaßt, so ist der § 30 nicht anwendbar (OLG. Colmar, I. ZS. Urteil v. 23. November 1906).

OLG. Hamburg, VI. ZS. Urteil v. 26. Mai 1906.

Allerdings hat die Gemeinschuldnerin vier fällige Akzepte über 9000 Mark bis zum 4. August 1905 in Protest gehen, sich wegen derselben im Versäumniswege verurteilen und schließlich pfänden lassen, ist auch schließlich nicht in der Lage gewesen, sie einzulösen. Allein sie waren unbestritten Gefälligkeitsakzepte für N. und die Nichterfüllung solcher, materiell einen anderen angehenden, ausweislich der Konkurstabelle noch dazu bestrittenen Verpflichtungen dokumentiert keineswegs ohne weiteres eine Zahlungsunfähigkeit, sondern entspringt oft aus der Abneigung, zugunsten des durch das Akzept unterstützten Dritten auch noch mit barem Gelde einzutreten, zusammen mit der Hoffnung, daß der materiell verpflichtete Dritte alsbald Zahlung leisten werde. So hat die Sache offenbar hier gelegen. Denn einerseits hat die Gemeinschuldnerin im Laufe der auf den 4. August folgenden Wochen noch Tausende von Mark bar bezahlt, und zwar nicht etwa in kleinen zur Deckung der nötigsten Arbeitslöhne, zum Einkauf der dringendstnötigen Materialien zc erforderlichen Beträgen, sondern sie hat mehrfach größere Summen freiwillig sowohl zur Deckung von Wechseln wie auch zur Bestreitung anderer keineswegs dringlicher Ausgaben flüssig gemacht und verwandt. Wenn nun auch der Wille des Schuldners, die Zahlungen einzustellen, keine Voraussetzung der Zahlungseinstellung ist (Gruchot 49 S. 115), so kann doch von einer Allgemeinheit der Zahlungseinstellung hier keine Rede sein, wo der Schuldner nicht nur nicht den Willen hatte, seine Zahlungen einzustellen, sondern auch das Vermögen, seinen Willen der Zahlungsleistung im allgemeinen, abgesehen von jenen Wechseln, zu verwirklichen. Anderseits hatte die Schuldnerin das berechtigte Vertrauen, daß der materiell verpflichtete N. die Akzepte einlösen würde. Sie hatte ferner nicht ohne Grund Aussicht, unter diesen besonderen Umständen vom Wechselinhaber bis dahin Aufschub zu bekommen, und sie hat ihn in der Tat, als sie nach Vorlegung ihrer Bilanz darum bat, erhalten.... M. M.

γ) **Einfluß von Sanierungsmaßnahmen.**

OLG. Dresden, II. ZS. Urteil v. 5. Oktober 1906.

Für die Anfechtung einer Rechtshandlung aus § 30¹ ist auch bei einem Nachlaßkonkurs der Zeitpunkt der Zahlungseinstellung entscheidend (Entsch. des RG. 25 S. 38). Zahlungseinstellung aber ist die äußerlich erkennbar gewordene tatsächliche Unmöglichkeit, vorhandene Verbindlichkeiten, deren Inhaber Befriedigung verlangen, zu einem wesentlichen Teile zu befriedigen (Gruchot 49 S. 115; JW. 1905 S. 29; Rsp. 10 S. 218). Vorliegend hatte der T.sche Nachlaß allerdings seine Zahlungen eingestellt. In dem Zeitpunkt aber, wo Beklagter, ein Nachlaßgläubiger, abfindungsweise 25% seiner Forderung vom Nachlaßverwalter erhielt, ging dieser von der begründeten Annahme aus, daß es nicht zur Konkurseröffnung kommen würde, weil ein zu diesem Zweck gebildetes Konsortium erhebliche Mittel zur Abfindung von Gläubigern vorstreckte, und er hoffte, er werde noch weitere Darlehne von ihm erhalten. In Wirklichkeit sind auch Zahlungen, die der Nachlaßverwalter aus der Nachlaßmasse nicht hätte befriedigen können, zur kritischen Zeit nicht verlangt worden. Der Kläger gibt selbst zu, zur Auszahlung sei erst geschritten worden, nachdem alle Gläubiger erklärt hätten, daß sie nicht vorgehen würden. Den unmittelbaren Anlaß zur Konkurseröffnung hat dann das Vorgehen des M. gebildet, der unter Ablehnung jeden Vergleichs geraume Zeit nach der Zahlung an den Beklagten eine beträchtliche Forderung an den Nachlaß erhob. Hierdurch ist die durch Gewährung der Abfindungssumme an die drängenden Gläubiger und infolge des abwartenden Verhaltens der übrigen Gläubigerschaft beseitigte Zahlungseinstellung mangels weiterer bereiter Zahlungsmittel von neuem aufgetreten. Übrigens kommt darauf, woher der Nachlaß die Mittel zu den Zahlungen an die abgefundenen Gläubiger genommen hat, nichts an (JW. 1905 S. 653) und ist die Tatsache der Überschuldung kein wesentliches Beweismoment für die Zahlungseinstellung (JW. 1905 S. 157). Hätte aber auch die Zahlungseinstellung bei Befriedigung des Beklagten angedauert, so hat er doch damals sie nicht gekannt. Das Anfechtungsverlangen des Nachlaßkonkursverwalters ist somit unbegründet. Dr. v. F.

δ) **Wiederaufnahme der Zahlungen des Schuldners.**

OLG. Colmar, III. ZS. Urteil v. 31. Januar 1906.

... Eine Zahlungseinstellung wird beseitigt, wenn der Schuldner seine regelmäßigen Zahlungen wieder aufnimmt und die bisher vergeblich nach Befriedigung verlangenden Gläubiger befriedigt. Als Wiederaufnahme aber kann es nicht gelten, wenn sich diese Befriedigung auf einzelne Gläubiger beschränkt. Allerdings kann durch solche Zahlungen die Meinung in Gläubigern erweckt werden, die Zahlungseinstellung sei gehoben und sie dürften ohne Verletzung des Anspruchs der Gläubigerschaft auf gleichmäßige Befriedigung aus der Konkursmasse die volle Befriedigung für ihre Forderung annehmen. Doch wird gefordert werden müssen, daß jene Gläubiger, wenn ihnen einmal der Zustand der Zahlungseinstellung bekannt geworden, nicht ohne genaue Prüfung der Sachlage auf einzelne vom Gemeinschuldner geleistete Zahlungen hin schon sich für berechtigt halten, Zahlungen desselben ohne Rücksicht darauf, wie die Mittel dazu beschafft worden, auf die Gefahr hin in Empfang zu nehmen, daß dadurch das vorhandene zur Befriedigung der Konkursgläubiger bestimmte Vermögen unmittelbar oder mittelbar vermindert werde. Zu einer solchen Annahme sind die einzelnen Gläubiger jedenfalls dann nicht berechtigt, wenn sie wissen, daß ihre Auszahlung nur dadurch vom Gemeinschuldner ermöglicht worden ist, daß er sich zu dem verzweifelten Schritte entschlossen hat, sein Geschäft, die Grundlage seiner wirtschaftlichen Existenz, zu veräußern. Frdthl.

h) **Einfluß der Konkurseröffnung auf Abtretung einer Sicherungshypothek. Anfechtung solcher Abtretung.**

OLG. Hamburg, VI. ZS. Urteil v. 14. Mai 1907.

Der klagende Konkursverwalter greift die Umschreibung der Sicherungshypothek auf den Beklagten als rechtsungültig an, weil dieser von deren Abtretung nichts gewußt habe, eine nach § 873 BGB. erforderliche Einigung also nicht zustande gekommen sei. Allein die Einigung braucht nicht der Grundbucheintragung voranzugehen, sie kann vielmehr ihr auch nachfolgen. Um so mehr genügt es, wenn sie zwar nach dem Eintragungsantrage, aber vor der Eintragung selbst stattgefunden hat (vgl. § 892^{2} BGB.). Dieser Fall liegt hier vor, da gerade auf die Beschwerde des Beklagten gegen den die Eintragung beanstandenden Bescheid des Grundbuchamts die Umschreibung der Hypothek angeordnet und ausgeführt worden ist. Mit der Eintragung war daher trotz des inzwischen eröffneten Konkurses gemäß § 15 Satz 2 KO. die Abtretung der Hypothek rechtswirksam geworden, denn entgegen der im § 15 gegebenen Hauptregel wird, wie sich aus der Bezugnahme auf §§ 878, 892 BGB. ergibt, eine vom Gemeinschuldner vor dem Konkurse bewilligte und beantragte Eintragung, auch wenn sie nachher stattfindet, vollwirksam, so daß sie zum Nachteile der Konkursmasse Rechte begründet (Jäger, KO. § 15; Entsch. des RG. 51 S. 284). Der Wirksamkeit steht auch nicht etwa der Umstand entgegen, daß der Beklagte zur Zeit der Umschreibung von der Konkurseröffnung wußte; denn nach § 892^{2} BGB. kommt es für die Kenntnis der Tatsache, daß der bisher Berechtigte in der Verfügung über ein im Grundbuch eingetragenes Recht beschränkt ist, nicht auf die Zeit der Eintragung, sondern auf die Zeit der Antragstellung an.

Diese Wirksamkeit an sich verhindert aber nicht, daß der Rechtsübergang ebenso wie andre Rechtshandlungen der Anfechtung im Konkurse unterliegt. Der § 42 KO. sieht gerade die Anfechtbarkeit solcher Rechtshandlungen vor, die, obwohl nach der Konkurseröffnung vorgenommen, dennoch den Konkursgläubigern gegenüber wirksam sind. In der angeführten Entsch. des RG. ist ausgeführt, wie § 15 Satz 2 der KO. dazu bestimmt war, den früheren § 12, demzufolge eine Hypothek nach der Konkurseröffnung nicht mehr eingetragen werden konnte, zu ändern, und daß eben mit Rücksicht auf diese Änderung die Motive es als selbstverständlich bezeichnen, dem Verwalter das Anfechtungsrecht gegen solche nunmehr zulässigen Eintragungen nach Maßgabe der §§ 22 ff. (jetzt 29 ff.) KO. zu gewähren. Als die anzufechtende Handlung erscheint aber die Eintragung selbst, nicht der Antrag auf Eintragung, da erst durch die Eintragung ein Recht zum Nachteile der Konkursmasse erzeugt und die Hypothek ihr entzogen ist. Denn es handelt sich unstreitig um eine Sicherungshypothek, die nur als Buchhypothek bestellt werden (§§ 1184, 1185) und deren Abtretung deshalb nur durch Einigung und Eintragung geschehen kann (§ 1154^{3} BGB.). Demgemäß ist nach § 30^{1} KO. die Anfechtung begründet, da durch die Umschreibung der Hypothek dem Beklagten, der zu den Konkursgläubigern gehört, eine Sicherung gewährt wird und da ihm zu dieser Zeit die Konkursöffnung und damit auch die Zahlungseinstellung des Gemeinschuldners bzw. der Eröffnungsantrag bekannt war.... M. M.

i) Für die Anfechtung einer Sicherungshypothek ist der Tag ihrer Eintragung maßgebend.

α) OLG. Hamburg, VI. ZS. Urteil v. 2. Oktober 1906.

Die aus § 30 Nr. 1 angefochtene Rechtshandlung, welche dem Beklagten Sicherung gewährte, war die Eintragung der Sicherungshypothek, die er aus dem am 18. Oktober dem Gemeinschuldner zugestellten Arrestbefehl für seine Forderung erwirkt hat. Erst durch diese Eintragung wurde der Arrestbefehl gemäß § 932 ZPO. vollzogen und, wenngleich er nach § 929³ auch schon vor der Zustellung hätte vollzogen werden können, so ist doch erst durch die tatsächliche Eintragung die Belastung des Grundstücks und dadurch die Sicherung des Gläubigers bewirkt worden (§ 1184 BGB.). Daran ändert auch nichts der § 932³ ZPO., wonach der Eintragungsantrag im Sinne des § 929²·³ als Vollziehung des Arrestbefehls gilt. Diese Geltung hat jene Rechtshandlung ausgesprochenermaßen nur im Sinne des § 932²·³ in Hinsicht der für die wirkliche Vollziehung des Arrestbefehls daselbst vorgeschriebenen Fristen.

Ebenso unzutreffend ist die Berufung auf § 648 BGB., woraus der Beklagte unter Gleichstellung des Arrestbefehls mit einer rechtskräftigen Verurteilung zur Abgabe einer Willenserklärung und unter weiterer Anwendung der §§ 898, 894 ZPO. folgern will, daß die Willenserklärung der Einräumung der Sicherungshypothek durch den Schuldner schon mit dem Erlaß des Arrestbefehls als abgegeben zu gelten habe. Von der sonstigen Irrigkeit dieser Deduktion abgesehen, liegt ein Fall des § 648 BGB. hier überhaupt nicht vor, sondern eine Wechselforderung. Auch der § 892 BGB. ist nicht anwendbar. Er bezieht sich, wie schon sein Wortlaut und seine Entstehungsgeschichte nicht bezweifeln lassen, mit Absicht besonders nicht auf Arreste und Vollstreckungen, sondern nur auf Rechtsgeschäfte des grundbuchmäßig Berechtigten; um ein solches handelt es sich hier nicht. M. M.

β) OLG. Hamburg, I. ZS. Urteil v. 15. Februar 1907.

Der Beklagte hat am 24. Oktober die Zahlungseinstellung des L. gekannt. Deshalb kommt es auf die Rechtsfrage an, welcher Zeitpunkt für diese Kenntnis maßgebend ist, der Tag, an welchem die Eintragung einer Sicherungshypothek auf Grund erwirkter einstweiliger Verfügung beantragt (13. Oktober), oder der Tag, an welchem die Eintragung erfolgt ist (24. Oktober). Mit dem hiesigen VI. ZS. ist der letztere Zeitpunkt anzunehmen. Die §§ 892 ff. BGB. und §§ 7 und 15 KO. stehen nicht entgegen. Aus ihnen ergibt sich, daß, wer ein Recht an einem Grundstück des Gemeinschuldners zc durch Rechtsgeschäft gutgläubig erwirbt, durch den Glauben des Grundbuchs gegen die Einziehung zur Konkursmasse geschützt ist. Die Wirksamkeit des Erwerbes gegenüber den Konkursgläubigern und der Schutz des § 892 beschränkt sich aber auf den Erwerb durch Rechtsgeschäfte, nicht geschützt ist demnach der Erwerb durch Vollstreckungsakte, wie sie hier in Frage stehen, sie fallen unter § 14 KO., welcher Ausnahmen für den Fall, daß die Konkurseröffnung weder aus dem Grundbuch ersichtlich noch dem Erwerber bekannt ist, wie sie in den §§ 7 und 15 KO. statuiert sind, nicht zuläßt. Der Beklagte stützt sich zwar auf die ZPO. § 894 dafür, daß das Urteil die Willenserklärung des Schuldners ersetze, die urteilsmäßig ersetzte Bewilligung der Eintragung aber der wirklichen Bewilligung der Eintragung gleichzustellen sei, und daß auf einen sich demgemäß vollziehenden Erwerb die Vorschriften des bürgerlichen Rechts zugunsten derjenigen, welche Rechte von einem Nichtberechtigten herleiten (§ 892 BGB.), anzuwenden seien (§ 898 ZPO.). Allein die einstweilige Verfügung auf Zwangseintragung einer Sicherungshypothek kann nicht einer rechtsgeschäftlichen Eintragungsbewilligung des Gemeinschuldners gemäß § 892 BGB. gleichgestellt und durch § 15 KO. gedeckt werden.

Wollte man aber auch die Argumente des Beklagten gelten lassen, so würden doch die §§ 892 ff. BGB. und §§ 7, 15 KO. der Anfechtung nicht entgegenstehen, und der Verwalter wäre nicht gehindert, die nach sonstigem Recht wirksam erfolgte Eintragung (§ 892 BGB.) auf Grund der §§ 29 ff. KO. als unwirksam anzufechten. Das ergibt sich auch aus § 42 KO., welcher die Anfechtung auch auf die nach Eröffnung des Konkurses, aber gemäß § 892 BGB. den Konkursgläubigern gegenüber wirksam vorgenommenen Rechtshandlungen ausdehnt, und damit zugleich außer Zweifel stellt, daß ein vor der Konkurseröffnung vollzogener Erwerb durch den Glauben des Grundbuchs nicht gegen Anfechtung geschützt ist. Die §§ 892 ff. BGB. berühren eine an die besonderen Voraussetzungen der §§ 29 ff. KO. geknüpfte Anfechtung überhaupt nicht (Entsch. des RG. 52 S. 287). Nach den Vorschriften über Anfechtung ist demnach auch zu beurteilen, welche Zeit für die Kenntnis des Erwerbers von der Zahlungseinstellung des L. maßgebend ist. Die Rechtshandlung, welche hier dem Gläubiger Sicherung gewährt, ist unzweifelhaft erst die Eintragung der Sicherungshypothek, und nicht der Antrag auf Eintragung. Daß unter Rechtshandlungen im Sinne des § 30 Nr. 1 nicht nur die von dem Gemeinschuldner oder seinem Vertreter vorgenommenen Handlungen zu verstehen sind, sondern auch gegen den Willen des Schuldners vorgenommene Exekutionen und besonders auch Eintragungen im Grundbuch, ist allgemein anerkannt, und rechtfertigt sich dadurch, daß der Grund der Anfechtung in diesem Falle die Verletzung des Konkursanspruchs der Gläubiger ist. M. M.

k) **Wirkung einer Anfechtung auf Zurückbehaltungs- und Pfandrecht.**

OLG. Hamburg, III. ZS. Urteil v. 20. April 1907.

... Da das Kaufgeschäft anfechtbar und dem Gegner gegenüber auch [rechtzeitig] angefochten worden, so ist der sonst am 3. April erfolgte Eigentumsübergang als nicht geschehen zu betrachten. Denn das Erfüllungsgeschäft wird zugleich mit dem wegen Arglist angefochtenen Vertrag hinfällig (Kaufmann, JW. 1904 S. 350). Ist aber der Gemeinschuldner L. nicht Eigentümer des Kaffees geworden, so kann die Klägerin ihr Eigentum (und also auch den Erlös daraus) von dem beklagten Spediteur verlangen. Das Zurückbehaltungsrecht (HGB. § 369) wegen der 5000 Mark Forderungen an L. kann Beklagter dem nicht entgegenhalten, weil es einen gültigen Eigentumserwerb des Schuldners an den zurückzubehaltenden Waren voraussetzt, einerlei ob der Gläubiger gutgläubig diesen Eigentumserwerb angenommen hat (Entsch. d. RG. 13 S. 130). Insofern unterscheidet es sich von einem vom Gläubiger auch durch guten Glauben (trotz Nichtberechtigung des Schuldners) zu erwerbenden vertrags- oder gesetzmäßigen Pfandrechte (Hans. GZ. 1893 S. 276, 1896 S. 95 und 1897 S. 274). Ein solches Pfandrecht steht dem Beklagten aber nur insoweit nach § 410 HGB. zu, als er Forderungen für seine Tätigkeit als Spediteur gerade an diesen 250 Sack Kaffee erlangt hat.... M. M.

l) **Der Anfechtungsbeklagte kann nicht einwenden, daß die ihm übereigneten Sachen Dritten gehörten.**

OLG. Kiel, II. ZS. Urteil v. 4. Juli 1906.

Die Bestimmungen über die Anfechtung im Konkurse besagen nirgends, daß nur das veräußerte Eigentum des Gemeinschuldners zurückzugewähren sei. Es muß daher genügen, daß durch die anfechtbare Rechtshandlung die Rechtslage der Masse verschlechtert ist, um den Verwalter zur Anfechtung zwecks Herstellung dieser Lage zu berechtigen (Bolze 6 S. 97). Die im Konkursverfahren geordnete Gesamtvollstreckung der Gläubigerschaft gegen den Gemeinschuldner ist nach gleichen Grundsätzen geregelt, wie die einzelne Mobiliarvollstreckung des mit Titel versehenen Gläubigers. Wie der Gerichtsvollzieher Sachen, die er im Besitz des Schuldners findet, ohne Rücksicht auf daran bestehende Eigentums- und Herausgabeansprüche pfänden darf und im Interesse des Gläubigers pfänden muß, so handelt auch der Verwalter recht- und pflichtgemäß, wenn er alle im Besitze des Gemeinschuldners befindlichen Sachen ohne Rücksicht darauf, ob daran Ab- oder Aussonderungsansprüche bestehen, in Besitz und Verwaltung nimmt. Alle diese Sachen sind nach dem System der KO. „in der Konkursmasse". Sie müssen aus ihr erst „ausgesondert", von ihr erst „abgesondert" werden; also waren sie bisher nicht von ihr gesondert. Sache der Berechtigten ist es, ihm die Verwertung der Gegenstände für Rechnung der Gläubigerschaft hinderndem Rechte gegen den Verwalter in den von der KO. gegebenen prozessualen Formen geltend zu machen. Klare unbestreitbare Rechte Dritter wird der Verwalter, wie der pfändende Gerichtsvollzieher, schon im Interesse der Gläubiger und als redlicher Mann ohnehin berücksichtigen; zweifelhafte darf er, soweit dies im Interesse der Gläubiger liegt, vorher unberücksichtigt lassen.

Ist hiernach der Verwalter befugt, alle Sachen, für deren Zugehörigkeit zum Vermögen des Gemeinschuldners die Vermutung nach den §§ 1006, 1362 BGB. spricht, zur Konkursmasse zu ziehen, so kann er auch die Wiederherstellung der durch eine Rechtshandlung des Gemeinschuldners veränderten Besitzlage mittels Anfechtung verlangen oder Feststellung begehren, daß der Anfechtungsgegner zu der beanspruchten Veränderung nicht befugt ist (Petersen-Kleinfeller, KO. § 29 Anm. 3 bei Note 6). Er gewinnt dadurch die

Freiheit des Entschlusses zurück, wieweit er die Absonderungsansprüche Dritter an den durch die angefochtene Handlung aus der Konkursmasse genommenen oder auf Grund der angefochtenen Handlung von ihr geforderten Sachen anerkennen will. G. r.

m) **Keine Anmeldung bei Abwehr eines Absonderungsrechts.**

α) OLG. Dresden, II. ZS. Urteil v. 30. März 1906.

Ein Anfechtungsanspruch ist dann zur Konkursmasse des Anfechtungsgegners anzumelden, wenn er darauf beruht, daß dieser nach § 37 aus seinem Vermögen eine Leistung zu bewirken, z. B. eine als Zahlung empfangene Geldsumme wieder herauszuzahlen oder einen an Zahlungsstatt empfangenen, in sein Eigentum übergegangenen Gegenstand wieder herauszugeben hat. In solchen Fällen liegt in der Tat ein Konkurspassivum i. S. der §§ 3, 138 f. vor und der Anfechtungsberechtigte ist Konkursgläubiger nach § 61 f. Allein gegenwärtig will der Kläger ein Absonderungsrecht, das die verklagte Konkursmasse auf Grund der Pfändung gegen die klagende Konkursmasse erwerben will, von dieser abwehren. Er beansprucht also nicht Befriedigung aus der Konkursmasse des Gegners, sondern will nur verhindern, daß sich diese aus der von ihm vertretenen Konkursmasse abgesondert befriedige. Deshalb ist eine Anmeldung bei dem Konkurse des Gegners begrifflich überhaupt nicht denkbar. Im Gegenteile muß die Beklagte zu einer Anmeldung bei der Klägerin schreiten, wenn ihr das geltend gemachte Pfandrecht abgestritten und damit die abgesonderte Befriedigung vereitelt wird. Die Sache liegt genau so, wie wenn der Verwalter der einen Konkursmasse ein von der andern Konkursmasse geltend gemachtes gesetzliches oder vertragsmäßiges Pfandrecht abwehren will (a. M. Jägers KO.). Dr. v. F.

β) **Zinsanspruch bei einer Anfechtung. KO. § 37.**

OLG. Hamburg, IV. ZS. Urteil v. 21. Juni 1907.

Da nach § 37 infolge der Anfechtung alles, was aus dem Vermögen des Gemeinschuldners veräußert ist, zur Masse zurückzugewähren ist, hierzu aber auch die gezogenen oder zu ziehenden Früchte und Zinsen gehören (vgl. Entsch. des RG. 24 S. 145), so hat Beklagter, der dem Gemeinschuldner in anfechtbarer Weise bares Geld, dessen sofortige Nutzbarmachung ohne weiteres anzunehmen ist, hat abpfänden lassen, den gepfändeten Betrag mit Zinsen zurückzuerstatten, und zwar mindestens von der Konkurseröffnung an. M. M.

n) **Aussonderung der unter Eigentumsvorbehalt dem Kridar verkauften Waren.**

α) OLG. Colmar, I. ZS. Urteil v. 1. März 1907.

Die Klägerin verlangt die Feststellung, daß ihr diejenigen Waren gehörten, die sie dem G. geliefert hat und am Tage der Konkurseröffnung über sein Vermögen noch im Geschäft vorhanden waren. Sie stützt diesen Anspruch auf das Übereinkommen, das sie und G. am 18. Dezember 1902 dahin getroffen haben, daß sie sich „mit Wirkung vom 1. Dezember 1902 an allen ihm zu sendenden Waren das Eigentum vorbehält“.... Nach

§ 455 BGB. ist bei einem derartigen Vorbehalt „im Zweifel" anzunehmen, daß die Übertragung des Eigentums unter der aufschiebenden Bedingung vollständiger Zahlung des Kaufpreises erfolgt. Deshalb und weil die für die Übertragung des Eigentums an Grundstücken angedrohte Unwirksamkeit einer bedingten Einigung für die Übertragung von beweglichen Sachen nicht gilt, war es nicht ausgeschlossen, daß Klägerin und G. die Bedingungen für die Übertragung des Eigentums ihrer Waren anders regelten, wie es im § 455 als Absicht des Vertragschließenden vermutet wird. Hätten sie es nämlich bei dieser Vermutung belassen, so hätte G. vor der Ausbezahlung der Klägerin deren Waren nicht verkaufen dürfen (§ 158[1] BGB.). Aber da gerade dieser Verkauf die einzige Quelle war, aus der ihm die Mittel zur Bezahlung der Klägerin zuflossen, waren die beiden einverstanden, daß ihm der Verkauf unter der Verpflichtung gestattet war, aus dem Erlöse den Betrag der Fakturen der Klägerin nach und nach zu decken. Der Vorbehalt hätte keinen Sinn, wenn er anders ausgelegt würde. Überflüssig war daher die vom ersten Richter vermißte ausdrückliche Abmachung der Vertragschließenden darüber, inwieweit G. über die ihm seit 1. Dezember 1902 gelieferten Waren verfügen durfte. Ebensowenig schadet es der Gültigkeit des Vorbehalts, daß die Klägerin im Vertrauen auf G.s wiederholte briefliche Beteuerungen ihrer allmählichen Auszahlung sich enthalten hat, eine Überwachung über die Verwendung des Erlöses ihrer Waren auszubedingen. Ohne ausreichenden Grund hat daher der Erstrichter (während er im übrigen zutreffend die Gültigkeit eines Eigentumsvorbehalts an verbrauchbaren Sachen anerkennt — Rsp. 2 S. 343), aus dem Fehlen jener Abmachung die Scheinnatur des Vorbehalts hergeleitet.... Auch im übrigen hält der Vorbehalt der Prüfung auf seine Gültigkeit stand. Da er auf jeder einzelnen ihrer Fakturen wiederholt worden ist, braucht nicht untersucht zu werden, ob ein Vorbehalt in so allgemeiner Form, wie er hier erklärt ist, auch dann wirksam wäre, wenn ihm nicht in spezieller Vollziehung desselben die einzelnen Vorbehalte in den jedesmaligen Fakturen nachgefolgt wären (Rsp. 8 S. 63). Ferner steht fest, daß die von der Klägerin seit Ende 1902 gelieferten Waren mit geringfügigen Ausnahmen zur Zeit der Konkurseröffnung vorhanden waren. Sie sind noch nicht bezahlt, denn der beweispflichtige Beklagte hat ihre Bezahlung noch nicht einmal behauptet. Daher sind sie dem Vorbehalte unterworfen. Überdies läßt sich mit Rücksicht auf die Fassung des Vorbehalts (insbesondere ihren Brief vom 29. November 1902) als Absicht der Vertragschließenden ansehen, daß es der Gesamtanspruch der Klägerin aus der Geschäftsverbindung mit G. war, welcher durch den Vorbehalt gesichert werden sollte (Urteil des RG. vom 26. Mai 1904, Bay. Rpfl. 2 S. 381). Daß die Klägerin dadurch, daß sie ihn im Konkurse des G. anmeldete, auf ihr Aussonderungsrecht nicht verzichtet hat, darüber vgl. Puchelts Zeitschrift 36 S. 353. Frdthl.

β) Beschlagnahme des Gegenstands des Aussonderungsrechts im Wege der Liegenschaftsvollstreckung. Bereicherung der Konkursmasse.

Kammergericht, XIV. ZS. Urteil v. 1. Februar 1906.

1. Hätte die Klägerin das Eigentum des dem Gemeinschuldner gelieferten Gaswerkes behalten, so wäre doch ihr Anspruch auf Ersatz des durch Untergang ihres Eigentums erwachsenen Schadens unbegründet. Es kann kein Verschulden des Verwalters darin gefunden werden, daß er sie nicht von dem während des Rechtsstreits auf Antrag eines Hypothekengläubigers eingeleiteten Versteigerungsverfahren benachrichtigt hat. Nach § 989 BGB. muß der Prozeßbesitzer mit der Möglichkeit eines für ihn ungünstigen Ausganges des Rechtsstreits rechnen und sich daher als Verwalter einer fremden Sache betrachten. Er hat aber nicht die Pflicht, eine Unachtsamkeit seines Gegners zu unterstellen und sie durch eine Mitteilung für alle Fälle gut zu machen. Die Zwangsversteigerung ist öffentlich bekannt gemacht, die Klägerin mußte nach Eröffnung des Konkurses auch mit einer möglichen Zwangsversteigerung rechnen und sich um das Schicksal ihrer Anlage selbst kümmern.

2. Die Versteigerung hat einen Überschuß zugunsten der Masse nicht ergeben, es sind vielmehr noch Realgläubiger ausgefallen. Auch soweit die befriedigten Realgläubiger zugleich Konkursgläubiger waren, ist die Masse nicht dadurch bereichert, daß diese Gläubiger infolge Mitversteigerung der Gasanlage ihre Befriedigung schon aus dem Grundstück erlangt haben. Es wurde dadurch immer nur die Passivmasse verringert. Die Realgläubiger wurden durch eine solche Befriedigung gehindert, ihre Forderungen als Konkursforderungen geltend zu machen und die Schlußverteilung änderte sich. Man könnte deshalb höchstens von einer Bereicherung der einzelnen Konkursgläubiger sprechen, aber nicht von einer Bereicherung der Masse als solche. Dr. S.n.

o) **Aufrechnung einer Konkursforderung mit einer nach der Konkurseröffnung dem Gemeinschuldner erwachsenen Gegenforderung nach dem Zwangsvergleiche.**

OLG. Marienwerder, II. ZS. Urteil v. 3. November 1905.

An sich ist, da der Kläger wegen der 400 Mark Darlehn Konkursgläubiger war, der Zwangsvergleich auch gegen ihn wirksam, hat also seine Forderung auf 60 Mark herabgesetzt, obwohl er sich am Verfahren nicht beteiligt hat. Die bloße Tatsache, daß er seine Forderung gegen eine Gegenforderung des Gemeinschuldners G. hätte aufrechnen *können*, vermag daran nichts zu ändern, sofern er die Aufrechnung nicht auch wirklich vor dem Zwangsvergleich erklärt hat, sondern erst später. Die Erklärung bewirkt allerdings nach § 389 BGB., daß die Forderungen, insoweit sie sich decken, als in dem Zeitpunkt erloschen gelten, in welchem sie sich aufrechenbar gegenübergetreten sind. Gerade aber diese Fassung, „insoweit sie sich decken", zeigt, daß die Aufrechnung voraussetzt, daß die beiderseitigen Forderungen auch zur Zeit der Aufrechnung noch bestehen. Eine Forderung kann nicht mehr aufgerechnet werden, wenn sie zu der Zeit, zu welcher die Aufrechnung *erklärt* wurde, nicht mehr bestand, sondern bereits (ganz oder teilweise) erloschen war, sei es durch Zahlung, sei es auf andere Weise (vgl. Planck 3[1] zu § 389 BGB.). ... Allerdings ließe sich sagen, daß, insoweit ein Gläubiger nach § 53 seine Forderung nicht geltend zu machen braucht, auch die Rechtswirkung des Zwangsvergleichs gegen ihn nicht eintrete. Anderseits kann dem Kläger auch das Recht, mit seiner Darlehnsforderung gegen die Lohnforderung des G. aufzurechnen, an sich nicht abgesprochen werden. Der Fall nämlich, daß jemand vor der Eröffnung des Verfahrens eine Forderung an den Gemeinschuldner erworben hat und ihm nach der Eröffnung etwas schuldig geworden ist, ist unter den Fällen, in welchen die Aufrechnung gesetzlich ausgeschlossen ist, nicht aufgeführt (§ 55), sie wird daher allgemein für zulässig gehalten (Jäger 28b zu § 53, auch Entsch. des RG. 26 S. 66).

Indessen einmal folgt aus § 53 noch nicht, daß der Gläubiger, welcher sich durch Aufrechnung auch gegenüber der Konkursmasse befriedigen kann, auch dann von dem Zwangsvergleich unberührt bleiben sollte, wenn er seine Aufrechnung tatsächlich nicht im Konkurse erklärt; es läßt sich § 53 vielmehr sehr wohl dahin auffassen, daß der Gläubiger von seiner Befugnis zur Aufrechnung auch wirklich Gebrauch machen müsse, widrigenfalls er Gefahr läuft, daß seine Forderung durch den Zwangsvergleich betroffen wird. Dann aber ist hervorzuheben, daß, selbst wenn § 53 dahin ausgelegt werden müßte, daß der Gläubiger, welcher der Konkursmasse gegenüber aufzurechnen befugt ist, ohne Gefahr dem Konkursverfahren fern bleiben könne und den Wirkungen des Zwangsvergleichs nicht unterliege, doch ein durch § 53 betroffener Fall nicht vorliegt. Es steht hier nicht eine Aufrechnung gegenüber der Konkursmasse in Frage, sondern eine Aufrechnung mit einer dem Gemeinschuldner persönlich zustehenden, gar nicht zur Konkursmasse gehörigen Forderung. Eine solche Aufrechnung mag nach allgemeinen Grundsätzen zulässig sein, sie berührt aber in keiner Weise das Recht der Konkursmasse. Da aber anderseits der Titel 6 nur die Befugnis zur Aufrechnung gegenüber der Konkursmasse regelt, so wird der Fall einer sich außerhalb des Konkursverfahrens vollziehenden Aufrechnung davon gar nicht betroffen, es kann daher der Kläger sich auch nicht auf § 53 berufen, um daraus herzuleiten, daß er ohne Beeinträchtigung seiner Aufrechnungsbefugnis dem Konkursverfahren habe fern bleiben können.... H.

p) **Absonderungsrecht an Versicherungspolicen.**

α) OLG. Dresden, VII. ZS. Urteil v. 8. November 1905.

Die Klägerin hat drei Wechselforderungen, für die sie abgesonderte Befriedigung aus zwei Versicherungspolicen des Gemeinschuldners beansprucht, in Ansehung des Ausfalls als Konkursforderung angemeldet und fordert nunmehr die Feststellung, daß der Beklagte ihren Ausfall in Höhe von 4000 Mark anerkenne. Der Beklagte wendet ein, der Klägerin stehe noch an drei weiteren Lebensversicherungspolicen des Gemeinschuldners ein Absonderungsrecht zu, das sie bisher weder aufgegeben, noch verwirklicht habe. Die Klage wurde abgewiesen. Gründe:

Der Fall des § 64, daß ein Gläubiger abgesonderte Befriedigung beansprucht, liegt auch dann vor, wenn der Gemeinschuldner Sachen oder Forderungen jenem zur Sicherung seiner Ansprüche an ihn übereignet hat, und der Gläubiger diese Sicherung geltend macht (Entsch. des RG. 24 S. 46). Dagegen kann das einem Dritten gehörige Vermögensstück nicht Gegenstand der Absonderung sein. Wenn also dem Gläubiger fremde Sachen zum Pfand gegeben oder zur Sicherung übereignet worden sind, kann der Gläubiger für den vollen Betrag seiner Forderung verhältnismäßige Befriedigung aus der Masse verlangen und sich daneben für den Ausfall an sein Pfand halten (a. O. 59 S. 368). Da der abgesonderte Befriedigung beanspruchende Konkursgläubiger bei Verteilungen nach §§ 64, 153, 155, 168 Ziff. 3, 169 nur zu berücksichtigen ist, soweit er einen Ausfall dartut oder doch nachweist, daß die Veräußerung des ihm haftenden Gegenstandes betrieben ist, solches zu tun die Klägerin aber in Ansehung der drei Policen unterlassen hat, ist die Feststellung eines bestimmten Ausfalls jedenfalls dann ausgeschlossen, wenn die von der Klägerin zu ihrer Befriedigung beanspruchten Rechte aus den drei Policen dem Gemeinschuldner zustanden. Dabei muß zur Klagabweisung genügen, wenn letzteres auch nur hinsichtlich der Ansprüche aus einer der drei Policen zutreffen sollte. Mit zutreffenden Gründen hat dies das LG. hinsichtlich der Police der Gesellschaft A. bejaht. Nach der Police stehen die Ansprüche aus ihr, besonders die Forderung auf Auszahlung der Versicherungssumme, die dadurch bedingt ist, daß die Tochter Anna einen bestimmten Kalendertag erlebt, dem Gemeinschuldner als dem Zeichner der Versicherung zu. Sein Wille, die Versicherung im Interesse seiner Tochter einzugehen, ihr seinerzeit den Betrag als Aussteuer zuzuwenden, ist durchaus mit der Annahme vereinbar, daß er sich der Gesellschaft gegenüber selbst alle Rechte vorbehalten gehabt habe. Er sollte nicht etwa nur für die Empfangnahme der Summe durch die Versicherungsbedingungen legitimiert werden, im Gegenteil wird ihm darin der Anspruch auf dieselbe gegeben; ein Vertrag zugunsten eines Dritten liegt nicht vor, die Anna war nur die Versicherte (ähnlich wie man ein Gebäude als versichert bezeichnet) in dem Sinne nämlich, daß ihr Erleben eines gewissen Zeitpunktes die Voraussetzung des Anspruchs bilden sollte. Wenn der Gemeinschuldner die Rechte aus dem Versicherungsvertrag nicht bloß im eigenen Namen, sondern zugleich in dem seiner Tochter als deren gesetzlicher Vertreter abtrat, so hatte das nur die Bedeutung, daß er alle Rechte daraus, möchten sie nun ihm selbst oder seiner Tochter zustehen, auf die Klägerin übertragen wollte. Mz.

β) Ersatzansprüche des Pfändungsgläubigers bei einem Enbloc-Verkauf des Warenlagers durch den Konkursverwalter.

OLG. Naumburg, V. ZS. Urteil v. 2. Januar 1907.

Die Klägerin hat unstreitig am 26. Oktober 1900 wegen 610 Mark Waren bei ihrem Schuldner pfänden lassen, über den am 28. Oktober der Konkurs eröffnet wurde. Zu diesem meldete sie unter Hervorhebung des

Absonderungsrechts ihren Anspruch als Ausfallforderung an, die als solche festgestellt wurde. Gleichwohl hat der beklagte Verwalter die Pfandstücke Ende April 1901 zusammen mit dem gesamten Lager „en bloc" für 70000 Mark verkauft; vollstreckungsmäßig nach § 127[1], oder freihändig, ist nicht festgestellt, wohl aber steht fest, daß dadurch das Pfandrecht der Klägerin, sei es nach § 127 KO. oder nach § 936 BGB., erloschen ist und daß der Beklagte einen entsprechenden Teil des Erlöses nicht für die Klägerin getrennt bereit gehalten hat. Deshalb ist zwar der § 127 nicht unmittelbar anwendbar. Ebensowenig hat der Beklagte durch die Veräußerung der gepfändeten Sachen, wäre sie auch freihändig erfolgt, rechtswidrig gehandelt; denn trotz des Pfandrechts der Klägerin war er zur Veräußerung des Warenlagers befugt, auch zur freihändigen; der Verkauf in den Formen des § 127 war sein Recht aber nicht seine Pflicht (Jäger 2 zu § 127 KO.). Wohl aber hat der Beklagte objektiv und subjektiv rechtswidrig gehandelt, indem er beim Verkauf der gepfändeten Sachen das geltend gemachte Pfandrecht der Klägerin nicht beachtete, bei vollstreckungsmäßiger Veräußerung den entsprechenden Teil des Erlöses nicht für sie bereit stellte, bei freihändiger Veräußerung nicht das Erlöschen des Pfandrechts verhütete. Durch diese Handlung des Verwalters ist nach §§ 82, 59 Nr. 1 KO., § 823 BGB. die Masse schadenersatzpflichtig, wie auch nach § 59 Nr. 3 KO., § 816 BGB. zur Herausgabe der durch die unberechtigte Verfügung des Verwalters Erlangten verpflichtet (Jäger 6 u. 7 zu § 4, § 59, 2a u. 12 zu § 127).

Der Einwand, daß die Pfändung anfechtbar war, ist unerheblich, weil der Beklagte bisher die Pfändung nicht angefochten hat und seine jetzige Anfechtung, nachdem mehr als ein Jahr seit Eröffnung des Konkurses verflossen ist, nach § 41[1] unzulässig ist. Auf § 41[2] kann er sich nicht berufen, denn die Klägerin fordert nicht eine Leistung, zu der der Gemeinschuldner durch eine anfechtbare Handlung verpflichtet wäre, sondern Schadenersatz wegen einer vom Verwalter begangenen Verletzung ihres Pfandrechts und Herausgabe des ohne rechtlichen Grund auf ihre Kosten von der Konkursmasse Erlangten. Dieser Anspruch hängt mit der angefochtenen Pfändung allerdings insofern zusammen, als durch sie erst das vom Beklagten verletzte Pfandrecht begründet ist, dies rechtfertigt aber nicht die Anwendung des § 41[2] (Entsch. des RG. 56 S. 314).

Ebenso unbegründet ist der Einwand der Verjährung gegenüber einem Schadenersatzanspruch. Der Beklagte hatte im März 1902 der Klägerin den Enbloc-Verkauf mitgeteilt und hinzugefügt, daß er deshalb den auf die Klägerin entfallenden Anteil des Erlöses nicht angeben könne. Aber schon vorher hatte er ihr geschrieben, daß der Gesamterlös hinterlegt sei, bis die wegen der Pfändungen anhängigen Anfechtungsklagen entschieden seien. Der Verkauf der Pfandsachen war nach § 127 für Klägerin noch kein Schaden, jedenfalls kein durch unerlaubte Handlung verursachter, rechtlich erheblicher Schaden. Den Erlös mußte die Klägerin nach der Mitteilung des Beklagten für hinterlegt und deshalb für sichergestellt halten. Von den näheren Umständen des Verkaufs, namentlich aber von dem dadurch verursachten Verlust ihres Pfand- und Absonderungsrechts ohne gleichzeitigen Ersatz durch Erlangung des Anspruchs auf den Erlös erfuhr sie damals nichts, wenn auch die Mitteilung, daß Beklagter den auf sie entfallenden Anteil nicht angeben könne, die Befürchtung in ihr erwecken mußte, daß der Beklagte ihr Absonderungsrecht nicht gehörig beachtet hätte. Daß sie aber damals schon Kenntnis von ihrem Schaden erlangt hätte, ist nicht festzustellen; Verdacht und Befürchtung des Schadens steht der im § 852 BGB. verlangten Kenntnis nicht gleich.

Bei der Abmessung der der Klägerin gebührenden Entschädigung ist davon auszugehen, daß der pfändende Gerichtsvollzieher die Pfandsachen auf 650 Mark geschätzt hat. Der Beklagte hat allerdings diesen Wert bemängelt und bestritten, daß er bei der Versteigerung erlöst wäre. Gegenüber der Taxe des Gerichtsvollziehers muß er indes für beweispflichtig erachtet werden, um so mehr, als er die Schuld daran trägt, daß jetzt nicht zuverlässiger ermittelt werden kann, wieweit die Klägerin aus den Pfandstücken befriedigt wäre (Entsch. des RG. 60 S. 152). Es ist also anzunehmen, daß sie volle Befriedigung erhalten hätte; zu diesem Betrage muß ihr deshalb die Masse Ersatz leisten. Zinsen davon kann sie aber nur als Verzugszinsen beanspruchen (JW. 1904 S. 88[5]). S.

q) **Wann ist das Vorrecht aus § 61 Nr. 1 gegeben?**

OLG. Kiel, I. ZS. Urteil v. 10. Dezember 1906.

Der Kläger ist seit Anfang 1904 in dem Geschäft der Ende 1904 in Konkurs geratenen Kommanditgesellschaft H., an der er mit erheblichen Einlagen beteiligt war, gegen ein wöchentliches Honorar von 100 Mark tätig gewesen und beansprucht das Vorrecht des § 61 Nr. 1. Der Konkursverwalter wendet ein, daß die Tätigkeit des Klägers lediglich auf die selbständige Aufstellung eines Sanierungsplanes für den Fabrikbetrieb der Gesellschaft gerichtet gewesen sei. Die Klage wurde abgewiesen. Gründe:

In den meisten Fällen wird, wie die Motive 2 S. 266 ausführen, mit den unter § 61 Nr. 1 fallenden Dienstverhältnissen eine persönliche Botmäßigkeit unter den Gemeinschuldner bedingt sein, doch ist dies nicht Erfordernis, wie auch die Entsch. des RG. 4 S. 423 angenommen hat. „Botmäßigkeit" wird dort in dem engeren Sinne der Unterordnung der Dienstboten unter die Dienstherrschaft verstanden. Dagegen ist der Begriff „sich verdingen" in dem weiteren Sinne aufzufassen, daß der sich Verdingende seine Selbständigkeit in größerem oder geringerem Umfange aufgibt, auf die freie Verfügung über seine Zeit und Arbeitskraft zugunsten eines anderen mehr oder weniger verzichtet (JW. 1906 S. 38). Dies kann nicht nur durch Unterwerfung unter ein Botmäßigkeitsverhältnis, sondern auch dadurch geschehen, daß der sich Verdingende seine Dienste ausschließlich oder doch hauptsächlich den Dienstberechtigten zu leisten verpflichtet ist. Wollte man der Ansicht des

Klägers folgen, so würde das Tatbestandsmerkmal „sich verdingen" nichts anderes bedeuten, als daß die Leistung von Diensten ganz allgemein ohne Rücksicht auf deren Umfang versprochen wird; die Folge hiervon wäre, daß der Kreis der unter § 61 Nr. 1 fallenden Personen und ihrer Forderungen viel zu weit ausgedehnt würde. Der Kläger hatte aber eine völlig selbständige Stellung gegenüber der Gesellschaft. Will man aber das Hauptgewicht darauf legen, daß der Kläger den Sanierungsplan, zu dessen Aufstellung und Vorbereitung auch seine sämtlichen Reisen gedient haben, für die Gesellschaft angefertigt hat, so handelte es sich um einen Werkvertrag, für den das Vorrecht aus § 61 nicht gilt. Ls.

r) **Anerkennung einer Absonderungsforderung „zur Höhe des Ausfalls".**[1]

OLG. Hamburg, III. ZS. Urteil v. 17. Februar 1906.

Nachdem der [die Pfändung anfechtende] Verwalter in seinem Schreiben zu erkennen gegeben hatte, daß er das Absonderungsrecht des Beklagten nicht anerkenne, sondern Freigabe der gepfändeten Forderung beanspruche und event. eine gerichtliche Entscheidung herbeiführen werde, kann seine im Prüfungstermine erfolgte Erklärung, daß er die Forderung „zur Höhe des Ausfalles" anerkenne, nur dann im Sinne einer Anerkennung des Absonderungsrechts des Beklagten gedeutet werden, wenn zwingende Gründe dafür sprächen. Dies ist aber nicht der Fall. In Betracht kommt, daß die abgesonderte Befriedigung aus Gegenständen, welche zur Masse gehören, unabhängig vom Konkurse, also weder nach den Vorschriften über die Geltendmachung von Konkursforderungen, noch unter Aufsicht des Konkursgerichts erfolgt. Daraus ergibt sich, daß sich der Verwalter über die Anerkennung eines Absonderungsrechts im Prüfungstermine nicht auszusprechen braucht und daß auch die Konkurstabelle nicht dazu bestimmt ist, Auskunft darüber zu geben, ob das Recht vom Verwalter anerkannt oder bestritten ist. Der § 144 spricht auch nur von der Feststellung von Forderungen, nicht aber von der Feststellung von Rechten und besonders von Absonderungsrechten. Wird gleichwohl in der Praxis die Anerkennung oder Bestreitung eines Absonderungsrechts vielfach in der Tabelle vermerkt, so ist doch vorliegend eine solche Anerkennung nicht zur Tabelle festgestellt. Die Erklärung des Verwalters auf die Anmeldung der Forderung des Beklagten von 12 315 Mark aber, daß sie zur Höhe des Ausfalles anerkannt werde — eine Erklärung, der die Feststellung zur Tabelle entsprechen wird, daß die Forderung zur Höhe des Ausfalles auf 12 315 Mark festgestellt werde —, enthält keine Anerkennung des Ab-

[1] Nimmt der Verwalter die zuvor gemäß § 64 festgestellte Ausfallsforderung in das Schlußverzeichnis überhaupt nicht oder nicht unbedingt auf, während tatsächlich der erforderliche Nachweis geführt ist, so ist das Verzeichnis unrichtig und dem Betroffenen steht nach Maßgabe des § 162 und zwar wegen Nichtberücksichtigung seiner Forderung eine Einwendung gegen dasselbe an das Konkursgericht offen. Im Beschwerdewege ist der Verwalter befugt, die Richtigkeit seines Verzeichnisses zu vertreten (OLG. Dresden, II. ZS. Beschluß v. 22. Juni 1906, Annalen 28 S. 286).

sonderungsrechts. Erfolgt dessen Feststellung an sich außerhalb des Konkursverfahrens, so ist darüber auch nicht mit jener Erklärung des Gläubigers und der entsprechenden Feststellung zur Tabelle entschieden. Vielmehr berücksichtigen diese nur die, gemäß § 96 auch für die Frage nach der Erteilung des Umfanges des Stimmrechts erhebliche Tatsache, daß der Gläubiger ein Absonderungsrecht geltend gemacht und bei Durchsetzung des Rechts gemäß §§ 64, 153 nur für den Betrag Befriedigung aus der Konkursmasse zu beanspruchen hat, zu dem er abgesonderte Befriedigung seiner Forderung nicht erlangen wird. Durch den Eintrag in die Tabelle ist trotzdem zunächst seine ganze Forderung, nicht nur die Ausfallforderung festgestellt (Entsch. des RG. 22 S. 154; Jäger Anm. 7 zum § 64). Ist dies aber die Auffassung von Theorie und Praxis, so fehlt es an jedem Anhalte dafür, daß der klagende Verwalter mit seiner Erklärung mehr besagen, d. h. das bis dahin ausdrücklich bestrittene Absonderungsrecht damit anerkennen wollte. M. M.

s) **Konkurseröffnung über Gesellschaften m. b. H. Zulässigkeit der Beschwerde. Legitimation dazu.**

OLG. Colmar, III. ZS. Beschluß v. 24. Mai 1907.

Gegen die Entscheidungen in Konkurssachen gewährt der § 73 die sofortige Beschwerde, für welche im übrigen gemäß § 72 die ZPO. maßgebend ist. Statthaft ist deshalb auch die sofortige Beschwerde gegen einen Beschluß des LG., durch den der Beschwerde des Gläubigers über die Ablehnung der von ihm beantragten Konkurseröffnung stattgegeben und die weitere Anordnung dem Amtsgerichte übertragen wird. Denn letzteres ist an die Auffassung des LG. gebunden und seine Anordnung stellt lediglich eine Ergänzung der Beschwerdeentscheidung dar. Beschwerdeberechtigt ist vorliegend die Gemeinschuldnerin, die G. m. b. H. „Institut für Reklameexpedition", welche durch ihre früheren drei Geschäftsführer und jetzigen Liquidatoren (§ 66 Ges. m. b. H.) vertreten wird. Diese können allerdings regelmäßig nur gemeinschaftlich handeln (§ 68 Satz 2). Da aber gemäß § 63^2 das. mit § 208 KO. jedes Mitglied des Vorstands und jeder Liquidator zum Konkursantrag berechtigt ist, ist auch jeder Liquidator berechtigt zur Abwehr eines solchen von einem Gläubiger gestellten Antrags. Die von nur zwei Liquidatoren erhobene Beschwerde ist deshalb auch von diesem Gesichtspunkte aus zulässig. Sie sind auch durch die angefochtene Entscheidung beschwert, weil diese, wenn rechtskräftig geworden, nicht mehr anfechtbar ist, mithin die dort entschiedene Einwendung [der Nicht-Identität der Gemeinschuldnerin mit der Judikatschuldnerin des Konkursantragstellers] nicht mehr geltend gemacht werden könnte (vgl. Elf.-Lothr. Z. 15 S. 331). Der Beschwerdebeschluß hätte deshalb den Vertretern der Gemeinschuldnerin zugestellt werden müssen. Er ist aber bloß dem Konkursantragsteller zugestellt worden. Daher ist die Notfrist des § 577 ZPO. gegenüber den Beschwerdeführern nicht in Lauf gesetzt. Die Einlegung der Beschwerde vor der Zustellung der Entscheidung ist statthaft.

In der Sache ist das Urteil, das der Antragsteller gegen die Firma

„Institut für Reklameexpedition" erwirkt hat, zur Glaubhaftmachung der Forderung des Gläubigers gegen die Gemeinschuldnerin ungeeignet. Die Entstehungszeit der der Klage und dem Urteil zugrunde liegenden Forderung ist gleichgültig, denn die Klage könnte auch gegen die neue Firma, als Rechtsnachfolgerin der alten und angeblichen ursprünglichen Schuldnerin gerichtet sein... Maßgebend ist vielmehr lediglich, wer verklagt und verurteilt worden ist. Zur Zeit der Klagerhebung bestanden zwei Firmen, nämlich 1. die Firma „Institut für Reklameexpedition, G. m. b. H." in Liquidation, vertreten durch die drei Liquidatoren, 2. die jene Firma fortsetzende Firma „Institut für Reklameexpedition Emil R.", Inhaber Emil R. Die Klage und das Urteil waren gerichtet gegen die Firma: „Institut für Reklameexpedition". Diese Bezeichnung paßt eher für die neue als die alte Firma. Damit stimmen auch die Zustellungen der Klage und des Urteils überein. Gegenüber der Gesellschaft hätten sie an die drei Liquidatoren erfolgen müssen; sie sind aber an R. erfolgt. Mithin ist die Gesellschaft weder verklagt noch verurteilt worden.... Frdthl.

t) **Beschwerderecht des Gemeinschuldners.**[1]

α) OLG. Dresden, V. ZS. Beschluß v. 12. Februar 1907.

Die Gemeinschuldnerin hat sich über den Verwalter ihres Konkurses bei dem Konkursgericht deshalb beschwert, weil er pflichtwidrig ein ihr nicht gehöriges Gewehr zur Masse gezogen habe. Das Amtsgericht hat den Antrag durch Beschluß als unbegründet zurückgewiesen. Über die Beschwerde hat das Landgericht durch den jetzt angefochtenen Beschluß sachlich entschieden und sie als unbegründet zurückgewiesen. Es hätte sie jedoch als unzulässig verwerfen sollen, weil der Beschwerdeführerin das Recht zur Anfechtung des AG.-Beschlusses nicht zukommt. Nach §§ 83, 84 KO. untersteht der Verwalter der Aufsicht des Konkursgerichts; damit ist diesem jedoch nur eine Disziplinarbefugnis gegenüber dem Verwalter eingeräumt, die eintretendenfalls von amtswegen auszuüben ist; daß für einen der Beteiligten ein Recht auf diese Ausübung habe begründet werden sollen, ist nicht erkennbar und ist besonders deshalb zu verneinen, weil das Einschreiten des Konkursgerichts nicht zu einer sachlichen Änderung der vom Verwalter ergriffenen Maßnahme führen kann. Eine beim Konkursgericht angebrachte Beschwerde gegen den Verwalter wegen vermeintlich pflichtwidriger Handlungen ist daher nur als eine Anregung aufzufassen, die das Gericht zwar pflichtgemäß zu prüfen hat, deren Nichtbeachtung aber dem Anzeigenden, weil es sich nicht um den Schutz eines ihm zustehenden Rechts handelt, kein Beschwerderecht gegen den ablehnenden konkursgerichtlichen Beschluß gewährt. Etwas Gegenteiliges ist auch nicht aus dem § 73 zu folgern, der zwar nicht eine entsprechende Einschränkung des Beschwerderechts ausdrücklich erwähnt, neben dem aber auch die allgemeinen Grundsätze über die Berechtigung für Rechtsmitteleinlegung anzu-

[1] Untreue des Gemeinschuldners: Entsch. des RG. in Str. 39 S. 415, des Gläubigerausschusses das. S. 383.

wenden sind (vgl. Seuffert 50 S. 127, Rsp. 4 S. 172, JW. 1900 S. 132[10], Sarwey, KO. S. 313[4]). Der Beschluß des LG. enthält daher, weil es die Beschwerde sachlich geprüft und sie nicht als unzulässig verworfen hat, einen neuen selbständigen Beschwerdegrund und ist auf die weitere Beschwerde hin richtig zu stellen, woran auch der Umstand nichts ändert, daß der Beschwerdeführer den LG.-Beschluß wiederum nur aus sachlichen Gründen angefochten hat (vgl. Rsp. 9 S. 142). J. M.

β) **Zulässigkeit der Beschwerde gegen einen verkündeten, aber noch nicht zugestellten Beschluß des Konkursgerichts.**

OLG. Braunschweig, I. ZS. Beschluß v. 12. April 1907.

Durch verkündeten Beschluß vom 5. Februar setzte das Amtsgericht das Honorar des Konkursverwalters auf 420 Mark fest. Der Konkursgläubiger A. erhob am 7., weil das Honorar zu hoch bemessen sei, sofortige Beschwerde, die das Landgericht als unbegründet zurückwies. Die weitere Beschwerde des A. ist unzulässig.

Der § 568[2] ZPO., der nach §§ 72, 73 KO. anzuwenden ist, gibt eine weitere Beschwerde nur insoweit, als damit ein neuer selbständiger Beschwerdegrund geltend gemacht wird. Auf die wiederholte Beanstandung der Höhe des Honorars kann demnach nicht eingegangen werden. Indes enthält die Beschwerdeschrift die neue Behauptung, der Festsetzungsbeschluß vom 5. Februar sei den Beteiligten noch nicht zugestellt. Es fragt sich, ob diese Behauptung für rechtserheblich zu erachten ist. Die Frage wäre zu bejahen, wenn vor Zustellung des Beschlusses die erste Beschwerde nicht hätte eingelegt werden können. Darin, daß das Landgericht über die Beschwerde sachlich entschied, statt sie als unzulässig zu verwerfen, wäre unbedenklich ein neuer selbständiger Beschwerdegrund zu erblicken (Entsch. des RG. 16 S. 322). Das gleiche würde auch dann zutreffen, wenn mit Rücksicht auf die unterbliebene Zustellung des Beschlusses die Entscheidung des Landgerichts verfrüht wäre. Aber keine dieser beiden Voraussetzungen ist begründet. Allerdings sind nach KO. § 73, abweichend von § 329 ZPO., alle Entscheidungen des Konkursgerichts, auch die verkündeten, zuzustellen. Ist, wie bei dem Honorarfestsetzungsbeschluß (§ 85), die Gesamtheit der Konkursgläubiger beteiligt, so hat die Zustellung an alle einzelnen oder nach § 76 durch öffentliche Bekanntmachung zu erfolgen. Immerhin müssen die auf Grund mündlicher Verhandlung ergehenden Beschlüsse nach richtiger Meinung gemäß § 72 KO., § 329[1] ZPO. auch verkündet werden (vgl. Jäger, KO. zu § 73 Anm. 2). Wenn dem auch nicht so sein sollte, so hat doch jedenfalls die Verkündung die Wirkung, den Beschluß aus dem Stadium interner Erwägungen herauszuheben und als Willensäußerung des Gerichts nach außen hin zur Existenz zu bringen. Das aber reicht hin, um das arg. e contrario, das sich aus den §§ 516[2], 552[2] ZPO. ergibt, auch für das Konkursverfahren zu verwerten. Auch hier ist es möglich, die sofortige Beschwerde alsbald nach Verkündung des Beschlusses vor dessen Zustellung einzulegen.

Das Landgericht war auch nicht gehalten, mit der Entscheidung zu warten, bis die Beschwerdefrist für alle Beteiligten verstrichen war. Der Ansicht des OLG. Jena (Seuffert 51 Nr. 251, vgl. auch Petersen-Kleinfeller zu § 85 Anm. 8) ist nicht beizutreten. Praktisch durchführbar würde die Ansicht nur in Fällen sein, in denen der Honorarfestsetzungsbeschluß öffentlich bekannt gemacht wurde. Hat das Konkursgericht die Zustellung an die einzelnen Beteiligten verfügt, so wäre der Beschwerderichter wohl niemals in der Lage, den Zeitpunkt der Zustellung an den letzten Empfänger mit Sicherheit zu bestimmen. Es kann aber auch nicht zugegeben werden, daß die vom OLG. Jena vertretene Ansicht aus der gebotenen Einheitlichkeit der Honorarfestsetzung gegenüber allen Beteiligten mit Notwendigkeit folgt. Auch die Entscheidung über die Zulassung einer bestrittenen Konkursforderung zum Verfahren muß sich im Endergebnis gegenüber allen Beteiligten gleichmäßig gestalten. Nichtsdestoweniger sind zwischen dem Liquidanten und den einzelnen Opponenten gesonderte Feststellungsprozesse mit zeitlich und inhaltlich auseinanderfallenden Urteilen möglich. Die Lösung ist die, daß der Liquidant, auch wenn er den Widerspruch eines oder einiger Opponenten überwunden hat, doch nicht eher die Zulassung erlangt, ehe er nicht auch den Widerspruch der übrigen überwindet (vgl. Jäger zu §§ 146[7], 147[1]). Ganz ebenso kann das Honorar des Verwalters auf die Beschwerde eines Konkursgläubigers herabgemindert werden, obgleich frühere Beschwerden anderer Gläubiger zurückgewiesen sind. Die Herabminderung kommt dann auch diesen Gläubigern zugute. H.g.

γ) **Beschwerderecht des Gläubigerausschusses.**

OLG. Hamburg, IV. ZS. Beschluß v. 9. Mai 1906.

Die sofortige Beschwerde des Gläubigerausschusses gegen die Zurückweisung seines gemäß § 84 Satz 2 auf Entlassung des Verwalters gestellten Antrags ist als unzulässig zurückgewiesen worden, weil er zur Erhebung einer Beschwerde allgemein nicht legitimiert sei. Allerdings ist der Gläubigerausschuß vom Gesetze als ein zur Unterstützung und Überwachung des Konkursverwalters berufenes Organ der Gläubiger gedacht, dem in der Regel eine Vertretung nach außen, besonders gegenüber den Behörden und Gerichten, nicht zusteht. Das aber schließt nicht aus, daß er in einem Falle wie hier, wo der Verwalter selbst beteiligt ist und als Vertretungsorgan ausscheidet, zur Vertretung vom Gesetze berufen wird. In § 84 Satz 2 benennt das Gesetz ihn und die Gläubigerversammlung als die nach Abhaltung der ersten Gläubigerversammlung zur Antragstellung auf gerichtliche Amtsentlassung des Verwalters berufenen Organe. Indem es ihm diese Antragsstellung, also die Erhebung eines dahingehenden Verlangens vor dem zuständigen Gerichte, namens der Konkursgläubiger, überträgt, überträgt es ihm auch zugleich die Befugnis zur Vornahme aller derjenigen prozessualen Maßregeln, die zur Durchsetzung des gestellten Antrags möglich und erforderlich sind, also auch zur gesetzlich freigestellten Anrufung eines zweiten Gerichts. Wenn eingewandt wird (vgl. bes.

Wilmowski § 73[3]), daß der Gläubigerausschuß in § 84 der Gläubigerversammlung gleichgestellt sei und jedenfalls die letztere ein zur prozessualen Vertretung ungeeignetes Organ sei, so handelt es sich bei dem durch die Antragsstellung veranlaßten Verfahren nicht um einen in zivilprozessualen Formen sich abspielenden Streit, für den es schon an einem Gegner fehlt, sondern um die Veranlassung eines von Gerichts wegen zu betreibenden Verfahrens disziplinärer Art, bei dem der Antragsteller ganz in den Hintergrund tritt (vgl. auch § 83, § 84[1]). Hinsichtlich der **Einlegung** der Beschwerde aber steht nichts im Wege, daß Gläubigerausschuß oder Gläubigerversammlung namens der Gesamtheit der Gläubiger und auf Rechnung der Konkursmasse einen Bevollmächtigten bestellen. Die Befugnis zur Antragsstellung schließt, soweit eine Vertretung durch Bevollmächtigte sachdienlich ist, die Befugnis zu deren Bestellung in sich. Würde dem Gläubigerausschusse und der Gläubigerversammlung die Einlegung der Beschwerde versagt, so würde dies für die Gläubiger auf eine gänzliche Entziehung des Beschwerderechts in einer Angelegenheit hinauslaufen, die, weil die Persönlichkeit des Verwalters im Mittelpunkte des ganzen Verfahrens steht, meist von der größten Bedeutung ist. Der Ansicht vieler Kommentare, daß das Beschwerderecht von den einzelnen Konkursgläubigern auszuüben sei, kann nicht zugestimmt werden. Denn indem das Gesetz aus naheliegenden Gründen die Antragsstellung auf Entlassung eines vom Gerichte ernannten und von der Gläubigerversammlung mindestens stillschweigend genehmigten Verwalters mit einer das Gericht zur Entscheidung zwingenden Kraft **nur** dem Gläubigerausschusse oder der Gläubigerversammlung überträgt, entzieht es eine solche Antragsstellung dem einzelnen Gläubiger und zwar naturgemäß auch für die zweite Instanz. Danach war der angefochtene Beschluß aufzuheben und die Sache nach § 575 ZPO. an das LG. zurückzuverweisen. M. M.

u) **Löschung des Konkursvermerkes auf dem vom Verwalter freigegebenen Grundstücke.**

Bayer. Oberstes Landesgericht, I. ZS. Beschluß v. 22. März 1907.

Der Verwalter hat mit der Erklärung, daß er den zur Masse gehörigen Grundstücksanteil freigebe, die Löschung des darauf eingetragenen Konkursvermerkes beantragt. Der Antrag wurde zurückgewiesen, weil der Verwalter nur Vertreter des Gemeinschuldners, der Vermerk aber zugunsten der Gläubigerschaft eingetragen sei. Die weitere Beschwerde ist begründet.

Mag man auch den Verwalter, soweit er zu Verwaltungs- und Verfügungshandlungen in dem Kreise des Gemeinschuldners berufen ist, als dessen Vertreter anzusehen haben, so ist er doch vor allem Träger eines dem Zwecke des Konkursverfahrens dienenden Amts. Gibt er einzelne zur Masse gehörende Sachen frei, weil sie für den Zweck des Verfahrens nicht dienlich sind, so handelt er dabei nicht in Vertretung des Kridars, sondern kraft eines neben der Vertretungsmacht in seinem Amte enthaltenen Befugnis, vermöge deren er selbständig darüber befindet, ob die Sachen aus der Masse ausgeschieden werden sollen; für die Sachen, die er freigibt, hebt er die mit der Eröffnung des Verfahrens verbundene Beschlagnahme auf.

Der ins Hypothekenbuch einzutragende Konkursvermerk bezweckt, die Beschlagnahme gegen die sich aus dem öffentlichen Glauben ergebende Gefährdung zu schützen; die Eintragung dient dem Zwecke des Verfahrens und der ihm vermöge seines Amts obliegenden Aufgabe. Soweit er darüber befindet, ob die Sache, auf die sich die Eintragung bezieht, in der Masse verbleiben oder freigegeben werden soll, ist er zur Wahrnehmung der Interessen berufen, zu deren Gunsten die Eintragung erfolgt ist; hebt er die Beschlagnahme auf, so ist er berechtigt, die Löschung des durch seine Verfügung unrichtig gewordenen Vermerks zu bewilligen (Jäger, Wilmowski zu § 114). Sammlung.

v) **Offenbarungspflicht des Gemeinschuldners.**

OLG. Colmar, I. ZS. Beschluß v. 28. März 1906.

Nach § 900 ZPO. beginnt das Offenbarungsverfahren erst mit der Ladung des Schuldners zur Eidesleistung. Bei Beginn dieses Verfahrens war der Zwangsvergleich bereits rechtskräftig bestätigt. Es fragt sich daher, ob der Konkursgläubiger A. in diesem Augenblicke noch die Eidesleistung zu verlangen berechtigt war. Das Landgericht hat bejaht, weil dieses Recht zeitlich nicht beschränkt. Allein die zeitliche Beschränkung ergibt sich aus dem Zwecke des Gesetzes. Der § 125 steht im Titel „Teilungsmasse"; er soll also der Sicherung und Feststellung der Konkursmasse, der Bildung einer Teilungsmasse dienen und zu diesem Zwecke die Vollständigkeit und Richtigkeit des vom Verwalter gemäß § 124 anzufertigenden Inventars gewährleisten. Die Bildung einer Teilungsmasse zur Befriedigung der nicht bevorrechtigten Konkursgläubiger hört aber auf, sobald der Zwangsvergleich rechtskräftig bestätigt ist. Nur die Masse- und die bevorrechtigten Gläubiger sind vom Verwalter vor der Aufhebung des Verfahrens aus der Masse zu befriedigen (§ 191). Die nicht bevorrechtigten Konkursgläubiger sind mithin nicht mehr berechtigt, den Offenbarungseid zu verlangen. Frdthl.

w) **Aufnahme im Läuterungsverfahren.**

α) OLG. Dresden, VII. ZS. Urteil v. 7. Dezember 1906.

Der Kläger, der den Konkursverwalter des Beklagten zur Aufnahme lud, hat dadurch seinen Willen, den Rechtsstreit gegen jenen fortzusetzen, ausgedrückt (Entsch. des RG. 51 S. 97) und so den Rechtsstreit aufgenommen. Die Aufnahme hatte er aber zu erklären, da ein bedingtes Endurteil nicht zu den in § 146[6] erwähnten Endurteilen gehört (a. O. 16 S. 361). Die Voraussetzungen der Aufnahme liegen nach dem Inhalt des Schriftsatzes vor, dieser hat nach § 331 ZPO. infolge des Ausbleibens des Beklagten als zugestanden zu gelten. Der dem Kläger rechtskräftig auferlegte Eid ist nach bewirkter Aufnahme geschworen worden. Wennschon das Läuterungsurteil in den regelmäßigen Fällen kein Versäumnissurteil sein kann (Annalen 24 S. 190, Rsp. 9 S. 76), muß eine Ausnahme da gelten, wo nicht bloß der Inhalt des bedingten Endurteils die Grundlage der Entscheidung bilden kann, sondern sich Veränderungen im Prozeßrechtsverhältnisse durch Wechsel in einer der Parteirollen vollzogen haben, die nach dem geltenden Prozeßrecht berücksichtigt werden müssen, wie dies namentlich zutrifft, wenn die verklagte Partei, wie hier, nach Rechtskraft des bedingten Endurteils in Konkurs verfallen ist. Hier bedarf es nicht bloß einer Verhandlung über die Frage der Eidesleistung oder Eidesverweigerung, sondern zugleich auch einer solchen über die Vornahme und Zulässigkeit der Aufnahme. Die Entscheidung über das Vorliegen der Aktiv- oder Passivlegitimation kann aber nicht deshalb, weil sie infolge der gesetzlichen Bestimmungen über Unterbrechung und Aufnahme erst im Läuterungsverfahren sich nötig macht, auf Grund eines anderen Verfahrens erfolgen, oder einen anderen Charakter tragen, als wenn sie ohne Vorausgehen eines rechtskräftigen bedingten Endurteils stattfand. Da die Eidesleistung des Klägers nach dem Inhalt des bedingten Endurteils die Bedingung nur für die Verurteilung des Gemeinschuldners selbst bildete, kann die an sie geknüpfte Folge dem Verwalter gegenüber nur ausgesprochen werden, wenn die die Verbindung der Aufnahme bildenden Tatsachen als Anmeldung, Prüfung und Bestrittenbleiben der Klagforderung schlüssig dargelegt und entweder zugestanden oder bewiesen werden. Dem ausdrücklichen Zugeständnisse steht aber das Zugeständis gleich, das nach gesetzlicher Vorschrift aus dem Nichtverhandeln der verklagten Partei zu folgern ist. Werden sonach gegen den ausgebliebenen Verwalter die im bedingten Endurteil an die gegnerische Eidesleistung gebundenen Folgen ausgesprochen, so beruht diese Entscheidung in erster Linie auf der Verwirklichung der Versäumnisfolge und kennzeichnet sich deshalb als wahres Versäumnisurteil i. S. der §§ 330 ff. ZPO.

Der Eintritt des Konkurses und die Aufnahme des Verfahrens gegen den Verwalter mußte zu einer anderen Fassung der angedrohten Verurteilung führen. An die Eidesleistung war die Verurteilung des damaligen Beklagten zur Zahlung von 2500 Mark nebst Zinsen an fünf Pfändungsgläubiger des Klägers wegen Ansprüche, deren Gesamtbetrag diese Summe noch bei weitem nicht erreichte, und in letzter Stelle an den Kläger selbst geknüpft worden. Die Verurteilung zur Zahlung mußte nunmehr durch die Feststellung der Forderung zur Tabelle als Konkursforderung ersetzt werden, jedoch mit der Maßgabe, daß die Forderung zwar als eine solche des Klägers anzuerkennen ist, die auf sie entfallenden Perzeptionsraten aber an jene fünf Gläubiger bis zu deren voller Befriedigung abzuführen sind. Nach dem Sinne des Ausspruchs im bedingten Endurteil sollte der Kläger nur den nach Befriedigung der Pfändungsgläubiger verbleibenden Rest erhalten. M. z.

β) **Anwendung des § 146⁴, wenn bei der Konkurseröffnung nur noch die Entscheidung über Kostenpunkt aussteht.**

Kammergericht, V. ZS. Urteil v. 13. Juli 1907.

Nachdem das Berufungsgericht durch rechtskräftiges Teilurteil sowohl der Klage als auch der Widerklage in der Hauptsache stattgegeben hatte, geriet die Beklagte in Konkurs, zu dem der Kläger seine Forderung auf Kostenerstattung in Höhe von 600 Mark anmeldete. Da die Forderung bestritten wurde, hat der Kläger den Rechtsstreit aufgenommen und unter Vorlegung von Auszügen aus der Tabelle beantragt, über die Kosten zu entscheiden. Die Aufnahme ist nach § 240 ZPO., § 146[3] KO. zulässig; sie ist für den Kläger der einzige Weg (§ 146[5]), um die Feststellung seiner Forderung auf Kostenerstattung herbeizuführen. Kann nach § 146[4] die Feststellung auch nur auf den Betrag gerichtet werden, der in der Anmeldung oder dem Prüfungstermin angegeben ist, so ist im Rahmen des aufgenommenen Prozesses doch kein Raum für eine andere Entscheidung, als für die Feststellung der Kostentragungspflicht als solcher. Der Betrag der Kosten kann hier nicht angegeben werden; denn nach dem ordentlichen, für die Feststellung der Forderung in Betracht kommenden Verfahren (§ 146[2]) ist der Betrag der zu erstattenden Kosten, vom amtsgerichtlichen Prozesse abgesehen, nicht in dem Urteile selbst festzusetzen, sondern gemäß §§ 103—106 ZPO. in dem eine Ergänzung des Urteils bildenden Kostenfestsetzungsbeschlusse. Hiernach hatte sich das Urteil darauf zu beschränken, die Prozeßkosten mit Rücksicht auf das Obsiegen und Unterliegen der Parteien gemäß § 92 zu verteilen. Dem Kläger bleibt überlassen, den Betrag der ihm danach gebührenden Kosten im Festsetzungsverfahren feststellen zu lassen. Diese Summe bildet dann den Betrag seiner hier streitigen Konkursforderung. B. M.

γ) **Kostenpflicht des Verwalters, der erst nach der Wiederaufnahme anerkennt.**

OLG. Dresden, VI. ZS. Beschluß v. 24. Januar 1906.

Der Kläger hat die rechtshängigen 700 Mark Dahrlehn sowie die bis zur Konkurseröffnung erwachsenen 170 Mark Prozeßkosten als Konkursforderungen angemeldet und, da der Verwalter sie im Prüfungstermine bestritt, den Prozeß gegen ihn durch Zustellung eines Schriftsatzes aufgenommen. Nunmehr erkannte der Verwalter die Forderungen zur Tabelle an und beantragte, ihm nur diejenigen Kosten, die durch die Aufnahme entstanden sind, aufzuerlegen, da er nicht in den Rechtsstreit eingetreten sei. Allein im Falle des Widerspruchs kann der Prozeß auch vom Kläger aufgenommen werden (§ 146[3]). Mit der Zustellung des Schriftsatzes (§ 250) ist der Prozeß aufgenommen und kann sich der Verwalter ihm nicht mehr entziehen. Es verhält sich damit ebenso, wie wenn die bestrittene Forderung noch nicht rechtshängig war und der Gläubiger deshalb auf ihre Feststellung klagt (§ 146[1]). Die Folge ist, daß der Verwalter, auch wenn er seinen Widerspruch nunmehr zurücknimmt, als unterliegende Partei die Prozeßkosten aus der von ihm vertretenen Masse zu tragen hat, weil er die Erhebung der Klage und die Aufnahme durch seinen Widerspruch verursacht hat. Die Kosten sind aber bei einer Aufnahme die gesamten Prozeßkosten; denn der Verwalter unterliegt im aufgenommenen Prozesse nicht bloß teilweise, sondern ganz und dies schließt eine Trennung der Kosten aus (Rsp. 10 S. 201, 202). Ann. 28 S. 464.

x) **Wiederbeginn des Verfügungsrechts des Gemeinschuldners nach**

Zwangsvergleich. Wann muß die Passivlegitimation vorhanden sein? Schuldanerkenntnis. Nebenintervention.

OLG. Colmar, II. ZS. Urteil v. 11. Juli 1906.

Die Voraussetzungen des Versäumnisverfahrens sind nicht gegeben, obwohl sich der Beklagte selbst in der Berufungsinstanz nicht hat vertreten lassen. Denn auch derjenige Nebenintervenient, der nicht nach § 69 ZPO. als Streitgenosse der Hauptpartei gilt, kann von ihr Versäumnisurteile abwenden (Elf.Lothr. Z. 22 S. 331). Nur mit positiven Erklärungen der Hauptpartei darf er sich nach § 67 ZPO. nicht in Widerspruch setzen, bloße Unterlassungen derselben stehen der Rechtswirksamkeit der von ihm vorgenommenen Prozeßhandlungen nicht entgegen (a. O. 20 S. 24; Rsp. 2 S. 102, 3 S. 129, 11 S. 168).

Der Beklagte hat nicht bereits durch die Rechtskraft des den Zwangsvergleich bestätigenden Beschlusses das Recht zurückerhalten, über die Konkursmasse frei zu verfügen. Schon die Stellung des § 192 nach dem § 190 läßt erkennen, daß im § 192 die Konkursaufhebung vorausgesetzt ist, und nirgends findet sich im Gesetze ein Anhalt dafür, daß die allgemeinen Bestimmungen der §§ 6, 12 für den Fall des Zwangsvergleiches durchbrochen werden sollten. Indem das Gesetz davon absah, mit der Rechtskraft des Bestätigungsbeschlusses die Aufhebung des Verfahrens als selbstverständliche Folge eintreten zu lassen, vielmehr noch einen besonderen Aufhebungsbeschluß erforderte, gab es klar zu erkennen, daß bis zu dessen Verkündigung alle mit dem Konkurse allgemein verbundenen Rechtsbeschränkungen bestehen bleiben sollen (Wilmowski 1, 2 zu § 190 u. 1 zu § 192; Sarwey-Bossert 2 zu § 192; Seuffert, Konkursproz. § 57; vgl. auch Entsch. des RG. 58 S. 369; Elf.Lothr. Z. 26 S. 97; Rsp. 3 S. 62, 5 S. 39, 10 S. 220). Da die auf Zahlung der ersten Vergleichsrate gerichtete Klage zwar nach rechtskräftiger Bestätigung des Zwangsvergleiches, aber vor der Konkursaufhebung erhoben worden ist, so war damals weder der beklagte Gemeinschuldner passivlegitimiert, noch der Kläger als Konkursgläubiger sachlich zur klageweisen Geltendmachung des Leistungsverlangens befugt. Hieraus folgt aber keineswegs, daß die Klage als unzulässig abgewiesen werden müßte, wie dies das LG. annahm. Durch § 6 ist nämlich die Prozeßfähigkeit des Kridars nicht aufgehoben, sondern auf das nicht zur Konkursmasse gehörige Vermögen beschränkt. Ebensowenig steht der § 12 formell jeder Leistungsklage eines Konkursgläubigers gegen den Gemeinschuldner entgegen; nur Leistung aus der Konkursmasse darf nicht verlangt werden. Es handelt sich also auf beiden Seiten lediglich um materielle Beschränkungen, die ein Hindernis nicht für die Rechtswirksamkeit der Klagerhebung, sondern nur — solange sie bestehen — für die erfolgreiche Verwirklichung des Klaganspruchs bilden. Maßgebend für letztere ist aber nach allgemein anerkannten Grundsätzen[1] der Zustand zur Zeit

[1] Ebenso Gaupp-Stein 1 S. 708. A.M. fast ständig das RG. (JW. 1899 S. 741 Nr. 6 nebst Zitaten), Petersen (5.) 1 S. 606 Anm. 4, Freudenthal, Handausg. Anm. 8 VI. f zu § 253. D. E.

der Schlußverhandlung. An diesem Tage war der Konkurs längst aufgehoben. Der Beklagte, und nur er, war nunmehr passivlegitimiert; wäre die Klage gegen den Verwalter erhoben gewesen, so hätte sie ohne weiteres gegen den ehemaligen Gemeinschuldner weiter durchgeführt werden können. Der Kläger aber wollte von Anfang an keine Befriedigung aus der Konkursmasse, da er die Vergleichsdividende einklagte, eine Leistung also, die ihrer Natur nach gar nicht aus der Masse als solcher erfolgen konnte. Sein Anspruch war lediglich verfrüht erhoben; er wurde begründet, sobald mit der Konkursaufhebung die Schranken gefallen waren, die während des Verfahrens bestanden hatten.

Unbegründet sind die Bedenken des LG. hinsichtlich seiner örtlichen Zuständigkeit, weil es auch in dieser Hinsicht schon genügt, wenn die Tatsachen, welche die Zuständigkeit begründen, zur Zeit der maßgebenden mündlichen Verhandlung gegeben sind; § 263² Nr. 2 ZPO. steht nur der nachträglichen Beseitigung, nicht der nachträglichen Begründung der Zuständigkeit entgegen (Entsch. des RG. 52 S. 136). Es bedarf daher keiner Widerlegung der Annahme, daß der § 101 den Kridar an der Begründung eines neuen Wohnsitzes hindere. Zur Zeit der Schlußverhandlung hat der Beklagte seinen Wohnsitz im Bezirke des Prozeßgerichts gehabt. Da nicht die Feststellungsklage des § 146, sondern die gewöhnliche Leistungsklage erhoben war, so ist die Zuständigkeit des angerufenen Gerichts nach §§ 12, 13 ZPO. begründet. Sachlich stützt sich der Kläger nicht auf das ursprüngliche Rechtsverhältnis, sondern auf das Schriftstück, in welchem der Schuldner die Forderung anerkennt (§ 781 BGB.). Die Nebenintervenienten als bloße Streitgehilfen des Beklagten können dagegen Einwendungen aus ihrem eigenen Rechte nicht entgegenhalten. Vorliegend ist nicht darüber zu erkennen, ob das Anerkenntnis auch für die Bürgen verbindlich ist, sondern nur darüber, ob es eine Haftung des beklagten Schuldners begründet, aber das Vorbringen der Nebenintervenienten ist vorliegend beachtlich, weil es sich tatsächlich auch auf das Recht des Beklagten stützt und dieser selbst keine widersprechenden Erklärungen im Prozesse abgegeben hat (§ 67 ZPO.). Hat danach der Kläger den Beklagten zum Anerkenntnisse durch die Erklärung, nicht er (Beklagter), sondern nur die Bürgen brauchten zu bezahlen, bestimmt und ihm für die Unterzeichnung des Schriftstücks noch eine Geldsumme versprochen, so ist nicht nur die Einrede der Bereicherung wegen dieses, beiderseits gegen die guten Sitten verstoßenden Verhaltens gemäß § 817 BGB. gegeben, sondern das Anerkenntnis ist nach § 117¹ BGB. nichtig, denn es ist mit dem Einverständnisse des Klägers nur zum Schein abgegeben worden, weil der Beklagte sich nicht ernstlich verpflichten, sondern nur dem Kläger ermöglichen wollte, durch betrügliche Benutzung des Scheinaktes die Bürgen zur Zahlung zu veranlassen.

Frdthl.

y) **Anwendbarkeit des § 212 KO.**

OLG. Colmar, III. ZS. Urteil v. 16. Januar 1906.

Nach seinem klaren Wortlaute findet der § 212 nur Anwendung, wenn ein Konkursverfahren über das Privatvermögen eines Gesellschafters mit einem solchen über das Gesellschaftsvermögen zusammentrifft. Daran fehlt es hier, wo über das Gesellschaftsvermögen Konkurs nicht eröffnet, sondern nur eine Liquidation ohne konkursrechtliche Form vereinbart war. Der Umstand, daß man vereinbarungsgemäß nach konkursähnlichen Grundsätzen liquidiert habe, kann im Hinblick auf das Gesetz: „Wenn das Konkursverfahren eröffnet ist", nicht in Betracht kommen, da es offenbar nur das wirkliche Konkursverfahren, wie es die KO. regelt, nicht aber ein ähnliches Verfahren im Auge hat; zu einer ausdehnenden Auslegung bietet sich um so weniger Anlaß, als nach § 131[5] HGB. der Privatkonkurs nicht den Konkurs, sondern nur die Auflösung der offenen Handelsgesellschaft nach sich zieht.

Sollte aber auch zufolge der Vereinbarung der Gesellschaftsgläubiger die Liquidation unter entsprechender Anwendung konkursrechtlicher Grundsätze erfolgen, so ist hiermit ein Verzicht der persönlichen Gläubiger eines Gesellschafters auf die ihnen an dessen Vermögen zustehenden Rechte nicht abzuleiten. Als der Kläger am 1. Mai 1901 in die Liquidation willigte, war der Konkurs über den Nachlaß des Emil Z. noch nicht eröffnet, vielmehr bestand damals begründete Aussicht, daß die ganze Forderung des Klägers aus der Nachlaßmasse gedeckt werden könne. Dies war der Grund, warum besonders auch der Kläger am 1. Mai auf die Eröffnung des Konkursverfahrens über die Firma Z. verzichtete. Durch die Verzichtserklärung und die Einwilligung in die Liquidation, sowie durch die Tatsache, daß die Liquidation der Gesellschaftsmasse ausdrücklich von der Nachlaßverwaltung über das Privatvermögen getrennt war, gesondert eröffnet und weiter geführt wurde, ist auch widerlegt, daß die beiden Vermögensmassen eine einzige Masse hätten bilden sollen. Der Kläger war also berechtigt, gegen den Nachlaß des Emil Z. seine ganze Forderung geltend zu machen, und er hat dieses Recht durch jene Vereinbarung nicht verloren. Die Einigung der Gläubiger über die Liquidation der Firma hängt nicht mit der Berechtigung der Gläubiger im Konkursververfahren zusammen; eine Vereinbarung der Konkursgläubiger, daß § 212 Anwendung finden solle, ist nicht erfolgt. Mithin kann nach § 68 jeder Gläubiger bis zu seiner vollen Befriedigung den Betrag geltend machen, den er zur Zeit der Konkurseröffnung zu fordern hatte. Der § 68 beruht auf dem Grundsatz des § 421 BGB., demzufolge der Gläubiger alle Mitschuldner gleichzeitig auf das Ganze belangen kann, und, wie die Motive sagen, auf Gründen der Billigkeit. Da der Grundsatz des § 421 ebensowohl für der Person nach verschiedene Mitschuldner als für die Gesamthaft verschiedener Vermögensmassen zutrifft, auch eine gesonderte Haftung und selbständige Konkursfähigkeit des Gesellschaftsvermögens besteht, sowie anderseits die Billigkeitsgründe zugunsten der Gläubiger sprechen, so muß § 68 auch für die Haftung des Gesellschaftsvermögens neben dem Privatvermögen eines Gesellschafters gelten (vgl. Jäger 17 zu § 212; Bolze 16 Nr. 502). Die

Gläubiger der Gesellschaft können daher ihre Forderungen sowohl gegen den einzelnen Gesellschafter wie gegen die Gesellschaft auch dann zum vollen Betrage geltend machen, wenn über die Gesellschaft für sich allein oder über einen der Gesellschafter für sich allein der Konkurs eröffnet ist. Die Ausnahme des § 212 trifft nur dann zu, wenn sowohl über die Gesellschaft als über einen Gesellschafter gleichzeitig Konkurs eröffnet ist. Der Kläger war demnach berechtigt, die Forderung von 15725 Mark der Konkursmasse gegenüber geltend zu machen und braucht sich die aus der Liquidationsmasse des Tobias Z. bezogenen Beträge nicht abziehen zu lassen. Dem steht auch nicht entgegen, daß er zwei Abschlagsverteilungen angenommen hat, ohne zu klagen; er ist vielmehr nach § 155 berechtigt, die Feststellung jetzt noch zu verlangen.... Dagegen durfte die Vorinstanz nicht aussprechen, daß dem Kläger heute noch die Summe von 3667 Mark der Konkursmasse zustehe. Denn die Berechnung der Dividenden ist Sache des Verwalters und dieser hat je nach dem Ausfall des Prozesses eine Berichtigung des Schlußverzeichnisses vorzunehmen; der Rechtsanspruch des Klägers ist durch die Feststellung, daß er bis zur vollen Befriedigung den Betrag geltend machen kann, den er zur Zeit der Konkurseröffnung zu fordern hatte, und durch die angeordnete Berichtigung der Tabelle geschützt. Frdthl.

12

a) **Streitwert: α) der Kosten des Rechtsstreits.**

OLG. Hamburg, VI. ZS. Beschluß v. 13. Juli 1907.

Der Beklagte ist nach erledigter Hauptsache zu den Prozeßkosten verurteilt worden. Das Landgericht hat im Festsetzungsverfahren von der mit 1,50 Mark angesetzten Verhandlungsgebühr 50 Pfg. abgesetzt, weil sie nach einem Objekt von $^1/_{20}$ Mark zu berechnen sei. Allein bei der Kostenaufzählung sind nicht nur die Verhandlungsgebühr des Klägers, sondern auch die Entscheidungsgebühr zu rechnen, da diese zu den „Kosten des Rechtsstreits", über welche verhandelt ist, mit gehören, so daß ein Streitwert von 20,05 Mark herauskommt. M. M.

β) **der Widerklage auf Feststellung des Nichtbestehens eines Lieferungsvertrages, wenn die Klage Schadenersatz wegen Nichterfüllung verlangt.**

OLG. Kiel, I. ZS. Beschluß v. 11. März 1907.

Der Kläger hat wegen Nichterfüllung eines Lieferungsvertrages zunächst einen Teil des ihm erwachsenen Schadens eingeklagt, nämlich soweit dieser aus der Nichtlieferung in den Monaten November und Dezember 1905 entstanden sei. Die Widerklage ist allerdings auf die Feststellung gerichtet, daß der Lieferungsvertrag überhaupt nicht zustande gekommen sei. Daraus kann aber nicht hergeleitet werden, der Streitwert sei so zu bemessen, wie wenn der Kläger auf Erfüllung geklagt hätte. Das träfe zu, wenn er auf teilweise Erfüllung geklagt hätte; es trifft aber nicht zu für den vorliegenden Fall, in welchem er einen Teil des ihm aus der Nichterfüllung erwachsenen Schadens ersetzt verlangt. An der Feststellung, daß der Kläger Erfüllung nicht beanspruchen könne, hat der Beklagte überhaupt kein Interesse, denn nachdem der Kläger den Anspruch auf Schadenersatz erhoben hat, ist der Anspruch auf Erfüllung ausgeschlossen (§ 326 BGB.). Wenn daher Beklagter mit der Widerklage die Feststellung erstrebt, daß der Abschluß gar nicht zustande gekommen sei, dann kann er damit nur bezwecken und hat daran nur insoweit Interesse, als er den vom Kläger geltend gemachten Anspruch auf Schadenersatz nicht nur in Höhe der Klagforderung, sondern in Höhe des gesamten durch die Nichtlieferung erwachsenen Schadens verneint wissen will. Von diesem Anspruch will der Beklagte befreit werden; daher kann der Streitwert der Widerklage nur nach der Höhe dieses Schadens bemessen werden, den der Kläger selbst auf 4500 Mark berechnet hat. Ls.

b) **Dinglicher Gerichtsstand für Klagen aus § 1144 BGB.**

OLG. Celle, I. ZS. Beschluß v. 12. April 1907.

Mit der Zahlung der Hypothek ist diese nicht erloschen, sondern auf den zahlenden Eigentümer übergegangen. Nur kraft dieses Hypothekenrechts ist der Eigentümer nach § 1144 BGB. befugt, von dem befriedigten Gläubiger diejenigen Urkunden zu fordern, deren er zur Löschung oder Umschreibung der Hypothek bedarf, besonders also den Brief oder das Ausschlußurteil, durch das dieser für kraftlos erklärt ist, und wenn er an den Zessionar des eingetragenen Gläubigers gezahlt hat, eine Urkunde, durch die der Übergang der Hypothek von diesem auf jenen nachgewiesen wird. Der Anspruch auf Aushändigung dieser Urkunden ist also lediglich ein Ausfluß seines dinglichen Rechts am Grundstück, die Klage mithin nur eine Geltendmachung der dinglichen Belastung aus der auf ihn (den klagenden Eigentümer) übergegangenen Hypothek. Daß die dingliche Klage nicht gegen den Eigentümer des belasteten Grundstücks gerichtet ist, steht der Anwendung des § 24 nicht entgegen (Entsch. des RG. 21 S. 225). Mit Planck (5 zu § 1144), Kretzschmar (Sachenrecht § 1144 Erl. 5), Gaupp-Stein (§ 24 Erl. III 2) und Seuffert (58 Nr. 201) ist daher auch für die Klage des Eigentümers auf die in § 1144 bezeichneten Urkunden der dingliche Gerichtsstand als gegeben anzusehen. H.ch.

c) **Stillschweigende Prorogation von Sondergerichten auf die ordentlichen Gerichte.**

OLG. Celle, I. ZS. Urteil v. 18. Juni 1907.

An sich würde, da Streitigkeiten der hier fraglichen Art noch den Elbzollgerichten unterstehen und diese Gerichte durch § 14 GVG. zugelassen sind, der ordentliche Rechtsweg hier ausgeschlossen sein. Es war indessen eine — stillschweigende — Prorogation der Parteien von dem besonderen Gericht an die ordentlichen Gerichte möglich. Sie wäre nur dann unzulässig, wenn entweder das Sondergericht ausdrücklich für ausschließlich zuständig erklärt wäre oder wenn ein öffentliches Interesse die Entscheidung allein durch das Sondergericht unter völligem Ausschlusse der ordentlichen Gerichte erforderte. Beide Fälle treffen aber hier nicht zu. Insbesondere kann — im Gegensatze zu Wittmaack, zivil. Arch. 90 S. 15 — ein öffentliches Interesse an der ausschließlichen Zuständigkeit des Sondergerichts, hier des Elbzollgerichts, für den hier fraglichen Streit (Zahlung eines Hilfslohnes auf Grund des Binnenschiffahrtsges.) nicht angenommen werden. Diese Streitigkeiten selbst berühren öffentliche Interessen in keiner Weise. Unter solchen Umständen ist es aber nicht ersichtlich, inwiefern ein öffentliches Interesse an ihrer schnellen Erledigung — die durch die Einrichtung der Elbzollgerichte mit ihrem vereinfachten Verfahren bezweckt und ermöglicht wird — bestehen sollte. Vielmehr erscheint die Erleichterung, die durch die Einrichtung der Elbzollgerichte geschaffen wird, soweit privatrechtliche Streitigkeiten der hier vorliegenden Art in Frage kommen, als lediglich im Interesse der Parteien geschaffen. Von ihr Gebrauch zu machen, ist für die Parteien ein Recht, keine Pflicht. Ihnen ist sonach unbenommen, ihre Sache vor dem ordentlichen Gericht zur Entscheidung zu bringen (JW. 1902 S. 232; Planck, Lehrbuch 1 S. 29; Hellmann, Lehrb. S. 128; Gaupp-Stein u. Seuffert zu § 38 ZPO.) H. ch.

d) **Kostenerstattung: α) der Einsicht des Grundbuchs.**[1]

OLG. Hamburg, III. ZS. Beschluß v. 7. März 1907.

Das LG. hat 1 Mark Kosten für Einsicht des Grundbuchs unter Berufung auf den Beschluß des OLG. vom 15. November 1902 gestrichen. Dort handelte es sich jedoch um die Kosten einer Abschrift des Grundbuchblattes. Soll auf Grund einer Hypothek die dingliche Klage erhoben werden, so gehört die vorherige Einsicht des Grundbuchs regelmäßig schon deshalb zur zweckentsprechenden Rechtsverfolgung, weil sich der Gläubiger nicht der Gefahr auszusetzen braucht, daß die Klage gegen jemanden erhoben wird, der nicht mehr als Eigentümer eingetragen ist. Allerdings hat jetzt das Grundbuchamt nach § 55 GrBO. in der Fassung vom 14. Juli 1905 die Eintragung eines anderen Eigentümers demjenigen mitzuteilen, für den eine Hypothek an dem Grundstücke besteht. Solche Mitteilung kann aber aus Versehen unterblieben oder dem Gläubiger nicht zugegangen sein; sie erfordert auch bei normalem Geschäftsgange eine gewisse Zeit und es ist denkbar, daß unmittelbar vor Klagerhebung ein Eigentumswechsel stattgefunden hat, den das Grundbuchamt den Beteiligten noch nicht hat mitteilen können. Es kann daher für die Regel nicht als überflüssig angesehen werden, wenn sich der Gläubiger, bevor er zur dinglichen Klage schreitet, noch einmal durch Einsicht in das Grundbuch von dem Stande der Dinge überzeugt. M. M.

β) **der Gebühr des Anwalts für das Armenrechtsgesuch des Berufungsbeklagten.**

OLG. Colmar, III. ZS. Beschluß v. 17. September 1907.

Es kann dahingestellt bleiben, ob die Gebühr für das Armenrechtsgesuch hier durch die Korrespondenzgebühr umfaßt wird, oder ob nicht vielmehr anzunehmen ist, daß beide Gebühren nebeneinander geschuldet werden. Beide nämlich sind wenigstens im beanspruchten Betrage nicht erstattungs-

[1] Ebenso OLG. Hamburg, VI. ZS. Beschluß v. 6. April 1907 (Z. 44/07).

fähig. Denn die Zuziehung eines Anwalts war hier weder zum Nachsuchen des Armenrechts noch zur Vermittlung des Verkehrs zwischen dem Kläger und dessen Prozeßvertreter der Berufungsinstanz notwendig. Letztere Voraussetzung des § 91 trifft auch auf den Fall zu, daß eine arme Partei obsiegt und die Kostenfestsetzung beantragt; der ihr bestellte, gemäß § 124[1] seine Gebühren beitreibende Anwalt hat aber kein weitergehendes Recht als die Partei selbst. Vorliegend hatte der obsiegende Kläger bereits für die erster Instanz das Armenrecht erlangt; nach § 119[2] mußte es ihm daher auch für die Berufungsinstanz bewilligt werden. Das Gesuch aber kann auch privatschriftlich und vor einem Gerichtsschreiber, der nicht der des Prozeßgerichts zu sein braucht, zu Protokoll erklärt werden. Hätte daher der Kläger durch den Gerichtsschreiber seines Amtsgerichts sein Gesuch aufnehmen lassen, was im Interesse der Kostenersparnis angezeigt war, so wären ihm höchstens X Mark entstanden.... Frdthl.

e) **Veranlassung zur Klagerhebung.**

OLG. Braunschweig. I. ZS. Beschluß v. 12. Juli 1907.

A. hatte zwei Forderungen: 1. gegen Wolf auf Erstattung von 545 Mark Reisespesen; 2. gegen Schulz auf 7500 Mark Kaufgeld. Die erste Forderung ist an den Kläger abgetreten. Die zweite Forderung hat der Beklagte wegen seinen Forderungen gegen A. pfänden und sich überweisen lassen; dabei ist jedoch außer dem Schulz als Drittschuldner auch Wolf mit aufgeführt. Wolf hat den Betrag der ersten Forderung, um der Gefahr einer Doppelzahlung zu entgehen, hinterlegt. Auf Einwilligung in die Auszahlung dieses Geldes ist geklagt. Der Beklagte hat nach vorgängiger Beweiserhebung die Einwilligung auf Kosten des Klägers und ohne Anerkennung einer Rechtspflicht abgegeben, worauf die Prozeßkosten dem Kläger auferlegt wurden. Seine Beschwerde blieb erfolglos. Gründe:

Es kann dahingestellt bleiben, ob für Wolf als Schuldner der 545 Mark ein Hinterlegungsgrund nach § 372 BGB. bestand oder nicht. Denn wie die Hinterlegung ein Ersatzmittel für ordnungsmäßige Erfüllung bildet, so ist auch die Frage, ob die gesetzlichen Voraussetzungen wirksamer Hinterlegung vorliegen, nur für die Schuldbefreiung, mithin nur für das Verhältnis zwischen Gläubiger und Schuldner von Bedeutung; sie ist aber gleichgültig für den Streit der Parteien, die in einem Obligationsverhältnis zueinander nicht stehen. Unter ihnen konnte auch nicht, wie das LG. meint, eine Rechtsgemeinschaft in Ansehung des an Stelle des Geldes getretenen Anspruchs auf Rückerstattung gegen die Hinterlegungsstelle entstehen. Denn Wolf hat das Geld hinterlegt, nicht um sich als Schuldner mehrerer Prätendenten von seiner Verbindlichkeit allen gegenüber zu befreien, sondern weil er sich im Zweifel über die eine Person des Verfügungsberechtigten befunden hat. Er hat hinterlegt entweder für den Kläger, falls nämlich der Pfändungsbeschluß sich nicht mit auf die Spesenforderung bezogen haben würde, oder für den Beklagten, falls dieser durch Gerichtsbeschluß das Einziehungsrecht erlangt haben sollte. Nicht eine Teilungsgemeinschaft, sondern eine alternative Berechtigung hat Wolf durch seine Hinterlegung begründen wollen. Nun war aber nach dem klaren Wortlaut des Gerichtsbeschlusses Gegenstand der Pfändung nur die dem A. zustehende Kaufgeldsforderung zu 7500 Mark, nicht aber die dem Kläger als Zessionar zustehende Spesenforderung gegen Wolf. Zwar war Wolf irrtümlich als Drittschuldner mit aufgeführt, aber dadurch konnte der Beklagte nicht mehr Rechte erlangen, als ihm durch den Gerichtsbeschluß überwiesen wurden, insbesondere wurde dadurch die darin nicht erwähnte Spesenforderung gar nicht berührt. Hat aber hiernach der Beklagte durch die Erwirkung des Beschlusses gar nicht in die Vermögensrechte des Klägers eingegriffen, so hat er auch die rechtlichen Folgen nicht zu vertreten, die sich daraus ergeben, daß der Schuldner Wolf aus rechtlichen Bedenken die dem Kläger geschuldeten Gelder hinterlegt hat. H.g.

f) Zulässigkeit der Berufung nach § 99².

Kammergericht, III. ZS. Urteil v. 28. Juni 1907.

Obwohl ein Antrag, wie ihn der § 307 voraussetzt, nicht gestellt ist, liegt doch eine Verurteilung auf Grund eines Anerkenntnisses vor; denn die Gründe des angefochtenen Urteils besagen ausdrücklich, daß „der Beklagte gemäß dem Anerkenntnisse zu verurteilen war", und beschränken sich auf diese Begründung, ohne in eine Würdigung eines etwaigen streitigen Vorbringens einzugehen (vgl. Entsch. des RG. 60 S. 315, JW. 1907 S. 201[22]). Das Vorliegen eines Anerkenntnisses kann auch nicht deshalb verneint werden, weil der Beklagte die Kosten dem Kläger aufzuerlegen beantragt und insoweit die Unzuständigkeit des Gerichts geltend gemacht hat. Denn er hat sich zur Hauptsache zweifellos erklärt, und zwar in einem uneingeschränkten Anerkenntnis; dieses bleibt ein solches, auch wenn im Kostenpunkt, der ohnedies nicht Gegenstand des Anerkenntnisses ist, eine andere Entscheidung begehrt wird; worauf letzteres Verlangen gestützt wird, ist für die Existenz des Anerkenntnisses des Anspruchs unerheblich. Selbst wenn die Erklärungen des Beklagten als perplex zu betrachten wären und deshalb das Anerkenntnisurteil zu Unrecht erlassen wäre, würde das Rechtsmittel in betreff der Kosten zulässig sein, weil das erste Gericht den Willen gehabt hat, ein Anerkenntnisurteil zu erlassen (Entsch. des RG. 60 S. 317).

Anderseits umfaßt die Kostenentscheidung auch solche Kosten, die nicht durch denjenigen Teil der Hauptsache entstanden sind, welcher durch die Verurteilung erledigt ist. Es war ursprünglich auf Legung des Nachlaßinventars geklagt, und erst nachdem dieser Anspruch außerhalb des Prozesses und während desselben seine Erledigung gefunden, auf Leistung des Offenbarungseids. Nur über letzteren Anspruch ist ein Urteil in der Hauptsache ergangen, die Kostenentscheidung dagegen betrifft allgemein die gesamten Kosten des Rechtsstreits, insbesondere auch die des ersten, ohne Entscheidung zur Hauptsache erledigten Anspruches. Die Kostenentscheidung geht also weiter als das Anerkenntnisurteil, die Anfechtung durch die Berufung greift mithin über den

Rahmen der durch das Anerkenntnisurteil bedingten Kostenentscheidung hinaus, was unzulässig ist (Entsch. des RG. 59 S. 332, JW. 1906 S. 169[15]). Ebensowenig wäre die Beschwerde nach § 99³ gegeben, weil die Kostenentscheidung auch den Teil der Hauptsache betrifft, rücksichtlich dessen eine Entscheidung ergangen ist. Die einheitlich für den ganzen Prozeß ausgesprochene Kostenentscheidung läßt sich aber auch nicht teilen in zwei Entscheidungen über die Kosten, da die Kosten selbst nicht zu trennen sind. Würde man das Vorliegen der Voraussetzungen des § 99²·³ gleichmäßig bejahen, so müßte man zur Anfechtbarkeit desselben Urteils zugleich mit Berufung und Beschwerde kommen. Dieses Ergebnis ist unhaltbar. Vielmehr ist, da weder Abs. 2 noch Abs. 3 rein gegeben ist, auf die Regel des Abs. 1 zurückzugreifen, die eintreten muß, sobald keine der Ausnahmen zutrifft (Rsp. 11 S. 58). Z.

g) **Zurückverweisung im Beschwerdeverfahren[1] des § 99³.**

Kammergericht, XIV. ZS. Beschluß v. 23. September 1907.

Solange sachliche Anträge der Parteien, seien es auch nur eventuelle, aufrecht erhalten werden, ist der Rechtsstreit nicht in der Hauptsache erledigt und kein Raum für eine Entscheidung über die Kosten allein; solche Entscheidung hätte abgelehnt werden müssen (Entsch. des RG. 53 S. 315). Es geht nicht an, daß der Kläger sie erbittet und einen sachlichen Eventualantrag nur für den Fall stellt, daß die Kostenentscheidung nicht zu seinen Gunsten ergeht. Dadurch, daß der — nach übereinstimmender Erklärung erledigte — Hauptantrag bei weiterer Verfolgung durchgedrungen wäre, ergibt sich nichts für die Kostenpflicht des Beklagten, solange er noch die im Eventualantrag aufrecht erhaltene Klage möglicherweise zur Abweisung bringen kann. Ein Fall, in dem über die Kosten allein zu entscheiden ist, liegt somit nicht vor. Für eine Entscheidung in der Hauptsache ist aber das Beschwerdegericht nicht zuständig. Es kann daher nur die ungesetzliche Kostenentscheidung beseitigen und im übrigen die Sache zurückverweisen. §§ 575, 539 sind auch im Beschwerdeverfahren des § 99 entsprechend anzuwenden. Dr. P. S.

h) **Kostenausgleichung bei mehreren beklagten Gesamtschuldnern.**

Kammergericht, XXI. ZS. Beschluß v. 4. Juli 1907.

Nach dem Urteil hat der Kläger $1/_5$, die beiden Beklagten als Gesamtschuldner $4/_5$ der Kosten zu tragen. Die Kostenausgleichung ist in der Weise bewirkt worden, daß die dem Kläger und beiden Beklagten erwachsenen erstattungsfähigen Kosten zusammengerechnet worden sind, das hiervon auf den Kläger entfallende $1/_5$ von seinen Kosten abgezogen und der Rest als der ihm von beiden Beklagten zu erstattende Betrag angesehen worden ist. Die sofortige Beschwerde des Klägers verlangt die Ausgleichung in der Weise, daß im Verhältnis zu jedem der beiden Beklagten die Kosten des Klägers voll in

[1] Der § 99³ ist auch dann anwendbar, wenn zunächst über die prozeßhindernde Einrede unter deren Verwerfung erkannt worden ist, im weiteren Verlaufe aber die Hauptsache sich erledigt hat und nur noch über die Prozeßkosten zu erkennen gewesen ist (OLG. Dresden, VI. ZS. Beschluß v. 20. Februar 1907. Annalen 28 S. 255).

Ansatz zu bringen seien, wodurch der Betrag, mit dem die Beklagten als Gesamtschuldner hafteten, sich entsprechend erhöhe. Sie wurde zurückgewiesen. Gründe:

Richtig ist, daß wegen des erstattungsfähigen Teiles der Kosten des Klägers ihm jeder der beiden Beklagten als Gesamtschuldner haftet, daß also jeder von ihnen wegen dieser Kosten voll und allein in Anspruch genommen werden kann, vorbehaltlich der Aufrechnung mit demjenigen Teile der eigenen Kosten, die ihm der Kläger zu erstatten hat. Ebenso unzweifelhaft ist aber, daß, wenn der Kläger in solcher Weise von einem der Beklagten Befriedigung erlangt hätte, ihn nunmehr der andere Beklagte wegen des zu erstattenden Teiles der diesem erwachsenden Kosten mit Erfolg in Anspruch nehmen würde. Er müßte daher, was er soeben von dem einen Beklagten erhalten hat, dem anderen Beklagten, soweit dessen Erstattungsforderung reicht, sofort wieder herausgeben. Daraus folgt, daß, wenn wie hier der Kläger beide Beklagte gemeinschaftlich in Anspruch nimmt, er sich auch gefallen lassen muß, daß beide Beklagte mit den ihnen zu erstattenden Kosten auch gemeinschaftlich aufrechnen, da er im Endergebnisse doch nicht mehr erhält, als sein Guthaben nach Abzug der erstattungsfähigen Kosten beider Beklagten beträgt. Daß dieses Guthaben um so kleiner wird, je mehr Gegner dem Kläger gegenüberstehen, von denen jeder durch einen besonderen Anwalt vertreten wird, hat seinen Grund darin, daß die Gesamtkosten sich entsprechend höher belaufen, wodurch auch der Anteil des Klägers an diesen entsprechend höher wird. Bei einer großen Zahl von Gegnern kann sogar der Kläger, obwohl ihm nur ein kleiner Anteil an den Kosten auferlegt ist, noch obendrein den Gegnern Kosten zu erstatten haben. Der hierin liegenden Härte kann nur dadurch begegnet werden, daß auf die Besonderheit des einzelnen Falles Rücksicht genommen wird und die Kostenanteile nicht ausschließlich nach dem Verhältnis des Obsiegens und Unterliegens in der Hauptsache, sondern zugleich in Würdigung der Gesamtkosten und der auf die einzelnen Parteien entfallenden Anteile festgesetzt werden. H.

i) **Beitreibung der Kosten des Armenanwalts.**

OLG. Celle, II. ZS. Beschluß v. 18. März 1907.

Die Frage, ob die arme Partei für ihre Person die Kosten ohne Rücksicht auf das dem Armenanwalt zustehende Recht aus § 124 ZPO. festsetzen lassen darf, ist bestritten. Der Senat hat bereits früher der Partei selbst jenes Recht unter der Voraussetzung zugestanden, daß sie die Kosten ihrem Anwalte gezahlt hat. Von dieser Entscheidung abzugehen, liegt kein Anlaß vor. Das Recht des Armenanwalts, seine Kosten von dem Gegner beizutreiben, mag ein selbständiges Recht sein, das nicht auf fingierter Zession des Anspruchs der Partei beruht. Solange es aber besteht, muß jedenfalls das Recht der armen Partei auf eigene Beitreibung der Kosten ruhen; es würden sonst durch § 124² unannehmbare Konsequenzen entstehen. Nach dieser Vorschrift ist auch die Einwendung, daß der armen Partei die Kosten bereits gezahlt seien, dem Anwalte gegenüber unwirksam. Würde man also die Festsetzung der Kosten auch zugunsten der armen Partei selbst zulassen, so würde der unterlegene Prozeßgegner zur zweimaligen Zahlung der Kosten genötigt sein können. Das kann indessen nicht gewollt sein und daher nicht zugelassen werden; es wird vermieden durch eine Auslegung des § 124 dahin, daß, solange der Anspruch des Armenanwalts auf Kostenbeitreibung nicht durch Zahlung der armen Parlei getilgt ist, die letztere selbst zur Beitreibung der Kosten nicht berechtigt ist. H.ch.

k) **Zustellung der Beschlüsse an den Bevollmächtigten:** *α*) **im Offenbarungseidsverfahren.**

Kammergericht, XI. ZS. Beschluß v. 8. Oktober 1907.

Durch einstweilige Verfügung war dem Schuldner die Herausgabe bestimmter Papiere aufgegeben. Nach fruchtloser Vollstreckung lud der Gläubiger zum Offenbarungseid und das Amtsgericht erließ, als der Schuldner im Termin nicht erschien, Haftbefehl. Inzwischen hatte der Schuldner durch den Rechtsanwalt M. Widerspruch gegen die Verfügung erhoben. Demnächst legte Schuldner persönlich gegen den Haftbefehl sofortige Beschwerde ein. Der zurückweisende Beschluß des Landgerichts ist dem Schuldner selbst zugestellt. Hiergegen hat wiederum der Schuldner persönlich weitere sofortige Beschwerde, jedoch erst nach Ablauf der zweiwöchigen Frist, eingelegt. Gründe:

... Gleichwohl ist die Beschwerde noch rechtzeitig eingelegt. Denn die an den Schuldner selbst erfolgte Zustellung war nach §§ 176, 178 unwirksam und daher nicht geeignet, die Beschwerdefrist in Lauf zu setzen. Seit dem 17. Mai 1907 wurde nämlich der Schuldner durch den Rechtsanwalt M. als Prozeßbevollmächtigten vertreten. Die zu den Akten eingereichte Prozeßvollmacht war dem Rechtsanwalt M. für das Verfahren, betr. die einstweilige Verfügung, erteilt, erstreckte sich aber nach § 81 auch auf das Offenbarungseidsverfahren, das in Vollstreckung der einstweiligen Verfügung betrieben wurde. Die Zustellung des gerichtlichen Beschlusses hätte daher nach §§ 176, 178 an Rechtsanwalt M. erfolgen müssen. F.

β) **in Angelegenheiten der freiwilligen Gerichtsbarkeit.**

Kammergericht, I. ZS. Beschluß v. 18. April 1907.

Das LG. nimmt an, daß die Zustellung, die im anhängigen Verfahren der freiw. Gerichtsbarkeit geschehen soll, an den für das Verfahren bestellten Bevollmächtigten erfolgen muß, um eine Frist wie hier der § 91³ FrGG. in Lauf zu setzen. Es befindet sich mit dieser Ansicht in Übereinstimmung mit dem Beschlusse des KG. (Rsp. 4 S. 3c), den dort Zitierten, ferner mit Frese (Zentralbl. für FrG. 3 S. 320), Aron (Busch Ztschr. 27 S. 310, 337), Busch in der Festgabe für Koch S. 185ff.; Wellstein (FrGG. S. 80). Dagegen wird die Ansicht, daß die Zustellung auch dann wirksam an die Beteiligten persönlich erfolgen könne, wenn sie einen Bevollmächtigten für das Verfahren bestellt haben, vertreten durch das Ob. LG. München im Beschlusse vom 2. Januar 1904, Rausnitz (15 zu § 16 FrGG.), Jastrow

(FrG. S. 297), Werle (Zentralbl. 3 S. 1), Josef (das. S. 763, Komm 2. Aufl. S. 60). Die letztere Ansicht verdient den Vorzug.

Nach § 164[3] BGB. kann, wer gegenüber einem anderen eine für diesen wirksame Willenserklärung abgeben will, dies dem Bevollmächtigten des anderen gegenüber tun. Er kann sie aber trotz Bestehens einer Vollmacht auch gegenüber dem Machtgeber persönlich abgeben. Denn es besteht für den rechtsgeschäftlichen Verkehr kein Rechtssatz, daß ein Vollmachtgeber sich der Fähigkeit zur eigenen Empfangnahme der für ihn bestimmten Willenserklärungen begeben kann, so daß ein Dritter eine wirksame Erklärung lediglich dem Bevollmächtigten gegenüber abgeben könnte. Nur durch besondere obligatorische Bindung des Dritten ist solches Ergebnis zu erreichen. Die Anwendung dieser dem Wesen der Vollmacht und der Rechtsfähigkeit entnommenen Grundsätze auf ein gerichtliches Verfahren führt dahin, daß ein Beteiligter zwar einen Bevollmächtigten zur Empfangnahme gerichtlicher Bekanntmachungen bestellen kann und daß dann Bekanntmachungen des Gerichts an den Bevollmächtigten mit Wirkung für und gegen den Vollmachtgeber erfolgen können, daß aber dem Gerichte durch die Erteilung der Vollmacht und den Willen des Vollmachtgebers nicht die Möglichkeit genommen wird, seine Bekanntmachungen unbeschadet ihrer Wirksamkeit unmittelbar an den beteiligten Machtgeber selbst zu richten. Eine diese letztere Möglichkeit ausschließende obligatorische Bindung des Gerichts kommt bei dessen öffentlichrechtlicher Stellung nicht in Frage. Nur eine gesetzliche Bestimmung könnte die Wirkung haben, den Bekanntmachungen an den Beteiligten persönlich die Wirksamkeit zu entziehen, wenn er einen Bevollmächtigten bestellt und seinen Willen, daß nur diesem, nicht ihm selbst eine Bekanntmachung zuzustellen sei, ausdrücklich oder stillschweigend dem Gerichte kundgegeben hat.

Für den Zivilprozeß ist eine solche Bestimmung in dem nach § 208 ZPO. auf Zustellungen von Amts wegen entsprechend anwendbaren § 176 gegeben. Die Zustellung an die Partei selbst ist danach, wenn ein für die Instanz bestellter Prozeßbevollmächtigter vorhanden ist, regelmäßig ohne prozessuale Wirkung. Die Bestellung eines Prozeßbevollmächtigten wird als Ausdruck des Willens der Partei aufgefaßt, daß sie sich des eigenen Prozeßbetriebs begeben, persönlich Zustellungen nicht empfangen will, und sie begründet für den Vollmachtgeber das Recht, daß dieser Wille beachtet werde. Im FrGG. ist eine unmittelbare Bestimmung gleichen Inhalts nicht getroffen. Nach seinem § 16[2] erfolgt aber die Bekanntmachung gerichtlicher Verfügungen, wenn mit ihr der Lauf einer Frist beginnt, durch Zustellung nach den für die Zustellung von Amts wegen geltenden Vorschriften der ZPO. Es kommt deshalb in Frage, ob hiernach auch § 176 ZPO. in Angelegenheiten der freiwilligen Gerichtsbarkeit anwendbar ist.

Richtig ist, daß auch im Bereiche der freiwilligen Gerichtsbarkeit die Beteiligten den Willen und ein Interesse daran haben können, ihre eigene Fähigkeit zur Empfangnahme von Zustellungen durch Bestellung eines Bevollmächtigten auszuschließen, weil sie dann der Notwendigkeit überhoben sind, persönlich den Verlauf des Verfahrens, besonders den Ablauf von Fristen, zu überwachen. Zuzugeben ist ferner, daß der Wortlaut des § 16² mit § 208 ZPO. die Anwendung des § 176 rechtfertigt, daß namentlich etwas Gegenteiliges nicht aus dem Umstand abgeleitet werden kann, daß der § 176 den lateinischen Ausdruck Prozeß gebraucht, welcher nur in der streitigen Gerichtsbarkeit üblich ist, während man in der freiwilligen Gerichtsbarkeit das entsprechende deutsche Wort Verfahren anzuwenden pflegt. Nicht ohne Bedeutung ist auch, daß § 1 preuß. Ausf.-G. zur ZPO. den dem jetzigen § 176 gleichlautenden § 162 auf das Verfahren der nicht streitigen Gerichtsbarkeit nicht für anwendbar erklärte und daß bei der Schaffung des § 16 FrGG. nach der Denkschrift bewußterweise ein nur teilweiser Anschluß an diesen § 1 Ausf.-G. beabsichtigt war. Anzuerkennen ist schließlich, daß der § 16³ FrGG., wonach einem Anwesenden Verfügungen zu Protokoll bekannt gemacht werden können, der Anwendung des § 176 nicht entgegensteht, da ähnliches nach § 329 gilt.

Gegen die Anwendbarkeit des § 176 auf die freiwillige Gerichtsbarkeit spricht aber folgendes: Nach § 81 hat die Prozeßvollmacht einen bestimmten, hinsichtlich der Empfangnahme von Zustellungen nicht beschränkbaren Inhalt. Nach § 80 hat der Prozeßbevollmächtigte seine Vollmacht durch eine schriftliche Urkunde nachzuweisen und diese zu den Gerichtsakten abzugeben. Der § 176 schafft also eine einfache Rechtslage. Das Prozeßgericht kann regelmäßig aus den Akten erkennen, ob eine Prozeßvollmacht erteilt ist. Es braucht sich auf irgendwelche Auslegung derselben nicht einzulassen, sondern kann sich damit begnügen, daß sie als Prozeßvollmacht bezeichnet ist. Wenn dies der Fall ist, so steht fest, daß die Zustellung an den Bevollmächtigten erfolgen muß. Sollte trotzdem einmal versehentlich eine Zustellung an die Partei selbst erfolgen, so besteht nach § 295 noch immer die Möglichkeit der Heilung dieses Versehens dadurch, daß der Mangel in der nächsten mündlichen Verhandlung nicht gerügt wird. Anders liegt die Sache im Verfahren der freiwilligen Gerichtsbarkeit. Die Vollmacht für ein solches erhält ihren Inhalt lediglich durch den Willen des Vollmachtgebers, der, auch wenn er sie im übrigen erteilt, doch die Macht zur Empfangnahme von Zustellungen ausschließen, oder wenigstens sich selbst neben dem Bevollmächtigten das Recht wahren kann, Zustellungen anzunehmen. Es muß deshalb im Einzelfalle durch Auslegung festgestellt werden, ob die Vollmacht die ausschließliche Befugnis zur Empfangnahme von Zustellungen umfaßt. Eine allgemeine Vorschrift, daß der Bevollmächtigte sich durch Einreichung einer Urkunde ausweisen müßte, besteht nach § 13 FrGG. nicht. Tatsächlich unterbleibt es vielfach, soweit der Vertreter ein Anwalt ist. In allen diesen Fällen müßte das Gericht, um die Vollmacht auslegen und so sicher feststellen zu können, ob sie die Empfangnahme von Zustellungen umfaßt, bei Anwendbarkeit des § 176 vor einer Zustellung eine schriftliche Vollmacht einfordern. Ebensowenig besteht eine dem § 295 entsprechende Vorschrift, durch welche eine Verletzung des § 176 geheilt werden könnte. Die Beteiligten wären also zeitlich unbegrenzt in der Lage, die Unwirksamkeit einer Zustellung geltend zu machen. Diese Verschiedenheiten zwischen dem Zivilprozeß und dem Verfahren der freiwilligen Gerichtsbarkeit lassen es berechtigt erscheinen, anzunehmen, daß das Gesetz in den Angelegenheiten der letzteren Art dem Willen eines Beteiligten, seine eigene Fähigkeit zur Empfangnahme von Zustellungen auszuschließen, nicht, wie im Zivilprozeß, eine das Gericht bindende Kraft beilegt. Überdies bestimmt der § 13 FrGG., daß den Beteiligten die Befugnis, sich durch Bevollmächtigte vertreten zu lassen, nur insoweit zusteht, als nicht das Gericht das persönliche Erscheinen anordnet. Diese Vorschrift, die zunächst nur für den mündlichen Verkehr, aber aus den im Beschlusse (Jahrbuch 26 S. 236) angeführten Gründen auch für die Fälle gilt, in welchen mündlicher oder schriftlicher Verkehr wahlweise zugelassen ist, würde selbst bei grundsätzlicher Anwendung des § 176 dahin führen, daß das Gericht in geeigneten Fällen anordnen kann, die Zustellung solle nicht an den für das Verfahren bestellten Bevollmächtigten, sondern an den Beteiligten selbst erfolgen. Es könnte in Frage kommen, ob nicht hier eine solche Anordnung erfolgt ist. Indessen kann dies dahingestellt bleiben, da es richtiger ist, aus dem § 13 FrGG. abzuleiten, daß die Stellung des Bevollmächtigten im Verfahren der freiwilligen Gerichtsbarkeit und die des Prozeßbevollmächtigten im Zivilprozesse grundsätzlich derart verschieden sind, daß der § 176 auf das erstere nicht angewendet werden kann. F. [illegible]

l) **Verhältnis der §§ 199, 202 zu §§ 175, 174².**

OLG. Celle, II. ZS. Beschluß v. 30. Mai 1907.

Die Klage ist dem damals zu Amsterdam wohnenden Beklagten gemäß §§ 199, 202 zugestellt. Das Versäumnisurteil gegen den (inzwischen nach London verzogenen) Beklagten hat der Kläger gebeten, wiederum gemäß §§ 199, 202 zuzustellen. Der Vorsitzende des Gerichts hat dies abgelehnt, da nach §§ 175, 174² zu verfahren sei. Die Beschwerde hierüber ist zulässig und begründet. Der Kläger hatte allerdings, wenn Beklagter nicht im Deutschen Reiche wohnt, die Möglichkeit, gemäß §§ 174, 175 die Zustellung durch Aufgabe zur Post zu bewirken. Durch diese Möglichkeit wird aber (JW. 1900 S. 13) eine Zustellung gemäß § 199 nicht ausgeschlossen. Die Entscheidung darüber, welche Art der Zustellung zu wählen sei, steht, wenn es sich wie hier um eine „Zustellung auf Betreiben der Parteien" handelt, der Partei selbst zu. Das folgt ohne weiteres aus dem Begriffe des Parteibetriebes, der dem deutschen Prozeßrechte zugrunde liegt und der bezüglich der Zustellung im Auslande eine Modifikation nur dahin erhalten hat, daß die Ausführung einer Zustellungen im Auslande — nicht aber die Entscheidung darüber, ob eine solche zweckmäßig sei — dem Vorsitzenden des Prozeßgerichts übertragen ist (Seuffert Nr. 1 vor § 166). H. ch.

m) **Parteieid. Innehaltung der Ladungsfrist?**

OLG. Posen, III. ZS. Urteil v. 31. April 1907.

Wie der Zeuge nicht beanspruchen kann, daß zwischen seiner Ladung und dem Beweistermin die Frist des § 217 gewahrt werde, so konnte auch der zur Eidesleistung geladene Kläger den § 217 nicht für sich in Anspruch nehmen. Denn zur Beweisaufnahme brauchen die Parteien nicht geladen zu werden; es genügt die bloße Terminsbenachrichtigung. Die Eidesleistung aber war auch nur ein Teil des Beweisaufnahmeverfahrens. Die Ladungsfrist des § 217 ist somit nur für Ladungen zu Terminen mit mündlicher Verhandlung als vorgeschrieben zu erachten. Dies ergibt auch der klare Wortlaut des § 214, der den Begriff der Ladung im Sinne des § 217 bestimmt. Mithin war infolge des Nichterscheinens des Klägers auch im zweiten zur Eidesleistung bestimmten Termin trotz der Ladung zu Händen des Prozeßbevollmächtigten der Eid als verweigert anzusehen. E. l.

n) **Klage auf künftige Leistung. Kostenpflicht.**[1]

OLG. Celle, I. ZS. Urteil v. 15. Februar 1907.

Der Kläger hat auf künftige Zahlung geklagt, weil sich der Beklagte in Zahlungsschwierigkeiten befindet. Der Beklagte hat dies zugestanden und die Klageforderung anerkannt. Das Landgericht hat dem Kläger die Kosten auferlegt, weil die Zahlungsschwierigkeiten des Beklagten für sich allein noch nicht die nach § 259 erforderliche Besorgnis begründen, vielmehr mit Rücksicht auf die Worte „sich entziehen werde", der Nachweis einer Böswilligkeit des Schuldners erforderlich sei. Für so eng begrenzt kann jedoch die Zulässigkeit der Klage aus § 259 nicht erachtet werden. Voraussetzung ist vielmehr nur, daß nach den Umständen die Besorgnis besteht, der Schuldner werde seiner Leistungspflicht zur Zeit der Fälligkeit nicht freiwillig nachkommen, der Gläubiger werde die Leistung erst durch Klage erzwingen müssen. Besteht diese Besorgnis, so will der § 259 dem Gläubiger die Möglichkeit geben, sofort bei Fälligkeit der Schuld mit Vollstreckungsmaßregeln gegen den Schuldner vorzugehen und zu diesem Zwecke schon im voraus ein vollstreckbares Urteil zu erwirken.... War hiernach die Klage aus § 259 gerechtfertigt, so leuchtet ein, daß der Beklagte seine Kostenpflicht nicht durch Anerkenntnis des Klaganspruchs abwenden konnte; andernfalls würde der Gläubiger die ihm durch § 259 gewährte Vergünstigung in den meisten Fällen nur mit der Belastung durch die Prozeßkosten erkaufen müssen (Seuffert § 259 Nr. 3). H. ch.

o) **Keine Vorabentscheidung über den Grund des Anspruchs, ehe feststeht, ob beim Kauf der Preis vereinbart ist.**

OLG. Kiel, I. ZS. Urteil v. 3. Juni 1907.

§ 304 ZPO. gestattet, über den Grund vorab zu entscheiden, wenn ein Anspruch nach Grund und Betrag streitig ist. Diese Vorabentscheidung ist zulässig, mag der Anspruch aus einer schädigenden Handlung oder aus einem

[1] Vgl. dagegen KG. (Rsp. 5 S. 165 Nr. 32 f).

Rechtsgeschäft hergeleitet werden; sie ist aber immer an die Voraussetzung geknüpft, daß alle den Grund des Anspruchs darstellenden Momente aufgeklärt sind und daß nur der Betrag allein noch streitig bleibt. Geklagt ist vorliegend aus einem Warenkauf; zum Klagegrunde gehört außer der Einigung, daß das Eigentum übertragen werden soll, die Vereinbarung über den Kaufpreis. Diese Vereinbarung kann eine ausdrückliche oder stillschweigende sein, sie kann einen bestimmten oder den angemessenen Preis zum Gegenstand haben. Solange aber nicht feststeht, daß die Vereinbarung über den Preis getroffen ist, kann auch eine Entscheidung über den Grund des Anspruchs im Sinne des § 304 nicht erlassen werden. Ls.

p) **Zustellung des dem § 313 nicht entsprechenden Urteils. Berufung oder Nichtigkeitsklage? Kostenniederschlagung.**

OLG. Celle, I. ZS. Urteil v. 18. Juni 1907.

Das angefochtene Urteil ist an zweiter Stelle mit M. unterzeichnet, obwohl nach dem Eingange des Urteils und ebenso nach dem Protokolle kein Richter jenes Namens, sondern als erster Beisitzer der LR. R. mitgewirkt hat. Das Urteil ist also von einem der mitwirkenden Richter nicht unterschrieben. Nach § 315 ist dies aber erforderlich. Es liegt danach noch kein Urteil, sondern nur der Entwurf eines solchen vor, und dieser konnte nicht wirksam zugestellt werden (Entsch. des RG. 29 S. 366, 58 S. 121; Gruchot 46 S. 1098 ff.; JW. 1894 S. 543[6], 1901 S. 840[10], 1903 S. 383[6]; Gaupp-Stein § 315). Die Entsch. des RG. 58 S. 118, welche die Zustellung eines Urteils für wirksam erachtet, das ein bei der Urteilsfällung tatsächlich nicht beteiligt gewesener, aber im Eingange als mitwirkend aufgeführter Richter mitunterzeichnet hat, trifft hier nicht zu, da nicht M. im Urteil gemäß § 313 Nr. 2 genannt ist, sondern R. Ist also die Zustellung nicht wirksam, so ist die Berufung, als vor der Zustellung erfolgt, nach § 516[2] unzulässig. Unzutreffend ist auch die Ansicht, daß die Inkorrektheit des Urteils dessen Nichtigkeit zur Folge habe und nicht durch Nichtigkeitsklage, sondern durch Berufung geltend zu machen sei. Denn das Fehlen der Unterschrift ist keiner der Nichtigkeitsgründe, wie sie in § 579 angegeben sind. Wäre das aber auch der Fall, so könnte das doch auch nur berücksichtigt werden, wenn die Berufung an sich zulässig wäre. Es muß also den Parteien überlassen bleiben, das Gericht erster Instanz zur Vervollständigung des Urteils zur Nachfügung der fehlenden Unterschrift zu veranlassen, damit demnächst das Urteil rechtswirksam zugestellt und eventuell auch angefochten werden kann. ... Es kann sich fragen, ob nicht die Gerichtskosten zweiter Instanz nach § 6 GKG. niederzuschlagen sind. Die Unzulässigkeit der Berufung ist zunächst durch die unrichtige Behandlung der Sache in erster Instanz verursacht worden. Zur Niederschlagung ist aber erforderlich, daß die Kosten ohne Schuld — also auch ohne konkurrierende Schuld — der Parteien entstanden sind. Diesen kann zwar nicht zugemutet werden, alle Formalien nachzuprüfen; insbesondere würde sie kein Verschulden treffen, wenn sie sich auf ein in sich selbst widerspruchloses Urteil verlassen hätten. Hier enthält jedoch das Urteil einen äußerlich erkennbaren Widerspruch. H.ch.

q) **Ist die Verbindung sämtlicher Einwendungen in der aus § 323 ZPO. erhobenen Klage vorgeschrieben?**

OLG. Kiel, I. ZS. Urteil v. 10. Dezember 1906.

Durch das Urteil des OLG. vom 19. Oktober 1903 ist der Kläger zur Entrichtung künftig fällig werdender, wiederkehrender Leistungen an die Beklagte (seine von ihm getrennt lebende Ehefrau) verurteilt. Die vorliegende Klage ist darauf gestützt, daß eine wesentliche Veränderung derjenigen Verhältnisse eingetreten sei, welche für die Verurteilung zur Entrichtung der Leistungen und für die Bestimmung ihrer Höhe maßgebend gewesen seien. Die erhobene Klage, mit welcher Einwendungen gegen das rechtskräftige Urteil des OLG. geltend gemacht werden, ist somit die Klage aus § 323 und nicht aus § 767 ZPO. Eine wesentliche Veränderung der für die Verurteilung des Klägers zur Entrichtung der Unterhaltsbeiträge maßgebenden Verhältnisse lag darin, daß die Beklagte die häusliche Gemeinschaft mit dem Kläger hergestellt hat. Denn von diesem Zeitpunkt ab war sie nur berechtigt, den Unterhalt in der durch die eheliche Lebensgemeinschaft gebotenen Weise zu verlangen. Eine wesentliche Veränderung derjenigen Verhältnisse, welche für die Bestimmung der Höhe der Leistungen maßgebend waren, lag aber in einer erheblichen Verminderung der Einkommensverhältnisse des Klägers.

Die Verbindung sämtlicher Einwendungen in der zu erhebenden Klage ist nicht vorgeschrieben. Der § 323 enthält eine gleiche Vorschrift wie der § 767³ nicht. Eine analoge Anwendung der letzteren Vorschrift erscheint um so bedenklicher, als der § 323, welcher durch die Novelle zur ZPO. eingefügt ist, sein Vorbild im § 7² des Haftpflichtges. hat und auch dieses eine Verbindung der einzelnen Klaggründe nicht vorschreibt und als die §§ 323, 767 wesentliche Unterschiede sowohl in ihren Voraussetzungen als in ihren Wirkungen zeigen. Es kann daher dahingestellt bleiben, ob der § 767 überhaupt die Kumulation auch der nach der Erhebung der Klage entstandenen Einwendungen vorschreibt. Gegen die Auffassung der Beklagten, welche sich allerdings auf Seuffert berufen kann, spricht sich auch aus Gaup-Stein, ZPO. § 323 Anm. III. Mit Recht hat daher die Vorinstanz dem zunächst gestellten Klagantrag stattgegeben.

Nun aber ist nach Erlaß des erstinstanzlichen Urteils insofern eine Änderung der Rechtslage eingetreten, als der Kläger die Beklagte aus seinem Hause gewiesen hat und jedenfalls die Fortsetzung der ehelichen Gemeinschaft so lange verweigert, bis auf seinen Ehescheidungsantrag erkannt ist. Der Grund, aus welchem der Kläger die Änderung des oberlandesgerichtlichen Urteils beansprucht, ist daher im Laufe des Rechtsstreits in Wegfall gekommen. Der Kläger ist wieder verpflichtet, der Beklagten den Unterhalt durch Entrichtung einer Geldrente zu gewähren. Er ist deshalb mit seinem in erster Linie gestellten Klagantrag abzuweisen. Ls.

r) **Urteilswirkung und Rechtsnachfolge. Streitbefangene Sache und Vormerkung. ZPO. § 325.**

Kammergericht, XIV. ZS. Urteil v. 1. Juli 1907.

Gegenstand des Prozesses ist der obligatorische Anspruch auf Rückauflassung eines Grundstücks. Der Antragsgegner ist der Erwerber jenes Grundstücks. Dadurch ist er nicht Rechtsnachfolger im Sinne des die Urteilswirkung regelnden § 325 geworden. Dazu wäre nötig, daß er in bezug auf das den Prozeßgegenstand bildende Rechtsverhältnis an die Stelle der Partei tritt (Hellwig, Rechtskraft S. 92; Entsch. des RG. 40 S. 335). Gegenstand des Prozesses ist nur ein Tun oder Leisten der Beklagten und nicht etwa deren Recht an dem Grundstücke. Das Schuldverhältnis der Beklagten bleibt durch die Veräußerung des zu leistenden Gegenstandes unberührt, es wandelt sich nur in eine Interesseleistung. Die Kenntnis des Grundstückserwerbers von jenem persönlichen Anspruch und dessen Rechtshängigkeit steht seinem Erwerbe nicht entgegen, denn ein „Recht zur Sache" ist dem heutigen Rechte unbekannt. Anders stände es, wenn Gegenstand des Prozesses ein dinglicher Anspruch in bezug auf das Grundstück wäre, z. B. ein Vindikations-, Hypotheken- oder Reallastanspruch. Dann wäre das Grundstück litigiös und dessen Erwerber Rechtsnachfolger in das im Streite befangene Rechtsverhältnis.

Unter preußischem Rechte hat das RG. (Entsch. 27 S. 239) angenommen, daß eine Vormerkung des rechtshängigen Anspruchs ebenfalls das Grundstück zur streitbefangenen Sache mache. Diese Entscheidung beruhte auf der Natur der preußisch-rechtlichen Vormerkung. Für das Reichsrecht ist sie nicht aufrecht zu halten. Die Vormerkung des heutigen Rechts gibt dem vorgemerkten noch kein dingliches Recht. Sie macht nur alle nach ihrer Eintragung getroffenen Verfügungen über das Grundstück, soweit sie den vorgemerkten Anspruch vereiteln oder beeinträchtigen würden, zu seinen Gunsten, also relativ unwirksam. Sie zwingt den späteren Erwerber, der Übereignungserklärung des Schuldners zuzustimmen, so daß diese materiell ebenso wirkt, wie die Auflassung eines eingetragenen Eigentümers. Aber dem späteren Erwerber stehen die Einwendungen des Schuldners aus dem persönlichen Rechtsverhältnisse selbst dann noch offen, wenn der Schuldner bereits rechtskräftig zur Auflassung verurteilt ist (Entsch. des RG. 53 S. 34). Damit ist aber eine Urteilswirkung gegen den Erwerber des mit der Vormerkung belasteten Grundstücks im Sinne des § 325 unvereinbar. Dr. P. S.

s) **Beschwerde gegen die Vertagung der Verhandlung über den beantragten Erlaß eines Versäumnisurteils.**

OLG. Königsberg, I. ZS. Beschluß v. 7. Juni 1907.

Das Amtsgericht hat die Verhandlung über den Antrag des Klägers auf Erlaß des Versäumnisurteils vertagt, weil der Beklagte als Rechtsanwalt in dem von der Terminsstätte entfernten fiskalischen Gerichtsgebäude zurückgehalten wurde und daher nicht in der Lage war, rechtzeitig zu erscheinen. Das Landgericht hat die sofortige Beschwerde des Klägers für zulässig und begründet erachtet. Die in der weiteren Beschwerde des Beklagten verfochtene Ansicht, daß die Beschwerde des Klägers unzulässig gewesen sei, ist unzutreffend. Denn der § 337 findet nur unter den bestimmt ausgesprochenen Voraussetzungen Anwendung, daß die Einlassungs- oder Ladungsfrist zu kurz bemessen war, oder daß die Partei durch unabwendbare Zufälle am Erscheinen verhindert worden ist. Liegt keine dieser Voraussetzungen vor — und das war hier zweifellos der Fall, da der Beklagte sich hätte einen Vertreter bestellen können und sollen —, so ist der Richter nicht befugt, von Amts wegen das Recht der Partei auf Versäumnisurteil zu vereiteln (vgl. JW. 1899 S. 225[12]). Tut der Richter dies trotzdem, so ist gemäß § 335 sein Beschluß als Zurückweisung des Antrages auf Versäumnisurteil anzusehen und es findet die sofortige Beschwerde statt. Th.

t) **Angabe des Ladungszweckes in der Einspruchsschrift.**[1]

OLG. Posen, I. ZS. Urteil v. 4. Juli. 1907.

Das Landgericht vermißt in diesem Schriftsatz (der Einspruchsschrift) die Ladung des Gegners „zur mündlichen Verhandlung über die Hauptsache" gemäß § 340 Nr. 3 ZPO. Nach seiner Ansicht muß die Einspruchsschrift mindestens eine Ladung zur mündlichen Verhandlung enthalten; die Ladung ohne jeden Zusatz genügt nicht.

Dieser Ansicht kann nicht beigetreten werden. Wenn auch der § 304 für den Schriftsatz, durch dessen Zustellung die Einlegung des Einspruchs erfolgt, einen bestimmten wesentlichen Inhalt vorschreibt, wozu die Ladung zur mündlichen Verhandlung über die Hauptsache gehört, so ist damit nicht gesagt, daß bestimmte solenne Worte zur Ladung erforderlich sind. Das würde der Tendenz der Zivilprozeßordnung widersprechen, welche dahin geht, das Verfahren von entbehrlichen Formen freizuhalten. Es genügt vielmehr eine Ladung der gesetzlichen Vorschrift, wenn klar erhellt, daß sie zur Verhandlung über die Hauptsache erfolgt ist. Die in Rede stehende Einspruchseinlegung bezeichnet die Streitsache und das Urteil, wogegen Einspruch eingelegt wird, und enthält die Ladung des Gegners zu dem erbetenen und anzuberaumenden Termine. Daß nun zur Verhandlung über die Hauptsache geladen wird, versteht sich bei jedem Rechtsstreite von selbst, wenn es in der Ladung auch nicht besonders ausgedrückt wird. Hier konnte also die Klägerin darüber gar nicht im Zweifel sein, daß sie von den Beklagten zur mündlichen Verhandlung der Sache geladen werde. Ist aber dieser Zweck der Ladung klar erkennbar, so ist dem Erfordernis der Nr. 3 § 340 a. O. genügt. E.I.

u) **Durch Familienverhältnis bedingte Vermögensangelegenheiten.**

OLG. Celle, III. ZS. Beschluß v. 14. Mai 1907.

Der Kläger, der der Tochter der Beklagten mit Rücksicht auf deren Verheiratung neue Möbel geliefert und alte Möbel aufgearbeitet hat, hat mit der Behauptung, daß die Beklagte gekauft und bestellt habe, den Kaufpreis bzw. die Vergütung gefordert. Die Beklagte behauptet, ihre Tochter selbst

[1] Vgl. oben S. 134, Seufferts Arch. 50 S. 461.

sei Käuferin und Bestellerin gewesen. Beide Parteien haben sich auf die Tochter berufen, die jedoch ihr Zeugnis verweigert hat. Aus den Gründen:

Wenn der Kläger in der Beschwerde ausführt, daß in der Behauptung, die Beklagte habe bestellt, zugleich die Behauptung enthalten sei, die Beklagte habe mit der Bestellung zugleich ihrer Tochter gegenüber ihre Verpflichtung zur Gewährung einer Aussteuer erfüllt, und daß, wenn die Tochter aussage, deren Aussage diese Aussteuerpflicht betreffen müsse, so ist zuzugeben, daß die Aussteuerpflicht zu den durch das Familienverhältnis bedingten Vermögensangelegenheiten des § 385 Nr. 3 gehört. Für den vorliegenden Rechtsstreit, in dem die Klage lediglich auf einen Kaufvertrag mit der Beklagten und auf Werkbestellung durch sie gestützt wird, gehört aber die Frage der Aussteuerpflicht weder zu den klagbegründenden Tatsachen, noch kann auf sie eine Einrede gestützt werden. Hat die Beklagte selbst bestellt, so haftet sie deshalb, weil sie eine Aussteuerpflicht erfüllt hat, nicht weniger. Hat aber die Tochter bestellt, so befreit schon diese Tatsache allein die Mutter von ihrer Haftung gegenüber dem Kläger, und es kann nicht mehr darauf ankommen, ob auf Grund dieser Bestellung der Tochter ein Anspruch gegen ihre Mutter wegen einer Aussteuerpflicht der letzteren zusteht. Der Ausnahmefall des § 385 Nr. 3 ZPO. liegt somit nicht vor. H. ch.

v) **Berechtigung zur Beschwerde des § 387³.**

OLG. Celle, I. ZS. Beschluß v. 8. Juni 1906.

Gegen ein die Zeugnisverweigerung für rechtmäßig erklärendes Zwischenurteil steht nur dem Beweisführer die Beschwerde zu, nicht auch der Gegenpartei, sofern diese nicht etwa auch ihrerseits die Vernehmung des erschienenen Zeugen verlangt hat (§ 399). Vorliegend hat den Zeugen H. lediglich der Beklagte zum Beweise seiner Behauptung vorgeschlagen, die Beschwerde des Klägers ist daher wegen dessen mangelnder Legitimation unzulässig. Zwar ist er in dem Vernehmungstermine, in dem der Zeuge nicht erschienen war, der Zeugnisverweigerung als (nach § 383⁵) nicht gerechtfertigt entgegengetreten, während der Beklagte die Weigerung für begründet erklärte. Durch diesen Widerspruch wurde der Kläger aber noch nicht zum Beweisführer rücksichtlich des H. Wie im Falle eines ausdrücklichen Verzichts einer Partei auf den von ihr benannten Zeugen der Gegner nur dann, wenn der Zeuge im Vernehmungstermine erschienen ist, die Vernehmung verlangen kann und hierdurch seinerseits Beweisführer wird (§ 399; Peters § 388 Anm. 4), so muß das gleiche auch dann gelten, wenn der Verzicht des Beweisführers in die Form eines Anerkenntnisses der Berechtigung der Zeugnisweigerung und das Verlangen der Gegenpartei in die Form eines Widerspruchs gegen diese Weigerung gekleidet wird. Wenn der Beklagte auf den Zeugen im Vernehmungstermine (vor dem ersuchten Richter) verzichtet hätte, würde der Kläger den Zeugen in einer späteren Verhandlung seinerseits haben benennen und einen neuen Beweisbeschluß haben herbeiführen müssen, um die Vernehmung des Zeugen durchzusetzen (Petersen § 399 Anm. 2). In derselben Weise muß der Kläger eventuell auch vorgehen, falls er Wert darauf legt, bezüglich des H. die Stellung des Beweisführers und damit das Beschwerderecht aus § 387[3] zu erlangen. Dem steht auch nicht der § 387[1] und § 389[1] entgegen, wonach in dem Zwischenstreite über die Rechtmäßigkeit der Zeugnisweigerung beide Hauptparteien zu hören sind. Parteien des Zwischenstreits sind darum doch nur der Beweisführer und der Zeuge. Die Gegenpartei im Hauptprozesse kann dem Beweisführer oder dem Zeugen nach Art eines Nebenintervenienten in dem Zwischenstreite beitreten (Seuffert § 387 Anm. 2b). Die Analogie der Nebenintervention geht aber nicht so weit, daß der Gegenpartei auch das Beschwerderecht aus § 387[3] zustände, wie übrigens der Nebenintervenient gegen den Widerspruch oder Verzicht der von ihm unterstützten Partei auch nicht zur Einlegung eines Rechtsmittels befugt ist (Busch Ztschr. 17 S. 464; Seuffert § 387 Anm. 2f; Entsch. des RG. 32 S. 382). H.ch.

w) **Wiederholung zurückgewiesener Beschwerden.**

OLG. Colmar, II. ZS. Beschluß v. 30. September 1907.

... Wenn auch die auf einfache Beschwerde ergangenen Beschlüsse insofern der formellen Rechtskraft entbehren, als sie nicht nach Ablauf einer bestimmten Notfrist unanfechtbar werden, so widerspräche es doch den allgemeinen Grundsätzen über das Wesen der Rechtsmittel, wenn eine nach Prüfung der Sache zurückgewiesene Beschwerde beliebig erneuert und hierdurch das Beschwerdegericht zu einer wiederholten Prüfung und Entscheidung über die bereits geprüfte Beschwerde genötigt werden könnte. Eine einzige Ausnahme hiervon ist anzuerkennen: Eine bloß wegen Formfehlers zurückgewiesene Beschwerde kann nach Verbesserung des Fehlers wiederholt werden. Sobald aber sonst die oberste Instanz, sei es in der Sache selbst, sei es darüber entschieden hat, daß dem Beschwerdeführer das Rechtsmittel nicht oder nicht mehr zustehe, kann das als unbegründet zurückgewiesene oder als unzulässig verworfene Rechtsmittel nicht nochmals eingelegt werden. Frdthl.

x) **Urkundenprozeß. Nachträgliche Beibringung der Urkunden. Parteiverzicht auf die Frist des § 593[2]. — Tratte ohne Remittenten.**

OLG. Celle, I. ZS. Urteil v. 12. Februar 1907.

Gegenüber der im Wechselprozesse erhobenen Klage hat der Beklagte gerügt, daß in der ihm zugestellten Wechselabschrift die Bezeichnung des Remittenten fehle. Aus den Gründen:

Ein Wechsel, dem die Bezeichnung des Remittenten fehlt, ist ungültig, und die Lücke kann insbesondere nicht aus dem obersten Indossament — etwa weil dessen Unterschrift doch mit dem Namen des Remittenten sich decken müsse — ergänzt werden. ... Anderseits gehört die Zustellung einer alle wesentlichen Bestandteile des Originalwechsels enthaltenden Abschrift nach § 593 zu der Klagerhebung im Wechselprozesse. Die Klage war also hier zunächst nicht ordnungsmäßig erhoben und hätte in erster Instanz abgewiesen werden müssen, wenn nicht etwa der Mangel bis zum Zeitpunkte der Urteilsfällung geheilt wurde. Das ist aber dadurch geschehen, daß die einwandfreie Urschrift des Wechsels in der Verhandlung vorgelegt wurde. Nach § 556 a. F. konnte allerdings die Mitteilung der notwendig bereits mit der Klage zuzustellenden Beweisurkunde durch deren Vorlegung in der mündlichen Verhandlung nicht ersetzt werden; der jetzt statthaften nachträglichen Zustellung der Urkunde (als Anlage eines besonderen vorbereitenden Schriftsatzes) aber steht deren Mitteilung in einer Verhandlung gleich. Die Annahme des Gegenteils würde auf einen unerträglichen Formalismus hinauslaufen (Entsch. des RG. 56 S. 306). Allerdings gilt nach § 593² Satz 2 die in dieser Form bewirkte, zeitlich in zwei Akte auseinanderfallende Erhebung der Klage im Urkunden- und Wechselprozesse an sich erst dann als erfolgt, wenn seit Zustellung der Urkunde ein der Einlassungsfrist gleicher Zeitraum verstrichen ist. Findet also wie hier die Verhandlung, auf die das Urteil ergeht, vor dem Ablaufe dieser Frist statt, so muß die Klage als nicht gehörig erhoben ohne sachliche Prüfung abgewiesen werden, es sei denn, daß auf die Befolgung des § 593² Satz 2, d. h. auf die Einhaltung der Frist, verzichtet worden ist und wirksam verzichtet werden konnte. Beide Voraussetzungen treffen hier zu. Mit Stein (Urk.- und Wechselprozeß S. 160, Gaupp-Stein, Struckmann-Koch und Seuffert) ist zunächst die Zulässigkeit eines Parteiverzichts anzunehmen, und als solcher stellt sich auch das Verhalten des Beklagten dar: mit der Vorlegung des Originalwechsels gemäß § 595³ entstand für den Beklagten das Recht, die Einhaltung der vorgeschriebenen Frist zwischen der Zustellung (hier Vorlegung) der Wechselurkunde und dem Termine, also die Vertagung der anstehenden und bereits begonnenen Verhandlung zu begehren. Von dieser Befugnis hat er keinen Gebrauch gemacht. H.ch.

γ) **Verzicht auf die vorbehaltene Ausführung der Rechte.**

Kammergericht, XIII. ZS. Urteil v. 19. September 1907.

Die Beklagte, im Wechselprozeß unter Vorbehalt ihrer Rechte verurteilt, hat im ordentlichen Verfahren geladen. Das LG. hat jedoch das Urteil für vorbehaltlos erklärt, weil die Parteien inzwischen vereinbart haben, der Kläger solle die Forderung stunden, die Beklagte aber nichts gegen das Urteil unternehmen. Die Berufung ist unbegründet.

Durch jene Vereinbarung hat die Beklagte nicht nur auf die daneben ausdrücklich erwähnte Berufung, sondern auf jeden an sich zur Beseitigung des Urteils geeigneten Rechtsbehelf verzichtet, also auch auf die sich für sie aus dem Vorbehalt ihrer Rechte ergebende Befugnis. Ein solcher Verzicht ist wirksam. Allerdings wird in §§ 346, 514 nur der nach Erlassung des Urteils ausgesprochene Verzicht auf den Einspruch und auf die Berufung ausdrücklich anerkannt, aber auch nur insofern, als seine Wirksamkeit nicht von der Annahme durch den Prozeßgegner abhängig sein soll. Die Wirksamkeit wird durch die ZPO. also erweitert, nicht erst begründet, ihr Grund ruht vielmehr in der durch das bürgerliche Recht gewährleisteten, nur durch zwingende Normen öffentlichrechtlicher Natur eingeschränkten Vertragsfreiheit. Zu diesen Normen gehört der Grundsatz, daß keine Partei sich außerhalb des Prozesses des Rechts auf ihre Verteidigung im Prozesse entäußern kann. In Anwendung dieses Grundsatzes wird ein vor Beginn des Prozesses ausgesprochener Verzicht auf die vorbehaltene Ausführung der Rechte im ordentlichen Verfahren allerdings ebensowenig für wirksam zu erachten sein wie der vor dem Prozeßbeginne vereinbarte Verzicht auf den Einspruch (nicht auf die Berufung, vgl. Wilmowski-Lewy § 311 [alt] Anm. 1; Gaupp-Stein zu § 514 I). Um einen solchen Verzicht handelt es sich aber nicht, die Beklagte hat nicht nur nach Erhebung der Klage, sondern sogar erst nach Erlassung des den Vorbehalt aussprechenden Urteils auf die Geltendmachung dieses Rechtsbehelfs behufs Erlangung anderer wirtschaftlicher Vorteile vertragsmäßig verzichtet. Einem solchen Verzicht die Wirksamkeit abzusprechen, liegt kein Grund vor. Ist er aber wirksam, so kann die Beklagte mit ihrem Vorbringen im ordentlichen Verfahren überhaupt nicht mehr gehört werden. v. W.

13

a) Rückzahlung im Beschwerdeverfahren. ZPO. § 717.

OLG. Celle, I. ZS. Beschluß v. 12. Oktober 1906.

Der Beschwerdeführer hat beantragt, die Beklagte im Beschwerdebeschlusse selbst zur Rückzahlung des ihr auf Grund des angefochtenen Kostenfestsetzungsbeschlusses gezahlten Betrags zu verurteilen. Der Antrag ist deshalb unstatthaft, weil der § 795 nur die §§ 724—793 in Bezug nimmt, nicht aber auch der § 717 für anwendbar erklärt ist. Zur Geltendmachung eines Schadenersatzanspruches, wie ihn der § 717 im Auge hat, ist das summarische, regelmäßig nicht mündliche Verfahren auf die sofortige Beschwerde nicht geeignet. Wie in dem Falle des § 945 bei Aufhebung eines Arrestes kann deshalb auch hier Schadenersatz oder Rückzahlung des Geleisteten nur im ordentlichen Verfahren gefordert werden (Entsch. des RG. 50 S. 406, 51 S. 41). H.ch.

b) Einwendungen gegen den Anspruch aus § 717.

α) OLG. Dresden, II. ZS. Urteil v. 12. Juli 1907.

Gegenüber der Klage aus § 717 wendet der jetzige Beklagte ein, der Hauptschuldner (der Bruder des Klägers) habe den ihm auferlegten Eid fahrlässig falsch geschworen, das Läuterungsurteil sei mithin durch eine unerlaubte Handlung erlangt worden, der Kläger sei verpflichtet, den Betrag, dessen Herauszahlung er jetzt auf Grund des Urteils fordere, ihm wieder zurückzugewähren, und mit diesem Rückzahlungsanspruche werde eventuell aufgerechnet. Der Einwand ist schlüssig. Hat eine Prozeßpartei ein Urteil durch Eidesverletzung erschlichen, so hat sie und ihr etwaiger Mitschuldiger dem Gegner Schadenersatz zu leisten, es ist der frühere Zustand wieder herzustellen. In solchem Falle ist demnach der Gegner berechtigt, den Schaden, der ihm durch die auf das erschlichene Urteil gestützte Klage aus § 717 droht, im Wege der Einrede gegen diese Klage abzuwenden und sich zur Geltendmachung des verübten Delikts im Besitze der eingehobenen Summe zu erhalten. Dieser Einwand wird auch nicht durch die Bestimmungen der ZPO. über die Wiederaufnahmeklage ausgeschlossen. Der geschädigte Prozeßgegner muß auch dann, wenn die Restitutionsklage nicht erhoben wird und das erschlichene Urteil formell zu Recht bestehen bleibt, mit dem auf das Delikt gegründeten Einwande gehört werden (vgl. Entsch. des RG. 46 S. 79; Gaupp-Stein § 717 IV 2). Dr. v. F.

β) Kammergericht, V. ZS. Urteil v. 9. Februar 1907.

Der bisherige § 655² ist (Entsch. des RG. 34 S. 354) stets dahin ausgelegt worden, daß dem Anspruche auf Rückerstattung gegenüber eine Aufrechnung nicht zulässig, nach dem erkennbaren Zwecke des Gesetzes vielmehr die unbedingte Verpflichtung zur Rückerstattung anzuerkennen sei. Allerdings hat die Novelle eine Verpflichtung zum Schadenersatze ausgesprochen. Darin liegt aber — zumal diese Verpflichtung von einem Verschulden des Beitreibenden unabhängig ist — eine Erweiterung des Rechts des zu Unrecht Verurteilten, und nach dem Zwecke der Bestimmung ist ausgeschlossen, daß seine Rechte in irgend einer Hinsicht haben verringert werden sollen. Letzteres wäre aber der Fall, wenn es nunmehr dem Beitreibenden gestattet sein sollte, die Rückerstattung des objektiv rechtswidrig Beigetriebenen durch Aufrechnung zu verhindern oder zu verzögern. Demgemäß ist dem Rückerstattungsanspruche gegenüber die Aufrechnung mit einem (damit nicht einmal rechtlich zusammenhängenden) Gegenanspruche unzulässig (Falkmann, Zwangsv. S. 59, Struckmann-Koch § 302 Nr. 4). Ob die Aufrechnung auch gegenüber einem Schadenersatzanspruche, der über die Rückerstattung des Beigetriebenen hinaus geltend gemacht wird, zu versagen ist, bedarf hier keiner Entscheidung. B. M.

c) **Umschreibung der Vollstreckungsklausel.**

α) Kammergericht, XIII. ZS. Beschluß v. 1. Juli 1907.

Der Indossatar eines Wechsels hat seine Rechte aus dem gegen den Akzeptanten erwirkten Urteil an den nicht mit verklagten Aussteller abgetreten. Die für diesen beantragte vollstreckbare Ausfertigung hat das LG. unter bezug auf die Entsch. des RG. 34 S. 52 abgelehnt. Allein da die Rechtsnachfolge in vorgeschriebener Form feststeht, hängt die Erteilung der vollstreckbaren Ausfertigung für den Rechtsnachfolger nicht vom Ermessen des Gerichts ab (a. O. 57 S. 329). Insbesondere ist dabei nicht zu prüfen, welche Wirkungen die Abtretung der Urteilsforderung auf deren Bestand haben könnte, es ist vielmehr dem Schuldner zu überlassen, darauf gestützte Einwendungen auf dem in § 732 vorgeschriebenen Wege zu erheben. v. W.

β) OLG. Hamm, I. ZS. Beschluß v. 13. März 1907.

Der Beklagte war rechtskräftig verurteilt, das über den klägerischen Garten ragende Dach seines Saalanbaues bis auf seine Grundstücksgrenze zurückzuziehen. Er hatte seine Besitzung mit dem Saalanbau während des Rechtsstreits an A. veräußert, der das fragliche Dach trotz des Urteils fortbestehen ließ. Der Kläger beantragte, ihm eine vollstreckbare Ausfertigung des Urteils gegen A. zu erteilen, ihm auch die Befugnis zuzusprechen, die dem ursprünglichen Beklagten auferlegte Zurückziehung des Daches selbst vorzunehmen und den A. zur Vorauszahlung der hierdurch entstehenden Kosten zu verurteilen. Der Antrag wurde zurückgewiesen. Gründe:

Nach § 727 ist die Erteilung einer Vollstreckungsklausel nur zulässig: 1. gegen denjenigen Rechtsnachfolger des im Urteil bezeichneten Schuldners und 2. gegen denjenigen Besitzer der im Streit befangenen Sache, gegen welche das Urteil nach § 325 wirksam ist. Nach § 325 wirkt das rechtskräftige Urteil — abgesehen von den Parteien — nur für und gegen die Personen, die a) nach dem Eintritt der Rechtshängigkeit Rechtsnachfolger der Parteien geworden sind oder b) den Besitz der in Streit befangenen Sache in solcher Weise erlangt haben, daß eine der Parteien oder ihr Rechtsnachfolger mittelbarer Besitzer geworden ist. Die Voraussetzung zu b scheidet ohne weiteres aus. Von einem mittelbaren Besitze im Sinne des § 868 BGB. kann weder bei dem ursprünglichen Beklagten noch bei A. die Rede sein. Solange der ursprüngliche Beklagte Eigentümer des Saalanbaues war, war er auch unmittelbarer Besitzer dieses Gebäudes. Mit dem Eigentumsübergang auf A. wurde dieser unmittelbarer Besitzer des Saalanbaues. Es kann sich daher nur fragen, ob die Voraussetzung zu a vorliegt, ob also A. Rechtsnachfolger des ursprünglichen Beklagten geworden ist. Dies ist ebenfalls zu verneinen. Eine Gesamtrechtsnachfolge ist nicht gegeben. Ebensowenig eine Sonderrechtsnachfolge. Der ursprüngliche Beklagte ist zu einer Leistung verurteilt worden, weil er die das Eigentum des Klägers beeinträchtigende Anlage hergestellt hatte und unterhielt, weil er Störer im Sinne des § 1004 BGB. war. Als Störer oblag ihm die Pflicht der Beseitigung. Diese Pflicht war nicht mit dem Besitze einer Sache als solcher verknüpft; es war vielmehr eine persönliche Verpflichtung; eine Sache war überhaupt nicht im Streit befangen. Von einer Rechtsnachfolge auf seiten des Beklagten kann daher überhaupt nicht gesprochen werden. Die dem Beklagten obliegende Verpflichtung der Beseitigung hat A. nicht übernommen, sie ist noch von jenem zu erfüllen. Eine andere Frage ist die, ob A. durch sein Verhalten sich ebenfalls einer Beeinträchtigung des Eigentümers des Klägers schuldig gemacht hat; ist dies der Fall, so ist er selbst „Störer" und hat daher die eigene Pflicht der Beseitigung. Die Erfüllung dieser Pflicht kann nur durch ein neues Urteil gegen A. erzwungen werden [vgl. jedoch S. 286]. B.

d) **Zuziehung des Gläubigers zur Pfändung bei Widerstreben des Schuldners.**

OLG. Dresden, VI. ZS. Beschluß v. 10. Oktober 1906.

Dem Beschwerdeführer ist darin beizutreten, daß er ein Recht habe, der Pfändung seines Schuldners beizuwohnen. Dieses Recht, von dessen Vorhandensein annehmbar auch der § 1615 GeschO. ausgeht, ist aus § 752 ZPO. zu folgern. Denn danach handelt der Gerichtsvollzieher bei der Zwangsvollstreckung zwar als Organ der Staatsgewalt, immerhin aber im Auftrage des Gläubigers, dem er deshalb auch in dessen Weisungen zu folgen hat, soweit diese nicht dem Inhalte des Vollstreckungstitels und den allgemeinen gesetzlichen oder reglementären Vorschriften widersprechen, und dem er auch für die richtige Ausführung des Auftrags haftet. Als Geschäftsherr hat aber der Gläubiger ein wesentliches Interesse daran, der Pfändung seines Schuldners beizuwohnen (vgl. Anm. 27 S. 25). Gegenüber dem also bestehenden Rechte des Gläubigers versagt das Hausrecht des Schuldners jedenfalls so lange, als der Gläubiger von seinem Rechte angemessenen Gebrauch macht, mithin sich darauf beschränkt, dem Pfändungsakte beizuwohnen und hierbei geeignete Anträge an den Pfändungsbeamten zu richten, insbesondere also unterläßt, sich selbst an Sachen des Schuldners zu vergreifen.

Daraus aber folgt weiterhin für den Gerichtsvollzieher nicht, daß er bei Anwendung von Gewalt wider den sein Beiwohnungsrecht wahrnehmenden Gläubiger diesem tätige Hilfe zu leisten habe; denn ein Widerstand des Schuldners wider den Gläubiger ist an sich noch kein Widerstand gegen den Gerichtsvollzieher i. S. von § 758³ und von § 759.... Der Pfändungsbeamte hat aber da, wo der Schuldner sich gegen die Anwesenheit des Gläubigers auflehnt oder ein solches Auflehnen überhaupt schon zu besorgen ist, den Schuldner rechtzeitig über das Recht des Gläubigers zur Anwesenheit aufzuklären und den Schuldner vor Gewalt gegen den Gläubiger oder vor Bedrohung mit Gewalt unter Hinweis auf die sonst dem Schuldner drohende Bestrafung (wegen Nötigung s. StrGB. § 240) zu verwarnen. Kommt es trotzdem zur Gewaltanwendung des Schuldners gegen den Gläubiger, so hat der Pfändungsbeamte sich hierein nicht zu mengen, sondern dem Gläubiger selbst zu überlassen, die ihm geeignet erscheinenden Schritte hiergegen zu tun, insbesondere polizeiliche Hilfe sich zu verschaffen. Anm. 28 S. 87.

e) **Beweis des Annahmeverzuges.**

OLG. Posen, V. ZS. Beschluß v. 12. Juni 1907.

Hängt wie hier die Vollstreckung von einer Zug um Zug zu bewirkenden Leistung des Gläubigers ab, so ist der Beweis, daß der Schuldner im Verzuge der Annahme ist, durch öffentliche oder öffentlich beglaubigte Urkunden zu führen. Dieser Beweis wird vorliegend durch das mit Zustellungsurkunde versehene Angebotsschreiben nicht erbracht. Das Schreiben ist eine Privatschrift des RA. X., des Prozeßbevollmächtigten des Gläubigers. Es ist allerdings laut der daran befindlichen Zustellungsurkunde dem Schuldner zugestellt worden. Allein durch die Bestätigung der Zustellung auf einer Urkunde und durch den Beglaubigungsakt auf der Abschrift derselben wird der Urkunde nicht die öffentliche Eigenschaft gegeben. Es wird vielmehr dadurch nur die Zustellung des mit der Zustellungsbestätigung versehenen Schriftstücks und die Übereinstimmung der Abschrift mit dem Schriftstück selbst nachgewiesen, nicht aber die Echtheit des Schriftstücks. Diese Echtheit soll aber nach § 756 nur dann als voll nachgewiesen angesehen werden, wenn die Urkunde selbst eine öffentliche oder öffentlich beglaubigte ist... Die Pfändung war hiernach unzulässig, jedoch nicht, wie noch bemerkt werden soll, aus dem vom Amtsgericht angegebenen Grunde der Nichterwähnung des Schuldnerverzuges im Pfändungsprotokoll. Freilich war es nach §§ 762, 763 die Pflicht des Gerichtsvollziehers, das von ihm angenommene Vorhandensein der Erfordernisse des § 756 im Protokolle zu vermerken, aber dessen Mangelhaftigkeit beeinträchtigt nicht die Rechtswirksamkeit der Vollstreckungshandlung (vgl. Entsch. des RG. 12 S. 324). E.l.

f) **Das Lehnsfolgerecht fällt unter § 771.**

OLG. Celle, III. ZS. Beschluß v. 26. März 1907.

Wer im ersten nach der Allodifikation folgenden Erbfall als Lehnsfolger berufen ist, erlangt . . . das Eigentum des Lehnguts. Die ihm gegen den dritten Besitzer des Lehnguts zustehende actio revocatoria findet ihren Grund nicht in einer obligatorischen Beziehung, sondern in dem dinglichen Recht am Lehngut. Vor dem Erbfalle befindet sich der Lehnsfolger in der Lage desjenigen, dem unter einer aufschiebenden Bedingung Eigentum übertragen ist. In derselben Lage sind aber mit ihm alle anderen, die möglicherweise zur Lehnsfolge berufen sind, weil bis zum Erbfalle der Näherberechtigte durch Tod, Ausschlagung oder auf sonstige Weise wegfallen kann, und es daher so lange völlig ungewiß bleibt, an wen das Lehen gelangt. Die Beseitigung des Retrakts der Lehnberechtigten hat an der Natur des den Lehnsukzessoren zustehenden Rechts im übrigen nichts geändert. . . . Würde diese Anwartschaft durch eine Zwangsversteigerung untergehen oder eine Änderung erleiden, so müßte den Lehnsfolgeberechtigten ein Recht zum Widerspruche nach § 771 zugebilligt werden, wie den Familienfideikommißnachfolgern nach §§ 73, 79 ALR. II 4 ein solches Recht gegenüber der Mobiliarvollstreckung zugestanden ist (Entsch. des RG. 30 S. 389). Ob nach preuß. ZwVG. v. 13. Juli 1883 das Recht der Lehnsfolgeberechtigten durch eine Zwangsversteigerung deshalb gefährdet war, weil jene Berechtigten — wie zuweilen angenommen wurde — zu den Eigentumsprätendenten des § 40 Nr. 9 das. gehörten, kann unerörtert bleiben. Nach dem jetzt geltenden Rechte ist jedenfalls das Sukzessionsrecht der Lehnsfolger als Verfügungsbeschränkung im Sinne des § 892 BGB. zu betrachten und kann gegen den Ersteher, der das Grundstück mit dieser Beschränkung erworben hat, sowie gegen die Rechtsnachfolger im Eigentum des Grundstücks wirksam werden (§§ 44, 45, 48, 52, 91 ZwVG. v. 24. März 1897). Dies Recht der Lehnsfolger erleidet durch die Zwangsversteigerung auch keine Veränderung; denn der nach § 50 Nr. 1 (auch § 125) das. zu zahlende Kapitalbetrag kommt erst dann in Frage, wenn das Recht der Lehnsfolgeberechtigten wegen Wegfalls aller Prätendenten oder aus sonstigen Gründen nicht mehr wirksam werden kann. Es macht auch keinen Unterschied, daß vorliegend die nach dem Gesetze eintretende einmalige Sukzession nach Lehnrecht nicht als Verfügungsbeschränkung im Grundbuche eingetragen ist. Die Kläger können gemäß § 54 GrBO., nötigenfalls im Wege der Beschwerde gemäß § 71² das., jederzeit erreichen, daß der Grundbuchrichter, der irrtümlich die ihr Recht wahrende Eintragung in Abt. II ganz gelöscht hat, einen Widerspruch gegen die Löschung zur Wahrung ihrer Rechte eintragen läßt, ein Weg, auf dem sie die Sicherung ihrer Rechte erlangen müssen. Für das geltende Recht kann also nicht anerkannt werden, daß das Recht der Kläger durch eine Zwangsversteigerung gefährdet würde. ... Trotzdem muß ihr Recht als ein die Veräußerung hinderndes Recht angesehen werden. Der § 773 hat für den ganz ähnlich liegenden Fall der Vollstreckung in Gegenstände, die zu einer Vorerbschaft gehören, neben dem Verbot der Veräußerung oder Überweisung ausdrücklich angeordnet, daß der Vorerbe auch nach Maßgabe des § 771 widersprechen könne. Das gleiche ist im § 772 für die Vollstreckung in einen Gegenstand angeordnet, hinsichtlich dessen ein Veräußerungsverbot der in den §§ 135, 136 BGB. bezeichneten Art besteht. Das erwähnte instruktionelle Verbot ist in beiden Fällen damit gerechtfertigt, daß ein angemessener Erfolg der Veräußerung nicht zu erwarten sei, weil der Gegenstand nur mit der aus dem Veräußerungsverbote oder der Nacherbfolge sich ergebenden Beschränkung in die Gewalt des Erwerbers gelangen könne. Die Zulassung der Widerspruchsklage ist nicht weiter begründet. Man wird aber in dieser Zulassung keine Besonderheit sehen dürfen; nach der Fassung der Vorschriften und ihrem Zusammenhange mit dem unmittelbar vorhergehenden § 771 wird man ihnen vielmehr insoweit nur einen deklaratorischen Charakter beimessen müssen. Dem Recht des Nacherben steht aber gleich das Recht desjenigen, dem unter einer aufschiebenden Bedingung ein Recht an einer Sache übertragen ist (§ 2113 BGB.; Planck § 2115 Nr. 1). Man wird daher schließen müssen, daß auch das unter einer aufschiebenden Bedingung bestellte Recht an einer Sache als ein solches erscheint, das dem Berechtigten die Befugnis gewährt, gemäß § 771 zu klagen. Da aber das Recht der eventuellen Lehnsfolger völlig die Natur eines aufschiebend bedingten Rechts hat, ist auch ihnen die Widerspruchsklage zuzugestehen. H. ch.

g) **Wie muß Freigabe der Pfandstücke erfolgen, um vor den Kosten der Widerspruchsklage zu schützen?**

OLG. Dresden, VI. ZS. Beschluß v. 28. Februar 1907.

Am 3. März hat der Interventionskläger die Beklagte schriftlich aufgefordert, die Maschine, die er dabei ohne nähere Begründung als ihm gehörig bezeichnete, bis zum 7. März freizugeben, und am 9. März hat er die vorliegende Klage zur Terminsbestimmung eingereicht. Bereits am 8. März hat die Beklagte den Gerichtsvollzieher zur Freigabe der Maschine angewiesen; erst am 19. März, nach Zustellung der Klage, hat der Kläger hiervon Kenntnis erhalten. Aus den Gründen:

Das LG. geht bei seiner den Beklagten in die Kosten verurteilenden Entscheidung davon aus, daß zur vollständigen Befriedigung des Anspruchs auf Freigabe außer der dem Gerichtsvollzieher erklärten Freigabe des Pfandgläubigers noch eine entsprechende Mitteilung an den Pfandschuldner und an den die Freigabe Fordernden gehöre. Wie aber nach § 1255[1] BGB.

zur Beendigung des Faustpfandrechts genügt, daß der Pfandgläubiger dem Verpfänder oder dem Eigentümer gegenüber auf das Pfandrecht verzichtet, so ist auch hier nicht mehr zu erfordern, als daß der Gerichtsvollzieher — als Beauftragter des Pfandgläubigers — den Verzicht dem Pfandschuldner oder dem Eigentümer mitteile. Das Erfordernis einer Mitteilung an beide findet weder im Gesetze noch im § 1681 GeschäftsO. eine Stütze. Übrigens ist nicht schon jeder, der bei der Pfändung oder später durch Klage das Eigentum an einer Pfandsache in Anspruch nimmt, i. S. des § 1255 BGB. Eigentümer, und ist nicht einmal der wirkliche Eigentümer i. S. des § 1681 cit. empfangsberechtigt (Seuffert 52 Nr. 275). Zur Aufhebung der Pfandhaft wäre also vorliegend eine Benachrichtigung der Schuldnerin durch den Gerichtsvollzieher ausreichend gewesen. Ob die Unterlassung einer Mitteilung an den Kläger unter Umständen für die bürgerlichrechtliche Verpflichtung der Beklagten zum Ersatze von Prozeßkosten Bedeutung haben könnte (Metzges in Gruchot 50 S. 615[6]; vgl. Petersen unter 10 bei Anm. 3 und Gaupp-Stein V bei Anm. 54 zu § 771 ZPO., auch Entsch. des RG. 54 S. 39) ist hier nicht zu untersuchen. Bei dem unstreitigen Mangel einer Benachrichtigung des Klägers oder sonst eines Eigentümers wäre die Benachrichtigung der Schuldnerin nach obigem aber auch zur Beendigung des Pfändungspfandrechts erforderlich gewesen (Seuffert a. O.; Metzges S. 614; Hellwig, Anspruch S. 507; vgl. Entsch. des RG. 43 S. 180). Diese ist erst am 12. März erfolgt. Bis dahin — nicht nur bis zum 8. März, aber auch nicht, wie der Vorderrichter annimmt, bis zum 19. März, an dem der Kläger von der Freigabe erfuhr — dauerte demnach die tatsächliche Beeinträchtigung des Freigabeanspruchs.

Am selben Tage aber ist die Klage zugestellt worden, so daß die über die prozeßrechtliche Kostenpflicht entscheidende zeitliche Folge der beiden Vorgänge unsicher bleibt. Nach einer in WarnJ. (2 S. 395 Nr. 19) angeführten Entscheidung würde für einen derartigen Fall die Beweislast für das Nachfolgen der Freigabe dem Widerspruchskläger obliegen. Wenn jedoch wie hier die Pfändung selbst unbestritten ist, und wenn der Pfandgläubiger nicht nur tatsächlich das Pfand freigegeben, sondern auch im Prozesse das Eigentum des Widerspruchsklägers nicht bestritten hat, so könnte zwar der Beweis für den Zeitpunkt der Erfüllung des mit der Pfändung entstandenen Klaganspruchs vielmehr dem Pfandgläubiger angesonnen werden, ebenso wie dieser bei einer der Klagzustellung nachfolgenden Freigabe einen aus § 93 erhobenen Einwand zu beweisen haben würde (Gaupp-Stein III zu § 93). Auch bei einer solchen der Beklagten ungünstigen Verteilung der Beweislast würde ihr immerhin dieser Einwand aus § 93 verbleiben. In dieser Beziehung hat der Senat zwar wiederholt die von anderer Seite (vgl. Schaefer S. 379 ff.; Gaupp-Stein Anm. 43 zu § 93; auch Ann. 24 S. 155) vertretene Auffassung abgelehnt, daß der Pfandgläubiger so lange dem Dritten keinen Anlaß zur Klage gebe, als dieser sein Recht nicht außergerichtlich nachgewiesen oder glaubhaft gemacht habe. Wohl aber hat der Senat mindestens einige tatsächliche **Begründung** des Widerspruchs erfordert, die dem Pfandgläubiger eine Prüfung des Sachverhalts ermögliche; oder doch einen Hinweis auf irgendwelche dem Pfandgläubiger zugängliche Erkenntnisquellen, z. B. auf gerichtliche Akten, wie er in der Zufertigung eines Einstellungsbeschlusses enthalten ist. Diese Auffassung, bei welcher der Senat stehen bleibt, findet auch in den beiden vom Vorderrichter angeführten Entscheidungen (Ann. 26 S. 346 und 6a Reg. 428/05) deutlichen Ausdruck (vgl. auch **Petersen** Anm. 4 zu § 93; **Metzges** S. 619; Ann. 21 S. 446; sowie JW. 1902 S. 214[6]). Dann genügte die Aufforderung vom 3. März mit ihrer einfachen Eigentumsbehauptung **nicht**, um die Beklagte zur Freigabe zu verpflichten.

Zu bemerken ist zwar, daß das Amtsgericht schon am 1. März die Vollstreckung hinsichtlich der Maschine eingestellt hat. Dieser Beschluß ist indessen in dem Briefe des Klägers vom 3. März nicht erwähnt, und er ist an den Anwalt der Beklagten erst am 10. März (Sonnabend) zugestellt. Die Zeit zwischen dieser Zustellung und der Zustellung der Klage reichte aber nicht hin, um dem Anwalte der Beklagten die Einsicht der Gerichtsakten und eine Verständigung mit ihr, geschweige denn eine weitere Aufklärung des Sachstandes zu ermöglichen (Ann. 24 S. 156, 26 S. 346; auch Entsch. des RG. 61 S. 433 ff.). Der Einstellungsbeschluß bildete also keine beachtliche Ergänzung des Schreibens vom 3. März, ganz abgesehen davon, daß die Beklagte am 10. März den vom 1. März datierenden Beschluß mit gutem Grunde infolge ihres Freigabeauftrags vom 8. März für bereits gegenstandslos geworden halten durfte. Ann. 28 S. 439.

b) **Vorbehalt der beschränkten Haftung, wenn der Erbe des verurteilten Schuldners auf Erteilung der Vollstreckungsklausel verklagt wird.**

OLG. Celle, II. ZS. Urteil v. 7. März 1907.

Die Vorinstanz hat den Antrag der Beklagten, die Beschränkung ihrer Haftung vorzubehalten, als unzulässig abgelehnt, da der § 780 den Vorbehalt nur dann verlange, wenn der Beklagte als Erbe der Schuldners verurteilt werde, während vorliegend der Erbe, gegen den eine vollstreckbare Ausfertigung des gegen den Erblasser ergangenen Urteils erteilt werde, die Beschränkung der Haftung gemäß § 781 bei der Zwangsvollstreckung geltend machen könne, ohne daß es jenes Vorbehalts bedürfe. Wäre diese Annahme **völlig unzweifelhaft**, so würden allerdings die Beklagten einen gänzlich überflüssigen Zusatz begehren, von dem der Kläger immerhin befürchten muß, daß er der glatten Durchführung der Vollstreckung Schwierigkeiten bereiten könne. Dagegen muß das Verlangen als eine wohlbegründete Vorsichtsmaßregel schon dann angesehen werden, wenn es nur **zweifelhaft** erscheint, ob die Beschränkung der Haftung durch Nichtaufnahme des Vorbehalts verloren gehen könne. Solche Zweifel liegen vor. Nach § 785 werden auch die gemäß § 781 erhobenen Einwendungen nach § 767 erledigt, also ebenso behandelt wie Einwendungen, die den durch das Urteil festgestellten Anspruch selbst betreffen. Solche Einwendungen aber können, wie überwiegend anerkannt wird (vgl. Seuffert zu § 731 Nr. 4) und auch vom Reichsgericht entschieden ist (Entsch. 13 S. 347, bes. 34 S. 347), auch gegenüber der Klage auf die Vollstreckungsklausel geltend gemacht werden. Können sie aber geltend gemacht werden, so folgt, wie Seuffert § 781 Nr. 4 ff. und Hellwig (Anspruch S. 172) hervorheben, aus § 767², daß sie hier erhoben werden müssen, widrigenfalls sie später ausgeschlossen sind. Die Mehrzahl der Schriftsteller (vgl. bei Seuffert a. O.) zieht allerdings diese Konsequenz nicht und auch das Reichsgericht hat sich gegen diese Annahme ausgesprochen (Entsch. 11 S. 435). An der Richtigkeit dieser Entscheidung scheinen aber dem Reichsgericht selbst, wie der letzte Absatz der Entsch. 34 S. 350 andeutet, später Zweifel aufgestiegen zu sein. Jedenfalls muß schon der Umstand, daß so hervorragende Schriftsteller jene Ansicht vertreten, es für die Beklagten geboten erscheinen lassen, sich in der von ihnen begehrten Weise zu sichern.... Der Vorbehalt erfordert nicht eine Prüfung des Gerichts, ob er materiell begründet ist. Abzulehnen ist er nur dann, wenn die unbeschränkte Haftung des Erben feststeht. Die Wirkung des Vorbehalts besteht darin, daß dem Erben die Möglichkeit gegeben wird, gemäß § 785 durch Widerspruchsklage die Entscheidung der Prozeßgerichts über den Umfang seiner Haftung herbeizuführen; der Vorbehalt ist daher auch dann auszusprechen, wenn noch nicht feststeht, ob der Erbe beschränkt oder unbeschränkt haftet. H.ch.

i) **Keine besondere Festsetzung der bereits im Pfändungsbeschlusse festgesetzten Vollstreckungskosten.**[1]

OLG. Posen, II. ZS. Beschluß v. 20. März 1907.

Das LG. hat die streitigen Kosten deshalb abgesetzt, weil sie bereits im Pfändungsbeschluß enthalten seien. Die Beschwerde ist unbegründet. Nach § 788 sind die Vollstreckungskosten zugleich mit dem Anspruch beizutreiben, d. h. der Gläubiger bedarf zur Beitreibung der durch die Zwangsvollstreckung entstandenen Kosten keines besonderen Titels (Festsetzungsbeschlusses); der für den Hauptanspruch bestehende Titel genügt. Der § 788 ist freilich im Interesse des Gläubigers gegeben und schließt das allgemeine Festsetzungsverfahren nicht aus. Indes darf der Gläubiger es (Freudenthal, ZPO. ² § 788 Anm. 4, Gaupp-Stein § 104 Nr. 1, KG. in KGBl. 1892 S. 95) nur betreiben, wenn er ein besonderes Interesse an der Festsetzung dartut.

Die gegenteilige Ansicht (JW. 1893 S. 561, KG. in KGBl. 1890 S. 34, Walter-Joachim S. 178 Anm. 60), die von dem Nachweis des Interesses absieht, führt zu unhaltbaren Folgen. Sie setzt den Gläubiger in den Stand, die Kosten zunächst auf Grund des Pfändungs- und dann dieselben Kosten auf Grund des Festsetzungsbeschlusses vom Schuldner beizutreiben, der genötigt wäre, zum Zwecke seiner Verteidigung die Vollstreckungsgegenklage aus § 767 zu erheben. Die Ansicht widerspricht sodann dem auch für die Forderungen geltenden (vgl. Freudenthal § 829 Anm. 2c) Verbote des § 803. Hiernach

[1] Ebenso Falkmann, Zwangsv. 2. Aufl. S. 360 Note 27.

darf die Forderungspfändung nicht weiter ausgedehnt werden, als zur Befriedigung des Gläubigers und zur Deckung der Vollstreckungskosten erforderlich ist. Begehrt daher der Gläubiger, nachdem er eine dem Betrage seiner Forderung entsprechende Forderung des Schuldners gegen einen Drittschuldner hat pfänden und sich überweisen lassen, abermals wegen desselben Anspruchs eine anderweite Pfändung und Überweisung, so muß er dartun, weswegen er vollständige Befriedigung aus der ersten Vollstreckungshandlung nicht gefunden hat, oder er muß auf die Rechte aus der ersten Pfändung verzichten. Die Vorschrift will den Schuldner vor der Notwendigkeit sichern, zu seiner Verteidigung gegen ein unberechtigtes doppeltes Vollstreckungsbegehren erst den beschwerlichen Weg der Klagerhebung gemäß § 767 zu beschreiten, indem sie von vornherein die Vollstreckungsbefugnis nach Möglichkeit auf den zur Durchführung des beizutreibenden Anspruchs erforderlichen Umfang zu beschränken sucht. Ist sonach bezüglich des Hauptanspruchs die Vollstreckungsbefugnis des Gläubigers keine unbeschränkte, sondern durch das darzulegende berechtigte Interesse des Gläubigers beschränkt, so muß gleiches auch für die Durchführung des Nebenanspruchs der Kostenerstattung gelten. Der Gläubiger wird daher darzulegen haben, aus welchem Interesse heraus er außer der Aufnahme der Kosten in den Pfändungsbeschluß noch eines besonderen Vollstreckungstitels bedarf. Pos. MSchr. 1907 S. 76.

k) **Zur Auslegung des § 794 Nr. 1 ZPO.**

OLG. Königsberg, II. ZS. Beschluß v. 2. Oktober 1907.

In einem anhängigen Prozeß hatten sich die Parteien verglichen und in den Vergleich einen für einen anderen Kläger P. gegen den Beklagten rechtskräftig entschiedenen Prozeß einbezogen. Auf Antrag des P. hatte das LG. die Kosten aus dem Vergleich festgesetzt und dabei nur die halbe Vergleichsgebühr bewilligt. Die sofortige Beschwerde des Klägers ist unbegründet.

Jede Festsetzung der Kosten kann nach § 104 nur auf Grund eines vollstreckbaren Titels erfolgen. An einem solchen fehlt es hier. Das rechtskräftige Urteil kann nur einen Vollstreckungstitel bilden für die in diesem Verfahren einschließlich der Zwangsvollstreckung erwachsenen Kosten. Vergleichen sich die Parteien nachträglich über die aus einem rechtskräftigen Urteil erwachsenen Ansprüche, so kann sich naturgemäß die im rechtskräftigen Urteil ausgesprochene Verpflichtung zur Tragung der Kosten nicht auch auf einen Vergleich beziehen, der nachträglich über die rechtskräftig feststehende Forderung geschlossen ist, mit dem Rechtsstreit selbst aber nichts zu tun hat. Aber auch der Vergleich gibt dem Kläger keinen vollstreckbaren Titel. Denn einmal hat ein Vergleich diese Wirkung nach § 794 Nr. 1 nur, wenn er nach Erhebung der Klage zur Beilegung des Rechtsstreits vor einem deutschen Gericht geschlossen ist. Das mag in der anhängigen Rechtssache zutreffen, nicht aber in dieser, in welcher der Rechtsstreit durch rechtskräftiges Urteil erledigt ist. Auch die weitere Voraussetzung des § 794, daß der Vergleich vor einem deutschen Gerichte abgeschlossen ist, fehlt hier. Denn wenn auch in der anhängigen Sache die Parteien einen gerichtlichen Vergleich geschlossen haben, so ist doch P. diesem Vergleich nur außergerichtlich beigetreten; er hat also keinen gerichtlichen Vergleich abgeschlossen, hat also auch keinen vollstreckbaren Titel aus § 794 Nr. 1. Hiernach durfte überhaupt eine Festsetzung der Gebühren nicht erfolgen. Th.

l) **Rechtliche Natur der aus § 16 Disziplinarges. v. 21. Juli 1852 bewilligten Unterstützungsgelder. In welchem Zeitpunkt muß die zu pfändende Forderung bestehen?**

OLG. Kiel, II. ZS. Urteil v. 30. März 1906.

Den Universitätsprofessor N. hat der Disziplinarhof für nicht richterliche Beamte mit Dienstentlassung bestraft. Dies ist bestätigt durch Staatsministerialbescheid vom 28. Oktober 1903 mit der Maßgabe, daß dem N. der von ihm zur Zeit der Dienstentlassung an Gehalt und Wohnungsgeld bezogene Betrag auf Lebenszeit als Unterstützung belassen ist. Dies beruht auf dem DiszGes. vom 21. Juli 1852. Der § 16 regelt die Entfernung aus dem Amte und bestimmt, daß sie in Dienstentlassung bestehen kann. „Diese Strafe zieht den Verlust des Titels und Pensionsanspruches von selbst nach sich.... Gehört der Angeschuldigte zu den Beamten, welche einen Anspruch auf Pension haben und lassen besondere Umstände eine mildere Beurteilung zu, so ist die Disziplinarbehörde ermächtigt, in ihrer Entscheidung zugleich festzusetzen, daß dem Angeschuldigten ein Teil des reglementsmäßigen Pensionsbetrages auf Lebenszeit oder auf gewisse Jahre als Unterstützung zu verabreichen sei." Diese Unterstützung ist rechtlich nichts anderes, als eine mit Rücksicht auf die Verschuldung des Beamten geminderte Pension und nicht etwa ein völlig neu geschaffener Anspruch (vgl. Rheinbaben, Disziplinarges. 1904 S. 134). Trifft nach § 833 die Pfändung einer Gehaltsforderung auch das an deren Stelle tretende Recht auf den Pensionsbezug, so gilt das gleiche von dem Anspruch auf Unterstützungsgelder, denn diese stehen der Pension rechtlich gleich.

Fehl geht die Ausführung des Beklagten, daß der Anspruch auf jene Gelder sich als ein durch besonderen Rechtstitel neu geschaffener Anspruch herausstelle, weil bei der Entlassung anderer Beamten als der Professoren es nur des Ausnehmens des Verlustes der Pension aus der Entscheidung bedürfe, damit die Pension bestehen bleibe, während bei der Unterstützung der Professoren eine positive Bewilligung erforderlich sei, um dies Recht zu begründen. Wie bereits im StaatsminBeschluß vom 28. Oktober 1903 hervorgehoben ist, bezieht sich der § 16 Nr. 2 seinem Wortlaut nach nur auf Beamte, welche einen Anspruch auf Pension haben, und zu ihnen gehörten die Professoren unzweifelhaft weder zur Zeit der Entstehung des DiszGes. noch gehören sie gegenwärtig dazu; vielmehr tritt bei ihnen an die Stelle der Pensionierung die Entbindung von der Pflicht, Vorlesungen zu halten, unter Fortbezug des Gehalts. Der StaatsminBeschluß wendet den § 16 analog auf Professoren an, weil der Anspruch auf Fortbezug des Gehalts nach Entbindung von der Vorlesungspflicht dem Pensionsanspruch insofern gleichstehe, als beide außer durch Dienstentlassung im Wege des Disziplinarverfahrens nicht entziehbar seien und als beide sich auf einen Teil des früheren Diensteinkommens beschränken, sowie weil nach der Entstehungsgeschichte des § 16 die für die Aufnahme des erwähnten letzten Absatzes maßgebend gewesenen Gründe nicht den besonderen Verhältnissen der pensionsberechtigten Beamten entnommen seien, sondern auf alle Beamten zutreffen, die nach dem Abschluß ihrer Amtstätigkeit normalerweise Anspruch auf fortlaufende feste Bezüge aus der Staatskasse hätten und denen man aus Billigkeitsgründen nicht in allen Fällen disziplinarischer Entlassung jede Beihilfe aus der Staatskasse entziehen, sondern bei mildernden Umständen eine Erleichterung ihrer Lage ermöglichen wolle. Die Besonderheit liegt vorliegend also gegenüber den pensionsberechtigten Beamten nur darin, daß, obwohl die Professoren nicht zu den pensionsberechtigten Beamten gehören, der StaatsminBescheid den letzten Absatz des § 16 auf N. analog angewendet und daß er ihm zwar nicht eine geminderte Pension — denn auf Pension hatte N. keinen Anspruch — aber ein gemindertes Gehalt als Unterstützung belassen hatte. Im übrigen ist der rechtliche Charakter der Gewährung der Unterstützung genau der gleiche wie bei pensionsberechtigten Beamten; in beiden Fällen ist eine besondere Festsetzung erforderlich und in beiden Fällen bedeutet diese, daß die früheren Bezüge — sei es Pension, sei es Gehalt — auf Grund mildernder Umstände, wenn auch gemindert, belassen werden. Ebenso wie bei den pensionsberechtigten Beamten die Unterstützungsgelder nur eine geminderte Pension darstellen, ebenso können sie hier nur als gemindertes Gehalt aufgefaßt werden. Der Beschluß vom 7. Mai, zugestellt dem Universitätskurator am 7. Juni 1902, durch den der Gläubiger A. die Gehaltsforderung des N. pfändet und sich überweisen läßt, erstreckt sich nach §§ 832 ff. daher auch auf die jetzigen Unterstützungsgelder. Diesen Anspruch des A. haben nun dessen Gläubiger, die Parteien, für sich pfänden und überweisen lassen. Da jedoch der Beschluß des Beklagten vom 9. April bereits am 4. November, der des Klägers erst am 3. Dezember dem Drittschuldner (Universitätskurator) zugestellt worden ist, so geht an sich das Pfandrecht des Beklagten dem des Klägers nach § 804 vor. Der Kläger ist also für sein angeblich besseres Vorrecht beweispflichtig.

Soweit er sich darauf gestützt hat, daß der Pfändungsbeschluß des Beklagten vom 9. April deshalb unwirksam sei, weil damals die zu pfändende Forderung des A. nicht bestanden habe, ist die Klage unbegründet. Die abweichenden Ausführungen des LG. finden zunächst keine Stütze in den Urteilen des OLG. Karlsruhe (Seuffert 40 Nr. 329, 45 Nr. 58), diese betreffen nur die Frage der Pfändbarkeit zukünftiger, nur als möglich vorausgesetzter Forderungen. Hier handelt es sich aber nicht um diese Frage, die dahingestellt bleiben kann, sondern darum, welches der entscheidende Zeitpunkt der Pfändung ist, der des Erlasses des Pfändungsbeschlusses oder der der Zustellung des Beschlusses an den Drittschuldner. Ist der letztere Zeitpunkt maßgebend, so würde, auch wenn man dem LG. darin beitreten wollte, daß die Pfändung zukünftiger Ansprüche unzulässig wäre, die Pfändung durch den Beschluß des Beklagten vom 9. April doch voll wirksam sein, weil zur Zeit der Zustellung (4. Nov.) der Beschuß des A. vom 7. Mai dem Drittschuldner längst zugestellt war. Die Zustellung an den Drittschuldner ist aber der maßgebende Zeitpunkt, denn nach § 829 ist die Pfändung mit jener Zustellung als bewirkt anzusehen. Erst in diesem Zeitpunkte wird die Pfändung wirksam und das Pfandrecht begründet; die vorherigen Maßnahmen tragen nur einen vorbereitenden Charakter und vermögen allein ein Pfandrecht nicht zu begründen. Es ist jedenfalls ausreichend, wenn zur Zeit der Entstehung des Pfandrechts die zu pfändende Forderung bestand; dies lag hier vor. L.s.

m) **Pfändung von Mietzinsen auf Antrag eines Hypothekengläubigers während des Konkurses des Grundstückseigentümers.**

OLG. Dresden, VI. ZS. Beschluß v. 25. April 1906.

G. hat aus einer ihm an dem Grundstück des Gemeinschuldners zustehenden Hypothek die Verurteilung des Verwalters zur Duldung der Zwangsvollstreckung in das Grundstück erlangt. Seinen Antrag auf Pfändung von Mieten hat das Amtsgericht zurückgewiesen, das LG. bewilligt. Mit Recht beschwert sich der Verwalter hierüber.

Allerdings stehen dem Hypothekar außer dem Pfandgrundstücke selbst auch die Gegenstände zur Verfügung, auf die sich nach §§ 1120—1130 BGB. die Hypothek erstreckt; an sich kann daher der Gläubiger wegen seiner Ansprüche aus der Hypothek, selbst wenn der Eigentümer nicht persönlicher Schuldner ist, diese Gegenstände mit Ausnahme des der Pfändung überhaupt nicht unterworfenen Zubehörs pfänden lassen, solange nicht ihre Beschlagnahme im Wege der Immobiliarvollstreckung erfolgt ist (§ 1147 BGB., § 865 ZPO.). Diese Befugnis fällt indes mit der Eröffnung des Konkurses über den Schuldner weg, weil nach § 4 KO. eine abgesonderte Befriedigung aus Gegenständen, die zur Konkursmasse gehören, nur in den vom Gesetze zugelassenen Fällen stattfindet und dem Hypothekar daher ausschließlich der Weg der Immobiliarvollstreckung zur Verfügung steht (§ 47 KO.). Diese aber umfaßt zwar die mithaftenden Gegenstände und so bei der Zwangsverwaltung auch die Mieten (§ 21² ZwVG.); sie liegt jedoch nicht vor, wenn nur solche Gegenstände beansprucht werden, vielmehr handelt es sich dann um eine Mobiliarvollstreckung, die während des Konkurses überhaupt ausgeschlossen ist (§ 14 KO.; vgl. Entsch. des RG. 52 S. 138; Rsp. 10 S. 419; Jäger 2 zu § 48 KO.). Ann. 27 S. 559.

n) **Vollstreckung eines Urteils, das den Schuldner zur Zurückrückung seines Gebäudes verurteilt.**[1]

[1] Der § 887 ist unanwendbar gegen den Beklagten, der das Dach eines Wohnhauses nach gewissen im Urteil bezeichneten Maßgaben umzubauen hat, sofern ein auf Erzielung

α) OLG. Marienwerder, Ferien-ZS. Beschluß v. 7. August 1907.

Die Bauausführung, zu der 1905 der Schuldner verurteilt ist, hat an sich als eine Handlung zu gelten, deren Vornahme durch einen Dritten erfolgen kann. Trotzdem leugnet der Schuldner die Anwendbarkeit des § 887 und zwar in erster Linie deshalb, weil sein Mieter M. die fragliche Bauausführung nicht gestatte. Das Reichsgericht nimmt allerdings eine vertretbare Handlung dann nicht an, wenn es von der Willkür eines Dritten abhängt, ob er zur Vornahme der Handlung mitwirken oder sie dulden will. Eine Ausnahme dieser Art ist indessen hier nicht gegeben. Denn die obligatorischen Beziehungen, in welche M. durch den Abschluß des Mietvertrages zum Schuldner getreten ist, verliehen dem M. überhaupt kein Recht, der Gläubigerin gegenüber der Geltendmachung des ihr zustehenden dinglichen Rechts auf Lichtschutz zu widersprechen; und formell steht ihr auch der § 325 zur Seite. Als die in Streit befangene Sache hat die körperliche Sache zu gelten, an der dasjenige Recht besteht, welches den unmittelbaren Gegenstand der erhobenen Klage bildet (vgl. Gaupp-Stein III zu § 265). Den unmittelbaren Gegenstand des Hauptprozesses bildete das der Gläubigerin zustehende Recht auf Lichtschutz und die Beseitigung der Beeinträchtigung, die dieses Nachbarrecht durch den Schuldner erfahren hatte. Die körperliche Sache aber, an der dies Recht besteht, ist das Grundstück des Schuldners und besonders das darauf errichtete Haus, d. h. derjenige Bestandteil des Grundstücks, dessen Veränderung zum Zwecke der Beseitigung der vorhandenen Beeinträchtigung erfolgen muß. Dies Haus hat M., nachdem 1904 der Hauptprozeß anhängig geworden war, am 1. April 1905 derart in Mietbesitz erhalten, daß der Schuldner mittelbarer Besitzer desselben wurde. Die Voraussetzungen des § 325 sind hiernach vorhanden; und dies genügt, um das Widerspruchsrecht des M. zu verneinen. Ob die Gläubigerin genötigt sein wird, sich eine vollstreckbare Ausfertigung des Urteils gegen M. zu beschaffen, wird von seinem demnächstigen Verhalten abhängen [vgl. jedoch oben S. 274β].

Der weitere Einwand, daß der Ausführung der Zurückrückungsarbeiten eine baupolizeiliche Genehmigung vorangehen müsse, die nur der Grundstückseigentümer nachsuchen könne, übersieht, daß das Gericht, das auf Grund des § 887 die Gläubigerin ermächtigt, ihr damit auch die Ermächtigung erteilt, an Stelle des Schuldners den Baukonsens für die vorzunehmenden Arbeiten nachzusuchen; ihr Gesuch kann daher von der Polizei nicht deshalb zurückgewiesen werden, weil seine Anbringung an sich Sache des Schuldners wäre.

Auch der Einwand, daß die Baupolizei den erforderlichen Konsens unter keinen Umständen erteilen werde, erscheint hinfällig. Wird das Bauprojekt derart aufgestellt, daß es den polizeilichen Anforderungen nach jeder Richtung

---

baupolizeilicher Genehmigung abzielendes Verfahren dem Umbau vorangehen muß (OLG. Stuttgart, Beschluß v. 7. Juni 1907, Recht S. 775). Ebenso ist die Auseinandersetzung, die zwischen mehreren Gesellschaftern nach der Auflösung der Gesellschaft vorzunehmen ist, keine vertretbare Handlung (OLG. Frankfurt. Beschluß v. 2. Oktober 1906, a. O. S. 706).

genügt, so ist nicht ersichtlich, was die Behörde veranlassen oder berechtigen sollte, dem Plane ihre Genehmigung zu versagen. Insbesondere enthält das Gutachten des Bauinspektors keinerlei Andeutung dahin, daß die Polizei nach der Zurückrückung des dem Schuldner gehörigen Neubaus die Schließung des klägerischen Giebelfensters fordern werde. Da ein Grund für eine derartige Anordnung auch anderweit nicht erhellt, so kann die Frage auf sich beruhen, ob die Einwendung nicht eine solche ist, die nur im Wege der Klage aus § 767 geltend gemacht werden könnte. Die Frage endlich, ob die Voraussetzungen des § 887 auch insofern vorliegen, als der Schuldner die ihm urteilsmäßig auferlegte Verpflichtung nicht erfüllt hat, muß mit Rücksicht auf die seit der Rechtskraft des Urteils verflossene Zeit unbedenklich bejaht werden. Selbst wenn das erste Projekt zum Neubau polizeilich verworfen ist, so blieb dem Schuldner genügende Zeit, einen neuen Bauplan ausarbeiten und genehmigen zu lassen, sowie dessen Ausführung in die Wege zu leiten. Die Auffassung aber, daß die Gläubigerin mit der Annahme der Leistung in Verzug geraten sei, ist unrichtig; sie hat sich vielmehr darauf beschränkt, die an sie gestellten unberechtigten Anforderungen des Beauftragten des Schuldners zurückzuweisen. H.

β) OLG. Dresden, VI. ZS. Beschluß v. 19. September 1906.

Eine jede Zwangsvollstreckung findet ihre Grenze an dem tatsächlichen und rechtlichen Unvermögen des Schuldners, die geschuldete Leistung zu erfüllen. Vorliegend, wo das Halten der an dem Hause der Schuldner angebrachten Reklameschilder und der Betrieb des Postkartenhandels in der Hausflur seitens Dritter auf Grund Mietrechts erfolgt, kann daher der Verurteilung der Schuldner zur Beseitigung der Schilder und des Handels, die der Gläubiger auf Grund der dadurch hervorgerufenen Störung seines Mieterrechts erlangt hat, nur die Bedeutung zukommen, daß die Schuldner verpflichtet sind, die Dritten durch Anbieten einer Geldentschädigung zur Aufgabe ihrer Rechte zu bestimmen. An sich würde nun nichts entgegenstehen, gemäß dem § 887 den Gläubiger zur Herbeiführung der Aufhebung der Mietrechte gegen eine angemessene Entschädigung zu ermächtigen und die Schuldner zur Vorauszahlung der entstehenden Kosten zu verurteilen. Dieser Weg ist aber dadurch ausgeschlossen, daß M., Abmieter der Schuldner, sich geweigert hat, seine Rechte aufzugeben (vgl. Entsch. des RG. 31 S. 412). Zu diesen Rechten gehört aber nach Maßgabe des Mietvertrags nicht nur das Halten der Reklameschilder, sondern auch die Benutzung des von M. an den Postkartenhändler X. weiter vermieteten Verkaufsstandes. Wenn daher auch X. für seine Person bereit ist, den Verkaufsstand gegen Entschädigung aufzugeben, so bleiben doch hierdurch die Rechte seines Untervermieters unberührt. Dieser aber hält an dem mit X. geschlossenen Vertrage ebenfalls fest und könnte im übrigen den freiwerdenden Verkaufsstand sofort wieder vermieten. Unter diesen Umständen muß es der Beschwerdeführerin überlassen bleiben, ihren Schaden zu liquidieren (§ 893) oder von dem mit den

Schuldern geschlossenen Mietvertrag abzugehen; eine Vollstreckung des erwirkten Urteils erscheint ausgeschlossen. Anm. 28 S. 85.

o) **Zwangsversteigerung. Widerspruch eines Nichtbeteiligten.**

α) OLG. Celle, II. ZS. Urteil v. 14. Januar 1907.

Durch den Teilungsplan waren den Beklagten 2800 Mark zugeteilt; dem haben lediglich die am Verfahren sonst nicht beteiligten Kläger deshalb widersprochen, weil es sich in Höhe jenes Betrages um eine Eigentümergrundschuld des Subhastaten K. handle, die sie bereits früher gepfändet hatten. Nachdem darauf die 2800 Mark hinterlegt waren, haben die Kläger auch den angeblichen Anspruch des K. gegen die Hinterlegungsstelle auf Auszahlung der 2800 Mark gepfändet. Ihre Klage auf Bewilligung dieser Auszahlung wurde abgewiesen. Gründe:

Die Pfändung der Kläger war unwirksam, weil die nach §§ 830, 857[6] ZPO. erforderliche Eintragung in das Grundbuch nicht erfolgt ist (Entsch. des RG. 55 S. 378, 56 S. 9 und S. 184, 59 S. 313).... Auch die Wirksamkeit der späteren Pfändung ist zu verneinen, weil der gepfändete Anspruch nicht besteht.... Die Hinterlegung der 2800 Mark, die sich auf § 124[2] ZwVG. gründet, erfolgte nicht etwa für den an dem hinterlegten Teile des Erlöses wirklich Berechtigten, sondern nur für denjenigen, dem er durch den Teilungsplan zugewiesen ist, oder für den Widersprechenden als den Eventualberechtigten für den Fall, daß sein Widerspruch für begründet erachtet werden sollte (Fischer-Schäfer 7 zu § 124). Daß ein dem Widersprechenden vorgehender, im Teilungsplane nicht berücksichtigter Gläubiger, der seinerseits keinen Widerspruch erhoben hat, bei der auf Grund des Widerspruchs angeordneten anderweitigen Verteilung des hinterlegten Erlöses nicht zu berücksichtigen ist, scheint für das frühere preußische und für das jetzige Vollstreckungsrecht allgemein anerkannt zu sein (Entsch. des RG. 26 S. 420; Rsp. 6 S. 441). Entsprechendes muß hier gelten, wo nicht der wirklich Berechtigte, sondern nur ein Nichtberechtigter widersprochen hat. Auch dieser Widerspruch wirkt nicht zugunsten des ersteren; nicht dieser, sondern höchstens der Widersprechende kann den hinterlegten Erlös für sich beanspruchen, und falls der Widerspruch für unbegründet erklärt wird, ist der Teilungsplan auszuführen und der hinterlegte Betrag demjenigen auszuzahlen, dem er durch den Plan zugewiesen ist. Dem wirklich Berechtigten bleibt in solchem Falle nur der Bereicherungsanspruch gegen den Empfänger der hinterlegten Summe (Entsch. des RG. 58 S. 156). Mithin haben, da der Widerspruch der Kläger Mangels Eintragung ihrer früheren Pfändung unbegründet ist, nur die Beklagten Anspruch auf Auszahlung des hinterlegten Erlöses, nicht K., der nicht widersprochen hat. Die Ansicht der Kläger, daß dieser K. ohne weiteres Eigentümer der hinterlegten Summe geworden sei, ist ebenso irrig wie die Meinung, daß der Eigentümer als solcher dem Teilungsplane nicht zu widersprechen brauche und an ihn nicht gebunden sei. Denn auch der Eigentümer ist nach § 9 ZwVG. Beteiligter, sein etwaiges Recht auf den Erlös ist durch keine Sondervorschrift von der Beobachtung der für das Verfahren geltenden allgemeinen Vorschriften unabhängig gemacht, vielmehr umgekehrt durch die Sondervorschrift des § 115[3] eingeschränkt. Außerdem kann der Eigentümer nicht als solcher, sondern nur als Eigentümer-Grundschuldgläubiger den Erlös beanspruchen... Eine etwaige Bereicherungsklage des K. kommt ebenfalls nicht in Betracht; sie ist nicht zugunsten der Kläger gepfändet, da sie nicht gegen die Hinterlegungsstelle geht. Aus eigenem Rechte haben die Kläger keine Bereicherungsklage, weil sie kein dingliches Recht an dem Grundstücke und dessen Erlöse haben. Die Klage war sonach abzuweisen, selbst wenn auch die Beklagten Mangels gehöriger Pfändung keinen Anspruch auf den Erlös haben sollten; letztere Frage bedarf daher keiner Prüfung (Seuffert 61 Nr. 145). H.ch.

β) **Die Bestellung eines gemeinsamen Vollstreckungsgerichts noch nach Einleitung des Verfahrens.**

Kammergericht, XI. ZS. Beschluß v. 15. Oktober 1907.

Von den beiden Grundstücken des H. liegt das eine im Bezirk des Amtsgerichts B., das andere im Bezirk des Amtsgerichts P. Die Zwangsversteigerung des ersteren hatte das Amtsgericht B., des letzteren das Amtsgericht P. eingeleitet, und zwar auf Antrag des L. wegen seiner auf beiden Grundstücken haftenden Gesamthypothek. Demnächst beantragte L., daß beide Grundstücke in demselben Verfahren gemäß § 18 ZwVG. versteigert würden. Demgemäß bestellte das LG. das Amtsgericht B. zum gemeinsamen Vollstreckungsgericht. Dieses bestimmte dann den Termin zur Versteigerung beider Grundstücke und schlug sie dem X. zu. Die Beschwerde hierüber macht geltend, daß die Bestellung des Vollstreckungsgerichts durch das Landgericht nur vor der Einleitung des Verfahrens zulässig gewesen wäre und daß mindestens das Amtsgericht B. von neuem die Einleitung der Versteigerung des P.er Grundstücks hätte beschließen müssen. Dieser Auffassung ist nicht beizupflichten.

Allerdings ist streitig, ob das höhere Gericht erst nach Einleitung des Verfahrens ein Vollstreckungsgericht bestellen darf. Soweit dieser Streit die Fälle des § 2[1] betrifft, ist hier nicht darauf einzugehen. Hier handelt es sich lediglich um den § 2[2]. Danach kann die Bestellung erfolgen, „wenn die Zwangsversteigerung mehrerer Grundstücke in demselben Verfahren zulässig ist", d. i. nach § 18: „wenn sie entweder wegen einer Forderung gegen denselben Schuldner oder wegen eines an jedem der Grundstücke bestehenden Rechtes betrieben wird". Hier handelt es sich um eine Gesamthypothek, die auf zwei Grundstücken desselben Eigentümers haftet, mithin um den Fall des § 18 und des § 2[2]. Kretzschmar (Zwangsv. S. 35) meint, daß die Bestellung nur vor der Einleitung des Verfahrens zulässig sei. Dagegen meinen Jaeckel (3, 4 zu § 2) sowie Fischer-Schäfer (5 zu § 2), daß auch, wenn die Verfahren schon vor zwei Gerichten schweben, doch noch eines derselben zum Vollstreckungsgericht für die beiden Grundstücke bestellt werden könne. Der letzteren Ansicht ist beizutreten. Sie findet zunächst darin eine Stütze, daß der § 2^2 abweichend von dem § 756^2 ZPO. a. F. die Bestellung des gemeinschaftlichen Gerichts **nicht** mehr ausdrücklich auf den Fall beschränkt, „**wenn die Zwangsvollstreckung beantragt wird**". Der § 2^2 unterscheidet in seinem Wortlaut nicht, ob die Versteigerung schon eingeleitet ist oder erst beantragt wird. Für eine Einschränkung dahin, daß die Bestellung nur im letzteren Falle zulässig sein solle, ist auch kein Bedürfnis erkennbar. Auch wenn die beiden Verfahren bereits schweben, kann sich vielmehr die Verbindung zum Zwecke des gemeinsamen Ausgebots der beiden Grundstücke noch als ein Bedürfnis herausstellen, um einen angemessenen Erlös zu erzielen. Es würde ein völlig unnützer Formalismus sein, wenn man verlangen wollte, daß nach der Bestellung des gemeinschaftlichen Gerichts **von neuem** die Versteigerung desjenigen Grundstücks, das zum Bezirk des anderen Gerichts gehört, oder gar die beider Grundstücke eingeleitet werden solle, obwohl beide Verfahren von den zur Zeit der Einleitung zuständig gewesenen Gerichten bereits eingeleitet worden waren.

Überdies ist nach § 37 ZPO. mit § 2 ZwVG. die vom höheren Gericht getroffene Bestimmung eines gemeinschaftlichen Vollstreckungsgerichts unanfechtbar. Infolge der Bestimmung war daher nunmehr das Amtsgericht B. für das P.er Grundstück zuständig, nachdem bis dahin, besonders zur Zeit des Einleitungsbeschlusses, das Amtsgericht P. zuständig gewesen war. F.

γ) Übergang der Entschädigungsansprüche wegen Entziehung des Eigentums und wegen Beschädigung durch Bergbau auf den Ersteher.

OLG. Breslau, I. ZS. Urteil v. 24. September 1907.

Der Ersteher erwirkt mit dem Grundstück zugleich diejenigen Gegenstände, auf die sich die Hypothek erstreckt. Diese Gegenstände werden in §§ 1120 bis 1131 BGB. näher bezeichnet, insbesondere bringen §§ 1127 ff. die Versicherungssummen darunter. Diesen Vorschriften liegt das Surrogationsprinzip zugrunde, welches der Gesetzgeber zwar nicht als allgemeine Regel hingestellt, aber doch in zahlreichen Einzelfällen verwirklicht hat. Angewendet ist es im EG. zum BGB. Art. 52, 53, sowie auf die landesrechtlichen Enteignungs- und ähnlichen Fälle (Art. 109). Ebenso finden die Art. 52, 53 entsprechende Anwendung, wenn landesgesetzlich wegen Beschädigung eines Grundstücks durch Bergbau eine Vergütung zu gewähren ist. Die bergrechtliche Vorschrift findet sich in § 148 Berggeſ., auch die Voraussetzung des Art. 52, daß dem Dritten eine besondere Entschädigung nicht gewährt wird, trifft zu, da nach § 148^2 den Hypothekaren eine besondere Entschädigung wegen Beschädigung des Grundstücks durch Bergbau nicht gewährt wird — eine Bestimmung, die erst mit dem Wechsel der Gesetzgebung durch Art. 37 Nr. XI Ausf.-G. zum BGB. getroffen worden ist.

Hiernach unterliegt es keinem Zweifel, daß die Hypothek sich auf die in Rede stehenden Ansprüche erstreckt. Der den Art. 52 f. entsprechende Art 31 I. Entw. sprach sogar ausdrücklich aus, daß dem Rechte des Dritten der Entschädigungsanspruch unterworfen sei. Das Gesetz selbst enthält zwar keine solche Vorschrift, immerhin aber spricht es von einer Haftung des Entschädigungsanspruchs für Reallasten zc (Art. 53²). Es wäre unerfindlich, wie der Entschädigungsanspruch der Hypothek haften könnte, wenn sie sich nicht darauf erstreckte. Erstreckt sie sich aber darauf, so ergibt sich aus §§ 20, 55, 90 ZwVG. als unabweisliche Folge, daß der Enschädigungsanspruch von der Beschlagnahme betroffen wird und auf den Ersteher übergeht (Westhoff, Bergbau und Grundbesitz 1 S. 47, 308). Der Gesetzgeber hätte vielleicht Anlaß zu einer anderen Regelung gehabt; wenigstens gingen in den landrechtlichen Gebieten Preußens die Bergschadensansprüche auf den Ersteher nur dann über, wenn es in den Kaufbedingungen vorgesehen war, und es ist nicht ersichtlich, auf welchen Erwägungen die Änderung beruht. Für die Zweckmäßigkeit des früheren Zustandes scheint zu sprechen, daß der Ersteher genau weiß, welchen Kaufpreis er zahlt, wenn er keinen Anspruch auf die dem Grunde und der Höhe nach unsichere Entschädigung hat. Dieser Erwägung steht aber gegenüber, daß der Ersteher in zahlreichen Fällen nicht in der Lage sein wird, den Umfang des Schadens und die erforderlichen Aufwendungen zu übersehen, und danach zu berechnen, wie teuer das Grundstück zu stehen kommt, auch wenn die Höhe des Kaufpreises feststeht. Keinesfalls aber können Zweckmäßigkeitsgründe in Frage kommen, wenn der Gesetzgeber seinen Willen deutlich ausgesprochen hat. Der aus dem Wortlaut entnommene Zweifel, daß Art. 53 EG. zwar § 1128 anzieht, auch § 1127² inhaltlich wiedergibt, aber nicht auf § 1127¹ verweist, also nicht ausspricht, daß die Hypothek sich auf den Entschädigungsanspruch erstreckt, ist ohne Bedeutung. Allerdings wäre das Gesetz noch klarer gewesen, wenn man die erwähnte Bestimmung des Entwurfs nicht gestrichen hätte. Bei der Beratung wurden auch die §§ 138, 140 Entw. des ZwVG. erörtert, wonach der Erlös in Ansehung der durch den Zuschlag erlöschenden Rechte an die Stelle des Grundstücks und der übrigen Gegenstände treten sollte. Es wurde hervorgehoben, daß der Antrag auf Änderung an die Voraussetzung des Art. 31 Entw. eine andere Wirkung knüpft, und daß es sich in den Fällen des Art. 31 und des § 140 um das gleiche Rechtsverhältnis und um die gleichen wirtschaftlichen Beziehungen handle. In beiden Fällen werde das Grundstück allen Beteiligten entzogen, und an Stelle des Grundstücks trete eine Geldsumme. Wenn die Entschädigung dem Eigentümer zu zahlen sei, so erscheine es zweckmäßig, die bei der zweiten Lesung beschlossene Vorschrift des § 1112 Entw. II (jetzt § 1128) zur entsprechenden Anwendung gelangen zu lassen. Daraus ergibt sich, daß sich die beabsichtigte Änderung mit der im Gesetz abweichend vom I. Entw. getroffenen Regelung deckt, die Streichung der Bestimmung über die Haftung des Entschädigungsanspruchs aber durch das Ergebnis der Beratung nicht gerechtfertigt wird, denn hiernach hätte jene Bestimmung aufrecht erhalten bleiben können. Man muß also annehmen, daß man sie als selbstverständlich gestrichen hat. Mit Unrecht hat man ferner geltend gemacht, daß nur wirklich beeinträchtigte Realberechtigte den Schutz des Art. 52 EG. genießen. Die Wirkung der Beschlagnahme kann von der unter Umständen tatsächlich zweifelhaften Frage, ob der Realberechtigte durch die Beschädigung beeinträchtigt ist, nicht abhängen, noch viel weniger kann man die für den Ersteher vorhandene Ungewißheit, ob und inwieweit er durch den Entschädigungsanspruch für die Wiederherstellungskosten gedeckt wird, vermehren. S.

δ) **Das Vollstreckungsgericht entscheidet nicht über die Auszahlung des gemäß § 117² ZwVG. hinterlegten Kaufgeldüberschusses.**

OLG. Posen, V. ZS. Beschluß v. 8. Juni 1907.

Nach § 117 ZwVG. wird der Teilungsplan (§ 113) durch Zahlung an die Berechtigten ausgeführt, und ist der Betrag für den Berechtigten zu hinterlegen, falls die Auszahlung nicht erfolgen kann. Die für den Berechtigten erfolgte Hinterlegung hat in gleicher Weise wie die Zahlung die Wirkung einer Befriedigung aus dem Grundstücke, und es gehört zu den Berechtigten im Sinne § 117 ZwVG. auch der Schuldner (Fischer-Schäfer Anm. 2 und 1 zu § 117 ZwVG.). Mit der Hinterlegung für die im vorliegenden Falle bekannten Eigentümer der Grundstücke und Bezugsberechtigten auf den Kaufgeldüberrest hat die Tätigkeit des Vollstreckungsgerichts aufgehört. Ob aus irgend einem mit der Verteilung des Kaufgeldes nicht in Verbindung stehenden Rechtsgrunde die Berechtigung zur Empfangnahme des Kaufgelderrestes zwischen den an sich berechtigten Eigentümern der Grundstücke streitig ist und infolgedessen die Auszahlung nicht erfolgen kann, interessiert das Vollstreckungsgericht nur insoweit, daß es die Hinterlegung zu bewirken hat. Eine Entscheidung aber darüber, in welcher Weise die Auszahlung bei der Hinterlegungsstelle zu erfolgen hat, hat das Vollstreckungsgericht nicht zu treffen.

Dieser Auffassung steht auch nicht die Vorschrift der §§ 135 ff. ZwVG. entgegen, wonach das Vollstreckungsgericht zur Ermittelung eines Berechtigten tätig zu werden hat, wenn die Person des Berechtigten unbekannt ist. Denn hier liegt eine solche Unbekanntschaft nicht vor. Wenn innerhalb der Hinterlegungserklärung des die Herauszahlung hinterlegten Betrages auf Grund des ergehenden Urteils vom Amtsgericht Sch. bestimmt werden soll, so kann diese unzutreffende Bestimmung nicht bewirken, daß das Vollstreckungsgericht mit der Anordnung der Auszahlung befaßt wird. E. l.

ε) **Zwangsversteigerung von Stockwerkeigentum. Beschwerde ohne vorherige Erinnerung.**

OLG. Stuttgart, I. ZS. Beschluß v. 27. März 1907.

Das Amtsgericht hatte die Zwangsversteigerung eines Gebäudegrundstücks, an welchem Stockwerkeigentum bestand, angeordnet. Die sofortige Beschwerde eines Beteiligten wurde verworfen. Seine weitere Beschwerde hatte Erfolg.

Gründe:

... Die Anordnung aus § 180 ZwVG. setzt eine Gemeinschaft im Sinne der §§ 741 ff. BGB. (vgl. § 753) voraus, wie sie namentlich im Falle des

Miteigentums nach § 1008 BGB. besteht. Vorliegend ... erhellte schon aus den Grundbuchauszügen das Vorliegen von Stockwerkeigentum. Dieses eigenartige Rechtsverhältnis des früheren württ. Rechts, das nach EG. zum BGB. Art. 182 bestehen blieb, stellt kein Miteigentum nach Bruchteilen dar und begründet keine Gemeinschaft im Sinne der §§ 741 ff. BGB. Der § 753 BGB. und die §§ 180 ff. ZwVG. greifen daher nicht Platz; vielmehr sind die Ansprüche der Stockwerkeigentümer gemäß Art. 182 nach den bisherigen Gesetzen zu beurteilen. Die Zwangsversteigerung war daher unzulässig (vgl. WürttJ. 14 S. 174). Trotzdem hat das LG. die Beschwerde verworfen, davon ausgehend, daß zunächst bei dem Amtsgericht Erinnerung gemäß § 766 ZPO. erhoben werden mußte. Diese Ansicht ist nicht zu billigen.

Es kann unerörtert bleiben, ob aus dem ZwVG. selbst, besonders aus den §§ 28, 79, 95 zu folgern ist, daß gegen die Anordnung der Zwangsversteigerung nach §§ 15, 180 nicht Erinnerung im Sinne des § 766 ZPO., sondern die sofortige Beschwerde (§ 793 ZPO.) stattfindet (vgl. Zentralbl. f. FrG. 1906 S. 361). Denn selbst wenn die allgemeinen Vorschriften der ZPO. über die Rechtsbehelfe gegen Entscheidungen, die im Vollstreckungsverfahren ergehen, auch für die Anordnung der Zwangsversteigerung gelten und der § 766 ZPO. auch gegenüber den Verfügungen des Vollstreckungsgerichts anwendbar ist (vgl. Entsch. des RG. 16 S. 319, 348; 18 S. 433; 25 S. 371; 26 S. 399; JW. 1899 S. 575[11]; Seuffert 42 Nr. 80), so kann dies doch nicht dahin führen, auch in einem Falle der vorliegenden Art zunächst die Erinnerung für erforderlich zu erklären. Eine solche ist vielmehr, soweit eine Verfügung des Vollstreckungsgerichts in Frage steht, nur dann geboten, wenn es sich dabei um die „Art und Weise der Zwangsvollstreckung" handelt, wenn also geltend gemacht wird, daß die angefochtene Verfügung gegen die gesetzlichen Bestimmungen über das Vollstreckungs verfahren verstoße und daher unzulässig sei. Dies ergibt sich aus dem Wortlaut des § 766 und aus den Motiven S. 406 hierzu. Im Einklang mit dieser Begründung stehen die Auslegungsgrundsätze des RG. (Seuffert 41 Nr. 158): der § 766 setze voraus, daß sich in bezug auf die Art und Weise der Ausführung der Vollziehung Einwendungen oder Erinnerungen ergeben, daß es sich also um eine Kognition des Gerichts handle, die bisher noch nicht ausgeübt sei; dagegen habe § 766 nicht den Sinn, daß, wenn es der mit voller Kenntnis der erheblichen rechtlichen und tatsächlichen Beziehungen gefaßte Beschluß des Gerichts sei, der einen Beteiligten verletzte, dieser erst noch bei dem Vollstreckungsgericht remonstrieren müsse, ehe er von der Beschwerde Gebrauch machen könne. Hiernach mag richtig sein, daß gegen den Beschluß des Vollstreckungsgerichts, durch den gemäß § 828 ZPO. die Pfändung einer Forderung angeordnet wurde, der Schuldner, der die Unpfändbarkeit der Forderung geltend macht, zunächst eine Erinnerung erheben muß; denn hier beruht die Einwendung des Schuldners immerhin auf den in der ZPO. enthaltenen Bestimmungen über das Vollstreckungs verfahren. Vorliegend dagegen macht die Beschwerde geltend, daß die sachlichen Voraussetzungen einer Zwangsversteigerung, das Vorliegen einer Gemeinschaft, mangeln.... H.

p) **Ist gegen die Anordnung der Haft im Offenbarungseidesverfahren Beschwerde oder Erinnerung gegeben?**

Kammergericht, XI. ZS. Beschluß v. 18. Oktober 1907.

Das OLG. Breslau (oben S. 17) unterwirft die Anordnung der Haft nicht dem § 793, sondern dem § 766, so daß dagegen nicht die sofortige Beschwerde, sondern die „Erinnerung" stattfindet. Wäre dieser Ansicht beizupflichten, so müßte auch in dem Schriftsatz des Schuldners vom 27. September eine „Erinnerung" im Sinne des § 766 erblickt werden, welche an keine Frist gebunden gewesen wäre, und über die das Amtsgericht zu entscheiden gehabt hätte. Der Senat hält indessen an der bisher von ihm vertretenen Auffassung fest, daß die Haftanordnung eine „Entscheidung" im Sinne des § 793 sei.

1. Das OLG. Breslau unterscheidet nicht zwischen dem Beschluß, durch den gemäß § 901 die Haft „angeordnet" wird, und dem „Haftbefehl", den das Gericht nach § 908 „bei Anordnung der Haft" zu erlassen hat und welcher nach § 909 dem Schuldner bei der Verhaftung vorzuzeigen und auf Begehren abschriftlich mitzuteilen ist. Indem der § 908 vorschreibt, daß das Gericht „bei Anordnung der Haft" den Haftbefehl zu erlassen habe, gibt er deutlich zu erkennen, daß die auf Grund des § 901 erfolgende „Anordnung der Haft" und der gleichzeitig zu erlassende Haftbefehl *zweierlei* sind.

2. Das OLG. Breslau meint ferner: der § 329[3] finde auf die „Anordnung der Haft" keine Anwendung. Aus dem Ausdruck „Anordnung" ist indessen nichts über den rechtlichen Charakter der mit diesem Ausdruck bezeichneten Willensäußerung des Gerichts zu entnehmen. Der Ausdruck ist in der ZPO. kein technischer. Er wird bald für *prozeßleitende* Verfügungen, gegen welche es überhaupt keinen Rechtsbehelf gibt (so § 141: Anordnung des persönlichen Erscheinens, § 142: der Vorlegung von Urkunden, § 43 von Aktenstücken, § 144: einer Augenscheinnahme oder Begutachtung), bald für Beschlüsse, die mit der Beschwerde anfechtbar sind (so § 246: der Aussetzung des Verfahrens, § 390[2]: der Haft bei Zeugnisverweigerung, § 656: der Unterbringung in einer Heilanstalt) gebraucht. Die in § 901 vorgesehene „Anordnung der Haft" stellt sich als eine *Entscheidung* über den vom Gläubiger gestellten *Haftantrag* dar, mithin als eine Entscheidung im Sinne des § 329[3], welche (mangels Verkündung) von Amts wegen beiden Parteien zuzustellen ist. Dagegen ist der *Haftbefehl* überhaupt nicht zuzustellen, sondern dem Gläubiger und von letzterem dem Gerichtsvollzieher auszuhändigen, welcher ihn bei der Verhaftung vorzuzeigen 2c hat (ZPO. §§ 908, 909).

3. Der Beschluß, der die Haft anordnet, stellt aber auch eine Entscheidung dar, welche im Vollstreckungsverfahren ohne mündliche Verhandlung ergehen kann, und gegen welche daher nach § 793 die sofortige Beschwerde stattfindet. Nach § 900[2] ist die Anwesenheit des Gläubigers in dem auf die

Ladung bestimmten Termin nicht erforderlich, es bedarf also keiner mündlichen Verhandlung.

4. Das Reichsgericht (Entsch. 16 S. 339) hat allerdings den § 766 auch auf die vom Gericht selbst erlassenen Vollstreckungsmaßregeln angewendet. Diesen Grundsatz hat es aber (18 S. 433) dahin eingeschränkt, daß gegen eine Entscheidung, vor deren Erlaß dem Gegner rechtliches Gehör zu gewähren war und gewährt ist, nicht die Erinnerung, sondern die sofortige Beschwerde stattfindet. So verhält es sich hier, denn dem Schuldner war durch die Ladung Gelegenheit gegeben, seine Einwendungen im Termin vorzubringen. Gegen die „Anordnung der Haft" im Sinne des § 901, d. i. hier gegen den Haftbeschluß, fand daher nur die sofortige Beschwerde statt (Struckmann-Koch, Gaupp-Stein und Seuffert zu § 901). Gegen den Haftbefehl, der nur eine dem Gläubiger zwecks Vollziehung des Haftbeschlusses ausgehändigte Urkunde, also lediglich ein Mittel zur Vollstreckung des Beschlusses darstellt, findet kein Rechtsmittel statt. F.

q) **Keine Rechtshilfe zur Erzwingung des Offenbarungseides.**

OLG. Posen, V. ZS. Beschluß v. 10. Juli 1907.

Das AG. zu P. begehrt, daß das AG. zu G. angewiesen werde, den Schuldner des Mündels durch den zuständigen Gerichtsvollzieher zur Ableistung des Offenbarungseides verhaften und vorführen zu lassen. Diesem Antrage konnte nicht entsprochen werden, weil ein Fall der Rechtshilfe (§§ 159, 160 GVG., § 2 FrGG.) nicht vorliegt. Ein solcher ist nur dann gegeben, wenn die Erledigung der betreffenden Amtshandlung an sich dem ersuchenden Gericht obliegt, ihrer Durchführung aber örtliche Schwierigkeiten entgegenstehen (vgl. Schulze-Görlitz u. Oberneck, FrG. 1 S. 11). Diese Voraussetzung trifft auf den vorliegenden Fall nicht zu. Denn es stand lediglich dem Vormund der Gläubigerin zu, den zuständigen Gerichtsvollzieher mit der Verhaftung des Schuldners zur Erzwingung des Offenbarungseides zu beauftragen (§§ 909 ff. ZPO., § 83 Gesch.-Anw. f. Gerichtsv. vom 1. Dezember 1899). Die Verhaftung selbst lag außerhalb der sachlichen Grenzen der Amtsgewalt des ersuchenden Gerichts. E.l.

r) **Arrest rc**[1]: α) **Abtretung der Forderung nach Einreichung des Gesuches.**

Kammergericht, II. ZS. Urteil v. 24. November 1905.

Während das vom 18. April datierte Gesuch bei Gericht am 20. April eingegangen ist, trägt die Abtretungsurkunde zwar das Datum des 18. April und ist laut der notariellen Beglaubigung an diesem Tage vom Kläger unterschrieben. Sie ist jedoch vom Notar erst am 30. April verstempelt, und hieraus zu schließen, daß sie von ihm frühestens an diesem Tage ausgehändigt ist.

[1] Der an sich gerechtfertigt erlassenen einstw. Verfügung wird der Boden nicht dadurch entzogen, daß demnächst ein erstinstanzliches, gegen hohe Sicherheit vollstreckbares Urteil ergeht (Entsch. des RG. v. 20. Mai 1905 V 177/05; vgl. JW. 1905 S. 744). Die Verfügung darf nur dem Prozeßgegner, nicht aber Dritten etwas aufgeben oder verbieten (Entsch. des RG. v. 25. März 1907 I 516/06; Rsp. 11 S. 118).

Damit ist wahrscheinlich gemacht, daß die Abtretung nicht unerheblich nach dem 20. April durch Annahmeerklärung des Erwerbers perfekt geworden ist. Der Kläger hatte also am 20. April bei Eingang seines Gesuchs einen Anspruch gegen den Beklagten. Dadurch allein würde sich jedoch die Aufrechterhaltung des Beschlusses für den gegenwärtigen Zeitpunkt nicht rechtfertigen; denn die Rechtmäßigkeit ist lediglich unter Zugrundelegung des Rechtsverhältnisses zu beurteilen, welches dem entscheidenden Gericht nach der Verhandlung, auf die die Entscheidung ergeht, vorliegt. Deshalb ist zu prüfen, ob der Kläger durch die Abtretung der zu sichernden Forderung die Aktivlegitimation eingebüßt habe. Dies ist zu verneinen. Es ist davon auszugehen, daß unter Rechtshängigkeit das prozeßrechtliche Verhältnis zu verstehen ist, welches dadurch erwächst, daß ein Gericht auf Anrufen einer Partei damit befaßt wird, über einen Anspruch der Partei nach den Vorschriften der ZPO. zu verhandeln und zu entscheiden. In diesem Sinne ist mit dem Eingang des Gesuchs der Anspruch auf Sicherung der Forderung rechtshängig geworden, und auf das dadurch entstandene prozessuale Rechtsverhältnis sind diejenigen Vorschriften, welche für prozessuale Rechtshängigkeit gegeben sind, entsprechend anzuwenden (Entsch. des RG. 8 S. 359). Deshalb ist in sinngemäßer Anwendung des Abs. 1 und des ersten Satzes des Abs. 2 des § 265 ZPO. auf den Streitfall der Kläger, in dessen Person durch das Gesuch der Anspruch auf Sicherung prozessual rechtshängig geworden war, trotz des späteren Übergangs des materiellen Anspruchs auf Sicherungshypothek auf die Erwerber der Vergütungsforderung prozeßrechtlich befugt, das von ihm beantragte Verfahren durchzuführen. Dr. V.

β) **Einstellung der Vollziehung eines einen Arrest aufhebenden Urteils. ZPO. §§ 707, 719.**

Kammergericht, XI. ZS. Beschluß v. 25. Oktober 1907.

Nachdem das LG. den dinglichen Arrest angeordnet und zugleich in dessen Vollziehung den Anspruch der Beklagten gegen X. auf Herausgabe eines Hypothekenbriefes gepfändet hatte, hat es durch vorläufig vollstreckbares Urteil vom 13. September den Arrestbefehl und demnächst auf Antrag der Beklagten durch Beschluß vom 10. Oktober „den in Vollziehung des Arrestbefehls ergangenen Pfändungsbeschluß" aufgehoben. Der Kläger hat Berufung eingelegt und beantragt: Die Vollstreckung aus dem Urteil einstweilen einzustellen und die erfolgte Vollstreckung, d. h. den Pfändungsbeschluß aufzuheben. Der Antrag ist unbegründet.

Auch wenn man die immerhin zweifelhafte Frage, ob die §§ 707, 719 überhaupt auf solche Urteile anwendbar sind, welche einen Arrestbefehl aufheben, im Anschluß an RG. (Entsch. 25 S. 401) bejaht, insbesondere die Durchführung eines Arrestaufhebungsurteils als „Zwangsvollstreckung" (§ 707) ansehen kann, so ist doch eine Anordnung aus §§ 707, 719 nach beendeter Vollstreckung nicht mehr zulässig (a. O. 23 S. 326). Vorliegend ist die Vollstreckung des angefochtenen Urteils dadurch völlig durchgeführt und endgültig erledigt, daß das LG. den Pfändungsbeschluß, der gleichzeitig mit dem Arrestbefehl erlassen war, aufgehoben hat. Eine neue Vollziehung des Arrestbefehls ist unstatthaft, nachdem die zweiwöchentliche Frist des § 929[2] verstrichen ist.

Zu einer anderen Beurteilung wäre möglicherweise zu gelangen, wenn der Gerichtsvollzieher auf Grund des Pfändungsbeschlusses den Hypothekenbrief von dem Drittschuldner in Empfang genommen und noch jetzt in Verwahrung hätte. Es würde dann in Frage kommen, ob etwa die Vollziehung des **Urteils**, solange der Gerichtsvollzieher noch den Brief in Verwahrung hätte, noch nicht als beendet anzusehen wäre. Unstreitig hat aber der Drittschuldner den Brief in Besitz. F.

γ) **Sequestration eines Grundstücks, dessen Eigentümer auf das Eigentum gemäß § 928 BGB. verzichtet hat.**

Kammergericht, XIV. ZS. Beschluß v. 19. September 1907.

Der Grundstückseigentümer hat notariell auf sein Eigentum verzichtet, der Verzicht ist ins Grundbuch eingetragen. Auf den Antrag des Hypothekengläubigers hat das nach § 937 zuständige LG. gemäß § 737 einen Vertreter des Grundstücks bestellt und ihm bis zur Eintragung eines neuen Eigentümers die Wahrnehmung der sich aus dem Eigentum ergebenden Rechte und Pflichten im Vollstreckungsverfahren übertragen. Dagegen hat es den weiteren Antrag zurückgewiesen, durch eine gegen diesen Vertreter zu erlassende einstw. Verfügung einen Sequester zu bestellen, der bis auf weiteres das Grundstück verwalten soll. Die Beschwerde hierüber ist begründet. Da der nach § 928 BGB. aneignungsberechtigte preußische Staatsfiskus sich noch nicht hat als Eigentümer eintragen lassen, ist das Grundstück zurzeit sich selbst überlassen. Es ist zu besorgen, daß die Abgaben, die Gas- und Wassergelder, sowie die demnächst fälligen Hypothekenzinsen nicht entrichtet, aber auch die fälligen Mieten nicht eingezogen werden. Es entsteht die Gefahr, daß die Einkünfte verloren gehen, die Zufuhr von Gas und Wasser abgeschnitten wird und die Mieter von dem ihnen dadurch erwachsenden Kündigungsrechte (§ 542 BGB.) Gebrauch machen, also das Grundstück entwertet, aber auch die Gläubigerin wegen ihrer Zinsen nicht befriedigt werden wird. Eine einstw. Verfügung ist somit erforderlich einerseits, weil die Gefahr besteht, daß durch eine Veränderung des bestehenden Zustandes die Verwirklichung der gläuberischen Rechte vereitelt oder wesentlich erschwert werden könnte, und sodann, weil die Regelung eines einstweiligen Zustandes zur Abwendung wesentlicher Nachteile nötig erscheint. Die Anordnung steht im Ermessen des Gerichts, sie kann auch in einer Sequestration bestehen (§ 938). Eine solche erscheint hier als das geeignetste Mittel, um eine ordnungsmäßige Verwaltung bis zum Eintritt eines neuen Eigentümers zu sichern. Dr. P. S.

δ) **Verjährung im Falle des § 945 ZPO.**

OLG. Breslau, III. ZS. Urteil v. 12. Oktober 1907.

Die Haftung aus § 945 ist als eine solche aus einer unerlaubten Handlung im Sinne der §§ 823 ff. BGB. anzusehen. Diese Auffassung wurde bereits bei den Beratungen des BGB. vertreten (Prot. 2 S. 671) und auf S. 274 das. wird der dem § 945 entsprechende § 813a der geplanten Novelle zur ZPO. geradezu mit der Randbezeichnung „Unerl. Handl." versehen. Es treffen für den Fall des § 945 auch die Gründe zu, aus denen die Entsch. des RG. 53 S. 114, 57 S. 52, 58 S. 335, 60 S. 300 die Haftung aus § 1 Haftpflichtges. für eine auf unerlaubter Handlung beruhende erklärt hat. Insbesondere ist darauf hinzuweisen, daß auch § 945, ebenso wie die §§ 302, 600 und 717, auf dem Gedanken der Gefährdungshaftung beruht, der auch den §§ 833, 835 BGB. zugrunde liegt. Für diese Bestimmungen sind aber die Rechtsnormen des 25. Titels schlechthin anwendbar; in dieser Hinsicht ist der Entsch. des RG. 60 S. 315 im Gegensatze zu der Meinung Dernburgs 2² § 396 III beizutreten. Demnach erscheint es, da besondere Vorschriften oder der Sinn des Gesetzes nicht entgegenstehen, folgerichtig, wie es denn auch der Zweckmäßigkeit und Billigkeit entspricht (Dernburg § 395 VII), bei der Schadenhaftung wegen ungerechtfertigter Rechtsbehelfe gleichfalls die kurze Verjährungsfrist des § 852 BGB. eintreten zu lassen. Dagegen kann der Beginn der Verjährung nicht für alle Fälle dieser Art nach § 852 BGB. geregelt werden. Diese Bestimmung schiebt im Interesse des Verletzten und abweichend von dem allgemeinen Grundsatze des § 198 BGB. den Beginn der Verjährung hinaus: sie soll nicht schon mit der Entstehung des Ersatzanspruchs, sondern erst später in Lauf kommen, wenn der Verletzte von dem Schaden und der Person des Ersatzpflichtigen Kenntnis erhält (Planck Bem. 1 zu § 852). Die beabsichtigte Begünstigung des Verletzten wird durch § 852 aber nur erreicht, wenn zuerst der Ersatzanspruch zur Entstehung und dann der Schaden und die Person des Ersatzpflichtigen zur Kenntnis des Verletzten kommt. Bei Schadenersatzansprüchen aus § 945 liegt es, wie auch hier, meist umgekehrt. Dem Kläger war der angebliche Schaden und die Person des Schädigers längst bekannt, bevor der Arrest durch das Urteil des RG. aufgehoben wurde. Erst diese Aufhebung aber begründete die gesetzliche Schadenersatzpflicht der Beklagten (Entsch. des RG. 58 S. 243). Eine vorher zur Unterbrechung der Verjährung angestellte Klage hätte also als zur Zeit unbegründet abgewiesen werden müssen. — Wollte man übrigens annehmen, daß der Schadenersatzanspruch schon vor der Aufhebung des Arrestes entstanden war, so wäre doch die Entscheidung des Arrestgerichts maßgeblich für die Frage gewesen, ob der Arrest gerechtfertigt war. Die Verhandlung über den Schadenersatz hätte deswegen bis zur Erledigung des Widerspruchverfahrens ausgesetzt werden müssen. Unter solchen Umständen hätte vom Kläger nicht verlangt werden können, daß er lediglich zur Unterbrechung der Verjährung die Ersatzklage anstellte, ohne die Entscheidung der über dieselbe Frage bereits angerufenen Gerichte abzuwarten. Damit würde man ihm die Erfüllung einer leeren Formalität aufgebürdet haben. Dr. L.z.

t) **Ablehnung eines Schiedsrichters wegen einseitiger Verhandlung.**

α) OLG. Hamburg, I. ZS. Beschluß v. 30. September 1907.

Zur Ablehnung genügt, daß R. nach Übernahme des Schiedsrichteramts auf Ersuchen des Antragstellers eine Besichtigung ohne Zuziehung der Gegenpartei vorgenommen hat. Ein Richter, mag er staatlicher Richter oder Schiedsrichter sein, setzt sich der Gefahr der Ablehnung wegen Befangenheit aus, wenn er einer Partei gestattet, einseitig mit ihm über den Streitgegenstand sich zu besprechen, wenn er auch nur die Absicht dabei verfolgt, das Streitobjekt kennen zu lernen. M. M.

β) **Honorierung des vorzeitig ausscheidenden Schiedsrichters.**

OLG. Hamburg, IV. ZS. Urteil v. 8. Juli 1907.

Das zwischen der Partei und dem Schiedsrichter durch die Übernahme des Schiedsrichteramtes begründete Verhältnis ist ein privatrechtlicher Vertrag. So wurde das Verhältnis bereits im gemeinen Recht kraft besonderer gesetzlicher Regelung beurteilt; daß auch das jetzige Recht von dieser Auffassung ausgeht, ergibt sich aus § 1033 Nr. 1 ZPO., wo von dem Falle die Rede ist, daß ein Schiedsrichter „von dem mit ihm geschlossenen Vertrage zurücktritt" (vgl. ferner Planck BGB. Vorbem. zu Buch II Abschn. 7 Tit. 19 unter III). Diesem im allgemeinen unter den Dienstvertrag fallenden Verhältnisse entspringen Klagrechte sowohl auf Leistung der schiedsrichterlichen Tätigkeit (vgl. § 611 BGB., Entsch. des RG. 41 Nr. 69), wie auf Zahlung einer ausdrücklich oder stillschweigend zugesagten Vergütung. Vorliegend sollte der Kläger seine Tätigkeit nicht umsonst gewähren. Beklagter wendet jedoch ein, der Kläger könne auf Grund der Bestimmung des Schiedsvertrages, daß die Kosten von der unterliegenden Partei zu tragen sind, vor Beendigung des Verfahrens nichts fordern und dürfe sich auch nachher zunächst nur an die unterliegende Partei halten. Allein jene Bestimmung regelt die Kostenpflicht nur im Verhältnis der beiden Schiedsparteien zueinander, ist also für den auf dem receptum arbitri beruhenden Honoraranspruch bedeutungslos. Hierfür muß die Entscheidung vielmehr aus der Natur des Schiedsrichtervertrages und den besonderen Abmachungen genommen werden.

Aus der eigentümlichen Natur des Rezeptums, wonach der Schiedsrichter den Streit entscheiden und dabei „unabhängig wie der Richter" sein und „im wesentlichen dieselbe geistige Tätigkeit wie dieser entfalten" soll (RG. a. O.), folgt nun, daß weder das Klagerecht auf Leistung der versprochenen Dienste ein so unbedingtes wie beim gewöhnlichen Dienstvertrage, noch der Anspruch auf Honorarzahlung in dem sonst statthaften Umfange von der vollständigen Erfüllung der Gegenleistung abhängig ist. Insbesondere muß — vom Ausscheiden infolge der Ablehnung gemäß § 1032 abgesehen — dem Schiedsrichter das Recht des Rücktritts aus besonderen Gründen zuerkannt werden (vgl. hier das gemeine Recht, dessen aus allgemeinen Erwägungen fließende Entscheidungen noch jetzt zutreffen, L. 9 § 4 und 5, L. 15, L. 16 pr. D. 4, 8). Ob er in allen solchen Fällen stets Anspruch auf das ihm ausdrücklich oder stillschweigend zugesagte Honorar hat, ist allerdings zweifelhaft und wird außer von etwaigen besonderen Abmachungen wesentlich von dem Umfange seiner Wirksamkeit und von der Art der zum Rücktritt führenden Gründe abhängen. Hier kann der Kläger sich nun auf den Revers berufen, in welchem der Beklagte sich bereit erklärt, ihm jeden Tag, wo er als Schiedsrichter tätig sein werde, mit 40 Mark zu vergüten. Es ist also von vornherein auf eine Vergütung Bedacht genommen, die nach Maßgabe der vom Kläger aufzuwendenden Zeit berechnet werden sollte. Anderseits ist der Kläger erst nach mehrjähriger Amtsdauer ausgeschieden, die allerdings wegen der Ablehnungsstreitigkeiten der Schiedsparteien nur in beschränktem Umfange zur schiedsrichterlichen Bearbeitung des Falles geführt und außerdem auch insoweit, als er in jene Streitigkeiten selbst mit hineingezogen ist, seine Arbeitszeit beansprucht hat. Schließlich hat er sein Amt nicht eigentlich niedergelegt, sondern er ist von der Gegenpartei abgelehnt worden und hat nur, nachdem diese Ablehnung als begründet anerkannt war, den Beklagten dadurch von der gegen diese Entscheidung zulässigen Beschwerde abgehalten, daß er erklärte, sein Amt, auch wenn die Beschwerde Erfolg haben sollte, nicht mehr weiterführen, sondern es eventuell niederlegen zu wollen. Dieses Verhalten kann ihm nicht verdacht werden, denn auch durch ein sachlich unbegründetes Ablehnungsgesuch konnte sich der Kläger in der für sein Amt erforderlichen Unbefangenheit in solchem Maße beeinträchtigt fühlen, daß der Rücktritt ihm im Interesse beider Schiedsparteien als geboten erschien. Danach ist aber auch sein Recht auf Honorarzahlung nach Maßgabe der bereits aufgewandten Zeit durch sein Verhalten nicht beeinträchtigt worden, und deshalb die Klage begründet. M. M.

γ) **Fortsetzung des schiedsrichterlichen Verfahrens nach Aufhebung des Schiedsspruchs.**

OLG. Celle, II. ZS. Urteil v. 23. Mai 1907.

Nachdem einmal ein Schiedsspruch erlassen, ordnungsmäßig zugestellt und hinterlegt war, war die Aufgabe der Schiedsrichter erschöpft und die Wirkung des Schiedsvertrages erloschen. Daran wird mangels entgegenstehender Bestimmungen des Schiedsvertrages auch durch die spätere Aufhebung des Schiedsspruchs nichts geändert (Entsch. des RG. 41 S. 398). Trotzdem war hier die Entscheidung durch ein Schiedsgericht zulässig, weil ein neuer Schiedsvertrag zwischen den Parteien zum Abschlusse gelangt war (Seuffert 46 S. 256). An eine bestimmte Form ist er nicht gebunden; er kann daher auch stillschweigend geschlossen werden, und ein solcher Abschluß ist hier darin zu erblicken, daß die Parteien neue Schiedsrichter wählten und sich beide auf die Verhandlungen vor ihnen vorbehaltlos einließen; dadurch verzichteten sie darauf, die Unzulässigkeit einer nochmaligen schiedsrichterlichen Entscheidung geltend zu machen (Entsch. des RG. 27 S. 370, 29 S. 391). . . . Auch der Einwand, daß die Vernehmung des Zeugen M. vor nur zweien der Schiedsrichter unzulässig gewesen sei, ist unbegründet. Der § 1035, wonach die Schiedsrichter Zeugen vernehmen können, verbietet es nicht, daß wie hier durch Beweisbeschluß mit der Vernehmung des Zeugen einer oder mehrere Schiedsrichter beauftragt werden. Wäre aber selbst anzunehmen, daß die Vernehmung nicht den Gesetzesvorschriften entsprochen habe und die Niederschrift der Aussage nicht ein vollwertiges Protokoll über die Vernehmung darstelle, so würde diese Niederschrift doch jedenfalls eine Urkunde bilden, deren Verwendung wie die einer jeden anderen Urkunde bei der Urteilsbildung in das Ermessen der Schiedsrichter gestellt ist. Denn wenn es den Schiedsrichtern gemäß § 1034 auch obliegt, das Sachverhältnis zu ermitteln, soweit sie die Ermittlung für erforderlich erachten, so sind sie doch nicht an eine bestimmte Form der Beweiserhebung gebunden, also auch nicht verpflichtet, einen Zeugen zu vernehmen, wenn sie eine frühere Niederschrift seiner Aussage, die nicht nach den gesetzlichen Vorschriften zustande gekommen ist, zur Bildung ihrer Überzeugung für genügend erachten. Vorliegend mußte den Schiedsrichtern das Recht, von der Vernehmung des Zeugen abzusehen, um so mehr zugesprochen werden, als die Beklagte, wenn nicht der Verwertung der im früheren schiedsrichterlichen Verfahren gemachten Aussage des Zeugen ausdrücklich zugestimmt, doch auf Grund derselben verhandelt hat, ohne gegen ihre Verwendung Einspruch zu erheben. Hierdurch hat sie, selbst wenn die Unterlassung der nochmaligen Vernehmung des Zeugen eine Prozeßvorschrift verletzt hätte, auf das ihr etwa zustehende Verteidigungsmittel verzichtet. H. ch.

δ) **Vollstreckungsurteil gegen den Rechtsnachfolger des durch den Schiedsspruch Verurteilten. Eintritt in den Pachtvertrag als Nachfolge.**

OLG. Kiel, II. ZS. Urteil v. 13. Juli 1906.

Nach § 1040 hat der Schiedsspruch „unter den Parteien“ die Wirkungen eines rechtskräftigen gerichtlichen Urteils. Entgegen auch der von Reincke vertretenen Ansicht ist mit Gaupp-Stein und Seuffert eine Erstreckung dieser Wirkungen und damit der Erlaß des Vollstreckungsurteils des § 1042 gegenüber Rechtsnachfolgern der Parteien, abgesehen von noch anderen Fällen, besonders in dem Fall einer allgemeinen Rechtsnachfolge auch dann zuzulassen, wenn ein Dritter die Schuld des im Schiedsspruch Verurteilten durch Vertrag übernommen hat. Allerdings sind die §§ 727, 731, 325 nur für die von den Staatsgerichten erlassenen Urteile gegeben, auf Schiedssprüche nicht anwendbar. Fehlt es aber danach an einschlagenden Vorschriften, so besteht einerseits keine Notwendigkeit, den Worten des § 1040 „unter den Parteien“ eine enge, ausschließende Bedeutung zu geben, es weist anderseits die Natur des Schiedsspruchs, der sich aus dem von den Parteien geschaffenen Schiedsvertrag ableitet, auf eine noch freiere Behandlung der Frage hin, als sie in den angeführten Vorschriften für die gerichtlichen Urteile angeordnet ist. Es würde an einer zureichenden Begründung dafür fehlen, daß, wenn die Parteien den Schiedsspruch selbst und damit nach § 1040 die Wirkungen eines rechtskräftigen gerichtlichen Urteils durch privatrechtlichen Vertrag hervorrufen können, nicht das gleiche auch von einer Übertragung dieser Wirkungen auf Dritte gelten sollte. Daher besteht hier auch nicht die Schranke, die für die gerichtlichen Urteile der § 729 ZPO. dahin bestätigt, daß nicht die einfache, sondern nur die dort bezeichnete qualifizierte Schuldübernahme eine Rechtsnachfolge im Sinne des § 325 herstellt.

Dagegen fehlt es an der Darlegung, daß der Beklagte die Schuld seines Pachtvorgängers aus dem Schiedsspruch von 1901 durch Vertrag übernommen habe. Durch den Vertrag der drei Beteiligten von 1903 ist allerdings der Beklagte in den Pachtvertrag derart eingetreten, „daß er völlig mit allen Rechten und Verbindlichkeiten an die Stelle des bisherigen Pächters trat, so daß dieser aus dem Vertragsverhältnis zum Kläger vollständig ausschied." Die Bestimmung läßt jedoch eine doppelte Auslegung zu. Einmal die, daß der bisherige Pächter von jetzt an aus dem Pachtverhältnis ausschied und der Beklagte von jetzt an in das Pachtverhältnis eintrat, so daß der bisherige Pachtvertrag aufgehoben und für den Rest der Pachtzeit ein neuer Vertrag mit dem Inhalt des alten mit dem Beklagten geschlossen wurde, eine Schuldübernahme aber in keinem Punkte stattfand. Sodann die strengere Auslegung, daß der Beklagte daneben alle aus dem bisherigen Pachtverhältnis in der Person des bisherigen Pächters etwa entstandenen Sonderverbindlichkeiten zu übernehmen habe.... Es liegt nichts Genügendes dafür vor, daß die Abrede diesen strengeren Sinn hätte haben sollen; der an sie anschließende Satz, das Pachtverhältnis zwischen dem Kläger und dem Beklagten beginne mit dem 1. Februar 1903, spricht eher dagegen, aber auch ohne dies kann bei bestehenbleibendem Zweifel nicht über die erste, dem Kläger nachteiligere Auslegung hinausgegangen werden. Ergibt daher diese Vertragsabrede keine Schuldübernahme des Beklagten, so folgt sie auch nicht in besonderer Beziehung auf die Schuld aus dem Schiedsspruch aus demjenigen, was über diesen Schiedsspruch im Vertrage gesagt ist. Denn wenn dort vereinbart ist, der Beklagte trete in den Pachtvertrag ein, wie er in dem Schiedsspruch erläutert sei, so haben damit zunächst jedenfalls die Anordnungen des Schiedsspruchs zu Abreden des Pachtvertrages erklärt werden sollen; die Fassung der Abrede macht es ferner wahrscheinlich, daß ihre Bedeutung nur diese sein sollte, jedenfalls aber ergibt sich nicht ein Mehr, nämlich die Übernahme der in der Person des bisherigen Pächters durch den Schiedsspruch begründeten Indikatsschuld. Ls.

14

a) **Verzicht auf den Anspruch aus § 12 BGB.**

OLG. Celle, II. ZS. Urteil v. 24. Juni 1907.

Der Beklagte, ein 1879 geborenes uneheliches Kind der Ehefrau des Klägers K., geb. D., führte trotzdem den Familiennamen des K. Die Klage auf Unterlassung dieser Namensführung ist abgewiesen. Gründe:

Art. 208 Halbsatz 2 EG. kann nicht zur Anwendung kommen. Selbst wenn das hier maßgebende frühere Recht den Rechtssatz gekannt haben sollte, daß uneheliche Kinder allgemein oder unter bestimmten Voraussetzungen den

Namen des Vaters zu führen berechtigt seien, so könnte daraus der Beklagte ein Recht auf den Familiennamen des Klägers nicht herleiten, da der Kläger nicht der Vater des Beklagten ist.... Nach Art. 208 (Halbsatz 1) steht dem Beklagten auf Grund des anzuwendenden § 1706 BGB. der Name der Mutter D. zu. Das gleiche war auch für die Zeit vor 1900 der Fall.... Wenn trotzdem die Klage für begründet nicht zu erachten ist, so folgt dies nicht aus einer Anerkennung der Befugnis des Beklagten, den Namen K. zu führen, sondern aus der ... Erwägung, daß der Kläger auf sein Recht, dem Beklagten die Führung des Namens K. zu verbieten, verzichtet hat. Ein solcher Verzicht ist rechtlich zulässig. Der durch § 12 gegebene Anspruch ist ein privatrechtlicher und deshalb auch ein solcher, auf den der Berechtigte verzichten kann. Auch das gemeine Recht kannte diesen Anspruch, auch dort war er privatrechtlicher Natur und konnte durch Verzicht erlöschen. Durch einen solchen Verzicht erwächst dem unberechtigten Führer des Namens nicht die Befugnis, den Namen zu führen; sie kann ihm von einem anderen als dem Verzichtenden bestritten werden; aber wer einmal verzichtet hat, kann den Anspruch auf Unterlassung der Namensführung nicht mehr geltend machen (Entsch. des RG. 5 S. 171; Opet, ziv. Arch. 87 S. 360). Darin, daß der Kläger in die Taufe des Beklagten auf den Namen K. eingewilligt, daß er den Eintritt des Beklagten in Heer und Beamtenlaufbahn unter gleichem Namen und die Namensführung des Beklagten während der Dauer von 24 Jahren geduldet hat, liegt ein Verzicht des Klägers. Dem steht auch nicht der Umstand entgegen, daß der Beklagte erst durch Urteil von 1895 für ein uneheliches Kind erklärt worden ist. Denn da der Kläger von Anbeginn der Ehe an wußte, daß er nicht der Vater des Beklagten war, so hatte er es in der Hand, jederzeit seinerseits die Unehelichkeit des Beklagten feststellen zu lassen und ihm die Weiterführung des Namens K. zu untersagen. H.ch.

b) **Juristische Personen: α) Umgehung der dem Vorstande auferlegten Beschränkungen.**

OLG. Colmar, Ferien-ZS. Beschluß v. 24. August 1907.

Der Grundbuchrichter war landesrechtlich zur Prüfung der Frage, ob die Gewerkschaft bei der Auflassungserklärung ordnungsmäßig vertreten war, berechtigt und verpflichtet. Mit Recht haben die Vorinstanzen diese Frage verneint und daher die beantragte Eintragung des Eigentumsüberganges abgelehnt. Nach dem Beschlusse des Verwaltungsrats der Gewerkschaft sind die Mitglieder des Grubenvorstandes zur Einzelvertretung nicht berechtigt, sondern es bedarf zu Willenserklärungen für die Gewerkschaft des Zusammenwirkens von mindestens zwei Vorstandsmitgliedern. Diese Vorschrift, die eine Gewähr für eine sorgfältige Geschäftsführung bieten soll, darf von den Vorstandsmitgliedern nicht umgangen und hinfällig gemacht werden. Sie sind insbesondere nicht berechtigt, die Gesamtvertretung dadurch tatsächlich in eine Einzelvertretung umzuwandeln, daß Einer von ihnen durch die übrigen in die Vertretungsbefugnis substituiert oder zum Generalbevollmächtigten bestellt wird (vgl. **Oppenhoff**, Berggef. Nr. 658; **Arndt**, Berggef. Anm. 6 zu § 119; **Staub**, Anm. 4 zu § 232 HGB.; **Lehmann-Ring**, Anm. 4 zu § 232 HGB.; **Bolze** 4 Nr. 807). Die Gewerkschaft wäre daher bei der Auflassung durch das Vorstandsmitglied A. Vogt selbst dann nicht ordnungsmäßig vertreten gewesen, wenn dieser, der hierbei sowohl eigenen Namens, wie auch als Generalbevollmächtigter des Vorstandsmitgliedes L. handelte, von diesem hierzu Vollmacht gehabt hätte. Letzteres war aber auch nicht der Fall, denn die Vollmacht ermächtigte ihn nur, im Namen des Machtgebers **gemeinsam mit einem anderen Mitgliede** des Grubenvorstandes für Rechnung der Gewerkschaft Grundstücke zu erwerben ꝛc. Die Vollmacht trägt also dem Beschlusse des Verwaltungsrats ausdrücklich Rechnung und verlangt, daß, wenn der Bevollmächtigte in Vertretung des L. für die Gewerkschaft handelt, noch ein **anderes** Mitglied des Grubenvorstandes mitwirkt. Es ist richtig, daß A. Vogt auch ohne diese Vollmacht bei Mitwirkung eines anderen Vorstandsmitgliedes die Gewerkschaft zu vertreten berechtigt ist, jedoch mit der Ausnahme, daß dieses andere Vorstandsmitglied nicht der Manufakturist Josef Vogt ist, und es war vielleicht bei Erteilung der Vollmacht die Absicht der Beteiligten, dadurch das Verbot, daß die beiden Vogt nie gemeinsam die Gewerkschaft vertreten dürfen, zu umgehen. Jedenfalls ist aber auch nach dem Wortlaute der Vollmacht der Bevollmächtigte Vogt nur in Gemeinschaft mit einem anderen Mitgliede des Grubenvorstandes zur Vertretung der Gewerkschaft berechtigt. Frdthl.

β) **Statutenveränderung eines Vereins.**

OLG. Hamburg, II. ZS. Urteil v. 10. Januar 1907.

Das LG. erklärt den Beschluß vom 19. Januar deshalb für unwirksam, weil er nicht von sämtlichen Vereinsmitgliedern unterzeichnet sei, wie dies der § 20 Satz 2 der Satzungen für Statutenänderungen vorschreibe. Allein die entscheidende Vorschrift ist nicht diese sich durch das instruktionelle „Soll" als eine bloße Ordnungsvorschrift kennzeichnende Bestimmung, sondern der erste Satz des § 20: „Eine Statutenänderung erfolgt durch Beschluß der Generalversammlung." Daß ein ordnungsmäßig zustande gekommener Beschluß der Generalversammlung in seiner rechtlichen Wirksamkeit abhängen sollte von seiner eigenhändigen Unterzeichnung durch sämtliche Vereinsmitglieder und daß z. B. ein dissentierendes Mitglied den Beschluß dadurch sollte vereiteln können, daß es sich weigerte, ihn zu unterzeichnen, ist im Zweifel nicht anzunehmen und hätte, wenn wirklich gewollt, deutlich ausgesprochen werden müssen. Die Frage ist daher nur die, ob hier wirklich ein ordnungsmäßig gefaßter Generalversammlungsbeschluß vorliegt.

Für die Ansicht des Klägers, daß Generalversammlung immer nur die erste Jahresversammlung sei, die schon stattgefunden hatte, ergeben die Satzungen keinen Anhalt. Sie sprechen zwar hier und an einigen anderen Stellen von der Generalversammlung, sagen aber im übrigen nicht, was sie darunter verstehen. In Ermangelung einer aus den Satzungen zu entnehmenden besonderen Begriffsbestimmung kann daher nur die allgemeine, aus der Natur der Sache abzuleitende Begriffsbestimmung zugrunde gelegt werden, daß die Generalversammlung eine Versammlung der Mitglieder ist, an der teilzunehmen sämtlichen Mitgliedern durch gehörige Ladung die Möglichkeit geboten worden ist. Weiteres verlangt der Begriff nicht, und insbesondere kann auch nicht etwa beim Fehlen statutarischer oder gesetzlicher Bestimmungen es als ein allgemein gültiger und daher auch hier anzuwendender Rechtssatz anerkannt werden, daß „bei Personenvereinen zu dauernden Zwecken die Angabe des zu verhandelnden Gegenstandes bei der Berufung der Generalversammlung Voraussetzung für die Gültigkeit der zu fassenden Beschlüsse ist" (Entsch. des RG. 12 S. 233).... M. M.

γ) **Nicht rechtsfähiger Verein, Ausschließung eines Mitglieds.**[1]

OLG. Hamburg, IV. ZS. Urteil v. 6. Juni 1907.

Die Vereinigung, welche die Parteien zusammen mit X. geschlossen hatten, war von ihnen laut § 12 des Vertrages als rechtsfähiger Verein gedacht, doch ist ihm die nach § 22 BGB. zur Erlangung der Rechtsfähigkeit erforderliche Verleihung des Staats nicht zuteil geworden, so daß ein nicht rechtsfähiger Verein vorhanden war, auf den nach § 54 BGB. die Vorschriften über die Gesellschaft anzuwenden sind. Da ferner sein Geschäftsbetrieb die Vermittlung von Güterbeförderungen (Prokureurgeschäfte), also gemäß §§ 1, 93 HGB. Handelsgeschäfte, zum Gegenstande hatte, dieser Betrieb auch unter gemeinschaftlicher Firma („Vereinigte Prokureure") erfolgen sollte, und da die Haftung der einzelnen Gesellschafter gegenüber den Gläubigern nicht beschränkt war, so würde sich die Vereinigung an sich gemäß § 105 HGB. als offene Handelsgesellschaft charakterisieren. Jedoch würde ihr dieser Charakter dann nicht zukommen, falls ihr Gewerbebetrieb über den Umfang eines Kleingewerbes nicht hinausging. Letzteres behaupten Beklagte und bestreitet der Kläger. Dieser Streit ist auch insofern wesentlich, als, wenn nur ein Kleingewerbe betrieben wurde, die Grundsätze des BGB. über die Gesellschaft zur Anwendung kommen, während, sofern eine offene Handelsgesellschaft vorlag, die Sonderbestimmungen des HGB. die Norm bilden. Nach diesen (§ 140) kann die Ausschließung eines Gesellschafters aus der Gesellschaft nur vom Gerichte ausgesprochen werden (Staub, HGB. § 140⁶, § 119⁵), während für die Gesellschaft des bürgerlichen Rechts der § 737 BGB. die Ausschließung eines Gesellschafters durch die übrigen Gesellschafter im Fall berechtigender Umstände ohne Richterspruch zuläßt. Da vorliegend eine Ausschließung des Klägers lediglich durch die Gesellschafter stattgefunden hat,

[1] Ein nicht rechtsfähiger Verein ist zu der nach der Satzung gestatteten Ausschließung eines Mitglieds nicht mehr befugt, wenn dessen Mitgliedschaft zur Zeit der Beschlußfassung schon erloschen ist; andernfalls ist die Feststellungsklage dahin zulässig, daß der Ausschließungsbeschluß unwirksam sei und das zwischen den Parteien bestandene Rechtsverhältnis nicht beendigt habe (Bayer. Ob. LG., II. ZS. Urteil v. 3. Dezember 1906. Samml. 7 S. 577).

so ist diese zweifellos dann unwirksam erfolgt, wenn die Gesellschaft eine offene Handelsgesellschaft war. Der Streit hierüber braucht aber nicht ausgetragen zu werden, weil die Ausschließung des Klägers ebenfalls dann als unwirksam betrachtet werden muß, wenn die Gesellschaft als eine handelsrechtliche nicht zu gelten hatte. Denn war auch in diesem Falle an sich eine Ausschließung statthaft, so sind doch die Gründe, auf welche die Beklagte die Ausschließung gestützt haben, nicht geeignet, diese zu rechtfertigen. Insbesondere konnten unter den hier vorhandenen Umständen weder die Unterlassung der Beitragszahlungen noch die Leistung des Offenbarungseides noch der daraufhin erfolgte Ausschluß des Klägers vom Börsenbesuche hinreichende Gründe für seine Ausschließung aus der Gesellschaft abgeben. Der § 8 des Vertrags regelt die Ausschließung eines Gesellschafters, nachdem im § 7 der Fortbestand der Gesellschaft bei etwaiger Kündigung eines Gesellschafters vorgesehen ist, dahin, daß der Ausschluß bei Vergehungen gegen die guten Sitten, bei Unterschlagungen oder sonstwie bei Handlungen zum Schaden der Gesellschaft erfolgen kann. Daß hiermit nicht alle, auch die geringfügigsten, sondern nur erhebliche Verfehlungen, wichtige Gründe im Sinn der §§ 737, 723 BGB., haben gemeint sein können, muß als Wille der Parteien im Hinblick auf die bestehende Gesetzgebung angenommen werden. M. M.

δ) **Bildung des Vorstands. Ermächtigung eines Vorstandsmitglieds zu Willenserklärungen. Festsetzung von Ordnungsstrafen durch den Registerrichter. Beschwerde des Vereins.**

Bayer. Oberstes Landesgericht, I. ZS. Beschluß v. 21. Dezember 1906.

Der Beschwerdeführer A., II. Vorsitzender des eingetragenen Vereins O., wurde wegen verweigerter Anmeldung des Hofkuraten L. als I. Vorsitzenden in eine Ordnungsstrafe genommen. Hiergegen hat er sowohl im eigenen Namen als auch in Vertretung des Vereins weitere sofortige Beschwerde eingelegt; erstere wurde als unbegründet, letztere als unzulässig verworfen.

Gründe:

1. Der Schlußsatz des § 6 und der § 7 der Satzung enthalten die im § 58 Nr. 3 BGB. vorgeschriebene Bestimmung über die Bildung des Vorstandes. Der § 7 bestimmt die Zusammensetzung des aus mehreren Personen bestehenden Vorstandes, nicht nur, wie der Beschwerdeführer behauptet, des Gründungsvorstandes, sondern des jeweiligen Vorstandes, im Schlußsatze des § 6 wird in Übereinstimmung mit § 27 [1] BGB. Wahl der Vorstandsmitglieder durch die Mitgliederversammlung bestimmt, gleichviel ob die zu besetzende Stelle im Vorstande sich durch Ausscheiden eines Mitglieds des Gründungsvorstandes oder eines später eingetretenen Mitglieds erledigt hat. Auf die Stelle des I. Vorsitzenden des Vorstandes beruft die Satzung den „jeweiligen Hofkuraten"; sie geht dabei von dem Gedanken aus, daß die Männer, die die Stelle des Hofkuraten bekleiden, vermöge ihrer Bildung, ihrer gesellschaftlichen Stellung und ihres geistlichen Amtes vorzugsweise geeignet sind, an die Spitze eines Vereins zu treten. Bestimmungen solcher Art, die bezwecken, die Tätigkeit

des jeweiligen Inhabers eines bestimmten Amtes für die Zwecke des Vereins zu gewinnen, kommen in den Satzungen nicht selten vor, und es ist keineswegs selbstverständlich, daß der durch die Satzung auf eine Stelle im Vorstande Berufene, um die Stelle anzutreten, erst Mitglied des Vereins werden muß (Planck 3 zum § 27; Dernburg § 77 III; Kohler, Lehrbuch 1 § 161 S. 376; Cosack, Lehrbuch 1 § 31 VI, 2 S. 104; Altmann, Deutsch. Vereinsrecht § 24 zu Note 3 S. 97). Das BGB. hat für die Vereine eine dem § 9² Genossenschaftsges. entsprechende Vorschrift nicht aufgenommen, weil bei vielen Vereinen die Mitgliedschaft tatsächlich so geringe Bedeutung hat, daß die Vereine kein besonderes Interesse daran haben, daß ein auf eine Stelle im Vorstande Berufener die Mitgliedschaft erwirbt. Sollte aber bei dem Verein O. die Berufung des Hofkuraten zum I. Vorsitzenden von dem Erwerbe der Mitgliedschaft abhängen, so würde im § 7 auch dessen Berufung zur Mitgliedschaft zu finden und daraus zu folgern sein, daß er die Mitgliedschaft durch die Erklärung seines Eintritts in den Verein erwirbt, durch die er zugleich die Verpflichtung zur Entrichtung des Mitgliederbeitrags übernimmt. Einer Beschlußfassung des Vorstandes und der Ausstellung der Mitgliedkarte würde es nicht bedürfen, den übrigen Vorstandsmitgliedern würde nicht die Macht zustehen, der Bestimmung der Satzung zuwider den Eintritt des Hofkuraten in den Verein und die Übernahme der Stelle im Vorstande durch ihn zu vereiteln oder zu verzögern. Es braucht deshalb nicht auf die Frage eingegangen zu werden, ob den Vorinstanzen darin beigepflichtet werden könnte, daß die Aufnahme eines Vereinsmitglieds sich durch die Beschlußfassung des Vorstandes vollzieht und die Ausstellung der Mitgliedkarte nicht die in der Satzung vorgeschriebene Form für die Erklärung der die Aufnahme bewilligenden Entschließung des Vorstandes ist.

Da durch die Satzung der jeweilige Hofkurat auf die Stelle des I. Vorsitzenden berufen ist, kommt die im Schlußsatze des § 6 enthaltene Bestimmung über die Wahl der Vorstandsmitglieder auf die Stelle des I. Vorsitzenden nur dann in Anwendung, wenn die Bestimmung über die Berufung des Hofkuraten nicht wirksam wird, sei es, daß er die Stelle im Vorstande nicht annimmt oder daß die Stelle des Hofkuraten zeitweilig nicht besetzt ist oder daß sie eingezogen wird. Darin, daß der Schlußsatz des § 6 diese Einschränkung nicht ausdrücklich enthält, liegt eine Ungenauigkeit der Fassung, die wohl damit zusammenhängt, daß der § 6, der seinem Inhalte nach hinter den § 7 gehört, diesem vorangestellt worden ist. Der Zusammenhang der §§ 6, 7 läßt aber keinen Zweifel darüber aufkommen, daß die Bestimmung des § 7 den Schlußsatz des § 6 in dem angeführten Sinne beschränkt.

Hiernach ist Hofkurat L., der erklärt hat, Mitglied des Vereins werden zu wollen und die Stelle des I. Vorsitzenden des Vorstandes anzunehmen, als der nunmehrige I. Vorsitzende anzusehen, die Weigerung des Beschwerdeführers daher nicht begründet und damit auch die Festsetzung einer Ordnungsstrafe nach §§ 135², 159 FrGG. gerechtfertigt. Die entgegengesetzte Rechtsanschauung des Beschwerdeführers vermag ihn nicht zu schützen. Wer der gemäß dem Gesetze unter Ordnungsstrafe an ihn gerichteten Anforderung nicht nachkommt, weil er diese für nicht gesetzmäßig hält, muß gewärtig sein, in die Strafe zu verfallen. Das Gericht kann zwar nach dem § 135² von der Festsetzung der Strafe absehen, wenn es findet, daß die Umstände es rechtfertigen, dies steht aber in seinem Ermessen; ob es von seinem Ermessen den richtigen Gebrauch gemacht hat, ist nach § 27 FrGG. der Nachprüfung durch das für die weitere Beschwerde zuständige Gericht entzogen.

2. Zur Einlegung der sofortigen weiteren Beschwerde im Namen des Vereins ist A. nach den §§ 10, 11 der Satzung als befugt zu erachten. Die Gültigkeit einer Satzungsbestimmung, die ein einzelnes Mitglied des Vorstandes zur Vertretung des Vereins ermächtigt, ist bestritten (Planck 4 zum § 26; Dernburg § 77 III³; Cosack § 31 IV³; Altmann § 28 zu Note 27). Der Senat schließt sich der die Frage bejahenden Entscheidung des Kammergerichts an. Der § 28¹ BGB. kann nach dem § 40 durch die Satzung geändert werden und die Zulässigkeit der Änderung ist dahin zu verstehen, daß ebenso, wie es im § 232¹ HGB. für Aktiengesellschaften, im § 35² G. m. b. H. für diese Gesellschaften und mit einer Einschränkung im § 26¹ Genossenschaftsges. für eingetragene Genossenschaften bestimmt ist, auch ein einzelnes Vorstandsmitglied zur Abgabe von Willenserklärungen im Namen des Vereins ermächtigt werden kann, wie es tatsächlich einem offenbaren Bedürfnis entsprechend häufig geschieht. Allein die Anmeldungspflicht ist keine Verpflichtung des Vereins, sondern eine persönliche Verpflichtung der einzelnen Vorstandsmitglieder, das Ordnungsstrafverfahren richtet sich gegen das Vorstandsmitglied, das seiner Verpflichtung nicht nachkommt, es ist nicht Angelegenheit des Vereins sondern persönliche Angelegenheit desjenigen, gegen den es stattfindet. Der Verein ist deshalb nicht berechtigt, als Beteiligter in das Verfahren einzutreten, eine Nebenintervention gibt es, wie der Beschluß v. 17. September 1906 (Samml. 7 S. 446) ausgesprochen hat, im Ordnungsstrafverfahren nicht.

Dagegen ist der Verein nach § 20 FrGG. insoweit zur Anfechtung der Entscheidung des Beschwerdegerichts berechtigt, als ihm selbst, obwohl bei dem Ordnungsstrafverfahren überhaupt nicht beteiligt, Kosten auferlegt worden sind. Diese Kosten trafen vielmehr den Beschwerdeführer A. Der Antrag des A. ist aber nicht dahin zu verstehen, daß die Entscheidung über die Kosten zum Nachteile des Antragstellers geändert werden sollte.... Samml. 7 S. 612.

c) **Bestandteil oder Zubehör des Grundstücks?**[1]

α) OLG. Kiel, I. ZS. Urteil v. 18. Oktober 1906.

Die streitige Wage wurde 1893 durch den damaligen Eigentümer des jetzt dem Beklagten gehörigen Gasthofgrundstückes auf städtischem Boden auf-

[1] Petroleumtanks sind nicht Bestandteile des Grundstücks oder der darauf zur Lagerung von Petroleum befindlichen Gesamtanlage, wenn sie auf Sockeln, die aus lose aufgeschüttetem Erdreiche bestehen und mit einer dicken, durch Eisenplatten geschützten Betonwand umgeben sind, unbefestigt stehen und mit dem unterirdischen Röhrennetze zwar durch Flanschen und Schrauben verbunden sind, diese Verbindung aber durch einfaches Aufdrehen der Schrauben und die da-

gestellt. Später wurde sie etwas nach dem Grundstücke des Beklagten zu verrückt. Demnächst bei einer Grenzvermessung ergab sich, daß das Bretterhäuschen, das zum Schutz der Wageeinrichtung lose auf ein steinernes Fundament gestellt ist, zum kleinen Teil auf dem Grundstück des Beklagten stand; nach dem Gutachten würde aber der Betrieb der Wage nicht beeinträchtigt werden, wenn die auf dem Grundstücke des Beklagten stehende Wand soviel vorgeschoben würde, daß sie auf städtischem Boden steht. Hiernach ist es also jederzeit leicht möglich, die Verbindung zwischen dem Grundstück des Beklagten und der Wage aufzuheben, ohne das eine oder andere in seinem Wesen zu verändern oder zu zerstören. Ebensowenig ist die Wage mit dem Grundstücke des Beklagten fest verbunden, da sie als solche vollkommen von diesem Grundstücke getrennt ist, eine feste Verbindung aber durch das für den Betrieb der Wage entbehrliche Schutzhäuschen nicht hergestellt wird.

Die Wage ist auch nicht gemäß § 94 Bestandteil des städtischen Bodens geworden, weil die Ausnahme des § 95 Platz greift. Selbst wenn das Gesetz unter Ausübung eines „Rechts" ein dingliches Recht versteht, so trifft doch die Ausnahme des Satz 1 zu. Zu einem vorübergehenden Zweck werden stets solche Sachen eingefügt, die auf Grund eines persönlichen Rechts eingefügt werden; denn dieses ist stets zeitlich begrenzt, wenn auch das Ende erst nach Jahren oder Jahrzehnten eintritt (Fischer-Henle § 95[3]; Endemann, Lehrbuch S. 242[27]; Dernburg, Lehrbuch 3 § 19 f.). Unbestritten ist aber die Wage in Ausübung eines persönlichen Rechts.

Da die Wage Bestandteil weder des städtischen Bodens noch des Grundstücks des Beklagten ist, kann sie nur eine bewegliche Sache sein, denn eine Sonderbestimmung für die mit dem Grundstück verbundenen Nichtbestandteile desselben ist im BGB. nicht enthalten[1] (Entsch. des RG. 55 S. 282; Endemann 1 S. 234). Auch ihrer Beschaffenheit nach ist die Wage als beweglich anzusehen. Beweglich sind alle Sachen, die ohne Veränderung ihres Wesens ihre örtliche Lage verändern können. Wenn auch zur Benutzung der Wage eine besondere Anlage nötig ist, so wird dadurch doch nicht ihre Beweglichkeit beeinträchtigt. Auf dem gemauerten Fundament ruhen lediglich die Hebelarme, welche die Wageschale tragen und eine Verbindung mit dem Wagebalken herstellen. Indessen sowohl die Wageschale, wie die maschinelle Einrichtung können ohne Veränderung ihres Wesens aus ihrer Lage entfernt und an eine andere Stelle bewegt werden. Die Sache dient ferner dem wirtschaftlichen Zwecke des Gasthofsgrundstücks und war hierfür bestimmt.

durch ermöglichte Wegnahme der Flanschen ohne Beschädigung der Tanks und der Röhren gelöst werden kann (Bayer. Ob. LG., II. ZS. Beschluß v. 30. Dezember 1905, Samml. 6 S. 755). Zubehör einer Brauerei sind die Tische und Stühle, die nach den örtlichen Verhältnissen an die das Bier beziehenden Wirte ausgeliehen werden; dagegen nicht die Biervorräte (Urteil des I. ZS. v. 20. Februar 1904, a. O. 5 S. 85). Zubehör eines zum Ausschank bestimmten Gebäudeteils können insbesondere auch der Geldschrank, der Regulator und das Konversationslexikon sein (Entsch. des RG. v. 10. November 1906 V. 75).

[1] Vgl. hiergegen H. Meyer (Festgabe für Dahn, Breslau 1905 III. S. 271).

Der Vorbesitzer H. hatte schon vor 1893 auf seinem Grundstück eine Wage stehen, auf der die Landleute ihr Vieh wogen. Offenbar, um diese Kundschaft nicht zu verlieren, erbot er sich der Stadt gegenüber, auf eigene Kosten die Zentesimalwage aufzustellen. Er würde dies nicht getan haben, wenn er nicht damit gerechnet hätte, daß hierdurch seiner Wirtschaft Gäste zugeführt werden würden. Die Personen, welche die Wage benutzen wollten, mußten die Gastwirtschaft aufsuchen, um sich dort den Schlüssel zu dem Wiegehäuschen zu holen. Es liegt auf der Hand, daß damit die Gelegenheit geschaffen und auch benutzt wurde, in der Wirtschaft etwas zu verzehren. Zu dem daraus entspringenden Verdienst kommt noch die Einnahme aus den Wiegegeldern. — Wennschon die Wage der Wirtschaft nicht unmittelbar dient, so brachte sie eben dadurch Vorteile, daß sie größeren Verkehr und Umsatz schaffte. Dadurch, daß die Wage jeder Person, auch solchen, die in der Wirtschaft nichts verzehrten, zur Verfügung gestellt werden mußte, kann die Zubehörigkeit nicht beeinflußt werden (Entsch. des RG. 47 S. 200). Die Wage steht weiter in einem ihrer Bestimmung entsprechenden räumlichen Verhältnisse zu der Hauptsache. Hierzu ist nicht nötig, daß die Sache auf demselben Grundstücke steht, wie die Hauptsache. Eine körperliche Verbindung ist nicht erforderlich, noch weniger eine feste Verbindung; es ist nur notwendig, daß die Sache trotz ihrer räumlichen Entfernung ihre Bestimmung, der Hauptsache zu dienen, erfüllt (Entsch. des RG. 47 S. 200, 55 S. 283). Endlich ist die Wage auch nicht zur vorübergehenden Benutzung aufgestellt, d. h. zu einer solchen, welche von vornherein mit der Absicht ihres späteren Wegfalls erfolgt, also nur für kurze Zeit bestimmt ist, z. B. zur Probe oder zur Aushilfe. Eine solche Absicht hat hier nicht bestanden. Dies erhellt einmal aus dem langen Zeitraum von 25 Jahren, für den der Vertrag mit der Stadt geschlossen ist, sodann daraus, daß auch nach Ablauf dieser Zeit die Stadt die Wage ankaufen darf. Ls.

β) Kammergericht, XIII. ZS. Urteil v. 22. Januar 1906.

Der Beklagte hat dem Kläger ein Zinshaus verkauft, in dessen Zimmern sich ein Marmorkamin befand, diesen Kamin aber (vor der Auflassung) entfernt. Mit Recht fordert der Kläger Herausgabe und Wiederherstellung des Kamins, der als Zubehör des Grundstücks anzusehen ist. Allerdings war er nicht zum Heizen eingerichtet und auch nicht an der Wand oder dem Fußboden befestigt, also lediglich eine Dekoration. Indessen war er geeignet, den wohnlichen Eindruck des Raumes zu erhöhen, damit die Bewohnbarkeit und den Mietwert zu steigern. Er diente also dem wirtschaftlichen Zwecke des Grundstücks. v. W.

γ) OLG. Dresden, VI. ZS. Beschluß v. 19. Dezember 1906.

Bei dem Schuldner, der auf seinem Grundstück ein Speditions- und Fuhrgeschäft, sowie einen Handel mit Fourage und Baumaterialien betreibt, ist ein Fourageleiterwagen gepfändet worden, dessen Freigabe der Hypothekar mit Recht fordert. Das Pfandgrundstück ist zum Betrieb eines Handelsgewerbes dauernd eingerichtet. Es ist mit Niederlags- und Kontorräumen und Kontoreinrichtungen, sowie mit einer Wage versehen; die Aufbewahrung der Waren erfolgt auf dem Grundstücke; dort liegen auch die Räume für die Geschäftsleitung und die anderen Kontore. Auch die einzelnen Handelsgeschäfte werden dort abgeschlossen und die angekauften und verkauften Waren, besonders die Fouragewaren dort gelagert und verwogen. Der Fouragewagen dient zur An- und Absuhr der Waren. Er ist bei dem Handelsgeschäft kaum entbehrlich, jedenfalls erleichtert er den Betrieb und erhöht seine Einträglichkeit und dient somit dem Geschäftsbetrieb und so dem wirtschaftlichen Zwecke des Grundstücks. Dr. B.

d) **Kreditwürdigkeit als persönliche Eigenschaft.**[1]

OLG. Hamburg, IV. ZS. Urteil v. 23. September 1907.

Der Beklagte behauptet, die Klägerin sei des ihr im Vertrage geschenkten Kredites (20000 Mark auf 3 Monate) sowohl nach ihren Vermögensverhältnissen wie nach der Persönlichkeit ihres Geschäftsführers nicht würdig gewesen und beide Umstände habe er beim Abschlusse nicht gekannt. Nun mag die Kreditwürdigkeit eines Geschäftsmannes, wenn sie auch im wesentlichen auf äußeren Mitteln beruht, als eine „Eigenschaft der Person" im Sinne des § 119² aufgefaßt werden müssen. Jedenfalls genügt aber zu deren Annahme noch nicht die persönliche Anschauung des Kreditgebers, also der Umstand, daß er nach seiner individuellen Vorsicht in solchen Dingen bei Kenntnis der Sachlage seinen Vertragsgegner für nicht genügend sicher gehalten hätte, sondern diese Kreditunwürdigkeit muß nach allgemeinen, objektiven Anschauungen vorliegen; nur dann kann sie als Eigenschaft und wie das Gesetz es erfordert, im Verkehr als wesentlich gelten. Ob das, wie das LG. annimmt, nur dann der Fall ist, wenn schon zur Zeit des Abschlusses der Vertragsgegner insolvent ist, was auf das Erfordernis einer absoluten Kreditunwürdigkeit, also einer Unwürdigkeit für jeden Kredit hinauslaufen würde, mag auf sich beruhen. Mindestens müssen zu jener Zeit seine Verhältnisse so liegen, daß nach allgemeinem Urteil nicht zu erwarten ist, daß er seiner konkreten vertraglichen Verpflichtung im wesentlichen nachkommen werde; es muß also mindestens die Gewährung eines solchen Kredits bei Kenntnis der Verhältnisse allgemein für unvernünftig angesehen werden.... M. M.

e) **Rechtsgeschäfte gegen die guten Sitten.**

α) OLG. Hamburg, V. ZS. Urteil v. 23. Mai 1906.

Die Parteien unterhielten ein Liebesverhältnis. Die Klägerin hatte eine größere Wohnung gemietet und Beklagter ihr die Bezahlung des Mietzinses versprochen. Die Klage auf Fortzahlung des Zinses ist unbegründet.

... Es läßt sich nicht, wie die Klägerin will, argumentieren, daß eigentlich Beklagter der Mieter gewesen sei, daß er nur habe nicht genannt sein

[1] Rsp. 3 S. 39, 4 S. 9. Verkauf auf Kredit unter dem Vorbehalt, über den Käufer Erkundigungen einzuziehen, bedeutet, daß, wenn diese ungünstig lauten, der Verkäufer zurücktreten darf (Entsch. des RG. v. 3. Februar 1897; KG. in KGBl. 12 S. 29).

wollen, daß daher die Klägerin gleichsam kommissionsweise gemietet habe, daß ihr ein Anspruch auf die für Rechnung des Beklagten gemachten Aufwendungen zustehe und daß in einem solchen Rechtsverhältnis auch nicht die Spur einer Unsittlichkeit stecke. Es kommt, wie die Entstehungsgeschichte des Gesetzes beweist und die Doktrin ohne Ausnahme anerkennt, gegenüber dem § 138 nicht ausschließlich darauf an, ob der Inhalt des Rechtsgeschäfts — das Rechtsgeschäft, betrachtet lediglich im engsten Rahmen seines juristischen Tatbestandes — eine Unsittlichkeit in sich schließt oder nicht. Auch die mit dem Rechtsgeschäft verfolgten Zwecke, wie seine Motive können es zu einem unsittlichen im Sinne des Gesetzes machen. Wieweit für die Berücksichtigung auch dieser Momente rechtlich die Grenze zu ziehen ist, mag im einzelnen zweifelhaft sein. Darüber kann aber kein Zweifel herrschen, daß das Motiv Berücksichtigung dann finden muß, wenn es geradezu die Rolle der juristischen causa spielt. Das ist es, was vorliegend das LG. mit Recht hervorgehoben hat. Die Klägerin beschwert sich darüber, daß man dem inneren Wert und dem Gehalt der Beziehungen, welche zwischen den Parteien bestanden haben, Abbruch tue, wenn man es lediglich unter dem Gesichtspunkte des dabei unterlaufenen geschlechtlichen Verkehrs betrachte, und daß man in den Gefühlen und Ideen der beiden nicht genügend nuanciere, wenn man meint, daß, was Beklagter der Klägerin zugesagt habe, nur zugesagt sei, um diese gefügig zu machen und sie zur Fortsetzung des unsittlichen Verhältnisses zu bewegen. Das mag alles zutreffen oder nicht. Es kommt darauf nicht an, weil es den entscheidenden Punkt nicht trifft. Das außereheliche Geschlechtsverhältnis als solches wird mißbilligt, von der von manchen freilich bekämpften, im allgemeinen aber festgehaltenen und anerkannten Moral und folgerecht auch, als gegen die guten Sitten verstoßend, vom Recht. Alles, was auf Begründung oder Durchführung eines solchen Verhältnisses abzielt, erscheint als ein Verstoß gegen die guten Sitten, mögen den Betreffenden selbst für ihre Person das Verhältnis für den Augenblick noch so sublim erscheinen. Darauf aber zielte vorliegend unverkennbar das Versprechen des Beklagten in einer auch für die Klägerin unverkennbaren Weise ab, den Parteien die gewünschte Gelegenheit zu verschaffen, das gleichviel wie im übrigen beschaffene, aber unter allen Umständen unsittliche Verhältnis miteinander, das längst eingeleitet war, fortzusetzen. Hier ist somit in der Tat diese beiderseits gehegte Absicht die causa des Rechtsgeschäfts im juristischen Sinne des Wortes gewesen, was dazu führt, das Rechtsgeschäft selbst als gegen die guten Sitten verstoßend für nichtig zu erklären. M. M.

β) Kammergericht, IX. ZS. Urteil v. 22. Januar 1907.

Beklagter hatte bei der Klägerin sein Leben versichert und einen Teil der ersten Jahresprämie nebst Policegebühren bezahlt. Er hält den Vertrag für nichtig, weil er mit Wissen der Klägerin die Versicherung nur zur Erlangung eines Darlehns nachgesucht habe und hierin ein Verstoß gegen die guten Sitten liege. Mit dem Kais. Aufsichtsamt ist anzunehmen, daß ein Geschäftsgebaren von Agenten, welche in der Absicht, möglichst viele Abschlüsse zu erzielen, geldbedürftigen Personen, die sich an sie wenden, um Kredit zu erlangen, solchen gegen Abschluß eines Versicherungsvertrages zusichern, gegen Treu und Glauben verstößt, und daß derart gestellte Versicherungsanträge, deren wirklicher Hintergrund nicht die Sicherung der Zukunft durch Nehmen einer Versicherung bildet, sondern die schleunige Erlangung von Geldmitteln, bei Kenntnis dieser Umstände von einer auf reeller Basis arbeitenden Versicherungsgesellschaft unbedenklich zurückgewiesen werden müssen. Erwägt man, daß nach dem wirtschaftlichen Zwecke der Lebensversicherung der Versicherte gezwungen werden soll, zu sparen, indem er der Gesellschaft die Prämie zahlt, um davon einen künftig auftretenden Geldaufwand zu decken, so liegt es auf der Hand, daß wesentliche subjektive Voraussetzung für die Versicherung eine zahlungsfähige Person ist. Wer sich in unzulänglichen Vermögensverhältnissen befindet, kann auch keine Versicherung eingehen, bei welcher er persönlich sich zur Zahlung verpflichtet. Diesem fundamentalen Versicherungsgrundsatze handeln aber Gesellschaften zuwider, wenn sie in Kenntnis der ungenügenden Vermögenslage des Versicherungsnehmers gleichwohl mit ihm abschließen. Müssen sie dann doch voraussehen, daß der Versicherungsvertrag in Kürze gegenstandslos und die Gesellschaft von ihrer Haftung frei wird, ohne daß der Zweck der Lebensversicherung, welche nicht dazu bestimmt ist, den Versicherten nur für wenige Monate zu schützen, erreicht wird. Verträge, bei denen sich deshalb von vornherein mit hinlänglicher Wahrscheinlichkeit übersehen läßt, daß der Versicherte der eigentlichen Wohltaten der Lebensversicherung nur in einem verschwindenden Maße — bloß ganz vorübergehend — teilhaftig wird, die, nachdem sie höchstens wenige Monate bestanden haben, sicher der Stornierung verfallen, verstoßen gegen die Anschauungen eines ehrbaren Unternehmers, der solche Verträge nicht abschließen wird. Dr. Br.

γ) Kammergericht, XV. ZS. Urteile v. 20. April u. 22. Oktober 1907.

Der Vertrag hat an erster Stelle und im Interesse beider Parteien die Ausbildung des Beklagten zu einer künstlerisch hervorragenden Persönlichkeit bezweckt, ist also in Anbetracht dieses in Aussicht genommenen Erfolges ein Werkvertrag. Die Bestimmungen, welche die freie Bewegung des Beklagten einschränken, sind offenbar aufgenommen, um dem Kläger eine möglichst sichere Aussicht auf Erlangung der versprochenen Vergütung zu gewähren, welche in einem Anteil von den zu erwartenden Einnahmen des Beklagten bestehen sollten. Den Begriff des wucherischen Geschäfts hier anzuwenden, erscheint bedenklich in Anbetracht der Schwierigkeit einer Schätzung des Wertes der Stimmittel des Beklagten und ihrer voraussichtlichen Entwicklung, ferner in Anbetracht mancher Zufälligkeiten, welche den Kläger um den gehofften Gewinn bringen konnten, wie schwere Erkrankung des Beklagten oder Verlust seiner Stimme. Diese Erwägungen können aber nicht ausschließen, daß der Vertrag wegen zu weitgehender Beschränkung der persönlichen Freiheit des

Beklagten unsittlich ist. Es kann hierbei keineswegs vorausgesetzt werden, daß der Beklagte als Künstler erst längere Zeit nach Beginn der Geltung des Vertrages in Betracht kommen konnte.... Der bezeichnete Charakter des Vertrages spricht sich unverkennbar darin aus, daß auf lange Jahre der Kläger allein und ausschließlich über die künstlerische Tätigkeit des Beklagten zu verfügen hat, daß ferner der Beklagte während seines Studiums, für dessen Dauer der Vertrag keine Grenze setzt, sich genau und ausschließlich den Weisungen des betreffenden Gesanglehrers sowie den Anordnungen des Klägers fügen soll. Besonders die erstere Bestimmung bringt die ganze künstlerische und Erwerbstätigkeit des Beklagten auf unverhältnismäßig lange Zeit in absolute Abhängigkeit vom Willen des Klägers, und hierin liegt der Verstoß des Vertrages gegen die guten Sitten, welcher auch dann anerkannt werden müßte, wenn Verträge ähnlichen Inhalts in tatsächlicher Übung öfter vorkämen. W. n.

δ) OLG. Kiel, II. ZS. Urteil v. 5. Februar 1907.

Der Kläger hatte sein Haus, in welchem ein Bordell betrieben wurde, verkauft und den Beklagten beauftragt, das Grundstück an die Käuferin aufzulassen, jedoch nur gegen Anzahlung von 10000 Mark. Der Beklagte hat aber das Grundstück gegen 3000 Mark Anzahlung aufgelassen. Die fehlenden 7000 Mark, deren Zahlung die mittellose Käuferin verweigert, fordert der Kläger als Schadenersatz. Er wurde jedoch abgewiesen. Gründe:

Die Grundlage des streitigen Schadenersatzes bildet der über die Vornahme der Auflassung geschlossene Dienstvertrag. Diese Auflassung war als abstraktes Erfüllungsgeschäft rechtsgültig (Entsch. des RG. 63 S. 185), trotzdem der Kaufvertrag gegen die guten Sitten verstieß und deshalb nichtig war. Die dem Beklagten erteilte Vollmacht zur Auflassung mußte demnach auch gültig sein. Nicht aber läßt sich daraus ohne weiteres auch auf die Gültigkeit des Dienstvertrages schließen, vielmehr hängt dessen Gültigkeit davon ab, ob er selbst gegen die guten Sitten verstieß oder nicht. Die Unsittlichkeit des Dienstvertrages ist jedoch deshalb zu verneinen, weil der Beklagte durch die übernommene Geschäftsführung weder zur Förderung des Bordellbetriebes beitrug, noch einen Vorteil aus dem unsittlichen Gewerbe zog. Es war für das Vertragsverhältnis der Parteien gleichgültig, zu welchen Zwecken das verkaufte Haus benutzt werden sollte. War demnach der Dienstvertrag gültig, so kann der Kläger Ersatz des Schadens verlangen, der ihm durch das auftragswidrige Handeln erwuchs. Er hat aber durch die Auflassung eine Vermögenseinbuße erlitten, wenn er dafür nicht den Grundstückswert erhalten hat. Bei dessen Bemessung kann aber der Wert des darauf betriebenen Bordellgeschäftes nicht in Betracht kommen, da die Rechtsordnung diesen Betrieb als Kuppelei mißbilligt und ihm daher einen Vermögenswert nicht zuerkennen kann. Zu berücksichtigen ist daher allein der Wert des Grund und Bodens und des darauf befindlichen Gebäudes. Danach hat der Kläger auch ohne die Anzahlung den wirklichen Wert des Grundstücks reichlich vergütet erhalten und insoweit keinen Schaden erlitten. Einen Schaden hätte der Kläger nur unter der Voraussetzung gehabt, daß die Käuferin bei Weigerung des Beklagten, ohne die volle Anzahlung aufzulassen, die 7000 Mark wirklich bezahlt hätte, da die Rückforderung dieses Geldes nach § 817 Satz 2 ausgeschlossen wäre. Die Käuferin war aber nicht imstande, die 7000 Mark zu zahlen. Ls.

ε) **Bestätigung eines unsittlichen Geschäfts. Rückforderung.**

OLG. Celle, II. ZS. Urteil v. 13. Mai 1907.

A., der eine Gastwirtschaft betrieb, hat mit dem Beklagten einen Vertrag geschlossen, der in Wahrheit ein Pachtvertrag war, dem aber der äußere Schein eines Dienstvertrags gegeben war, nur um die Polizeibehörde zu täuschen und dem Beklagten den Betrieb der Wirtschaft ohne die erforderliche Erlaubnis zu ermöglichen. Zufolge des Vertrages hat A. dem Beklagten auch eine Sicherheit geleistet für die von A. auf den Namen des Beklagten etwa angekauften und nicht bezahlten Waren. Die Klage (des Zessionars des A.) auf Rückgabe dieser Sicherheit ist abgewiesen. Gründe:

Der Vertrag ist zur Umgehung des § 33 GewO. geschlossen, daher ist er nach § 138 BGB. nichtig; denn ein Geschäft, das darauf abzielt, mittels Täuschung der Behörde einen gesetzlich verbotenen Zustand herbeizuführen, verstößt gegen die guten Sitten (Entsch. des RG. 63 S. 143). Auf wie lange das Rechtsverhältnis begründet werden, ob es sich insbesondere, wie der Beklagte behauptet, vorläufig nur um eine Probezeit handeln sollte, ist ohne Bedeutung; eine Abmachung wie die hier vorliegende durfte auch für kurze Zeit nicht getroffen werden.... Verfehlt ist auch die Auffassung, der Vertrag sei nachträglich dadurch gültig geworden, daß beide Kontrahenten in Kenntnis der Nichtigkeit ihn erfüllt und hierdurch bestätigt hätten. Die Bestätigung ist aber (§ 141) als erneute Vornahme zu beurteilen, d. h. es kommen alle diejenigen Vorschriften zur Anwendung, die für das zu bestätigende Rechtsgeschäft gelten. Daraus folgt, daß die Bestätigung eines unsittlichen Vertrages eben wiederum ein gegen die guten Sitten verstoßendes Rechtsgeschäft und deshalb ebenfalls nichtig ist.... A. hat sonach die Kautionssumme auf Grund eines nichtigen Vertrages gezahlt; er würde daher nach § 812 einen Anspruch auf Rückgabe haben, wenn nicht der § 817 entgegenstände. Diese Vorschrift ist auch anzuwenden auf Leistungen, die zum Zwecke der Erfüllung eines gegen die guten Sitten verstoßenden Vertrages erfolgen. Die Annahme einer solchen Leistung bedeutet die Bestätigung des vom Recht mißbilligten Vertragswillens und die Herstellung des verbotenen Zustandes. Hierin liegt ebenso auch der Zweck der Leistung, mag auch die nächste äußere Veranlassung zur Leistung und Annahme in dem Willen, einen — in Wahrheit nicht bestehenden — Anspruch zu erfüllen, gefunden werden. Vorliegend hat der Beklagte die Kaution angenommen, um den von den Vertragsparteien erstrebten, aber vom Gesetze verbotenen Zustand der Wirtschaftsführung ohne Konzession herbeizuführen. Aber auch A. hat aus dem gleichen Grunde die

Kaution gegeben. Beiden fällt also, da sie die Umgehung des Gesetzes beabsichtigten, ein Verstoß gegen die guten Sitten zur Last. Die Rückforderung des Gegebenen, der Kaution, ist deshalb ausgeschlossen.[1] H.ch.

f) **Mittels Fernsprechers abgegebene Erklärungen.**

OLG. Kiel, III. ZS. Urteil v. 19. Juni 1907.

Da die Frau des Klägers dem Beklagten auf seine telephonische Anfrage, ob er Steine kaufen könne, dies als wahrscheinlich hingestellt, und zweimal hinzugesetzt hat, der Preis sei 2,50 Mark für das cbm, so muß der Beklagte gegen sich gelten lassen, daß er auch letzteres gehört hat. Denn es fehlt jeder Anhalt dafür, daß er nur den ersten, nicht auch den zweiten Teil der Antwort gehört hat, und es liegt ihm, zumal er selbst sich des Telephons zu seiner Anfrage bedient hat, jedenfalls der Beweis ob, daß er die Preisangabe nicht gehört hat (vgl. JW. 1905 S. 525, Seuffert 61 Nr. 2). Diesen Beweis kann er aber durch die bloße Behauptung, es habe in der Gastwirtschaft, deren Fernsprecher er benutzt habe, ziemlicher Lärm geherrscht, nicht erbringen, da nicht erhellt, weshalb er trotz dieses Lärms einen Teil der Antwort verstanden hat. Wer einen Fernsprecher zur Anfrage benutzt, wird in analoger Anwendung des § 147[1] demjenigen gleichzustellen sein, der eine mündliche Unterredung mit einem Anwesenden führt. Die Antwort eines solchen wird regelmäßig dem Anfragenden als von ihm verstanden angerechnet werden müssen. Da ferner die Frau des Klägers in dessen Vertretung gehandelt hat, so sind die Parteien, als der Beklagte nach diesem Gespräch Steine kaufte, ohne daß hierbei von dem Preis die Rede ist, auf einen solchen von 2,50 Mark einig geworden. Ls.

g) **Ist der Ausschreiber einer Submission gebunden?**

OLG. Hamburg, IV. ZS. Urteil v. 21. Dezember 1906.

Der Ansicht, daß auf Submissionsausschreibungen der § 156 unmittelbar anwendbar sei, war nicht beizutreten. Es bedarf auch nicht der Heranziehung des § 156. Denn aus dem Begriff des Antrags, wie er sich aus § 145 ergibt, folgt ohne weiteres, daß eine Submissionsausschreibung rechtlich nur die Aufforderung enthält, Vertragsangebote zu machen, nicht aber selbst ein Vertragsangebot bildet. Dabei ist es gleichgültig, ob die Ausschreibung sich an alle Interessenten schlechthin wendet oder nur an einzelne bestimmte Personen. Wer also eine — sei es auch beschränkte — Submission ausschreibt, ist dadurch noch nicht gebunden; namentlich hat auch der Mindestfordernde kein Recht darauf, die Arbeit oder Lieferung zu erhalten. Diese grundsätzliche Beurteilung schließt nicht aus, daß sich im Einzelfall aus besonderen Umständen eine Gebundenheit desjenigen, der die Submission ausschreibt, schon vor Erteilung des Zuschlags ergibt. Es ist möglich, daß der Unternehmer in der Ausschreibung selbst sich verpflichtet, dem Mindestfordernden oder wenigstens einem der Submittenten die Arbeit zu übertragen. Aber auch ohne solche ausdrückliche Erklärung kann aus der Art der Submission

[1] Vgl. jedoch auch Gruchot 50 S. 921 und Niendorffs Mietr. 8. Aufl. S. 16.

und den Umständen, unter denen sie erfolgte, nach der Verkehrssitte eine sofortige Gebundenheit des Ausschreibenden sich mitunter mit Notwendigkeit ergeben. Hiernach ist auch vorliegend zunächst zu prüfen, ob der Beklagte schon durch die Ausschreibung der Submission irgendwie gebunden war. Dies ist indes zu verneinen.... M. M.

h) **Zur Auslegung des § 162 BGB.**

OLG. Cassel, II. ZS. Urteil v. 31. Januar 1907.

Der Kläger hat dem Beklagten ein Haus auf ein Jahr vermietet; doch sollte der Vertrag ohne Kündigung aufgehoben sein, wenn der Vermieter dem Mieter ein Haus verkaufe. Beklagter hält den Vertrag für aufgehoben, weil er sich mit dem Kläger über den Verkauf des Hauses zu einem bestimmten Preise geeinigt habe, der Kläger aber die Auflassung weigere. Allein der Kläger hatte sich nicht verpflichtet, dem Beklagten ein Haus zu verkaufen. War aber Kläger so in seinem Entschluß völlig frei, dann greift § 162 überhaupt nicht Platz; denn er hat nur solche Fälle im Auge, in denen die Absicht der Parteien bei der Vornahme des bedingten Rechtsgeschäfts dahin geht, daß eine Einwirkung einer Partei auf den Ausfall oder Eintritt der Bedingung nicht stattfinden solle. In diesem Sinne sagen auch die Motive 2 S. 263; „Die Bestimmung kann selbstverständlich nicht Platz greifen, wenn die Bedingung auf die Vornahme oder Nichtvornahme einer von dem freien Ermessen des bedingt Verpflichteten abhängigen Handlung gestellt ist; der letztere macht solchenfalls, wenn er die Handlung vornimmt oder unterläßt, nur von seinem Recht Gebrauch." Wendet man aber den § 162 auch auf Bedingungen an, deren Eintritt oder Nichteintritt herbeizuführen im freien Belieben der Partei steht — Entsch. des RG. 53 S. 259 läßt die Frage unentschieden —, so hat doch der Kläger nicht wider Treu und Glauben gehandelt. Denn objektiv gegen Treu und Glauben kann nur eine solche Verhinderung des Eintritts der Bedingung sein, die im Widerspruch mit der durch die vollzogene Willenserklärung begründeten Pflicht ihrer Unterlassung erfolgte (Hölder zu § 162); vorliegend stand es aber ganz im Belieben des Klägers, ob er dem Beklagten ein Haus verkaufen wollte. Es ist auch ganz gleichgültig, ob die Parteien sich einmal mündlich auf den Kaufpreis von 55000 Mark geeinigt hatten; denn eine solche formlos erfolgte Einigung ist nach § 313 BGB. nicht rechtsverbindlich. Wer sich mit ihr in Widerspruch setzt, handelt nicht wider Treu und Glauben (Entsch. des RG. 53 S. 257). [Vgl. JW. 1907 S. 357.] Fs.

i) **Stillschweigendes Inkassomandat. Rechtsgeschäftliche Erklärungen. Schadenersatz bei Vertrauensverletzung?**

OLG. Dresden, II. ZS. Urteil v. 13. Juli 1906.

Der § 167 erfordert nicht ausdrückliche Vollmachtserklärung; daher ist in den Fällen, wo der Bevollmächtigungswille nur aus konkludentem Verhalten gefolgert werden kann, zulässig und notwendig, den Vollmachtsinhalt ausschließlich nach den gegebenen Umständen zu beurteilen (Staudinger zu § 167

N. 7). Hier sind u. a. verschiedene Äußerungen der Beamten der klagenden Sparkasse, deren Inkassomandaterteilung in Frage steht, zu berücksichtigen, obgleich sie in ihrer Vertretungsmacht beschränkt waren. Auf diese Beschränkung kommt nichts an. Denn es handelt sich dabei nicht um Erklärungen rechtsgeschäftlicher Natur, sondern um Äußerung von Ansichten, die sich als Reflexwirkungen jahrelanger Gepflogenheiten darstellen. Nur wird im Verkehr eine solche Ansichtskundgabe, wie z. B. „die Hypothekenzinsen könnten an X. gezahlt werden" oder „sie könnten direkt an die Sparkasse oder wie bisher an X. geschickt werden" nicht bloß als Privatmeinung, sondern als eine rechtsgeschäftliche Erklärung aufgefaßt oder es wird wenigstens zwischen beiden kein Unterschied gemacht. Das aber muß die Klägerin, solange sie nicht behaupten kann, daß die Beamten mit ihren Äußerungen gegen ihnen erteilte Anweisungen verstoßen, nach den Grundsätzen über Treu und Glauben mit Rücksicht auf die Verkehrssitte gegen sich gelten lassen (§ 242 BGB.). Wenn die im Verkehre herrschenden freieren Anschauungen durch die strengeren und engeren Bestimmungen des Schriftrechts niemals vollständig verdrängt werden können und sich öfters über diese hinausheben, ohne daß ihnen schon deshalb alle Beachtung versagt werden darf, so muß die Verkehrsauffassung namentlich in den Fällen entscheiden, wo, wie hier, der Unterschied zwischen bloßer Ansichtsäußerung und rechtsgeschäftlicher Erklärung schwer erkennbar ist.

Bei Verneinung des Inkassomandats des X. stände übrigens dem Beklagten eine Schadenforderung gegen die Klägerin zu. Nach § 242 BGB. sollen alle Einzelvorschriften und alle ergänzenden Rechtssätze nur unter der Einschränkung gelten, daß sie im besonderen Falle nach Treu und Glauben das richtige Ergebnis liefern (vgl. Stammler, Recht der Schuldverh. S. 53). Dem ist, wie jedes andere Schuldverhältnis, so auch das Verhältnis zwischen Darlehnsnehmer und Darlehnsgeber zu unterstellen. Der Schuldner, der sich bei Abführung der Darlehnszinsen regelmäßig der Vermittlung eines Dritten bedient, weil er diesem besonderes Vertrauen schenkt, wird deshalb darauf rechnen dürfen, daß ihm der Gläubiger Wahrnehmungen, die die Zuverlässigkeit des Dritten in Frage stellen, entweder in geeigneter Weise mitteilt oder doch im Hinblick auf diese vom Schuldner anscheinend nicht gemachten Wahrnehmungen alles tut, um Schäden von ihm abzuwenden. Das wird wenigstens dann gelten, wenn, wie gegenwärtig, der Gläubiger selbst dazu beigetragen hat, daß sich der Schuldner der Vermittlung eines Dritten bedient und diesem Vertrauen schenkt. In den Fällen, wo sich der Gläubiger sagen muß, daß gerade das Vertrauen, das er dem Dritten gewährt hat, für den Schuldner den Anlaß gab, demselben auch sein Vertrauen zuzuwenden, hat der Gläubiger im Interesse des Schuldners dann tätig zu werden, wenn er die Überzeugung gewinnt, daß der Dritte durch sein Verhalten ihm gegenüber Bedenken gegen seine Vertrauenswürdigkeit wachruft. Sollte sich der Gläubiger um deswillen, weil er zufolge der ihm bestellten Sicherheit für sich nichts zu fürchten hat, jeder Verpflichtung in dieser Hinsicht für überhoben erachten, so könnte dies nicht als Vertragstreue im Sinne von § 242 angesehen werden. Unregelmäßigkeiten des X. in den letzten Jahren nun ließen die Klägerin seinen, demnächst auch eingetretenen finanziellen Niedergang erkennen. ... Dr. v. F.

k) **Anwendung des § 181 auf Genossenschaften.**

Bayer. Oberstes Landesgericht, I. ZS. Beschluß v. 26. Januar 1907.

Die Vorinstanzen haben die Eintragung des Eigentumsübergangs auf A. abgelehnt, weil die ihm von M. namens der Genossenschaft erklärte Auflassung gegen § 181 verstoße. Allein die Vertretung der Genossenschaft in einem bestimmten Geschäftszweige kann nach § 42 GenGes. auch einem einzelnen Bevollmächtigten übertragen werden, und es besteht kein Grund, die Erteilung einer solchen Vollmacht an ein Vorstandsmitglied für unstatthaft zu halten (Parisius, GenGes. 4 zu § 24; Staub, Ges. m. b. H. S. 292). Vorliegend ist M. in der Vollmachtsurkunde nicht zum Bevollmächtigten der Vorstandsmitglieder A. und B., sondern zum Vertreter der Genossenschaft bestellt worden, er hatte sie in dem in der Vollmacht bestimmten Geschäftszweig an Stelle des Vorstands zu vertreten und war für seine Geschäftsführung ihr unmittelbar verantwortlich. Seine Vertretungsmacht hing daher nicht von der Amtsdauer des A. und des B. ab, die ihm die Vollmacht erteilt haben, sondern bestand auch im Falle ihres Ausscheidens und konnte nur vom jeweiligen Vorstande widerrufen werden. Da bei der Auflassung M. als Vertreter der Genossenschaft und A. als Privatperson einander gegenüberstanden, so ist der § 181 unanwendbar. Ein Interessenwiderstreit lag nicht vor, M. hatte als Vertreter der Genossenschaft nur deren Interesse wahrzunehmen, die Mitwirkung des A. als Vorstandsmitglied bei der Vollmachtserteilung begründete kein Rechtsverhältnis zwischen A. und M., vermöge dessen dieser ein Interesse des A. als Privatperson wahrzunehmen hatte (Rsp. 11 S. 395). Samml. 8 S. 42.

l) **Berechnung der Wechselverjährungsfrist.**

OLG. Dresden, Ferien-ZS. Urteil v. 31. Juli 1907.

Bei der Berechnung der am 5. Mai 1904 als dem Verfalltage des Wechsels beginnenden dreijährigen Verjährungsfrist (Art. 77 WO.) wird der Verfalltag selbst nicht mitgerechnet. Dies war bereits unter der Geltung des älteren Rechts die herrschende Auffassung und folgt nunmehr aus § 187[1] (Rehbein, WO. 7. Aufl. S. 112[3]; Staub-Stranz S. 193[7]). Die Verjährungsfrist ist hiernach gemäß § 188[2] mit Sonntag, den 5. Mai 1907 abgelaufen (während sie bei Mitrechnung des Verfalltages am 4. Mai 1907 abgelaufen wäre); der § 193 kann nicht auf die Verjährungsfrist bezogen und diese vorliegend nicht bis zum Ablauf des 6. Mai 1907 ausgedehnt werden, weil die Verjährungsfrist nicht zu denjenigen Fristen gehört, innerhalb deren eine Willenserklärung abzugeben oder eine Leistung zu bewirken ist. Die Tatsache allein, daß die Verjährung durch gewisse rechtsgeschäftliche Willenserklärungen gehemmt oder unterbrochen werden kann, gibt der Verjährungsfrist noch nicht den Charakter einer Frist der in § 193 gedachten Art (Planck 2 zu

§ 193; Staub-Stranz S. 193[10]; a. M.: Rehbein, BGB. II 1 zu §§ 194ff.; Hölder (1900) 4b zu § 195; Staudinger 5 zu § 195). J. M.

m) **Verjährung des Ersatzanspruchs.**

OLG. Hamburg, III. ZS. Urteil v. 11. Dezember 1906.

Der Kläger, Maurermeister, also Handwerker, stützt seine Klage auf einen Vertrag, wonach Beklagte ihm 1899 die Bauleitung und die Ausführung von Maurerarbeiten bei der Errichtung von vier Neubauten für einen vereinbarten Lohn übertragen haben soll. Hätte er die Arbeiten ausgeführt, so wäre es völlig klar, daß sein Anspruch auf Zahlung der ihm für seine Arbeit zu leistenden Vergütung verjährt ist. Denn seit dem 1. Januar 1900 unterliegt sein Anspruch dem BGB. und nach § 196 wäre er auch dann verjährt, wenn seine Leistungen für den Gewerbebetrieb der Beklagten gemacht sein sollten. Die Klage ist frühestens Anfang 1906 erhoben, also zu einer Zeit, zu welcher die vierjährige Verjährung längst verstrichen sein würde. Nun fordert zwar der Kläger nicht den Lohn für seine Arbeit, sondern den Gewinn, der ihm dadurch entgangen sein soll, daß Beklagter ihm vertragswidrig die Arbeit entzogen und einem anderen übertragen haben soll. Er macht also einen Schadenersatzanspruch wegen Nichterfüllung geltend. Allein mit diesem Anspruch verfolgt der Kläger das Interesse, welches er an der Erfüllung des Vertrages hatte. Die Entschädigung ist an die Stelle des Lohnanspruchs getreten und wenn es im Gesetze auch heißt, daß der kurzen Verjährung die Ansprüche der Handwerker „für Ausführung von Arbeiten und fremder Geschäfte" unterliegen, so sind diese Worte doch nicht in dem Maße zu betonen, daß man annehmen müßte, der Gesetzgeber habe die kurze Verjährung dann ausschließen wollen, wenn es nicht zur Ausführung der Arbeiten gekommen sei. Es würde ein unleidlicher Zustand sein, wenn der Anspruch auf Erfüllung binnen 2 oder 4 Jahren, der Anspruch auf Schadenersatz wegen Nichterfüllung aus demselben Vertrage aber erst in 30 Jahren verjähren sollte. Soviel ersichtlich, wird denn auch ganz allgemein angenommen, daß Ansprüche aus den im § 196 erwähnten Rechtsverhältnissen selbst dann der kurzen Verjährung unterliegen, wenn sich der Anspruch auf Erfüllung wegen Verzuges oder aus anderen Gründen in einen Anspruch auf Schadenersatz wegen Nichterfüllung umgewandelt hat (Rehbein 1 S. 326[2]; Planck N. 1; Staudinger N. 4 zu § 196; Josef in Gruchot 42 S. 1; Bendix, „Recht" 1902 S. 544). Abweichend hat auf Grund des preuß. Verjährungsgesetzes das RG. (Gruchot 36 S. 999) erkannt; aber auch dieses folgt jetzt (Entsch. des RG. 61 S. 390) in einem Falle, in dem es sich um die Anwendung der Nr. 3 des § 196 handelt, der hier vertretenen Meinung. M. M.

n) **Unterbrechung des Prozesses. BGB. § 211.**

OLG. Hamburg, II. ZS. Urteil v. 19. Januar 1907.

Nachdem das LG. den Beweisbeschluß vom 20. Oktober 1903 erlassen und mit der Erledigung den Vorsitzenden beauftragt hatte, war es dessen Sache, den Beweis zu erheben und dann von Amts wegen Termin zur Fortsetzung der Verhandlung anzuberaumen. Dies unterblieb, weil der Vorsitzende sich durch sein Bureau bei den Anwälten mündlich erkundigen ließ, ob die Parteien noch auf Vernehmung weiterer Sachverständigen beständen, und darauf die Antwort erhielt, es sollte Bescheid gegeben werden. Allein eine amtliche Bedeutung kann diesem unter der Hand vorgenommenen Schritte und den mündlichen Unterhaltungen von Schreiber zu Schreiber, die die Gewähr irgendwelcher Zuverlässigkeit nicht bieten, nicht beigemessen werden. Das Gericht blieb daher nach wie vor verpflichtet, das Verfahren von Amts wegen zu betreiben, und die Parteien durften sich darauf verlassen, daß dies geschehe. Ist das aber richtig, dann ist in der Zeit zwischen der letzten Prozeßhandlung des Gerichts, d. i. der Vernehmung des Sachverständigen von Ende 1903 und der vom Kläger am 18. Juli 1905 dem Gerichte zur Terminsbestimmung eingereichten und dann auch dem Beklagten zugestellten Ladung eine Verjährung nicht eingetreten. Denn an sich war die Verjährung nach § 211[1] durch Klagerhebung unterbrochen und die Ausnahme des § 211[2] kam deshalb nicht zur Anwendung, weil der Stillstand des Prozesses hier nicht sowohl auf das Verhalten der Parteien als darauf ursächlich zurückzuführen war, daß das Gericht, obwohl von Amts wegen dazu berufen, für den Fortgang des Prozesses zu sorgen, diesen seinerseits nicht weiter betrieb (Planck 3 zu § 211). M. M.

Dazu: α) **Zahlungsbefehl eines unzuständigen Gerichts.**

Kammergericht, XX. ZS. Urteil v. 26. März 1907.

Auch die Zustellung eines von einem unzuständigen Gericht erlassenen Zahlungsbefehls ist die Verjährung zu unterbrechen geeignet. Wie die Entsch. des RG. 24 S. 199 zutreffend ausführt, findet das Institut der Verjährung seine Rechtfertigung in dem beharrlichen Stillschweigen des Gläubigers und in seiner Saumseligkeit, und hat nicht nur jeder gerichtliche Schritt, welcher objektiv geeignet ist, die Befriedigung des Gläubigers herbeizuführen, sondern jeder prozessuale Schritt, welcher nach der subjektiven Ansicht des Klägers ihm Befriedigung seines Anspruchs verschaffen kann, die Wirkung, daß hierdurch die Verjährung unterbrochen wird. Diese für das gemeine Recht ausgesprochene Ansicht auch auf das BGB. anzuwenden, erscheint um so unbedenklicher, als die Grundlagen des Instituts der Verjährung, wie es im BGB. geordnet ist, von denjenigen im gemeinen Recht nicht abweichen. Da es hiernach für die Bedeutung der Klagenverjährung darauf ankommt, daß der Kläger durch die Ergreifung prozessualer Maßnahmen von dem Vorwurf der Saumseligkeit befreit werde, so ergibt sich, daß auch der von einem unzuständigen Gericht erlassene Zahlungsbefehl die Verjährung unterbrechen muß.

Hat demnach der am 2. Juni zugestellte Zahlungsbefehl die Verjährung der Klagforderung unterbrochen, so ist die Wirksamkeit der Unterbrechung auch in der Folge nicht beseitigt worden. Nach § 213 gilt die Unterbrechung durch Zustellung eines Zahlungsbefehls im Mahnverfahren als nicht erfolgt, wenn die Wirkungen der Rechtshängigkeit erlöschen, und die Wirkungen der Rechtshängigkeit, sofern eine wegen des Anspruchs zu erhebende Klage vor die Landgerichte gehört, erlöschen nach § 697 ZPO., wenn nicht binnen 6 Monaten bei dem zuständigen Gericht geklagt wird. Nun ist hier die Klage am 19. Juli erhoben worden; die sechsmonatige Frist ist also an sich gewahrt. Das LG. A. war aber auch als zuständiges Landgericht zu erachten, da Zuständigkeit des Gerichts im Sinne des § 697 auch durch Vereinbarung des Gerichtsstandes begründet wird (Gaupp-Stein I zu § 697), und der Beklagte vor dem Landgericht zwar den Einwand der Verjährung, nicht aber denjenigen der Unzuständigkeit des Gerichts erhoben hat. Es kann also dahingestellt bleiben, ob das LG. A. für die Klage, auch abgesehen von der Prorogation, wegen des Gerichtsstandes des Erfüllungsortes zuständig war. R.

β) **Teilweise Einklagung. Spätere Antragserweiterung.**

OLG. Marienwerder, I. ZS. Urteil v. 20. Dezember 1906.

Die Entsch. des RG. 57 Nr. 82 führt zutreffend aus, daß die gerichtliche Geltendmachung eines Teils des Anspruchs die Verjährung des übrigen Teils nicht unterbricht. Nach der Entstehung des § 209 muß dieser Satz ganz allgemein und also auch für den Fall gelten, daß nach Erhebung einer Teilklage der Rest des Anspruchs im Wege der Klagerweiterung anhängig gemacht wird. Die Bedenken Rehbeins sind nicht durchschlagend; doch können sie hier auf sich beruhen, da eine Teilklage nicht erhoben ist. Das Klagevorbringen deutet in keiner Weise an, daß bloß ein Teil des erwachsenen Schadens geltend gemacht werde; insbesondere erscheint auch der Anspruch auf Entschädigung wegen Verminderung der Erwerbsfähigkeit in der Klage als in voller Höhe erhoben. Der Umstand, daß der Kläger in zweiter Linie den unbezifferten Leistungsanspruch erhoben hat, dessen Fassung eine allgemeine ist, ändert nichts. Denn einmal ist dieser Anspruch nur für den nicht eingetretenen Fall erhoben, daß gegen die Zuerkennung des ersten Anspruchs infolge der Unmöglichkeit einer zahlenmäßigen Feststellung Bedenken entstehen könnten, sodann greift der unbezifferte Anspruch trotz seines scheinbaren Mehrumfangs deshalb nicht weiter, als der bezifferte Anspruch, weil das Klagevorbringen nichts davon enthält, daß und nach welcher Richtung der Eventualanspruch umfangreicher sein sollte, als der prinzipale. H.

γ) **Vollstreckungshandlung auf Grund eines Arrestbefehls.**

OLG. Breslau, V. ZS. Urteil v. 30. Oktober 1907.

Dem an sich begründeten Einwande der Verjährung hat der Kläger den von ihm gegen den Beklagten erwirkten und vollzogenen Arrestbefehl entgegengesetzt; indessen ohne Grund. Der § 223 findet nur auf ein vertragsmäßig bestelltes Pfandrecht Anwendung (Endemann, Lehrbuch 1 S. 564; Planck § 223 BGB.; Motive 1 S. 344). Das hier erlangte Pfandrecht ist nur ein hypothetisches — eine Sicherungsmaßregel. Die in Vollziehung des Arrestbefehls ausgebrachte Pfändung genügt nicht, die Verjährung zu unterbrechen. Die Vollziehung des Arrestes findet zwar in den Formen der Zwangsvollstreckung statt, sie ist aber keine Vollstreckungshandlung im Sinne des § 209 Nr. 5. Diese Bestimmung setzt eine Zwangsvollstreckung voraus, die auf Grund eines rechtskräftigen Schuldtitels oder der mit diesem im § 218 gleichgestellten Titel ausgebracht ist und bezweckt, den Berechtigten in die Lage zu setzen, die Verjährung der rechtskräftig festgestellten Ansprüche sowie derjenigen Ansprüche zu hindern, welchen ein sonstiger die unmittelbare Vollstreckung ermöglichender Schuldtitel zur Seite steht (Motive S. 329 zu V). Zu diesen Schuldtiteln gehört also der Arrestbefehl nicht. Eb.

o) **Vertragsmäßiges Anerkenntnis des § 222².**

OLG. Breslau, II. ZS. Urteil v. 1. Mai 1906.

In der Literatur ist die Frage bestritten, ob das vertragsmäßige Anerkenntnis des § 222 formlos sein kann, oder ob damit ein der Schriftform bedürfendes Schuldanerkenntnis im Sinne des § 781 gemeint ist. Nur die letztere, von Endemann 1 § 93b Anm. 8, Crome 1 S. 521[10], Planck zu § 222³ vertretene Ansicht[1] entspricht der Ausdrucksweise des BGB., vgl. §§ 222, 762, 812, und dem Zweck des Gesetzes, das die verjährte Forderung und den Streit darüber nicht wieder aufleben lassen, sondern nur zur Wahrung des Rechtsfriedens die Rückforderung der tatsächlich erfolgten Leistung oder eines dieser gleichstehenden gültigen Schuldanerkenntnisses ausschließen will. Daß das Gesetz dabei nur an das „formalisierte" Schuldanerkenntnis gedacht hat, geht auch aus seiner Entstehungsgeschichte hervor (Denkschr. S. 37). Nur bei dem Vollkaufmanne würde gemäß §§ 350f. HGB. die Mündlichkeit genügen. Kr.

p) **Wirtschaftlicher Geschäftsbetrieb eines Schulvereins?**

α) OLG. Hamburg, I. ZS. Beschluß v. 7. Juni 1907.

Die Vorinstanzen haben das Gesetz auf den vorliegenden Tatbestand unrichtig angewendet. Auf einen wirtschaftlichen Geschäftsbetrieb wäre der Zweck des Vereins [Höhere Israelitische Töchterschule] gerichtet, wenn er einen Umsatz von Gütern oder Werten bezweckte. Täte er dies, so würde es gleichgültig sein, ob er daneben auch durch nicht wirtschaftliche Interessen geleitet würde. Ein solcher Geschäftsbetrieb könnte nun nur darin gefunden werden, daß der Verein Schulgelder erhebt, aus ihnen Lehrer bezahlt und deren Ruhegehalte bestreitet. Dies ist aber nicht der Zweck des Vereins, vielmehr nur ein Mittel zur Erreichung des Zwecks, welcher nicht auf einen wirtschaftlichen Geschäftsbetrieb, sondern auf die Erteilung von Unterricht an Mädchen und auf deren Erziehung gerichtet ist. Der Charakter der Schule als eines auch religiöse Zwecke verfolgenden Instituts kommt dabei gar nicht in Betracht. Daß der Unternehmer einer Schule unter Umständen einen wirtschaftlichen Geschäftsbetrieb bezwecken könne, ist unzweifelhaft. Die vorliegende Satzung aber schließt die Annahme eines solchen Zwecks unzweideutig aus. [Daher Aufhebung der gleichförmigen Vorentscheidungen.] M. M.

[1] Ebenso Cöln (Rsp. 13 S. 334 Anm.) und Posen (MSchr. 1906 S. 28).

β) Mitwirkung Minderjähriger bei Vereinsbeschlüssen.

Kammergericht, XIV. ZS. Urteil v. 12. April 1906.

Ein Vereinsbeschluß wird nicht dadurch ungültig, daß Minderjährige an ihm teilnehmen. Der Minderjährige ist an sich willens- und handlungsfähig. Die in den §§ 106 ff. ausgesprochenen Beschränkungen seiner Geschäftsfähigkeit beziehen sich grundsätzlich nur auf vermögensrechtliche Rechtsgeschäfte unter Lebenden, die der Minderjährige in eigenen Angelegenheiten vornimmt (Rehbein, BGB. 1 S. 106; Staudinger 1 S. 148). Mindestens muß aber in der Einwilligung des gesetzlichen Vertreters, die zum Eintritte des Minderjährigen in den Verein erforderlich war, auch die im voraus erklärte Einwilligung zu allen Handlungen, die der Minderjährige in Ausübung seiner Mitgliedschaft vornehmen wird, erblickt werden. Es würde zu einer im Verkehr unerträglichen Hemmung des Vereinslebens führen, wenn bei jeder durch Abstimmung der Mitglieder erfolgenden Bildung eines Gesamtwillens durch Versammlungsbeschluß noch die Genehmigung des gesetzlichen Vertreters oder des Vormundschaftsgerichts zu der Abstimmung der minderjährigen Vereinsmitglieder beschafft werden sollte. Dies muß nicht nur für rechtsfähige Vereine (vgl. Staudinger a. O.), sondern auch für nicht rechtsfähige Vereine mindestens insoweit gelten, als nicht der Minderjährige (vermöge der die Mitglieder nicht rechtsfähiger Vereine nach dem für diese geltenden Gesellschaftsrechte treffenden persönlichen Haftung) durch seine Abstimmung eine eigene vermögensrechtliche Haftung gegen sich begründet. Das ist aber nicht der Fall, wenn der Minderjährige an einem Beschluß über Ausstoßung von Mitgliedern teilnimmt. Denn dieser Beschluß betrifft überhaupt nicht eine vermögensrechtliche Angelegenheit (JW. 97 S. 531 a). Dr. P. S.

γ) Landesherrliche Genehmigung einer Stiftung.

OLG. Naumburg, II. ZS. Urteil v. 26. Oktober 1906.

S. hatte der damaligen, die Stadtteile A. und W. umfassenden Kirchengemeinde 50000 Mark vermacht, deren Zinsen an arme Witwen der Gemeinde verteilt werden sollen; die Stiftung ist landesherrlich genehmigt worden. Später wurde eine selbständige Kirchengemeinde aus den Bewohnern des Stadtteils W. gebildet und dabei das Kapital der Stiftung zu gleichen Teilen den beiden Gemeinden zugewiesen. Diese Einigung bedarf außer der Bestätigung durch die zuständigen Aufsichtsbehörden nicht auch noch der landesherrlichen Genehmigung.

Eine „Schenkung“ im Sinne des § 516 BGB. und des Art. 6 § 1 preuß. Ausf.-G. z. BGB. liegt im Verhältnis unter den Parteien nicht vor; denn weder findet durch die Zuwendung eine „Bereicherung“ der Klägerin — der neu gebildeten Kirchengemeinde — statt, da die Zinsen des ihr überwiesenen Kapitals stiftungsmäßig in voller Höhe nur für die Armenpflege zu verwenden sind, Klägerin also in Wirklichkeit nur Verwalterin des Stiftungsfonds und Verteilerin der Zinsen ist, noch ist die Zuwendung eine „unentgeltliche“, da die Klägerin vertraglich gehalten ist, sie stiftungsmäßig zu verwenden. Es handelt sich bei dem zwischen der Klägerin und der alten Gemeinde abgeschlossenen Vertrage um die durch die Auseinandersetzung gebotene Regelung der gegenseitigen Rechte und Pflichten und in diesen Rahmen fällt auch die fr. Vereinbarung; sie kann deshalb nicht für sich allein, sondern als integrierender Bestandteil des Auseinandersetzungsvertrages selbst nur im Zusammenhange mit dem übrigen Inhalt beurteilt werden. Da ihr somit der Charakter „der Schenkung" fehlt, so bedarf sie zu ihrer Gültigkeit der in § 518 BGB. vorgeschriebenen Form nicht.

Soweit dagegen der Stiftungscharakter der Zuwendung in Frage kommt, wird die Verfassung der bereits landesherrlich genehmigten Stiftung durch den zwischen den Parteien geschlossenen Vertrag nur formell insofern geändert, als nunmehr auch die Klägerin an der Verwaltung der Stiftung, an dem Eigentum und dem Bezugsrecht für ihre ärmeren Mitglieder mitbeteiligt ist. Dagegen tritt eine materielle Änderung des Stiftungszweckes nicht ein, da die Verwendung der Einkünfte des Stiftungsvermögens auch in Zukunft unverändert bleibt. Der Genehmigung des Königs, die sowohl nach den Vorschriften des öffentlichen Rechts, als auch im Falle des Art. 4 Ausf.-G., nach Art. 5 V. vom 16. November 1899 nur erforderlich ist, wenn die Verfassung der Stiftung in Ansehung des Zwecks geändert werden soll, bedarf es daher nicht; es genügt vielmehr die Genehmigung der Aufsichtsbehörden. Dr. P.

q) **Baumaterialien, Bestandteil oder Zubehör?**

α) Kammergericht, XIV. ZS. Urteil v. 14. Januar 1907.

Die zur Verwendung in den Neubau angefahrenen Baumaterialien sind nicht Grundstückszubehör (Rsp. 4 S. 22). Die Ansicht entspricht dem gemeinen Recht. Auch das ALR. betrachtete als Zubehör nur die zur Ausbesserung, Verschönerung oder Vergrößerung eines schon vorhandenen Gebäudes bestimmten Materialien oder die von einem eingefallenen oder abgerissenen Bauwerke noch vorhandenen (I 2 §§ 88, 89), nicht aber die für einen Neubau bestimmten. Diese sind auch nach BGB. nicht Zubehör. Ihre Bestimmung ist es, durch ihre Verwendung als selbständige Sache unterzugehen und damit Bestandteil des Gebäudes zu werden. Von Saatgut und Dünger, die nach ausdrücklicher Vorschrift (§ 98 Nr. 2) Gutszubehör sind, unterscheiden sie sich dadurch, daß diese zu den für die Fortführung des Wirtschaftsbetriebes bestimmten Vorräten gehören und als solche dem wirtschaftlichen Zwecke des Gutes dienen. Die Baumaterialien dienen aber nicht dem wirtschaftlichen Zwecke des Grundstücks, sondern mit diesem und den auf ihm begonnenen Baue zusammen dem wirtschaftlichen Zwecke des Bauherrn, den dieser durch Herstellung eines besonderen Gebrauchsgegenstandes, des Gebäudes, verfolgt. Hiernach sind auch die vom Beklagten hergestellten Türen und Fenster, obwohl für den Neubau besonders gefertigt und dessen Abmessungen angepaßt, nicht Grundstückszubehör.

Dazu: Kammergericht, XIV. ZS. Urteil v. 21. Februar 1907.

Nach der [vorstehenden] Ausführung waren die nicht eingehängten Türen und Fenster nicht Zubehör des Grundstücks und hafteten, da sie auch nicht Bestandteile waren, nicht für die Hypothek des Klägers. Die eingehängten Türen und Fenster sind dagegen durch das Einhängen wesentliche Bestandteile geworden. Eine feste Verbindung fordert § 94² nicht. Es genügt das bloße Einhängen (JW. 1905 S. 387³). Allerdings darf das Einhängen nach § 95² nicht zu einem vorübergehenden Zwecke erfolgt, sondern muß zur Herstellung des Gebäudes geschehen sein, also um die Türen und Fenster dauernd in dem eingehängten Zustande zu lassen. Das ist geschehen. Wenn auch die Türen und Fenster noch nicht fertig gestrichen waren, so wurden sie doch zur Vollendung des Streichens nicht wieder ausgehängt. Anders läge es, wenn die Türen und Fenster nur zwecks Einpassens vor der endgültigen Einfügung einmal probeweise in die Maueröffnung hineingestellt worden wären. [Vgl. jetzt JW. 1907 S. 703³.] Dr. P. S.

β) **Maschinen als Zubehör einer Metzgerei.**

OLG. Cassel, II. ZS. Beschluß v. 15. November 1906.

Der Schuldner hat durch Errichtung eines Schlachthauses auf seinem Grundstück in A. dieses dauernd für den gewerblichen Betrieb einer Metzgerei eingerichtet. Somit sind alle Gegenstände Zubehör des Grundstückes, die zur Zeit der Pfändung dem wirtschaftlichen Zwecke der Hauptsache zu dienen bestimmt waren. Daß die gepfändeten Gegenstände [Wiegeapparat, Hackmaschine, Fleischwolf, Füllmaschine, Fleischwiege, Wiegeklotz, Wage] geeignet waren, solchem Zwecke zu dienen, folgt daraus, daß sie der geschäftlichen Behandlung des Fleisches dienten (Rsp. 2 S. 342). Sie konnten auch zur Zeit der Pfändung noch zur Verwendung im Gewerbe des Schuldners bestimmt sein, weil er damals sein Metzgereigewerbe noch betrieb. Weiter stehen die Maschinen zu der Hauptsache in einem ihrer Zweckbestimmung entsprechenden räumlichen Verhältnisse. Zu dessen Herstellung ist nicht erforderlich, daß die Maschinen bereits in Tätigkeit gesetzt sind; denn ihre Zweckbestimmung braucht nicht gerade vollendet zu sein, vielmehr muß ein die bestimmungsgemäße Verwendung ermöglichendes Verhältnis genügen (Rsp. 5 S. 78; Entsch. des RG. 51 S. 272). Zweifellos ist bei Maschinen, die in den Raum, in welchem sie in Betrieb gesetzt werden sollen, bereits untergebracht sind, eine solche entsprechende räumliche Annäherung vorhanden. Daß die Maschinen hätten montiert sein müssen, ist durch §§ 97, 98 in keiner Weise erfordert. Auch das steht nicht entgegen, daß der Schuldner die Gegenstände ein Jahr lang seit seinem Wegzug von A. für sein Gewerbe nicht benutzt hat. Wesentlich ist, daß er nicht die Absicht hatte, sie der Verwendung in seinem Geschäfte zu entziehen (Rsp. 8 S. 417, 6 S. 213). Er hat aber umgekehrt die Absicht erkennen lassen, sie wieder zu verwenden, sobald er den dafür erforderlichen elektrischen Strom erhalten hätte, und damit den ununterbrochenen Zusammenhang der Zweckbestimmung, wir für das Geschäft in H., so auch für dasjenige in A. dargetan und hergestellt. Fs.

γ) **Geflügel als Zubehör eines Landguts.**

Kammergericht, XVII. ZS. Beschluß v. 28. April 1907.

Zum Wirtschaftsbetriebe bei einem Landgute gehört nicht nur das zur Bewirtschaftung des Ackers dienende Vieh, also Pferde und Zugochsen, sondern auch die Viehzucht (Rsp. 2 S. 342, 3 S. 235). Auch das auf einem Landgute befindliche Federvieh ist zum Wirtschaftsbetriebe bestimmt. Der Verkauf von Eiern und von jungen Hühnern, Enten, Gänsen und Tauben bildet eine ständige Einnahme aus dem Betriebe einer Landwirtschaft. Auch die Geflügelzucht dient daher dem Zweck der nutzbringenden Bewirtschaftung des Landguts. Die Haltung von Federvieh gestattet insbesondere die Nutzbarmachung vieler landwirtschaftlichen Abfälle. Sie fördert daher den Zweck der Wirtschaft als solcher. Daß der Schuldner die gepfändeten 16 Tauben lediglich zum Wirtschaftsbetriebe, nicht etwa zum Luxus hält, kann ohne weiteres angenommen werden, ergibt sich auch aus der Taxe des Gerichtsvollziehers. H.-tz.

r) **Drohung mit Strafanzeigen.**[1]

OLG. Hamburg, VI. ZS. Urteil v. 19. März 1907.

Die Unterschrift des Beklagten ist durch Drohung erwirkt. Ob diese zugleich widerrechtlich war, hängt davon ab, ob der Kläger einen Anspruch auf die Verpflichtung des Beklagten hatte und sie auf dem eingeschlagenen Wege durchsetzen durfte. Nun soll nicht so weit gegangen werden, daß allgemein die Herbeiführung einer Willenserklärung durch Drohung mit Strafanzeige, Verhaftung 2c auch dann für widerrechtlich zu erachten wäre, wenn ein Recht auf solche Anzeige 2c besteht (vgl. aber Entsch. des RG. 59 S. 97). Auch mag dahingestellt bleiben, ob die Drohung nicht schon deshalb widerrechtlich war, weil dem Kläger A. kein Anspruch auf ein schriftliches Anerkenntnis, auf die Ausstellung einer Verpflichtungsurkunde zustand. Jedenfalls ist die Drohung der Eheleute A. mit Rücksicht darauf widerrechtlich, daß offenbar die Ersatzpflicht des Beklagten damals ziffermäßig überhaupt nicht feststand, die A. also ihr Denunziationsrecht mißbraucht haben, um nur im allgemeinen abgeschätzte Ersatzansprüche dem Beklagten gegenüber wider dessen Willen ohne voraufgegangene sachliche Erörterung und Prüfung durchzusetzen (JW. 1905 S. 134[6]). M. M.

s) **Genehmigung der Kündigung eines Nichtberechtigten.**[2]

Kammergericht, XIV. ZS. Beschluß v. 27. Juni 1907.

Der Kläger hatte die Nachlaßhypothek nicht im Namen sämtlicher Erben, sondern im eigenen Namen gekündigt, weil er sich auf Grund der im Gange befindlichen Überweisung dazu für befugt hielt. Diese Kündigung war aber, da sie eine Verfügung über einen Nachlaßgegenstand enthielt und nach § 2040

[1] Rsp. 10 S. 135. Gruchot 48 S. 1128; JW. 1900 S. 791 Nr. 17, 1905 S. 73 Nr. 6, 200 Nr. 2. — Wird die durch Drohung erzwungene Zahlung zurückgefordert, so steht dem Beklagten der Nachweis frei, daß er ein Recht auf den gezahlten Betrag hatte (Entsch. des RG. v. 16. Januar 1905 VI 125/04). Vgl. hierzu Entsch. des RG. 54 S. 137, 59 S. 93.

[2] Kündigung eines unbeauftragten Geschäftsführers: Entsch. d. RG. 26 S. 189; Gruchot 46 S. 1142; Niendorffs Mietr. 8. Aufl. S. 288.

nur allen Erben gemeinschaftlich zustand, wirkungslos und blieb es, obwohl die übrigen Erben nachträglich ihr zustimmten. Der Senat schließt sich der von Rehbein (S. 282, 288), Planck (3 zu § 185), Staudinger (4 zu § 185) vertretenen Auffassung an, daß der § 185² auf die Kündigung nicht zu beziehen ist. Die Kündigung eines Nichtberechtigten kann der andere Teil als wirkungslos behandeln und trotz nachfolgender Genehmigung des Berechtigten unbeachtet lassen. Da die Kündigung als einseitiges Rechtsgeschäft sich ohne Mitwirkung des anderen Teiles vollzieht, würde dessen Rechtslage unbillig beeinträchtigt werden, wenn er einer bei ihrer Vornahme unberechtigten Kündigung auch nur so viel Beachtung schenken müßte, daß er sie beim nachträglichen Eintritte der im § 185² bezeichneten Ereignisse gelten zu lassen hätte. Diese auch den §§ 111, 180 zugrunde liegende Erwägung macht es unzulässig, die Kündigung der Hypothek wenigstens nachträglich — etwa von dem Zeitpunkt an wirksam werden zu lassen, in dem der Gekündigte erfährt, daß der Kündigende die Hypothek später erworben habe —, selbst wenn von diesem Zeitpunkt an noch die volle Kündigungsfrist offen stände, auf deren Einhaltung der Gekündigte ein unentziehbares Recht hat. Hätten die Miterben schon vor der Kündigung sich mit dieser einverstanden erklärt, so würde sie nach § 185¹ nur dann wirken, wenn der Gekündigte bei der Kündigung von jener Einwilligung Kenntnis erhalten hätte. Von einer Anerkennung der unwirksamen Kündigung durch ihren Empfänger könnte nur dann die Rede sein, wenn dieser sich vertragsmäßig verpflichtet hätte, die Kündigung trotz ihres Mangels gegen sich gelten zu lassen. Dr. P. S.

15

a) **Anspruch aus der Besitzentziehung. Sein Zusammenhang mit der Widerklage auf Eigentumsfeststellung.**

OLG. Dresden, II. ZS. Urteil v. 24. Juni 1907.

Eine Besitzstörung liegt in dem Handeln des Beklagten, der einen Teil der von der Klägerin als Feld bewirtschafteten Parzelle ohne ihren Willen zu seinem Grundstück abgezäunt und mit Wegen versehen hat, nicht vor, da sich sein Tun bis zur völligen Beseitigung des klägerischen Besitzes gesteigert hat und eine in Ansehung des im Besitze der Klägerin verbliebenen Restes des Flurstückes allerdings an sich denkbaren Besitzstörung nicht dargelegt ist. Eine Klage aus § 862 kommt daher nicht in Betracht. Gegenüber der Klage aus § 861 kann ein Recht zum Besitz nur zur Begründung der Behauptung geltend gemacht werden, daß die Entziehung nicht verbotene Eigenmacht gewesen sei, daß also der Tätigkeit des Besitzentziehenden, sei es im allgemeinen oder zufolge besonderer gesetzlicher Bestimmung, das Wesen der verbotenen Eigenmacht fehle. Dazu genügt aber nicht die vom Beklagten aufgestellte bloße Eigentumsbehauptung. Die Klage wegen Besitzentziehung geht nun auf Wiedereinräumung des Besitzes. Dazu reicht im vorliegenden Falle die Aushändigung des Schlüssels zur Umzäunung nicht aus. Zur gehörigen Ausübung der tatsächlichen Gewalt (§ 854[1]) über das Areal erscheint vielmehr die Beseitigung des Zaunes erforderlich. Die mitgeforderte Wiederversetzung des entzogenen Trennstücks in ackerbaufähigen Zustand dagegen läßt sich aus § 861[1] nicht begründen. Insoweit kommt für Rechtfertigung des Anspruchs lediglich § 823[1 u. 2] in Frage (Entsch. des RG. 59 § 328). Dem Anspruche aus unerlaubter Handlung gegenüber erscheint aber zum Nachweise, daß der Klägerin ein Schaden in Wahrheit nicht entstanden sei, weil sie schon zur Zeit jener Handlung zur Herausgabe des Trennstücks an den Beklagten kraft seines dinglichen Rechts verpflichtet gewesen wäre, die vom Beklagten vorgeschützte und unter Beweis gestellte Eigentumsbehauptung beachtlich.

Die Widerklage auf Feststellung des Eigentums des Beklagten am Trennstück steht mit dem Klaganspruch aus der Besitzentziehung weder in einem ernstlichen noch in einem tatsächlichen Zusammenhang, so daß insoweit die Streitfrage, ob § 33 ZPO. den ersteren fordere oder ob letzterer genüge, dahingestellt bleiben kann. Der Umstand, daß der Widerklaganspruch, wenn im Wege der Klage erhoben, in demselben Gerichtsstande hätte erhoben werden können oder müssen, wie die vorliegende Klage, genügt zu seiner Zulassung nicht. Der § 33 stellt in dem Verlangen des Zusammenhangs, wie die Motive ergeben, nicht nur eine Bedingung des Gerichtsstandes, sondern ein Erfordernis der Widerklage überhaupt auf. Was den weiter in § 33 erwähnten Zusammenhang mit einem gegen den Klaganspruch vorgebrachten Verteidigungsmittel anlangt, so wird hierzu selbstverständlich ein zulässiges Verteidigungsmittel vorausgesetzt. Als solches ist aber der Besitzentziehungsklage gegenüber, wie erwähnt, die bloße Eigentumsbehauptung nicht anzusehen. Dem Anspruche aus unerlaubter Handlung gegenüber ist indessen nicht allein das aus dem Eigentum hergeleitete Verteidigungsmittel zulässig, sondern es steht auch der widerklagweise geltend gemachte Eigentumsanspruch in einem, und zwar rechtlichen, Zusammenhang mit dem ausgeklagten Anspruche, weil die Feststellung des Eigentums des Beklagten an dem Trennstücke trotz der vorliegenden Besitzrechtsverletzung eine Schädigung der Klägerin in der mit der Klage erfolgten Richtung ausschließen würde. Insofern muß die Widerklage zugelassen werden. Dr. v. F.

b) Auflassung an die „Konkursmasse" einer Genossenschaft.

Bayer. Oberstes LG., I. ZS. Beschluß v. 7. Juni 1907.

Der Konkursverwalter des Vorschußvereins L., e. G. m. u. H., hat vom Konkursverwalter des A. Grundstücke gekauft. Die notarielle Urkunde enthält die Erklärung der Vertragsteile, „daß die Eintragung der Konkursmasse des Vorschußvereins als Eigentümerin bewilligt und beantragt" werde. Die Eintragung wurde verweigert, weil die Konkursmasse kein selbständiges Rechtssubjekt und die Genossenschaft durch die Konkurseröffnung aufgelöst sei. Die weitere Beschwerde ist begründet.

Die Konkursmasse, das gemäß § 6 KO. der Verwaltung und Verfügung des Verwalters unterworfene Vermögen des Gemeinschuldners, ist eine dessen sonstigem Vermögen gegenüber in gewissem Maße selbständige Vermögensmasse, es ist ihr aber nicht die Befugnis beigelegt, Rechte zu erwerben und Verbindlichkeiten einzugehen, sie hat auch keinen eigenen Namen, unter dem sie im Rechtsverkehr auftreten könnte. Sie darf deshalb nicht als Eigentümer oder sonstiger Berechtigter in das Grundbuch eingetragen werden, das Ansinnen, eine Eintragung in dieser Weise vorzunehmen, müßte das Grundbuchamt ablehnen (Rsp. 5 S. 7; Jäger KO. Anm. 51 zu § 1, 17 zu § 6, 21 zu § 37). Daraus folgt aber nicht, daß auf Grund einer Auflassung, in der eine Konkursmasse als Erwerber des Grundstücks bezeichnet ist, eine Eintragung nicht stattfinden dürfte. Der § 133 gilt auch für die Auflassung und ist auch für das Grundbuchamt maßgebend (Entsch. des RG. 52 S. 416; Rsp. 2 S. 412; Turnau-Förster GBO. 4 zu § 19; Güthe S. 230). Es mußte deshalb erwogen werden, ob der von den Beteiligten gebrauchte Ausdruck nicht in dem Sinne zu verstehen sei, daß der Vorschußverein als Eigentümer und zugleich gemäß § 113 KO. die Eröffnung des Konkursverfahrens über sein Vermögen eingetragen werden solle. War diese Frage, wie wohl nicht mit Grund bezweifelt werden kann, zu bejahen, so mußte dem Antrage stattgegeben werden, sofern ihm nicht das vom Beschwerdegericht erhobene weitere Bedenken entgegensteht.

Nach § 101 GenG. wird durch die Konkurseröffnung die Genossenschaft aufgelöst, sie gilt aber bis zur Beendigung des Verfahrens für dessen Zweck als fortbestehend (Entsch. des RG. 50 S. 130; Jäger, Anm. 34 zu den §§ 207, 208). Im Rahmen dieses Zweckes ist der Verwalter vermöge der ihm nach den §§ 6, 117 KO. obliegenden Aufgabe, das zur Masse gehörige Vermögen zu verwalten und zu verwerten, auch berechtigt, Grundstücke zu erstehen, nicht bloß in der Zwangsversteigerung sondern auch bei freiwilliger Veräußerung (KO. § 134 Nr. 2; Jäger, Anm. 4 zu § 134 KO.; Wilmowski 5^3 zu § 5 KO.). Aus der Urkunde ist allerdings ein Zusammenhang des Erwerbes der Grundstücke mit der Verwaltung und Verwertung des zur Konkursmasse gehörigen Vermögens des Vorschußvereins nicht zu entnehmen, aber darum steht doch nicht fest, daß ein solcher nicht besteht. Vielmehr liegt die Vermutung nahe, daß der Vorschußverein Gläubiger des A. ist und daß die Grundstücke zu dem Zwecke erworben werden sollen, für die Forderung des Vorschußvereins aus dem Vermögen des Schuldners soweit tunlich Deckung zu erlangen. Hegte das Beschwerdegericht in dieser Beziehung einen Zweifel, so hätte es den Verwalter auffordern sollen, den Zweck des Erwerbes der Grundstücke darzulegen, es durfte aber nicht die Beschwerde ohne weiteres zurückweisen. D.

c) **Umwandlung eines ohne Rangvorbehalt eingetragenen Rechts in ein solches mit Rangvorbehalt.**

Kammergericht, I. ZS. Beschluß v. 8. Mai 1907.

Das Ziel des Antrags ist eine Eintragung, welche mehreren künftig einzutragenden Rechten den Vorrang vor einer bereits eingetragenen Hypothek mit Wirkung gegenüber den etwaigen späteren Gläubigern dieser Hypothek verschafft. Für einen derartigen Fall ist im Beschluß vom 4. März 1901 (Rsp. 3 S. 229) ausgeführt: „Das BGB. kennt in den §§ 880, 881 zwei Formen der Rangänderung, den Vorrangsvorbehalt des Eigentümers für ein erst zur Entstehung kommendes Recht und die nachträgliche Änderung des Rangverhältnisses zwischen zwei Rechten. Der erstere Fall komme hier nicht in Frage, weil der Vorbehalt bereits bei der Belastung des Grundstücks mit dem Rechte, welches demnächst zurücktreten solle, erfolgen müsse. Es könne sich demnach nur um eine Rangänderung im Sinne des § 880 handeln. Diese könne grundsätzlich nur unter bereits eingetragenen Rechten oder höchstens auch dann stattfinden, wenn dasjenige Recht, welches vorrücken solle, wenigstens gleichzeitig mit der Eintragung des Vorrangs durch Eintragung zur Entstehung gelange. Doch entscheide diese Ausführung nur über die Wirksamkeit der Rangänderung, stehe aber dem nicht entgegen, daß bei demjenigen Recht, dessen Inhaber zurücktreten wolle, die Eintragung der Rangänderung schon erfolge, bevor die zum Vortreten bestimmte Hypothek eingetragen sei." Von diesem Standpunkt aus könnte hier zwar nicht ein Rangvorbehalt aus § 881, wohl aber eine Rangänderung gemäß § 880 eingetragen werden. Die wiedergegebenen Ausführungen können aber im Ergebnis nicht aufrecht erhalten werden.

Der § 880 gestattet die nachträgliche Änderung eines Rangverhältnisses. Die Änderung eines Rangverhältnisses setzt das Bestehen des zu ändernden Rangverhältnisses voraus. Die Notwendigkeit dieser Voraussetzung tritt dadurch klar hervor, daß § 880 sich an den § 879 anschließt, in dem gesagt ist, nach welchen Umständen sich das Rangverhältnis bestimmt; daß § 880 die Änderung als eine nachträgliche bezeichnet und daß er die Einigung des zurücktretenden und des vortretenden Berechtigten neben der Eintragung erfordert, also die Existenz eines vortretenden Rechts für selbstverständlich hält. Der aufgestellte Grundsatz, daß diese Rechtsänderung nur unter eingetragenen Rechten oder höchstens auch dann möglich ist, wenn das vortretende Recht gleichzeitig mit der Rangänderung durch Eintragung entsteht, ist also richtig. Eine Ausnahme davon mag Platz greifen, soweit das vorrückende Recht zu seiner Entstehung der Eintragung nicht bedarf, auf welchen Sonderfall hier nicht eingegangen zu werden braucht. Eine fernere Ausnahme ergibt sich daraus, daß der Grundbuchrichter regelmäßig sich nach § 19 GrBO. mit der formellen Eintragungsbewilligung zu begnügen, das Vorliegen der nach § 873 zur Entstehung der Rechte erforderlichen Einigung nicht zu prüfen hat, und daß nach § 879 [2] die Eintragung für das Rangverhältnis auch dann maßgebend ist, wenn die Einigung erst nach der Eintragung zustande kommt. Eine nachträgliche Rangänderung ist also auch dann möglich, wenn das zurücktretende Recht nur eingetragen ist, sei es auch mangels Einigung noch nicht entstanden. Darüber hinaus aber mit dem Beschluß vom 4. März 1901 die Rangänderung auch zuzulassen, wenn das zum Zurücktreten bestimmte Recht noch nicht eingetragen ist, obwohl es zu seiner Entstehung der Eintragung bedarf, ist nicht angängig. Zwischen einem bestehenden Recht und einem nicht bestehenden Recht besteht kein Rangverhältnis. Ein nicht bestehendes Rangverhältnis kann aber nicht geändert werden. Der § 880 ist also unanwendbar. In dieser Hinsicht stimmen die Kommentare überein (Predari S. 343; Güthe 33 zu § 46 GrBO.; Turnau-Förster II 4 zu § 1880 BGB.; Fuchs 7 zu § 880 BGB.).

Es liegt auch kein praktisches Bedürfnis für die Zulassung der Änderung eines nicht bestehenden Rangverhältnisses vor. Denn § 883 läßt die Eintragung einer Vormerkung zur Sicherung des Anspruchs auf Änderung des Ranges eines das Grundstück belastenden Rechts zu und der § 888 gewährt demjenigen, zu dessen Gunsten die Vormerkung besteht, das Recht, von demjenigen, welcher ein ihm gegenüber nach § 883 [2] infolge der Vormerkung unwirksames Recht erwirbt, die Zustimmung zu der Eintragung zu verlangen, welche zur Verwirklichung des durch die Vormerkung gesicherten Anspruchs erforderlich ist. Wer also einen Anspruch an den Hypothekar und den Eigentümer darauf hat, daß die Hypothek künftig einzutragenden Rechten gegenüber im Range zurücktritt, kann die Verwirklichung dieses Anspruchs gegenüber künftigen, die Hypothek betreffenden Eintragungen dadurch sichern, daß eine Vormerkung eingetragen wird (Predari S. 343).

Der § 881 gestattet dem Eigentümer, sich bei der Belastung des Grundstücks mit einem Rechte die Befugnis vorzubehalten, ein anderes dem Umfange nach bestimmtes Recht mit dem Range vor jenem Recht eintragen zu lassen. Das LG. nimmt mit dem Beschluß vom 4. März 1901 Planck 2a zu § 881; Predari S. 343 (auch S. 606); Turnau-Förster II 1 [2] zu § 881 BGB. und im Gegensatz zu Güthe 21 zu § 46; Fuchs 3 zu § 881 mit Recht an, daß § 881 lediglich den Fall eines gleichzeitig mit der Belastung gemachten Vorbehalts betrifft. Denn einmal ist die von Güthe und Fuchs versuchte Auslegung der Worte bei der Belastung im Sinne einer örtlichen Bezeichnung sprachlich nicht wohl möglich. Vor allem aber handelt der § 881 mißverständlich nur von der einseitigen Befugnis des Eigentümers, sich ein Recht vorzubehalten, welches nach der Eintragung ohne den Vorbehalt gemäß § 19 GrBO. nicht mehr bestehen kann. Wie es sich verhält, wenn der Vorbehalt gleichzeitig mit der Belastung gemacht, aber nicht eingetragen ist (Planck 2b zu § 881; Predari S. 606; Güthe 21 zu § 46), braucht hier nicht erörtert zu werden, da die Voraussetzung nicht vorliegt.

Aus der Anwendbarkeit des § 881 folgt aber nicht, daß der Rangvorbehalt nicht doch nachträglich geschlossen werden könnte. Der § 877 läßt allgemeine Änderungen des Inhalts eines Rechts an einem Grundstück zu. Solche Änderung stellt sich begrifflich als ein Geschäft dar, welches sich aus einer teilweisen Aufhebung und einer teilweisen Neubegründung des Rechts zusammensetzt (Prot. 4 S. 587). Der Inhalt eines Rechts an einem Grundstück im engeren Sinne ist die Belastung des Grundstücks selbst. In diesem Sinne wird in § 883 der Inhalt und der Rang eines solchen Rechts unterschieden. Im weiteren Sinne gehört aber auch der Rang eines Rechts, also die Stelle in der Ordnung, nach welcher es gemäß § 10 ZwVG. ein Recht auf Befriedigung aus dem Grundstück gewährt, zu dem Inhalt des Rechts. Soweit deshalb nicht in den §§ 880, 881 Sondervorschriften für eine vom § 879 abweichende Bestimmung des Rangverhältnisses gegeben sind, findet der § 877 subsidiäre Anwendung (Turnau-Förster 3² zu § 877). Die Umwandlung eines Rechts in ein Recht völlig anderer Art ist keine Änderung, sondern völlige Aufhebung und völlige Neubegründung. Eine Hypothek aber, deren Rangverhältnis sich nach § 879 bestimmt, und eine Hypothek mit einem Rangvorbehalt im Sinne des § 881 sind nur in einzelner Beziehung verschieden, in der Hauptsache gleichartig. Deshalb steht nichts im Wege, daß eine Hypothek der ersteren Art auf Grund des § 877 in eine Hypothek der zweiten Art umgeändert wird. Die materiellen Voraussetzungen ergeben sich aus den in § 877 angezogenen §§ 873, 874, 876 dahin, daß die Einigung des Eigentümers und des Gläubigers, die Zustimmung des Dritten, mit dessen Recht etwa die Hypothek belastet ist, und die Eintragung erforderlich ist. Die Wirkung regelt sich nach § 881, da das Recht nach der Änderung einem Rechte gleichsteht, bei dessen Begründung der Eigentümer sich das Recht vorbehalten hat, ein anderes dem Umfange nach bestimmtes Recht mit dem Range vor jenem Rechte eintragen zu lassen. Der Eigentümer gewinnt also das dem Vorbehalt entsprechende Recht. Inwieweit der Vorrang der auf Grund des Vorbehalts eingetragenen Rechte durch Zwischeneintragungen berührt wird, ist nach § 881⁴ zu beurteilen.

Die Beteiligten haben also zur Erreichung ihres Zwecks zwei — den Wirkungen nach allerdings nicht völlig gleiche — Mittel, die Eintragung einer Vormerkung zur Sicherung des Anspruchs auf Änderung des Ranges der Hypothek und die Eintragung der Änderung der Hypothek in eine solche mit einem Rangvorbehalt. Nach der hier maßgebenden Urkunde ist vereinbart: „Die Hypothek soll in ihrem Inhalt derart geändert werden, daß die Eigentümer berechtigt sind, das Grundstück mit folgenden im Range vorgehenden Rechten zu belasten ..." und die Eintragung dieser Änderung bewilligt. Es ist danach anzunehmen, daß die Beteiligten den zweitbezeichneten Weg einer Eintragung gemäß § 877 gewählt haben. F.

d) **Voraussetzungen der Eintragung einer Vormerkung.**

Kammergericht, XVI. ZS. Urteil v. 18. März 1907.

Die Kläger gründen das Gesuch um einstw. Verfügung auf Eintragung der Vormerkung [zur Sicherung des für den Fall der Wiederveräußerung des Grundstücks des Beklagten bestehenden Anspruchs auf Einräumung einer Hypothek von 30000 Mark unmittelbar hinter Hypothek Nr. 1] ausschließlich auf § 883. Die Vormerkung setzt aber einen persönlichen Anspruch voraus, gerichtet gegen denjenigen, dessen Grundstück (Recht) von der Vormerkung betroffen wird. Der Verpflichtete muß also zur Zeit der Eintragung der Vormerkung der passiv beteiligte Eigentümer (Berechtigte) sein (Planck zu § 833). Das Recht, das vorgemerkt werden soll, muß gegen den als berechtigt Eingetragenen begründet sein (Turnau-Förster zu § 883). Einen solchen Anspruch hat die Beklagte durch die Urkunde vom 2. März den Klägern nicht eingeräumt. Danach hat sie für den Fall, daß sie das Grundstück a zu einem gewissen Mindestpreise weiter veräußere und der neue Erwerber eine Restkaufgeldhypothek eintragen lasse, von dieser Hypothek einen Betrag von 30000 Mark den Klägern abzutreten. Dieser Anspruch enthält zunächst keinesfalls einen Anspruch auf Einräumung eines Rechts an einem das Grundstück belastenden Rechte. Denn solcher Anspruch setzt notwendig voraus, daß das das Grundstück belastende Recht bereits besteht, daß also die Hypothek, an der beispielsweise ein Pfandrecht eingeräumt werden soll, bereits eingetragen ist. An diesem Erfordernis fehlt es aber; denn die hier fr. Hypothek besteht noch gar nicht, es steht dahin, ob sie jemals entstehen wird, und es besteht nur für den Fall ihrer Entstehung ein Anspruch des Klägers auf Abtretung. Es bleibt daher nur noch zu erörtern, ob in dem Anspruch der Kläger ein zur Eintragung einer Vormerkung ausreichender Anspruch auf Einräumung eines Rechts an einem Grundstück gefunden werden kann. Zweifellos besteht ein gegenwärtiges, unbedingtes Recht auf Einräumung einer Hypothek, also eines Rechts an dem Grundstücke der Beklagten nicht. Allerdings gestattet das Gesetz die Eintragung einer Vormerkung auch zur Sicherung eines künftigen oder eines bedingten Anspruches. Ein bedingter Anspruch kann aber dann nicht als genügend erachtet werden, wenn der Eintritt der Bedingung von der freien Willkür des bedingt Verpflichteten abhängt (Staudinger zu § 883 BGB.; Turnau-Förster 1 S. 216). Diese Voraussetzung trifft hier zu. Ob nämlich die Beklagte ihr Grundstück jemals veräußern wird, steht völlig in ihrem freien Ermessen und Belieben, irgendwelche vertragliche Bindung oder Verpflichtung besteht für sie nicht; desgleichen sind ihr durch die Urkunde vom 2. März Schranken bezüglich der zu stellenden Kaufbedingungen nicht auferlegt worden. Der Eintritt der dem persönlichen Anspruch der Kläger gesetzten Bedingung ist also in die Willkür der bedingt verpflichteten Beklagten gestellt. Bedingt und zukünftig ist auch das dingliche Recht selbst, auf dessen Erwerb der Anspruch des Klägers gerichtet ist; ob die Hypothek, deren Erwerb für die Kläger in Rede steht, überhaupt entstehen wird, hängt gleichfalls nur von dem in das freie Belieben gestellten Handeln der Beklagten ab. Die Gestaltung des vorliegenden Falles bringt es weiter mit sich, daß der den Klägern eingeräumte Anspruch auf Erwerb eines Rechts an dem Grundstück der Beklagten zu einem gegenwärtigen, unbedingten erst zu einer Zeit werden kann, in der die Beklagte, gegen welche der Anspruch auf Einräumung dieses Recht gerichtet ist, bereits aufgehört hat, eingetragene Eigentümerin des Grundstücks zu sein, an welchem das Recht für die Kläger erworben werden soll.... Dr. R.

e) **Umfaßt der § 892 das Bestandsverzeichnis?**

α) OLG. Königsberg, II. ZS. Urteil v. 13. April 1907.

Die Klage wird auf die bei Zurückführung des Titelblattes auf das Grundsteuerbuch erfolgte Zuschreibung der Flächenabschnitte 45, 46, 47 gestützt. Die Frage, inwieweit die im Bestandsverzeichnis enthaltenen Angaben zu dem Inhalte des Grundbuchs gehören und somit durch den öffentlichen Glauben geschützt werden, ist äußerst bestritten. Anerkannt ist nur, daß tatsächliche Angaben, wie Größe und Lage des Grundstücks, nicht dazu gehören. Es wird jedoch der Begriff der tatsächlichen Angaben verschieden begrenzt. Nach der einen Ansicht gehört der im Grundbuche nachgewiesene und tatsächlich vorhandene Umfang zum Inhalte des Grundbuchs (Oberneck, GrBO. 1 S. 307; Gruchot 43 S. 171, 172; Wolff bei Gruchot 45 S. 765; Fuchs 1 S. 155; Predari S. 34; Biermann S. 78, 79; Achilles-Strecker S. 152; Leske S. 386; Rsp. 6 S. 12, 8 S. 107). Nach der anderen Ansicht (vgl. Predari S. 34ff.) wird unterschieden zwischen dem Falle, wo eine Parzelle, die im Grundbuche als Bestandteil verzeichnet ist, in Wahrheit zu einem anderen Grundstück gehört (Parzellenverwechselung) und demjenigen, wo es sich nur um den Umfang der Grenzen handelt; bei letzterem soll die wirkliche, nicht die kartierte Grenze entscheiden, bei ersterem das Bestandsverzeichnis (vgl. auch Planck I 1 zu § 892). Wiederum andere Autoren rechnen zum Inhalte des Grundbuchs überhaupt nicht die den Bestand und die sonstigen tatsächlichen Eigenschaften des Grundstücks betreffenden Eintragungen, ganz gleich, ob es sich um den Umfang oder eine Parzellenverwechselung handle (vgl. bes. Turnau-Förster 1 S. 207; Kuhlenbeck zu § 892; Ramdohr bei Gruchot 44 S. 341; Staudinger 1 B zu § 892; JW. 1901 S. 42, 341; Dernburg 3 § 47 N. 2; vgl. auch Jahrbuch 30 S. 202). Der Senat schließt sich der letzterwähnten Rechtsauffassung an. Auf Grund des § 4 preuß. GrBO. nahm man an, daß die Angaben des Grundbuchs oder des in Bezug genommenen Katasters über die Flächenbestandteile des Grundstücks durch den Glauben des Grundbuchs geschützt werden (vgl. Turnau, GrBO. 1 S. 32). Eine entsprechende Vorschrift, nach welcher die Grund- und Gebäudesteuerbücher „zur Ausmittelung der in die Grundbücher einzutragenden oder bereits eingetragenen Grundstücke, ihrer Lage und Größe" dienen, ist in die GrBO. nicht aufgenommen. In der Denkschrift heißt es ausdrücklich: Der § 892 will dem Erwerber nur die Sicherheit gewähren, daß der Inhalt des Grundbuchs die Ansehung der dinglichen Rechtsverhältnisse mit der wirklichen Rechtslage in Einklang steht. Hieraus folgt, daß es die Absicht des Gesetzgebers gewesen ist, die den Bestand und sonstigen tatsächlichen Eigenschaften des Grundstücks betreffenden Eintragungen nicht zum Inhalte des Grundbuchs zu erheben. Unter dem Inhalte des Grundbuchs ist demnach nur der Inbegriff der an einem Grundstück bestehenden dinglichen Rechte zu verstehen. Die Angaben über die diesen dinglichen Rechten zugrunde liegende Substanz gehören nicht zum Inhalte des Grundbuchs und werden nicht durch den öffentlichen Glauben geschützt. Diese Angaben beruhen auf Umständen, die außerhalb des Bereichs des Grundbuchs liegen. Dieses kann nicht für die von der Vermessungsbehörde erfolgten Feststellungen und deren Richtigkeit garantieren. Wenn § 892 BGB. allgemein sagt, der Inhalt des Grundbuchs gelte als richtig, so steht dies dieser Auffassung nicht entgegen; denn das BGB. versteht unter Inhalt nur, was es selbst zur Aufnahme in das Grundbuch bestimmt, und dazu gehören tatsächliche Angaben nicht; überdies findet § 892 seine Erläuterung in § 894, welcher ausdrücklich darauf hinweist, daß nur Rechte und Verfügungsbeschränkungen durch den Glauben des Grundbuchs gedeckt werden. Auch aus der Bemerkung in den Motiven zum ersten Entwurf der GrBO. (S. 35) kann der Kläger nichts zu seinen Gunsten herleiten. Denn wenn es dort heißt: „Die Bezeichnung des Grundstücks ist auch eine Angabe des Grundbuchs, deren Richtigkeit zugunsten eines gutgläubigen Erwerbers garantiert wird. Da indessen das Grundbuch das Grundstück durch Angabe der Nummer des Flurbuchs bezeichnet, so wird nur garantiert, daß das an der Hand des Flurbuchs zu ermittelnde Grundstück den im Grundbuch angegebenen Rechtsverhältnissen unterliegt", so ist damit in keiner Weise ausgesprochen, daß das Grundbuch auch dafür Gewähr leiste, daß die einzelnen als zum Grundbuch gehörig bezeichneten Parzellen auch tatsächlich zum Grundstück gehören. Die Angaben im Bestandsverzeichnis, nach welchen die Parzellen 45, 46, 47 dem Grundstück zugeschrieben sind, sind mithin lediglich tatsächlicher Natur und werden nicht dadurch zu Angaben über dingliche Rechte, daß in ihnen verkörpert ist, was überhaupt in den Bereich der Herrschaft der im Grundbuch eingetragenen Rechte fällt. Th.

β) Glaube des Grundbuchs bezüglich der Zinsrückstände.

OLG. Braunschweig, I. ZS. Urteil v. 29. Juni 1906.

Der Eigentümer X. ließ 1902 die Darlehnsforderung des Schmidt in Abt. III Nr. 3 eintragen. Seit dem 1. Oktober 1903 hat er jedoch keine Zinsen gezahlt. Am 2. Juni 1904 trat Schmidt die Kapitalforderung nebst Zinsgenuß seit dem 1. Juli 1904 durch notariellen Vertrag unter Übergabe des Hypothekenbriefs an den Kaufmann Müller ab. In einer dem Kläger ausgehändigten privatschriftlichen Urkunde vom 4. Juni 1904 erklärte er, die Zinsen vom 1. Oktober 1903 bis 1. Juli 1904 auf den Kläger zu übertragen. Da auch die Vorhypotheken nicht mehr verzinst wurden, deren eine auf den inzwischen verstorbenen Meyer eingetragen war, beschlossen die Erben Meyers, darunter seine Witwe, die Beklagte, das Grundstück freihändig zu erwerben. Zu diesem Zwecke sollte zunächst die an dritter Stelle stehende Hypothek beseitigt werden. Nachdem die Erben dem Müller eine Abfindung zugesagt hatten, fanden sich am 11. August 1904 X., Müller und die Beklagte auf dem Grundbuchamt ein. Hier gab Müller die Erklärung ab, daß er wegen der Hypothek befriedigt sei und in ihre Löschung willige; X. beantragte die Löschung und ließ sodann der Beklagten das Grundstück auf. Am 20. August 1904 wurden die Hypotheken gelöscht und die Beklagte als Eigentümerin eingetragen. Am 12. Oktober 1904 vereinbarte Schmidt mit dem Kläger einen Nachtrag zu der Zession vom 4. Juni; er übertrug ihm die Zinsen für die Zeit vom 1. April bis 1. Juli 1904 von neuem, da sie bei der früheren Abtretung noch nicht fällig gewesen seien. Der Kläger fordert diese Zinsen mit der hypothekarischen Klage und drang in erster Instanz durch. Die Berufung hatte dagegen Erfolg. Gründe:

Die Schlußfolgerung, die das LG. aus § 1159² zieht, beruht auf Mißverständnis. Gesetzt, die Zinsen vom 1. Oktober 1903 bis 1. Juli 1904 seien noch nicht bezahlt, so folgt doch aus § 1159 nicht, daß die Beklagte auch bei gutem Glauben mit den erworbenen Grundstücken haften müsse. Wenn danach der § 892 auf Rückstände von Zinsen keine Anwendung findet, so bedeutet dies, daß der Erwerber einer fälligen hypothekarischen Zinsforderung sich nicht mit Erfolg auf Unkenntnis der gegen die Zinsforderung begründeten Einwendungen berufen kann. Während der Erwerber der eingetragenen Kapitalforderung Einwendungen nur insoweit gegen sich gelten zu lassen braucht, als sie im Grundbuch oder im Hypothekenbriefe vermerkt sind oder ihm beim Erwerbe bekannt waren (§§ 892, 1138, 1140, 1156, 1157 Satz 2), muß jener alle Einwendungen hinnehmen, die der Eigentümer nach §§ 404—408, 1137, 1157 Satz 1 überhaupt der Forderung entgegensetzen kann. Darüber, ob und wieweit dem Erwerber des Grundstücks der Glaube des Grundbuchs zugute kommt, ist in § 1159 nichts bestimmt. Anderseits kommt, auch wenn keine Zahlung stattgefunden hat, nichts darauf an, ob die Beklagte in gutem Glauben gewesen ist. Es macht dies in der Tat keinen Unterschied, nicht in dem Sinne, als ob sie die Zwangsvollstreckung in das Grundstück auf alle Fälle dulden müßte, sondern deshalb, weil sie hierzu in keinem Falle genötigt werden kann. Durch die Löschung vom 20. August ist das Grundbuch nicht unrichtig geworden. Freilich läßt sich das nicht aus § 893 herleiten. Die Erklärung Müllers, daß er befriedigt sei, bezieht sich nach Sinn und Wortlaut nur auf die ihm selber abgetretenen Rechte. Hat X. aus Unkenntnis der Zession an den Kläger die Erklärung auf sämtliche Zinsen bezogen, so kommt diesem Irrtum keine Bedeutung zu. Der Glaube des Grundbuchs schützt den Erklärungsempfänger nur gegen Mängel des Verfügungsrechts des Erklärenden, er verleiht dessen Verfügungen keine Wirkung, die sie nach Wille und Erklärung nicht äußern sollen.

Die Lösung ist aus der Eigenart der Haftung des Grundstücks für die Zinsrückstände zu entnehmen. Diese Haftung ist ihrem innern Wesen nach bedingt, sie besteht nur kraft der Haftung für die Kapitalforderung. Daher gibt das Grundbuch zwar über das Zinsrecht im ganzen (§ 1115), nicht aber über die einzelnen Zinsraten Auskunft, und daher treffen die §§ 902¹, 1159, 1160³, 1178 BGB., §§ 830³, 837² ZPO. über die Rückstände von Zinsen besondere, der Natur der Sache angepaßte Vorschriften. Nach § 1159¹ geht mit der Abtretung einer fälligen Zinsforderung durchaus nicht notwendig die hypothekarische Haftung auf den Erwerber über. Der § 1153² greift nicht Platz; maßgebend ist die Dispositivvorschrift des § 401, wonach der Übergang gesetzliche Regel ist, die durch Parteivereinbarung wegbedungen werden kann. Machen die Parteien hiervon Gebrauch, so erlischt insoweit die Hypothek (vgl. Planck zu § 1159 Erl. 3b). Lassen sie es bei der Regel bewenden, so kann doch auch in diesem Falle, wo das Grundstück dem einen für die Zinsrückstände, dem anderen für Kapital und laufende Zinsen haftet, eine Eintragung der Rückstände in das Grundbuch nicht erfolgen (Planck a. O. Erl. 3a, vgl. auch Jahrbuch 12 S. 117, 15 S. 137). Durch die Eintragung der Kapitalforderung wird die Haftung des Grundstücks für die Rückstände an Zinsen aufrecht erhalten. Allein dies ändert sich, wenn die Kapitalforderung wirksam gelöscht wird. Dann ist nichts mehr vorhanden, wodurch die Haftung für die Zinsen vermittelt werden könnte. Eine Haftung ohne jedwede Eintragung im Grundbuch und ohne die Möglichkeit, eine Eintragung im Wege der Grundbuchberichtigung herbeizuführen, wäre eine Abweichung von einem Hauptprinzip des Liegenschaftsrechts, das nur in einzelnen bestimmten Richtungen durchbrochen ist. Das aber ist nicht zweifelhaft, daß die Hypothek für die Kapitalforderung durch Rechtsgeschäft zwischen dem Gläubiger dieser Forderung und dem Eigentümer ohne Zustimmung des Zinsengläubigers beendigt werden kann (vgl. auch Entsch. des RG. 37 S. 311). Wenn der Eigentümer die Hypothek infolge Tilgung des Kapitals als Eigentümerhypothek oder -grundschuld erwirbt und auf die Belastung verzichtet (§§ 1143, 1163, 875), oder wenn, ohne daß das Kapital getilgt wurde, der Kapitalgläubiger auf die Hypothek verzichtet und der Eigentümer zustimmt (§ 1183), sind die Voraussetzungen erfüllt, unter denen bei hinzukommender Löschung das Hypothekenrecht aufgehoben wird. Hiernach ist anzuerkennen, daß der Zessionar hypothekarischer Zinsrückstände in seiner Erwartung der Forthaftung des Grundstücks getäuscht werden kann. Will er sich dagegen sichern, so bleibt ihm nichts übrig, als die Zinsraten zu kapitalisieren und als selbständige Hypothek mit dem Range hinter allen bestehenden eintragen zu lassen.

Da vorliegend die Zinsen vom 1. Oktober 1903 bis 1. Juli 1904 noch nicht bezahlt waren, so hat der Kläger durch die Zession vom 4. Juni 1904, bei der der Übergang der Hypothek nicht ausgeschlossen wurde, auch ein dingliches Recht am Grundstücke erworben. Aber dieses Recht ist im August 1904 durch die Löschungsbewilligung Müllers in Verbindung mit dem Antrag des X. und der tatsächlich erfolgten Löschung untergegangen. Übrigens ist die Zession nur für die Zinsen der ersten beiden Vierteljahre bis zum 1. April 1904 wirksam gewesen. Die Zinsen für das folgende Vierteljahr, die am 4. Juni noch nicht rückständig waren, konnten nach §§ 1154, 1158 nicht ohne Übergabe der Hypothekenbriefe abgetreten werden; richtiger Ansicht nach ist die formlose Abtretung auch nicht mit Eintritt der Fälligkeit konvalesziert (vgl. Planck a. O. Erl. 2a). Mit Bezug auf dieses dritte Vierteljahr hat der Kläger erst durch die Abtretung vom 12. Oktober 1904 ein Recht erlangt, aber nur ein persönliches Recht gegen X., nicht ein dingliches Recht an dem Grundstücke, das inzwischen von den Hypotheken frei geworden war. H.g.

f) **Berichtigungsanspruch. Legitimation. Voraussetzungen.**

α) Kammergericht, XVII. ZS. Beschluß v. 20. April 1907.

Auf dem Grundstücke des X. ist unter Nr. 2 eine Sicherungshypothek von 1000 Mark für den Antragsteller vermerkt. Er hat behauptet, daß auf die voreingetragenen 7000 Mark nur eine Valuta von 3500 Mark gegeben sei, daß die Hypothek auf Grund eines wucherischen und daher nichtigen Geschäfts bewilligt und daher selbst nichtig sei. Er hat beantragt, durch einstw. Verfügung dem zuständigen Amtsgericht aufzugeben, zu der Hypothek der 7000 Mark einen Widerspruch für ihn einzutragen. Das LG. hat mit Recht den Antrag zurückgewiesen.

Der Antragsteller hat durch die Sicherungshypothek ein dingliches Recht an dem belasteten Grundstück erworben, er ist daher an sich legitimiert, einen Widerspruch gemäß §§ 894, 899 eintragen zu lassen gegen die Gültigkeit einer vorstehenden Belastung, durch die sein Recht beeinträchtigt wird. Unterstellt man auch, daß die 7000 Mark gegen eine Valuta von nur 3500 Mark eingetragen sind und daß ihnen ein wucherisches Rechtsgeschäft zugrunde liegt, so folgt doch aus der Nichtigkeit des letzteren nicht die des dinglichen Rechts. Es ist nicht abzusehen, aus welchem Grunde ein wucherisches Geschäft anders behandelt werden soll, als ein unsittliches Geschäft; beide Rechtsgeschäfte sind nach § 138 nichtig. Aber will man auch das wucherische Geschäft, weil dafür nach § 138² Spezialbestimmungen gegeben sind, anders ansehen, so muß doch mit der Entsch. des RG. (57 S. 96) grundsätzlich davon ausgegangen werden, daß aus der Verschiedenheit der Rechtsbeziehungen des obligatorischen Vertrages und des dinglichen Rechtsgeschäfts, durch das die Leistungen bewirkt werden, bei der Nichtigkeit des ersteren nicht notwendig die des zweiten folgt. Das RG. a. O. will die Nichtigkeit des dinglichen Geschäfts nur dann annehmen, wenn es vom obligatorischen abhängt, besonders im Fall der Gleichgültigkeit der Geschäfte; der von ihm behandelte Fall betraf den Verkauf von Mobilien auf Grund eines wucherischen Geschäfts. Eine derartige Abhängigkeit liegt aber bei der Einräumung eines dinglichen Rechts auf eine unbewegliche Sache viel seltener vor, besonders wird die Gleichgültigkeit beider Geschäfte so leicht nicht eintreten. Die Abmachung, die durch Stellung des Eintragungsantrages bei dem Grundbuchrichter zur Einräumung eines dinglichen Rechts führt, muß zeitlich erheblich von diesem unterschieden sein. Die Kommentatoren sind daher auch der Ansicht, daß, wenn das einer Hypothek zugrunde liegende obligatorische Geschäft nichtig ist wegen Irrtums, Betruges oder Wuchers, etwa nicht die Nichtigkeit des dinglichen Rechts folgt, sondern daß gemäß § 1163 statt der beabsichtigten Hypothek eine Eigentümergrundschuld entsteht (Oberneck § 116 S. 661; Fuchs 3 zu § 1163; Turnau-Förster II 1 zu § 1163). Ist demnach die Hypothek der 7000 Mark in

Wahrheit ganz oder teilweise Eigentümerhypothek, so steht allerdings der Inhalt des Grundbuchs mit der wirklichen Rechtslage nicht im Einklang, dadurch wird aber das Recht des Antragstellers nicht beeinträchtigt, denn seine Sicherungshypothek hat immer erst den Rang nach dieser Summe und es ist für die Rechtsverhältnisse der Sicherungshypothek gleichgültig, ob diese 7000 Mark dem Antragsgegner oder dem Eigentümer zustehen. Im letzteren Falle ist der Antragsteller berechtigt, etwaige Rechte gegen den Eigentümer zu verfolgen; zum Erlaß einer einstw. Verfügung auf Eintragung einer Vormerkung liegen aber nicht die Voraussetzungen vor, da für diesen Fall anders wie im Fall des § 899 die (hier fehlende) Glaubhaftmachung einer Gefährdung des Rechts des Antragstellers erforderlich ist. H.tz.

β) OLG. Braunschweig, II. ZS. Urteil v. 7. März 1907.

Auf dem Bauernhofe X. steht für den inzwischen in Konkurs verfallenen Otto eine am 1. Januar 1907 fällig gewordene „Abfindung" von 6000 Mark eingetragen, die er laut Eintragung vom 20. Dezember 1904 an seinen Sohn abgetreten hat. Gleichwohl hat das Grundbuchamt Anfang 1905 zugunsten der beiden Beklagten aus einem Arrestbefehl, den diese gegen den späteren Gemeinschuldner erwirkt hatten, einen Pfändungsvermerk bei der Abfindung eingetragen. Nachher hat der Konkursverwalter die Abtretung gegen Otto jun. erfolgreich angefochten. Gegenwärtig verlangt er Berichtigung des Grundbuchs durch Löschung jenes Vermerks, da die Abfindung dem Gemeinschuldner zur Zeit der Pfändung infolge der Abtretung nicht mehr zugestanden habe. Das LG. hat ihn aber im Urteil v. 27. Nov. 1906 bis zur vollzogenen Rückabtretung zur Berichtigungsklage nicht für legitimiert erachtet. Die Berufung ist unbegründet.

1. Die Abfindung stand bis zum 4. Januar 1907 auf den Namen von Otto jun. eingetragen. Letzterer war also bis dahin trotz der rechtskräftigen Verurteilung v. 10. Januar 1906, die Abfindung an den Kläger abzutreten, das einzige berechtigte Subjekt des zurückzugewährenden Rechts, vorausgesetzt, daß nicht nur die Eintragung dieses Rechts, sondern auch seine Eintragung im Grundbuche rechtsgültig war (Jäger, KO. § 29[15]). Der Beklagte meint allerdings, durch das Anfechtungsurteil im Wege der stillschweigenden Abtretung des Berichtigungsanspruchs bereits die Sachlegitimation erlangt zu haben. Allein diesem Grunde ist jedenfalls nicht beizutreten. Zwar wird der Widerspruch, den die anfänglich allgemein bejahte Frage der Abtretbarkeit des Berichtigungsanspruchs in der Folgezeit erfahren hat (du Chesne, Sächs. Archiv 14 S. 603; Reichel in Busch Z. 33 S. 88; Stinzing im Recht 1905 S. 72; Meyer in Bl. f. RA. 1905 S. 166; Oberneck S. 336; Kretzschmar, Sachenr. 1906 S. 141), abzulehnen und mit der neueren Rechtsprechung anzunehmen sein, daß die Abtretung den Zessionar wenigstens in dem Falle berechtige, den Berichtigungsanspruch im eigenen Namen geltend zu machen, wo er bereits in oder doch außerhalb des Grundbuchs dinglich Berechtigter war (Entsch. d. RG. 53 S. 408, 59 S. 293; vgl. Recht 1905 S. 79; JW. 1906

S. 748; Männer, Sachenr. S. 71[13]; Turnau-Förster 1 S. 286). Aber wenn man im Anfechtungsurteile gleichzeitig eine Abtretung des Berichtigungsanspruchs erblicken will, so fehlt es doch daran, daß der Kläger bis zur Eintragung der Abtretung schon dinglich Berechtigter der als dinglich unterstellten Abfindung war. Er hatte nur einen obligatorischen Anspruch auf diese, nicht mehr; ein außerhalb des Buchs bereits dinglich Berechtigter war er dadurch noch nicht geworden. Vom Gesichtspunkte der stillschweigenden Abtretung konnte also der Kläger in der Vorinstanz keine ihm günstigere Entscheidung erwarten (Turnau-Förster 1 S. 286). Auch der § 14 GrBO. ist dazu nicht geeignet. Denn er trifft, von anderen Bedenken abgesehen, nur zu, „sofern die Zulässigkeit dieser Eintragung von der vorgängigen Berichtigung des Grundbuchs abhängt"; m. a. W.: die Eintragung des Rechts, hinsichtlich dessen der Gläubiger einen vollstreckbaren Titel hat, muß abhängig sein von der vorgängigen Berichtigung, die bezweckt wird. Im Streitfall müßte also die Eintragung des Klägers als Abfindling, worauf dieser ein vollstreckbares Urteil besitzt, zur Voraussetzung haben die vorgängige Grundbuchberichtigung, um die es sich handelt, also die Löschung des Pfändungsvermerks. In Wahrheit aber steht der umgekehrte Fall in Frage: die Berichtigung ist abhängig von der Eintragung des Rechts, auf das Kläger einen vollstreckbaren Anspruch hat (vgl. auch Fuchs 1 S. 180 f.; Oberneck S. 136 f.; Turnau-Förster 2 S. 111 f.).

Fehlte hiernach dem Kläger in der ersten Instanz die Sachlegitimation, so kann ihm auch die durch seine Eintragung vom 4. Januar 1907 erlangte nicht helfen. Denn zum Klaggrunde gehört auch, daß der Anspruch der Person des Klägers zusteht. Tritt diese klagbegründende Tatsache erst im Laufe des Prozesses durch Abtretung ein, so liegt in der Geltendmachung dieses Umstandes eine Klagänderung (JW. 1907 S. 87[10]). Die Beklagten aber haben ihre Zustimmung ausdrücklich versagt.

2. Der Berichtigungsanspruch setzt sodann ein grundbuchmäßiges Recht voraus, das durch eine Eintragung beeinträchtigt ist. Das LG. erachtet die eingetragene Abfindung für ein solches Recht. Dem wäre beizupflichten, wenn es sich hier um eine durch Erbfall entstandene gesetzliche Abfindung handelte. Denn die Geschlossenheit der dinglichen Rechte findet auf die Gebiete der landesgesetzlichen Vorbehalte keine Anwendung (Gierke, Sachenr. S. 599; Männer S. 5[10]; Turnau-Förster 1 S. 3; Planck, Vorb. IV zu § 873; Endemann 3 S. 1 u. 607; Habicht, Einw. § 42 a. F.; Motive zum EG. S. 147; KG. in D. JZ. 1900 S. 186), und die Landesgesetzgebung läßt keinen Zweifel, daß die gesetzlichen Abfindungen nach heimischem Bauernrechte als dingliche Rechte besonderen Inhalts gelten. Allein vorliegend handelt es sich nicht um eine erbrechtliche Abfindung, sondern um eine durch Vertrag begründete.... Solche Abfindungen fallen nicht unter den Vorbehalt des Art. 64, sondern höchstens unter Art. 96 EG. Darf aber danach die Landesgesetzgebung nicht einmal in dem Falle die festgestellten

Abfindungen für dingliche Rechte erklären, wo eine Übergabe an den Anerben, also eine successio anticipata stattfindet, so kann ihr diese Befugnis um so weniger hier zugesprochen werden, wo die Hofsübergabe entgegen der gesetzlichen Anerbenfolge und an zwei Personen zu Miteigentum stattgefunden hat (Hampe, Br. Privatrecht 2 S. 562 u. 19, ebenso das Urteil Zeitschr. f. R. 52 S. 2). Was hier Abfindung genannt wird, ist nichts weiter als eine persönliche Ersatzforderung. Sie hat mit den gesetzlichen Abfindungen des Anerbenrechts nicht viel mehr als die gewählte Bezeichnung überein. Durch die bloße Vereinbarung kann dieses Forderungsrecht nicht zu einem dinglichen Abfindungsrechte und damit der Eintragung im Grundbuche fähig werden (vgl. Entsch. d. RG. 54 S. 235; KG. Rsp. 4 S. 481). Wollte man dieses Recht dinglich sicherstellen, so war das nur durch Eintragung einer Hypothek oder auch vielleicht einer Grundschuld möglich.... Der Kläger meint auch, daß durch die Eintragung in Wirklichkeit eine Buchhypothek entstanden sei. Aber dagegen sprechen zunächst formelle Gründe. Die Eintragungsbewilligung geht ausdrücklich auf Abfindung und die Eintragung hat dementsprechend auch in der Rubrik für die anderen dinglichen Lasten, nicht in der für Hypotheken, ihre Stelle gefunden. Dann kommt aber auch in materieller Beziehung in Betracht, daß es an der nach § 873 BGB. erforderlichen Einigung hinsichtlich der Begründung einer Hypothek fehlen würde. Gegen solche Einigung spricht, abgesehen von dem Wortlaute des Vertrags, auch noch der Umstand, daß die Hofeigentümer anscheinend die persönliche Schuld der Abgeberin gar nicht mit übernehmen wollten. Ist das aber richtig, so könnte den Vertragschließenden höchstens so etwas wie eine Grundschuld, keineswegs eine Hypothek vorgeschwebt haben. Allein das ist bestritten und die Umstände des Falls geben keine Klarheit. Von der Begründung einer Buchhypothek kann also keine Rede sein. Fragen könnte es sich lediglich, ob die gleichwohl als Abfindung erfolgte Eintragung wenigstens formell irgendwelche Bedeutung hat. Das würde dann der Fall sein, wenn sie zwar ihrem Inhalte nach zulässig wäre, aber im übrigen der gesetzlichen Grundlage entbehrte. Denn dann würde § 54[1] GrBO. in Frage kommen (Turnau-Förster 2 S. 360), das eingetragene Recht also, wenn auch mit einer Berichtigungseinrede behaftet, formell bestehen. Vorliegend würde das auch zutreffen, wenn als Inhalt der Eintragung nichts weiter wie die Bezeichnung des Rechts als Abfindung und seine Höhe in Betracht kämen. Denn da einer solchen Eintragung nicht anzusehen wäre, daß es sich um keine erbrechtliche Abfindung handelt, würde sein Inhalt zulässig sein. Ob eine solche bloß formelle Buchberechtigung überhaupt die genügende Grundlage zu einer Berichtigungsklage aus § 894 abgeben könnte, ist freilich streitig (bejahend: Schilde, Unrichtigkeit S. 57; Oberneck S. 234; verneinend: Biermann, Sachenr. S. 88; Predari S. 178[30]; Endemann 2 S. 386[25]). Die Frage bedarf hier aber ebensowenig der Entscheidung wie die fernere, ob die Eintragung auch materiell insoweit wirksam geworden wäre, als etwa ein Dritter im guten Glauben Rechte daran erworben hätte. Denn abgesehen davon, daß rücksichtlich einer Pfändung, wie sie hier allein in Frage steht, der gute Glaube des § 892 überhaupt nicht zieht, fehlt es auch in Wahrheit an einem zulässigen Inhalt der Eintragung. Denn sie nimmt ausdrücklich auf die Eintragungsbewilligung im Vertrage Bezug und aus dieser, welche damit Bestandteil der Eintragung selbst geworden ist, ergibt sich, daß nur eine vertragliche Abfindungsforderung vorhanden ist, die der Eintragung als dingliches Recht nicht fähig ist. Ist hiernach aber die eingetragene Abfindung ihrem Inhalte nach unzulässig, so kann sie jederzeit von Amts wegen gelöscht werden. Die Bedeutung eines grundbuchmäßigen Rechts hat sie nicht. Ist das aber der Fall, so kann der Inhaber dieses vermeintlichen Rechts auch keinen Berichtigungsanspruch haben, weil ein grundbuchmäßiges Recht, was nicht existiert, auch nicht durch eine andere Eintragung beeinträchtigt werden kann (Biermann S. 88; Endemann S. 380 oben und 387[4]; vgl. Planck § 834 Bem. III und KG. Rsp. 10 S. 101).

3. Endlich steht der Pfändungsvermerk nicht mit der wahren Rechtslage im Widerspruche. Man könnte versucht sein, die Übereinstimmung zwischen der Eintragung der Pfändung und ihrem Rechtsgrunde schon daraus herzuleiten, daß die ursprünglich allerdings ungültige Pfändung des fremden Rechts jedenfalls jetzt, wo es wieder an den Pfandschuldner zurückgefallen ist, auch inhaltlich konvaleszíert sei (JW. 1905 S. 168[6]). Daß diese Folgerung aber auch hier gezogen werden darf, wo inzwischen über das Vermögen des Pfandschuldners der Konkurs eröffnet worden ist, ist mit Rücksicht auf § 14 KO. und der nach § 37 das. näher geregelten Wirkung der Rückgewähr der Abfindung schon aus dem Grunde abzulehnen, weil die Anfechtung nur den Konkursgläubigern gegenüber wirksam war (Jäger, KO. § 29[20]; Entsch. des RG. 25 S. 63).

Bei der Abtretung der Abfindung war ferner der damals erst wenige Wochen alte Otto jun. nicht anders als durch seinen Vater vertreten. Die Abtretung widersprach daher dem Verbote des § 181. Das gilt allerdings nur für den obligatorischen Vertrag und, wie die herrschende Meinung mit Recht annimmt, auch für die nach § 873 erforderliche dingliche Einigung (Turnau-Förster 1 S. 102; Falkmann, D. JZ. 1904 S. 492; Biermann S. 2 Nr. 5c; KG. „Recht" 1901 S. 353; auch D. JZ. 1905 S. 1124; a. A. Eccius bei Gruchot 45 S. 455, 47 S. 51), aber nicht für die Eintragungsbewilligung (Turnau-Förster 2 S. 247; KG. Seuffert 54 S. 44; Rsp. 13 S. 330; a. M. Endemann 1 S. 400[31]). Daraus folgt, daß zwar die Eintragung der Abtretung formell schwerlich zu beanstanden sein würde, aber sachlich eine Abtretung überhaupt nicht vorlag, vielmehr der spätere Gemeinschuldner Inhaber der Abfindung blieb. Deshalb konnte um so unbedenklicher dieser Anspruch gegen ihn gepfändet werden, als die Pfändung, da weder eine Reallast noch eine Hypothek oder Grundschuld in Frage stände, gemäß § 857[1] ZPO. schon durch die Zustellung perfekt geworden wäre, die Eintragung der Pfändung also nicht ihre Voraussetzung, sondern nur ihre Folge war. Nun behauptet Kläger jedoch, daß die Abtretung jedenfalls durch den 1905 bestellten Pfleger des Otto jun. genehmigt sei. Aber es fragt sich, ob ein solches gegen § 181 geschlossenes Rechtsgeschäft überhaupt genehmigt werden konnte. Die bejahende Ansicht hat allerdings in der Wissenschaft gewichtige Vertreter gefunden, denen auch der I. ZS. des RG. (Entsch. 56 S. 107) zugestimmt hat (Dernburg 1 § 170 III; Enneccerus-Lehmann S. 223; Hoelder S. 381; Hupka, Vollmacht S. 342). Allein bei den Beratungen der 2. Kommission ist ausdrücklich betont, daß die solchergestalt abgeschlossenen Rechtsgeschäfte absolut nichtig sein sollten, und dies hat auch im Gesetze dadurch seinen Ausdruck gefunden, daß es die Ausdrucksweise „kann nicht" gewählt hat (Prot. 2 S. 74; Planck 1 Einl. S. 25 f.; Endemann 1 S. 52[9]). Der Senat trägt deshalb keine Bedenken, sich der übrigens vom V. ZS. des RG. (Entsch. 51 S. 426) geteilten Ansicht anzuschließen, welche in der Verletzung des § 181 einen absoluten Nichtigkeitsgrund erblickt (Männer a. O.; Turnau-Förster 2 S. 247; Staudinger § 181[5]; Rehbein 1 S. 255; Staub, HGB.[8] Exkurs zu § 58[12]; Endemann, Cosack u. a., auch KG. Rsp. 3, S. 109). Hiernach ergibt sich, daß der Berichtigungsanspruch in jeder Beziehung unbegründet ist. H. g.

γ) **Berichtigung des Erwerbsgrundes im Grundbuche. Grundbuchberichtigung in der Form der Auflassung.**

Kammergericht, I. ZS. Beschluß v. 30. Mai 1907.

Das LG. nimmt zutreffend an, daß der Antrag auf eine Grundbuchberichtigung im Sinne des § 894 nicht gerichtet sein kann, weil der Beschwerdeführer seit dem 15. August 1906 als Eigentümer im Grundbuch eingetragen steht und diese Eintragung sich mit der wirklichen Rechtslage im Einklange befindet, einerlei ob er erst durch die Eintragung Eigentümer geworden oder ob er schon vorher Eigentümer gewesen ist. Der Inhalt des Eigentumsrechts ist vom Erwerbsgrunde nicht abhängig, eine unrichtige Angabe desselben kann daher zu einer Berichtigung, wie § 894 sie voraussetzt, nicht führen. Daraus folgt jedoch nicht, daß nicht eine Berichtigung formeller Art gefordert werden könnte. Nach der AllgVerf. vom 20. November 1899 ist bei der Eintragung eines Eigentumsrechts auch der Grund des Erwerbes anzugeben, und zwar ist nach § 10 Nr. 3 in Spalte 3 der Abt. I „der Tag der Auflassung oder die anderweitige Grundlage der Eintragung (Erbschein . . .) . . . und der Tag der Eintragung" zu vermerken. Diese Vorschrift ist für die Grundbuchrichter bindend (vgl. Rsp. 6 S. 437), und es unterliegt deshalb keinem Bedenken, daß die Beteiligten eine der Sachlage entsprechende Berichtigung der Angabe des Erwerbsgrundes fordern können, mag sich die Angabe von vornherein als unzutreffend darstellen, oder mag der Nachweis, daß sie unzutreffend ist, erst später geführt werden. Vorliegend entspricht jedoch die am 15. August 1906 vorgenommene Eintragung auch dann der wirklichen Sachlage, wenn man mit dem Beschwerdeführer annimmt, daß die

Auflassung an K. und dessen Eintragung infolge der Anfechtung wegen Irrtums nichtig gewesen seien. Denn unter dieser Voraussetzung bedurfte es zwar nach § 22² GrBO. der Beobachtung der Auflassungsform nicht (Denkschrift S. 40). Nach richtiger und in der Theorie fast einhellig vertretener Ansicht steht es jedoch den Beteiligten frei, sich der Form der Auflassung auch da zu bedienen, wo es sich nicht um eine Eigentumsänderung, sondern um die Berichtigung des Grundbuchs durch Eintragung eines Eigentümers handelt (vgl. Predari S. 182[43], 436[12]; Turnau-Förster zu § 894 Anm. 6, 18; Fuchs-Arnheim zu § 22[26]; Güthe zu § 22[57]; Heilfron, Sachenrecht §§ 14b 1, 20d 2). Eine solche nicht rechtsbegründend, sondern nur rechtsfeststellend wirkende Auflassung erscheint nach § 20 GrBO. zulässig und in der Praxis kaum entbehrlich, weil sie die Beteiligten des Nachweises der Unrichtigkeit des Grundbuchs und den Grundbuchrichter der Prüfung dieses Nachweises überhebt. Bedienen sich aber die Beteiligten im Fall einer Grundbuchberichtigung der Auflassungsform, so geschieht dem § 10 Nr. 3 zit. Genüge, wenn das Grundbuchamt bei der Eintragung des neuen Eigentümers in Abt. I Spalte 3 den Tag der Auflassung und den Tag der Eintragung vermerkt. Eine andere Formulierung des Eintragungsvermerks sind die Beteiligten weder bei Stellung des Umschreibungsantrages, noch auch nachträglich zu fordern berechtigt. Denn die Fassung der Eintragungen liegt im Rahmen der bestehenden Bestimmungen ausschließlich im Ermessen des Grundbuchrichters (vgl. Art. 6 Preuß. Ausf.-G.).

Demgemäß ist die weitere Beschwerde zurückzuweisen, ohne daß es der Erörterung bedarf, ob es sich vorliegend um eine bloße Grundbuchberichtigung handelt. Hätte der Beschwerdeführer das mit seinem Antrage angestrebte Ziel erreichen wollen, so hätte er den Berichtigungsantrag in der Form des § 22 GrBO. stellen müssen. Der von ihm gewählten Form der Auflassung wird der Eintragungsvermerk vom 15. August 1906 durchaus gerecht. K.

δ) **der Bezeichnung des Eigentümers.**

Kammergericht, I. ZS. Beschluß v. 3. Januar 1907.

Es war beantragt, die im Grundbuch eingetragene Bezeichnung des Eigentümers als „Gastwirt“ zu ändern in „Hotelbesitzer“. Eine Berichtigung im Sinne des § 894 liegt aber nur vor, wenn der Inhalt des Grundbuchs hinsichtlich des Bestehens, des Umfangs oder der Gestaltung eines Rechts am Grundstück, eines Rechts an einem solchen Rechte oder einer Verfügungsbeschränkung unrichtig ist. Nur auf die Beseitigung einer derartigen Unrichtigkeit findet der § 22 GrBO. Anwendung. Die Beseitigung der Unrichtigkeit rein tatsächlicher Angaben des Grundbuchs, wie bloßer Schreibfehler, unzutreffender Bezeichnungen der Personen des Berechtigten u. dergl. kann, da die Änderung für den Inhalt des eingetragenen Rechts von keiner Bedeutung ist, auch von Amts wegen oder auf formlose Anregung des von der Unrichtigkeit Betroffenen erfolgen [Rsp. 8 S. 310]. Ist eine derartige Unrichtigkeit bei der Vornahme einer Eintragung untergelaufen, so ist die Eintragung selbst nicht ordnungsmäßig erfolgt und daher durch Berichtigung der Unrichtigkeit in Ordnung zu bringen. Insbesondere gilt dies für den Fall, wo der Eintragungsvermerk dem § 4 der auf Grund des § 9² GrBO. erlassenen Verf. vom 20. November 1899 nicht entspricht oder in den darin angegebenen Beziehungen eine Unrichtigkeit enthält. Daraus folgt aber nicht, daß auch in Fällen, wo eine Ungenauigkeit des Eintragungsvermerks erst infolge später eingetretener Umstände entstanden ist, ebenfalls eine Berichtigung zu erfolgen hätte. In solchem Falle könnte vielmehr nur die Änderung des Grundbuchinhaltes zwecks Herstellung seiner Übereinstimmung mit den veränderten tatsächlichen Verhältnissen durch Bewirkung einer neuen Eintragung in Frage kommen. Da aber das Grundbuch im Interesse seiner Übersichtlichkeit von allen überflüssigen Eintragungen frei zu halten ist, so sind auch Eintragungen auf Grund rein tatsächlicher Veränderungen zur Richtigstellung der tatsächlichen Angaben des Grundbuchs nur dann vorzunehmen, wenn ohne ihre Vornahme der Inhalt des Grundbuchs Anlaß zu Zweifeln oder zur Ungewißheit geben würde. Ob und inwieweit eine derartige Besorgnis begründet erscheint, ist nach den besonderen Umständen des einzelnen Falles zu beurteilen. In der Regel werden bloße Änderungen des Titels, des Berufs und des Wohnorts eines eingetragenen Berechtigten zu Zweifeln hinsichtlich der Identität desselben mit der eingetragenen Person keinen Anlaß bieten, da die eingetretene Veränderung und damit die Identität des betreffenden Berechtigten jederzeit ohne Mühe nachweisbar sein wird. Derartige Veränderungen hinsichtlich der Bezeichnung der Person eines eingetragenen Berechtigten sind daher, wenn nicht besondere Umstände vorliegen, von der Eintragung in das Grundbuch auszuschließen, da andernfalls die Grundbücher mit einer Fülle überflüssiger Eintragungen beschwert werden müssen und dadurch die Übersichtlichkeit der Grundbücher stark beeinträchtigt werden würde. Die Ansicht des Landgerichts, daß eine Berichtigung der Bezeichnung des eingetragenen Eigentümers nur dann vorzunehmen sei, wenn diese Bezeichnung die Person des Eigentümers ungewiß oder zweifelhaft lasse, steht mit den vorstehenden Ausführungen im Einklange und kann als gesetzesverletzend nicht angesehen werden. Da dem Beschwerdeführer besondere Umstände, welche die beantragte Berichtigung zur Vermeidung einer Ungewißheit oder eines Zweifels hinsichtlich der Person des Eigentümers als geboten erscheinen lassen, nicht dargetan hat, so ist die Eintragung in das Grundbuch mit Recht abgelehnt worden. Der Umstand allein, daß der Vor- und Zuname des Beschwerdeführers häufiger vorkommen, vermag einen ausreichenden Anlaß nicht abzugeben.

Ist aber die Bezeichnung des Beschwerdeführers als Gastwirt nicht geeignet, seine Identität zweifelhaft erscheinen zu lassen, so fehlt es auch an einem Anlaß, diese Bezeichnung auf dem neu ausgefertigten Hypothekenbrief in „Hotelbesitzer" zu ändern. Übrigens erscheint eine Änderung der Bezeichnung des Berufs des Beschwerdeführers auf dem Brief allein nicht angängig, da die Angaben des Briefs mit dem Inhalt des Grundbuchs genau übereinstimmen müssen, daher der Beschwerdeführer, solange er im Grundbuch als Gastwirt bezeichnet ist, auch auf dem Brief nur in dieser Weise bezeichnet werden kann. Gr.

g) **Herausgabe eines hinterlegten Briefes.**

Kammergericht, I. Ferien-ZS. Beschluß v. 1. August 1907.

X. hatte eine für ihn eingetragene Hypothek unter Übergabe des Briefes dem A. verpfändet. Demnächst verpfändete X. sie dem preuß. Steuerfiskus; sie wurde außerdem von anderen Gläubigern, darunter dem Beschwerdeführer B., gepfändet. Nach Tilgung seiner Forderung hinterlegte A. mit Rücksicht auf die Pfändungen und Verpfändungen den Hypothekenbrief bei dem Amtsgerichte unter Verzicht auf die Zurücknahme und mit dem Bemerken: „über die Person des Berechtigten soll das Gericht entscheiden." Der Fiskus, dessen Pfandrecht im Grundbuch und auf dem Briefe vermerkt ist, hat seine Forderung gegen X. mit dem Pfandrecht an B. abgetreten und die Umschreibung bewilligt. Der Antrag des B., den in amtlicher Verwahrung befindlichen Brief dem Grundbuchamt D. behufs Berichtigung des Grundbuchs vorzulegen, wurde zurückgewiesen. Die weitere Beschwerde hatte Erfolg. Gründe:

Zutreffend gehen die Vorinstanzen davon aus, daß die beantragte Vorlegung als eine (wenigstens vorübergehende) Herausgabe des Briefes aus der Hinterlegungsstelle sich darstellt (vgl. Staudinger 3 zu § 896 BGB.). Über dieses Gesuch hat also nach § 22 HO. die Hinterlegungsstelle zu entscheiden, d. h. gemäß §§ 87, 87a dasjenige Amtsgericht, bei dem die Urkunde hinterlegt ist. Diese Entscheidung ist eine Angelegenheit der freiwilligen Gerichtsbarkeit und nach dem dafür gegebenen Verfahren zu treffen (Jahrbuch 23 S. 167). Zu Unrecht vermißt das AG. eine „Entscheidung des Gerichts"; diese war vielmehr von ihm selbst zu treffen. Ebensowenig trifft die Annahme des LG. zu, daß die Hinterlegungsstelle die Urkunde nur auf Anordnung des Prozeßgerichts herausgeben dürfe. Davon ist in der Hinterlegungserklärung nicht die Rede; wenn es dort heißt: „über die Person des Berechtigten soll das Gericht entscheiden", so kann dies (§ 133 BGB.) nur dahin ausgelegt werden, daß dasjenige Gericht zu entscheiden habe, welchem nach dem Gesetz diese Entscheidung obliegt, und dies ist nach §§ 22, 87, 87a HO. dasjenige Gericht, bei dem der Brief hinterlegt ist. Dieses Gericht hat selbständig zu prüfen, ob der Antrag gerechtfertigt ist (vgl. Spieß, Hinterlegung S. 86, 93; Bartels, Hinterlegungsordnung S. 46). Aus § 30[1] HO. kann nichts Gegenteiliges gefolgert werden; er bestimmt vielmehr nur, daß in den dort aufgeführten drei Fällen die Hinterlegungsstelle der weiteren Prüfung des Berechtigungsausweises enthoben ist und über die dort angegebene Grenze hinaus mit ihren Anforderungen bezüglich des Berechtigungsnachweises nicht gehen darf; wohl aber ist das Amtsgericht als Hinterlegungsstelle befugt, hinter diesen Anforderungen zurückzubleiben (vgl. Crusen-Müller, Ausf.-G. zum BGB. S. 703).

Das Amtsgericht hätte also prüfen müssen, ob die Berechtigung des Antrages sich nicht schon aus § 896 BGB. ergibt. Daß es als Besitzer anzusehen ist, ergibt sich aus § 854 BGB., da es die tatsächliche Gewalt über den Brief hat; als bloßer Besitzdiener (§ 855 das.) kann es nicht angesehen werden, da es diese Verwahrung nach den Bestimmungen der HO. durchzuführen und dabei nicht den Weisungen eines anderen zu folgen hat. Dr. H.

h) **Das Eigentum der märkischen Dorfaue.**

Kammergericht, XIV. ZS. Urteil v. 22. Oktober 1906.

Die Dorfaue umfaßt in der Mark Brandenburg alle Plätze im Dorfe, die nicht zu den Gebäuden, Höfen oder Gärten der Dorfinsassen gehören und steht nach märkischem Provinzialrecht im Eigentum des Gutsherrn (Scholz, Märk. ProvR. 2 S. 580; Koch, ALR. Anm. 40 zu § 18 II 7; Striethorst 48 S. 173). Der Gutsherr darf aber die Dorfaue nicht ausschließlich für sich benutzen, sondern nur so, daß ihr Gemeingebrauch nicht gehindert wird (Germershausen, Wegerecht I S. 10; OVG. 15 S. 322), für den die Dorfaue bestimmt ist und der ihr als öffentlichrechtliche Zweckbestimmung anhaftet. Da das Erbpachtgehöft des Klägers an der Dorfaue liegt, erledigt sich seine Ausführung, daß dieses Gehöft, wenn es nicht bis zur Dorfstraße gereicht hätte, untauglich gewesen wäre. Es hatte eben seine Zufahrt über die Dorfaue und diese Zufahrt ist ihm nie verwehrt worden. Aber das Eigentum des nach den alten Dorfkarten zur Dorfaue gehörenden Streitstücks blieb dem Gutsherrn. Er hat auch unausgesetzt durch Besitzhandlungen sein Eigentum daran betätigt, vielleicht sogar in einer über das richtige Maß hinausgehenden Weise. Denn um Arbeiterhäuser darauf zu halten, ist die Dorfaue ursprünglich wenigstens nach dem Auenrechte nicht bestimmt. Das kann aber dahingestellt bleiben, weil der zuständige Amtsvorsteher anscheinend gegen diese Benutzung nicht eingeschritten ist und die Tatsache selbst nicht für, sondern noch mehr gegen das vom Beklagten behauptete Eigentumsrecht des Büdners an der Streitfläche spricht. Das, worin der Beklagte Besitzhandlungen des Büdners finden will, das Fahren über die Streitfläche, das Lagern von Dung und Reisig, das Umherlaufen von Hühnern und Ziegen, erklärt sich ungezwungen aus dem bestehenden Auenrechte. Es sind dies Benutzungshandlungen, die nach dem Auenrechte stattfinden durften und die nicht nur die Vorbesitzer des Büdners, sondern auch die in dem Familienhause wohnenden Gutstagelöhner in der gleichen Weise vorgenommen haben. Sie sind nicht auf Grund eines vermeintlichen Privatrechts unter Ausschließung anderer geschehen, sondern waren Ausfluß des Gemeingebrauchs, für den die Dorfaue als solche bestimmt war. Dr. P. S.

i) **Überbau: α) Begriff des Vorsatzes im § 912.**

OLG. Hamburg, III. ZS. Urteil v. 23. Mai 1907.

Das LG. nimmt an, daß der Staat Hamburg vorsätzlich über die Grenze gebaut habe. Allein vorsätzlich überschreitet auch der die Grenze nicht, der sie zwar kennt, aber das Einverständnis des Nachbarn mit dem

Überbau annimmt. Denn unter vorsätzlichem Handeln im Sinne des § 823 und damit auch im Sinne des § 912 versteht man ein Handeln mit Kenntnis des verletzenden Erfolges. Davon kann nicht die Rede sein, wenn der Überbauende glaubt, der Nachbar habe sein Einverständnis erteilt, sei sogar zu sofortiger Auflassung des beanspruchten Stückes bereit. Eine derartige Annahme kann ihrerseits vielleicht auf Fahrlässigkeit, ja auf grober, die Anwendbarkeit des § 912 wieder beseitigender Fahrlässigkeit beruhen, aber den Vorsatz schließt sie aus. Vorliegend kann auch von Fahrlässigkeit des Staates nicht die Rede sein, geschweige denn von grober. Sein Einverständnis hatte der Kläger in der Tat erteilt, freilich, wie er behauptet, bedingt. Aber der Staat hatte doch von dieser angeblichen Bedingung, der Beseitigung des Spritzenhauses, sicherlich keine Kenntnis; wenigstens ist kein Beweis dafür angetreten, wie ihm diese Kenntnis durch die Gemeinde, die ja selbst an ein unbedingtes Geschäft wenigstens glaubte, erwachsen sein sollte. Auf das rein subjektive Moment eines nicht auf grobes Verschulden zurückzuführenden guten Glaubens des Überbauenden hat aber das Gesetz, wie seine Materialien ergeben, die Pflicht des nicht rechtzeitig widersprechenden Nachbarn zur Duldung des Überbaues verstellen wollen. Der gute Glaube braucht nicht auf einem Irrtum hinsichtlich der Grenze selbst zu beruhen (Seuffert 58 S. 270); es genügt, daß dem Bauenden „bei Überschreitung" der Grenze weder Vorsatz noch Fahrlässigkeit zur Last fällt. Das trifft hier durchaus zu. Der Kläger seinerseits konnte ohne weiteres erkennen, daß der Staat, als er zu bauen begann, von der angeblichen Bedingung des klägerischen Einverständnisses nichts wußte, daß er mindestens die vom Kläger der Gemeinde gegenüber geforderte Beseitigung des Spritzenhauses, auf die der Staat doch keinen unmittelbaren Einfluß hatte, nicht als Bedingung der Einwilligung auffaßte. Den Kläger in solchem Falle von der Pflicht des rechtzeitigen Widerspruchs für befreit zu erachten, wäre durch nichts gerechtfertigt, am allerwenigsten durch die Absicht des Gesetzgebers bei Erlaß des § 912, dem Schutzbedürfnisse des Überbauenden, dem wirtschaftlichen Interesse und der Verkehrssicherheit Rechnung zu tragen. Es mag richtig sein, daß der Überbauende (vgl. Seuffert 56 S. 224) sich zur Entschuldigung des Überbaues nicht darauf berufen kann, er habe sich auf die Genehmigung der Behörde verlassen. Hier verließ sich der Staat auf Erklärungen des Nachbarn selbst, und mindestens für diesen Fall kann dem in jener Entscheidung aufgestellten allgemeinen Satze, es komme nicht darauf an, ob der Bauende die Grenzüberschreitung für unerlaubt gehalten habe, nicht zugestimmt werden. Es würde jedes Rechtsempfinden verletzen, wenn der Kläger heute die Beseitigung des Wasserturmes fordern könnte, den er unter seinen Augen, ohne jemals zu widersprechen, hat entstehen sehen, und zwar nur deshalb auf seinem Grund und Boden, weil, wie er unterstellen mußte, der Staat sein bedingungsloses Einverständnis als erteilt ansah ... M. M.

β) Zurücknahme des Widerspruchs aus Irrtum.

OLG. Posen, II. ZS. Urteil v. 28. November 1906.

Das Recht des BGB. begünstigt den Überbauenden. Nur unter bestimmten Voraussetzungen soll dem Nachbar das grundsätzliche Recht seines Eigentums, von dem Störer die Beseitigung der Beeinträchtigung zu verlangen (§ 1004), im Falle eines Überbaues gegeben sein, nämlich nur dann, wenn der Überbau auf Vorsatz oder Fahrlässigkeit des Bauenden zurückzuführen oder gegen den sofortigen Widerspruch des Nachbarn erfolgt ist. In diesen beiden Fällen steht die Billigkeit und die volkswirtschaftliche Rücksicht auf Erhaltung von Gebäuden dem an und für sich begründeten, aus dem Eigentum fließenden Anspruch nicht entgegen. Der von vornherein schuldhaft Handelnde muß auch die Gefahr aus seinem Eingriff in fremdes Eigentum in allen Folgen tragen, ebenso derjenige, der bei sofortigem Widerspruch, also in einem Augenblick, da er ohne Schaden von seinem Plane noch abgehen kann, noch nicht der Grund des werdenden Baues gelegt ist, trotz jenes rechtzeitigen Widerspruchs unter Vorziehung seiner Interessen das Recht seines Nachbarn verletzt und nicht das Bauen unterläßt.

Etwas anderes soll aber der Fall sein — und das entspricht wiederum der Billigkeit —, wenn das Gebäude schon über die Anfangsstadien der Errichtung hinaus oder gar fertig geworden ist, in bezug auf die Achtung fremden Eigentums, ohne daß hierbei irgend ein schuldhaftes Verhalten des Bauenden in Frage kommt. Dann soll das Gebäude erhalten bleiben und der Nachbar nur durch eine Geldrente entschädigt werden. Denn nur im Falle des sofortigen Widerspruchs soll das Recht auf Wegräumung bestehen, wobei es gleichgültig sein kann, ob der Nachbar durch Betrug, Zwang oder Irrtum bestimmt worden ist, den Widerspruch zu unterlassen (vgl. Planck zu § 912 Erl. 3). Deshalb wird man auch einem zwar rechtzeitig erfolgten, aber fallen gelassenen Widerspruch jene weitgehende Kraft versagen müssen, auch wenn er aus irrigem Beweggrunde oder unter falschen Voraussetzungen fallen gelassen worden ist. Denn er hat jedenfalls den gewollten Zweck, in dem Bauenden keinen Zweifel darüber zu lassen, daß der Berechtigte den Überbau nicht dulden werde, nicht erfüllt. Der Bauende konnte vielmehr von der Annahme der Duldung ausgehen; hat er in dieser Annahme den Bau ausgeführt, so wäre es unbillig, wenn die Wiedereinreißung des Baues verlangt werden könnte. Es kann auch in diesem Falle nur eine Entschädigung in Geld zugebilligt werden. E. l.

γ) **Geldrente nach BGB. § 916.**

OLG. Hamburg, III. ZS. Urteil v. 6. Juni 1907.

Der § 916 setzt, wie der § 912, einen Überbau im eigentlichen Sinne, d. h. eine Überschreitung der Eigentumsgrenze voraus und gewährt dem gutgläubig und ohne Widerspruch des Nachbarn Überbauenden das Recht auf Duldung des Überbaues auch gegenüber dem am Nachbargrundstück kraft einer Dienstbarkeit dinglich Berechtigten. Dieser Fall liegt nicht vor. Hier hat der Bauende lediglich auf seinem eigenen Grundstücke die Baugrenze überschritten, die einzuhalten eine auf diesem Grundstücke lastende Dienstbarkeit gebot. Die Beklagte hat daher die bestehende Grunddienstbarkeit im Sinne des § 1027 beeinträchtigt, und dem Kläger steht das Recht des § 1004 zu, die Beseitigung der Beeinträchtigung zu verlangen. Ein Recht auf Zahlung einer Rente hat der Kläger überhaupt nicht, ein Recht auf sonstige Entschädigung in Geld erst dann, wenn die Beklagte gemäß § 251² diese Art der Entschädigung wählt oder etwa die Frist des § 250 verstrichen ist. Eine analoge Anwendung der §§ 916, 912 auf einen nicht streng unter ihren Wortlaut fallenden Tatbestand ist ausgeschlossen (Seuffert 59 S. 279; Entsch. des RG. 47 S. 360; JW. 1901 S. 546, 1907 S. 301³; Turnau-Förster zu § 916²). Der abweichenden Ansicht des hiesigen II. ZS. (Hans. GZ. 1900 S. 207) konnte nicht zugestimmt werden. Es handelt sich in den §§ 912, 916 um eine Ausnahmebestimmung, deren Anwendung auf einen Fall der Beeinträchtigung einer Dienstbarkeit an dem Grundstücke des Bauenden sich auch gesetzgeberisch nicht rechtfertigen ließe; solche Dienstbarkeiten wollen oft Luft und Licht dem Nachbargrundstück erhalten und der Nachbar darf nicht deshalb, weil er der Verletzung seines Rechts nicht rechtzeitig widersprochen hat, gezwungen sein, den rechtswidrigen Zustand so lange zu dulden, als das Gebäude steht. M. M.

k) **Setzung der im Prozeßvergleiche bestimmten Grenzsteine ohne Zuziehung der Nachbarn. Beschwerde dieser Nachbarn?**

Kammergericht, I. ZS. Beschluß v. 31. Januar 1907.

Die Eigentümer A. und B. waren wegen der zwischen ihrem Grundstücke laufenden Grenze in Streit geraten. In dem deswegen angestellten Prozesse kam an Ort und Stelle ein Vergleich zustande, inhaltsdessen sich die Parteien auf eine bestimmte Linie, welche der amtierende Richter durch in die Erde gesteckte Stöcke markierte, als Grenzlinie einigten. Durch den anwesenden Katasterbeamten wurden darauf an den vom Richter markierten Stellen sofort mit Kreuzen versehene Grenzsteine gesetzt. Die Grenzlinie zwischen den Grundstücken der Prozeßparteien stieß im Süden an einen Feldweg, jenseits dessen sich das Grundstück des Eigentümers Franz hinzieht. Da die Parteien nicht sicher waren, ob die von ihnen vereinbarte Grenzlinie mit der ursprünglichen richtigen Grenze übereinstimmt, so wurde im Vergleich ausdrücklich hervorgehoben, daß sie sich gegenüber den Grenzen des Franz durch diesen Vergleich nicht binden wollten. Der südlichste der vom Katasterbeamten gesetzten Steine ist von Franz als Grenzstein nicht anerkannt und deshalb im Feldbuch nur als Richtungsstein bezeichnet worden. Franz hat bei dem AG. gegen die Setzung dieses Steines Beschwerde erhoben und dessen Entfernung verlangt, weil er um 4 Meter über die richtige Grenze reiche. Die Beschwerde wurde jedoch als unzulässig zurückgewiesen. Auch der weiteren Beschwerde ist der Erfolg zu versagen.

Der Beschwerdeführer leitet sein Beschwerderecht aus § 20 FrGG. her, indem er durch eine in Ausübung der freiwilligen Gerichtsbarkeit vorgenommene Amtshandlung des Amtsgerichts in seinem Rechte auf Zuziehung zu der Amtshandlung beeinträchtigt zu sein behauptet. Tatsächlich liegt aber ein Akt der freiwilligen Gerichtsbarkeit nicht vor. Allerdings kann die durch das Gericht erfolgende Herstellung und Vermarkung einer verdunkelten Grenze sich als eine Handlung der freiwilligen Gerichtsbarkeit darstellen. Dies wird dann der Fall sein, wenn das Gericht lediglich auf übereinstimmendes Anrufen der Parteien eine beurkundende Tätigkeit ausübt, indem es den Vertragswillen der Parteien, welche Linie sie an Stelle der verdunkelten, nicht mehr erkennbaren Grenze in Zukunft als für sie verbindliche Grenze anerkennen wollen, und die demnächst erfolgte Kennzeichnung der Grenze zu Protokoll bringt. Dagegen ist die im Prozeßwege erfolgende Feststellung der verdunkelten Grenze oder deren in Ausführung eines ergangenen Urteils geschehende Berichtigung keine Handlung der freiwilligen Gerichtsbarkeit, vielmehr wird in diesem Falle der Richter in Ausübung der streitigen Gerichtsbarkeit tätig (Entsch. des RG. in Strafs. 23 S. 254). Vorliegend war zwischen den Eigentümern A. und B. ein Rechtsstreit auf Ausmittelung und Herstellung der verdunkelten Grenze anhängig. In Ausübung der streitigen Gerichtsbarkeit hatte das Amtsgericht als Prozeßgericht einen Beweistermin an Ort und Stelle anberaumt. Die Feststellung des in diesem Termine zur Erledigung des Rechtsstreits geschlossenen Vergleiches zu Protokoll war keine in Ausübung der freiwilligen Gerichtsbarkeit geschehende Beurkundung, sondern erfolgte in Ausübung der prozeßrichterlichen Tätigkeit auf Grund des § 160² Nr. 1 ZPO.; die Beurkundung eines gerichtlichen Prozeßvergleichs ist niemals ein Akt der freiwilligen Gerichtsbarkeit, sondern ein solcher des Prozeßgerichts (Entsch. des RG. 48 S. 183). Tatsächlich enthält nun das Terminsprotokoll nur die Beurkundung der den Inhalt des Vergleichs betreffenden Abreden und Feststellungen. Zur Protokollierung des Vergleichs bedurfte es insbesondere einer genauen Beschreibung der durch den Vergleich festgesetzten Grenzlinie, da der Vergleich bei künftig zwischen den Prozeßparteien entstehenden Streitigkeiten die Herstellung der vereinbarten Grenze ermöglichen und auch eine geeignete Grundlage für eine im Zwangswege vorzunehmende Abmarkung der Grenze abgeben mußte. Wenn demnach der Richter die Punkte, durch deren geradlinige Verbindung die vereinbarte Grenze gebildet wurde, genau beschrieben und zur Ausschließung jedes Irrtums der Parteien durch drei in die Erde gesteckte Stöcke örtlich gekennzeichnet hat, so handelte es sich dabei nur um eine auf die Feststellung des Vergleichsinhalts abzielende Tätigkeit des Prozeßrichters und nicht um eine im Wege der freiwilligen Gerichtsbarkeit vorgenommene Abmarkung der Grenze. Die Stöcke waren weder geeignet noch bestimmt, als dauernde Grenzzeichen zwischen den Grundstücken der Parteien zu dienen. Die Abmarkung der durch den Vergleich festgesetzten Grenze ist überhaupt nicht durch das Amtsgericht, sondern entsprechend der in den Vergleich aufgenommenen Parteiabrede demnächst durch den Katasterbeamten vorgenommen worden. Allerdings hat dieser bereits im Beweistermine Grenzsteine gesetzt. Diese Setzung bezweckte aber nur die durch den Vergleich festgesetzte Grenzlinie für die künftige Abmarkung festzulegen, sie diente also nur zur Vorbereitung der Abmarkung und stellte selbst noch keine Grenzvermarkung dar. Außerdem ist sie ohne Mitwirkung des Gerichts vorgenommen, vielmehr nur am Schlusse des Protokolls vermerkt worden, daß an den im Vergleiche näher beschriebenen, durch Stöcke gekennzeichneten Punkten inzwischen durch den Katasterkontrolleur Grenzsteine gesetzt seien. Wollte man aber darin eine durch das Gericht vorgenommene Grenzabmarkung erblicken, so würde es sich immer nur um eine im Anschluß an einen Prozeßvergleich zwecks dessen Ausführung vorgenommene Tätigkeit des Prozeßrichters und nicht um einen Akt der freiwilligen Gerichtsbarkeit handeln.

Demnach läßt sich aus § 20 FrGG. ein Beschwerderecht gegen die im Termine vorgenommenen Amtshandlungen des Amtsgerichts nicht begründen. Aber auch auf Grund der ZPO. steht es dem Beschwerdeführer nicht zu. Denn eine den Beschwerdeführer benachteiligende Entscheidung des Prozeßrichters, gegen welche die Beschwerde gerichtet werden könnte, liegt nicht vor. Wollte man aber auch in der Setzung des streitigen Grenzsteines eine Entscheidung des Prozeßgerichtes finden, so würde diese nur zwischen den Prozeßparteien, unter denen sie ergangen ist, wirksam sein, dagegen die Rechte des Beschwerdeführers nicht beeinträchtigen. Ein Recht auf Zuziehung zu dem zwischen seinen Nachbarn anhängigen Grenzerneuerungsprozeß stand dem Beschwerdeführer nicht zu. Seine Nichtzuziehung zu der im Wege des Vergleichs geschehenen Grenzerneuerung hat eben die Folge, daß dieser Vergleich und alle auf Grund desselben vorgenommenen Maßnahmen zu seiner Ausführung dem Beschwerdeführer gegenüber unverbindlich und unwirksam sind, daß insbesondere die auf Grund des Vergleichs geschehene Setzung eines Grenzsteines an seiner Grenze als eine einseitige Maßregel seiner Nachbarn ungeeignet gewesen ist, dem gesetzten Steine dem Beschwerdeführer gegenüber die Bestimmung und Eigenschaft eines Grenzzeichens zu geben (Entsch. des RG. in Straff. 6 S. 49ff., 10 S. 47, 23 S. 257). Dies ist aber auch bei der Setzung des Steines nicht beabsichtigt worden, vielmehr ist von den Parteien in dem Vergleiche ausdrücklich erklärt worden, daß dadurch die Verhältnisse der Parteien zum Beschwerdeführer in keiner Weise berührt werden sollten. Ist aber ihm gegenüber keinerlei Grenzfestsetzung getroffen, und hat der streitige Stein ihm gegenüber weder die Bestimmung noch die Eigenschaft eines Grenzsteines, so muß ihm überlassen bleiben, wenn er durch das Vorhandensein dieses Steines in seinem Eigentum oder im Besitz an seinem Grundstück gestört wird, die ihm wegen Besitz- oder Eigentumsstörung zustehenden Schritte gegen seine Nachbarn, welche den Stein mit Hilfe des Katasterbeamten an seine Stelle gebracht haben, zu ergreifen. Dr. H.

l) Eigentumserlangung auf Grund eines Ausschlußurteils.

Kammergericht, I. ZS. Beschluß v. 25. Mai 1906.

Auf Antrag des Beschwerdeführers erließ das Amtsgericht ein am

12. Juli 1904 verkündetes Ausschlußurteil, durch das die im Grundbuche eingetragenen Eigentümer des Grundstücks, nämlich die Eheleute A., sowie die Witwe B. mit ihren Rechten ausgeschlossen und dem Polizeisergeanten P. seine Rechte vorbehalten wurden. Unter Vorlegung einer Ausfertigung dieses Urteils beantragte der Beschwerdeführer, ihn als Eigentümer des Grundstücks einzutragen; dabei stellte er anheim, im Grundbuche zu vermerken, daß dem P. seine Rechte am Grundstücke vorbehalten seien. Die Eintragung wurde abgelehnt; auch die weitere Beschwerde blieb erfolglos. Gründe:

Völlig zutreffend spricht das LG. dem Urteile vom 12. Juli 1904 die Bedeutung eines Ausschlußurteils ab. Das Urteil richtet sich nur gegen diejenigen, inhaltlich seiner Begründung längst verstorbenen Personen, welche im Grundbuch als Eigentümer eingetragen stehen, nicht aber, wie dies der § 927 voraussetzt (vgl. auch §§ 977, 981 ZPO.) gegen „den" Eigentümer, d. h. gegen jede physische oder juristische Person, die möglicherweise bisher Eigentümer gewesen ist (Planck zu § 927 Anm. 5; Predari S. 374; Güthe S. 423 Anm. 138). Dem LG. ist aber auch darin beizupflichten, daß, wer das Ausschlußurteil erwirkt hat, zur Erlangung der Eintragung seines Eigentums der freiwillig erklärten oder durch Urteil ersetzten (§ 894 ZPO.) Einwilligung des Dritten bedarf, dessen angemeldetes Eigentumsrecht im Ausschlußurteile vorbehalten worden ist (§ 953 ZPO.; Strecker in BuschZ. 33 S. 113; Predari S. 375; vgl. auch Turnau-Förster zu § 927 Anm. 5a). Für den ähnlich liegenden Fall des Ausschlusses eines unbekannten Hypothekengläubigers (§ 1170 BGB.) ist dies im Beschlusse vom 10. Juni 1905 (Rsp. 12 S. 287) bereits ausgesprochen. Die Gründe dieses Beschlusses treffen auch hier zu. Auch das im Falle des § 927 vorgesehene Aufgebotsverfahren richtet sich nach der ZPO., und zwar nach den allgemeinen Bestimmungen der §§ 946—959 und den besonderen der §§ 977—981. Es findet lediglich eine öffentliche gerichtliche Aufforderung zur Anmeldung von Rechten mit der Wirkung statt, daß die Unterlassung der Anmeldung einen Rechtsnachteil zur Folge hat (§ 946). In das zu erlassende Aufgebot ist die Bezeichnung des Rechtsnachteils, welcher eintritt, wenn die Anmeldung unterbleibt, aufzunehmen (§ 947 Nr. 3), und dieser Rechtsnachteil besteht hier darin, daß der bisherige Eigentümer ausgeschlossen wird, wenn er nicht sein Recht spätestens im Aufgebotstermin anmeldet (§ 981). Die bloße Anmeldung hat die Wirkung, daß entweder das Aufgebotsverfahren bis zur endgültigen Entscheidung über das angemeldete Eigentumsrecht auszusetzen, oder im Ausschlußurteile das angemeldete Recht vorzubehalten ist (§ 953). Geschieht letzteres, so erwirbt zwar der Anmeldende durch den Vorbehalt keinerlei Recht, er behält jedoch das Recht, das ihm zusteht; ist er wirklich der Eigentümer, so kann nicht der Antragsteller das Eigentum dadurch erlangen, daß er sich auf Grund desselben Ausschlußurteils, welches mittels des Vorbehalts das Eigentum des Anmeldenden gewährleistet, als Eigentümer in das Grundbuch eintragen läßt (§ 927^{2} BGB.). In den Motiven heißt es: „Ist das Ausschlußurteil ergangen, so liegt das Verhältnis ähnlich wie in dem Falle, in welchem das Eigentum vom bisherigen Eigentümer aufgegeben worden ist. Die Gründe mithin, aus welchen der § 872 (jetzt 928) die Erwerbung eines derelinquierten Grundstücks dem Eintragungsprinzipe unterwirft, führen folgerecht dahin, im Falle des Aufgebots den Übergang des Eigentums auf denjenigen, welcher das Ausschlußurteil erwirkte, ebenfalls von der Eintragung des Erwerbes in das Grundbuch abhängig zu machen, zumal andernfalls der Eintritt neuer Verwicklungen zu besorgen wäre." Vom Standpunkte des Gesetzes aus wird danach das Grundstück mit dem Erlasse des Ausschlußurteils herrenlos, und der Antragsteller allein hat das Recht, sich das herrenlose Grundstück dadurch anzueignen, daß er sich als Eigentümer eintragen läßt (Planck zu § 927 Anm. 7; Predari S. 375). Als herrenlos kann aber das Grundstück so lange nicht angesehen werden, wie das im Ausschlußurteil vorbehaltene Recht des Anmeldenden besteht.

Der Vorbehalt steht der Möglichkeit der Aneignung und damit der Eintragung des Eigentums des Antragstellers entgegen. Er hat insoweit die gleiche Wirkung, wie die vor oder nach Erlassung des Ausschlußurteils erfolgte Eintragung des Eigentums eines Dritten (vgl. § 927³ BGB., § 19 GrBO.), aber eine weitergehende Bedeutung, als ein wegen des Eigentums des Dritten eingetragener Widerspruch gegen die Richtigkeit des Grundbuches (Planck, Predari a. O.). Denn ein solcher Widerspruch hindert nach formellem Grundbuchrechte die Eintragung eines neuen Eigentümers nicht. Dr. L. W.

m) **Fiduziarische Übertragung periodischer Zeitschriften.**

α) OLG. Dresden, VII. ZS. Urteil v. 14. November 1906.

Wenn auch ein Verlags- oder Urheberrecht, ebensowenig wie an einer Zeitung, an einer durch Beiträge verschiedener Autoren gebildeten periodischen Zeitschrift in dem Sinne der Befugnis, diese Zeitschrift als eine solche mit einem bestimmten Titel und als für einen gewissen Abnehmerkreis bestimmt in seinem oder einem fremden Verlage erscheinen zu lassen, anzuerkennen sein dürfte, so stellt sie doch ein gewerbliches Unternehmen dar, das den Gegenstand von Verträgen bilden und insbesondere einem andern überlassen werden kann, sei es zu völlig eigenem Recht, sei es bloß zur Sicherung seiner Ansprüche an den Überlassenden. Daß die Abtretung zum Zwecke der Sicherung geeignet ist, obligatorische Rechte und Verpflichtungen hervorzurufen, erscheint nicht zweifelhaft; durch den Abtretungsvertrag wurde der Kläger so besonders verpflichtet, über das Unternehmen so lange, als die Ansprüche des Beklagten, deren Sicherung bezweckt war, ganz oder teilweise bestehen, nicht anderweit zu verfügen, sondern dem Beklagten die Verfügung in dem Umfange zu gestatten, wie sie ihm beim Bestehen eines fiduziarischen Rechts zustehen würde. Durch den Vertrag und die Aushändigung der vom Kläger mit den verschiedenen Autoren abgeschlossenen Verlagsverträge sind aber auch dingliche Rechte des Beklagten begründet, es sind ihm dadurch die

Rechte des Klägers aus diesen abgeschlossenen Verträgen fiduziarisch übertragen worden. M. z.

β) **Eigentumsübertragung, wenn der Erwerber in die Lage versetzt wird, die tatsächliche Gewalt auszuüben.**

Kammergericht, XIV. ZS. Urteil v. 1. November 1906.

Die Klägerin, Tochter der Gemeinschuldnerin, kann von dem beklagten Konkursverwalter nicht nochmals Übergabe der von ihr aus der Masse gekauften Wohnungseinrichtung fordern, weil der Beklagte den Kauf schon erfüllt hat. Als Verwalter hatte er gemäß § 117 KO. das gesamte zur Konkursmasse gehörende Vermögen in seinen Besitz genommen. Zur Besitzübertragung der verkauften Gegenstände genügte, wenn er und der Erwerber darüber einig waren, daß der Erwerber die tatsächliche Gewalt erlangen solle, und dieser außerdem in der Lage war sie auszuüben. Das trifft aber hier zu, wo die Möbel in der Ehewohnung der Gemeinschuldnerin standen und deren Tochter, vertreten durch ihren Vater, sie vom Verwalter erworben hatte. Als Vertreter der Tochter konnte der Vater, weil er zugleich Ehemann der Gemeinschuldnerin war, auch für diese tatsächlich über die Möbel verfügen und, selbst wenn die Möbel in einem verschlossenen Zimmer standen, nötigenfalls den Zutritt sich dadurch verschaffen, daß er die Tür durch einen Schlosser öffnen ließ. Dazu bedurfte er nicht einmal der Mitwirkung des Verwalters, der sonst durch einen Gerichtsvollzieher den Widerstand der Gemeinschuldnerin hätte beseitigen können (Entsch. des RG. 37 S. 399). Dr. P. S.

n) **Abhandenkommen einer Sache (BGB. § 935). Abzahlungsgeschäft begründet mittelbaren Besitz.**

Kammergericht, XIV. ZS. Urteil v. 9. Juli 1906.

Der Kläger hatte dem geisteskranken B. ein Klavier auf Abzahlung verkauft und übergeben; B. hatte es versetzt und den Pfandschein verkauft, C. es eingelöst und an den gutgläubigen D. verkauft. Des Klägers Vindikation gegen D. wurde abgewiesen. Gründe:

Der Abzahlungsvertrag war wegen Geisteskrankheit des B. nichtig, der Kläger also auch ohne Rücksicht auf den bedungenen Eigentumsvorbehalt Eigentümer geblieben. Der Beklagte, gegen dessen gutgläubigen Erwerb nichts vorliegt, wäre gleichwohl nicht Eigentümer geworden, wenn das Klavier dem Kläger abhanden gekommen wäre, d. h. wenn dieser den Besitz gegen seinen Willen verloren hätte. Unfreiwilliger Besitzverlust liegt aber nicht vor. Der Besitz ist auch dann freiwillig aufgegeben, wenn das Kausalgeschäft nichtig war und der Besitzer in Kenntnis dieses Umstandes den Besitz nicht aufgegeben hätte. Wer durch seinen Willen einem anderen es ermöglicht, tatsächlich über die Sache zu verfügen, hat gutgläubigen Dritten gegenüber die Gefahr zu tragen, welche sich aus einer solchen Verfügung ergibt (Entsch. des RG. 54 S. 68; Urteil des RG. VII. ZS. vom 9. März 1906).

Das Klavier ist aber auch nicht dem mittelbaren Besitzer abhanden gekommen (§ 935 Satz 2). Ein Abzahlungsgeschäft mit Eigentumsvorbehalt ist zwar an sich geeignet, den mittelbaren Besitz für den Veräußerer zu begründen, und ein unfreiwilliger Besitzverlust liegt vor, wenn ein Geisteskranker den Besitz aufgibt, da der Geisteskranke willensunfähig ist. Hier war aber B. nicht Besitzmittler des Klägers geworden. Denn war er geisteskrank, so war schon das Kausalgeschäft nichtig, und es fehlte dann an einem Rechtsverhältnisse der im § 868 bezeichneten Art und damit an der für den mittelbaren Besitz erforderlichen Grundlage. Dr. P. S.

o) **Herausgabeanspruch des Eigentümers und § 93 ZPO.**[1]

Kammergericht, XIV. ZS. Urteil v. 24. Juni 1907.

Der Kläger hatte dem X. Möbel auf Abzahlung verkauft. Der Beklagte als Vermieter des X. hielt bei dessen Auszug die Möbel auf Grund seines Vermieterpfandrechts zurück. Im Verhandlungstermin erkannte er den Herausgabeanspruch an, worauf die Kosten dem Kläger auferlegt wurden, weil er sein Eigentum vor der Klagerhebung nicht glaubhaft gemacht hatte. Das ist jedoch nicht gerechtfertigt. Ein außergerichtliches Beweisverfahren ist der ZPO. fremd. Nur im Falle der Zession hat nach § 94 der Zessionar vor Klagerhebung den Übergang des Anspruchs mitzuteilen und auf Verlangen nachzuweisen. Es hätte nahe gelegen, dabei auch den Fall zu berücksichtigen, wenn der Kläger sein Eigentum an einer Sache geltend macht, die sich nicht in seinem Besitz befand, als der Beklagte sie an sich nahm. Auch hier ist der Beklagte, wie nicht verkannt werden soll, in der Regel nicht imstande, die gegnerischen Behauptungen auf ihre Richtigkeit zu prüfen. Solche Fälle werden aber auch unter anderen Voraussetzungen häufig vorkommen, ohne daß sie vom § 94 berücksichtigt würden. Dies ist indessen auch wohl begründet. Denn der Übergang eines Anspruchs läßt sich leicht durch Vorlegung der Abtretungsurkunde, des Erbscheins oder Testaments beweisen, während ein ähnlicher Beweis in andern Fällen, besonders der vorliegenden Art, nicht möglich ist. Die verlangte Glaubhaftmachung wird dann auch in der Regel durch eidesstattliche Versicherungen bewirkt. Diese werden aber nur einer Privatperson gegenüber abgegeben und können, wenn sie falsch sind, nicht aus § 156 StrGB. bestraft werden. Sie haben also nur den Wert einfacher Erklärungen und können kaum eine Glaubhaftmachung herbeiführen. — Von besonderer Bedeutung ist schließlich der § 93, wonach der Beklagte den Anspruch sofort anerkennen muß. Der Beklagte dürfte also, wenn die bekämpfte Ansicht richtig war, nur vor Erhebung der Klage bestreiten und müßte im Prozesse auch ohne Glaubhaftmachung anerkennen. Das kann nicht richtig sein. Der Beklagte hat vielmehr schon dadurch Anlaß zur Klage gegeben, daß er den einfachen Behauptungen des Klägers nicht glaubte, die Sache auf Aufforderung nicht herausgab und dadurch erkennen ließ, daß der Kläger nicht ohne Klage zu seinem Rechte kommen würde. Dr. P. S.

---

[1] Anders bei Interventionsansprüchen: Rsp. 1 S. 39, 2 S. 102, 3 S. 130, 5 S. 38 und 40, 9 S. 63 f., 11 S. 96, 15 S. 5. Über den Unterschied beider vgl. Entsch. des RG. 61 S. 430.

p) **Hat der Unternehmer an der von ihm im Auftrage des Mieters ausgebesserten Maschine gegen deren Eigentümer ein Zurückbehaltungsrecht?**

OLG. Marienwerder, II. ZS. Urteil v. 28. Mai 1907.

Der Beklagte hat die Maschinen von deren Mieter D. überantwortet erhalten mit dem Auftrage, die daran erforderlichen Reparaturen vorzunehmen. Er hat damit gemäß § 854 den Besitz der Maschinen erlangt und ist nicht etwa nur Besitzdiener des D. geworden, da kein Verhältnis zwischen ihm und D. bestand, wie es der § 855 bezeichnet. Er hat diesen Besitz auch jetzt noch, da die Maschinen sich noch auf seinem Grundstücke befinden.... Als Besitzer der Maschinen ist der Beklagte nun an sich gemäß § 985 gegenüber der Eigentumsklage zur Herausgabe verpflichtet, wenn er nicht ein besonderes ihm zustehendes Recht nachweist, auf Grund dessen er die Herausgabe, sei es für immer oder für eine gewisse Zeit oder bis zu einer gewissen Gegenleistung verweigern darf. Ein solches Recht kann er auf § 986 nicht gründen; denn der Gemeinschuldner hat, als D. seinen Verpflichtungen aus dem Mietvertrage nicht nachkam, vom vertraglichen Rücktrittsrechte im Einverständnis mit D. vor Erhebung der Klage Gebrauch gemacht; D., der dem Beklagten gegenüber als mittelbarer Besitzer im Sinne des § 868 anzusehen war, war also dem Eigentümer gegenüber nicht mehr zum Besitze berechtigt, und ebensowenig war dies der Beklagte aus eigenem Rechte.... Auch auf Grund eines Pfandrechts kann der Beklagte die Herausgabe der Maschinen nicht verweigern, da ihm ein Pfandrecht nicht zusteht. Nach § 1257 finden die Vorschriften über ein vertragliches Pfandrecht zwar auf ein kraft Gesetzes entstandenes Pfandrecht, aber nicht auf die Entstehung dieses Pfandrechts Anwendung, so daß der gute Glaube des Beklagten, nach dem er den D. für den Eigentümer hielt, nicht weiter in Betracht kommt.

Dagegen ist dem Beklagten ein Zurückbehaltungsrecht gemäß §§ 994, 1000 zuzugestehen. Der § 994 gewährt dem Besitzer einer Sache einen Ersatzanspruch gegenüber dem Eigentümer für die auf die Sache gemachten notwendigen Verwendungen, der „an keine weitere Voraussetzung geknüpft ist" (Planck § 994², Einl. zu § 986), und § 1000 erklärt den Besitzer für befugt, die Herausgabe der Sache zu verweigern, bis er wegen der ihm zu ersetzenden Verwendungen befriedigt wird. Wenn nun dieser Anspruch auch vom Gesichtspunkte der Bereicherung an sich ausgeht, so finden doch die Bestimmungen über die Bereicherung keine Anwendung; der § 994 geht aber noch weiter, der Ersatzanspruch hängt nicht davon ab, daß der Wert der Sache zur Zeit, zu der der Eigentümer die Sache wiedererlangt, noch durch die Verwendung erhöht ist (Planck § 994²). Andernfalls würde ja auch dem § 994 neben den §§ 812 und 273 kaum eine Bedeutung innewohnen. Die Anwendung des § 994 setzt voraus, daß es sich um notwendige Verwendungen handelt. Dahin sind aber auch solche Reparaturen, ohne die die Maschinen nicht mehr brauchbar und zu ihrem bestimmungsgemäßen Zwecke nicht mehr verwendbar waren, zu rechnen. Es kommt bei der Prüfung der Notwendigkeit nicht auf die subjektive Auffassung des die Verwendung Vornehmenden oder dessen, auf dessen Veranlassung sie vorgenommen werden, und auch nicht auf das Verhältnis an, in welchem einer von diesen zu der Sache steht, sondern lediglich objektiv darauf, ob dadurch der bestimmungsgemäße Gebrauch der Sache erhalten bzw. ermöglicht wird.... H.

q) **Gleichzeitige Eintragung einer Grund- und einer persönlichen Dienstbarkeit gleichen Inhalts.**

Kammergericht, I. Ferien-ZS. Beschluß v. 1. Aug. 1907.

Der Eigentümer des Grundstücks Nr. 1 hat bewilligt und beantragt, daß eine beschränkte persönliche Dienstbarkeit für den Fabrikdirektor H. nach Maßgabe der §§ 1 und 3a des notariellen Vertrags und eine Grunddienstbarkeit für den jeweiligen Eigentümer des — zurzeit dem H. gehörigen — Grundstücks Nr. 2 zugunsten eines darauf zu errichtenden Gewerbebetriebs nach Maßgabe der §§ 1 und 3 desselben Vertrags eingetragen werde. Die Eintragung wurde abgelehnt. Die weitere Beschwerde ist begründet.

Die dem H. bewilligte persönliche und die Grunddienstbarkeit haben denselben Inhalt, sie sollen dem Berechtigten die Befugnis gewähren, auf die Dauer von 30 Jahren aus dem belasteten Grundstück an jeder Stelle und zu jeder Zeit Kies, Sand und Steine nach seinem Ermessen zu entnehmen, auf dem Grundstücke diese Produkte zu bearbeiten und zu transportieren, auch Maschinen jeder Art beliebig aufzustellen, Geleise jeder Spur und für jede Betriebsart zu legen, abzureißen und zu verlegen, die dazu erforderlichen Rodungs-, Erd- und Maurerarbeiten auszuführen, Gebäude jeder Art zu errichten, überhaupt alle Arbeiten vorzunehmen und Anlagen zu errichten, welche ihm zur Förderung seiner Interessen geeignet erscheinen, ferner mit den auf dem Grundstück errichteten Maschinen und Anlagen nicht nur die auf dem Grundstücke gewonnenen Produkte, sondern auch andere Produkte zu verarbeiten und auf den Transportanlagen Gegenstände aller Art, gleichgültig, ob sie auf dem Grundstücke gewonnen werden, zu befördern. Das Amtsgericht geht bei der Prüfung der Frage, ob eine Grund- oder eine beschränkte persönliche Dienstbarkeit des angegebenen Inhalts gesetzlich möglich und eintragungsfähig sei, zutreffend davon aus, daß sowohl nach der ersten Alternative des § 1018 als auch nach derjenigen des § 1090 ein Grundstück nur in der Weise belastet werden kann, daß der Berechtigte das Grundstück in einzelnen Beziehungen benutzen darf. Es nimmt aber an, daß die vereinbarten Dienstbarkeiten sich nicht in diesem gesetzlichen Rahmen halten, vielmehr alle Nutzungsarten des Grundstücks erschöpfen, und daß die Klauseln, wonach der Berechtigte alle ihm zur Förderung seiner Interessen geeignet erscheinenden Arbeiten vornehmen und Anlagen errichten dürfe, das für die Grundbucheintragungen im allgemeinen und für die Eintragung der hier fraglichen Dienstbarkeiten insbesondere geltende Spezialitätsprinzip verletze. Das LG. hebt gegenüber dem ersten Anstande hervor, daß dem Eigentümer das Recht auf die landwirtschaftliche Benutzung des Grundstücks, auf die Werbung von Torf und etwa vorhandenen Mergel verbleibe, und führt gegenüber dem zweiten Anstand aus: es lasse sich nicht im voraus bestimmen, welche Arbeiten auf dem Grundstücke zu dulden seien, in den §§ 1020, 1090[2] seien genügende Schutzvorschriften gegeben, indem danach bei der Ausübung der Dienstbarkeiten das Interesse des belasteten Grundstücks tunlichst zu schonen ist. Diesen Ausführungen ist hinzuzufügen, daß beide Bedenken des Amtsgerichts auf einer Verkennung der Bedeutung der beregten Klausel beruhen. Um die Förderung welcher Interessen es sich hier handelt, besagt klar der in der Eintragungsbewilligung angezogene § 3 des Vertrags, wonach H. beabsichtigt, auf Nr. 2 ein Schotterwerk zu errichten, für den Betrieb dieses Werkes die auf dem Grundstücke Nr. 1 zu gewinnenden Produkte zu verwenden und die ebenda zu errichtenden Anlagen zu benutzen. Die den so beschriebenen Interessen dienlichen Arbeiten und Anlagen führen zu einer Benutzung des belasteten Grundstücks nur in gewissen Beziehungen. Durch die Aufnahme dieses § 3 in die Eintragungsformel oder durch die nach § 874 BGB. statthafte Bezugnahme darauf, kann die Eintragung so gestaltet werden, daß sich aus ihr die vom Gesetze erforderte Bestimmtheit des eingetragenen Rechts ergibt.

Ein drittes, nur die Grunddienstbarkeit betreffendes Bedenken leitet das Amtsgericht daraus her, daß entgegen dem § 1019 die mehrerwähnte Klausel das Interesse einer Person als maßgebend hinstelle. Es ist indessen schon in den Motiven 3 S. 481 ausgesprochen und vom RG. (JW. 1898 S. 314, 1900 S. 676, 1905 S. 393) wiederholt anerkannt, daß der aus der Grunddienstbarkeit entspringende Vorteil nicht dem Grundstück unmittelbar gewährt zu werden braucht, wie es z. B. geschieht, wenn das Recht eingeräumt wird, im Luftraum des Nachbargrundstücks einen Erker zu haben. Es genügt, wenn das Bedürfnis in der Beschaffenheit des herrschenden Grundstücks eine objektive Grundlage findet, sei es auch nur deshalb, weil ein bestimmter Gewerbebetrieb darauf eingerichtet ist oder eingerichtet werden soll; diese besondere Einrichtung gewährleistet dann eine längere Dauer. Um die Gewährung von solchen Vorteilen handelt es sich hier.

Dem weiteren Bedenken des Amtsgerichts, daß das Recht, Gebäude jeder Art auf dem belasteten Grundstücke zu errichten, den Inhalt des Erbbaurechts darstelle, ist mit dem LG. entgegenzuhalten, daß dieses Recht mit begrifflicher Notwendigkeit veräußerlich und vererblich ist. Weder ein subjektiv-dingliches Recht auf Benutzung eines fremden Grundstücks als Baugrund, wie es hier eingeräumt ist, noch ein subjektiv-persönliches, nur der Ausübung nach übertragbares Recht, wie es hier in § 3a des Vertrages festgesetzt ist, fällt somit unter den Begriff des Erbbaurechts. Das Recht, auf dem belasteten Grundstück ein Bauwerk zu haben, welches den ausschließlichen Inhalt des Erbbaurechts bildet, ist hier ein zulässiger Bestandteil einer das Grundstück Nr. 1 auch in anderen Beziehungen belastenden Grund- und persönlichen Dienstbarkeit (Staudinger I f.; Willenbücher, Liegenschaftsrecht 3 und 5 zu § 1012 BGB.).

Das LG. erachtet endlich die Eintragung für unzulässig, weil nicht dasselbe Recht als beschränkte persönliche Dienstbarkeit einer bestimmten physischen Person und als Grunddienstbarkeit dem jeweiligen Eigentümer eines Grundstücks eingeräumt werden könne. Dieser Satz kann nicht gebilligt werden. An demselben Grundstücke können mehrere Dienstbarkeiten desselben oder verschiedenen Inhalts bestehen. Dies ist unbeschränkt zulässig, soweit die mehreren Rechte, z. B. mehrere Wegerechte, sich ihrem Inhalte nach miteinander vertragen. Vertragen sie sich nicht, so entscheidet in erster Linie der Rang der Rechte. Bei Gleichheit des Ranges, wie er hier eingetragen werden mußte, kann jeder Berechtigte gemäß §§ 1024, 1090^2 eine den Interessen aller entsprechende billige Regelung der Ausübung verlangen. Der Anspruch auf diese Regelung ist im Prozeß geltend zu machen (Crome, System 3 S. 484). Ob die hier bewilligten Dienstbarkeiten ihrem Inhalte nach miteinander vereinbar oder unvereinbar sind, kommt so lange praktisch nicht in Frage, als der persönlich Berechtigte zugleich der Eigentümer des herrschenden Grundstücks ist. Die Rücksicht auf die bei etwaiger künftiger Trennung der Rechtssubjekte mögliche Kollision rechtfertigt nicht die Ablehnung der beantragten Eintragungen. Eine Kollision ist vielmehr im gegebenen Falle auf dem durch §§ 1024, 1090^2 gewiesenen Wege auszutragen. Dr. H.

r) **Beschränkung der Dienstbarkeiten durch die Rücksicht auf das öffentliche Wohl. Vertretung des Fiskus.**

OLG. Naumburg, II. ZS. Urteil v. 1. Februar 1907.

Dem Kläger steht aus seiner Gerechtigkeit, Ziegelerde auf den „Erdkuhlen" zu graben, kein Anspruch gegen den beklagten Fiskus als Eigentümer dieses Grundstücks auf Verhinderung der Überschwemmungen zu. Für die Grunddienstbarkeit, die vor 1900 begründet ist, sind neben den §§ 1020 bis 1028 BGB. die Bestimmungen des alten Rechts maßgebend; nach § 35 ALR. I 22 hat, wenn die Dienstbarkeit wie hier auf einem lästigen Vertrage beruht, der Verpflichtete sein Grundstück auf eigene Kosten in der Verfassung zu erhalten, daß der Berechtigte seine Befugnis darauf ausüben kann. Der Zustand, in dem der Beklagte die „Erdkuhlen" demnach zu erhalten hätte, wird unterbrochen durch die von der Elbumflutverwaltung veranlaßten Überschwemmungen. Das Öffnen des Wehres und der Schleusen, durch das angeblich die Beeinträchtigung der Dienstbarkeit hervorgerufen wird, geschieht jedoch zur Beförderung des Gemeinwohles. Die ganze Anlage mit den Wehren zc ist aus Gründen des öffentlichen Wohles auf Grund der Deichhoheit des Staates geschaffen und von ihm genehmigt worden. Sie sollte, um Überschwemmungen anderer bewohnter und bebauter Flächen zu verhüten, bei Hochwasser die Wassermassen in die Kanalmulde leiten und, wenn diese sie nicht mehr fassen könnte, über deren Ufer treten lassen und so ein Inundationsgebiet schaffen, dessen Überschwemmung weniger gefährlich und schädlich war, als die ihr unter den früheren Verhältnissen ausgesetzten Ländereien. Wenn der Beklagte und mit ihm der Kläger darunter leiden, so müssen sie das ertragen. Denn nach § 74 Einl. zum ALR. müssen einzelne Rechte und Vorteile der Mitglieder des Staates den Rechten und Pflichten zur Beförderung des gemeinen Wohles nachstehen. Der Beklagte könnte also von der Elbumflutverwaltung nicht Unterlassung der Beeinträchtigung seines Eigentums fordern, ebensowenig der Kläger die der Störung seiner Grundgerechtigkeit. Denn der Beklagte darf das Öffnen des P.-Wehres und der P.-Schleuse, das allein die Überschwemmungen und die damit verbundenen Schäden veranlaßt, nicht hintenanhalten, sonst würde er den Zweck der ganzen Umflutanlage vereiteln. Unter diesen Umständen liegen dem Beklagten in dieser Richtung auch keine Verpflichtungen dem Kläger gegenüber zum Schutze seines Lehmgewinnungsrechts ob.

Nach §§ 1027, 1004 BGB. kann der Anspruch des in der Ausübung seiner Grunddienstbarkeit beeinträchtigten Berechtigten auf Beseitigung der Beeinträchtigung nicht gegen den Eigentümer, sondern nur gegen den Störer gerichtet werden. Während sich der Kläger aber in erster Instanz gegen den Fiskus lediglich als Eigentümer des belasteten Grundstücks gewendet hatte, nimmt er ihn nunmehr auch als Störer selbst in Anspruch. Es erscheint unbedenklich, dies als zulässig zu erachten. Der Fiskus ist sowohl Eigentümer des Grundstücks als auch der Umflutanlage. Wenn auch der Fiskus als aus der Dienstbarkeit Verpflichteter vertreten wird durch die Regierung in M. (Abt. für direkte Steuern rc), während seine Vertretung als Eigentümer der Umflutanlage dem Regierungspräsidenten in M. obliegt, so ist doch die Identität des Beklagten erster Instanz mit dem zweiter Instanz gewahrt; denn der Fiskus stellt mit seinen Verwaltungsstellen nur ein Rechtssubjekt dar, die einzelnen Stationen sind nicht als besondere Rechtssubjekte anzusehen. Der Fiskus ist aber auch in diesem Prozesse als Eigentümer der Elbumflutanlage richtig vertreten, da der Regierungspräsident der Regierungs-Abt. 2 mit angehört und als Mitglied dieser Abteilung die Vollmacht mit unterschrieben hat, also am Rechtsstreit teil- und Rechte des Fiskus wahrnimmt. Jedoch auch der gegen den Fiskus in seiner Eigenschaft als Eigentümer der Umflutanlagen gerichtete Klaganspruch ist, soweit er von ihm Verhütung der Störungen verlangt, unbegründet. Da nach §§ 1004, 1027 BGB. der Anspruch auf Beseitigung der Beeinträchtigung ausgeschlossen ist, beruft sich der Fiskus auch als angeblicher Störer zu Recht auf § 74 Einl. zum ALR. Dr. P.

s) **Das servitutarische Recht der Straßenanlieger.**

α) OLG. Königsberg, II. ZS. Urteil v. 13. November 1907.

Die Grundsätze des RG. über das servitutarische Recht der Straßenanlieger sind durch das BGB. nicht berührt, denn sie werden durch Art. 113 EG. gedeckt. In bezug hierauf sagen die Protok. 6 S. 743, der Artikel beziehe sich nicht lediglich auf das Agrarrecht, sondern er finde auch auf Grundstücke Anwendung, die in den Städten und Dörfern belegen seien, umfasse mithin auch die Baufluchtregulierung. Auf gleicher Linie liegen die Ansprüche, welche die Anlieger einer Straße kraft des stillschweigend statuierten servitutarischen Rechts geltend zu machen berechtigt sind; wenn daher auch nach Reichsrecht, da Grundgerechtigkeiten nur durch Einigung und Eintragung begründet werden können, die Begründung einer stillschweigend konstituierten Servitut undenkbar wäre, so greifen doch kraft des in Art. 113 vorgesehenen Vorbehalts die Grundsätze, welche über das auf stillschweigender Vereinbarung beruhende servitutarische Recht der Anlieger einer Straße aufgestellt sind, auch jetzt noch durch.

Dieses servitutarische Recht beruht auf dem Grundgedanken, daß durch die Anlage einer Straße die Einwohner aufgefordert werden, an der Straße anzubauen und daß, wenn sie es tun, dadurch ein stillschweigender Vertrag zustande kommt, inhalts dessen sie berechtigt sind, die Straße als Kommunikationsmittel zu benutzen. Diese Gesichtspunkte können für einen **Promenadenweg** nicht maßgebend sein, denn ein solcher hat der Natur der Sache nach möglichst frei zu liegen, er soll nicht durch daranstoßende Häuser eingeengt werden. Wenn daher das OVG. (vgl. Entsch. 23 S. 391 und 24 S. 79) für den Begriff der Straße erfordert, der Weg müsse für den Anbau von Häusern wenigstens bestimmt sein, so kann ein Promenadenweg jedenfalls hierzu nicht gerechnet werden. Allerdings sind die vom RG. aufgestellten Grundsätze auch angewendet worden in Fällen, in welchen an bereits bestehende Häuser eine Straße vorbeigeführt worden ist. Immerhin aber hat das RG. ausschlaggebendes Gewicht gelegt auf die Zweckbestimmung der Straße; so ist in der Entsch. 51 S. 252 als leitender Gesichtspunkt hingestellt, daß das servitutarische Recht des Hausbesitzers an der an seinem Grundstück vorüberführenden Straße begrenzt und bedingt ist durch die Zweckbestimmung der Straße selbst und als solche wiederum wird bezeichnet, „als Kommunikationsmittel für die Einwohner der Stadt überhaupt und speziell auch für die Bewohner der Straße selbst zu dienen". Dementsprechend ist in Gruchot 29 S. 676 für bedenklich erachtet, die erwähnten Grundsätze weiter auszudehnen als das Kommunikationsinteresse unbedingt erfordert. Mag daher die Schloßteichpromenade, welche für den öffentlichen Verkehr freigegeben ist, in gewissem Sinne als öffentliche Straße anzusehen sein, in bezug auf das servitutarische Recht der Anlieger ist sie es jedenfalls nicht; denn sie ist nicht dazu angelegt, den Verkehr, die Kommunikation innerhalb der Stadt zu vermitteln, sondern sie sollte eine Stätte zum Lustwandeln, zur Erholung sein. Die Kläger haben hier nach der Vorderfront zu einen Ausgang nach einer öffentlichen Straße, dadurch ist ihrem Kommunikationsinteresse im vollsten Maße genügt. Daß sie nach der Hinterfront auch noch einen Ausgang auf die Promenade haben müßten, erfordert ihr Kommunikationsinteresse nicht. Th.

β) **Sonderrecht an öffentlichen Wegen.**

OLG. Naumburg, II. ZS. Beschluß v. 26. April 1907.

Der Kläger verlangt Wiederherstellung eines öffentlichen Weges, der über den Acker der beklagten Erben führt, eventuell die Feststellung seines Rechts, jenen Weg vermittelst einer Ausfahrt und zweier Ausgänge von und zu seinem Grundstücke zum Gehen, Reiten und Fahren zu benutzen. Allein nach dem geltenden Rechte, wie auch schon nach der preuß. Gesetzgebung, liegt an sich der Schutz des Gebrauches öffentlicher Wege der Wegepolizeibehörde ob, es ist dieserhalb Privaten regelmäßig keine gerichtliche Klage gegeben (Germershausen, Wegerecht 1 S. 67; Entsch. d. RG. 53 S. 386). Eine Ausnahme hiervon greift Platz, wenn einem Privaten ein besonderes Gebrauchsrecht an dem öffentlichen Wege, insbesondere eine Gerechtigkeit für ein anliegendes Grundstück zusteht. In solchem Falle kann im Rechtswege gegen denjenigen, der das Sonderrecht bestreitet oder seine Ausübung hindert, auf Beseitigung der Störung und Anerkennung der Berechtigung vorgegangen werden.

Es kann ein solches Sonderrecht auch begründet werden durch Ersitzung, die unter, wenigstens stillschweigender Genehmigung der Polizeibehörde vor sich geht. Der Kläger beruft sich zur Rechtfertigung seiner Anträge auf den Erwerbstitel der Ersitzung, der vor 1900 eine Grundgerechtigkeit hat entstehen lassen. Nach §§ 14 I 22, §§ 106ff. I 7 ALR. hätte er darzulegen, daß die Gerechtigkeit von den Eigentümern seines Grundstücks als ein ihnen gebührendes Recht in Besitz genommen und während der Ersitzungszeit ununterbrochen ausgeübt worden sei. Wenn nun im allgemeinen neben der freien Ausübung nicht noch besonders der animus iuris zu belegen ist, so müssen doch für den Rechtserwerb an öffentlichen Wegen besondere Anhaltspunkte dafür vorliegen, daß etwas anderes als der Gemeingebrauch ausgeübt wurde, der Wille auf Betätigung eines Privatrechts ging. Daß vorliegend Ausfahrt und Ausgänge nach dem Wege bestanden, würde sich, weil Anlieger derselben für den Verkehr bedürfen, aus der Ausübung des Gemeingebrauches erklären lassen. Anscheinend wichtiger ist die Angabe, daß Dritte den Weg nur als Fußweg benutzt hätten, während vom klägerischen Grundstücke ein weitergehender Gebrauch stattgefunden habe. Indessen läßt es sich nicht feststellen, daß der Gemeingebrauch nur das Gehen umfaßt habe und der Kläger deshalb das Reiten und Fahren kraft Sonderrechts vornahm. Daß der Weg in seinem ganzen Verlaufe nicht nur nach der für des Klägers Verkehr interessierenden Ackerstraße zu 12 m breit war, spricht gegen die Annahme, daß die Anlage dem Sondernutzen des klägerischen Grundstücks habe dienen sollen, und es wäre auch eine Erweiterung des Weges an der Auffahrtsstelle um einige Fuß nicht beweisend für die privatrechtliche Natur des Wegegebrauchs. Dr. P.

γ) Ersitzung einer Grundgerechtigkeit am Bürgersteige.

OLG. Posen, II. ZS. Urteil v. 16. März 1907.

Der Kläger nimmt eine Grundgerechtigkeit an dem der beklagten Stadtgemeinde gehörigen Bürgersteige vor seinem Schmiedegrundstück auf Grund von Ersitzung in Anspruch. Der Rechtsweg ist zulässig, da der Kläger behauptet, ein Recht zur Vornahme der durch polizeiliches Einschreiten ihm untersagten Handlung erlangt zu haben (vgl. Entsch. des OVG. 2 S. 397). Indessen hat er den bei dieser Erwerbungsart erforderlichen besonderen Nachweis, daß der Besitzer des Grundstücks die Befugnis als ein wirkliches Recht und nicht vermöge einer bloßen Vergünstigung in Besitz genommen habe, nicht erbracht. Daraus, daß nach der Ansicht mehrerer Zeugen unmöglich ist, auf dem Hofe des Schmiedegrundstücks Wagen unterzubringen, folgt noch nicht, daß der Kläger und seine Besitzvorgänger überzeugt gewesen sind, sie hätten das Recht, die Wagen bis zur Beendigung der Reparaturen auf dem Bürgersteige stehen zu lassen. Vielmehr ist anzunehmen, daß sie eine Vergrößerung des Hofes oder eine Verlegung der Schmiede deshalb unterlassen haben, weil die Straße eine ungewöhnlich stille Straße ist, und der Bürgersteig vor dem Hause wegen seiner schlechten Beschaffenheit und starken Neigung nach dem Fahrdamm zu nur wenig von Fußgängern benutzt wird, daher die daraufstehenden Wagen eine Beeinträchtigung des Verkehrs in früheren Jahren nicht herbeigeführt haben mögen (§ 81 I 8 ALR.). Die Schmiedebesitzer mußten sich aber darüber klar sein, daß die Stadt, sobald die Straße ihren Charakter änderte, diese Benutzung des Bürgersteigs als Störung des Verkehrs nicht weiter dulden und auf eine strengere Befolgung der für den Verkehr in den Straßen bestehenden Vorschriften Bedacht nehmen würde.... E. l.

δ) **Vertragsmäßige Änderung der Nachbarrechte.**

OLG. Naumburg, II. ZS. Urteil v. 13. Dezember 1906.

Nach den aufrecht erhaltenen §§ 139, 125 I 8 ALR. hat der Kläger einen gesetzlichen Anspruch darauf, daß Beklagter mit seinen Gebäuden von der Grundstücksgrenze zurückbleibt. Selbst wenn also der Kläger die Grenze um 35 cm überbaut hätte, so würde der Neubau des Beklagten nicht bis an die Giebelmauer des Klägers herangerückt werden, geschweige denn der Giebel des Klägers als Abschluß des Neubaues nach der Grenze benutzt werden dürfen. Allerdings ist eine vertragsmäßige Änderung dieser gesetzlichen Vorschriften zweifellos zulässig. Der Inhalt eines solchen Vertrages würde aber nichts anderes sein, als die Einräumung einer Grunddienstbarkeit, der dauernden dinglichen Einschränkung des Eigentumsrechts des Klägers an seinem Grundstück. Die Begründung eines solchen Rechts im Jahre 1903 bedurfte aber nach § 873² BGB., um ohne Eintragung rechtsverbindlich zu sein, der notariellen oder gerichtlichen Form; diese fehlt. Zwar ist der vorausgehende obligatorische Vorvertrag auch ohne die im § 873 vorgeschriebene Form wirksam und kann den Anspruch auf Einräumung des dinglichen Rechts begründen, also auch einredeweise der negatorischen Eigentumsklage entgegengesetzt werden (Entsch. des RG. 50 S. 82). Als ein solcher Vorvertrag kann aber die hier streitige Einigung nicht angesehen werden. Von irgendwelchen obligatorischen Verpflichtungen war dabei keine Rede, die Einigung über die Entschädigung in Geld wurde vielmehr ausdrücklich vorbehalten. Das mündliche oder zu Protokoll des Katasterkontrolleurs erklärte Abkommen hatte lediglich vielmehr den Inhalt der Einräumung des dinglichen, tatsächlich schon ausgeübten Rechts des Beklagten, war also der in § 873 gemeinte dingliche Vertrag. Das wegen mangelnder Form also rechtsunwirksame Abkommen kann demnach jenes auf § 139 I 8 ALR. beruhende gesetzliche Recht des Klägers nicht beseitigen. Dr. P.

t) **Nießbrauch:** *α*) **Unwirksamkeit der Pfändung der Mieten für eine spätere Hypothek.**

OLG. Kiel, I. ZS. Urteil v. 22. Oktober 1906.

Der Beklagte hat auf Grund des 1904 für ihn eingetragenen Nießbrauchs das Grundstück des X. verwaltet und die Mieten eingezogen. 1905 hat der Kläger auf Grund eines vollstreckbaren Urteils gegen X. eine Sicherungshypothek erlangt und die aus dem Grundstück stammenden Mieten für das zweite Halbjahr 1905 pfänden und sich zur Einziehung überweisen lassen. Der Kläger verlangt in Höhe der Sicherungshypothek und der Pfändungskosten Erstattung der von ihm beschlagnahmten Mieten, die inzwischen laut Vereinbarung der Parteien vom Beklagten einstweilen eingezogen sind. Die Klage wurde abgewiesen. Gründe:

In Höhe der die Hypothekensumme übersteigenden Beträge besteht der Anspruch des Klägers jedenfalls nicht auf Grund seines Hypothekenrechts, denn insoweit handelt es sich um Kosten der Vollstreckung. Diese sind nicht Kosten aus dem Grundstück (§ 1118 BGB.), sondern Kosten der Pfändung von Mieten im Wege der gewöhnlichen Pfändung von Forderungen, für die das Grundstück nicht ohne weiteres haftet. Der Pfändung wegen dieses Betrages auf Grund eines nicht hypothekarischen Rechts kann der Nießbraucher nach § 771 ZPO. widersprechen.

Für den Rest der Klagforderung kommt in Frage, ob das ältere Nießbrauchrecht gegenüber dem Pfändungspfandrecht, das für die später begründete Hypothek des Klägers erlangt ist, zurückstehen muß. Der Beklagte hatte durch die Bestellung des Nießbrauchs das Recht erlangt, die Nutzungen des Grundstücks, zu denen die Mieteinkünfte gehören, zu ziehen. Dem Kläger steht auf Grund seiner Hypothek ebenfalls an sich ein Recht an den Mieterträgen des Grundstücks zu (§ 1123[1]). Er hat aber, da seine Hypothek erst nach Eintragung des Nießbrauchs entstanden ist, die Hypothek, besonders das hypothekarische Pfandrecht an den Mieteforderungen mit den sich aus dem Vorhandensein des Nießbrauchs ergebenen Beschränkungen erworben (§ 879). Sein Recht an den Mietforderungen steht daher dem Recht des Klägers, als Nießbraucher die Mieteforderungen für sich einzuziehen, nach und ist in dem Umfang dieses Nießbrauchsrechts ausgeschlossen.

Der Kläger kann sich nicht auf § 1124[2] berufen. Denn der § 1124 will nicht etwa den Grundsatz des § 1123, daß an sich Mietzinsen der Hypothek haften, entgegen dem § 879 dahin erweitern, daß diese Haftung nach der Beschlagnahme auch einem älteren dinglichen Rechte vorgehe. Es soll vielmehr lediglich der Grundsatz des § 1123 dahin eingeschränkt werden, daß gewisse Verfügungen, die an sich dem Hypothekenrecht gegenüber unwirksam sein würden, trotz der Beschlagnahme wirksam sein sollen, soweit sie sich nicht auf eine spätere, als die im § 1124² genannte Zeit beziehen. Hier dagegen handelt es sich um das Verhältnis des älteren dinglichen Rechts zu dem jüngeren Hypothekenrecht hinsichtlich der nach dem Ablauf des folgenden Vierteljahres laufenden Mietzinsen. Für diese Frage enthält der § 1124 überhaupt keine Vorschrift. L.s.

β) **Nießbrauch zum Zwecke der Schuldentilgung. BGB. § 1061.**
Kammergericht, I. ZS. Beschluß v. 27. März 1907.

X. hat dem A. mit mehreren Grundstücken für 3000 Mark Darlehn Hypothek bestellt und gleichzeitig beantragt, auf denselben Grundbuchblättern einzutragen, daß dem A. an den bezeichneten Grundstücken der Nießbrauch zustehe, welcher nach Rückzahlung der 3000 Mark nebst Zinsen erlösche. Die Eintragung des Nießbrauchsrechts wurde abgelehnt. Die weitere Beschwerde hatte jedoch Erfolg. Gründe:

Zutreffend geht das Landgericht davon aus, daß die Bestellung eines Nießbrauchs zur Schuldentilgung nicht unzulässig ist, daß aber der Nießbrauch nicht mit charakteristischen Merkmalen des Nutzungspfandrechts ausgestattet sein darf, die dem Wesen des Nießbrauchs zuwiderlaufen. Diese Ausführung steht mit dem Beschlusse (Rsp. 6 S. 266) im Einklang, von dem abzusehen kein Anlaß besteht. Unstreitig soll die Bestellung des Nießbrauchs an den Grundstücken des Beschwerdeführers nur zur Tilgung seiner auf denselben Grundstücken hypothekarisch eingetragenen Darlehnsschuld erfolgen, also damit das wirtschaftliche Ergebnis eines Nutzungspfandrechts erreicht werden. Es fragt sich demnach, ob der Nießbrauch, dessen Eintragung beantragt wird, in einer Weise gestaltet ist, die seinem rechtlichen Charakter widerstreitet. Dies ist zu verneinen.

Die notarielle Urkunde enthält nur den Antrag des Eigentümers auf Eintragung eines Nießbrauchs seiner Gläubigerin mit dem Bemerken, daß dieser Nießbrauch erlischt, wenn die Gläubigerin wegen ihrer Darlehnsforderung nebst Zinsen volle Befriedigung erlangt. Soweit der beantragte Vermerk hinsichtlich des Erlöschens des Nießbrauchs nur eine zeitliche Beschränkung desselben auf eine kürzere Dauer als auf die Lebenszeit der Gläubigerin enthält, steht seiner Eintragung kein Bedenken entgegen. Dagegen würde es dem Wesen des Nießbrauchs zuwiderlaufen, wenn er ohne Rücksicht auf die Lebensdauer der Gläubigerin, also eventuell noch darüber hinaus bis zur Tilgung der Forderung schlechthin bestellt werden sollte. Denn der Nießbrauch erlischt nach der positiven Vorschrift des § 1061 mit dem Tode des Gläubigers und kann nicht über diesen Zeitpunkt hinaus wirksam bestellt werden. Das LG. nimmt nun an, daß die Vereinbarung, in deren Ausführung die Eintragung des Nießbrauchs beantragt werde, auf die Bestellung eines Nießbrauchs ohne Rücksicht auf die Lebenszeit des Berechtigten gerichtet sei. Für die Beurteilung des Inhaltes des Rechts, dessen Eintragung beantragt wird, ist aber nicht die obligatorische Abrede, auf Grund deren die Eintragung beantragt wird, sondern lediglich der Eintragungsantrag selbst maßgebend. Nur wenn dieser wegen der Gestaltung des einzutragenden Rechts auf das zugrunde liegende Kausalgeschäft Bezug nimmt, kommt dessen Inhalt für die Beurteilung der Eintragungsfähigkeit des eingeräumten Rechts in Betracht. Vorliegend ist daher ausschließlich der Inhalt der Urkunde maßgebend, da darin der Inhalt des einzutragenden Rechts vollständig angegeben ist. Danach soll für die Gläubigerin die Eintragung des Nießbrauchs erfolgen, d. h. eines gesetzlich näher begrenzten Nutzungsrechts, das kraft Gesetzes mit dem Tode des Gläubigers erlischt. Wenn nun ferner die Eintragung eines Vermerks beantragt wird, daß der Nießbrauch mit der Befriedigung des Gläubigers wegen einer bestimmten Forderung erlischt, so kann dieser Vermerk nur die rechtliche Bedeutung haben, daß außer dem gesetzlichen Aufhebungsgrunde des § 1061, dessen Ausschließung unzulässig ist, noch ein zweiter Aufhebungsgrund kraft Vereinbarung gelten soll, daß also der Nießbrauch kraft Gesetzes mit dem Tode des Gläubigers oder bei dessen vorher erfolgender Befriedigung kraft Vereinbarung in diesem Zeitpunkt endigen soll. Sollte durch den Vermerk hinsichtlich des Erlöschens des Nießbrauchs der gesetzliche Aufhebungsgrund ausgeschlossen werden, so würde das einzutragende Recht kein Nießbrauch, sondern ein anderweites, dem BGB. unbekanntes Nutzungsrecht sein. Alsdann wäre der Eintragungsantrag insofern unrichtig und in sich widerspruchsvoll, als das danach einzutragende Recht als Nießbrauch, d. h. als mit dem Tode des Gläubigers endendes Recht bezeichnet ist. Solange nicht aus den Umständen klar das Gegenteil erhellt, muß aber angenommen werden, daß der auf Eintragung eines Nießbrauchs gerichtete Antrag dem wahren Willen des Antragstellers entspricht. Die Urkunde enthält nichts, woraus zu entnehmen wäre, daß der Antragsteller keinen Nießbrauch, sondern ein über den Tod der Berechtigten hinaus dauerndes Recht hat einräumen wollen. Wenn das LG. den Mangel eines ausdrücklichen Hinweises in der Urkunde auf die mit dem Tode des Gläubigers auf jeden Fall eintretende Endigung des Nießbrauchs hervorhebt und daraus folgern zu müssen glaubt, daß das eingeräumte Recht ohne Rücksicht auf die Lebensdauer des Berechtigten habe bestellt werden sollen, so wird dabei übersehen, daß die zeitliche Begrenzung des Rechts hinsichtlich seiner Längsdauer bis zum Tode des Berechtigten sich schon aus der Bezeichnung des Rechts als Nießbrauch, d. h. eines auf die Lebensdauer des Berechtigten beschränkten Rechts ergibt, und daß es deshalb nicht nochmals einer besonderen Hervorhebung dieser aus der Natur des eingeräumten Rechts sich von selbst ergebenden zeitlichen Beschränkung bedurfte. Hat der Grundbuchrichter Bedenken, so bleibt ihm überlassen, eine Fassung zu wählen, bei welcher unzweideutig zum Ausdruck gelangt, daß der Nießbrauch in jedem Falle mit dem Tode der Berechtigten endigt.

Diese Entscheidung widerspricht nicht dem oben angeführten Beschlusse. Damals war nicht, wie gegenwärtig, schlechthin die Eintragung eines Nießbrauchs beantragt. Vielmehr enthielt die eingereichte Urkunde zunächst den Vertrag, durch welchen der Inhalt des einzutragenden, als Nießbrauchsrecht bezeichneten Rechts festgestellt war, und daran schloß sich der Antrag auf Eintragung jenes vorbeschriebenen Nießbrauchrechts. Das LG. hatte denn auch ausdrücklich festgestellt, daß nicht die Eintragung eines Nießbrauchs schlechthin, sondern „des Nießbrauchrechts", so wie es im Vertrage vereinbart war, beantragt wurde, und daß der Vertrag Abreden enthielt, die dem Wesen des Nießbrauchs zuwiderliefen, daß besonders darin die Dauer des Nießbrauchs ohne Rücksicht auf die Lebensdauer des Berechtigten bestimmt war. Es handelte sich damals also um die Eintragung eines vertragsmäßig näher gestalteten Rechts, das zwar als Nießbrauchsrecht bezeichnet wurde, in Wahrheit aber seinem Inhalte nach kein Nießbrauch war. Gegenwärtig ist jedoch lediglich die Eintragung eines wahren Nießbrauchs beantragt und bloß der Vermerk hinsichtlich des Erlöschens beigefügt. Allerdings enthält die Urkunde hinter dem Eintragungsantrage noch den Vermerk, der Darlehnsgläubiger solle befugt sein, sich aus den eingehenden Mieten wegen der 3000 Mark und Zinsen nach und nach zu befriedigen, solle aber aus den Mieten für sich nichts entnehmen dürfen, bevor er nicht die sämtlichen Lasten der Grundstücke, besonders auch die Steuern und die Hypothekenzinsen, sowie die Kosten zur Erhaltung der Grundstücke berichtigt habe; er sei zur dauernden Berichtigung der bezeichneten Lasten zc nach Maßgabe der gesetzlichen Vorschriften verpflichtet. Diese Bestimmungen enthalten jedoch nichts, was dem Wesen des Nießbrauchs zuwiderliefe, und was den Schluß zuließe, daß der Antragsteller in Wahrheit nicht einen Nießbrauch, sondern ein anderes Nutzungsrecht habe eintragen lassen wollen. S.

Dazu: OLG. Posen, IV. ZS. Urteil v. 7. Februar 1907.

An sich spricht die Vermutung dafür, daß dem Kläger das Nießbrauchsrecht zusteht; denn es ist im Grundbuch eingetragen (§ 891). Diese Vermutung wird aber dadurch widerlegt, daß für die Bestellung eines wirklichen Nießbrauchs die unerläßliche Voraussetzung, die Einigung, fehlt. Es entspricht dem Wesen des Nießbrauchs als eines dinglichen Rechts, daß dem Nießbraucher die gesamten Nutzungen der Sache ipso iure zufallen. Hier aber soll dem Kläger nur derjenige Betrag der Nutzungen zufallen, der dem Betrage der auf dem Grundstück ruhenden öffentlichen Lasten und der Hypothekenzinsen gleichkommt. Der Überschuß soll dem X. verbleiben und dem Kläger nur das Recht zustehen, gegen den Überschuß mit seinen Gegenforderungen an X., den Besteller, aufzurechnen. Daraus folgt, daß er nicht berechtigt sein sollte, die Nutzungen gemäß § 1030 kraft des Nießbrauchs zu ziehen, sondern daß er sie nach dem wahren Willen der Beteiligten, der in der notariellen Urkunde deutlich ausgedrückt ist, für X. ziehen sollte, als dessen Verwalter oder Beauftragter. Erst wenn und soweit er die Aufrechnung erklären werde, sollte er die den Betrag der Lasten übersteigenden Nutzungen erwerben. Solange er dies nicht tat, hatte demnach X. gegen ihn einen Anspruch auf Herausgabe des die Lasten und Zinsen übersteigenden Nutzungsertrags.

Dies widerspricht aber dem Wesen des Nießbrauchs, der nur durch den Ausschluß einiger Nutzungen beschränkt werden darf. Es widerspricht außerdem dem Wesen des Nießbrauchs, seine Bestellung auf eine bestimmte Zeit ohne Rücksicht auf die Lebensdauer des Nießbrauchberechtigten. Nach der zwingenden Vorschrift des § 1061 darf der Nießbrauch niemals über den Tod des Berechtigten hinaus bestellt werden. Es muß daher angenommen werden, daß X. dem Kläger in Wahrheit nur ein Nutzungspfandrecht habe einräumen wollen, dieses jedoch, weil es dem bürgerlichen Recht unbekannt ist und somit als dingliche Grundstücksbelastung nicht bestellt werden kann, in die äußere Form des Nießbrauchs gekleidet habe, ohne den Willen zu haben, einen wirklichen Nießbrauch einzuräumen. Hat X. Nießbrauchrecht nicht einräumen wollen, so ist dessen Eintragung unwirksam. E.L.

γ) **Löschung des Nießbrauchs, wenn die durch ihn gesicherte Hypothek abgetreten wird.**

Kammergericht, XIV. ZS. Urteil v. 28. Februar 1907.

Nach dem notariellen Bestellungsvertrage ist der Nießbrauch lediglich zur vermehrten Sicherung des Antragsgegners wegen seiner Hypothek bestellt worden. Seine Einräumung ist also ein fiduziarisches Rechtsgeschäft, aus dessen Zweck und Wesen, auch ohne die ausdrückliche Bestimmung im § 5 des Vertrags, die Verpflichtung des Nießbrauchers folgt, nach Tilgung seiner Hypothekenforderung, das Nießbrauchsrecht aufzugeben und in dessen Löschung zu willigen. Das gleiche muß aber wegen der persönlichen Natur des Nießbrauchs auch für den Fall gelten, daß der Nießbraucher seine Hypothek vollständig auf dritte Personen überträgt. Daß in solchem Falle die Ausübung des Nießbrauchrechts jedem Zessionar und bei Abtretung in Teilbeträgen sogar anteilsweise mehreren Zessionaren überlassen werden sollte, entsprach zweifellos nicht dem Willen der Parteien bei der Begründung des Rechts. Aber auch die Annahme, daß der Nießbraucher nach Abtretung seiner Hypothek etwa befugt sein sollte, die Rechte eines Nießbrauchers für Rechnung der neuen Hypothekengläubiger weiter auszuüben, würde dem persönlichen Charakter des fiduziarischen Rechtsgeschäfts nicht gerecht werden. Der Fiduziar sollte durch den Nießbrauch gesichert werden und ihn als Vertrauensmann des Grundstückseigentümers ausüben, solange ihm die Hypothek zustand; fremden Interessen sollte aber das Recht nicht dienen. Daraus ergibt sich, daß er mit dem Zeitpunkt, in welchem er sich des Hypothekenrechts völlig entäußert hatte, im Verhältnisse zum Kläger nicht mehr befugt war, das Nießbrauchsrecht auszuüben. Dr. P. S.

u) **Persönliche Dienstbarkeit: α) Bierentnahmepflicht.**

Kammergericht, I. ZS. Beschluß v. 25. Mai 1906.

Die weitere Beschwerde des Brauereibesitzers B. konnte keinen Erfolg haben. Nach § 2 der notariellen Urkunde soll in das Grundbuch eine zweifache Verpflichtung des Eigentümers A. eingetragen werden: 1. seinen ganzen, für die auf dem Grundstück betriebene Wirtschaft erforderlichen Bierbedarf nur aus der Brauerei des B. zu Tagespreisen und zwar mindestens 5 Jahre zu beziehen; 2. für jeden Fall der Zuwiderhandlung eine Vertragsstrafe von 5 Mark für den Hektoliter auf Erfordern des Gläubigers zu entrichten. Die Verpflichtung zu 1. ist ihrem Wesen nach nicht sowohl positiv, als vielmehr negativ, d. h. der Eigentümer soll sein Grundstück in der Weise belasten, daß darauf eine bestimmte Zeit hindurch der Ausschank anderen Bieres als des aus der Brauerei des B. nicht vorgenommen werden darf. So aufgefaßt, würde die Belastung das Nichtvornehmendürfen gewisser Handlungen zum Gegenstand haben, ihr Inhalt also insofern vielleicht äußerlich dem negativen Charakter der Servituten entsprechen (§§ 1090, 1018). Indessen ist den Vorinstanzen darin beizutreten, daß die Eintragung keine dingliche Belastung des Grundstücks zum Gegenstand hat und deshalb nicht als beschränkte persönliche Dienstbarkeit eingetragen werden kann. Bereits im Beschlusse (Rsp. 5 S. 154) ist ausführlich dargelegt, daß unter den Handlungen im Sinne der §§ 1090, 1018 nur solche zu verstehen sind, die auf der Grundlage des Eigentumsrechts am belasteten Grundstück an sich erlaubt sind, eine Benutzung des Grundstücks, ein Verfahren mit ihm eine Einwirkung auf das Grundstück als Ausfluß des Eigentums an ihm enthalten, nicht aber Handlungen, die den Eigentümer — abgesehen von seinem Eigentum — kraft der persönlichen Freiheit oder kraft der Freiheit seines Gewerbebetriebs sonst gestattet sind. Ohne erkennbaren Rechtsirrtum hat das Landgericht festgestellt, daß vorliegend die Vertragschließenden Handlungen der letzteren Art, nicht solche Handlungen haben ausschließen wollen, die eine Einwirkung auf das Grundstück selbst enthalten. Dadurch, daß auf dem Grundstück eine bestimmte Zeit hindurch kein anderes Bier als das von B. erzeugte ausgeschänkt werden darf, wird auch in der Tat nicht sowohl das Grundstück selbst, als vielmehr die persönliche Freiheit seines Eigentümers betroffen. Tatsachen, aus denen entnommen werden könnte, daß es sich um eine verschiedene Art der Benutzung des Grundstücks handelt, je nachdem Bier aus der Brauerei des B. oder eines anderen Brauers darauf zum Ausschank gelangt, sind nicht ersichtlich. Die Feststellung des Landgerichts ist danach für das Kammergericht bindend (GrBO. § 78, ZPO. § 561).

Dann aber handelt es sich nicht um eine der Eintragung fähige Dienstbarkeit, auch nicht um ein anderes der vom BGB. zugelassenen dinglichen Rechte, und ist die beantragte Eintragung mit Recht abgelehnt. Daraus folgt auch die Zurückweisung des Antrags auf Eintragung der Vertragsstrafe, weil dieser mit dem Antrag zu 1. eine Einheit bildet, von ihm innerlich abhängig ist. Dr. L. W.

β) **Verbot des Schankbetriebs.**

Kammergericht, XIV. ZS. Urteil v. 12. April 1906.

Für die klagende Terraingesellschaft ist auf dem Grundstücke des Erstbeklagten eingetragen, daß die Einrichtung öffentlicher Vergnügungs- und Schanklokale nur mit schriftlicher Genehmigung der Verkäuferin gestattet ist. Der Eigentümer und sein Mieter, der mit polizeilicher Genehmigung im Hause ein Schanklokal betrieb, wurden verurteilt, dies zu unterlassen. Gründe:

Die eingetragene Eigentumsbeschränkung stellt sich als beschränkte persönliche Dienstbarkeit (§ 1090) dar. Eine solche kann nicht nur in einem Rechte zur Benutzung des belasteten Grundstücks bestehen, sondern auch darin, daß darauf gewisse Handlungen nicht vorgenommen werden dürfen (§ 1018). Ihr Inhalt soll sich im Zweifel nach dem persönlichen Bedürfnisse des Berechtigten bestimmen (§ 1091). Das ist aber nur Auslegungsregel, der Umfang der persönlichen Dienstbarkeit kann sich auch ohne Rücksicht auf das persönliche Bedürfnis bestimmen (Entsch. des RG. 60 S. 320). Hier handelt es sich um Beschränkungen, welche die Terraingesellschaft bei Grundstücksverkäufen den Erwerbern auferlegt hat, um den auf ihrem Terrain entstehenden Ortsteilen einen ruhigeren und vornehmeren Charakter zu verschaffen. Dadurch erzielte sie höhere Preise für ihre einzelnen Grundstücke, übernahm aber auch den Erwerbern gegenüber die Verpflichtung, deren Interesse an der Aufrechterhaltung der Beschränkung wahrzunehmen. Daher kann sie die Rechte aus der eingetragenen Beschränkung auch dann noch geltend machen, wenn sie selbst keine Grundstücke mehr im Bezirke besitzt und ein eigenes vermögensrechtliches Interesse an der Beschränkung unmittelbar nicht mehr hat. Ein Rechtsmißbrauch im Sinne des § 226 liegt somit nicht vor. Auch die Pflicht des Berechtigten, die Dienstbarkeit schonend auszuüben (§ 1020), kann nicht dahin führen, daß er die Ausübung ganz unterlassen muß. Beide Beklagte beeinträchtigen das Recht der Klägerin, der Zweitbeklagte, indem er als Mieter die verbotene Schankwirtschaft betreibt, und der Eigentümer, indem er trotz seiner dinglichen Verpflichtung die Zuwiderhandlung nicht verhindert. Das Nichtverhindern steht hier dem Verursachen gleich (Entsch. des RG. 45 S. 298). Dr. P. S.

γ) **Löschung eines vor 1900 eingetragenen Jagdverbots.**

Kammergericht, I. ZS. Beschluß v. 7. Februar 1907.

Bei der Eintragung des Franz als Eigentümer der gekauften Fläche ist 1879 zugleich in Abt. II Nr. 2 für die Besitzer des Stammguts eingetragen: „Käufer hat die gesamte Jagd auf diesem Grundstück für immerwährende Zeiten ruhen zu lassen". Als A. 1905 das Grundstück erwarb, beantragte er erfolglos die Löschung des Vermerks. Die weitere Beschwerde des Landrats ist begründet:

Die Beschwerdeberechtigung des Landrats als Vorsitzenden des Kreisausschusses ist nicht zu beanstanden; denn er übt nach § 24 des Zuständigkeitsges. die staatliche Aufsicht über die Verwaltung der Angelegenheiten der

Landgemeinden aus und hat infolgedessen ein rechtliches Interesse an der Beseitigung einer Eintragung, welche, wenn sie wirksam wäre, mit den Rechten der Gemeindebehörde als der Vertreterin der Besitzer der gemäß § 4 Jagdpolizeiges. zu einem gemeinschaftlichen Jagdbezirke zusammengefaßten Grundstücke des Gemeindebezirks in Widerspruch stehen könnte. Ein solches rechtliches Interesse genügt, um die Beschwerdebefugnis in Grundbuchsachen zu begründen (vgl. Jahrbuch 21 S. 96).

Die durch die Beschwerde angefochtene Eintragung enthält nicht, wie das LG. annimmt, eine persönliche, durch Eintragung mit dinglicher Kraft versehene Verbindlichkeit des Käufers gegenüber dem Verkäufer, sondern eine Grundgerechtigkeit im Sinne des § 12 I 22 ALR. Denn sie spricht aus, daß der Käufer, also der Eigentümer des belasteten Grundstücks, zugunsten des Besitzers d. h. des Eigentümers eines anderen Grundstücks in der Ausübung des nach dem Ges. vom 31. Oktober 1848 mit dem Eigentum am Grund und Boden verbundenen Jagdrechts dauernd dahin eingeschränkt sein soll, daß die Jagd nicht ausgeübt werden darf, daß also auf dem Grundstück gewisse Handlungen nicht vorgenommen werden dürfen. Nach ALR. II 16 § 39 gehörte die Jagdgerechtigkeit zu den niederen Regalien, welche nach §§ 26ff. II 14 von Privatpersonen erworben und besessen werden konnten. Die Tendenz des infolge der politischen Bewegungen im Anschluß an § 37 der Grundrechte des deutschen Volks (vgl. Stobbe, Deutsch. Privatrecht 2 § 151[34]) erlassenen Ges. vom 31. Oktober 1848 war die Vereinigung des Jagdrechts mit dem Grundeigentum und die Unabhängigkeit jedes Grundeigentümers in der Ausübung der Jagd auf seinem Grund und Boden. Deshalb wurde in § 1 jedes Jagdrecht auf fremdem Grund und Boden, auf welchem Rechtsgrunde es auch beruhen mochte (vgl. Obertrib. 25 S. 396), aufgehoben, in § 2 verordnet, daß eine Trennung des Jagdrechts vom Grund und Boden künftig nicht stattfinden könne, und in § 3 Abs. 1 bestimmt, daß die Jagd jedem Grundbesitzer auf seinem Grund und Boden zustehe. Die einzige Möglichkeit einer Beschränkung dieses Rechts der Grundeigentümer blieb (abgesehen von den in § 4 erwähnten jagdpolizeilichen Vorschriften und der in § 5 enthaltenen Sondervorschrift für Festungswerke) die Selbstbeschränkung durch obligatorische Verträge, von welchen in § 3² die mit benachbarten Grundbesitzern geschlossenen Verträge über die Vereinigung der Grundstücke zu einem gemeinschaftlichen Jagdbezirk und über die Ausübung oder das Ruhenlassen der Jagd auf diesem besonders hervorgehoben werden mit dem Zusatz, daß kein Grundbesitzer zu solcher Vereinbarung genötigt werden könne. Ein Grundbesitzer konnte danach auf seinem Grundstück die Jagd ausüben oder ruhen lassen, auch obligatorische Verpflichtungen in dieser Hinsicht eingehen. Er konnte aber nicht ein dingliches Recht bestellen, durch welches das Jagdrecht vom Eigentum getrennt wurde; damit war in erster Linie die Möglichkeit verschlossen, ein dingliches Nutzungsrecht zu begründen, kraft dessen ein Nichteigentümer die Jagd ausüben oder durch einen Dritten (angestellten Jäger, Pächter usw.) ausüben lassen konnte. Diese Folge erschöpft aber den Inhalt des § 2 noch nicht. Einer der Zwecke des Ges. war, die Grundbesitzer dadurch gegen Wildschaden zu schützen, daß ihnen als Bestandteil des Eigentumsrechts das Recht zur Ausübung der Jagd gegeben wurde. Dieser Zweck wäre nicht erreicht, wenn die Möglichkeit bestände, dingliche Rechte zu begründen, kraft deren ein Dritter dem Eigentümer die Ausübung der Jagd untersagen könnte. Auch durch solches dingliches Recht würde das Jagdrecht im Sinne des § 2 vom Grund und Boden getrennt werden. Denn wenn auch der Dritte dadurch kein Jagdrecht im Sinne des § 1 an fremdem Grund und Boden erlangen würde, so würde doch der Grundbesitzer durch solche dingliche Belastung seines Grundstücks das ihm nach § 3[1] zustehende Recht, die Jagd auszuüben, verlieren. Dies soll aber nach § 2 auf dem Boden des Sachenrechts nicht möglich sein. Eine Grundgerechtigkeit, welche den Eigentümer verpflichtet, die Jagd ruhen zu lassen, ist deshalb inhaltlich unzulässig.

Das Jagdpolizeiges. vom 7. März 1850 hat diese Grundsätze nicht geändert, sondern nur die Ausübung des einem jeden Grundbesitzer zustehenden Jagdrechts gewissen Beschränkungen unterworfen. Insbesondere hat es in § 4 bestimmt, daß alle Grundstücke eines Gemeindebezirks, welche nicht zu den in § 2 gedachten gehören, in der Regel einen gemeinschaftlichen Jagdbezirk bilden, und in § 9, daß die Besitzer der einen Jagdbezirk bildenden Grundstücke in allen Jagdangelegenheiten durch die Gemeindebehörde vertreten werden, welche nach § 10 die Ausübung der Jagd ruhen lassen oder die Jagd durch einen angestellten Jäger beschießen lassen oder sie verpachten kann. Die Möglichkeit, daß ein dingliches Recht an solchem Grundstück bestehen könne, kraft dessen ein Dritter die Ausübung der Jagd darauf untersagen dürfe, ist dabei nirgends angedeutet, obwohl, wenn solche Möglichkeit bestände, ihre Behandlung im Gesetz angezeigt gewesen wäre. Es ist deshalb der Schluß gerechtfertigt, daß der Gesetzgeber bei Erlaß dieses Ges. solche Möglichkeit für ausgeschlossen gehalten hat.

Der Art. 69 EG. hat die landesgesetzlichen Vorschriften über die Jagd (von hier nicht in Betracht kommenden Bestimmungen abgesehen) unberührt gelassen. Die angefochtene Eintragung ist deshalb, wie zur Zeit ihrer Bewirkung, so auch jetzt noch ihrem Inhalt nach unzulässig und deshalb gemäß § 54 GrBO. zu löschen. Dr. H.

16

a) Eintragung des Anfangstags der Verzinsung.

α) Kammergericht, I. ZS. Beschluß v. 31. Januar 1907.

In der Entsch. des RG. 62 S. 375 ist zwar beiläufig ausgesprochen, daß die Angabe des Anfangspunktes der Verzinsung nach § 1115 nicht wesentliche Voraussetzung der Eintragung einer Hypothek sei, der Beschluß läßt jedoch nicht erkennen, ob nicht in dem entschiedenen Falle der Anfangspunkt der Verzinsung anderweitig feststand (§§ 446, 452), und ob nicht aus diesem Grunde die ausdrückliche Angabe in der Eintragungsbewilligung für entbehrlich erachtet wurde. Jedenfalls beruht jene Entscheidung nicht auf der Rechtsauffassung, daß es bei der Verkehrshypothek der Angabe des Tages des Zinsbeginnes nicht bedürfe, und das KG. wäre deshalb durch § 79² GrBO. nicht behindert, auf Grund seiner gegenteiligen Ansicht, die es im Beschlusse [Rsp. 14 S. 95] vertreten hat, die weitere Beschwerde zurückzuweisen. Das KG. hält, auch im Hinblick auf die §§ 10 Nr. 4, 13, 114 ZwVG., an dieser früheren, mit derjenigen der Vorinstanzen übereinstimmenden Ansicht fest. Bei der gewöhnlichen Hypothek muß im Eintragungsvermerke der Umfang der Grundstücksbelastung für jedermann erkennbar gemacht werden (vgl. Motive 3 S. 640; Planck 1 zu § 1115). Im Falle der Verzinslichkeit der Hypothekenforderung erweitert sich aber die Grundstücksbelastung um den Betrag der Zinsen, und es bedarf deshalb der Angabe, in welcher Höhe und für welche Zeit die Zinsen zu entrichten sind. Allerdings kann die Eintragung des Beginns der Verzinsung, anders als die des Zinssatzes, durch Bezugnahme auf die Eintragungsbewilligung erfolgen; ohne die Angabe des Anfangstermins in der Eintragungsbewilligung würde indes der Umfang der Belastung aus dem Eintragungsvermerke nicht ersichtlich sein (vgl. § 1115¹). Richtig ist nur, daß der Beginn des Zinsenlaufes auch in anderer Weise, als durch die Benennung eines bestimmten Kalendertages bezeichnet werden kann; besonders kann der Hinweis auf eine konkrete, in der Vergangenheit liegende Tatsache oder auf ein künftiges, zwar hinsichtlich der Zeit ungewisses, aber sicher zu erwartendes Ereignis (z. B. den Todestag einer Person, Jahrbuch 4 S. 166, 246) hinreichen; immerhin muß jedoch das den Zinsbeginn bezeichnende Geschehnis zweifelsfrei feststellbar sein.

Mit Unrecht verneinen aber die Vorinstanzen, daß in den Worten der Eintragungsbewilligung „von den Martinigeldestagen 1906 ab" eine genügend bestimmte Bezeichnung des Anfangstages der Verzinsung zu finden sei. Nach der Auskunft des Amtsgerichts rechnet das für seinen Bezirk am meisten in Betracht kommende Geldinstitut gegenwärtig die Martinigeldestage auf zwei Wochen vom ersten Mittwoch nach Martini an, während es sie früher von demselben Mittwoch an auf vier Wochen gerechnet hat. Es muß daher ohne weiteres angenommen werden, daß der Beschwerdeführer in seiner, am 14. November 1906, d. h. am ersten Mittwoch nach Martini 1906, zugunsten eben dieses Geldinstitutes ausgestellten Eintragungsbewilligung andere, als die mit dem ersten Mittwoch nach Martini beginnenden Martinigeldestage nicht hat bezeichnen wollen. Ist dies aber richtig, so kommt ferner in Betracht, daß unter den Martinigeldestagen derjenige Zeitraum zu verstehen ist, innerhalb dessen der Darlehnsschuldner die versprochenen Zinsen zu zahlen hat, und da in Ermangelung einer abweichenden Vereinbarung versprochene Darlehnszinsen nach Ablauf des Zeitraumes zu zahlen sind, für den sie geschuldet werden (vgl. § 608), so hat als Zeitpunkt der Fälligkeit der Zinsen der Beginn der Martinigeldestage zu gelten, während die Martinigeldestage selbst Respekttage sind. Denn die Bedeutung der Vereinbarung eines Zeitraumes, innerhalb dessen eine Zahlung zu erfolgen hat, ist die, daß die Fälligkeit mit dem Beginne des Zeitraumes eintrete, eine innerhalb des Zeitraumes geschehende Zahlung aber als rechtzeitig gelten soll. Dementsprechend kann die Verpflichtung, das Darlehn von den Martinigeldestagen 1906 ab verzinsen zu wollen, nur dahin verstanden werden, daß der Zinsenlauf mit dem Anfange der Martinigeldestage 1906, also mit dem 14. November 1906, als dem Mittwoch nach Martini 1906 (zugleich dem Tage der Ausstellung der Eintragungsbewilligung), beginnen soll (vgl. §§ 133, 157). Dem Erfordernis einer bestimmten Angabe des Anfangstages der Verzinsung ist sonach genügt. L. S.

β) OLG. Colmar, II. ZS. Beschluß v. 3. April 1907.

Die Vorinstanzen lehnen beide die beantragte Eintragung deshalb ab, weil in der Eintragungsbewilligung der Anfangstag der Verzinsung der der 19360 Mark nicht angegeben sei; sie gehen offenbar von der Voraussetzung aus, daß dieser Tag in der Eintragungsbewilligung ausdrücklich angegeben werden müsse, und sie vermissen eine solche ausdrückliche Angabe. Diese Auffassung ist irrtümlich. Indem § 1115¹ nur die Eintragung des Gläubigers, des Geldbetrags der Forderung, des Zinssatzes und des Geldbetrags der sonstigen Nebenleistungen in das Grundbuch vorschreibt, im übrigen aber die Bezugnahme auf die Eintragungsbewilligung für genügend erklärt, will er zum Ausdruck bringen, daß es bezüglich der nicht besonders namhaft gemachten Punkte genügt, wenn aus der Eintragungsbewilligung sich entnehmen läßt, was die Beteiligten bezüglich dieser Punkte vereinbart haben. Es muß sogar, falls sie eine solche Vereinbarung nicht getroffen haben, als der Absicht der Beteiligten entsprechend erachtet werden, daß diejenigen Bestimmungen anzuwenden sind, welche sich für das in Betracht kommende materielle Rechtsverhältnis aus den einschlagenden Vorschriften des bürgerlichen Rechts ergeben. In diesem Sinne wird der § 1115¹ allgemein aufgefaßt (vgl. Oberneck 1 S. 715; Kretzschmar § 1115 Anm. 4a; Güthe 1 S. 199, 817¹⁹; Staudinger § 1115 Anm. 5c; Planck § 1115 Anm. 5b; Rsp. 7 S. 195, auch S. 198, 383). Vorliegend läßt sich der Anfangstag der Verzinsung genügend deutlich aus dem Inhalte des Kreditvertrags, welcher der Eintragungsbewilligung zugrunde liegt, entnehmen, so daß eine Bezugnahme auf letztere im Grundbuch genügt. Dr. Frz.

b) **Fälligkeit bei unpünktlicher Zinszahlung.**

Kammergericht, XIV. ZS. Urteil v. 22. April 1907.

Nach der Urkunde soll die Kapitalforderung fällig und vollstreckbar sein bei unpünktlicher, d. h. nicht in den ersten 8 Tagen des Kalendervierteljahrs bewirkter Zinszahlung, und zwar auf Verlangen des Gläubigers. Es genügt also nicht Verzug des Schuldners für sich allein, sondern das Kapital wird erst fällig durch eine auf den Verzug gestützte Erklärung des Gläubigers. Bei verspäteter Zinszahlung tritt hiernach die Fälligkeit nur ein, wenn der Gläubiger entweder die Zinsleistung zurückweist oder sie nur unter Vorbehalt seiner aus dem Verzuge folgenden Rechte annimmt und außerdem erklärt, daß er nunmehr das Kapital verlange. . . . Vorbehaltlose Annahme der Zinsen ohne weitere Erklärung enthält dagegen einen Verzicht auf die aus dem Verzuge folgenden Rechte und die Bestätigung des Willens, das Kapital dem Schuldner in der bedungenen Weise weiter zu belassen.

Dem Kläger war die Hypothek erst im Juni abgetreten, und es erhellt nicht, ob schon bis zum 8. Juli diese Abtretung dem Beklagten bekannt war. Der Beklagte, der nach dem Vertrage mit seinem Vorbesitzer schon die Julizinsen zu zahlen hatte, aber erst am 17. Juli die Auflassung erhielt, wäre sonach dem Kläger gegenüber nicht einmal im Verzuge gewesen; die Auslegung der Schuldurkunde ergibt aber, daß die bloße Tatsache der Nichtzahlung, wenn sie nicht auf Verzug beruht, die vorzeitige Rückforderung des Kapitals nicht rechtfertigt. Der Kläger war nun bei der Auflassung zugegen und hat weder bei dieser Gelegenheit, noch als er am gleichen Tage die Zinsen erhielt, dem bisherigen oder dem neuen Eigentümer gegenüber zu erkennen gegeben, daß er die verspätete Zahlung benutzen wolle, um das Kapital fällig zu machen. Das war um so mehr geboten, als für ihn im Anschluß an die Auflassung noch eine weitere Hypothek von 2000 Mark eingetragen wurde. Dr. P. S.

c) **Wer hat nach Zahlung einer Hypothek an den Pfandgläubiger den Löschungsantrag zu stellen?**

Kammergericht, I. ZS. Beschluß v. 23. Januar 1907.

Die 1888 erfolgte Überweisung der für die Gerichtskasse gepfändeten Forderung zur Einziehung hat die Forderung und die Hypothek nicht auf die Gerichtskasse übertragen (vgl. Entsch. des RG. 11 S. 50, 21 S. 306, 27 S. 294, 33 S. 290). Sie hat die Gerichtskasse aber ermächtigt, zwecks Befriedigung ihrer Forderung gegen B. ohne Mitwirkung des B. dessen Forderung einzuziehen, also den Betrag in Empfang zu nehmen und darüber zu quittieren (vgl. Jahrbuch 23 S. 147). Zu Verfügungen über die Forderung und Hypothek, welche nicht unter den Begriff der Einziehung fallen, besonders zur abstrakten Bewilligung der Löschung der Hypothek ist dagegen die Gerichtskasse durch die Überweisung nicht ermächtigt worden (vgl. Rsp. 8 S. 209). Wenn daher hier die Gerichtskasse lediglich die Löschung der Hypothek und ihres Pfandrechts bewilligt hätte, so würde dem Landgericht darin beizustimmen sein, daß dem § 19 nicht genügt, daß vielmehr auch die Löschungsbewilligung des B. zur Löschung erforderlich wäre. Das Landgericht hat aber die Tatsache nicht berücksichtigt, daß die Gerichtskasse über den Empfang des von den Eheleuten S. geschuldeten Betrags quittiert hat, daß sie also die ihr überwiesene Forderung innerhalb ihrer durch die Überweisung erlangten Macht eingezogen hat. Dadurch ist die Forderung des B. an die S. erloschen und es sind gleichzeitig in der Person des Hypothekengläubigers Veränderungen eingetreten, welche bewirken, daß durch die Löschung der Hypothek nicht mehr das Recht des B., sondern das Recht des neuen Hypothekengläubigers betroffen wird. Derjenige, dessen Recht durch eine Eintragung betroffen wird und dessen Bewilligung deshalb nach § 19 GrBO. zu der Eintragung erforderlich ist, ist nicht der im Grundbuch eingetragene, sondern der wirklich berechtigte (vgl. Jahrbuch 23 S. 117, 28 S. 94; Rsp. 8 S. 189; Güthe 33 zu § 19 GrBO.). Das Verlangen der Vorinstanzen, daß die Löschungsbewilligung des B. beigebracht werde, ist soweit unberechtigt. Auch auf den vom Landgericht hilfsweise angezogenen § 27[2] GrBO. läßt es sich nicht stützen, da diese Bestimmung nur den Fall der Löschung eines eine Hypothek belastenden Rechts ohne gleichzeitige Löschung der Hypothek selbst behandelt, übrigens auch die Zustimmung des wirklichen, nicht des Buchgläubigers verlangt (vgl. Güthe 22. 27 zu § 27 GrBO.). Die Sache ist an das Amtsgericht zurückzuweisen, um erneut zu erwägen, wessen Recht durch die Löschung der Hypothek betroffen wird und wessen Bewilligung deshalb nach § 19 GrBO. erforderlich ist. Dabei ist folgendes in Betracht zu ziehen:

Die Gerichtskasse hat am 23. Mai 1905 bescheinigt, daß der damals eingetragene Eigentümer S. das Kapital nebst den Zinsen gezahlt hat. Wenn dies richtig ist, so muß die Zahlung unter der Herrschaft des preuß. EEG. erfolgt sein, da nach den Akten schon am 28. September 1897 über den Nachlaß des S. verhandelt ist. Die in Gütergemeinschaft lebenden Eheleute S. haben dann durch die Zahlung nach § 63 preuß. EEG. und § 363 II 1 ALR. die Hypothek als Eigentumshypothek zur gesamten Hand erworben. Mit dem Tode des S. ist die Hypothek nach §§ 637, 638 II 1 ALR. zur Hälfte an die Frau allein, zur Hälfte in das Gesamteigentum seiner Kinder als Miterben gefallen, von denen dann eines durch die Mutter beerbt ist, die damit an seiner Stelle in die Erbengemeinschaft eintrat. Die den Erben und Erbeserben des S. zugefallene Hälfte steht ihnen noch jetzt zu, da in der Auseinandersetzungsverhandlung vom 28. September 1897 nur die Übereignung des Grundstücks an die Witwe vereinbart ist. Die der Witwe zugefallene Hälfte und ihr vom Sohne geerbter Anteil am Nachlaß ist durch die Heirat der Witwe mit dem W. eheliches Gesamtgut der beiden geworden und bei dem am 29. Oktober 1897 erfolgten Tode W.s wieder in zwei Hälften zerfallen, von denen eine der Witwe, die andere seiner erstehelichen Tochter als Erbin zustand. Schließlich ist der der Witwe zustehende Rest durch ihre dritte Heirat in ihr und ihres jetzigen Ehemanns P. Gesamtgut übergegangen. Es ist also, wenn diese aus den Grundakten geschöpften Annahmen richtig und vollständig sind, außer der vorliegenden Löschungsbewilligung des Ehemanns P., welche nach § 1443 BGB. für das Gesamtgut der Eheleute P. gilt, auch die Löschungsbewilligung der Kinder des S. und der erstehelichen Tochter W.s oder ihrer Rechtsnachfolger zur Löschung erforderlich. Nach § 40[1] GrBO. bedarf es überdies zur Löschung der vorherigen Eintragung der jetzigen Hypothekengläubiger, soweit nicht § 41[1] eingreift oder eine Eigentümerhypothek der jetzigen Eigentümer Eheleute P. vorliegt.

Ob die Angabe der Gerichtskasse, daß S. gezahlt habe, beweiskräftig ist, ist Sache der tatsächlichen Beurteilung und muß der Prüfung des Amtsgerichts überlassen bleiben. Bedenken kann erwecken, daß in der Auseinandersetzung die Forderung der Gerichtskasse noch als bestehend aufgeführt ist. Es erscheint nicht unmöglich, daß die Angabe in der Urkunde vom 23. Mai 1905 ungenau ist. Durch Feststellung des Tages der Zahlung und des Tages des Todes des S. wird sich beides leicht feststellen lassen, wenn der Grundbuchrichter sich dieser Feststellung unterziehen will. Sollte die Angabe unrichtig sein, so würde der Antragsteller anderweit nachzuweisen haben, von wem die Zahlung erfolgt ist, und wem die Hypothek jetzt zusteht. Zur Hebung der danach dem Antrag zurzeit entgegenstehenden Hindernisse wird dem Antragsteller gemäß § 18 GrBO. eine Frist zu setzen sein. A.

d) **Wirkung des Ausschlußurteils des § 1170 BGB.**

Kammergericht, I. ZS. Beschluß v. 31. Januar 1907.

Die 1820 vom Hypothekengläubiger an den damaligen Eigentümer abgetretene Hypothek wurde von letzterem an seinen persönlichen Gläubiger verpfändet. Für das preußische Recht war streitig, ob die Verpfändung eine durch die Zwecke des Pfandrechts beschränkte oder bedingte Zession sei, ob also die Hypothek aus dem Vermögen des Verpfänders ausscheide und in das des Pfandgläubigers übergehe, oder ob dieser lediglich ein Pfandrecht an der im Vermögen des Verpfänders verbleibenden Hypothek erwerbe (vgl. Eccius, Privatrecht § 192 III 1). Schlösse man sich der ersteren Meinung an, so würde die Ansicht der Vorinstanzen, daß das Ausschlußurteil vom 21. Februar 1906 sich nicht gegen den Pfandgläubiger gerichtet habe, ohne weiteres verfehlt erscheinen, denn dann wäre gerade der letztere als der eigentliche Hypothekengläubiger anzusehen. Aber auch bei Annahme eines Pfandrechts an der im Vermögen des Verpfänders verbliebenen Hypothek ist die Auffassung der Vorinstanzen unhaltbar. Das gemäß § 1070 BGB. ergehende Ausschlußurteil richtet sich gegen „den" Gläubiger, also schlechthin gegen jeden, welchem das Gläubigerrecht zusteht, mag er als Berechtigter im Grundbuch eingetragen stehen oder nicht. Das Gläubigerrecht einer verpfändeten Hypothek steht eben im Sinne des § 1170 nicht dem Hypothekar allein, sondern ihm und dem Pfandgläubiger gemeinschaftlich zu. Nur beide zusammen können das Gläubigerrecht im vollen Umfang ausüben. Dies gilt für ältere Pfandrechte ganz ebenso, wie für solche, welche unter der Herrschaft des BGB. begründet worden sind (vgl. HypO. § 229; ALR. I 20 §§ 515, 281 ff., 296; EG. zum BGB. Art. 184; BGB. §§ 1276, 1281, 1283, 1285, 1286). Dem entsprechen auch die Vorschriften der ZPO. über das Aufgebotsverfahren. Nach § 986⁴ ist in dem Aufgebot als Rechtsnachteil anzudrohen, daß die Ausschließung „des" Gläubigers mit seinem Recht erfolgen werde. Das Aufgebot wendet sich aber nicht bloß an den eigentlichen Hypothekar, sondern nach den §§ 982ff., 946, 947² Nr. 2 an jedermann mit der Aufforderung, seine Ansprüche und Rechte spätestens im Aufgebotstermin anzumelden, also besonders auch an etwaige Pfandgläubiger oder Nießbraucher. Auch sie werden, wenn das Ausschlußurteil keinen Vorbehalt zu ihren Gunsten enthält, mit ihren Rechten an der Hypothek ausgeschlossen, während ihre Rechte an der persönlichen Forderung ebenso, wie diese selbst, bestehen bleiben. Wollte man die Wirkung des Ausschlußurteils auf den eigentlichen Hypothekengläubiger beschränken, so würde es in Ermangelung einer Sonderbestimmung an einer Möglichkeit, jene auszuschließen, überhaupt fehlen. Daß nach Inhalt der Aufgebotsakten vorliegend nur die „Rechtsnachfolger" des Hypothekengläubigers aufgefordert sind, ihre Rechte anzumelden, ist ohne Belang. Durfte man den Pfandgläubiger nicht als Rechtsnachfolger bezeichnen (vgl. übrigens §§ 265, 325 ZPO.), so hätte zwar das Ausschlußurteil nicht ergehen können, da es aber erlassen und verkündet worden ist, so ist ausschließlich sein Inhalt maßgebend, und dieser geht, dem § 986⁴ entsprechend, dahin, daß „der Gläubiger" mit seinem Recht an der Hypothek ausgeschlossen werde.

Fällt hiernach das von den Vorinstanzen erhobene Bedenken, so kommt noch folgendes in Betracht: Bei Erlaß des Ausschlußurteils lastete die Hypothek auf im ganzen vier Grundstücken, die nicht demselben Eigentümer, sondern zwei verschiedenen Eigentümern gehörten, und zwar die Güter a, b, c dem A., das Gut d dem B. Beträfe das auf Antrag beider Eigentümer ergangene Ausschlußurteil alle vier Grundstücke, so würde die Hypothek nunmehr beiden gemeinschaftlich zustehen (vgl. §§ 1170², 1175 Satz 1 Abs. 2 BGB.), und der Löschungsantrag wurde bezüglich der Güter a und b von A. nur mit Einwilligung des B. gestellt werden können. Allein das Ausschlußurteil bezieht sich nur auf die Güter a, b und d, während in Ansehung des Gutes c erst nachträglich ein Ausschlußurteil ergangen ist. Die Wirkung des früheren Ausschlußurteils ist daher die, daß die Hypothek auf den Gütern a, b und d erloschen ist (vgl. § 1175 Satz 2 Abs. 2), und der Löschungsantrag des A. ist deshalb ausreichend (vgl. § 22 RGrBO., § 27 das.). A.

e) **Materielle Bedeutung der Erklärung des Gläubigers: daß er die Löschung der Hypothek bewillige, und des Eigentümers: daß er sie beantrage.**

OLG. Marienwerder, I. ZS. Urteil v. 21. März 1907.

Durch den Wortlaut der Urkunde, in der der Gläubiger erklärt, daß er den Teilbetrag von 700 Mark von der Eigentümerin gezahlt erhalten habe und dessen Löschung bewillige, die Eigentümerin aber die Löschung dieses Teilbetrags beantragt, werden mehrere Fälle umfaßt, die sämtlich zur Beseitigung des grundbuchmäßigen Rechts des Gläubigers führen, für den Eigentümer jedoch von verschiedener rechtlicher Bedeutung sind. Der am häufigsten vorkommende Fall ist der des § 1163. Hat der Gläubiger Befriedigung erlangt, so beschränkt sich die von ihm abzugebende Erklärung begrifflich auf die Ausstellung einer Quittung, die — in der erforderlichen Form ausgestellt — genügt, um den Eigentümer zur Weiterverfügung über die Eigentümerhypothek vor dem Grundbuchrichter zu legitimieren. Erfahrungsgemäß beschränkt sich jedoch in diesem Falle der Gläubiger nicht auf die Abgabe einer solchen Quittung, sondern fügt im Anschluß an das bisherige Recht noch hinzu, daß er die Löschung der Hypothek bewillige, ohne damit im entferntesten ausdrücken zu wollen, daß die Hypothek im Sinne der §§ 875 und 1183 aufgehoben sei und der Eigentümer zu keiner anderen Verfügung über diese als zu ihrer Löschung berechtigt sein solle. Hier hat demnach die Löschungsbewilligung nur die Bedeutung, daß der Gläubiger sein Recht an der Hypothek aufgebe, nicht aber, daß er die Hypothek im Sinne des § 875 aufhebe. — Ein weiterer Fall ist der Verzicht des Gläubigers auf die Hypothek gemäß § 1168, der regelmäßig ebenfalls in den Worten: „ich bewillige die Löschung" seinen Ausdruck findet. Dieser Fall scheidet vorliegend deswegen aus, weil hierbei das Fortbestehen der der Hypothek zugrunde liegenden Forderung vorausgesetzt ist. Schließlich kennt das Gesetz in den §§ 875, 1183 die rechtsgeschäftliche Aufhebung der Hypothek. Hiervon kann nur dann die Rede sein, wenn die Absicht des Gläubigers und des Eigentümers nicht dahin geht, daß der Gläubiger nur für seine Person dem Hypothekenrecht entsagt, so daß die Hypothek von einem anderen, dem Eigentümer, erworben werden kann, sondern unmittelbar auf die Aufhebung, die völlige Beseitigung der Hypothek gerichtet ist. Die Erklärung des Gläubigers wie die des Eigentümers sind einseitige empfangsbedürftige Willenserklärungen. Die Gebundenheit des Eigentümers an seine Zustimmungserklärung tritt ein, sobald er sie dem Grundbuchamt oder dem Gläubiger gegenüber abgegeben hat. Beide Erklärungen finden in der Praxis regelmäßig ebenfalls darin ihren Ausdruck, daß der Gläubiger die Löschung bewilligt und der Eigentümer die Löschung beantragt.

Aus alledem ergibt sich, daß die Worte: „ich bewillige die Löschung" eine sehr verschiedene Bedeutung haben können; demnach kommt es darauf an, in welchem Sinne die Beteiligten diese Worte verstanden haben.... Das Gesetz selbst enthält insoweit Auslegungsregeln nicht, auch aus der Literatur und Rechtsprechung ist für die Auslegung der Urkunde etwas Wesentliches nicht zu entnehmen. Dagegen gibt ein Eingehen auf die Beweggründe, aus denen im Rechtsverkehr einerseits ein bloßes Aufgeben seines Rechts seitens des Gläubigers und anderseits ein Aufheben der Hypothek zu geschehen pflegt, einen Anhalt. Erfahrungsgemäß hat der vom Eigentümer befriedigte Gläubiger regelmäßig keinerlei Interesse an dem weiteren Schicksal der Hypothek. Es ist ihm völlig gleich, ob der Eigentümer sie erwirbt und über sie weiter verfügt, oder ob sie sogleich gelöscht wird. Dem entspricht es, daß der Gläubiger in solchem Falle mit seiner Erklärung gewöhnlich nichts weiter ausdrücken will, als daß er sein Recht auf die Hypothek aufgebe, gleichviel, ob sich diese Erklärung auf eine bloße Quittung beschränkt oder zugleich auch eine Löschungsbewilligung enthält. Das wird ganz besonders dann der Fall sein, wenn der Gläubiger bereits vor der Erklärung befriedigt war, da in diesem Falle die Hypothek bereits in dem Zeitpunkt der Befriedigung auf den Eigentümer übergegangen ist und der Gläubiger daher gar nicht mehr zu ihrer Aufhebung berechtigt ist.

Auch daraus, daß der Eigentümer in derselben Urkunde die Löschung beantragt, kann auf die Absicht der Parteien, die Hypothek aufheben zu wollen, nicht geschlossen werden. Ein solcher Löschungsantrag wird vielfach lediglich zur Vermeidung eines späteren selbständigen Löschungsantrages und im Kosteninteresse gestellt, ohne daß der Eigentümer daran denkt, sich an diese Erklärung zu binden.

Eine andere Bedeutung wird dagegen den in einer derartigen Urkunde vorkommenden Erklärungen: „ich bewillige die Löschung" und „ich beantrage die Löschung" regelmäßig in dem Falle beizulegen sein, wenn es, sei es aus der Urkunde selbst, sei es aus sonstigen Umständen, ersichtlich ist, daß der Gläubiger oder ein Dritter ein Interesse an der Löschung der Hypothek und an dem Vorrücken der nachfolgenden Hypothekengläubiger hat. In diesem Falle wird anzunehmen sein, daß die Beteiligten die Aufhebung der Hypothek im Sinne der §§ 875, 1183 gewollt haben. H.

f) **Das Wort „Sicherungshypothek" im § 1184² ist nicht sakramental. Wirkung einer vor Zustellung des Urteils eingetragenen Zwangshypothek.**

Kammergericht, I. ZS. Beschluß v. 8. April 1907.

Der Eintragungsvermerk: „Nr. 19: Auf dem ideellen $^1/_3$ Anteil des E. vorgemerkt eine Judikatsforderung von x Mark" entspricht dem Antrage des Gläubigers: auf dem Grundvermögen des E. eine Hypothek (Vormerkung) einzutragen. Anscheinend hat dem Antragsteller wie dem Richter hierbei der § 7 Ges. vom 13. Juli 1883 vorgeschwebt, wonach aus Urteilen, die nur vorläufig oder nur gegen Sicherheitsleistung vollstreckbar waren, bloß eine „Vormerkung" eingetragen werden konnte, welche dann auf Antrag des Gläubigers nach Vorlegung einer unbeschränkt vollstreckbaren Urteilsausfertigung in eine Hypothek umzuschreiben war. Jene Vormerkung des früheren Rechts ist jedoch dem neuen Rechte fremd; dieses Recht kennt, von dem Falle des § 18 GrBO. abgesehen, die Vormerkung nur als Mittel zur Sicherung des (obligatorischen) Anspruchs auf Einräumung oder Aufhebung eines Rechts an einem Grundstück oder an einem das Grundstück belastenden Rechte oder auf Änderung des Inhaltes oder des Ranges eines solchen Rechts (vgl. § 883). Auf Grund des Urteils vom 14. August 1906, als eines lediglich auf Zahlung einer Geldsumme lautenden vollstreckbaren Titels, konnte daher eine Vormerkung nicht eingetragen werden, weder die des aufgehobenen § 7 Ges. vom 13. Juli 1883, noch die des § 883 BGB. (vgl. Jahrb. 21 S. 324, Entsch. des RG. 56 S. 15), vielmehr war ausschließlich die Eintragung einer Sicherungshypothek für die Urteilsforderung möglich. Dieser letztere Umstand hat das LG. veranlaßt, in der Eintragung eine Sicherungshypothek zu finden, obgleich entgegen dem § 1184² die Bezeichnung „Sicherungshypothek" fehlt und obgleich das Wort „vorgemerkt" für die Kennzeichnung der Eintragung einer Hypothek ungebräuchlich ist. Das LG. hat sich dabei von der Erwägung leiten lassen, daß der Antragsteller die nach heutigem Recht allein mögliche Eintragung erreichen, der Grundbuchrichter nur eine solche habe bewirken wollen. Ein Rechtsirrtum kann hierin nicht gefunden werden. Wenn das LG. von der Befugnis des Antragstellers spricht, die Eintragung einer Sicherungshypothek zu verlangen, während diese Befugnis vor Zustellung des Urteils noch nicht bestand, so handelt es sich nur um eine ungenaue Ausdrucksweise. Nach dem Zusammenhange war für das LG. nicht der Umstand entscheidend, daß dem Antrag auf Eintragung einer Sicherungshypothek ohne weiteres hätte entsprochen werden müssen, sondern der Umstand, daß eine andere Eintragung, als die einer Sicherungshypothek auf Grund des Urteils weder verlangt werden konnte, noch erfolgen durfte. Daß aber die Rechtsbeständigkeit einer Sicherungshypothek nicht davon abhängt, ob sie mit diesem Worte bezeichnet wird, unterliegt trotz der Fassung des § 1184² keinen Bedenken, da das Wort „Sicherungshypothek" keineswegs sakramental ist, und da eine auf Grund eines Urteils über eine Geldforderung eingetragene Hypothek nur eine Sicherungshypothek sein kann. Ebenso ist auf das Wort „vorgemerkt" kein entscheidendes Gewicht zu legen. Auch dieses Wort ist nicht dergestalt technisch, daß es nicht auch zur Bezeichnung einer anderen Eintragung, als der einer Vormerkung, gebraucht werden dürfte. Zur Kennzeichnung einer Vormerkung genügt überdies die Fassung: „vorgemerkt eine Judikatsforderung ..." für sich allein deshalb nicht, weil eine Vormerkung nicht zur Sicherung einer Geldforderung, sondern „zur Sicherung des Anspruchs auf Einräumung oder Aufhebung eines Rechts an einem Grundstück oder an einem das Grundstück belastenden Rechte oder auf Änderung des Inhalts oder des Ranges eines solchen Rechts" (§ 883), oder aber zur Sicherung einer früher beantragten Eintragung (§ 18 GrBO.) zu dienen bestimmt ist. Es erscheint ferner nicht rechtsirrtümlich, daß das LG. der äußeren Form der Eintragung keine maßgebende Bedeutung beigemessen hat. Allerdings soll bei der Eintragung einer Vormerkung gemäß § 14 Nr. 2 Allg. Verf. vom 20. November 1899 die rechte Hälfte der Spalte für die endgültige Eintragung freigelassen werden, und letzteres ist hier geschehen, allein hieraus ist nur zu folgern, daß der Grundbuchrichter selbst über die rechtliche Bedeutung seiner Eintragung im unklaren war. Dagegen wird eine Eintragung, die instruktionsmäßig beide Hälften der Spalten hätte ausfüllen müssen, nicht dadurch zur Vormerkung, daß nur die für eine solche bestimmte Hälfte der Spalte ausgefüllt worden ist. Man würde sonst in einer beide Hälften einnehmenden Vormerkung auch eine endgültige Eintragung finden müssen. Endlich liegt es auf rein tatsächlichem Gebiete, wenn das LG. die nachträgliche Äußerung des Grundbuchrichters, er habe im Hinblick auf die Art. 26, 29 WO. geflissentlich nur eine

Vormerkung eingetragen, gleichfalls nicht für ausschlaggebend erachtet hat. Derartige spätere Erklärungen unterliegen der freien Beweiswürdigung. Diese hat das LG. eintreten lassen, und es hat dabei mit Recht berücksichtigt, daß der Fall der Art. 26, 29 WO. ohne allen Zweifel nicht gegeben war.

Ist hiernach die Feststellung des LG., daß die Post keine Vormerkung, sondern eine Zwangssicherungshypothek ist, nicht rechtsirrtümlich, so ist die weitere Beschwerde des S. unbegründet. Denn die von ihm beantragte Löschung hätte nur dann angewendet werden dürfen, wenn die Eintragung ihrem Inhalte nach unzulässig gewesen wäre (vgl. §§ 71^2 Satz 2, 54 Satz 2 GrBO.), und dies ist, wenn man in ihr eine Sicherungshypothek findet, nicht der Fall.

Der weiteren Beschwerde des H. war dagegen stattzugeben. Die Eintragung eines Widerspruchs setzt zweierlei voraus, daß unter Verletzung gesetzlicher Vorschriften eine Eintragung vorgenommen, und sodann, daß hierdurch das Grundbuch unrichtig geworden ist. Daß die erste Voraussetzung vorliegt, ist zweifellos, da die Eintragung einer Sicherungshypothek gemäß § 866 ZPO. ein Vollstreckungsakt ist, und da nach § 750 ZPO. die Vollstreckung nur beginnen darf, wenn das Urteil bereits zugestellt ist oder gleichzeitig zugestellt wird. Ob der Erlaß der Eintragungsverfügung durch den Richter den Beginn der Zwangsvollstreckung darstellt, oder ob erst die Eintragung selbst für das Erfordernis der Zustellung des Urteils maßgebend ist, kann dahingestellt bleiben, da ausweislich der Grundakten die Zustellung erst am 16. August 1906, also am Tage nach der Eintragung stattgefunden hat. Dagegen fehlt die zweite Voraussetzung eines Widerspruchs. Denn wenngleich sie unmittelbar nach der Eintragung gegeben war, weil durch die vor der Zustellung des Urteils erfolgte Eintragung eine rechtswirksame Sicherungshypothek nicht entstehen konnte, so ist sie doch mit der am 16. August bewirkten Zustellung fortgefallen; denn der Mangel der Zustellung kann durch deren Nachholung geheilt werden (vgl. Entsch. des RG. 20 S. 433, 25 S. 368; Gruchot 28 S. 845, 36 S. 467), und es ist die Möglichkeit einer Konvaleszenz nur denjenigen Dritten gegenüber ausgeschlossen, welche vor Hebung des Mangels ein Recht an dem Gegenstande der Zwangsvollstreckung erworben hatten (Entsch. des RG. 25 S. 368; Gruchot 36 S. 467 ff.). Diese Rechtsauffassung ist zwar in der Literatur vielfach bekämpft worden (vgl. Gaupp-Stein zu § 750 ZPO.; Falkmann, Zwangsvollstr. S. 152 f.), sie darf aber als in der Praxis herrschend angesehen werden, und sie findet ihre theoretische Rechtfertigung in der Erwägung, daß die Wiederholung des Vollstreckungsaktes nach Vornahme der Zustellung eine nutzlose Förmlichkeit bedeuten würde. Für den vorliegenden Fall ergibt sich hieraus, daß die Eintragung der Post durch die am 16. August ordnungsmäßig bewirkte Zustellung des Urteils an den Schuldner E. nicht nur diesem gegenüber, sondern auch gegenüber dem S., als dem Gläubiger der erst am 23. August eingetragenen Post Nr. 20, volle Wirksamkeit erlangt hat, und daß somit eine Unrichtigkeit des

Grundbuches, gegen welche zugunsten des S. ein Widerspruch eingetragen werden könnte, nicht mehr vorhanden ist. A.

g) **Höchstbetragshypothek: α) Eintragung auch für eine nach Grund und Betrag feststehende Forderung.**

Kammergericht, I. ZS. Beschluß v. 8. April 1907.

Zu notariellem Protokolle erklärte W. am 12. September, er habe von seinem Schwiegervater L. ein Darlehn von 10000 Mark erhalten, welches unkündbar und unverzinslich sei, solange seine Ehe mit der Tochter des L. bestehe und das Grundstück sein Eigentum bleibe; falls die Ehe getrennt, das Grundstück von ihm veräußert werde oder er in Vermögensverfall gerate, solle das Kapital mit dreimonatiger Frist gekündigt werden können. Er bewillige und beantrage die Eintragung einer Sicherungshypothek auf dem Grundstücke, welches er mit allem Zubehör zur Hypothek stelle. Das Amtsgericht beanstandete die Eintragung, weil die Kündbarkeit länger, als nach Art. 32 § 1 preuß. Ausf.-Ges. zulässig, ausgeschlossen sei; für den Fall der Verzinslichkeit die Angabe des Zinssatzes fehle; die Bedingung des in Vermögensverfallgeratens zu unbestimmt sei; das Zubehör über den nach § 1120 BGB. zulässigen Umfang hinaus verpfändet sei. Darauf änderte W. die Verhandlung vom 12. September dahin, daß er dem L. für alle Forderungen aus dem Darlehnsvertrage eine Sicherungshypothek bis zum Höchstbetrage von 10000 Mark bestelle und deren Eintragung bewillige. Die Eintragung wurde wiederum abgelehnt. Die weitere Beschwerde hatte Erfolg: Gründe:

Die Ansicht des LG., daß wegen der in der Verhandlung vom 12. September bezeichneten Forderung wohl eine gewöhnliche Sicherungshypothek aus § 1184, nicht aber eine Maximalhypothek aus § 1190 eingetragen werden könne, ist nicht zutreffend. Allerdings muß bei der gewöhnlichen Sicherungshypothek die zu sichernde Forderung im Grundbuche in derselben Weise bezeichnet werden, wie bei der Verkehrshypothek (Jahrbuch 23 S. 237). Dagegen schließt die Möglichkeit, eine gewöhnliche Sicherungshypothek einzutragen, die Eintragung einer Maximalhypothek keineswegs aus. Ganz ebenso, wie es den Beteiligten freisteht, für eine nach Grund und Betrag objektiv feststehende Forderung eine gewöhnliche Sicherungshypothek zu bestellen und so in Ansehung der Forderung den Glauben an die Richtigkeit des Grundbuchs auszuschließen (vgl. §§ 1184¹, 891), ebenso ist ihnen unbenommen, trotz des Feststehens der Forderung nach Grund und Betrag nur den Höchstbetrag eintragen zu lassen, bis zu dem das Grundstück haften soll, und hierdurch die Forderung für den Grundbuchverkehr als nicht feststehend hinzustellen (Planck 1 zu § 1190).

Außerdem übersieht das LG., daß das Amtsgericht die Eintragung einer gewöhnlichen Sicherungshypothek auch deshalb beanstandet hatte, weil seiner Annahme nach die Forderung unter Umständen verzinslich sein sollte, die Angabe des Zinssatzes jedoch unterblieben war. Ist die Verzinslichkeit der Forderung für gewisse Fälle in Aussicht genommen, so kann ohne Angabe des Zinssatzes eine gewöhnliche Sicherungshypothek nicht eingetragen werden [oben S. 375], während der Eintragung einer Maximalhypothek nichts im Wege steht. Auch das Amtsgericht geht hiernach fehl, wenn es aus der Nichtangabe des Zinssatzes ein Bedenken gegen die Zulässigkeit der Maximalhypothek herleitet.

Nicht gerechtfertigt erscheint ferner die Ansicht, daß die für die sofortige Kündbarkeit gesetzte Bedingung des in Vermögensverfallgeratens zu unbestimmt sei. Ob diese Bedingung eingetreten ist, hat im Streitfalle der Prozeßrichter zu entscheiden. Sie ist nicht weniger unbestimmt, als etwa die nach § 610 im Zweifel den Widerruf eines Darlehnsversprechens rechtfertigende „wesentliche Verschlechterung in den Vermögensverhältnissen" des Darlehnsnehmers. Weiter findet das Amtsgericht mit Unrecht darin, daß W. das Grundstück „mit allem Zubehör" zur Hypothek gestellt hat, eine Überschreitung der durch § 1120 BGB. gezogenen Grenzen. Zu einer solchen Auffassung berechtigt kaum der Wortlaut, keinesfalls aber der Sinn der in der Verhandlung abgegebenen Erklärung (§ 133). Endlich kann dem Amtsgericht auch darin nicht beigepflichtet werden, daß die Kündbarkeit der Hypothek über das gesetzlich zulässige Maß ausgeschlossen wäre. Bezöge sich die Ausschließung der Kündbarkeit auf den Eigentümer ebenso wie auf den Hypothekengläubiger, so würde allerdings die, wenn auch nur mittels Bezugnahme auf die Eintragungsbewilligung erfolgende Eintragung, daß der Eigentümer grundsätzlich zur Kündigung nicht berechtigt sein solle, dem Art. 32 § 1 Ausf.-G. zuwiderlaufen und deshalb unzulässig sein (Rsp. 4 S. 315; vgl. auch Jahrbuch 14 S. 143). Allein das Amtsgericht übersieht, daß die zu sichernde Forderung jedenfalls so lange unverzinslich sein soll, wie sie nicht soll gekündigt werden können. Es ist daher schlechterdings nicht erfindlich, welches Interesse der Gläubiger daran haben könnte, daß auch der Schuldner nur im Falle der Auflösung seiner Ehe oder im Falle der Veräußerung seines Grundstücks oder im Falle der Zerrüttung seiner Vermögensverhältnisse zur Kündigung befugt sein sollte. Demzufolge kann bei sinngemäßer Auslegung die Erklärung des Schuldners, daß, von den erwähnten Fällen abgesehen, die Kündigung ausgeschlossen sei, nur auf das Kündigungsrecht des Gläubigers bezogen werden. Daß er auch das, aus der Unverzinslichkeit der Forderung folgende eigene Rückerstattungsrecht (vgl. § 609³) hätte ausschließen wollen, ist in Ermangelung einer unzweideutigen gegenteiligen Erklärung nicht anzunehmen. K.

β) **Abtretung vor und nach Feststellung der gesicherten Forderung. Begriff „Feststellung".**

Kammergericht, I. ZS. Beschluß v. 20. Juni 1907.

Auf dem Grundstücke des X. haftet eine Sicherungshypothek zum Höchstbetrage von 6000 Mark für die Viehhandlung A. zur Sicherung aller ihrer Ansprüche aus einem durch Geschäftsverbindung dem Eigentümer eröffneten Kredit. Die Gläubigerin hat unter der Angabe, daß ihre Forderung aus der Kreditgewährung 4650 Mark betrage, diese Forderung nebst der gesamten Sicherungshypothek abgetreten. Das LG. erachtet die Abtretung der Hypothek zu dem 4650 Mark übersteigenden Betrag für unzulässig, weil der Gläubigerin mangels einer höheren Forderung die Hypothek nur in Höhe von 4650 Mark zustehe, gleichviel ob der Geschäftsverkehr mit dem Eigentümer abgebrochen sei oder noch fortbestehe und ob noch die Möglichkeit der Entstehung weiterer Forderungen gegeben sei oder nicht. Dieser Ansicht liegt anscheinend die Auffassung zugrunde, daß der § 1163 in dem Sinne auf die Höchstbetragshypothek Anwendung finde, daß diese bis zur Entstehung einer Forderung in ihrer vollen Höhe und nach Entstehung einer Forderung noch in Höhe des diese Forderung übersteigenden Betrages dem Eigentümer zustehe, und der Gläubiger die Hypothek erst erwerbe, wenn und soweit für ihn eine Forderung entstehe. Der § 1163 kann jedoch auf die Höchstbetragshypothek ihrer Natur nach nicht ohne weiteres Anwendung finden. Sie ist nach § 1190[1] eine zu einem Höchstbetrag eingetragene Sicherungshypothek für einen bestimmten Gläubiger, bei der die Feststellung der Forderung vorbehalten bleibt. Dieser Vorbehalt gehört zum gesetzlichen Begriff der Höchstbetragshypothek, welche bereits mit der Eintragung Gläubigerhypothek wird und dem Gläubiger für ein bestimmtes Rechtsverhältnis zugunsten aller daraus entstehenden Forderungen bis zum eingetragenen Höchstbetrage ein Recht auf Befriedigung aus dem Grundstücke gewährt. Sie ist demnach mit der Eintragung nicht Eigentümergrundschuld, sondern sie kann nur Eigentümergrundschuld werden, wenn und soweit es sich nach Maßgabe des ihr zugrunde liegenden Rechtsgeschäfts entschieden hat, daß die aus dem gesicherten Rechtsverhältnisse erwachsene Forderung unter dem eingetragenen Höchstbetrag bleibt (Entsch. des RG. 51 S. 117, 55 S. 220; Jahrbuch 28 S. 271). Diese Entscheidung kann aber nur nach Beendigung des gesicherten Rechtsverhältnisses durch Feststellung der daraus für den Gläubiger entstandenen Forderungen, welche durch Vertrag oder durch Urteil geschieht (Motive 3 S. 768), erfolgen. Solange und soweit die Feststellung noch nicht getroffen ist, liegt die Voraussetzung einer Eigentümergrundschuld nicht vor, denn solange steht das Nichtentstehen einer zu sichernden Forderung nicht fest. Bis zu dieser Feststellung, daß weitere Forderungen aus dem der Hypothek zugrunde liegenden Rechtsverhältnisse nicht mehr entstehen können, und daß die entstandenen Forderungen den eingetragenen Höchstbetrag nicht erreichen, steht daher die Höchstbetragshypothek mit dem sich aus ihrem Wesen ergebenden Vorbehalt in voller Höhe dem Gläubiger zu.

Aber auch der fernere Grund des LG., daß die Abtretung des überschießenden Teiles der Hypothek unmöglich sei, weil es an einer Forderung fehle, und auch die Höchstbetragshypothek nur zusammen mit der Forderung abgetreten werden könne, geht fehl. Allerdings finden auf die Sicherungshypothek, soweit nicht das Gesetz Ausnahmen enthält, die für die Verkehrshypothek gegebenen Vorschriften Anwendung. Nach § 1153[2] kann die Forderung nicht ohne die Hypothek und die Hypothek nicht ohne die Forderung übertragen werden. Von diesem auch für die Sicherheitshypotheken geltenden Grundsatze macht der § 1190[4] insofern eine Ausnahme, als die Forderung nach der für die Übertragung von Forderungen allgemeinen Vorschriften übertragen werden kann und als bei einer demgemäß erfolgten Übertragung der Forderung der Übergang der Hypothek ausgeschlossen ist. Dieser Ausnahme liegt nach den Motiven (S. 768) die Erwägung zugrunde, daß die Anwendung der §§ 1153, 1154 auf die Kautionshypothek für den Fall, daß ihre Übertragung erst nach der Vornahme der vorbehaltenen Feststellung der Forderung geschieht, nicht aber auch für den Fall einer früheren Übertragung angemessen sein würde, weil sonst ein zweiter Fall leicht eine Minderung der Sicherheit für das Schlußguthaben herbeigeführt werden könnte. Da keine weitere Ausnahme vom § 1153[2] bestimmt ist, so kann auch eine Höchstbetragshypothek grundsätzlich nicht ohne die durch sie gesicherte Forderung übertragen werden. Daraus folgt aber nicht, daß in einem Falle, wo bisher eine den Höchstbetrag nicht erreichende Forderung erwachsen ist, das gesicherte Rechtsverhältnis aber noch fortdauert und die Möglichkeit der Entstehung weiterer Forderungen nicht ausgeschlossen ist, nur die bereits erwachsene Forderung mit einem ihrer Höhe gleichkommenden Teilbetrage der Höchstbetragshypothek übertragen werden kann. Die Höchstbetragshypothek kann von dem Gläubiger bereits vor Entstehung einer Forderung übertragen werden mit der Wirkung, daß die Übertragung unter dem Vorbehalt der demnächstigen Entstehung der Forderung geschieht (Jahrbuch 24 S. 253). In diesem Falle gilt die häufig entstehende Forderung in Höhe des abgetretenen Betrages der Hypothek als abgetreten und vollzieht sich der Übergang der Forderung auf den Zessionar demnächst unmittelbar mit ihrer Entstehung (Entsch. des RG. 55 S. 334, 58 S. 72). Daraus folgt, daß auch nach Entstehung einer hinter dem Höchstbetrage der Hypothek zurückbleibenden Forderung neben dieser und dem ihr gleichkommenden Teile der Hypothek auch deren überschießender Teil unter dem Vorbehalt der Entstehung weiterer die Hypothek erschöpfender Forderungen aus dem gesicherten Rechtsverhältnisse übertragen werden kann. Nur wenn sich aus der Übertragungserklärung ergibt, daß ausschließlich die darin bezeichnete Forderung übertragen, die Abtretung aller sonstigen aus dem gesicherten Rechtsverhältnis entstandenen oder noch entstehenden Forderungen aber ausgeschlossen und der Zessionar lediglich zur Forderung des ihm abgetretenen Betrages berechtigt sein soll, würde die Übertragung nur in Höhe des abgetretenen Betrages zulässig sein. Ein derartiger Fall liegt aber nicht vor. Die Firma A. hat erklärt, daß ihr aus dem Kreditverhältnis nur eine Wechselforderung von 4600 Mark und eine auf 50 Mark festgesetzte Zinsforderung für die Prolongation des Wechsels zustehe und daß sie ihre sämtlichen Forderungen in vorgeschriebener Höhe von 4650 Mark zugleich mit den Ansprüchen und Rechten aus der Sicherungshypothek an Frau X. abtrete. Danach sind allerdings nur die bisher entstandenen Forderungen von zusammen 4650 Mark als abgetreten anzusehen und würden aus weiterer Kreditgewährung an den Eigentümer künftig etwa noch entstehende Forderungen der Firma A. nicht als abgetreten gelten können. Aus der Abtretung der bisher entstandenen Forderung folgt aber nicht, daß die Zessionarin nur diesen Betrag vom Schuldner zu fordern haben wird. Kommt der Schuldner mit der Zahlung in Verzug, so kann die Zessionarin von dem ihr abgetretenen Betrage auch Verzugszinsen beanspruchen. Für Verzugszinsen haftet aber die Höchstbetragshypothek ebenfalls. Die gesetzlichen Zinsen können zwar in gleicher Weise wie die Kosten der Kündigung und der die Befriedigung aus dem Grundstück bezweckenden Rechtsverfolgung gemäß § 1118 bei der Verkehrshypothek ohne Eintragung im Grundbuche neben dem eingetragenen Forderungsbetrage aus dem Grundstücke verlangt werden. Hinsichtlich der gesetzlichen Zinsen findet aber der § 1118 auf die Höchstbetragshypothek keine Anwendung, vielmehr sind nach der Sondervorschrift des § 1190² die Zinsen in den Höchstbetrag einzurechnen, und haftet das Grundstück über den eingetragenen Betrag hinaus auch nicht für gesetzliche Zinsen (Motive S. 767). Ferner besteht die Möglichkeit, daß für die Zessionarin infolge Zahlungsverzuges des Schuldners eine Schadensforderung oder noch weitere als die im § 1118 aufgeführten Kosten entstehen. Insbesondere würden die Kosten der Protestierung und Einklagung des vom Schuldner gezogenen Wechsels von 4600 Mark, sowie die Kosten einer etwa zu bewilligenden Prolongation des Wechsels nicht als Kosten der die Befriedigung aus dem Grundstücke bezweckenden Rechtsverfolgung zu erachten und daher ebenfalls in den Höchstbetrag einzurechnen sein. Bei allen diesen Nebenforderungen handelt es sich aber um Ansprüche, welche aus der Kreditgewährung entstehen, d. h. um Forderungen aus dem gesicherten Rechtsverhältnis, für welche die Höchstbetragshypothek haftet und welche bei der Feststellung der aus dem gesicherten Rechtsverhältnis entstandenen Forderungen zu berücksichtigen sind. Besteht hiernach die Möglichkeit, daß die abgetretene Forderung sich durch Hinzurechnung künftig entstehender Nebenforderungen bis auf den eingetragenen Höchstbetrag erhöhen kann, so besteht gegen die Zulässigkeit der Übertragung der Hypothek in ihrer vollen Höhe auf die Zessionarin kein Bedenken. Denn diese Übertragung erfolgt nur unter dem Vorbehalt der künftigen Feststellung der aus dem gesicherten Rechtsverhältnis entstandenen Forderungen, und soweit sich dabei ergibt, daß die abgetretene Forderung unter Einrechnung aller Nebenforderungen den eingetragenen Höchstbetrag nicht erreicht, würde der den festgestellten Betrag übersteigende Teil der Hypothek Eigentümergrundschuld werden. Die Abtretung der ganzen Hypothek neben der bisher entstandenen Forderung von 4650 Mark würde für die Firma A. die Folge haben, daß die Hypothek von ihrer Person gänzlich losgelöst und das Grundstück für weitere Forderungen dieser Firma aus erneuter Kreditgewährung an den Eigentümer auch dann nicht mehr haften würde, wenn die abgetretene Forderung nebst Nebenforderungen den eingetragenen Höchstbetrag bei der Feststellung nicht erreichen sollte (Motive 769).

Ausgeschlossen würde die Übertragung des 4650 Mark übersteigenden Teils der Hypothek nur in dem Falle sein, wenn eine Feststellung der Forderung aus dem gesicherten Rechtsverhältnis auf 4650 Mark stattgefunden hätte. In diesem Falle wäre der überschießende Teil der Hypothek Eigentümergrundschuld geworden und daher die Firma zur Verfügung darüber nicht mehr berechtigt. Daß eine Feststellung stattgefunden hat, ist aber nicht nachgewiesen, besonders nicht aus der Abtretungsurkunde zu entnehmen. Diese enthält nur die einseitige Erklärung der Gläubigerin, daß für sie nur eine Forderung von 4650 Mark entstanden sei. Eine derartige einseitige Erklärung der Gläubigerin oder des Schuldners ist aber keine wirksame Feststellung der Forderung, vielmehr kann diese nur durch Vertrag zwischen Gläubiger und Schuldner und, falls eine Einigung zwischen beiden nicht zu erzielen ist, nur durch Urteil erfolgen. Daß der Erklärung der Gläubigerin in der Urkunde eine Feststellung der Forderung zwischen der Gläubigerin und dem Schuldner zugrunde liegt, erhellt nicht. Die bloße Vereinbarung dahin, daß der Gläubigerin eine Wechselforderung von 4600 Mark und eine Zinsforderung von 50 Mark zustehe, würde keine Feststellung der durch die Hypothek gesicherten Forderung sein, vielmehr wäre dazu eine ausdrückliche Vereinbarung dahin erforderlich, daß das gesicherte Rechtsverhältnis nicht fortgesetzt werde und der Gläubigerin auf Grund der Höchstbetragshypothek ein Anspruch auf Befriedigung aus dem Grundstücke nur in Höhe von 4650 Mark zustehen solle. Das Anerkenntnis einer bestimmten aus dem gesicherten Rechtsverhältnis entsprungenen Forderung durch den Schuldner schließt an sich nicht aus, daß aus dem gesicherten Rechtsverhältnis noch weitere Forderungen für die Gläubigerin entstehen und beschränkt noch nicht die Haftung des Grundstücks auf die anerkannte Forderung. Gegen eine derartige Feststellung der Forderungen aus dem gesicherten Rechtsverhältnis auf den abgetretenen Betrag spricht aber nicht nur der Umstand, daß ausdrücklich die ganze Hypothek mit abgetreten ist, die Gläubigerin also offenbar selbst noch mit der Möglichkeit der Entstehung weiterer in den Höchstbetrag einzurechnender Forderungen rechnet, sondern die Gläubigerin hat auch in der Beschwerdeschrift ausdrücklich erklärt, daß eine Feststellung ihrer Forderungen zwischen ihr und dem Schuldner noch nicht erfolgt ist. Liegen aber hiernach keinerlei Tatsachen vor, welche die Annahme einer erfolgten Feststellung hinsichtlich des Betrages, für welchen die Hypothek der Gläubigerin zustehen soll, rechtfertigen könnten, so besteht auch kein Bedenken, daß die Gläubigerin zur Verfügung über die gesamte Höchstbetragshypothek berechtigt ist. Im übrigen erscheint es auch zum mindesten fraglich, ob überhaupt der Grundbuchrichter, der nur zur Prüfung der Rechtsbeständigkeit der zur Eintragung einer Rechtsänderung erforderlichen Erklärungen, nicht aber auch des ihnen zugrunde liegenden materiellen Kausalgeschäfts berechtigt und verpflichtet ist, beim Vorliegen einer gültigen Übertragungserklärung des eingetragenen Gläubigers einer Höchstbetragshypothek zur Anstellung von Ermittelungen in der Richtung befugt ist, in welcher Höhe Forderungen aus dem gesicherten Rechtsverhältnis entstanden sind und mit der Hypothek zusammen abgetreten werden sollen. Indessen bedarf es einer Entscheidung dieser Frage gegenwärtig nicht, da nach den obigen Ausführungen im Hinblick auf die Umstände des konkreten Falles ein Bedenken gegen die Zulässigkeit der Übertragung der gesamten Höchstbetragshypothek nicht besteht. Aus demselben Grunde kann es dahingestellt bleiben, ob die in dem Beschlusse vom 6. Juni 1904 (Jahrbuch 28 S. 269) ausgesprochene Ansicht aufrecht erhalten werden kann, daß schon beim Vorliegen von Umständen, welche die bloße Möglichkeit begründen, daß eine Feststellung der Forderung erfolgt und die Höchstbetragshypothek zum Teil Eigentümergrundschuld geworden sei, die Verfügungsbefugnis des eingetragenen Gläubigers bezüglich der ganzen Hypothek nicht genügend nachgewiesen sei. St.

b) **Löschung einer Sicherungshypothek für ein Ausgedinge. Vorzeitige Stellung des Antrages. Keine einseitige Zurücknahme, wenn sich ein Interessent dem Antrage angeschlossen hat.**

Kammergericht, I. ZS. Beschluß v. 23. Januar 1907.

Für A. war unter Nr. 5 eine Sicherungshypothek zur Sicherung eines Ausgedinges eingetragen. Nach seinem am 7. November 1905 erfolgten Tode beantragte der Grundstückseigentümer die Löschung und Eintragung einer Hypothek für B. Letzterer schloß sich dem Antrage an. Das Grundbuchamt setzte die Löschung bis nach dem 7. November 1906 aus und verfügte sie am 8. November. Vor der Ausführung nahm der Eigentümer den Löschungsantrag zurück und beantragte Umschreibung der Hypothek auf R. Das Grundbuchamt verlangte Zustimmung von R. Aus den Gründen:

Die Hypothek Nr. 5 zum Höchstbetrage von 1700 Mark ist 1904 für die Forderungen des A. an E. auf Gewährung lebenslänglicher Wohnung und Kost und für den Fall der Veräußerung des Grundstücks auf Zahlung von 1700 Mark Entschädigung für die Naturalleistungen eingetragen. Die Entstehung der letzteren Forderung ist dadurch ausgeschlossen, daß das Grundstück bis zum Tode des Gläubigers nicht veräußert ist. Die erstere Forderung war durch den Tod des Gläubigers für die Zukunft erloschen. Rückstände von ihr waren insofern nicht ausgeschlossen, als für die Vergangenheit gemäß §§ 8, 9^2 Art. 15 Ausf.-Ges. oder gemäß §§ 325, 326 BGB. Ersatzansprüche entstanden sein und noch bestehen können. Die Hypothek haftete danach seit dem Tode des Gläubigers nur noch für diese der Höhe nach unbekannten etwaigen Ersatzansprüche, während sie im übrigen nach §§ 1163, 1177 BGB. Eigentümergrundschuld geworden war (Jahrbuch 28 S. 269). Nach dem allgemeinen Grundsatz des § 19 GrBO. war also zu ihrer Löschung oder Umschreibung die Bewilligung der Erben des Gläubigers erforderlich. Nach dem Sondergrundsatz der §§ 22, 23 GrBO. ist aber die Löschung oder Umschreibung nach dem Ablauf eines Jahres seit dem Tode des Gläubigers auch ohne diese Bewilligung zulässig, sofern nicht die Erben des Gläubigers bei dem Grundbuchamt widersprochen haben. Der § 23 findet nämlich auf den vorliegenden Fall, wenngleich die Hypothek selbst nicht auf die Lebenszeit des Gläubigers beschränkt ist, Anwendung, weil die Forderung, für die sie bestellt ist, dieser Beschränkung unterliegt (vgl. für altes Recht Entsch. der AppGerichte 6 S. 197; für neues Recht den Beschluß vom 17. Mai 1906 Y S. 514; Güthe 5, Turnau-Förster II 3 zu § 23 GrBO.). Ein Unterschied besteht nur insofern, als mit dem Erlöschen der Forderung die Hypothek nicht erlischt, sondern zur Eigentümergrundschuld wird. Hiernach mußte der Antrag vom 4. April 1906, soweit er auf sofortige Löschung der Hypothek ging, abgelehnt werden, da weder die Bewilligung der Erben des Gläubigers beigebracht, noch ein Jahr seit dessen Tode verstrichen war. Diese Ablehnung ist auch erfolgt. Denn die Mitteilung des Grundbuchamts an den nach § 15 GrBO. zu ihrer Entgegennahme ermächtigten Notar, daß die Löschung erst nach dem 7. November 1906 erfolgen werde, enthält indirekt den Bescheid, daß sie nicht sofort erfolgen solle.

Die Urkunde vom 4. April 1906 enthielt noch einen zweiten Antrag dahin, die Löschung eventuell nach dem 7. November 1906 zu bewirken. Ausdrücklich ist dies zwar nicht darin gesagt. Die Bemerkung, „der Vater sei am 7. November 1905 gestorben, die Löschung könne also spätestens ein Jahr später erfolgen", kann aber nicht anders verstanden werden, als daß dies für den Fall der Erfolglosigkeit des Antrags auf sofortige Löschung beantragt sein soll. Auch der Notar hat sie so verstanden und sich deshalb für berechtigt gehalten, in seinem Übersendungsschreiben diesen Eventualantrag ausdrücklich zu stellen. Die rechtliche Bedeutung eines Antrages auf Eintragung nach Eintritt eines künftigen Zeitpunktes des Ereignisses ist im Beschlusse (Rsp. 12 S. 149) in Übereinstimmung mit Predari 1 zu § 16 GrBO. dargelegt. Er ist demnach weder ein Antrag im Sinne des § 16, dessen Erledigung an einen Vorbehalt geknüpft ist, noch ein Antrag im Sinne des § 18 GrBO., dessen Erledigung ein Hindernis entgegensteht, sondern er ist unzulässig, weil er nicht die wesentliche Bedeutung des Verlangens auf Tätigkeit des Grundbuchamts hat. Grundsätzlich ist er deshalb zurückzuweisen. Immerhin ist es, da das Grundbuchwesen dem Verkehr dienen soll, nicht schlechthin unzulässig, daß der Grundbuchrichter ihn einstweilen liegen läßt, um ihn nach Eintritt des Zeitpunktes zu erledigen, sofern dadurch nur nicht Interessen Dritter gefährdet oder geschädigt werden. Das Amtsgericht hat den letzteren Weg gewählt. Er war gangbar, solange nicht ein neuer, dasselbe Recht betreffender Antrag einging. Wäre letzteres geschehen, bevor das Jahr nach dem Tode des Gläubigers verstrichen war, so hätte allerdings nicht länger gewartet werden dürfen, sondern der Antrag auf spätere Löschung abgewiesen werden müssen. Der Ablauf des Jahres ist aber eingetreten, ohne daß ein neuer Antrag eingegangen ist. Am 8. November 1906 war die Ausführung des Löschungsantrages zulässig geworden. Die an diesem Tage erlassene, bisher nicht ausgeführte Verfügung, die Hypothek zu löschen, war also berechtigt.

Hieran wurde durch den Umstand, daß am 14. November 1906 der Antrag des Eigentümers auf Umschreibung der Hypothek Nr. 5 auf R. einging, nichts geändert. Er durfte nach § 17 GrBO. nicht vor Erledigung des früher gestellten Löschungsantrags erfolgen. Diese hatte durch Löschung zu geschehen. Der spätere Antrag auf Umschreibung war also unausführbar und mußte abgewiesen werden. Ebensowenig änderte der Umstand etwas, daß der Eigentümer am 19. November 1906 seinen Löschungsantrag zurücknahm. Denn dieser Löschungsantrag war nicht allein vom Eigentümer, sondern auch von B. gestellt, welcher in der Urkunde erklärt hatte, daß er sich den gestellten Anträgen anschließe. Dieser war nach § 13² GrBO. ebenfalls antragsberechtigt, da die Löschung zugunsten des B. als Inhabers der Hypothek Nr. 6 zwecks Verbesserung dessen Ranges in Erfüllung der ihr gegenüber von dem Eigentümer übernommenen Verpflichtung erfolgen sollte (Jahrbuch 31 S. 346). Selbst wenn also der Antrag des Eigentümers wirksam zurückgenommen sein sollte, so lag doch noch ein wirksamer Löschungsantrag vor (vgl. Jahrbuch 24 S. 95). Ebenso lag die nach §§ 19, 27 GrBO. erforderliche Bewilligung der Löschung durch den Eigentümer als Inhaber der Eigentümergrundschuld noch jetzt wirksam in der Urkunde vom 4. April 1906 vor, da solche Bewilligung mit ihrer durch die Erklärung gegenüber dem Beteiligten, zu dessen Gunsten sie erfolgt, eingetretenen Wirksamkeit formell unwiderruflich, übrigens auch nach § 875² BGB. durch die Einreichung in das Grundbuchamt materiell bindend geworden ist. Die Zurücknahme des Löschungsantrages des Eigentümers hat also auf seine Löschungsbewilligung keinen Einfluß.

Das Grundbuchamt hätte danach die Hypothek Nr. 5 löschen und den Umschreibungsantrag vom 19. November 1906 ablehnen sollen. Daß es dies nicht getan, sondern die Löschung ausgesetzt und auf den Umschreibungsantrag eine Frist zur Beibringung der Einwilligung des B. gestellt hat, beschwert zwar den B., nicht aber den Gläubiger R. und den Eigentümer, welcher jetzt die Umschreibung will. Es kann also in Veranlassung der Beschwerde des letzteren nicht geändert werden.

Die schließliche Bemerkung der Beschwerde, daß R. die Hypothek Nr. 5 gutgläubig erworben habe, ist verfehlt. Er hat sie überhaupt noch nicht erworben, da die bei Sicherungshypotheken nach §§ 1154³, 1185, 873 BGB. erforderliche Eintragung des Überganges noch nicht erfolgt ist. Der öffentliche Glaube schützt auch nach § 17 GrBO. nicht gegen die Möglichkeit, daß sich ein früherer, unerledigter Antrag in Bezug auf dasselbe Recht bei den Grundakten befindet. B.

i) **Keine Übertragung des Pfändungspfandrechts auf andere Forderungen.**

OLG. Karlsruhe, I. ZS. Urteil v. 27. Oktober 1906.

Die Parteien streiten darüber, ob die Zwangsvollstreckung, welche auf Grund der vollstreckbaren Urkunde vom 4. durch die Pfändung vom 9. September 1902 begonnen wurde, fortgesetzt werden darf. Diese Vollstreckung bezog sich auf eine Darlehnforderung des Beklagten, welche inzwischen getilgt worden ist, indem die Kläger die Vergleichssumme bezahlten. Bei dem Abschlusse jenes Vergleichs sahen aber die Parteien voraus, daß für den Beklagten möglicherweise aus der Hausverwaltung neue Ansprüche gegen die Kläger entstehen könnten. Damit Beklagter für diese „eventuellen" Ansprüche eine Sicherheit habe, sollte die Pfändung vom 9. September trotz Bezahlung der Vergleichssumme für den Betrag von 40 Mark bestehen bleiben. Dies ist der offenbare Sinn der §§ 4, 5 des Vergleichs. Es sollte also das durch die Pfändung für den Beklagten erworbene Pfändungspfandrecht auch nach dem Untergang der Forderung, zu deren Sicherung es bestimmt war, fortbestehen und der Sicherung einer anderen Forderung dienen. Dabei ist übersehen, daß das Pfändungspfandrecht gemäß § 804 ZPO. dem Faustpfandrechte gleichgestellt ist, daß aber das BGB. das Pfandrecht an beweglichen Sachen im Gegensatz zum Grundstückspfandrecht an eine persönliche Forderung geknüpft hat, welcher es zugehört, dergestalt, daß mit dem Untergang der Forderung auch das Pfandrecht untergeht (§§ 1204^1, 1252). Dieser akzessorische Charakter des Pfändungspfandrechts stand der Absicht der Parteien entgegen. Der im Vergleich bezweckte rechtliche Erfolg konnte nicht erreicht werden. Somit steht fest, daß für die vom Beklagten für Auslagen aus der Hausverwaltung erhobene Forderung von 85 Mark das Pfändungspfandrecht vom 9. September nicht beansprucht werden kann. Dr. E.r.

k) Übertragung der Rechte aus Forderungspfändung zur Ausübung.

OLG. Karlsruhe, I. ZS. Urteil v. 11. Juli 1906.

Was die Pfändung der Mietzinsforderungen des X. betrifft, so steht für die Anwendung des § 573 BGB. eine im Zwangswege erfolgte Pfändung und Überweisung der auf die Zeit der Berechtigung des neuen Erwerbers eines Mietgrundstückes fallenden Mietzinsen einer vom Vermieter und Veräußerer selbst erfolgten Verfügung über den Mietzins gleich und die Wirksamkeit der Pfändungen und Überweisungen für das dritte Vierteljahr 1905 gegen den neuen Erwerber F. außer Zweifel. Der Pfändung und Überweisung vom 14. Juli 1905 zugunsten des Klägers war diejenige des E. vom 12. Mai 1905 vorausgegangen; doch hat E., nachdem ihm die Beklagten bis 23. Juli 1905 ihren Mietzins bezahlt hatten, „zugunsten" des neuen Eigentümers F. auf die Pfändung der Mietzinse „verzichtet".

Das LG. irrt, wenn es trotz dieses Sachverhalts davon ausgeht, es seien die Beklagten durch ihre Bezahlung an F. von ihrer Verpflichtung gegen den Kläger nicht frei geworden, Kläger könne mit Recht Zahlung des Mietzinses für die Zeit nach dem 22. Juli von den Beklagten verlangen, weil der Pfändungsgläubiger E. zu einer derartigen Verfügung über die ihm zur Einziehung überwiesenen Mieten nicht berechtigt gewesen wäre. Denn E. wollte auf die Ausübung der von ihm durch die Pfändung und Überweisung der Mieten erworbenen Rechte nicht schlechthin verzichten, sondern die Ausübung dieser

Rechte für die Zeit nach dem 22. Juli dem F. überlassen und hat durch Vereinbarung die Ausübung seiner Rechte auf F. übertragen. Durch die Überweisung der Mieten hatte E. die Befugnis erhalten, die Forderung einzuziehen, d. h. von den Drittschuldnern die Leistung zu verlangen, und damit eine dem § 1282 entsprechende Rechtsstellung erlangt. Der § 1282 enthält gegenüber § 1275 einschränkende Vorschriften. Mit Rücksicht auf die Entstehung des § 1282 ist davon auszugehen, daß das Gesetz bei dem Verbot „anderer Verfügungen" solche im Auge hatte, welche den Gläubiger der verpfändeten Forderung zu benachteiligen geeignet sind; hiernach werden dem Pfandgläubiger anderweite Verfügungen mit der Maßgabe zu gestatten sein, daß dadurch sein gleichartiger Anspruch gegen den Vorpfänder bzw. Schuldner zu demjenigen Nennbetrag getilgt werde, zu welchem er über die Pfandforderung verfügt; so hat das RG. (Entsch. 58 S. 105, Gruchot 44 S. 109) die Frage der Aufrechnungsbefugnis des Pfandgläubigers bejaht. Ob sich aus diesen Erwägungen eine Verfügung des Pfandgläubigers im Sinne einer Übertragung der überwiesenen Forderungsrechte selbst rechtfertigen ließe, kann hier dahingestellt bleiben. Denn vorliegend stand bei sachgemäßer Auslegung des Parteiwillens nur eine Übertragung der Rechte aus der Überweisung zur Ausübung in Frage. Eine solche ist aber durch keinerlei Bestimmung ausgeschlossen, sie ist in der Wissenschaft anerkannt (Petersen-Anger 4a zu § 835 ZPO.) und in der Rechtsprechung auch hinsichtlich der Zulässigkeit der Pfändung nach § 857³ ZPO. bejaht worden (Seuffert 59 S. 170). Dr. E.r.

17

a) **Verlöbnis:** α) **Minderjährige. Genehmigung. Unbescholtenheit.**[1] **Beweislast.**

OLG. Colmar, II. ZS. Urteil v. 14. März 1907.

... Das LG., das die Schadensersatzklage abweist, hat zunächst den Rechtsbegriff des Verlöbnisses verkannt. Nach feststehender Rechtsprechung (Entsch. des RG. 61 S. 267; JW. 1906 S. 9³; Rsp. 8 S. 328, 11 S. 276) genügt dazu ein gegenseitig gegebenes und angenommenes Eheversprechen. Hat der Beklagte, wie die Klägerin behauptet, vor dem geschlechtlichen Verkehre die Ehe versprochen, so ist darin, daß die Klägerin sich ihm hingegeben hat, eine unzweideutige Annahme und Erwiderung dieses Versprechens zu erblicken, und damit ist das Verlöbnis zustande gekommen.... Allerdings war sie damals minderjährig, die Wirksamkeit des Vertrags hing daher von der Genehmigung ihres Vaters ab, und diese ist anscheinend nicht erfolgt. Gemäß § 108³ konnte aber die Klägerin selbst, nach erreichter Volljährigkeit, ebenfalls rechtswirksam genehmigen. Eine solche Genehmigung ist in dem vom Beklagten vorgelegten nicht datierten Briefe zu erblicken, in welchem dem Be-

[1] Vgl. Entsch. des RG. 52 S. 46, in Straff. 37 S. 94; JW. 1906 S. 65 u. 425, 1907 S. 480; Frankf. Rundschau 39 S. 167; Rsp. 14 S. 214 Nr. 9.

klagten sein Eheversprechen vorgehalten, und daran anschließend erklärt wird: „Glaube sicher, ich halte Dich bei Deinem Versprechen. . . .“ Der Brief ist unmittelbar vor der Klagerhebung geschrieben, also zu einer Zeit, in der die Klägerin bereits volljährig war. Es bedarf aber nicht der Bezugnahme auf diesen Brief; die Klage selbst genügt als Genehmigung der Verlobung. Der Beklagte behauptet nicht, die Verlobung widerrufen zu haben; er kann dies nicht behaupten, da er das Eheversprechen ableugnet. Der Rücktritt ist nicht gleichbedeutend mit dem Widerrufe. Im Gegensatze zu letzterem setzt der Rücktritt einen die Parteien bindenden, wirksamen Vertrag voraus; gerade um diesen Gegensatz erkennbar zu machen, ist bei der Revision des II. Entw. der zuerst vorgeschlagene Ausdruck „Rücktritt“ im jetzigen § 109 in „Widerruf“ geändert worden (vgl. Planck zu § 109). Zum Widerrufe wäre übrigens der Beklagte auch nicht befugt gewesen, weil er, wie bei den intimen Beziehungen der Parteien außer Zweifel, das Alter der Klägerin gekannt hat (§ 109³). Diese war rechtlich nicht gehindert, das Verlöbnis noch zu genehmigen, nachdem der Beklagte im Sinne des § 1298 davon zurückgetreten war.

Der Schadenersatzanspruch des § 1300 steht nur der unbescholtenen Braut zu, und der Wortlaut des Gesetzes könnte die Annahme zulassen, daß die Klägerin ihre Unbescholtenheit beweisen müsse. Nach der Natur der Sache und allgemeinen Beweisgrundsätzen ist aber das Gegenteil für richtig zu halten (vgl. Opet-Blume Anm. 5 zu § 1300; Staudinger Anm. 4; ferner Rsp. 8 S. 330). Für die Unbescholtenheit einer Person spricht stets die Vermutung, und es ist nicht abzusehen, warum in § 1300 die Beweislast anders geregelt sein sollte als in § 1298³. Keinesfalls kann der Braut der Beweis für die reine Negative, für das Nichtbestehen der Bescholtenheit auferlegt werden, wenn der Beklagte, wie hier, keinerlei sie belastende Tatsachen auch nur zu behaupten vermag, und lediglich formell bestreitet, daß sie unbescholten gewesen sei. Frdthl.

β) Unbescholtenheit. Verjährung nach § 193.

OLG. Hamburg, VI. ZS. Urteil v. 25. Juni 1907.

. . . Im Sinne des § 1300 darf davon ausgegangen werden, daß ein Mädchen, das in der Zuversicht auf eine demnächst auch zustande gebrachte Verlobung sich ihrem Verlobten preisgibt, ihm gegenüber nicht weniger unbescholten bleibt wie eine Braut, die ihrem Verlobten die Beiwohnung gestattet, die ihn aber nicht bis zur Erfüllung des Eheversprechens zu fesseln weiß, und die daher von ihm nicht im Stich gelassen werden darf, ohne daß er gegen sich den Entschädigungsanspruch aus § 1300 begründet. So liegt die Sache auch hier. Aus den vorliegenden Briefen ersieht man, daß die Klägerin den Beklagten in solcher Weise zu gewinnen und in einer seinen Versicherungen zufolge so tiefen, ernsten und dauernden Neigung jahrelang zu fesseln gewußt hat, daß er sie anfleht, ihm treu zu bleiben. Ein solches Verhältnis zu ihm kann die Klägerin dem Beklagten nicht bescholten erscheinen lassen.

Der Klaganspruch aus § 1300 ist daher dem Grunde nach gerechtfertigt, wenn er nicht, was der Beklagte behauptet, verjährt ist. Die Verjährungsfrist beträgt nach § 1302 zwei Jahre von der Entstehung des Anspruches an (§ 198). Entstanden ist der Anspruch mit der Erklärung des Rücktritts. Dieser ist eine Willenserklärung und unterliegt den allgemeinen Vorschriften, besonders des § 130.... Das LG. ist mit Recht davon ausgegangen, daß der Rücktritt des Beklagten vom Verlöbnis nicht früher als am 9. Oktober 1902 erklärt sei und daher die nach § 1302 zweijährige Verjährung des Anspruches mit diesem Tage begonnen habe. Es hat aber angenommen, daß selbst, wenn jener Rücktrittsbrief nach dem 9. Oktober der Klägerin zugegangen sein sollte, die Verjährung doch nach § 193 erst mit dem 10. Oktober 1904 abgelaufen sein würde, weil der 9. Oktober 1904 ein Sonntag war, und daß daher die im Laufe des 10. Oktober 1904 erfolgte Klagezustellung die Verjährung unterbrochen habe. Diese Anwendung des § 193 ist aber sehr bestritten. Wenn für sie die allgemeine Anwendbarkeitserklärung des § 186 spricht, so steht die Wortfassung des § 193, welcher diesen auf Willenserklärungen und Leistungen beschränkt, der Anwendung auf die Verjährung entgegen; wie auch das RG. am 7. Februar 1906 (Bayr. Ztschr. S. 123) angenommen hat. Von dieser Auffassung abzugehen, findet dieses Gericht keine Veranlassung.... M. M.

γ) **Rücktritt der minderjährigen Braut.**

Kammergericht, III. ZS. Urteil v. 9. Februar 1906.

Der Rücktritt der Braut ist, im Gegensatze zur vertraglichen Aufhebung der Verlobung, keine rechtsgeschäftliche Willenserklärung, zu welcher eine Minderjährige der Zustimmung des gesetzlichen Vertreters bedürfte, sondern ein rein tatsächlicher Akt, eine Rechtshandlung, die die Auflösung des Verlöbnisses deshalb bewirkt, weil die Zurücktretende ihren Willen dahin zu erkennen gibt, daß sie ihren Verlobten nicht heiraten wolle, und weil niemand zur Eingehung einer Ehe gezwungen werden kann (vgl. Planck § 1298). Z.

b) **Tragweite des § 1353² BGB.**

OLG. Colmar, IV. ZS. Urteil v. 7. November 1907.

... Die beiden im § 1353² zugelassenen Gründe für Verweigerung der ehelichen Gemeinschaft stehen selbständig und unabhängig nebeneinander, wie schon daraus hervorgeht, daß im Entw. nur der erste Grund (Mißbrauch) enthalten war, während der zweite (Berechtigung zur Scheidung) erst von der Reichstagskommission hinzugefügt worden ist. Sowenig demnach bei dem Vorliegen von Scheidungsgründen zu prüfen ist, ob auf Grund derselben das Verlangen des Mannes sich als ein Mißbrauch seines Rechts darstellt (vgl. Komm.-Ber. S. 91), ist anderseits erforderlich, daß die Tatsachen, die das Verlangen als einen Mißbrauch des Rechts erscheinen lassen, sei es überhaupt oder zurzeit noch den anderen Ehegatten zur Scheidung berechtigen. Die entgegengesetzte Meinung hat zwar im Reichstag der Abg. Haußmann ausgesprochen, findet aber weder in der Entstehungsgeschichte noch im Wortlaute oder Zusammenhange des Gesetzes eine hinreichende Unterstützung. Auch durch § 1517² Satz 2 soll nicht, wie Planck anzunehmen scheint (vgl. übrigens Bem. 2²) dem schuldigen Ehegatten die Befugnis verliehen werden, zu verlangen, daß der andere Ehegatte, falls er nicht innerhalb der bestimmten Frist auf Scheidung klagt, die Gemeinschaft wiederherstelle, sondern diese, lediglich das Scheidungsrecht ordnende Bestimmung bezweckt nur, auch für den Fall des Getrenntlebens der Ehegatten das Inlaufsetzen einer Ausschlußfrist für die Scheidung zu ermöglichen. Die Versäumung der Frist hat deshalb auch keine andere Folge als den Ausschluß des Scheidungsrechts (vgl. Rsp. 2 S. 328, OLG. Colmar „Recht" S. 1322 Nr. 3317). Frdthl.

c) **Bedeutung des § 1354 BGB.**

OLG. Naumburg, II. ZS. Urteil v. 26. Februar 1907.

Es steht fest, daß die Klägerin lungenkrank ist, und daß ein Aufenthalt in Norddeutschland zurzeit deshalb ihrem Zustand gefährlich wäre. Infolgedessen steht ihr das Recht zu, von ihrem Manne getrennt zu leben, einen für ihre Gesundheit passenden Kurort aufzusuchen und zu verlangen, daß ihr Mann für ihren dortigen Unterhalt nach Kräften seines Vermögens aufkomme. Sein Verlangen, sie solle eine Heilanstalt in Deutschland aufsuchen, ist unberechtigt. Wäre sie gesund, so würde der Beklagte gestützt auf § 1354 mit Recht die Bestimmung des Wohnorts seiner Ehefrau zu den gemeinschaftlichen Angelegenheiten der Ehegatten rechnen. Da sie jedoch krank ist und infolgedessen die Herstellung des ehelichen Lebens verweigern darf, so kann hier § 1354 keine Anwendung finden. Denn die Entscheidung darüber, ob die kranke Frau eine Heilanstalt aufzusuchen hat und welche dabei in Betracht zu ziehen ist, gehört nicht zu den gemeinschaftlichen Angelegenheiten der Ehegatten, in welchen in Streitfällen der Wille des Mannes den Ausschlag gibt. Hierin ist die Frau nicht an die Weisungen des Mannes gebunden (Entsch. des RG. 59 S. 257). Allerdings hat die Frau darauf Rücksicht zu nehmen, daß der Ort geeignet ist, ihre angegriffene Gesundheit zu fördern; sie hat die Pflicht, das Ihrige dazu beizutragen, um so schnell als möglich zu gesunden und so die Wiederherstellung der ehelichen Gemeinschaft zu ermöglichen (§ 1353). Dr. P.

d) **Schlüsselgewalt der Frau. BGB. § 1357.**

OLG. Celle, II. ZS. Urteil v. 28. Februar 1907.

So wie der Mann die Bestellung und Annahme von Waren durch seine Frau, soweit diese innerhalb der ihr nach § 1357 zustehenden Schlüsselgewalt handelt, gegen sich gelten lassen muß, so muß er auch gegen sich gelten lassen, wenn die Rechnung über ein innerhalb der Schlüsselgewalt geschlossenes Geschäft an seine Frau gesandt wird. Vermöge der Schlüsselgewalt ist sie befugt, die Rechnung über die von ihr innerhalb ihres häuslichen Wirkungskreises bestellten Waren als Vertreterin des Mannes entgegenzunehmen; die Sache ist in diesem Falle nicht anders zu beurteilen, als wenn der Mann selbst die Rechnung empfangen hätte. H.ch.

e) **Geldrente als Unterhalt.**

OLG. Hamburg, VI. ZS. Urteil v. 30. Mai 1907.

... Der Senat neigt derjenigen Auffassung zu, die z. B. von Planck vertreten wird, wonach ein Anspruch, wie der vorliegende, d. h. wenn der beklagte Unterhaltungspflichtige die Herstellung des ehelichen Lebens weigert und damit selbst den Normalfall, daß der Unterhalt in Natur zu gewähren ist, unmöglich macht, gemäß § 280 schadenersatzpflichtig ist, und daß ein solcher Anspruch, wie hier geltend gemacht, sich namentlich auch auf die zukünftigen Raten der Geldrente gemäß § 258 ZPO. erstrecken kann. — Im übrigen führt zu demselben Ziel, abgesehen von der schon erörterten Auslegung des § 1361, der danach eine weitere Auslegung erfährt, als die nur wörtliche, auch schon der dem § 1360³ zugrunde liegende allgemeine gesetzgeberische Gedanke, d. h. der, es solle sich die Art der Unterhaltsgewährung im Einzelfalle auch abweichend von dem Normalfalle der Naturalleistung gestalten können. „Geboten" können eben verschiedene Arten der Unterhaltsgewährung sein, wie ja auch bei den hier meist herangezogenen Beispielen des Aufenthalts des Ehegatten im Krankenhaus oder im Gefängnis sich zeigt. Folgt man letzterer Begründung, so können die gegenüber der Begründung der Unterhaltsansprüche aus dem Gesichtspunkte des Schadenersatzes mehrfach geltend gemachten Bedenken (vgl. außer bei Planck 5 zu § 1361 u. a. Neumann, Jahrbuch 1 § 1361 unter 2a) auf sich beruhen bleiben.... M. M.

f) **§ 1362¹ gilt auch bei Gütertrennung.**

OLG. Kiel, II. ZS. Beschluß v. 8. Februar 1907.

Es ist davon auszugehen, daß durch den zwischen dem Schuldner und seiner Frau 1906 abgeschlossenen und in das Güterrechtsregister des Amtsgerichts eingetragenen Gütertrennungsvertrag die allgemeinen Wirkungen der Ehe unberührt geblieben sind, daß daher zugunsten der Gläubiger des Mannes, auch nach Abschluß eines solchen Vertrages, die Vermutung gilt, daß die im Besitz eines der Ehegatten oder beider Ehegatten befindlichen, beweglichen Sachen dem Manne gehören. Es muß ferner, wenn die Eheleute zusammenleben, bis zur Darlegung eines abweichenden Sachverhalts angenommen werden, daß der Mann als das Haupt der Familie der Besitzer des Hausmobiliars und der vorhandenen Wirtschaftsvorräte ist. Ein Besitz der Frau an diesen Sachen wird noch nicht dargetan durch die Tatsache, daß sie die Eigentümerin des von den Eheleuten bewohnten und bewirtschafteten Hauses und Grundvermögens ist. Es genügt dazu auch nicht die tatsächlich nicht näher bestimmte Behauptung, daß der Mann den Besitz auf die Frau übertragen habe. Auf den § 809 ZPO. kann daher die von der Frau des Schuldners gegen die Pfändung erhobene Einwendung nicht gestützt werden. [Vgl. KG. Rsp. 12 S. 303g.] L. s.

g) **Eigentum an den Hochzeitsgeschenken.**[1]

¹ Rsp. 14 S. 224; BGB. § 1932; Staudinger 3 zu § 1365.

Kammergericht, XII. ZS. Urteil v. 19. Januar 1907.

Nachdem die Ehe der Parteien rechtskräftig geschieden war, hat die Frau auf die Herausgabe bestimmter Hochzeitsgeschenke mit der Behauptung geklagt, sie rührten von ihren Verwandten und Freunden her, seien ihr allein zugedacht, und sie sei alleinige Eigentümerin geworden. Bei der Entscheidung ist von folgenden Erwägungen auszugehen: Darüber, wessen Eigentum die Hochzeitsgeschenke werden, und an wen sie nach aufgelöster Ehe fallen, enthält das BGB. keine Bestimmung. Nach allgemeinen Grundsätzen hat daher die Klägerin darzulegen und zu beweisen, daß sie Alleineigentümerin der Hochzeitsgeschenke geworden sei. Zu dieser Darlegung genügt aber nicht der Hinweis darauf, daß die Personen der Schenkenden durch verwandtschaftliche oder freundschaftliche Beziehungen zur Klägerin oder zu ihrer Familie zu den Zuwendungen veranlaßt seien. Entscheidend erscheint vielmehr, wem die Geschenkgeber ihre Gaben nach dem bei der Hingabe ausgedrückten Willen zu übereignen beabsichtigten. Dieser Wille pflegt bei der Hingabe nicht ausdrücklich ausgesprochen zu werden, und es ist auch vorliegend nicht geschehen. Es muß also aus den Umständen auf den Willen geschlossen werden. Dabei ist von ausschlaggebender Bedeutung der Gegenstand des Geschenkes. Es entspricht der Sitte, daß die Wahl der Schenker auf Gegenstände fällt, welche in dem neugegründeten Hauswesen Verwendung finden, die Einrichtung des jungen Ehepaares vervollständigen oder sein Heim verschönern sollen, also bestimmt sind, den Interessen beider Ehegatten zu dienen. Daraus darf gefolgert werden, daß die Schenker, mögen sie dem Verwandten- und Freundeskreise des Bräutigams oder der Braut angehören, den Willen haben, beide Eheleute zu Eigentümern zu machen. Nur wo ausnahmsweise der Gegenstand erkennbar dem alleinigen Gebrauche eines der Ehegatten zu dienen bestimmt ist, wird auf den Willen geschlossen werden können, daß dieser Alleineigentümer werden soll. Ohne Bedeutung dagegen ist es, an wen die Übergabe erfolgt. Sie wird, solange die Beschenkten noch keine gemeinschaftliche Wohnung bezogen haben, also besonders vor der Eheschließung regelmäßig nur an einen von beiden erfolgen können.

Die Anwendung des BGB. muß hiernach zu demselben Ergebnis führen, welches in den Vorschriften ALR. II 1 §§ 172, 754, 776 Ausdruck gefunden hat. Im § 172 zit. ist ausdrücklich bestimmt, daß das Eigentum der Hochzeitsgeschenke beiden Teilen gemein wird, insofern nicht der Geschenkgeber ein anderes ausdrücklich festgesetzt hat, oder es aus der Beschaffenheit des Geschenkes abzunehmen ist. Entsprechend setzte dann der § 754 II 1 ALR. für den Fall der Auflösung der Ehe fest, daß „die Hochzeitsgeschenke, die nicht einem oder dem anderen Ehegatten zugedacht worden (§ 172)", für gemeinschaftlich angesehen werden. K. r.

h) **Eine Ehefrau ist bei grundbuchrechtlichen Verfügungen präsumtiv als nach gesetzlichem Güterrecht lebend anzusehen.**

Kammergericht, I. ZS. Beschluß v. 31. Mai 1907.

Die beschwerdeführenden Eheleute haben ihre Ehe 1900 geschlossen. Die Frau ist auf dem einen Grundstück 1901 und auf dem anderen 1904 unter der Bezeichnung als Ehefrau ohne Angabe des Güterstandes allein als Eigentümerin eingetragen. Bei dieser Sachlage und da nach dem BGB. das gesetzliche Güterrecht der Verwaltungsgemeinschaft kraft Gesetzes durch die Eheschließung entsteht, falls nicht durch einen Ehevertrag ein anderes bestimmt ist, also das gesetzliche Güterrecht die Regel bildet, so hatte der Grundbuchrichter bei der Prüfung, ob auf Grund der von beiden Eheleuten erklärten Eintragungsbewilligung dem Antrag auf Eintragung der fraglichen Hypothek stattzugeben sei, davon auszugehen, daß die Eheleute unter dem gesetzlichen Güterrechte ständen, es sei denn, daß sich für ihn sei es aus der Eintragungsbewilligung selbst, sei es zufolge sonst ihm bekannt gewordener Tatsachen begründete Anhaltspunkte für das Bestehen eines anderen Güterstandes ergeben (Jahrbuch 29 S. 149; Rsp. 8 S. 304; Gruchot 36 S. 458; Turnau-Förster II 1 zu § 34 GrBO.). E.

i) **Rechte des Ehemanns in Ansehung des Erwerbsgeschäfts einer Frau. BGB. § 1367.**

Kammergericht, I. ZS. Beschluß v. 29. März 1906.

Die Ehefrau W. hat das auf ihren Namen eingetragene Grundstück mit Zustimmung ihres Mannes aufgelassen; gleichzeitig hat der Käufer einen Kaufgelderrest für die Verkäuferin als Hypothek eintragen lassen. In dem Grundstück wurde eine Gastwirtschaft betrieben, deren Konzession der Frau erteilt war. Der Wert der Auflassungsgegenstände betrug nur 40000 Mark, während der Kaufpreis sich auf 72000 Mark belief. Die Verkäuferin hat die Hypothek abgetreten. Die vom Erwerber beantragte Umschreibung ist jedoch mangels der Zustimmung des Mannes abgelehnt. Gründe:

Die Stellung des Entwurfs war nach den Mot. 4 S. 176 f. völlig klar. Bringt die Frau ein Erwerbsgeschäft (Handelsgeschäft, Landgut 2c) mit in die Ehe, so wird es mit seinen gesamten Betriebsmitteln, sofern durch Ehevertrag nichts Abweichendes bestimmt ist, eingebrachtes Gut. Jedoch erlangt sie durch die Einwilligung des Mannes in die selbständige Fortsetzung des Betriebes die Berechtigung zu solchen Rechtsgeschäften, die der Geschäftsbetrieb mit sich bringt (§ 1405), und was sie auf diese Weise erwirbt — nicht bloß der Reingewinn, sondern der ganze „Erlös aus den Umsatzgeschäften“ — wird Vorbehaltsgut (§ 1367). Schafft sie dann mit dem so Erworbenen neue Betriebsmittel an, so werden diese nicht zunächst wieder eingebrachtes Gut, sondern kraft Surrogation Vorbehaltsgut (§ 1370). Zu beachten ist aber, daß es nach § 1405 der Zustimmung des Mannes nur zu solchen Rechtsgeschäften nicht bedarf, die der Geschäftsbetrieb mit sich bringt, wohin der Verkauf des ganzen Erwerbsgeschäfts nicht gehört (Staub, HGB. § 49[1]). Erteilt der Mann seine Genehmigung zu letzterem, so wird der Erlös Eingebrachtes, nicht Vorbehaltsgut, denn es handelt sich nicht, wie § 1367 voraussetzt, um den Erwerb durch den selbständigen Betrieb eines Erwerbsgeschäfts.

Nimmt man den Standpunkt der Motive als den des Gesetzes an, wie es die herrschende Ansicht tut (vgl. z. B. Planck § 1367[6]; Staudinger § 1367[4]; Staub, HGB. Allg. Einl. Anm. 72ff.; Ullmann, JW. 1902 S. 49; Leske S. 708ff.; Frankenburg in Holdheims Monatsschrift 8 S. 71), so ist vorliegend der Erlös für das mit Zustimmung des Mannes von der Frau verkaufte Wirtschaftsgewese, da dieses selbst die Natur von Eingebrachtem hatte, ebenfalls Eingebrachtes geworden. Dann aber kann die Frau die Hypothek, welche einen Bestandteil des Kaufpreises bildet, ohne Zustimmung ihres Mannes nicht abtreten.... Der abweichenden Ansicht Hachenburgs (Vorträge 2. Aufl. S. 391) und Dernburgs (D.JZ. 1902 S. 465ff., Familienrecht § 40 Nr. I 2) kann indessen nicht beigetreten werden, teils nach der Entstehungsgeschichte des § 1366, teils aus sonstigen Gründen.

Der I. Entw. bezeichnete in § 1285 als Vorbehaltsgut Sachen, welche ausschließlich zum persönlichen Gebrauche der Ehefrau, insbesondere zur Kleidung oder zum Schmucke, bestimmt sind. Es handelte sich also danach, wie auch Dernburg anerkennt, um Sachen, welche der leiblichen Person der Ehefrau dienen sollten. Er meint aber, unter ausschließlich zum persönlichen Gebrauch der Frau bestimmten Sachen könne an sich auch verstanden werden, was überhaupt zum selbständigen Gebrauch der Frau bestimmt sei. Letzteres sei der Gedanke der Reichstagskommission gewesen und das habe seinen Ausdruck gefunden in der Hinzufügung des Wortes „Arbeitsgeräte". Das ist als zutreffend nicht anzuerkennen. In der Reichstagskommission war beantragt, den § 1285 Entw. I auszudehnen auf die „Arbeitsgeräte" der Frau. Denn dieselben Gründe, welche dafür sprächen, Kleider und Schmucksachen der Frau ausschließlich zu überlassen, sprächen auch dafür, z. B. eine Nähmaschine, Stickereigerätschaften 2c, mit dem die Frau einen selbständigen Erwerb suchen könne, zum selbständigen Eigentum zu machen. Es sei also hinter „Schmucksachen" einzuschieben: „sowie die zur Ausübung ihres Berufes oder Erwerbes dienenden Gegenstände". Bei der Abstimmung ergab sich alsdann eine Mehrheit dafür, daß auch Arbeitsgeräte in diesen Paragraphen einzubeziehen seien. Wäre das Gesetz dem Antrage gemäß dahin gefaßt worden: „sowie die zur Ausübung ihres Berufs oder Erwerbes dienenden Gegenstände", so hätte kaum ein Zweifel obwalten können, daß unter den „Gegenständen" nur die zur persönlichen Erwerbstätigkeit der Frau dienenden Arbeitsgerätschaften zu verstehen seien. Der letzte Zweifel ist aber dadurch beseitigt, daß das Ergebnis der Abstimmung dahin gegangen ist, daß der Paragraph durch Beifügung von „Arbeitsgeräten" erweitert werde und dementsprechend das Gesetz alsdann gefaßt ist. Nach diesem Entstehungsgange erweist sich eine Auslegung des Willens der Kommission dahin, daß die Gesamtheit aller Dinge, welche der Frau in der Ausübung eines Erwerbsgeschäfts zu dessen Betriebe dienen, Vorbehaltsgut sein solle, als völlig unmöglich. Hätte die Kommission beabsichtigt, das gesamte Vermögen der Frau, welches zur Zeit der Eheschließung in einem gewerblichen, industriellen, landwirtschaftlichen Betriebe investiert ist und das vielfach den ganzen Vermögensbestand derselben bildet, dann, wenn der Mann den Betrieb nicht als eigenen übernimmt, zu Vorbehaltsgut werden zu lassen, so steht doch sicherlich außer Frage, daß diese Idee nicht in der Heranholung des Arbeitsgeräts als Beispiel verwirklicht worden wäre. Die Unbilligkeit, welche Hachenburg und Dernburg für die Frau in der Ordnung der Rechtsverhältnisse an einem eingebrachten Gewerbebetriebe der Frau entsprechend der Auffassung der Motive erblicken, kann, worauf Schefold (D.JZ. 1905 S. 739) hinweist, in die gleiche Unbilligkeit für den Mann umschlagen, wenn man ihrer Ansicht folgt, zum mindesten bei der Dernburgschen Ansicht. Die Gründe der Motive für die dortige Regelung lassen sich als unsachgemäß nicht bezeichnen. Im bisherigen Recht hat der gleiche Standpunkt Unzuträglichkeiten bisher nicht gezeitigt. Wenn man in den weitgehenden Rechten des Mannes eine Unbilligkeit erblicken will, so hängt dies mit dem Wesen des gesetzlichen Güterrechts überhaupt zusammen, vor dem sich die Frau durch Ehevertrag schützen kann.

Eine andere rechtliche Beurteilung wird neuerdings von Schefold (a. O.) vertreten. .. Er beschränkt also die Vorbehaltsguteigenschaft auf das, was die Frau nach § 1405 veräußern darf. Der Geschäftsbetrieb bringt aber bloß mit sich, die zum Umsatz bestimmten Werte zu veräußern (Verkauf von Waren eines Geschäfts, der Erzeugnisse eines Landguts, Umtausch von Gutsinventar 2c). Er kommt also auf anderem Wege zu dem gleichen Ergebnis wie Hachenburg. Folgt man dieser Ansicht, so werden damit die praktischen Schwierigkeiten vermieden, welche dadurch entstehen, daß die Neuanschaffungen im Betriebe Vorbehaltsgut werden, während die alten Bestände Eingebrachtes bleiben, bis sie veräußert werden. Es bedarf aber hier keiner Entscheidung, ob den Ausführungen Schefolds beizutreten ist, da sie vorliegend zu einer dem Beschwerdeführer günstigen Entscheidung nicht führen kann. Verkauft ist das ganze Gastwirtschaftsgewese, ohne daß ein besonderer Preis festgesetzt ist für das, was nicht zur Veräußerung bestimmt war und deshalb nicht Vorbehaltsgut geworden ist (Grundstück, Inventar, Konzession) und den zum Umsatz bestimmten Waren, die Vorbehaltsgut waren. Es bedarf deshalb zwischen den Eheleuten einer Auseinandersetzung. Vorher hat die Frau auf einen konkreten Teil des Verkaufspreises (die fragliche Hypothek) keinen Anspruch. Die Zustimmung des Mannes zur Abtretung der Hypothek ist deshalb selbst dann erforderlich, wenn die Gastwirtschaft in der Ehe von der Frau betrieben ist. L.S.

k) Zustimmung der Frau. Entscheidung des Vormundschaftsgerichts; ihre Bedeutung für das Prozeßgericht.

OLG. Cassel, II. ZS. Urteil v. 21. März 1907.

Die beklagte gütergem. Frau hat einem Vertrage zugestimmt, nach welchem ihr Mann das gütergem. Grundstück beim Eintritt eines bestimmten Falles unter gewissen Bedingungen dem Kläger zu übertragen hat. Der Fall ist eingetreten; die Beklagte hat aber die Auflassung deshalb, weil der Kläger die Vertragsbedingungen nicht erfüllt habe, abgelehnt und wegen ihrer Unterhaltsforderungen die Zwangsversteigerung des Grundstücks herbeigeführt. Nachdem das Vormundschaftsgericht die vom Manne beantragte Ersetzung der Zustimmung abgelehnt hatte, hat der Kläger auf Aufhebung der Versteigerung geklagt, jedoch erfolglos. Gründe:

Die unter dem Vertrag stehende Erklärung der Beklagten, daß sie mit den vorstehenden Abmachungen einverstanden sei, stellt sich als die zur Veräußerung von Grundeigentum erforderliche Zustimmung der Frau dar. Sie hat aber ihrem Zwecke entsprechend keine andere Bedeutung als die der Beseitigung der Beschränkung der Verfügungsmacht des Mannes; die Frau wird dadurch nicht zur Mitverfügenden (Planck 1 zu §§ 1444, 1395). Das Gegenteil folgt auch nicht etwa daraus, daß die Verfügung Gesamtgut betrifft; denn dieses unterliegt der Verwaltung des Mannes, und durch seine Verwaltungshandlungen wird die Frau dem Mitkontrahenten des Mannes nicht persönlich verpflichtet. Daraus ergibt sich, daß dem Kläger durch die Zustimmung ein Anspruch gegen die Beklagte nicht erwachsen ist. Sie setzte sich also durch die Zwangsversteigerung nicht mit einer ihr dem Kläger gegenüber obliegenden Verpflichtung in Widerspruch. Die Klage ist daher schon deshalb unbegründet.

Erachtet man aber zur Begründung der Klage für genügend, daß die Beklagte ihre Zustimmung ohne Grund verweigere, so wäre der Klaganspruch doch nicht gerechtfertigt. Denn sie verweigert die Zustimmung nicht ohne ausreichenden Grund. Dies ist durch den angefochtenen Beschluß des Amtsgerichts festgestellt. Dieser Beschluß ist aber für das Prozeßgericht bindend. Nach der herrschenden Rechtslehre gilt nämlich eine Verfügung der freiwilligen Gerichtsbarkeit, die auf Grund unrichtiger rechtlicher oder tatsächlicher Voraussetzungen ergangen ist (von einigen Ausnahmen abgesehen), allgemein und nach allen Richtungen hin als wirksam, bis sie nach den Vorschriften des FrGG. aufgehoben wird, so daß eine Nachprüfung der Rechtmäßigkeit durch andere Gerichte grundsätzlich ausgeschlossen ist. Voraussetzung ist dabei jedoch, daß es sich um eine rechtserzeugende d. h. Rechte begründende, verändernde oder aufhebende Verfügung handelt, während eine lediglich ablehnende Anordnung der freiwilligen Gerichtsbarkeit für das Prozeßgericht keine bindende Kraft hat (vgl. Josef, FrGG. S. 11, 12). Vorliegend handelt es sich um eine den Antrag des Mannes ablehnende Verfügung des Vormundschaftsgerichts. Es könnte danach scheinen, als ob auf sie jener allgemeine Grundsatz nicht Anwendung fände. Indessen ist wieder eine Ausnahme zu machen für die Fälle, in denen es sich um eine Frage handelt, deren Entscheidung das Gesetz dem Gericht der freiwilligen Gerichtsbarkeit ausschließlich zugewiesen hat. Denn damit, daß das Gesetz die Entscheidung einem — streitigen oder nichtstreitigen — Verfahren ausschließlich überweist, spricht es zugleich aus, daß die Frage nur in jenem Verfahren entschieden werden darf und daß die Entscheidung allgemein bindend ist. Die Frage, ob die Frau die Zustimmung ohne Grund verweigert, ist aber durch § 1447 ausschließlich dem Vormundschaftsgericht zugewiesen. Nach I § 1353[4] sollte dem Mann ein im Wege der Klage erzwingbarer Anspruch darauf zustehen, daß die Frau ihre gemäß § 1353[1] (jetzt 1444, 1445) erforderliche Einwilligung erteile, falls das Rechtsgeschäft zur ordnungsmäßigen Verwaltung des Gesamtguts erforderlich sei (Mot. 4 S. 359). Die 2. Kommission hat dies jedoch dahin, daß auch hier, wie nach § 1379, die Zustimmung auf Antrag des Mannes durch das Vormundschaftsgericht ersetzt werden kann, deshalb geändert, weil letzteres seinem ganzen Wirkungskreise nach hierzu besonders geeignet erscheine und seine Anrufung zur Beseitigung von Differenzpunkten dieser Art dem ehelichen Verhältnisse mehr entspreche als die Einleitung eines Prozesses. Damit ist die Frage der Entscheidung des Prozeßgerichts entzogen (Schmidt Familienrecht, Staudinger zu § 1379). Hierfür spricht auch die Erwägung, daß das Gesetz dem Mann einen Anspruch auf die Zustimmung seiner Frau unter bestimmten Voraussetzungen nirgends gibt. Es sagt vielmehr in den §§ 1444 bis 1446 nur, daß der Mann zu gewissen Rechtsgeschäften der Einwilligung der Frau bedürfe, ohne ihm jedoch in diesen Fällen ein Recht auf Erteilung der Einwilligung einzuräumen. Selbst beim Vorliegen sämtlicher Voraussetzungen des § 1447 hat der Mann keinen unbedingten Anspruch auf Ersetzung der Zustimmung der Frau, sondern nur einen Anspruch auf pflichtgemäße Prüfung des Vormundschaftsgerichts darüber, ob die Sachlage geeignet ist, die Frau zur Zustimmung zu zwingen. Denn das Gesetz sagt — im Gegensatz zu anderen Stellen, vgl. z. B. § 1304 — nur, daß jenes Gericht die Zustimmung ersetzen **kann** (vgl. Jastrow, Busch Zeitschr. 25 S. 143). Die Ersetzung ist der freien Erwägung des Vormundschaftsrichters anheim gegeben, sein freies Ermessen entscheidet (Schmidt a. O. Anm. 3). Vorliegend hat er nach materieller Prüfung entschieden. Ob aber die Frage der begründeten oder unbegründeten Verweigerung der Zustimmung der Frau in einem Rechtsstreit zwischen den Eheleuten oder des Mitkontrahenten des Mannes gegen die Frau zur Sprache kommt, ändert an dem Grundsatze der allgemeinen Geltung der vormundschaftsgerichtlichen Entscheidung nichts; denn die Frage kann nur einheitlich entschieden werden. F. K.

l) Zustimmung des Mannes zur Prozeßführung.

OLG. Celle, II. ZS. Urteil v. 21. Februar 1907.

Die nach § 1400[2] die Aktivlegitimation der Klägerin bedingende Zustimmung des Mannes zur Klagerhebung ist erteilt. Der Einwand der beklagten Aktiengesellschaft, daß die Zustimmung unwirksam sei, weil der Ehemann zugleich Vorstand der Beklagten sei, ist hinfällig. Denn die Gültigkeit der Zustimmung wird durch die vorhandene Interessenkollision nicht berührt, um ein durch § 181 verbotenes Rechtsgeschäft des Vertreters mit sich selbst handelt es sich bei dieser der Frau gegenüber erklärten Zustimmung nicht. Ohne Bedeutung ist auch die im Laufe des Prozesses abgegebene Erklärung der Beklagten, daß sie die Zustimmung widerrufe. Die Erklärung hat zwar der Mann der Klägerin abgegeben, aber in seiner Eigenschaft als Vorstand der Beklagten. Selbst wenn man annähme, daß er die Erklärung auf Grund seiner familienrechtlichen Stellung als Ehemann abgebe, so würde sie gleichwohl unwirksam sein; denn die Zustimmung zur Prozeßführung kann nach der Anhängigkeit des Rechtsstreits nicht mehr widerrufen werden (§ 183; Planck 1 b zu § 1400). H. ch.

m) **Zur Anwendung des § 1421.**

OLG. Breslau, VIII. ZS. Urteil v. 4. Juni 1907.

Die vom Beklagten 1906 geschiedene Klägerin hatte 1876 mit dem Beklagten ein Grundstück erworben, nach dessen Verkauf sie ein anderes Grundstück erwarben und wieder verkauften 2c, bis sie schließlich das letzte gemeinschaftliche Grundstück 1899 verkauften. Die Klägerin hat auf Rechnungslegung hinsichtlich ihres Eingebrachten für die Zeit vom 1. Januar 1876 bis zum Scheidungsurteil geklagt. Allein anlangend die Zeit seit 1. Januar 1900 setzt der § 1421 eine Verwaltung von eingebrachtem Gute voraus. Eine solche hat aber der Beklagte nicht mehr geführt; denn unstreitig hat er den Gewinn aus den früheren Verkäufen verbraucht und den auf die Klägerin entfallenen Anteil am Erlöse des letzten gemeinschaftlichen Grundstücks zum Erwerb eines Grundstücks für sich allein verwendet; er ist also in Höhe dieser Beträge Summenschuldner der Klägerin geworden. Am 1. Januar 1900 bestand sonach nur die Verpflichtung des Beklagten, der Klägerin diese Beträge nach Aufhebung der Ehe zu zahlen. Eine Verwaltung hätte nur bestehen können, wenn der Beklagte den Erlös des letzten gemeinschaftlichen Grundstücks wiederum zum Erwerb eines gemeinschaftlichen Grundstücks verwendet oder den Anteil der Klägerin an diesem Erlöse sowie an dem Gewinn aus den früheren Verkäufen für sie anderweitig angelegt hätte.

Dies gilt aber auch für die Zeit vor 1900, da das ALR. eine Pflicht des Mannes, über seine Verwaltung des Eingebrachten Rechnung zu legen, überhaupt nicht kennt (vgl. Eccius 4 S. 48 und 31; Crusen-Müller Ausf.-G. S. 394; Strantz-Gerhard S. 289; Hodler S. 163). D.

n) **Tragweite des § 1435 BGB.**

OLG. Königsberg, II. ZS. Urteil v. 26. Januar 1907.

Der Klaganspruch gegen den Ehemann, wegen des Anspruchs gegen die mitbeklagte Frau und wegen der Kosten die Vollstreckung in das eingebrachte Vermögen zu dulden, würde dann begründet sein, wenn die Eheleute im gesetzlichen Güterstande lebten. Diese leben aber seit 1902 unstreitig in Gütertrennung, die mit der Abschließung des sie einführenden Ehevertrages ohne weiteres eingetreten ist. Infolgedessen hat der Anspruch gegen den Mann keinen Sinn; es mangelt diesem an der Passivlegitimation. Dabei ist unerheblich, daß die vertragsmäßige Einführung der Gütertrennung in das zuständige Güterrechtsregister nicht eingetragen worden und daß sie dem Kläger weder beim Abschluß des Kaufvertrages noch bei Erhebung der Klage bekannt gewesen ist. Die Ansicht des Klägers, daß er infolgedessen den Ehemann als im gesetzlichen Güterstande lebend behandeln dürfe, scheint auf die Anwendung des § 1435 (1431) hinaus zu wollen. Indessen hat dieser keineswegs die Bedeutung, daß bei Nichteintragung der Änderung eines Güterstandes und Nichtkenntnis eines beteiligten Dritten von dieser Änderung zugunsten des Dritten der gesetzliche Güterstand schlechthin als bestehend gilt. Vielmehr geht der durch § 1435 gewährte Schutz nur dahin, daß dem Dritten gegenüber, der sich mit einem der Ehegatten in ein Rechtsgeschäft oder in einen Rechtsstreit eingelassen hat, aus der nicht eingetragenen und dem Dritten nicht bekannten Änderung des Güterstandes Einwendungen gegen das Rechtsgeschäft oder das rechtskräftige Urteil nicht hergeleitet werden können (vgl. Planck 3 zu § 1435). Der Ehemann will aber hier Einwendungen solcher Art nicht erheben, wäre dazu auch gar nicht in der Lage, da der Kaufvertrag nach seinem klaren Wortlaut mit der Frau allein abgeschlossen worden ist, und sie daraus allein in Anspruch genommen wird. Das entspricht ganz der bestehenden Gütertrennung. Also versagt der Schutz des § 1435, der sich lediglich gegen die gekennzeichneten Einwendungen richtet, hier überhaupt. Th.

o) **Vertragsstrafe für den Fall, daß die gütergem. Frau dem Grundstücksverkauf ihres Mannes nicht zustimmt?**

OLG. Posen, II. ZS. Urteil v. 31. Mai 1907.

Die Vorschrift, daß der Mann der Genehmigung der Frau zur Verfügung über ein zum Gesamtgut gehöriges Grundstück bedarf, bezweckt, die Frau gegen übereilte oder unwirtschaftliche Verwaltungshandlungen des Mannes insoweit zu schützen. Die Wirksamkeit solcher Verfügungen soll von der freien Entschließung der Frau abhängen. Diese Entschließung würde aber durch die Erwägung erheblich beeinflußt werden, daß bei Verweigerung der Genehmigung der Mann zur Zahlung der Vertragsstrafe verpflichtet wäre, damit aber ohne weiteres auch das nach § 1459 für alle Schulden des Mannes haftende Gesamtgut bei Verweigerung des Beitritts um den Betrag der Strafe vermindert werden würde; die Frau wird also, um diesen Schaden zu verhüten, ohne weiteres geneigt sein, ihre Genehmigung zu erteilen, obwohl sie vielleicht sehr berechtigte Gründe hat, sie zu verweigern. Auf diese Weise würde dem Mann ein Mittel an die Hand gegeben werden, durch die mit der Strafabrede verbundene Nötigung auf den Willen der Frau einzuwirken und ihre Einwilligung zu erzwingen. Das Gesetz, das den Schutz der Frau bezweckt, würde sonach mit Leichtigkeit umgangen werden können. Das Strafversprechen ist mithin, wenn man es dahin auffaßt, daß der Beklagte für den Erfolg seiner Bemühungen ohne Rücksicht darauf, ob die Frau Grund habe, ihre Zustimmung zu verweigern, einzustehen übernommen hat, gemäß § 138 nichtig. E.I.

p) **Beim Erwerbe eines ins Gesamtgut fallenden Grundstücks darf der Mann daran Hypothek für den Kaufpreis ohne Zustimmung der Frau bestellen.**

OLG. Colmar, II. ZS. Beschluß v. 14. Oktober 1907.

In der Streitfrage, ob, wenn der Mann beim Erwerbe eines ins Gesamtgut fallenden Grundstücks für den Kaufpreis eine Hypothek bestellt, hierzu die Einwilligung der Frau erforderlich ist, hat der Senat in früheren Entscheidungen (ElsLothrZ. 25 S. 248, 345) in Übereinstimmung mit dem Bayer. ObLG. (Rsp. 2 S. 361; Recht 1902 S. 44) und des OLG. Karlsruhe (Rsp. 6 S. 161) sich zwar für die bejahende Ansicht ausgesprochen, doch kann bei nochmaliger Prüfung der Frage diese Rechtsauffassung nicht aufrecht erhalten werden; es ist vielmehr mit dem Kammergericht (Rsp. 2 S. 361)[1] die Anwendbarkeit des § 1445 auf diesen Fall zu verneinen. Der Mann verfügt durch Bestellung einer Hypothek für den Kaufpreis eines zu erwerbenden Grundstückes, wenn dieses auch mit dem vollendeten Erwerb in das Gesamtgut fällt, nicht über ein Gesamtgutsgrundstück. Er verfügt über ein fremdes Grundstück, und die Verfügung wird wirksam mit dem Erwerb (§ 185). Das Grundstück fällt also gleichzeitig mit dem Wirksamwerden der Verfügung in die GG. Es liegt nicht anders, als wenn der Mann ein bereits mit einer Hypothek belastetes Grundstück für die GG. erwirbt. Daß das Grundstück zunächst auf den Namen der Eheleute zu schreiben ist und dann erst die Hypothek eingetragen werden kann, ist nicht entscheidend (Dernburg, Familienrecht S. 186[11]). Das Bedenken, daß, weil mit dem Erwerb durch den Mann das Grundstück von Rechts wegen Gesamtgut wird, die Hypothekbestellung ohne Zustimmung der Frau nicht rechtswirksam werden könne, fällt, wenn aus dem hervorgehobenen entscheidenden Grunde, daß der Mann durch die Hypothekbestellung nicht über ein gütergem. Grundstück verfügt, die Anwendbarkeit des § 1445 verneint wird. Es spricht hierfür auch, daß der gesetzgeberische Zweck der Vorschrift, das Immobiliarvermögen der Familie als die Grundlage ihres Wohlstandes gegen Minderung durch einseitige Verfügungen des Mannes zu schützen (Motive 4 S. 353), in Fällen vorliegender Art nicht in Betracht kommt. Denn das Immobiliarvermögen der GG. wird durch Erwerb eines Grundstücks, der sich unter gleichzeitiger Bestellung einer Hypothek vollzieht, ebensowenig gemindert, wie durch den Erwerb eines bereits in der Hand des Veräußerers belasteten Grundstücks. Nicht durchschlagend erscheint der Einwand, daß der § 1445 in seiner Wirkung überhaupt über seinen Zweck hinausreiche, daß auch für die Bestellung von Grunddienstbarkeiten an Gesamtgutsgrundstücken von der Einwilligung der Frau im Interesse der Einfachheit des Gesetzes nicht abgesehen werde, während doch eine Schmälerung des Immobiliarvermögens durch Verfügungen dieser Art nicht zu befürchten stehe. Denn hauptsächlich darauf kommt es an, daß in dem zu entscheidenden Falle der Tatbestand des § 1445 nicht vorliegt. Endlich ist auch noch darauf hinzuweisen, daß das Erfordernis der Einwilligung der Frau dadurch um-

[1] Vgl. auch Rsp. 11 S. 283. Ob der dort bezüglich des Prokuristen getroffenen Entscheidung gegenüber das Kammergericht seine bezüglich des Ehemannes getroffene Entscheidung mit aufrecht erhält, wird sich fragen. D. H.

gangen werden könnte, daß der Verkäufer eine Grundschuld in Höhe des Kaufpreises für sich eintragen läßt, das mit der Grundschuld belastete Grundstück an den Mann aufläßt und dieser dann die Umwandlung der Grundschuld in eine Hypothek vereinbart, wozu die Einwilligung der Frau nicht erforderlich ist (Dernburg a. O., Lenel D.JZ. 5 S. 290). Schr.

q) **Pfändung des Anteils, der einem Abkömmling nach Beendigung der fortgesetzten GG. zusteht, berührt nicht den während der GG. erklärten Verzicht auf den Anteil.**

Bayer. Oberstes LG., I. ZS. Beschluß v. 26. April 1907.

Das während des Bestehens der fortgesetzten GG. den Abkömmlingen zustehende Anteilsrecht ist ein auf dem familienrechtlichen Verhältnisse beruhendes und von diesem nicht ablösbares Recht, der Anteil am Gesamtgut ist deshalb nach den §§ 1487, 1442 nicht veräußerlich, nach § 1490 nicht vererblich und nach § 860[1] ZPO. der Pfändung nicht unterworfen. Ein selbständiges Vermögensrecht entwickelt sich aus dem Anteilsrecht erst mit der Beendigung des familienrechtlichen Verhältnisses, mit der Aufhebung der fortgesetzten GG. durch den überlebenden Ehegatten nach § 1492 oder durch Urteil nach den §§ 1495, 1496 oder mit deren Beendigung durch Wiederverheiratung des überlebenden Ehegatten nach § 1493 oder durch dessen Tod nach § 1494. Erst wenn die familienrechtliche Gemeinschaft in solcher Weise beendigt ist, und infolgedessen nach § 1497 die Auseinandersetzung des Gesamtguts stattfindet, ist der Anteil nach § 860[2] ZPO. zugunsten der Gläubiger des Teilhabers der Pfändung unterworfen. Die Pfändung kann zwar für den Fall, daß das selbständige Vermögensrecht des Abkömmlings zur Entstehung gelangt, als Pfändung eines künftigen Rechts (Entsch. des RG. 51 S. 116, 56 S. 14; Entsch. des Bayer. Ob.LG. 6 S. 422) im voraus bewirkt werden; sie läßt aber, wenn dies geschieht, das familienrechtliche Verhältnis unberührt, der Gläubiger erlangt kein Recht an dem der Pfändung nicht zugänglichen Anteilsrechte des Schuldners und dieser behält freie Hand in der Entscheidung darüber, ob er in der fortgesetzten GG. verbleiben oder gemäß § 1491 durch Verzicht auf das Anteilsrecht ausscheiden will. Scheidet er durch Verzicht aus, so erweist sich die Pfändung ebenso als gegenstandslos, wie wenn er während des Bestehens der fortgesetzten GG. stirbt. Durch den Verzicht wird die Anwartschaft des Verzichtenden auf das pfändbare Vermögensrecht hinfällig, die Bedingung, von der die Entstehung dieses Rechts abhängt, fällt aus, er enthält aber ebensowenig eine Verfügung über das noch nicht entstandene Recht wie der Erbe über die Erbschaft verfügt, wenn er sie ausschlägt. D.

r) **Haftung des überlebenden Ehegatten nach § 1489[2].**

OLG. Hamburg, IV. ZS. Urteil v. 18. Oktober 1907.

Wegen seiner Forderung konnte der Kläger nach § 1459 Befriedigung aus dem ehelichen Gesamtgute verlangen; nach § 1488 ist die Rückerstattung des Darlehns auch Gesamtgutsverbindlichkeit geworden, für die jedoch die

Beklagte, weil ihre Haftung nur infolge des Eintritts der fortgesetzten GG. entsteht, gemäß § 1489² nur entsprechend den für die Haftung des Erben für Nachlaßverbindlichkeiten geltenden Vorschriften haftet. Diese Beschränkung kann aber nicht zur Abweisung der Klage führen, sondern nur den Vorbehalt der Haftung der Beklagten gemäß §§ 786, 780 ZPO. zur Folge haben, denn wie schon im Urteile (Hans. GZ. 1906 Nr. 6) dargelegt ist, findet die Frage, ob ein der beschränkten Haftung unterliegendes Objekt vorhanden ist, ihre Erledigung erst in der Vollstreckungsinstanz. Eine Entscheidung dieser Frage im vorliegenden, auf die Feststellung der Haftung der Beklagten überhaupt gerichteten Verfahren erscheint schon deshalb ausgeschlossen, weil sich bei der Urteilsfällung noch nicht übersehen läßt, wie die Verhältnisse in dieser Hinsicht zur Zeit der Vollstreckung liegen werden. M. M.

s) **Errungenschaftsgemeinschaft. Sicherungshypothek am Gesamtgut für eingebrachtes Gut der Frau.**

OLG. Stuttgart, II. ZS. Beschluß v. 21. März 1907.

Die Ehegatten haben mittels Ehevertrags die Errungenschaftsgemeinschaft festgesetzt und bestimmt, daß die Frau für ihr eingebrachtes, näher beschriebenes Gut vom Mann jederzeit hypothekarische Sicherheit verlangen darf. Die Ehefrau hat deshalb mit Recht beantragt, durch einstw. Verfügung die Eintragung einer Vormerkung einer Sicherungshypothek auf den als Gesamtgut der Ehegatten eingetragenen Grundstücken anzuordnen. Während des Bestehens der Gemeinschaft ist das Gesamtgut den Ehegatten zur gesamten Hand gemeinschaftlich (§ 1519). Wenn nun auch diese Gemeinschaft keine eigene selbständige Rechtspersönlichkeit besitzt, so handelt es sich doch dabei um ein Vermögen, dem insofern Selbständigkeit zukommt, als es der Einwirkung der einzelnen Gesellschafter entzogen ist, einer besonderen Verwaltung unterliegt und seinem Wesen nach eigene Rechte und Pflichten haben kann (Planck § 1009 Anm. 3; Rsp. 8 S. 119). Daraus ergibt sich, daß der einzelne Gemeinschafter dem Gesamtgut wie ein Dritter gegenübertritt, auch eine Forderung an dasselbe erwerben und daß für ihn wie für einen Dritten an den zum Gesamtgut gehörigen Grundstücken eine Hypothek bestellt werden kann (Cosack Lehrbuch 2 S. 366). H.

t) **Fahrnisgemeinschaft. Gleichzeitige Übertragung von Nießbrauch und nacktem Eigentum an beide Eheleute.**

OLG. Colmar, II. ZS. Beschluß v. 28. Oktober 1907.

Die in Fahrnisgemeinschaft lebenden Eheleute A. haben ein Grundstück in der Weise erworben, daß das nackte Eigentum in das Gesamtgut fallen, der Nießbrauch jedem der beiden Gatten persönlich zustehen sollte. Die Vorinstanzen halten das für unzulässig. Allein der wirtschaftliche Zweck, welcher erstrebt wird, ist gesetzlich zulässig. Einerseits wird durch die getroffene Bestimmung erreicht, daß der Ertrag des Grundstücks während der Ehe nicht in das Gesamtgut fällt, sondern gemäß §§ 1552, 1059, 1554, 1524 eingebrachtes Gut der Ehegatten wird, wobei deren Verhältnis untereinander durch die §§ 1060, 1024 geregelt wird. Anderseits wird erreicht, daß bei Auflösung der Ehe durch den Tod des einen Gatten dem Überlebenden der Nießbrauch am Grundstück auf Lebenszeit gesichert wird und erst nach dessen Tode das Volleigentum den Erben zusteht. Es handelt sich also um eine durch Ehe- und Erbvertrag jederzeit mögliche Regelung des ehelichen Güterrechts und des Erbrechts. Es ist nicht abzusehen, warum dieser zulässige wirtschaftliche Erfolg nicht auch durch Einkleidung in eine andere Rechtsgestaltung sollte herbeigeführt werden können, zumal da die für Ehe- und Erbverträge in den §§ 1434, 2276² vorgeschriebene notarielle Form für das vorliegende Rechtsgeschäft beobachtet worden ist. Ebenso unzweifelhaft wie die Erreichbarkeit des wirtschaftlichen Zwecks ist diejenige der von den Parteien gewählten grundbuchmäßigen Erscheinungsform. Jedes Bedenken schwindet, wenn in zwei Akten nacheinander zuerst die Verkäufer den Nießbrauch zugunsten der beiden Eheleute A. bestellen und nachher ihnen das so belastete Grundstück zu ihrem Gesamtgut auflassen. Gemäß § 889 erlischt nämlich der einmal bestellte Nießbrauch dadurch nicht, daß die Nießbrauchberechtigten das Eigentum erwerben.

Sind hiernach sowohl der wirtschaftliche Zweck, wie auch die von den Beteiligten dazu gewählte Rechtsform gesetzlich zulässig, so darf die juristische Konstruktion nicht im Wege stehen. Selbstverständlich läßt sich die Sache nicht so verstehen, daß die Erwerber als Eigentümer sich an ihrem eigenen Grundstück selber einen Nießbrauch bestellen. Als Rechte am eigenen Grundstück können nur nach §§ 1196, 1199 Grund- und Rentenschulden bestellt werden. Bestehen aber können nach § 889 auch andere Rechte am eigenen Grundstück, vorausgesetzt, daß sie vor dem Eigentumserwerb bestellt worden sind. So ist hier der Vorgang aufzufassen. Daß eine einzige einheitliche Urkunde errichtet wurde, hindert nicht die rechtliche Unterscheidung, daß erst der Nießbrauch bestellt und dann das so belastete Eigentum, nacktes Eigentum aufgelassen wird. Es ist nicht nötig, daß der Nießbrauch eingetragen sein muß, bevor die Auflassung erfolgt. Vielmehr ist bei gleichzeitiger Beurkundung beider Rechtsübertragungen nur ein Vorbehalt nach § 16² GrBO. stillschweigend dabei miterklärt, des Inhalts, daß die Eigentumsänderung nicht ohne die Nießbrauchbestellung eingetragen werden soll. Für die gleichzeitige Übertragung von Nießbrauch und nacktem Eigentum an verschiedene Personen ist das bereits entschieden (vgl. ElsLothrZ. 29 S. 51, NotZ. 1905 S. 33). Sind die Erwerber von Nießbrauch und Eigentum dieselben Personen, welche aber in verschiedenen Rechtsbeziehungen auftreten, das eine Mal als einzelne besondere Rechtssubjekte, das andere Mal als Gesamthänder, so muß entsprechendes gelten. Schr.

u) **Ausschlußfrist bei sich stets erneuernden Scheidungsgründen.**

OLG. Dresden, II. ZS. Urteil v. 17. Mai 1907.

Daß das fortgesetzte ehewidrige Verhalten der Beklagten aus dem letzten Halbjahr vor Aufhebung der häuslichen Gemeinschaft und daß die währenddem noch gewachsene Geisteskrankheit als Wirkungen früheren schuldhaften Trinkens aufzufassen sind, ist für § 1571 unerheblich. Denn danach kommt es auf die hier von vornherein vorhandene Kenntnis des schuldhaften Verhaltens selbst (und die Empfindung von der dadurch herbeigeführten Ehezerrüttung) an, nicht aber auf die Kenntnis weiterer Wirkungen dieses Verhaltens, auch wenn sie an sich zur Steigerung der Zerrüttung geeignet waren. Gewicht ist jedoch darauf zu legen, daß der Kläger noch jahrelang über den Beginn der Trennung hinaus von der eingetretenen Änderung des geistigen Zustandes der Beklagten keine Kenntnis hatte. Während sich äußerlich das auf dem einheitlichen Hang zum Trinken beruhende Verhalten der Beklagten vor seinen Augen in gleicher Weise wie zuvor fortsetzte und den Tatbestand des § 1568 immer wieder begründete, entging ihm eine Wesensänderung dieses Verhaltens, mit der es aufhörte, schuldhaft zu sein und einen Scheidungsgrund abzugeben. Gewiß treffen die in § 1571[4] angezogenen besonderen Vorschriften diesen Fall nicht. Da der Kläger die Erhebung der Klage freiwillig aufschob, kann überhaupt nicht davon die Rede sein, daß er an Wahrnehmung der Frist des § 1571[1] behindert gewesen wäre. Zufolge dieser Vorschrift und ihrer Entstehungsgeschichte (Motive 4 S. 604; Protok. 4 S. 429) kann der Kläger auch nicht zu dem Beweise zugelassen werden, daß die Verzögerung den Umständen nach nicht auf Verzeihung schließen lasse. Auch die irrige Annahme, daß der andere Ehegatte später ein Verhalten gezeigt habe, wie es nach dem Gesetze wirklich zur Scheidung berechtigen würde, könnte den endgültigen Verlust eines nicht fristgemäß erfolgten Scheidungsgrundes grundsätzlich nicht hindern. Für solche Fälle ist aber aus der Bedeutung, die § 1571 der Kenntnis des Berechtigten beilegt, zur Vermeidung außerordentlicher Härten weiter abzuleiten, daß **der Beginn der Klagefrist auch durch die Kenntnis der neuen Tatsache (der Geisteskrankheit) bedingt werde, deren Eintritt dem äußeren Verhalten des anderen Gatten die ihm sonst zukommende Rechtserheblichkeit nimmt.**

Die Trunksucht des Ehegatten, die in einer die Zerrüttung des ehelichen Lebens fortführenden oder wohl gar vertiefenden Weise andauert, ist ein **sich stets erneuernder** Scheidungsgrund, und es kann, solange die Trunksucht noch währt, von einem Beginne der Präklusivfrist nicht gesprochen werden. Nun kann die Sache so liegen, daß der Zustand der Trunksucht mit allen seinen widerlichen Begleiterscheinungen fortdauert, allein innerlich ein Moment hinzutritt, das der Trunksucht das schuldhafte und damit die Eigenschaft als Scheidungsgrund nimmt. Dieses innere Moment ist aber dem anderen Gatten unter Umständen nicht erkennbar, und es würde zu unbilliger Härte führen, wenn man es gleichwohl gegen den unschuldigen Teil wirken ließe. Für solche Fälle muß in folgerichtiger und sachgemäßer Weiterentwicklung des Grundgedankens des § 1571 folgender Satz aufgestellt werden: **„Gegen den unschuldigen Teil läuft in Fällen dieser Art die Präklusivfrist von 6 Monaten erst dann, wenn er von dem inneren Momente, das** die Trunksucht ihrer Eigenschaft als Scheidungsgrund entkleidet, Kenntnis erhält, und zwar erst von dieser Kenntnis ab." Diese Auffassung kann allerdings aus dem Wortlaute des § 1571 nicht hergeleitet werden; allein hier ist eine Lücke im Gesetze vorhanden, die unter entsprechender Anwendung des dem § 1571 zugrunde liegenden Prinzips auszufüllen ist. Man würde sonst zu dem unbilligen Ergebnisse gelangen, daß ein Ehegatte, dem der Scheidungsgrund der Trunksucht zur Seite steht und der lediglich aus anerkennenswerten Gründen, z. B. aus Pietät oder der Kinder wegen oder um die Familienehre nicht an den Pranger zu stellen, der äußerlich fortdauernden Trunksucht gegenüber eine abwartende Haltung einnahm, durch dieses dem Interesse des anderen Ehegatten durchaus entsprechende Verhalten sein Scheidungsrecht verlieren könnte. Die entgegengesetzte Meinung müßte den unschuldigen Ehegatten diesfalls zu einem schonungslosen Vorgehen anspornen, und dies würde dem Willen des Gesetzgebers widerstreben sowie auf eine formalistische Auslegung der Bestimmungen in §§ 1568, 1571 hinauslaufen. Dr. v. F.

v) **Zur Anwendung des § 1574 Abs. 3 BGB.**

α) OLG. Dresden, II. ZS. Urteil v. 12. Juli 1907.

Der Beklagte verlangt lediglich, daß die Klägerin für mitschuldig an der Scheidung erklärt werde. Hiernach sind die Erwägungen, die das LG. zur Scheidung und Schuldigerklärung des Beklagten geführt hat, nicht nachzuprüfen (Entsch. des RG. 64 S. 315). Die Mitschuldigerklärung setzt aber, wenn der andere Ehegatte sie ohne Erhebung einer Widerklage begehrt, Tatsachen voraus, wegen deren der andere Ehegatte auf Scheidung klagen könnte oder doch zur Zeit des Eintritts des vom Gegner geltend gemachten Scheidungsgrundes auf Scheidung hätte klagen können. Diese Tatsache darf der Beklagte unter Eid stellen (Rsp. 4 S. 93; JW. 1903 S. 181).

β) OLG. Dresden, II. ZS. Urteil v. 25. Oktober 1907.

Der in § 1568 aufgestellte Scheidungsgrund besteht nicht ausschließlich in dem Verhalten eines Ehegatten, sondern vor allem in der dadurch herbeigeführten Zerrüttung der Ehe. Im Sinne des § 1574³ war dies vorliegend frühestens Ende 1906 der Fall. Bei dem Eintritte dieses von der Beklagten mit der Widerklage geltend gemachten Grundes war der Kläger nicht mehr berechtigt wegen des schon 1904 verziehenen Ehebruchs der Beklagten Scheidung zu fordern; § 1574³ greift mithin gegen sie nicht durch. Wenn der Kläger sich seines Scheidungsrechts wegen eines Vergehens der Beklagten begeben hat, ohne durch Aufdeckung seiner eigenen weiter zurückliegenden Fehltritte eine endgültige Klärung der Rechtslage herbeizuführen, so gereicht es ihm auch nicht zur Beschwerde, daß die Beklagte nach erlangter Kenntnis und unter deren Wirkung auf Scheidung zu klagen befugt ist, ohne — in Hinsicht auf die zu dem früheren Zeitpunkte verfallenen Verschuldung des Klägers — auch nur als Mitschuldige bezeichnet werden zu können.

γ) OLG. Dresden, II. ZS. Urteil v. 25. Oktober 1907.

Die Verfehlungen der Klägerin nach § 1568 könnten gemäß § 1574³ nicht mehr geltend gemacht werden, da sie dem Scheidungsgrund der Trunksucht des Beklagten und seinem daraus entspringenden, in Schimpfreden zc sich äußernden Gebaren nicht aufrechenbar gegenüberstanden. Letzteres war nur der Fall im Anfange der Trunksucht, nicht jedoch in dem Verlaufe über 1906 hinaus. Durch beständige Wiederholung des übermäßigen Alkoholgenusses mit dessen Folgen bot der Beklagte immer wieder einen neuen Scheidungsgrund dar. Bei dessen jeweiligem Eintritte, mindestens soweit er nach dem bezeichneten Zeitpunkte erfolgte, war der Beklagte nach § 1571¹ nicht mehr berechtigt, wegen der Vorfälle aus 1905 und vorher auf Scheidung zu klagen. Dr. v. F.

w) **Verzicht auf Unterhaltsanspruch.**

OLG. Breslau, VIII. ZS. Urteil v. 4. Oktober 1907.

Der Klage auf Unterhaltsrente hat der an der Scheidung für allein schuldig erklärte Beklagte entgegengesetzt, daß die Klägerin auf jeden Unterhalt verzichtet habe. Das LG. hat den unstreitig vor Rechtskraft des Scheidungsurteils erklärten Verzicht für unwirksam erachtet. Allerdings gelangt der Unterhaltsanspruch erst mit der Rechtskraft des Scheidungsurteils zur Entstehung, das Gesetz gibt aber keinen Anhalt dafür, daß ein Verzicht auf eine noch nicht entstandene Forderung ungültig wäre. Bereits das ALR. I 16 § 379 unterschied zwischen „Erlaß" als Entsagung eines bereits erworbenen Rechts und „Verzichtleistung" als Entsagung eines noch zu erwerbenden Rechts. Der gerichtlichen oder notariellen Form bedurfte der Verzicht selbst dann nicht, falls er schenkungshalber erfolgt ist, denn der Erlaß stellt die Vollziehung der Schenkung dar, so daß § 518² zur Anwendung kommt. D.

x) **Empfängniszeit. Anfechtung der Ehelichkeit.**

OLG. Hamburg, IV. ZS. Urteil v. 10. Mai 1907.

Auch nach den Angaben der Beklagten bleibt es unwahrscheinlich, daß der Kläger der Erzeuger des Kindes ist. Der 24. November ist der 5. Tag vor Beginn der gesetzlichen Empfängniszeit, und normalerweise hätte die Schwangerschaft der Beklagten in den mehr als zwei Monaten, in denen sie wegen Unterleibsleidens im Krankenhause gewesen ist, bemerkt werden müssen. Das Gesetz hat, indem es den Beginn der Empfängniszeit auf den 302. Tag vor der Geburt festsetzte, schon sehr weit gegriffen; das gemeine Recht ging nur bis zum 300. Tage. Anderseits ist durch diese Umstände die Vaterschaft des Klägers nicht ausgeschlossen. Aus den Prot. 4 S. 458, 462 geht hervor, daß man sich bewußt war, daß der 302. Tag noch nicht die äußerste Möglichkeit war und diese, allerdings nach allen Erfahrungen sehr fernliegende Möglichkeit ist auch im § 1592² selbst berücksichtigt, indem zugunsten der Ehelichkeit eines Kindes der Nachweis verstattet wird, daß das Kind schon vor dem 302. Tage vor der Geburt erzeugt ist. Gerade der Umstand, daß die Beklagte unterleibsleidend war, mag zur Hinauszögerung der Geburt beigetragen haben. Letzteres läßt auch die Angabe der Beklagten, daß sie selbst von ihrer Schwangerschaft erst nach ihrer Entlassung aus dem Krankenhause etwas bemerkt habe, nicht unglaubwürdig und so auch die Tatsache, daß die Ärzte nichts davon bemerkt haben, erklärlich erscheinen. Für die Beklagte spricht weiter, daß nach den Angaben der Hebamme über den Reifegrad bei der Geburt das Kind, wenn es nicht schon vor dem 25. November erzeugt ist, während der Zeit, wo die Beklagte im Krankenhause war, erzeugt sein müßte, und daß dies, da sie unwiderlegt während jener Zeit nie aus dem Krankenhause herausgekommen ist, unwahrscheinlich ist. Immerhin sprechen so viele abnorme Umstände gegen die Beklagte, daß es gerechtfertigt ist, von ihr einen richterlichen Eid zu fordern.... M. M.

y) **Abmessung des notdürftigen Unterhalts eines getrennt lebenden Ehegatten.**

Kammergericht, XX. ZS. Urteil v. 15. März 1907.

Der von der Frau begangene Ehebruch berechtigt den Beklagten, ihr gemäß §§ 2335, 1565 den Pflichtteil zu entziehen. Deshalb kommt der § 1611² zur Anwendung. Dieser ist als Sondervorschrift neben den §§ 1360 und 1361, welche an sich die Unterhaltspflicht der Ehegatten vollständig regeln, anwendbar, weil er ausdrücklich die Ehegatten erwähnt; auch wäre für seine Anwendung auf Ehegatten kein Raum, wenn die §§ 1360, 1361 ihn ausschlössen. Die Klägerin kann deshalb nur den notdürftigen Unterhalt beanspruchen.

Der Beklagte gibt den Betrag dieses Unterhalts auf 60 Mark monatlich an; er ist jedoch auf 90 Mark zu bemessen. Das Maß des notdürftigen Unterhalts ist nicht für alle Menschen oder für alle Menschen eines gewissen Alters oder Geschlechts oder aus einer bestimmten Gegend dasselbe. Bei seiner Bestimmung muß vielmehr in gewissem Umfange auch auf die Lebensverhältnisse des Berechtigten Rücksicht genommen werden. Ein Mensch, der an eine bessere Lebenshaltung gewöhnt ist, würde unbilligen Nachteilen ausgesetzt sein, wenn man ihm zumuten würde, mit dem Betrage auszukommen, der zum notdürftigen Unterhalt eines an einfache Verhältnisse gewöhnten Menschen ausreicht. Krankheiten körperlicher oder geistiger Art könnten leicht die Folge sein, wenn ein verwöhnterer Mensch nur so viel zur Verfügung hat, wie für einen an rauhe Arbeit gewöhnten Menschen vollkommen ausreicht. Allerdings ist die Klägerin aus dem Arbeiterstande hervorgegangen. Durch ihre Ehe ist sie jedoch in bessere Lebensverhältnisse gekommen und hat sich dadurch der rauheren Arbeit entwöhnt. Der Beklagte lebt, selbst wenn man seine eigene Angabe zugrunde legt, in guten Verhältnissen. Denn der Reinüberschuß seines Geschäfts hat durchschnittlich über 4000 Mark betragen. Sein Geschäft ist so gut gegangen, daß ihm, weil er vorzeitig die gemieteten Geschäftsräume verlassen mußte, der Hauswirt eine Entschädigung von 50000 Mark gewährte. R.

z) **„Aussteuer". Umfang, Erfüllungsort und =zeit. Berechtigter.**

OLG. Dresden, II. ZS. Urteil v. 25. Oktober 1907.

Die vielfach vertretene Ansicht, daß der Anspruch auf Aussteuer mit der Verheiratung entstehe, will zunächst die Meinung bekämpfen, daß der Anspruch schon vorher geltend gemacht werden könnte. Auch abgesehen von der Möglichkeit eines Verzichts oder einer Stundung ist indessen weiter im Auge zu behalten, daß der Anspruch nicht schlechthin auf eine gewisse Leistung, sondern nur auf eine einem bestimmten Zweck dienende Leistung gerichtet ist. Schon in dem Worte „Aussteuer", namentlich aber in den in § 1620 zugleich zur Abgrenzung des Begriffs beigefügten Worten „zur Einrichtung des Haushalts" tritt das hervor. Eben wegen jenes Zwecks geht der Anspruch auch, mindestens in erster Linie, nicht auf Geld, sondern auf Überlassung von Gebrauchsgegenständen. Erfolgt die Verheiratung unter Umständen, wo die Verwirklichung jenes Zwecks ausgeschlossen ist, z. B. seitens einer Tochter, die im Sterben liegt und ihr Kind legitimieren will, so fällt der Anspruch ohne weiteres. Eine verheiratete Tochter würde hiernach aber auch dann, wenn sie tatsächlich mit ihrem Mann eine gesonderte Wirtschaft führt, Aussteuer nicht beanspruchen können, falls etwa feststünde, daß sie die Sachen oder das Geld nicht zur Einrichtung der Wirtschaft, vielmehr nur deshalb fordert, um die erlangten Mittel sonstwie zu verwenden. Aus demselben Grunde steht einer Tochter endlich aber auch so lange ein Aussteueranspruch überhaupt nicht zu, als sie trotz ihrer Verheiratung im Einverständnisse des Mannes unter Abstandnahme von einer Haushaltsgründung einfach in der häuslichen Gemeinschaft der Eltern verbleibt. Daß Blume zu § 1620 als Leistungsort den ersten Wohnort der Ehegatten bezeichnet, stimmt zu der hier vertretenen Auffassung. Auch hat das OLG. (Ann. 13 S. 338) für § 1661 Sächs. BGB. bei Bestimmung der Erfüllungszeit für die Aussteuerpflicht in ähnlicher Weise auf die Zeit der tatsächlichen Begründung des ehelichen Haushalts Gewicht gelegt.

Höchstens könnte in einem Falle der bezeichneten Art von der Eheschließung an ein aufschiebend bedingter Aussteueranspruch der Tochter angenommen werden, bedingt dadurch, daß sie sich nachträglich zu der, regelmäßig mit der Hochzeit zusammenfallenden Gründung eines eigenen Hauswesens anschickte oder daß doch der Mann die Herstellung des ehelichen Lebens forderte; auf Grund von § 1380 würde der Mann ohne die letztere Voraussetzung auch im eigenen Namen eine Aussteuer nicht einklagen können. Würde die Tochter aber vor Eintritt der Bedingung sterben, so würde jedenfalls die damit herbeigeführte Unmöglichkeit, den vom Gesetz bezeichneten Zweck zu erreichen, die Aussteuerpflicht des Vaters endgültig beseitigen; mindestens würde sie insoweit weggefallen sein, als sie sich auf Beschaffung von Kleidung, Wäsche und anderen unmittelbar nur von der Tochter verwendbaren Sachen bezog. Dr. v. F.

Wortregister.

Verfaßt vom Staatsanwalt Dr. Rindfleisch in Göttingen.

(Die Zahlen bedeuten die Seiten.)

Nachträge.

Zu Band 5.

S. 390. Ebenso RG. 65 S. 260.

Zu Band 6.

S. 39. Vgl. dagegen JW. 1907 S. 826 Nr. 3.

Zu Band 9.

S. 252. Ebenso RG. 61 S. 355, 65 S. 378.

Zu Band 10.

S. 72. Ebenso RG. 61 S. 355, 65 S. 378.
S. 341 (β). Abgeändert vom RG. in Holdheims MSchr. 14 S. 24.

Zu Band 11.

S. 258. Vgl. jetzt RG. 65 S. 250.

Zu Band 14.

S. 14. Abgeändert JW. 1907 S. 507 Nr. 2.
S. 346. Bestätigt vom RG. am 21. Juni 1907 (III 15/07).

Zu Band 15.

S. 4 Z. 6 v. o. Hinzuzufügen ist: „Da vorliegend die Hinterlegung am 8., die Vorpfändung aber erst am 10. Juni erfolgt ist, so kommt es für die Wirksamkeit dieser Vorpfändung nicht darauf an, daß die Hinterlegungsquittung dem Schuldner erst am 17. Juni zugestellt wurde".
S. 37 a. Vgl. JW. 1908 S. 22 Nr. 28.
S. 308 c. Abgeändert vom RG. (Seuffert 62 S. 433).

Berichtigungen.

Fünfzehnter Band.

S. 1 Z. 10 v. o. statt „Möglichkeit und Abänderung" lies: „Möglichkeit einer Abänderung".
S. 1 Z. 15 v. o. statt „Berufung unzulässig ist" lies: „Berufung nur zulässig ist".
S. 1 Z. 1 v. u. statt „unlautere erlaubte" lies: „unerlaubte".
S. 8 Z. 22 v. o. statt „der den Klägern entstanden ist" lies: „der den Klägern dadurch entstanden ist".
S. 8 Z. 4 v. u. statt „im Falle des § 875" lies: „im Falle des § 845".
S. 20 Z. 19 v. o. statt „I. ZS." lies: „XI. ZS."
S. 25 Z. 4 v. o. statt „hierauszugeben" lies: „herauszugeben".
S. 28 Z. 16 v. u. statt „stimmentsprechende" lies: „sinnentsprechende".

S. 29 Z. 1 v. u. statt „anfechtbar erklären" lies: „anfechtbar erklärt sind".
S. 44 Z. 1 v. o. statt „hat das . . . Gericht zu entstehen" lies: „hat das . . . Gericht zu entscheiden".
S. 62 Z. 10 v. u. statt „widerspräche also dem, was . . . anlangt, . . ." lies: „widerspräche also, was . . . anlangt . . ."
S. 67 Z. 3 u. 2 v. u. statt „daß die Parteien, da sie . . ." lies: „daß, da die Parteien . . ."
S. 76 Z. 11 v. u. statt „angewendet werden kann" lies: „nicht angewendet werden kann".
S. 110 Z. 14 v. o. statt „daß gilt" lies: „das gilt".
S. 121 Z. 13 v. u. statt „nun dann nicht" lies: „nur dann nicht".
S. 121 Z. 2 v. u. statt „und aus einer" lies: „nur aus einer".
S. 130 Überschrift statt „ZPO. § 200" lies: „ZPO. § 299".
S. 189 Überschrift Z. 8 u. 15 v. u. statt „§ 20 Nr. 10" lies: „§ 20 u. D. GKG. § 26 Nr. 10".
S. 195 Z. 20 v. u. statt „Rsp. 3 S. 262 Nr. 13β" lies: „Rsp. 13 S. 262 Nr. 13β".
S. 234 Z. 14 v. u. statt „ist es, ihm" lies: „ist es, ihre".
S. 251 Z. 16 v. u. statt „Rsp. . . . 5 S. 39 . . ." lies: „Rsp. . . . 6 S. 366 . . ."
S. 275 Z. 3 v. u. statt „§ 752 ZPO." lies: „§ 753 ZPO."
S. 292 Z. 13 v. u. statt „des die Herauszahlung" lies: „die Herauszahlung des".
S. 329 Z. 14 v. o. statt „ernstlichem . . . Zusammenhang" lies: „rechtlichem . . . Zusammenhang".
S. 379 Z. 14 v. u. statt „§ 1070 BGB." lies: „§ 1170 BGB."
S. 388 Z. 22 v. o. statt „häufig" lies: „künftig".
S. 391 Z. 20 v. u. statt „Zustimmung von R." lies: „Zustimmung von B."
S. 398 Z. 2 v. o. statt „§ 1517² Satz 2" lies: „§ 1571² Satz 2".
S. 412 Z. 21 v. u. statt „fristgemäß erfolgten" lies: „fristgemäß verfolgten".

Entwurf eines Gesetzes,

betreffend Änderungen des Gerichtsverfassungsgesetzes, der Zivilprozeßordnung, des Gerichtskostengesetzes und der Gebührenordnung für Rechtsanwälte.

(Die Änderungen sind durch Sperrdruck angedeutet.)

Artikel I. Das GVG. wird dahin geändert:

1. Im § 23 Nr. 1 wird das Wort „300“ durch das Wort „800“ ersetzt.

2. Der § 58 erhält folgenden Abs. 2: Die Mitglieder können gleichzeitig Amtsrichter am Sitze des Landgerichts sein.

3. Im § 202 erhält a) der Schluß des Abs. 2 Nr. 4a folgende Fassung: .... sowie die im § 4 Abs. 1 Nr. 1 bis 4 des Gewerbegerichtsges. (RGBl. 1901 S. 353) und im § 5 Nr. 1 bis 4 des Ges. betreffend Kaufmannsgerichte, vom 6. Juli 1904 (RGBl. S. 266) bezeichneten Streitigkeiten.

b) der Abs. 3 wird durch folgende Vorschriften ersetzt:

In dem Verfahren vor den Amtsgerichten hat das Gericht auf Antrag auch andere Sachen als Feriensachen zu bezeichnen. Werden in einer Sache, die durch Beschluß des Gerichts als Feriensache bezeichnet ist, in einem Termine zur mündlichen Verhandlung einander widersprechende Anträge gestellt, so ist der Beschluß aufzuheben, sofern die Sache nicht besonderer Beschleunigung bedarf.

In dem Verfahren vor den Landgerichten sowie in dem Verfahren in den höheren Instanzen kann das Gericht auf Antrag auch solche Sachen, welche nicht unter die Vorschrift des Abs. 1 fallen, soweit sie besonderer Beschleunigung bedürfen, als Feriensachen bezeichnen. Die gleiche Befugnis hat vorbehaltlich der Entscheidung des Gerichts der Vorsitzende.

4. Der Eingang des § 204 erhält folgende Fassung:

Auf das Kostenfestsetzungsverfahren, das Mahnverfahren ...

Artikel II. Die ZPO. wird dahin geändert:

1. An die Stelle der §§ 103 bis 106 treten folgende Vorschriften:

§ 103. Der Anspruch auf Erstattung der Prozeßkosten kann nur auf Grund eines zur Zwangsvollstreckung geeigneten Titels geltend gemacht werden.

Das Gesuch um Festsetzung des zu erstattenden Betrags ist bei dem Gerichtsschreiber des Gerichts erster Instanz anzubringen. Die Kostenberechnung, die zur Mitteilung an den Gegner bestimmte Abschrift derselben und die zur Rechtfertigung der einzelnen Ansätze dienenden Beläge sind beizufügen.

§ 104. Die Entscheidung über das Festsetzungsgesuch erfolgt durch den Gerichtsschreiber.

Zur Berücksichtigung eines Ansatzes genügt, daß er glaubhaft gemacht ist.

Über Erinnerungen gegen den Festsetzungsbeschluß entscheidet das Gericht, dessen Gerichtsschreiber den Beschluß erlassen hat. Die

Erinnerungen sind binnen einer Notfrist von zwei Wochen, welche mit der Zustellung des Beschlusses beginnt, zu erheben. Gegen die Entscheidung des Gerichts findet sofortige Beschwerde statt.

§ 105 (neu). Der Festsetzungsbeschluß kann auf das Urteil und die Ausfertigungen gesetzt werden, sofern bei der Anbringung des Gesuchs eine Ausfertigung des Urteils noch nicht erteilt ist und eine Verzögerung der Ausfertigung nicht eintritt. Eine besondere Ausfertigung und Zustellung des Festsetzungsbeschlusses findet in diesem Falle nicht statt. Den Parteien ist der festgesetzte Betrag mitzuteilen, dem Gegner des Antragstellers unter Beifügung der Abschrift der Kostenberechnung. Die Verbindung des Festsetzungsbeschlusses mit dem Urteile soll unterbleiben, sofern dem Festsetzungsgesuch auch nur teilweise nicht entsprochen wird.

Der Anbringung eines Festsetzungsgesuchs bedarf es nicht, wenn die Partei vor der Verkündung des Urteils die Berechnung ihrer Kosten eingereicht hat; in diesem Falle ist die dem Gegner mitzuteilende Abschrift der Kostenberechnung von Amts wegen anzufertigen.

§ 106. Sind die Prozeßkosten ganz oder teilweise nach Quoten verteilt, so hat in den in erster Instanz vor einem Landgerichte verhandelten Sachen die Partei den Gegner vor Anbringung des Festsetzungsgesuchs aufzufordern, die Berechnung seiner Kosten binnen einer einwöchigen Frist bei dem Gerichtsschreiber einzureichen. In den in erster Instanz vor einem Amtsgerichte verhandelten Sachen ist die Aufforderung nach Anbringung eines Festsetzungsgesuchs von dem Gerichtsschreiber zu erlassen. Die Vorschriften des § 105 finden keine Anwendung.

Nach fruchtlosem Ablaufe der einwöchigen Frist erfolgt die Entscheidung ohne Rücksicht auf die Kosten des Gegners, unbeschadet des Rechts des letzteren, den Anspruch auf Erstattung nachträglich geltend zu machen. Der Gegner haftet für die Mehrkosten, welche durch das nachträgliche Verfahren entstehen.

2. Im § 107 werden

a) im Abs. 1 Satz 2 die Worte „das Gericht erster Instanz" durch die Worte „der Gerichtsschreiber des Gerichts erster Instanz",

b) im Abs. 2 Satz 1 die Worte „bei dem Gericht" durch die Worte „bei dem Gerichtsschreiber" ersetzt. Ferner wird

c) der zweite Halbsatz im Abs. 2 Satz 1 gestrichen und

d) der Abs. 3 dahin geändert:

Die Vorschriften des § 104 Abs. 3 finden Anwendung.

3. Der § 141 erhält folgenden Zusatz: „Wird das Erscheinen angeordnet, so ist die Partei von Amts wegen zu laden. Die Ladung ist der Partei selbst zuzustellen, auch wenn sie einen Prozeßbevollmächtigten bestellt hat."

4. Der § 157 erhält folgende Fassung:

Das Gericht kann Bevollmächtigte und Beistände, welche das mündliche Verhandeln vor Gericht geschäftsmäßig betreiben, zurückweisen.

Das Gericht kann Parteien, Bevollmächtigten und Beiständen, denen die Fähigkeit zum geeigneten Vortrage mangelt, den weiteren Vortrag untersagen. Einer Partei, welche einen ihr abgetretenen Anspruch geltend macht, kann der Vortrag auch untersagt werden, wenn die Partei das mündliche Verhandeln vor Gericht geschäftsmäßig betreibt und ihr nach der Überzeugung des Gerichts der Anspruch abgetreten ist, um eine Zurückweisung auf Grund der Vorschrift des Abs. 1 zu vermeiden.

Eine Anfechtung dieser Anordnungen findet nicht statt.

Die Vorschriften der Abs. 1, 2 finden auf Rechtsanwälte, die Vorschrift des Abs. 1 auf Personen, denen das mündliche Verhandeln vor Gericht durch eine seitens der Justizverwaltung getroffene Anordnung gestattet ist, keine Anwendung.

Die Justizverwaltung soll für Gerichte, bei denen mindestens zwei Rechtsanwälte zugelassen sind, eine solche Anordnung nicht treffen.

5. Der § 218 erhält folgende Fassung:

Zu Terminen, welche in verkündeten Entscheidungen bestimmt sind, ist eine Ladung der Parteien unbeschadet der Vorschrift des § 141 Satz 2 nicht erforderlich.

6. An die Stelle des 2. Abschnitts des 2. Buches treten folgende Vorschriften:

Verfahren vor den Amtsgerichten.

§ 495 (unverändert).

§ 496 (neu). Die Zustellungen erfolgen unbeschadet der Vorschrift des § 317 Abs. 1 von Amts wegen.

Die Klage sowie sonstige Anträge und Erklärungen einer Partei, die zugestellt werden sollen, sind bei dem Gerichte schriftlich einzureichen oder mündlich zum Protokoll des Gerichtsschreibers anzubringen. Die Partei soll den Schriftsätzen, welche sie bei dem Gericht einreicht, die für die Zustellung erforderliche Zahl von Abschriften beifügen.

Soll durch die Zustellung eine Frist gewahrt oder die Verjährung unterbrochen werden, so tritt die Wirkung bereits mit der Einreichung oder Anbringung des Antrags oder der Erklärung ein, sofern die Zustellung binnen einer Frist von 2 Wochen, die Zustellung mittels Ersuchens anderer Behörden oder Beamten oder mittels öffentlicher Bekanntmachung innerhalb einer Frist von 6 Monaten erfolgt.

Wird eine Partei durch einen Anwalt vertreten, so genügt zum Nachweise der Zustellung das mit Datum und Unterschrift versehene schriftliche Empfangsbekenntnis des Anwalts.

Auf Bestimmung des Gerichts kann die Mitteilung von Anträgen und Erklärungen ohne besondere Form erfolgen.

Die Ausfertigung der Urteile erfolgt, sofern nicht von der Partei ein anderes beantragt wird, unter Weglassung des Tatbestandes und der Entscheidungsgründe. Die Zustellung einer solchen Ausfertigung steht in den Wirkungen der Zustellung des vollständigen Urteils gleich.

§ 497. Ladungen durch die Parteien finden nicht statt. Die Termine werden von Amts wegen bestimmt. Nach Bestimmung des Termins ist die Ladung der Parteien durch den Gerichtsschreiber zu veranlassen.

Die Ladung einer Partei ist nicht erforderlich, wenn der Termin der Partei bei Einreichung oder Anbringung der Klage oder des Antrags, auf Grund dessen die Terminsbestimmung stattfindet, mitgeteilt worden ist. Die erfolgte Mitteilung ist zu den Akten zu vermerken.

§ 498. Dem Beklagten ist mit der Ladung die Klageschrift oder das die Klage enthaltende Protokoll zuzustellen.

Die Klage gilt unbeschadet der Bestimmung in § 496 Abs. 3 erst mit der Zustellung an den Beklagten als erhoben.

§ 499. Die Einlassungsfrist beträgt mindestens 3 Tage, wenn die Zustellung im Bezirke des Prozeßgerichts oder an einem Orte erfolgt, von dem ein Teil zu diesem Bezirke gehört; mindestens eine Woche, wenn die Zustellung sonst im Inlande erfolgt; in Meß- und Marktsachen mindestens 24 Stunden.

Ist die Zustellung im Auslande vorzunehmen, so hat das Gericht bei Festsetzung des Termins die Einlassungsfrist zu bestimmen.

§ 500 (unverändert).

§ 501 (neu). Das Gericht kann Anordnungen, die nach der Klageschrift oder den vorbereitenden Schriftsätzen zur Aufklärung des Sachverhältnisses dienlich erscheinen, schon vor der mündlichen Verhandlung treffen. Das Gericht kann insbesondere:

1. den Parteien die Vorlegung der in ihren Händen befindlichen Urkunden, auf welche sie sich bezogen haben, sowie die Vorlegung von Stammbäumen, Plänen, Rissen und sonstigen Zeichnungen aufgeben;
2. öffentliche Behörden oder öffentliche Beamte um Mitteilung von Urkunden, auf welche eine Partei sich bezogen hat, ersuchen;
3. amtliche Auskünfte von Behörden einziehen;
4. Zeugen und Sachverständige zur mündlichen Verhandlung laden;
5. das persönliche Erscheinen der Parteien anordnen;
6. die Einnahme des Augenscheins sowie die Begutachtung durch Sachverständige anordnen.

Bevor eine mündliche Verhandlung stattgefunden hat, in der von beiden Parteien einander widersprechende Anträge gestellt worden sind, soll eine Anordnung der unter Nr. 4 und 6 bezeichneten Art nur ergehen, wenn der Beklagte in einem vorbereitenden Schriftsatze dem Klagantrage widersprochen hat und wenn die Anordnung entweder den Parteien besondere Kosten nicht verursacht oder zur Vermeidung wesentlicher Nachteile geboten erscheint oder von beiden Parteien beantragt wird.

Die Parteien sind von der Anordnung zu benachrichtigen. Wird das persönliche Erscheinen der Parteien angeordnet, so findet die Vorschrift des § 141 Satz 2 Anwendung.

§ 502. In der mündlichen Verhandlung hat das Gericht das Sach- und Streitverhältnis mit den Parteien zu erörtern und dahin zu wirken, daß die Parteien über alle erheblichen Tatsachen sich vollständig erklären und die sachdienlichen Anträge stellen.

§ 503 (neu). Erscheinen in einem Termine zur mündlichen Verhandlung beide Parteien nicht, so ruht das Verfahren, bis die Ansetzung eines neuen Verhandlungstermins beantragt wird.

§ 504. Die Vorschrift, daß prozeßhindernde Einreden gleichzeitig und vor der Verhandlung zur Hauptsache vorzubringen sind, findet nur insoweit Anwendung, als die Einrede der Unzuständigkeit des Gerichts vor der Verhandlung zur Hauptsache geltend zu machen ist.

Auf Grund prozeßhindernder Einreden darf die Verhandlung zur Hauptsache nicht verweigert werden; das Gericht kann jedoch die abgesonderte Verhandlung über diese Einrede anordnen.

§ 505. Wird die Einrede der Unzuständigkeit rechtzeitig vorgebracht und für begründet erachtet oder ist ein anderes Gericht ausschließlich zuständig, so hat das angegangene Gericht, sofern das zuständige Gericht bestimmt werden kann, auf Antrag des Klägers durch Beschluß seine Unzuständigkeit auszusprechen und den Rechtsstreit an das zuständige Gericht zu verweisen.

Eine Anfechtung des Beschlusses findet nicht statt; mit der Verkündung des Beschlusses gilt der Rechtsstreit als bei dem im Beschlusse bezeichneten Gericht anhängig. Der Beschluß ist für dieses Gericht bindend.

Die im Verfahren vor dem angegangenen Gericht erwachsenen Kosten werden als Teil der Kosten behandelt, welche bei dem im Beschlusse bezeichneten Gericht erwachsen. Dem Kläger sind die entstandenen Mehrkosten auch dann aufzuerlegen, wenn er in der Hauptsache obsiegt.

§ 506. Wird in einem bei dem Amtsgericht anhängigen Prozesse durch Widerklage oder durch Erweiterung des Klagantrags (§ 268 Nr. 2, 3) ein Anspruch erhoben, der zur Zuständigkeit der Landgerichte gehört, oder wird gemäß § 280 die Feststellung eines Rechtsverhältnisses beantragt, für welches die Landgerichte zuständig sind, so hat das Amtsgericht, sofern eine Partei vor weiterer Verhandlung zur Hauptsache darauf anträgt, durch Beschluß seine Unzuständigkeit auszusprechen und den Rechtsstreit an das Landgericht zu verweisen.

Die Vorschriften des § 505 Abs. 2, Abs. 3 Satz 1 finden entsprechende Anwendung.

§ 507. Die Vorschriften des § 297 und der §§ 348 bis 354 finden auf das Verfahren vor den Amtsgerichten keine Anwendung.

§ 508 (neu). Der Gerichtsschreiber hat die Zustellung des Versäumnisurteils zu vermitteln, sofern nicht die Partei, welche das Urteil erwirkt hat, erklärt hat, selbst einen Gerichtsvollzieher mit der Zustellung beauftragen zu wollen.

Die im § 339 Abs. 1 bezeichnete Frist beträgt eine Woche.

Die Einlegung des Einspruchs erfolgt durch Einreichung der Erklärung bei dem Gerichte, daß Einspruch eingelegt werde, oder durch Abgabe der Erklärung zum Protokoll des Gerichtsschreibers.

In der Formel des Versäumnisurteils ist der Partei zu eröffnen, in welcher Form und Frist ihr der Einspruch zusteht.

§ 509 (neu). Beschließt das Gericht eine Beweiserhebung, so soll die Aufnahme des Beweises, soweit dies tunlich ist, sofort erfolgen, insbesondere sollen Zeugen und Sachverständige, falls sie zur Stelle sind oder ihre unverzügliche Gestellung möglich ist, sofort vernommen werden.

Die Beeidigung der Zeugen und Sachverständigen erfolgt nur, wenn sie von dem Gerichte zur Herbeiführung einer wahrheitsgemäßen Aussage für notwendig erachtet oder von einer Partei vor Abschluß der Vernehmung beantragt wird. Die Vorschriften des § 391 Abs. 2 und des § 393 bleiben unberührt.

§ 510 (bisher 507). Wegen unterbliebener Erklärung ist eine Urkunde nur dann als anerkannt anzusehen, wenn die Partei durch das Gericht zur Erklärung über die Echtheit der Urkunde aufgefordert ist.

§ 510a. Anträge sowie die Erklärungen über Annahme oder Zurückschiebung zugeschobener Eide sind durch das Sitzungsprotokoll festzustellen; anstatt der Feststellung genügt die Bezugnahme auf den Inhalt eines vorbereitenden Schriftsatzes.

Sonstige Erklärungen einer Partei, insbesondere Geständnisse, sind durch das Protokoll insoweit festzustellen, als das Gericht bei dem Schlusse der mündlichen Verhandlung die Feststellung für angemessen erachtet.

§ 510b (neu). Erfolgt die Verurteilung zur Vornahme einer Handlung, so ist der Beklagte zugleich auf Antrag des Klägers für den Fall, daß die Handlung nicht binnen einer zu bestimmenden Frist vorgenommen ist, zur Zahlung einer Entschädigung zu verurteilen; das Gericht hat die Entschädigung nach freiem Ermessen festzusetzen.

§ 510c (bisher 510). Wer eine Klage zu erheben beabsichtigt, kann unter Angabe des Gegenstands seines Anspruchs bei dem Amtsgericht, vor welchem der Gegner seinen allgemeinen Gerichtsstand hat, beantragen, daß zum Zweck eines Sühneversuchs Termin bestimmt werde.

Erscheinen beide Parteien und wird ein Vergleich geschlossen, so ist der Vergleich zu Protokoll festzustellen. Kommt ein Vergleich nicht zustande, so wird auf Antrag beider Parteien der Rechtsstreit sofort verhandelt; die Erhebung der Klage erfolgt in diesem Falle durch den mündlichen Vortrag.

Ist der Gegner nicht erschienen, oder der Sühneversuch erfolglos geblieben, so werden die erwachsenen Kosten als Teil der Kosten des Rechtsstreits behandelt.

7. Hinter dem § 511 werden folgende Vorschriften eingestellt:

§ 511a. In Rechtsstreitigkeiten über vermögensrechtliche Ansprüche ist die Zulässigkeit der Berufung durch einen den Betrag von 50 Mark übersteigenden Wert des Beschwerdegegenstands bedingt.

In betreff des Werts des Beschwerdegegenstands kommen die Vorschriften der §§ 3 bis 9 zur Anwendung.

Der Berufungskläger hat diesen Wert glaubhaft zu machen; zur Versicherung an Eidesstatt darf er nicht zugelassen werden.

§ 511b. In Rechtsstreitigkeiten über Ansprüche, für welche die Landgerichte ohne Rücksicht auf den Wert des Streitgegenstands ausschließlich zuständig sind, findet die Berufung ohne Rücksicht auf den Wert des Beschwerdegegenstands statt.

8. Der § 577 Abs. 3 erhält folgende Fassung: Das Gericht ist zu einer Änderung seiner der Beschwerde unterliegenden Entscheidung nicht befugt.

9. Im § 604 erhält a) der Abs. 2 Satz 1 folgende Fassung:

Die Einlassungsfrist beträgt mindestens 24 Stunden, wenn die Klage an dem Orte, der Sitz des Prozeßgerichts ist, zugestellt wird; mindestens drei Tage, wenn die Klage an einem anderen Orte zugestellt wird, der im Bezirke des Prozeßgerichts oder, falls dieses ein Amtsgericht ist, im Bezirke des dem Amtsgericht übergeordneten Landgerichts liegt, oder von dem ein Teil zu diesem Bezirke gehört; mindestens eine Woche, wenn die Klage sonst im Inlande zugestellt wird.

b) Ferner wird der Abs. 3 dahin geändert:

In den höheren Instanzen beträgt die Einlassungs- und Ladungsfrist mindestens 24 Stunden, wenn die Zustellung der Berufungs- oder Revisionsschrift oder der Ladung an dem Orte erfolgt, der Sitz des höheren Gerichts ist; mindestens drei Tage, wenn die Zustellung an einem anderen Orte innerhalb des Landgerichtsbezirks erfolgt, in welchem das höhere Gericht seinen Sitz hat; mindestens eine Woche, wenn die Zustellung sonst im Inlande erfolgt.

10. Im § 609 Abs. 1 werden die Worte: „und zu diesem Termine den Beklagten zu laden" gestrichen.

11. Im § 610 Abs. 2 Satz 1 werden die Worte: „und den Beklagten zu dem Termine laden" gestrichen.

12. Der § 693 erhält folgende Fassung:

Die Zustellung des Zahlungsbefehls an den Schuldner erfolgt von Amts wegen.

Mit der Zustellung des Zahlungsbefehls treten die Wirkungen der Rechtshängigkeit ein.

Soll durch die Zustellung eine Frist gewahrt oder die Verjährung unterbrochen werden, so tritt die Wirkung, wenn die Zustellung binnen zwei Wochen erfolgt, bereits mit der Einreichung oder Anbringung des Gesuches um Erlassung des Zahlungsbefehls ein.

Der Gerichtsschreiber hat von der Zustellung des Zahlungsbefehls den Gläubiger in Kenntnis zu setzen.

13. Der § 696 Abs. 2 wird dahin geändert:

Termin zur mündlichen Verhandlung ist nur auf Antrag einer Partei zu bestimmen; der Antrag kann schon in dem Gesuch um Erlassung des Zahlungsbefehls gestellt werden; die Ladungsfrist beträgt mindestens drei Tage.

14. Im § 697 wird das Wort „sechsmonatigen" durch das Wort „dreimonatigen" ersetzt.

15. Im § 699 werden a) im Abs. 1 Satz 2 hinter den Worten „erfolgt durch einen" die Worte „von dem Gerichtsschreiber" eingefügt.

b) dem Abs. 1 folgende Sätze hinzugefügt: Die Zustellung des Vollstreckungsbefehls erfolgt auf Betreiben des Gläubigers. Der Gerichtsschreiber hat die Zustellung zu vermitteln, sofern nicht der Gläubiger erklärt hat, selbst einen Gerichtsvollzieher mit der Zustellung beauftragen zu wollen.

c) Ferner wird der Abs. 2 durch folgende Vorschrift ersetzt:

Will der Gerichtsschreiber dem Gesuche des Gläubigers nicht entsprechen, so hat er das Gesuch dem Gerichte zur Entscheidung vorzulegen. Gegen den Beschluß des Gerichts, durch welchen das Gesuch zurückgewiesen wird, findet sofortige Beschwerde statt.

16. Der § 700 Satz 2 erhält folgende Fassung:

Gegen den Vollstreckungsbefehl findet der Einspruch statt; die Vorschriften über den Einspruch gegen ein von dem Amtsgericht erlassenes Versäumnisurteil finden entsprechende Anwendung.

17. Der § 788 Abs. 1 erhält folgenden Satz 2: Als Kosten der Zwangsvollstreckung gelten auch die Kosten der Ausfertigung und der Zustellung des Urteils.

18. Im § 794 wird hinter Nr. 2 folgende neue Nummer eingeschaltet: 2a) aus Kostenfestsetzungsbeschlüssen.

19. Im § 795 werden die Worte „in den §§ 796 bis 800" ersetzt durch die Worte „in den §§ 795a bis 800".

20. Hinter § 795 wird folgende Vorschrift eingestellt:

§ 795a. Die Zwangsvollstreckung aus einem Kostenfestsetzungsbeschlusse, der gemäß § 105 auf das Urteil gesetzt ist, erfolgt auf Grund einer vollstreckbaren Ausfertigung des Urteils; einer besonderen Vollstreckungsklausel für den Festsetzungsbeschluß bedarf es nicht.

21. Im § 796 Abs. 3 erhält der Schluß des Satzes 1 folgende Fassung: . . . das Amtsgericht zuständig, dessen Gerichtsschreiber den Vollstreckungsbefehl erlassen hat.

22. Der § 798 erhält folgende Fassung: Aus einem Kostenfestsetzungsbeschluß, der nicht auf das Urteil gesetzt ist, und den nach § 794 Nr. 5 aufgenommenen Urkunden darf die Zwangsvollstreckung nur beginnen, wenn der Schuldtitel mindestens drei Tage vorher zugestellt ist.

23. Im § 866 wird der Abs. 3 gestrichen.

24. Hinter § 888 wird folgende Vorschrift eingestellt:

§ 888a. Die Zwangsvollstreckung gemäß §§ 887, 888 ist im Falle des § 510b ausgeschlossen.

25. Der § 900 Abs. 1 erhält folgende Fassung:

Das Verfahren beginnt mit dem Antrage des Gläubigers auf Bestimmung eines Termins zur Leistung des Offenbarungseides. Dem Antrage sind der Vollstreckungstitel und die sonstigen Urkunden, aus denen sich die Verpflichtung des Schuldners zur Leistung des Eides ergibt, beizufügen.

26. An die Stelle des § 915 Abs. 2 tritt folgende Vorschrift:

Sind seit dem Schlusse des Jahres, in welchem die Eintragung in das Verzeichnis bewirkt ist, 5 Jahre verstrichen, so ist die Eintragung dadurch zu löschen, daß der Name unkenntlich gemacht oder das Verzeichnis vernichtet wird.

27. Im § 924 wird dem Abs. 2 folgender Satz 2 hinzugefügt:

Ist das Arrestgericht ein Amtsgericht, so ist der Widerspruch unter Angabe der Gründe, welche für die Aufhebung des Arrestes geltend gemacht werden sollen, schriftlich oder zum Protokoll des Gerichtsschreibers zu erheben; das Gericht hat Termin zur mündlichen Verhandlung von Amts wegen zu bestimmen.

Artikel III. **Das Gerichtskostengesetz wird dahin geändert:**

1. Als § 22a wird folgende Vorschrift eingestellt: Für eine auf Grund des § 501 ZPO. getroffene Anordnung des Gerichts wird die Beweisgebühr nur dann erhoben, wenn auf Grund der Anordnung vor der mündlichen Verhandlung eine Beweisaufnahme stattgefunden hat.

2. Der § 30 Abs. 1 erhält folgende Fassung: Verweist das Amtsgericht einen Rechtsstreit an ein anderes Gericht (ZPO. §§ 505, 506), so bildet das weitere Verfahren vor dem anderen Gerichte mit dem Verfahren vor dem Amtsgericht im Sinne des § 28 Eine Instanz.

3. Im § 38 werden in Nr. 1 die Worte „, sofern dieselbe im besonderen Verfahren erfolgt (ZPO. S. 105)," gestrichen.

4. Im § 39 Abs. 3 werden die Worte „im besonderen Verfahren erfolgte" gestrichen.

5. Im § 47 Abs. 1 wird hinter Nr. 5 folgende Vorschrift eingestellt: 5a) über Erinnerungen gegen den Kostenfestsetzungsbeschluß (ZPO. § 104 Abs. 3).

6. Der § 48 erhält folgende Fassung:

Werden in einem Rechtsstreite mehr als drei Termine zur mündlichen Verhandlung über die Hauptsache in einer Instanz anberaumt, so wird für den vierten und für jeden folgenden Termin eine besondere Gebühr in Höhe von $^5/_{10}$ der vollen Gebühr (§ 8) erhoben. Wird die Beweisgebühr oder die im § 24 Abs. 2 bestimmte Gebühr erhoben, so ist die besondere Gebühr nur für den siebenten und die folgenden Termine zu erheben. Ist auf Grund der Verhandlung in einem Termin ein Versäumnisurteil erlassen, so wird dieser Termin nicht mitgerechnet. Das gleiche gilt von Terminen, die von Amts wegen verlegt werden oder in denen vor Eintritt in die Verhandlung diese von Amts wegen vertagt wird.

Wird eine Sache an das Gericht erster Instanz oder an das Berufungsgericht zurückverwiesen (ZPO. §§ 538, 539, 565), so gilt das weitere Verfahren nicht als Fortsetzung der Instanz im Sinne des Abs. 1.

7. Im § 79 erhalten die Nr. 1, 2 folgende Fassung:

1. Schreibgebühren für solche Ausfertigungen und Abschriften, welche nur auf Antrag erteilt werden, oder welche angefertigt werden, weil die Partei es unterläßt, einem von Amts wegen zuzustellenden Schriftsatze die erforderliche Zahl von Abschriften beizufügen;

2. Telegraphengebühren und die im Fernverkehre nach § 7 der Fernsprechgebührenordnung vom 20. Dezember 1899 (RGBl. S. 711) zu entrichtenden Gebühren.

8. An die Stelle der §§ 80, 80a, 80b treten folgende Vorschriften:

§ 80. Die Schreibgebühr beträgt für die Seite, welche mindestens 20 Zeilen von durchschnittlich 12 Silben enthält, 20 Pfg., auch wenn die Herstellung auf mechanischem Wege stattgefunden hat. Jede angefangene Seite wird als voll berechnet. Für Schriftstücke, die in fremden Sprachen abgefaßt sind, für Schriftstücke in tabellarischer Form, sowie für Verzeichnisse, Listen, Rechnungen, Handzeichnungen und dergleichen kann die Höhe der Schreibgebühr von der Landesjustizverwaltung anderweit bestimmt werden.

§ 80a (neu). Für die von Amts wegen bewirkten Zustellungen werden nur diejenigen baren Auslagen erhoben, welche durch die Zustellung im Ausland oder bei der öffentlichen Zustellung durch Bekanntmachung in öffentlichen Blättern entstehen.

§ 80b (neu). Zur Deckung der von den Parteien nicht zu ersetzenden baren Auslagen werden Pauschsätze erhoben. Der einzelne Pauschsatz beträgt 10% der zum Ansatz gelangenden Gebühr, jedoch nicht mehr als 50 Mk. Die Vorschrift des § 7 Abs. 2 findet Anwendung.

In bürgerlichen Rechtsstreitigkeiten beträgt im Falle der Erhebung einer

Klage die Summe der in einer Instanz nach den §§ 18 bis 26, 29, 32, 33, 36, 37, § 38 Nr. 1, 2, §§ 41, 46, 49 anzusetzenden Pauschsätze mindestens 50 Pfg. und höchstens 100 Mk.

9. Im § 94 erhält der Eingang der Nr. 3 folgende Fassung: 3. Eine nach § 47 Abs. 2 beschlossene Gebühr . . .

Artikel IV. Die **Gebührenordnung für RA.** wird dahin geändert:

1. Im § 30 Abs. 3 werden die Worte „im besonderen Verfahren erfolgte" gestrichen.

2. An die Stelle des § 76 tritt folgende (neue) Vorschrift:

Für die Herstellung des Schreibwerkes sowie zum Ersatz der Postgebühren erhält der Rechtsanwalt Pauschsätze.

Der Pauschsatz beträgt 20% der zum Ansatze gelangenden Gebühr, jedoch mindestens 50 Pfg. und höchstens 30 Mk.

Steht dem als Prozeßbevollmächtigten bestellten Rechtsanwalte nach § 13 Nr. 1, §§ 19, 52 die Prozeßgebühr zu, so beträgt die Summe der nach den §§ 13, 16 bis 20, 27, 28, 30 Abs. 1 Nr. 3, 37, 38, 42, 50 bis 52 in einer Instanz anzusetzenden Pauschsätze mindestens 3 Mk. und höchstens 50 Mk. und, wenn dem Rechtsanwalt auch nach § 13 Nr. 4, § 19 die Beweisgebühr oder nach § 13 Nr. 3, § 18 die Vergleichsgebühr zusteht, mindestens 4 Mk. und höchstens 60 Mk.

Steht dem als Verteidiger oder als Vertreter eines Privatklägers, eines Nebenklägers oder einer Verwaltungsbehörde bestellten Rechtsanwalte die im § 63 bestimmte Gebühr zu, so beträgt der Pauschsatz mindestens 4 Mk.

Neben den Pauschsätzen stehen dem Rechtsanwalte für die auf besonderes Verlangen gefertigten Abschriften Schreibgebühren zu. Für die Höhe der Schreibgebühren sind die Vorschriften des § 80 GKG. maßgebend.

Der Ansatz der im § 79 Nr. 2 GKG. bezeichneten Gebühren wird durch den Pauschsatz nicht ausgeschlossen.

Artikel V. Der Bundesrat kann bestimmen, daß benachbarte Orte im Sinne der §§ 499, 604 ZPO. als ein Ort anzusehen sind; die Bestimmung ist im RGBl. bekannt zu machen.

Artikel VI. Soweit in Reichsgesetzen oder in Landesgesetzen auf Vorschriften der in den Artikeln I bis IV bezeichneten Gesetze verwiesen ist, welche durch dieses Gesetz geändert werden, treten die entsprechenden Vorschriften dieses Gesetzes an ihre Stelle.

Artikel VII. Dieses Gesetz tritt am . . . in Kraft.

Artikel VIII. Innerhalb 3 Jahren nach dem Inkrafttreten dieses Gesetzes findet bei notwendiger Einziehung von Richterstellen die Vorschrift des § 8 Abs. 3 GVG. Anwendung.

Artikel IX. Eine Frist, die zur Zeit des Inkrafttretens dieses Gesetzes läuft, wird nach den bisherigen Vorschriften berechnet.

Die Frist zur Erhebung des Einspruchs gegen ein Versäumnisurteil oder einen Vollstreckungsbefehl richtet sich nach den bisherigen Vorschriften, wenn das Versäumnisurteil oder der Vollstreckungsbefehl vor dem Inkrafttreten dieses Gesetzes erlassen ist.

Artikel X. Die Zulässigkeit der Berufung gegen die vor dem Inkrafttreten dieses Gesetzes verkündeten Urteile richtet sich nach den bisherigen Vorschriften.

Artikel XI. Auf die vor dem Inkrafttreten dieses Gesetzes anhängig gewordenen Prozesse findet bis zur Beendigung der Instanz der § 48 GKG. in der bisherigen Fassung Anwendung. Ebenso sind die Schreib- und Postgebühren in den vor dem Inkrafttreten dieses Gesetzes anhängig gewordenen Rechtssachen bis zur Beendigung der Instanz nach den bisherigen Vorschriften des GKG. und der GebO. für RA. in Ansatz zu bringen.

Begründung.

Der Entwurf bezweckt in der Hauptsache eine Reform des amtsgerichtlichen Verfahrens und geht über diesen Rahmen nur in einzelnen Fragen hinaus, die mit den Vorschlägen für die Änderung jenes Verfahrens zusammenhängen oder aus besonderen Gründen auf eine Abhilfe dringend hinweisen. Zwar läßt sich nicht verkennen, daß bei der praktischen Handhabung der ZPO. trotz ihrer unleugbaren Vorzüge im Laufe der Jahre sich manche Mißstände herausgestellt haben, welche die Notwendigkeit einer auf das gesamte Gebiet des Zivilprozesses sich erstreckenden Revision nahe legen. Der Zeitpunkt für eine solche Revision ist jedoch noch nicht gekommen. Denn über die Richtung, welche die Reform einzuschlagen hätte, wenn sie den Anwaltsprozeß umfassen sollte, gehen die Meinungen noch weit auseinander und auf eine Ausgleichung der Gegensätze ist vorerst nicht zu rechnen. Dagegen herrscht darüber, daß das amtsgerichtliche Verfahren durch Annäherung an das Verfahren vor den Gewerbe- und Kaufmannsgerichten einfacher und schleuniger gestaltet werden muß, in weiten Kreisen Einverständnis. Insbesondere hat der Reichstag in einer Resolution, welche er in der Sitzung vom 16. Juni 1904 bei Annahme des KfmGG. gefaßt hat, die unverzügliche Einleitung einer dahin gehenden Reform für erforderlich erklärt.

Auch bei einer Beschränkung auf das Verfahren vor den Amtsgerichten wird die Reform von großer praktischer Tragweite sein. Denn schon jetzt wird die weit überwiegende Zahl aller Prozesse vor den Amtsgerichten geführt. So sind im Reiche 1905, abgesehen von den Mahnsachen, deren Zahl allein mehr als 2 Millionen betrug, bei den Amtsgerichten 2117612 ordentliche und Urkundenprozesse anhängig gemacht worden, während die Zahl der bei den Zivilkammern und den Kammern für Handelssachen anhängig gemachten Prozesse dieser Art zusammen nur 313787 betrug.

Die Reform gewinnt noch erheblich an Bedeutung, wenn gleichzeitig die sachliche Zuständigkeit der Amtsgerichte eine Erweiterung erfährt. In der Fachliteratur wie in der Presse herrscht ganz überwiegend die Meinung, daß eine solche Erweiterung zweckmäßig und geboten ist. Sie ist auch im Reichstag und in den Landtagen sowie aus industriellen und ländlichen Interessentenkreisen mehrfach angeregt und befürwortet worden. Die Ansichten darüber, in welcher Weise und in welchem Umfange diese Erweiterung geschehen soll, gehen allerdings auseinander.

Von verschiedenen Seiten ist eine Ausdehnung des Kreises der Streitsachen, die im § 23 Nr. 2 GVG. ohne Rücksicht auf den Streitwert den Amtsgerichten zugewiesen sind, vorgeschlagen. Dabei zeigt sich aber wieder eine große Meinungsverschiedenheit darüber, welche Streitsachen hierfür geeignet sind. Vorschläge nach dieser Richtung sind gemacht hinsichtlich der Hypotheken-, Darlehns-, Auszugsklagen, der Wechselsachen, Besitzstörungsklagen, Wege- und Grenzstreitigkeiten, Teilungsklagen, ferner der aus Mietverhältnissen entstehenden Streitigkeiten, der Entscheidung über den Widerspruch in Mahnsachen, der Klagen von Prozeßbevollmächtigten wegen ihrer Gebühren und Auslagen u. a. m. Die Betretung dieses Wegs empfiehlt sich nicht. Abgesehen davon, daß die Vorschläge mehr oder weniger willkürlich sind und daß bei den in Frage kommenden mannigfachen Sonderinteressen eine Verständigung über die Auswahl der geeigneten Streitsachen große Schwierigkeiten bieten würde, erscheint es bedenklich, die Einwirkung des Reichsgerichts auf die Ausgestaltung des Rechts für wichtige Rechtsgebiete völlig auszuschließen. Auch eine Vermehrung der für die Parteien meist unfruchtbaren und kostspieligen Streitigkeiten über die Zuständigkeit wäre unvermeidlich. Es kann daher nur in Frage kommen, das Gebiet der amtsgerichtlichen Zuständigkeit bei Streitigkeiten über vermögensrechtliche Ansprüche durch eine Erhöhung des für die Zuständigkeit maßgebenden Streitwerts zu erweitern. Eine Erweiterung auf dieser Grundlage, wie sie der Entwurf im Art. I Nr. 1 vorschlägt, entspricht sowohl den Interessen des rechtsuchenden Publikums als denjenigen des Staats.

Es liegt auf der Hand, daß ein Rechtsstreit vor dem Einzelrichter sich einfacher abwickeln läßt und schneller zur Entscheidung gebracht werden kann, als vor einem Kollegium. Der Amtsrichter ist meistens für die Parteien bequemer erreichbar, so daß sie ohne erhebliche Opfer an Zeit und Geld vor ihm erscheinen können. Sieht man von den großen Städten ab, so sind die Beweismittel in der Regel leichter zur Stelle zu schaffen, die Beweiserhebung kann rascher und mit geringeren Unkosten vorgenommen werden; auch steht der Amtsrichter regelmäßig den Persönlichkeiten und Verhältnissen näher und ist dadurch oft in der Lage, die vor ihm verhandelte Sache besser zu übersehen, schneller zu fördern und auf eine sachgemäße Beilegung des Streites hinzuwirken. Die Erfahrung zeigt denn auch, daß der Prozentsatz der durch Vergleich erledigten Sachen bei den Amtsgerichten erheblich größer ist als bei den Landgerichten. Mögen dabei noch andere Ursachen mitwirken, so kann doch nicht bezweifelt werden, daß diese Erscheinung zu einem erheblichen Teile auf die engeren Beziehungen des Amtsrichters zu den Gerichtseingesessenen, auf seine persönliche Einwirkung zurückzuführen ist. Bei einer Erhöhung der Zuständigkeit wird sich dieser Einfluß erweitern; dadurch wird wieder die Stellung und das Ansehen des Einzelrichters gehoben, seine Berufsfreudigkeit gestärkt werden. Weiter wird dadurch für eine größere Zahl von Prozessen das Verfahren nicht nur vereinfacht und beschleunigt, sondern auch verbilligt. Denn abgesehen davon, daß bei allen durch die erweiterte Zuständigkeit den Amtsgerichten zugewiesenen Sachen die mit dem Parteibetriebe verbundenen beträchtlichen Nebenkosten für die Zustellungen ausscheiden, fällt bei ihnen die Notwendigkeit der Bestellung von Anwälten. Es wird damit also auch den Beschwerden über die Höhe der Prozeßkosten Rechnung getragen.

Anderseits hat eine Erweiterung der amtsgerichtlichen Zuständigkeit die in hohem Grade bedeutsame Folge, daß der mit der ständigen Zunahme der Prozesse verbundenen, unbegrenzten Vermehrung der Richter an den Kollegialgerichten vorgebeugt wird. Die Kollegialgerichte in den größeren Städten haben zum Teil schon jetzt einen Umfang angenommen, der ihnen den Charakter eines in sich geschlossenen Gerichtshofs nahezu nimmt und für die Besetzung des Vorsitzes in den Kammern der Landgerichte und der Mitgliederstellen bei den OLGerichten erhebliche Schwierigkeiten hervorruft, wenn man die Anforderungen an die dafür zu berufenden Richter nicht in einer der Rechtspflege nachteiligen Weise herabsetzen will. Vornehmlich wird für die OLGerichte eine Entlastung erhofft. Wenn demgegenüber die Frage sich erhebt, ob nicht manche Kollegialgerichte in ihrer Lebensfähigkeit beeinträchtigt werden, so erscheint nach den angestellten Ermittelungen eine solche Besorgnis für die OLGerichte unbedingt, für die Landgerichte vielleicht von vereinzelten Ausnahmen abgesehen als unbegründet. Was den Geschäftskreis der Landgerichte betrifft, so ist zu berücksichtigen, daß die Verminderung, welche der Umfang ihrer Geschäfte durch den Wegfall eines Teiles der erstinstanzlichen Streitsachen erfährt, durch die Vermehrung der bei ihnen zur Entscheidung gelangenden

Berufungssachen bis zu einem gewissen Grade ausgeglichen wird. Im übrigen will der Entwurf etwaigen Schwierigkeiten, die sich ergeben könnten, dadurch begegnen, daß er (Art. I Nr. 2) die Möglichkeit eröffnet, an den Sitzen kleinerer Landgerichte einzelne Land- oder Amtsrichter zugleich zu Amts- oder Landrichtern zu ernennen und in beiden Stellungen zu verwenden.

Die Besorgnis, daß der deutsche Amtsrichter sich den ihm zu übertragenden größeren Aufgaben nicht im vollen Umfange gewachsen zeigen werde, ist nach den Erfahrungen der Justizverwaltungen unbegründet. Es darf in ihn das Vertrauen gesetzt werden, daß er ebenso wie in anderen Ländern, in denen die Zuständigkeit der Einzelrichter vielfach weit über die Grenzen des deutschen GVG. hinausgeht, imstande sein wird, auch Rechtsstreitigkeiten größeren Geldwertes sachgemäß zu entscheiden. Schon jetzt hat der Einzelrichter auf dem Gebiete der freiwilligen Gerichtsbarkeit sowie in Zwangsvollstreckungs-, Arrest- und Konkurssachen über unbegrenzte Werte weittragende Entscheidungen zu treffen. Daß er auf diesen Gebieten den Anforderungen nicht genügt hätte, darüber sind berechtigte Klagen nicht laut geworden. Die Justizverwaltungen werden überall eine hinreichende Zahl von Einzelrichtern zu finden wissen, die zur Verhandlung und Entscheidung von Prozessen mit einem größeren Streitwerte befähigt sind. Auch dagegen, daß die Landgerichte als Berufungskammern in erweitertem Umfange Zivilsachen in letzter Instanz zu entscheiden haben werden, lassen sich nach dem Urteile der Justizverwaltungen Bedenken nicht erheben. Ebensowenig kann es als ein Nachteil für die Rechtspflege bezeichnet werden, wenn durch die Erweiterung der amtsgerichtlichen Zuständigkeit vermögensrechtliche Prozesse, die eine größere wirtschaftliche Bedeutung nicht besitzen, dem Anwaltszwang entzogen werden. Daß es viele Rechtsstreitigkeiten über 300 Mk. gibt, in denen die Vertretung durch einen Rechtsbeistand ebensowenig nötig ist, wie bei Prozessen über geringere Wertbeträge, läßt sich nicht bestreiten. Anderseits steht jeder Partei frei, sich auch vor dem Amtsgericht eines Anwalts zu bedienen. Der Entwurf will nicht der Meinung Vorschub leisten, als sei der Beistand eines Anwalts in allen Prozessen, bei denen der Anwaltszwang fortfallen soll, überhaupt entbehrlich. Er will es lediglich der Prüfung der Parteien im Einzelfall unterstellen, ob sie wegen der Wichtigkeit und Schwierigkeit der Sache des Beistandes eines Anwalts bedürfen. Daß eine solche Regelung das wohlbegründete Vertrauen der Bevölkerung in den Anwaltstand nicht erschüttern wird, läßt sich ohne weiteres annehmen. Die Regelung wird allerdings in der Übergangszeit für die Anwaltschaft manche Unzuträglichkeiten zur Folge haben, insbesondere eine größere Zahl von Anwälten dazu veranlassen müssen, vom Landgericht an ein Amtsgericht zu gehen; gerade die letztere Folge wird aber in mancher Beziehung als ein Vorteil für die Rechtspflege im allgemeinen sich erweisen. So sehr im übrigen auch vom Standpunkte der allgemeinen Rechtsinteressen die Erhaltung einer in ihrer wirtschaftlichen Existenz sicher und angemessen gestellten Anwaltschaft der staatlichen Vorsorge bedarf, so werden doch immer die Rücksichten auf die Bedürfnisse der rechtsuchenden Bevölkerung voranstehen müssen.

Abgesehen von den Vorschriften über das amtsgerichtliche Verfahren und die Erweiterung der sachlichen Zuständigkeit der Amtsgerichte enthält der Entwurf in den Art. I und II noch einzelne Vorschläge, welche eine Erweiterung des Kreises der Feriensachen, das Kostenfestsetzungsverfahren, die Beschränkung der Berufung, die Regelung der Einlassungs- und Ladungsfristen im Wechselprozesse, das Mahnverfahren und die Zwangsvollstreckung betreffen. Ferner werden in den Art. III und IV im Zusammenhange mit der Reform des Verfahrens einige Änderungen des GKG. und der GebO. für RA. vorgeschlagen. Die weiteren Artikel enthalten die erforderlichen Übergangs- und Schlußbestimmungen. Im einzelnen ist folgendes zu bemerken:

Artikel I. Gerichtsverfassungsgesetz.

§ 23. Was die ziffernmäßige Bestimmung der Wertgrenze für die amtsgerichtliche Zuständigkeit anlangt, so hatten sich schon 1876 bei der Beratung der am 1. Oktober 1879 in Kraft getretenen Prozeßgesetze gewichtige Stimmen für eine Bemessung der Zuständigkeit der Amtsgerichte bis auf 600 Mk. hinauf erhoben. Seit jener Zeit ist in den wirtschaftlichen Verhältnissen ein derartiger Umschwung eingetreten, daß es schon mit Rücksicht hierauf gerechtfertigt erscheint, erheblich höher zu gehen, wenn jetzt die Zuständigkeit erweitert werden soll. Hierfür spricht ferner die Steigerung, welche die Geschäfte bei den Gerichten inzwischen erfahren haben. Während die Zahl der in erster Instanz anhängig gemachten ordentlichen Prozesse, einschließlich der Urkunden- und Wechselprozesse, 1881 bei den Amtsgerichten 1062936 und bei den Landgerichten 153138 betrug, ist sie 1905 bei den Amtsgerichten auf 2117612, also um 99,4 %, und bei den Landgerichten auf 313787, also um 104,9 %, gestiegen. Weit erheblicher ist der Unterschied in der Geschäftsverschiebung bei den Land- und Amtsgerichten, wenn man die Zahl der von den Amts- und der von Landgerichten in erster Instanz erlassenen Endurteile, abgesehen von den Endurteilen auf Versäumnis, Verzicht, Anerkenntnis und zur Erledigung eines bedingten Endurteils, miteinander vergleicht. Während die Zahl jener Urteile bei den Amtsgerichten von 218346 im Jahre 1881 auf 240792 im Jahre 1905, also nur um 10,3 % gestiegen ist, beträgt die Steigerung bei den Landgerichten 88,9 %, da landgerichtliche Urteile der bezeichneten Art im Jahre 1881 40373, im Jahre 1905 aber 76254 erlassen worden sind. In noch stärkerem Maße als bei den Landgerichten ist die Geschäftslast bei den OLGerichten gewachsen. Die Zahl der bei diesen anhängig gemachten ordentlichen Prozesse einschließlich der Urkunden- und Wechselprozesse betrug 1881 13728, 1905 34194 und die Zahl der von ihnen erlassenen Endurteile, abgesehen von den Endurteilen auf Versäumnis, Verzicht, Anerkenntnis und zur Erledigung eines bedingten Endurteils, 1881 9826, 1905 23076.

In dem Zeitraum von 1881 bis 1905 ist also bei den OLGerichten die Zahl der anhängig gemachten Prozesse um 149,1 % und die Zahl der erlassenen Endurteile um 134,8 % gestiegen. Hiernach erscheint eine Entlastung der Land- und OLGerichte nicht nur erträglich, sondern dringend geboten. Diese wird erreicht, ohne anderseits eine erhebliche Änderung in der Organisation der Gerichte notwendig zu machen, wenn, wie der Entwurf vorschlägt, die amtsgerichtliche Zuständigkeit auf 800 Mk. erhöht wird. Eine fortlaufende Statistik für das ganze Reich darüber, wie sich die Prozesse bei den Gerichten auf die einzelnen Wertklassen verteilen, ist nicht vorhanden. Doch sind Erhebungen nach dieser Richtung für einzelne Zeiträume in Preußen, Bayern, Sachsen, Württemberg und Baden vorgenommen. Die Ergebnisse dieser Erhebungen lassen keinen Zweifel darüber, daß man bei einer Erhöhung der amtsgerichtlichen Zuständigkeit auf 800 Mk. bei den Land- und OLGerichten noch nicht auf den Stand des Geschäftsumfanges zurückkommt, wie er anfangs der 80er Jahre gewesen ist. Denn bei der vorgeschlagenen Erhöhung werden nach den für Preußen angestellten Berechnungen von den bisher durch die Zivilkammern der Landgerichte in erster Instanz entschiedenen vermögensrechtlichen Sachen etwa 48 % und von den durch die Kammern für HS. entschiedenen Prozessen etwa 57 bis 58 % auf die Amtsgerichte übergehen, während der Ausfall bei den OLGerichten auf etwa 33 bis 34 % anzunehmen ist. Gegenüber der in den letzten Jahrzehnten erfolgten weit stärkeren Geschäftssteigerung ist daher die von der vorgeschlagenen Erhöhung zu erwartende Geschäftsverschiebung nicht derart, daß die Einziehung ganzer Gerichte in Aussicht genommen werden müßte.

§§ 202, 204. Entsprechend den Wünschen, welche namentlich aus dem Handels- und Gewerbestande laut geworden sind, will der Entwurf den Kreis der Feriensachen erweitern. Da auf die Streitigkeiten vor den Gewerbe- und Kaufmannsgerichten die Ferien ohne Einfluß sind, ist es geboten, derartigen Streitsachen, auch wenn sie vor den ordentlichen Gerichten zum Austrag kommen, in den Ferien eine schleunige Behandlung zu sichern. Für die Streitigkeiten zwischen Dienstherrschaft und Gesinde, zwischen Arbeitgebern und Arbeitern hinsichtlich des Dienst- oder Arbeitsverhältnisses sowie für bestimmte in dem GewGG. bezeichnete Streitigkeiten ist dies bereits durch die Novelle vom 17. Mai 1898 geschehen. Für die Streitigkeiten zwischen Kaufleuten und ihren Handlungsgehilfen oder Lehrlingen wird jetzt in dem Entwurf eine entsprechende Bestimmung vorgeschlagen. Ferner soll nach dem Entwurfe bei den Amtsgerichten, um die Erlangung eines vollstreckbaren Titels möglichst zu beschleunigen, auf Antrag jede Sache, solange sie nicht streitig wird, als Feriensache behandelt werden. Aus ähnlicher Erwägung ist das Kostenfestsetzungsverfahren zur Feriensache erklärt worden.

Artikel II. Zivilprozeßordnung.

§§ 103—107 regeln das Verfahren behufs Festsetzung der dem Gegner zu erstattenden Kosten im Anschluß an die bisherigen Vorschriften, also nicht lediglich für das amtsgerichtliche Verfahren, mit folgenden Änderungen.

Nach dem geltenden Recht hat den Festsetzungsbeschluß das Gericht zu erlassen; dieses kann sich jetzt nach dem durch die Novelle von 1898 eingefügten Abs. 2 des bisherigen § 105 bei der Prüfung des Gesuchs der Hilfe des Gerichtsschreibers bedienen. Letztere Vorschrift wurde getroffen, um den Gerichten das Prüfungsgeschäft zu erleichtern und dadurch ihre Geschäftslast zu vermindern. Im Interesse einer noch wirksameren Entlastung der Gerichte schlägt der Entwurf vor, dem Gerichtsschreiber die selbständige Entscheidung über das Festsetzungsgesuch zu übertragen (§§ 104¹, 107). Die Bedenken, welche früher gegen eine solche Maßnahme geltend gemacht wurden, fallen in der Hauptsache fort, wenn entsprechend den im Art. III Nr. 7 und 8 und im Art. IV Nr. 2 gemachten Vorschlägen die Schreib- und Postgebühren pauschaliert werden. Es handelt sich bei der Festsetzung im wesentlichen um eine gleiche Tätigkeit wie bei der Berechnung der Gerichtskosten, welche schon jetzt der Gerichtsschreiber selbständig vorzunehmen hat. Allerdings soll er in Zukunft bei der Kostenfestsetzung nicht nur rechnerisch tätig sein, sondern, im Namen des Gerichts, selbständig alle erforderlichen Entscheidungen treffen. Auch soweit das Gesetz (§ 91) die Entscheidung darüber, inwieweit die unterliegende Partei die dem Gegner erwachsenden Kosten zu erstatten hat, in das Ermessen des Gerichts stellt, hat er deshalb nicht erst die Entscheidung des Richters einzuholen, sondern nach seinem Ermessen zu befinden, und ebenso in den seltenen Fällen, in denen eine Beweisaufnahme erforderlich wird, die Anordnungen fortan selbständig zu erlassen. Hieraus ergibt sich auch, ohne daß es einer besonderen Hervorhebung im Gesetze bedarf, daß der Festsetzungsbeschluß, sofern er nicht gemäß § 105 auf das Urteil gesetzt wird, wie bisher von Amts wegen zuzustellen ist (§ 329³). Die Kostenfestsetzung in dieser Weise in die Hand des Gerichtsschreibers zu legen, kann einem Bedenken nicht unterliegen, zumal nach § 104³ des Entwurfs gegen die Festsetzung eine kostenlose Erinnerung an den Richter zugelassen werden und die sofortige Beschwerde erst gegen die Entscheidung des letzteren stattfinden soll.

Wird dem Gerichtsschreiber die Kostenfestsetzung übertragen, so muß von einer Kostenfestsetzung in dem Urteile, wie sie der § 103 des geltenden Rechts den Amtsgerichten gestattet, in Zukunft Abstand genommen werden. Der jetzige § 103 ist daher vom Entwurfe nicht übernommen. Die Vorteile, welche mit dieser Regelung verbunden waren, will der Entwurf aber möglichst dadurch sichern, daß er gestattet, den Festsetzungsbeschluß auf das Urteil zu setzen und mit diesem zusammen auszufertigen (§ 105). Voraussetzung für die Festsetzung ist auch hier, daß ein zur Zwangsvollstreckung geeigneter Titel vorliegt, daß also das Urteil, auf Grund dessen die Festsetzung erfolgt, vollstreckbar ist. Voraussetzung für die Verbindung des Beschlusses mit dem Urteil ist ferner, daß bei der Anbringung des Gesuchs eine Ausfertigung des Urteils noch nicht erteilt ist. Ist sie bereits erteilt, so wäre die Verbindung schwer ausführbar und auch nicht mehr zweckmäßig. Der Entwurf (§ 105 Satz 1) schließt jedoch die Verbindung nicht nur für diesen Fall, sondern auch schon dann aus, wenn durch sie eine Verzögerung der Ausfertigung des Urteils eintreten würde. Das Verfahren wird also nur in Sachen stattfinden können, bei denen die Prüfung der Kostenrechnung keine besondere Mühe verursacht, wie es namentlich in den zahlreichen Sachen, die durch Versäumnis- oder Anerkenntnisurteil erledigt werden, regelmäßig der Fall sein wird. Voraussetzung für die Verbindung ist endlich, daß in dem Beschlusse von der Kostenberechnung Abstriche nicht gemacht werden. Wird das Gesuch zum Teil zurückgewiesen, so könnten sich aus der Verbindung des Beschlusses mit dem Urteile namentlich in der Beschwerdeinstanz Weiterungen ergeben. Nach § 105 Satz 4 soll deshalb die Verbindung unterbleiben, sofern dem Gesuch auch nur teilweise nicht entsprochen werden kann. Aus dem gleichen Grunde sollen die Vorschriften des § 105 auch dann nicht anwendbar sein, wenn die Prozeßkosten ganz oder teilweise nach Quoten geteilt sind (§ 106 Satz 3).

Wird der Beschluß auf das Urteil gesetzt, so bildet er mit diesem, wie in dem Falle des bisherigen § 103, einen einheitlichen Titel. Es findet deshalb in diesem Falle eine besondere Ausfertigung und eine Zustellung des Beschlusses von Amts wegen nicht statt (§ 105 Satz 2). Dies gilt auch für das amtsgerichtliche Verfahren, da es nach dem Entwurfe (§ 496 [1]) für die Zustellung der amtsgerichtlichen Urteile bei dem Parteibetriebe verbleiben soll. Urteil und Beschluß werden stets zusammen nur auf Betreiben der Parteien ausgefertigt und zugestellt, und es erfolgt auch die Zwangsvollstreckung aus dem Beschlusse, wie durch den neu vorgeschlagenen § 795a klargestellt wird, auf Grund einer vollstreckbaren Ausfertigung des Urteils, ohne daß es einer besonderen Vollstreckungsklausel für den Festsetzungsbeschluß bedarf.

Da die Parteien ein wesentliches Interesse haben, von der Tatsache, daß der Festsetzungsbeschluß erlassen ist, alsbald Kenntnis zu erhalten, wird im § 105 Satz 3 bestimmt, daß, wenn der Beschluß auf das Urteil gesetzt wird und demgemäß eine Zustellung des Beschlusses von Amts wegen unterbleibt, der festgesetzte Betrag den Parteien, dem Gegner des Antragstellers unter Beifügung der Abschrift der Kostenberechnung, mitzuteilen ist. Für diese Mitteilung ist eine besondere Form oder eine Beurkundung nicht erforderlich, sie kann daher formlos erfolgen, z. B. durch Postkarte oder einfache Zusendung der mit einem Vermerke versehenen Abschrift der Kostenberechnung oder der erbetenen Ausfertigung des mit dem Beschlusse verbundenen Urteils. Eine solche Mitteilung ersetzt jedoch nicht die Zustellung des Beschlusses. Durch sie wird deshalb die Erinnerungsfrist (§ 104 [3] Satz 2) nicht in Lauf gesetzt. Diese beginnt erst mit der auf Betreiben einer Partei erfolgten Zustellung des mit dem Beschlusse zusammen ausgefertigten Urteils.

Die Vorschrift des § 105 [2] bezweckt, das Verfahren zu vereinfachen und zu beschleunigen.

Der § 106 des Entwurfs, welcher ebenso wie der bisherige § 106 das Festsetzungsverfahren für den Fall regelt, daß die Prozeßkosten ganz oder teilweise nach Quoten verteilt sind, sieht, abgesehen davon, daß auch hier die Entscheidungen fortan von dem Gerichtsschreiber zu treffen sind, für die in erster Instanz vor einem Landgerichte verhandelten Sachen eine Änderung gegenüber dem bisherigen Verfahren nicht vor. Die Bestimmung im Abs. 1 Satz 2, daß in den in erster Instanz vor einem Amtsgerichte verhandelten Sachen die Aufforderung an den Gegner zur Einreichung seiner Kosten nach der Anbringung eines Festsetzungsgesuchs von dem Gerichtsschreiber zu erlassen ist, trägt lediglich der in Aussicht genommenen Einführung des Amtsbetriebs für das Verfahren vor den Amtsgerichten Rechnung.

§ 141. Nach § 141 ZPO. kann das Gericht das persönliche Erscheinen einer Partei zur Aufklärung des Sachverhalts anordnen. Da der Beschluß, durch welchen die Anordnung erfolgt, zu verkünden ist, wird er der Partei nicht zugestellt (§ 329); auch findet eine Ladung der Partei seitens des Gerichts jetzt nicht statt. Das geltende Recht bietet mithin keine Gewähr dafür, daß die Partei von der Anordnung des Gerichts Kenntnis erhält. Die Beanstandung, welche diese Regelung vielfach erfahren hat, erscheint begründet. Es ist ein offenbarer Mißstand, daß es von dem Ermessen des Prozeßbevollmächtigten abhängt, ob die Partei von dem Termine, zu dem das Gericht ihr persönliches Erscheinen angeordnet hat, Kenntnis erhält. Der Entwurf schlägt deshalb vor, den § 141 für den gesamten Prozeßbetrieb dahin zu ergänzen, daß, wenn das Erscheinen angeordnet wird, die Partei von Amts wegen zu laden, und daß die Ladung der Partei selbst zuzustellen ist, auch wenn sie einen Prozeßbevollmächtigten bestellt hat.

§ 157. Der Entwurf sieht nach zwei Richtungen hin Ergänzungen vor. Nach dem geltenden Rechte (Abs. 2) kann das Gericht Bevollmächtigte, welche das mündliche Verhandeln vor Gericht geschäftsmäßig betreiben, zurückweisen. Diese Vorschrift, die der Entwurf als Abs. 1 übernimmt, wird jetzt vielfach dadurch vereitelt, daß die vom Gläubiger mit seiner Vertretung beauftragten Personen, um die ihnen drohende Zurückweisung als Prozeßbevollmächtigte zu verhindern, sich die Forderung abtreten lassen und im Prozesse selbst als Partei auftreten. Die daraus sich ergebenden Mißstände könnten leicht verstärkt werden, wenn mit der Ausdehnung der amtsgerichtlichen Zuständigkeit der Kreis der vom Anwaltszwang ausgeschlossenen Sachen erweitert wird. Um derartigen Umgehungen des Gesetzes vorzubeugen, gewährt der Entwurf (Abs. 2 Satz 2) im Anschluß an die Vorschrift, wonach das Gericht einer Partei, der die Fähigkeit zum geeigneten Vortrage mangelt, den weiteren Vortrag untersagen kann (Abs. 1 des geltenden Gesetzes, Abs. 2 Satz 1 des Entwurfs), diese Befugnis auch dann, wenn die Partei das mündliche Verhandeln vor Gericht geschäftsmäßig betreibt und ihr nach der Überzeugung des Gerichts der Anspruch abgetreten ist, um eine Zurückweisung auf Grund des Abs. 1 zu vermeiden. Eine Anfechtung dieser Entscheidung kann zur Vermeidung von Weiterungen hier ebensowenig wie gegen die sonstigen auf Grund des § 157 ergehenden gerichtlichen Anordnungen zugelassen werden (Abs. 3); Mißgriffe sind indessen nicht zu befürchten, da die Amtsrichter durch die Praxis genügende Gelegenheit haben, die in Betracht kommenden Persönlichkeiten kennen zu lernen.

Durch die Fassung, welche der Abs. 4 des § 157 in der Novelle von 1898 erhalten hat, sind die Justizverwaltungen in den Stand gesetzt, geeigneten Persönlichkeiten das mündliche Verhandeln vor Gericht widerruflich mit der Wirkung zu gestatten, daß eine Zurückweisung auf Grund des Abs. 2 (künftig Abs. 1) ausgeschlossen ist. Auch diese Vorschrift wird in ihrer Tragweite durch die Ausdehnung der amtsgerichtlichen Zuständigkeit beeinflußt. Mit Rücksicht hierauf erscheint es, um der in erster Reihe zur Vertretung der Parteien berufenen Rechtsanwaltschaft ihre berufsmäßige Tätigkeit zu wahren, geboten, die Zulassung der Rechtskonsulenten im Verwaltungswege künftig auf diejenigen Orte zu beschränken, an denen für eine Vertretung durch Rechtsanwälte nicht genügend gesorgt ist. Der Entwurf bestimmt deshalb im Abs. 4 Satz 2, daß derartige Zulassungen für Gerichte, bei denen mindestens zwei Rechtsanwälte vorhanden sind, nicht mehr erfolgen sollen.

§ 218. Durch die veränderte Fassung soll klargestellt werden, daß eine Partei, deren persönliches Erscheinen angeordnet ist, gemäß der neuen Vorschrift des § 141 Satz 2 auch dann besonders von Amts wegen geladen werden muß, wenn der Termin in einer verkündeten Entscheidung bestimmt ist.

Das Verfahren vor den Amtsgerichten wird in den §§ 495 bis 510 c neu geregelt.

§ 495. Wie bisher sollen die allgemeinen Bestimmungen und die Vorschriften über das landgerichtliche Verfahren auch für die Amtsgerichte gelten, soweit nicht die besondere Gestaltung des amtsgerichtlichen Prozesses Änderungen erfordert. Die Abweichungen von den allgemeinen Bestimmungen sind jedoch nach dem Entwurfe viel weitergehend als im geltenden Rechte, namentlich weil im Entwurfe mit der Durchführung des Parteibetriebs gebrochen wird.

§ 496. Die Abs. 1, 2, 3 sind dem § 32 des GewGG. nachgebildet. In Anlehnung an dieses Gesetz und das KfmGG. will der Entwurf eine Beschleunigung und Verbilligung des amtsgerichtlichen Prozesses vor allem dadurch erreichen, daß für das Verfahren bis zum Erlasse des Urteils an Stelle des Parteibetriebs der Amtsbetrieb in vollem Umfang eingeführt wird. Die allgemeine Durchführung der Zustellungen und Ladungen von Amts wegen erspart den Parteien einerseits Zeit und Arbeit und bringt ihnen anderseits insofern eine erhebliche Entlastung, als für die von Amts wegen bewirkten Zustellungen nach dem geltenden Rechte weder Gebühren noch Auslagen erhoben werden. Gerade die Nebenkosten für die Parteizustellungen sind aber jetzt im amtsgerichtlichen Prozesse von verhältnismäßig großer Bedeutung.

Nur für die Zustellung der Urteile soll es bei dem Parteibetriebe verbleiben. Das bestimmt der Abs. 1, indem er die Vorschrift des § 317¹ auch für das amtsgerichtliche Verfahren unbeschränkt aufrecht erhält. Obwohl darin eine Abweichung von dem Verfahren vor den Gewerbe- und Kaufmannsgerichten liegt, so empfiehlt es sich doch, um den Parteien die Möglichkeit zu erhalten, die Zwangsvollstreckung gleichzeitig mit den nach §§ 750, 751 erforderlichen Zustellungen vornehmen zu lassen; bei der Zustellung von Amts wegen würde das ausgeschlossen sein. Auch werden durch eine solche Regelung überflüssige Zustellungen vermieden. Von den Amtsgerichten werden im Jahre etwa 1250000 Urteile erlassen. Bei einer Zustellung der Urteile von Amts wegen würden daher, da jedes Urteil beiden Parteien zuzustellen wäre, schon innerhalb der gegenwärtigen Zuständigkeit der Amtsgerichte 2½ Millionen Zustellungen erforderlich werden. Dagegen beläuft sich die Zahl bei der Zustellung der Urteile auf Betreiben der Parteien auf weniger als die Hälfte. Denn da die Parteizustellung auch gegen diejenige Partei wirkt, welche die Zustellung hat bewirken lassen (§ 221), genügt es, wenn eine Partei das Urteil zustellen läßt. Abgesehen hiervon aber findet in den Fällen, in welchen die unterliegende Partei sich dem Urteile freiwillig unterwirft, in der Regel eine Zustellung des Urteils überhaupt nicht statt. Wie im Gesetze einer besonderen Hervorhebung nicht bedarf, sind auch Vergleiche, welche vor dem Amtsgericht abgeschlossen werden, nicht von Amts wegen zuzustellen. Die Zustellung eines Vergleichs ist nur erforderlich, wenn aus ihm eine Zwangsvollstreckung stattfinden soll; die Zustellung ist daher gegebenenfalls ebenso wie die anderer vollstreckbaren Urkunden von der Partei zu betreiben.

Der Abs. 2 behandelt die Klage sowie sonstige Anträge und Erklärungen einer Partei. Die Schriftsätze sollen lediglich bei dem Amtsgericht eingereicht werden. Auch hier bedarf es eines Antrags auf Zustellung nicht. Das Gericht hat vielmehr, wenn eine Zustellung erforderlich ist, diese aus eigener Veranlassung zur Ausführung zu bringen, also auch die Notwendigkeit der Zustellung von Amts wegen zu prüfen. Welche Anträge und Erklärungen der Zustellung an die Gegenpartei bedürfen, braucht im einzelnen nicht bestimmt zu werden. Der Regel nach wird schon der Inhalt und Zweck des Antrags oder der Erklärung einen Zweifel nicht aufkommen lassen. Die Bestimmung im Abs. 2 Satz 2, wonach die Partei den Schriftsätzen, welche sie bei dem Gericht einreicht, die für die Zustellung erforderliche Zahl von Abschriften beifügen soll, ist eine Ordnungsvorschrift, deren Nichtbefolgung prozessuale Nachteile nicht zur Folge hat. Die erforderlichen Abschriften sind, wenn die Partei sie nicht nachträglich einreicht, auf Kosten der Partei zu fertigen (vgl. Art. III Nr. 7, § 79 Nr. 1 GKG.).

Der Abs. 3 enthält eine an den § 207¹ sich anlehnende Vorschrift über den Zeitpunkt, in welchem die Wirkungen der Zustellung als eingetreten gelten. Wenn die letztere der Einwirkung und insbesondere der Beschleunigung seitens der Parteien entzogen wird, so muß Sorge dafür getragen werden, daß in den Fällen, in welchen die Zustellung zur Wahrung einer Frist oder zur Unterbrechung der Verjährung erforderlich ist, der Zeitraum, den die Ausführung der Zustellung nach der Einreichung oder Anbringung des Antrags oder der Erklärung durch die Partei noch beansprucht, dieser nicht zum Nachteile gereiche. Im § 32 GewGG. ist die Frist, innerhalb welcher die Zustellung zu erfolgen hat, nicht näher bestimmt. Nach der dort im Abs. 4 gegebenen Vorschrift soll die Wirkung der Zustellung auf den Zeitpunkt der Einreichung oder Anbringung des Antrags oder der Erklärung zurückbezogen werden, wenn die Zustellung „demnächst" erfolgt. Dieser Ausdruck ist indessen mehrdeutig und entbehrt namentlich für Zustellungen, die von Amts wegen zu bewirken sind, der genügenden Bestimmtheit. Zur Vermeidung von Zweifeln und Streitigkeiten empfiehlt sich deshalb, ebenso wie im § 207² eine Frist zu setzen, innerhalb welcher die Zustellung zu erfolgen hat. Die Frist soll nach dem Entwurf in der Regel wie in den Fällen des § 207² zwei Wochen, bei den Zustellungen mittels Ersuchens anderer Behörden oder Beamten oder mittels öffentlicher Bekanntmachung, da hier die bezeichnete Frist nicht ausreicht, sechs Monate betragen.

Die Vorschrift im Abs. 4, wonach zum Nachweise der Zustellung an den Anwalt dessen mit Datum und Unterschrift versehenes schriftliches Empfangsbekenntnis genügen soll, ist dem § 198² nachgebildet. Sie wird namentlich bei den kleineren Gerichten, bei denen ein unmittelbarer Verkehr zwischen dem Anwalt und dem Gerichtsschreiber möglich ist, das Zustellungsverfahren wesentlich vereinfachen. Da bei den Zustellungen von Amts wegen der Gerichtsschreiber für die Bewirkung der Zustellung Sorge zu tragen hat (§ 209) und der Nachweis über die bewirkte Zustellung zu den Akten zu bringen ist, so muß mit der Einführung des Amtsbetriebs die Zustellung von Anwalt zu Anwalt (§ 198) für das Verfahren vor den Amtsgerichten wegfallen.

Der Abs. 5, wonach unter Umständen die Mitteilung von Anträgen und Erklärungen ohne besondere Form erfolgen kann, bezweckt gleichfalls, eine Vereinfachung des Verfahrens zu ermöglichen. Er ist dem bisherigen § 502² entnommen, geht aber weiter, insofern er sich nicht nur auf Erklärungen zum Protokoll des Gerichtsschreibers bezieht; er weicht anderseits insofern ab, als eine derartige Mitteilung von der Bestimmung des Gerichts abhängig gemacht wird. Die Mitwirkung des Gerichts soll die Parteien davor schützen, daß der Gerichtsschreiber von der förmlichen Zustellung in Fällen absieht, in denen die Feststellung des Zeitpunkts der Mitteilung von wesentlicher Bedeutung ist.

Für die Mehrzahl der Fälle kommt es in dem Verfahren vor den Amtsgerichten dem Kläger nur darauf an, möglichst bald in den Besitz eines vollstreckbaren Titels zu gelangen. An der Begründung des Urteils haben häufig weder er noch der Beklagte ein besonderes Interesse. Dies wird künftig namentlich bei den Sachen der Fall sein, welche nach dem im Entwurfe vorgeschlagenen § 511a der Berufung entzogen werden sollen. Behufs der Beschleunigung und zur Ersparung unnötigen Schreibwerkes bestimmt deshalb der Entwurf im Abs. 6, daß die Ausfertigung der Urteile, sofern nicht von der Partei ein anderes beantragt wird, unter Weglassung des Tatbestandes und der Entscheidungsgründe erfolgt und die Zustellung einer solchen Ausfertigung in den Wirkungen der Zustellung des vollständigen Urteils gleichsteht. Es kann also auf Grund einer solchen Ausfertigung nicht nur die Zwangsvollstreckung erfolgen, sondern durch die Zustellung der Ausfertigung wird auch der Lauf der Berufungsfrist in Gang gesetzt. Unzuträglichkeiten sind als Folge dieser Regelung nicht zu befürchten. Allerdings ist die Partei in der Regel nicht in der Lage, sich ohne Kenntnis der schriftlichen Entscheidungsgründe über die Einlegung der Berufung schlüssig zu machen und diese zu rechtfertigen. Indessen wird sie sich, wenn ihr eine Urteilsausfertigung ohne Entscheidungsgründe zugestellt wird, stets ohne Schwierigkeit noch rechtzeitig eine Abschrift des vollständigen Urteils beschaffen können. Denn, wie aus der auch für das amtsgerichtliche Verfahren geltenden Vorschrift des § 317² folgt, darf der Gerichtsschreiber eine Ausfertigung des Urteilstenors erst erteilen, nachdem das vollständig abgefaßte Urteil von dem Richter gemäß § 315 unterschrieben ist.

§§ 497, 498 sind in der Hauptsache den §§ 35, 36 GewGG. nachgebildet. Aus der Vorschrift, daß die Termine von Amts wegen bestimmt werden, folgt, daß das Gericht dem Verfahren, soweit angängig, Fortgang zu geben, daß es insbesondere auch ohne einen darauf gerichteten Antrag der Partei einen Verhandlungstermin anzusetzen hat, wenn eine Parteihandlung, wie die Anbringung der Klage, des Einspruchs, des Antrags auf Ergänzung des Urteils 2c, dies erforderlich macht. Die Befugnis der Parteien, das Verfahren ruhen zu lassen (§ 251), wird hierdurch nicht berührt, in diesem Falle hat die Partei, die das Verfahren wieder aufnehmen will, wie der § 503 des Entwurfs klarstellt, die Ansetzung eines neuen Verhandlungstermins zu beantragen.

Nach § 218 ist zu Terminen, welche in verkündeten Entscheidungen bestimmt sind, eine Ladung der Parteien nicht erforderlich. Zur Vereinfachung des Verfahrens bestimmt der § 497² im Anschluß an den § 35³ GewGG., daß die Ladung einer Partei auch dann unterbleiben kann, wenn ihr der Termin bei Einreichung oder Anbringung der Klage oder des Antrags mitgeteilt worden ist. Für die Mitteilung schreibt das Gesetz eine Form nicht vor; in der Regel wird es sich jedoch bei geschäftsunkundigen Personen empfehlen, daß der Partei eine schriftliche Notiz über den Termin ausgehändigt wird. Daß die Mitteilung erfolgte, ist in den Akten durch einen Vermerk festzustellen.

§ 499 bestimmt die Dauer der Einlassungsfrist im allgemeinen in gleicher Weise wie der bisherige § 498. Nur insofern weicht er von dem geltenden Rechte ab, als er eine dreitägige Frist nicht nur für die im Bezirke des Prozeßgerichts erfolgenden Zustellungen, sondern auch für diejenigen Zustellungen festsetzt, die zwar außerhalb des Prozeßgerichts, aber an einem Orte erfolgen, von dem ein Teil zu diesem Bezirke gehört; im Anschlusse hieran räumt ferner der Art. V dem Bundesrate die Befugnis ein, zu bestimmen, daß benachbarte Orte als ein Ort im Sinne des § 499 anzusehen sind. Die vorgeschlagene Änderung empfiehlt sich, weil neuerdings in verschiedenen Orten, so z. B. in Berlin, mehrere selbständige Amtsgerichte errichtet sind und das geltende Recht den dadurch geschaffenen Verhältnissen nicht genügend Rechnung trägt. So kann es jetzt in Berlin vorkommen, daß die Einlassungsfrist eine Woche betragen muß, wenn die Zustellung auf der einen Seite der Straße erfolgt, während sie nur drei Tage zu betragen braucht, wenn sie auf der anderen Seite vorgenommen wird, und zwar deshalb, weil die beiden Seiten der Straße zu verschiedenen Gerichtsbezirken gehören. Derartigen

Unzuträglichkeiten will der Entwurf vorbeugen. Wird auf Grund des Art. V vom Bundesrate bestimmt, daß Berlin mit den umliegenden Vororten im Sinne des § 499 als ein Ort anzusehen ist, so bemißt sich die Einlassungsfrist für gewöhnliche Prozesse bei allen denjenigen Amtsgerichten, deren Bezirke ganz oder teilweise in dem so abgegrenzten Groß-Berlin liegen, auf drei Tage, vorausgesetzt, daß die Zustellung an irgend einer Stelle dieses Ortes erfolgt. Auch wird durch den Entwurf ermöglicht, die jetzt bestehende Eigentümlichkeit zu beseitigen, daß dort, wo das Gericht den Sitz nicht innerhalb seines Bezirks hat, die Einlassungsfrist bei einer Zustellung am Orte, an dem das Gericht sitzt, länger bemessen ist, als bei einer Zustellung im Bezirke des Gerichts. Ähnliche Verhältnisse wie in Berlin bestehen auch in anderen Orten, z. B. in Hamburg und Altona und deren Vororten. Da im Art. V eine Einschränkung nicht gemacht ist, so unterliegt es keinem Zweifel, daß auf Grund dieser Vorschrift eine Bestimmung auch für benachbarte Orte, die verschiedenen Bundesstaaten angehören, vom Bundesrate getroffen werden kann.

§ 500 gibt lediglich geltendes Recht wieder (§ 500 ZPO. vgl. auch § 37 GewGG.).

§ 501. Die hier vorgeschlagene Bestimmung über Vorbereitung der mündlichen Verhandlung durch gerichtliche Anordnungen, die zur Aufklärung des Sachverhältnisses dienlich erscheinen, steht im unmittelbaren Zusammenhange mit der Einführung des Amtsbetriebs. Der Entwurf folgt hier der österr. ZPO. Die Maßnahme hat sich in Österreich bewährt, wo hauptsächlich vermöge ihrer Anwendung der Prozeß regelmäßig in einer Streitverhandlung erledigt werden kann. Diejenigen Anordnungen, die namentlich in Frage kommen, führt der Entwurf unter Nr. 1—6 einzeln auf. Durch diese Aufführung wird aber der Kreis der zuverlässigen Anordnungen nicht begrenzt. Das Gericht kann also zur Vorbereitung der Verhandlung auch noch andere Anordnungen treffen. Durch Abs. 1 wird in das Beweisrecht selbst nicht eingegriffen. Die Befugnis des Gerichts, einen Beweis von Amts wegen zu erheben, wird nicht erweitert, sondern es wird ihm nur die Ermächtigung erteilt, in Fällen, in denen eine streitige Verhandlung nach Lage der Sache wahrscheinlich ist, die Verhandlung insbesondere durch Bereitstellung der Beweismittel so vorzubereiten, daß sie möglichst in einem Termine zu Ende geführt werden kann. Das verständige Ermessen des Richters muß entscheiden, ob es im Einzelfalle zweckmäßig ist, von dieser Befugnis Gebrauch zu machen. Die Aufnahme des Beweises hat, abgesehen von dem Falle des Abs. 1 Nr. 6, immer erst dann zu erfolgen, wenn sie auf Grund der mündlichen Verhandlung durch Beweisbeschluß angeordnet worden ist. Hiernach ist ausgeschlossen, daß das Gericht Zeugen vernimmt, auf deren Zeugnis sich in der Verhandlung keine der Parteien berufen hat.

Der Abs. 2, welcher das Ermessen des Gerichts insofern einengt, als bestimmte Anordnungen von besonderer Tragweite, nämlich die Ladung von Zeugen und Sachverständigen, die Einnahme des Augenscheins und die Begutachtung durch Sachverständige, bevor eine kontradiktorische Verhandlung stattgefunden hat, nur unter den daselbst bezeichneten Voraussetzungen getroffen werden sollen, will verhüten, daß das Gericht von der Befugnis in Fällen Gebrauch macht, in welchen dies nicht angezeigt erscheint. Die Benachrichtigung der Parteien von der Anordnung, die der Abs. 3 Satz 1 im Interesse der Parteien vorschreibt, bedarf der Beurkundung nicht und kann deshalb formlos erfolgen. Sie ist, wenn ein Prozeßbevollmächtigter bestellt ist, in entsprechender Anwendung des § 176 an diesen zu richten. Wird das persönliche Erscheinen einer Partei angeordnet, so ist, wie durch Abs. 3 Satz 2 klargestellt wird, die Partei von Amts wegen zu laden und die Ladung ihr zuzustellen, auch wenn sie einen Prozeßbevollmächtigten bestellt hat.

Die auf Grund des Abs. 1 getroffenen Anordnungen sind gebührenfrei. Eine Beweisgebühr ist nur dann zu erheben, wenn, wie im Falle des Abs. 1 Nr. 6, auf Grund der Anordnung von der mündlichen Verhandlung eine Beweisaufnahme stattfindet. Um jeden Zweifel hierüber auszuschließen, schlägt der Entwurf vor, in das GKG. als § 22a eine entsprechende Vorschrift einzustellen (Art. III Nr. 1).

§ 502. Da im amtsgerichtlichen Verfahren vielfach Personen verhandeln, die der Rechte unkundig und außerstande sind, ihr Anliegen in freier Rede vorzutragen, hat schon der bisherige § 503 die Aufklärungs- und Fragepflicht des Gerichts (§§ 136 bis 139) erweitert. Der Amtsrichter soll bei der Verhandlung dahin wirken, daß die Parteien über alle erheblichen Tatsachen sich vollständig erklären und die sachdienlichen Anträge stellen. Der Entwurf betont diesen Standpunkt noch schärfer, indem er dem Gerichte besonders zur Pflicht macht, in der Verhandlung mit den Parteien das Sach- und Streitverhältnis zu erörtern. Hierdurch wird dem Richter nicht die Befugnis eingeräumt, die Parteien zu Erklärungen, die sie nicht abgeben wollen, zu veranlassen; sondern es soll nur der Richter ausdrücklich darauf hingewiesen werden, daß er eine Partei, die ihre Rechte durch einen erschöpfenden Vortrag des Sachverhalts nicht genügend wahrzunehmen vermag, zu diesem Zwecke — unbeschadet des § 157 Abs. 2 Satz 1 — in geeigneter Weise zu unterstützen hat.

§ 503 ist bereits in der Bemerkung zu den §§ 497, 498 begründet.

§ 504. Die Vorschriften entsprechen dem bisherigen § 504 Abs. 1, 3. Der bisherige Abs. 2, wonach das Amtsgericht im Falle seiner sachlichen Unzuständigkeit den Beklagten vor der Verhandlung zur Hauptsache auf die Unzuständigkeit aufmerksam zu machen hat, ist als überflüssig gestrichen. Diese Vorschrift ist auf eine Anregung der Justizkommission des Reichstags eingefügt worden, um rechtsunkundige Personen gegen eine allzu strenge Handhabung des § 39 zu schützen; ihre Verletzung gewährt jedoch der Partei nicht das Recht, die Einrede der Unzuständigkeit nachträglich geltend zu machen. Im übrigen ergibt sich bereits aus § 502, wonach das Gericht auf die Stellung sachdienlicher Anträge hinzuwirken hat, daß der Amtsrichter den Beklagten auf die Unzuständigkeit aufmerksam machen soll, falls dies nach den Umständen angezeigt erscheint.

§ 505. Nach § 506 ZPO. hat das Amtsgericht, wenn im Laufe eines bei ihm anhängigen Rechtsstreits durch Widerklage oder Erweiterung des Klagantrags ein zur Zuständigkeit der Landgerichte gehörender Anspruch erhoben oder die Feststellung eines Rechtsverhältnisses, für welches die Landgerichte zuständig sind, beantragt wird, auf Antrag durch Beschluß seine Unzuständigkeit auszusprechen und den Rechtsstreit an das Landgericht zu verweisen; mit der Verkündung des — der Anfechtung nicht unterliegenden — Beschlusses gilt der Rechtsstreit als bei dem Landgericht anhängig. Dagegen muß nach dem geltenden Rechte das Amtsgericht, falls es von vornherein sachlich oder örtlich unzuständig ist, seine Unzuständigkeit durch Urteil aussprechen. Der Kläger ist daher, sofern das angegangene Amtsgericht sich örtlich für unzuständig erklärt, genötigt, die Klage bei dem zuständigen Amtsgerichte von neuem zu erheben. Wird die Unzuständigkeit des Gerichts auf Grund der Bestimmungen über die sachliche Zuständigkeit der Gerichte ausgesprochen, so ist zwar nach dem bisherigen § 505 auf Antrag des Klägers der Rechtsstreit an das Landgericht zu verweisen, der Rechtsstreit gilt aber als anhängig bei dem Landgericht erst, wenn das Urteil rechtskräftig ist. Dieses Verfahren ist umständlich und bietet dem böswilligen Schuldner die Handhabe, den Prozeß zu verschleppen. Nach dem Entwurfe soll deshalb im Interesse der Beschleunigung und Vereinfachung des Verfahrens auch, wenn das angegangene Amtsgericht von vornherein sachlich oder örtlich unzuständig gewesen ist, die Sache auf Antrag des Klägers durch einen unanfechtbaren Beschluß an das zuständige Gericht verwiesen werden. Voraussetzung für einen solchen Überweisungsbeschluß ist jedoch, daß das zuständige Gericht ohne weiteres bestimmt werden kann. Trifft diese Voraussetzung nicht zu, so ist die Unzuständigkeit wie bisher durch Urteil auszusprechen. Das gleiche gilt, wenn der Kläger einen Antrag auf Überweisung nicht stellt. In diesem Falle darf die Überweisung nicht ausgesprochen werden, da es ein nicht zu rechtfertigender Eingriff in die Rechte des Klägers sein würde, wenn man ihn dazu zwingen wollte, den Rechtsstreit vor einem ihm nicht genehmen Gericht fortzuführen.

Die im Entwurfe vorgeschlagene Regelung ist von besonderer Bedeutung für Orte, welche in mehrere Gerichtsbezirke geteilt sind, sowie für benachbarte, in wirtschaftlicher Beziehung und in der Straßenanlage zusammengewachsene Orte mit gesonderten Gerichten. Denn eine Mehrheit von Gerichten innerhalb eines zusammenhängenden Wohn- und Verkehrgebiets wird naturgemäß auch die Zweifel und Irrtümer darüber vermehren, welches Gericht im Einzelfall örtlich zuständig ist. Doch ist die Anwendung der Vorschrift nicht auf solche Fälle beschränkt. Wird z. B. vor einem Amtsgericht irrtümlich eine Klage anhängig gemacht, für welche ein entfernt liegendes Landgericht ausschließlich zuständig ist, so hat auch in einem solchen Falle das Amtsgericht auf den Antrag des Klägers den Rechtsstreit an das zuständige Landgericht zu verweisen.

Die Vorschriften des Abs. 2 und des Abs. 3 Satz 1 sind dem bisherigen § 506² entnommen. Die im Abs. 3 Satz 2 getroffene Vorschrift, wonach dem Kläger die Mehrkosten, welche dadurch entstanden sind, daß er die Klage zunächst bei einem unzuständigen Gericht anhängig gemacht hat, auch dann aufzuerlegen sind, wenn er in der Hauptsache obsiegt, entspricht den allgemeinen Grundsätzen über die Verteilung der Prozeßkosten. Solche Mehrkosten werden namentlich dann in Frage kommen, wenn der Beklagte sich durch einen Rechtsanwalt als Bevollmächtigten hat vertreten lassen und in dessen Person infolge der Überweisung des Rechtsstreits an ein anderes Gericht ein Wechsel eintreten muß. Die Vorschriften des § 505 gelten nur für das Verfahren vor den ordentlichen Gerichten und sind im Verhältnisse dieser und der besonderen Gerichte schon mit Rücksicht auf die Regelung, welche der Kostenpunkt im Abs. 3 gefunden hat, nicht anwendbar. Die Amtsgerichte sind also nicht in der Lage, einen Rechtsstreit durch Beschluß an ein Gewerbe- oder Kaufmannsgericht zu verweisen, vielmehr haben sie, wenn sie die Zuständigkeit eines solchen Gerichts für gegeben erachten, ihre Unzuständigkeit wie bisher durch Urteil auszusprechen.

§ 507. Die Vorschriften über die Verlesung der Anträge (§ 297) und das vorbereitende Verfahren in Rechnungssachen, Auseinandersetzungen und ähnlichen Prozessen (§§ 348 bis 354) finden bereits nach dem bisherigen § 508 auf das Verfahren vor den Amtsgerichten keine Anwendung. Hierbei soll es sein Bewenden behalten. Dagegen soll abweichend vom bisherigen § 508 der § 261², wonach der Verhandlungstermin nur soweit hinausgerückt werden soll, als es zur Wahrung der Einlassungsfrist geboten erscheint, künftig auch vor den Amtsgerichten Anwendung finden. Das entspricht der Absicht der Reform, die gerade hier auf eine größere Beschleunigung der Prozesse abzielt.

§ 508 trifft einige Sonderbestimmungen für das Versäumnisverfahren. Nach § 496¹ des Entwurfs in Verbindung mit § 317¹ erfolgt die Zustellung der Versäumnisurteile auch im amtsgerichtlichen Verfahren auf Betreiben der Parteien. Nach § 166² Satz 1 kann jedoch im Verfahren vor den Amtsgerichten die Partei für die Beauftragung des Gerichtsvollziehers mit den von ihr zu betreibenden Zustellungen die Vermittlung des Gerichtsschreibers des Prozeßgerichts in Anspruch nehmen. Im Interesse der Vereinfachung und Beschleunigung des Verfahrens soll nach dem Entwurfe der Antrag auf Erlassung des Versäumnisurteils im Zweifel als Antrag auf dessen Zustellung durch Vermittlung des Gerichtsschreibers angesehen werden. Hiernach wird, sofern nicht die Partei, die das Versäumnisurteil erwirkt hat, inzwischen erklärt hat, daß sie selbst einen Gerichtsvollzieher mit der Zustellung beauftragen wolle, der Gerichtsschreiber ohne weiteres für die Partei die Zustellung des Versäumnisurteils herbeizuführen haben.

Im Abs. 2 wird die Einspruchsfrist, die für das Verfahren vor den Landgerichten nach § 339[1] zwei Wochen beträgt, für das amtsgerichtliche Verfahren auf eine Woche herabgesetzt. Die Herabsetzung erscheint um so weniger bedenklich, als die Einlegung des Einspruchs nach Abs. 3 entsprechend dem § 40 GewGG. nicht erst durch die Zustellung, sondern schon durch die Einreichung oder Anbringung einer Einspruchserklärung erfolgen soll. Nach dem Vorgange des GewGG. begnügt der Entwurf sich in dieser Beziehung nicht mit dem im § 496[4] ausgesprochenen Grundsatze der Zurückbeziehung der Zustellung auf den Zeitpunkt der Einreichung; denn wenn auch dieser Grundsatz für die Wahrung der Einspruchsfrist an sich genügen würde, so erscheint doch seine Anwendung hier nicht ohne Bedenken, weil dabei für die Zeit von der Einreichung bis zur bewirkten Zustellung ein Schwebezustand entstehen würde, welcher namentlich nach der Richtung zu Zweifeln Anlaß geben könnte, ob nicht, wenn inzwischen eine vollstreckbare Ausfertigung des Versäumnisurteils verlangt wird, diesem Antrage stattgegeben werden müßte.

Der Abs. 4 schließt sich dem § 40[2] GewGG. an. Da nach dem Entwurfe (§ 496[6]) die Ausfertigung der Urteile regelmäßig unter Weglassung des Tatbestandes und der Entscheidungsgründe erfolgen soll, erscheint es zweckmäßig, vorzuschreiben, daß die Eröffnung über Form und Frist des Einspruchs in die Formel des Versäumnisurteils aufzunehmen ist.

§ 509. Im Interesse der Beschleunigung des Verfahrens will der Abs. 1 darauf hinwirken, daß die Beweisaufnahme im unmittelbaren Anschluß an den Beweisbeschluß in demselben Termin erfolgt und daß auf diese Weise der Rechtsstreit, wenn möglich, auf Grund einer einzigen Verhandlung erledigt wird. Die Mittel hierfür bietet der § 501, welcher dem Gerichte die Befugnis gewährt, die Verhandlung durch Bereitstellung der Beweismittel vorzubereiten. Auch wird häufig möglich sein, noch im Termine selbst die Beweismittel heranzuziehen, z. B. einen Zeugen oder Sachverständigen auf kürzestem Wege herbeizurufen und dadurch einer Vertagung der Verhandlung vorzubeugen. In dieser Weise verfahren die Gerichte in Österreich, und gerade dadurch wird erreicht, daß Vertagungen zu den Seltenheiten gehören und die große Mehrzahl der Rechtsstreitigkeiten durch eine einzige Verhandlung zum Abschlusse gebracht wird.

Die Vorschrift des Abs. 2 über die Beeidigung des Zeugen und Sachverständigen entspricht im allgemeinen dem § 44[2] GewGG., dessen auf eine Verminderung der Eidesleistungen abzielende Bestimmungen sich bei den Gewerbe- und Kaufmannsgerichten bewährt haben. Der Antrag auf Beeidigung wird nur bis zum Abschlusse der Vernehmung gestattet. Danach wird allerdings eine Partei, wenn sie Wert darauf legt, daß die Beeidigung unter allen Umständen erfolgt, auch zu einer Vernehmung vor dem ersuchten oder beauftragten Richter erscheinen müssen; die Zulassung nachträglicher Beeidigungsanträge wäre jedoch bedenklich, weil sie zu Verschleppungen benutzt werden könnte. Inwieweit einem in erster Instanz nicht beeideten Zeugnisse in der Berufungsinstanz Bedeutung beizulegen ist, bestimmt sich nach allgemeinen Grundsätzen. Da hiernach der in erster Instanz vorschriftsmäßig erhobene Zeugenbeweis vom Berufungsgerichte zu berücksichtigen ist, so kann dieses auch das unbeeidete Zeugnis seiner Entscheidung zugrunde legen, sofern es nicht gemäß §§ 398, 523 die wiederholte Vernehmung des Zeugen anordnet.

§ 510b gewährt ebenso wie der § 51¹ GewGG. für den Fall der Verurteilung des Beklagten zur Vornahme einer Handlung dem Kläger das Mittel, gegen den Beklagten, welcher dem Urteile nicht Folge leistet, an Stelle direkter Vollstreckungsmaßregeln den Anspruch auf Schadensersatz ohne Anstellung einer neuen Klage auf dem kürzesten Wege zur Durchführung zu bringen. Wird der Beklagte auf Grund dieser Vorschrift zur Zahlung einer Entschädigung verurteilt, so ist die Zwangsvollstreckung gemäß §§ 887, 888 ausgeschlossen, wie der Entwurf in Übereinstimmung mit § 51² GewGG. in dem neu einzustellenden § 888a bestimmt.

§ 510c gibt den bisherigen § 510 mit denjenigen Änderungen wieder, welche sich aus der Einführung des Amtsbetriebs ergeben.

§§ 511a, 511b. Im Gegensatze zu den früheren Landesgesetzen läßt das geltende Reichsrecht die Berufung gegen die in erster Instanz erlassenen Urteile unbeschränkt zu. Die Beseitigung der früheren Beschränkungen hat indessen, wie die Erfahrung gezeigt hat, zu einer außerordentlichen Steigerung der Zahl der Berufungen geführt. Die Berufungen an die Landgerichte haben sich im Reiche stetig und sehr beträchtlich vermehrt; während 1881 auf je 1000 Endurteile der Amtsgerichte mit Ausschluß der auf Versäumnis oder auf Grund eines Anerkenntnisses oder Verzichts ergangenen oder ein bedingtes Endurteil erledigenden Urteile in ordentlichen Prozessen, Urkundenprozessen und Arrestsachen 122 Berufungen an die Landgerichte kamen, betrug im Jahre 1903 die entsprechende Zahl 248. Die Berufungen an die Oberlandesgerichte haben im Reiche nicht mit der gleichen Stetigkeit zugenommen; indessen ist auch hier die Verhältniszahl von 335 im Jahre 1881 auf 425 im Jahre 1903 gestiegen. Es kann nicht Aufgabe der Rechtspflege sein, für jede auch noch so geringfügige Streitsache die Möglichkeit einer Entscheidung in mehreren Instanzen zu gewähren. Bei der Einlegung eines Rechtsmittels in einem Prozeß um einen geringfügigen Streitgegenstand müssen regelmäßig die Kosten eine solche Höhe erreichen, daß sie in keinem Verhältnisse zu dem eigentlichen Streitgegenstande stehen. Auch wirtschaftlich ist für alle Teile in der Mehrzahl der Fälle eine schnelle endgültige Erledigung geringfügiger Streitigkeiten als das Richtige anzusehen. Auf Grund dieser Erwägungen ist bereits durch das GewGG. für Sachsen mit einem Streitgegenstande bis zu 100 Mk. und durch das KfmGG. für Sachsen mit einem Streitgegenstande bis zu 300 Mk. die Berufung ausgeschlossen. Andere Staaten, wie England, Frankreich, die Niederlande, Belgien, Luxemburg, Österreich, haben gleichfalls die Zulässigkeit der Berufung erheblich eingeschränkt. Der Entwurf will hiernach auch für die vor die ordentlichen Gerichte gehörenden Rechtsstreitigkeiten über vermögensrechtliche Ansprüche eine Berufungssumme einführen. Diese ist, abweichend von den für die Gewerbe- und Kaufmannsgerichte geltenden Vorschriften, im § 511a Abs. 1 nur auf 50 Mk. festgesetzt, um den Bedenken gegen eine zu weit gehende Beschränkung des Rechtsmittels zu begegnen; anderseits soll die Berufung aber ebenso wie nach § 546 die Revision nicht von dem Streitwerte, sondern von dem Beschwerdegegenstand abhängig sein. Der etwaige Einwand, daß durch die vorgeschlagene Maßregel hauptsächlich die ärmeren Volksklassen betroffen werden, kann als begründet nicht anerkannt werden; denn die Erfahrung zeigt, daß diese Klassen keineswegs bei den Prozessen mit geringen Streitwerten vorwiegend beteiligt sind. Bei der geringen Bemessung der Berufungssumme kann auch davon abgesehen werden, an die Stelle der Berufung ein beschränkteres Rechtsmittel zu setzen, zumal hierdurch die mit dem Ausschlusse der Berufung verbundenen Vorteile zum großen Teile wieder hinfällig werden würden.

Nach § 511a Abs. 2, 3 sollen für die Berechnung und die Glaubhaftmachung des Wertes des Beschwerdegegenstandes in der Berufungsinstanz die gleichen Grundsätze gelten wie in der Revisionsinstanz (§ 546 Abs. 2, 3).

Der § 511b läßt in Rechtsstreitigkeiten über die im GVG. § 70 Abs. 2, 3 bezeichneten Ansprüche die Berufung ohne Rücksicht auf den Wert des Beschwerdegegenstandes zu. Diese Vorschrift ist eine notwendige Folge der im § 547 Nr. 2 für die Revision getroffenen Bestimmung, die auf der Erwägung beruht, daß die Interessen des Reichs und der einzelnen Bundesstaaten eine einheitliche Rechtsprechung in den fraglichen Rechtsstreitigkeiten unbedingt fordern.

§ 577. Im § 540³ (a. F.) ZPO. war für die Fälle der sofortigen Beschwerde allgemein bestimmt, daß das Gericht zu einer Abänderung seiner durch Beschwerde angegriffenen Verfügung nicht befugt sein soll. Durch die Prozeßnovelle von 1898 (§ 577) ist diese Vorschrift für das Kostenfestsetzungsverfahren dahin geändert worden, daß das Gericht seinen durch die sofortige Beschwerde angefochtenen Festsetzungsbeschluß abändern darf. Maßgebend hierfür war die Erwägung, daß häufig einzelne Posten durch den Beschluß gestrichen, demnächst aber durch Nachbringung der erforderlichen Belege als zweifellos erstattungsfähig nachgewiesen würden und daß es in einem solchen Falle lediglich zu unnötigen Kosten und Weiterungen führe, wenn das Gericht erster Instanz die Abänderung nicht selbst vornehmen darf, sondern sie dem Beschwerdegericht überlassen muß. Außerdem wurde damals für die übrigen Fälle der sofortigen Beschwerde durch die neue Fassung des Abs. 3 behufs Beseitigung in der Praxis aufgetretener Zweifel klargestellt, daß das Gericht seine Verfügung auch vor Einlegung der sofortigen Beschwerde nicht abändern darf. Nach der von dem Entwurfe (§ 104³) vorgesehenen Regelung des Festsetzungsverfahrens, wonach gegen den von dem Gerichtsschreiber erlassenen Festsetzungsbeschluß, falls sich eine Partei dabei nicht beruhigen will, zunächst die Entscheidung des Gerichts anzurufen ist und erst gegen diese Entscheidung die sofortige Beschwerde stattfindet, erscheint die durch die Novelle getroffene Ausnahmevorschrift nicht mehr gerechtfertigt. Der Entwurf schlägt daher vor, die fragliche Vorschrift wieder zu streichen und allgemein zu bestimmen, daß für die Fälle der sofortigen Beschwerde das Gericht zu einer Änderung seiner der Beschwerde unterliegenden Entscheidung nicht befugt ist.

§ 604. Die Vorschriften des § 604 über die Einlassungs- und Ladungsfristen im Wechselprozesse tragen in ihrer jetzigen Fassung den Verhältnissen, wie sie sich in Berlin und anderen, in mehrere Gerichtsbezirke geteilten Städten gestaltet haben, nicht genügend Rechnung. Die Einlassungs- und die Ladungsfrist ist hier ebenso wie die Einlassungsfrist im amtsgerichtlichen Verfahren je nach dem Zustellungsorte verschieden bemessen. Danach beträgt die Einlassungsfrist im Wechselprozesse, wenn die Klage am Sitze des Prozeßgerichts zugestellt wird, mindestens 24 Stunden, wenn sie an einem anderen Orte innerhalb des Landgerichtsbezirks, in welchem das Prozeßgericht seinen Sitz hat, zugestellt wird, mindestens drei Tage; wenn sie an einem anderen deutschen Orte zugestellt wird, mindestens eine Woche. Das gleiche gilt von der Ladungsfrist, soweit sie nicht nach den allgemeinen Bestimmungen kürzer als die Einlassungsfrist ist. Eine Änderung des bestehenden Rechtes ist hier nach der gleichen Richtung erwünscht, wie bei den Vorschriften über die Einlassungsfrist im amtsgerichtlichen Verfahren (§ 499 des Entwurfs). Wenn ein Ort in mehrere Gerichtsbezirke geteilt ist, erscheint es nicht gerechtfertigt, die Frist für Zustellungen in dem einen Bezirke länger zu bemessen als in dem anderen Bezirke. Die Fassung des Abs. 2 Satz 1 ist daher entsprechend dem § 499 des Entwurfs geändert. Ferner empfiehlt es sich, der wirtschaftlichen Einheit gewisser benachbarter Orte auch hier Rechnung zu tragen. Nach Art. V soll deshalb der Bundesrat auch für den Bereich des § 604 bestimmen können, daß benachbarte Orte als ein Ort anzusehen sind. Hierdurch wird erreicht, daß, wenn z. B. eine solche Bestimmung für Berlin ergeht, die Einlassungsfrist in den Wechselprozessen bei dem Kammergericht und bei allen denjenigen Amtsgerichten, deren Bezirke ganz oder teilweise in dem durch jene Bestimmung zusammengefaßten Groß-Berlin liegen, stets nur 24 Stunden beträgt, vorausgesetzt, daß die Zustellung an irgend einer Stelle dieses Groß-Berlin erfolgt.

Infolge der Änderung des Abs. 2 ist auch eine neue Fassung des Abs. 3 geboten. Sachlich ist hier eine Änderung nicht vorgenommen.

§§ 609, 610. Die hier vorgeschlagenen Änderungen sind eine Folge der im § 497 getroffenen Vorschrift, daß vor den Amtsgerichten die Termine von Amts wegen bestimmt werden und daß nach der Bestimmung eines Termins die Ladung der Parteien durch den Gerichtsschreiber zu veranlassen ist.

§§ 693 bis 700. Die Änderungen, welche zu den §§ 693, 696, 697, 699, 700 in bezug auf das Mahnverfahren vorgeschlagen werden, stehen zum Teil mit der Einführung des Amtsbetriebs für das Verfahren vor den Amtsgerichten im Zusammenhang und sollen im übrigen dem Mahnverfahren, dessen Anwendung immer mehr abnimmt, durch eine straffere Gestaltung in der Praxis größere Beliebtheit verschaffen. Im Interesse der Beteiligten liegt es jedenfalls, daß zur Durchführung unbestrittener Ansprüche von dem einfacheren und weniger kostspieligen Mahnverfahren ein möglichst weitgehender Gebrauch gemacht wird.

§ 693. Auf Grund dieser Erwägungen führt zunächst der Abs. 1 den für die Zustellungen in den amtsgerichtlichen Prozessen in Aussicht genommenen Amtsbetrieb auch für die Zustellung des Zahlungsbefehls ein. Der Abs. 2 gibt lediglich den bisherigen § 693 wieder, wonach mit der Zustellung des Zahlungsbefehls an den Schuldner die Wirkungen der Rechtshängigkeit eintreten. — Nach Abs. 3 sollen aus den gleichen Gründen, wie sie für den § 496^3 des Entwurfs maßgebend gewesen sind, bei der Wahrung der Fristen und bei der Unterbrechung der Verjährung die Wirkungen der Zustellung, sofern diese binnen 2 Wochen erfolgt, bereits mit der Einreichung oder Anbringung des Gesuchs um Erlassung des Zahlungsbefehls eintreten. — Die im Abs. 4 vorgeschriebene Benachrichtigung ist erforderlich, weil bei der Einführung des Amtsbetriebs die Zustellungsurkunde nicht mehr dem Gläubiger ausgehändigt wird, sondern dem Gerichte zugeht. Die Benachrichtigung kann formlos erfolgen und bedarf nicht der Beurkundung.

§§ 696, 697. Nach § 694 ZPO. ist der Gläubiger von dem rechtzeitig erhobenen Widerspruch in Kenntnis zu setzen und dem Schuldner auf Verlangen eine Bescheinigung darüber zu erteilen, daß er rechtzeitig Widerspruch erhoben habe. Das weitere Verfahren nach Erhebung des Widerspruchs gestaltet sich verschieden, je nachdem die wegen des Anspruchs zu erhebende Klage vor die Amts- oder die Landgerichte gehört. Im ersteren Falle bedarf es nach dem geltenden Rechte (§ 696) zur Fortsetzung des Verfahrens nicht der Erhebung einer besonderen Klage, die Klage wird vielmehr als mit der Zustellung des Zahlungsbefehls erhoben angesehen und es kann jede Partei den Gegner mit dreitägiger Frist zur mündlichen Verhandlung laden. Gehört die Klage vor die Landgerichte, so erlöschen die Wirkungen der Rechtshängigkeit, wenn nicht binnen einer sechsmonatigen Frist die Klage erhoben wird (§ 697 des Gesetzes).

Der Entwurf läßt für die Fälle der Zuständigkeit des Landgerichts das Verfahren an sich unverändert und verkürzt hier nur im § 697 die Frist, mit deren Ablauf die Wirkungen der Rechtshängigkeit erlöschen, auf drei Monate. Dieser Zeitraum erscheint genügend, um den Gläubiger in die Lage zu versetzen, sich über die Erhebung der Klage schlüssig zu machen; es liegt kein genügender Anlaß vor, ihm für längere Zeit zu ungunsten des Schuldners die Vorteile der Rechtshängigkeit zu sichern.

In den Fällen, in welchen die Klage vor die Amtsgerichte gehört, soll es nach dem Entwurf ebenfalls dabei verbleiben, daß dem Verfahren nur auf Antrag einer

Partei Fortgang gegeben wird. Den für das Verfahren vor den Amtsgerichten aufgestellten Grundsätzen würde es zwar entsprechen, wenn nach rechtzeitiger Erhebung des Widerspruchs die Parteien zur Verhandlung sofort von Amts wegen geladen würden. Der Entwurf sieht jedoch von einer solchen Regelung ab, da er zu einer unnötigen Vermehrung der Prozesse führen könnte. Wie die Erfahrung zeigt, sieht der Gläubiger häufig nach Erhebung des Widerspruchs von einer weiteren Verfolgung der Sache ab, sei es, weil er den Zahlungsbefehl zunächst nur versuchsweise als Mittel, um den Schuldner zur Befriedigung der Forderung zu veranlassen oder um die Verjährung zu unterbrechen, anwenden wollte, sei es, weil er die mit der Durchführung des Rechtsstreits verbundenen Opfer an Zeit und Geld mit Rücksicht auf die Ungewißheit des Ausgangs des Prozesses oder auf die Unsicherheit des Schuldners nicht auf sich nehmen will. Diesen Entschließungen würde das Gesetz vorgreifen, wenn durch die Bestimmung des Verhandlungstermins von Amts wegen der Gläubiger in die Zwangslage gesetzt würde, entweder den Termin wahrzunehmen oder die Abweisung der Klage durch Versäumnisurteil zu gewärtigen. Zur Fortsetzung des Verfahrens soll es jedoch einer Ladung durch die Parteien nicht mehr bedürfen; nur die Bestimmung des Termins soll von einem Parteiantrag abhängig sein (§ 696² des Entwurfs), die Ladung der Parteien aber entsprechend den in den §§ 496, 497 aufgestellten allgemeinen Grundsätzen von Amts wegen erfolgen. Im Interesse der Beschleunigung des Verfahrens wird ferner dem Gläubiger gestattet, den Antrag auf Bestimmung des Termins bereits in dem Gesuch um Erlassung des Zahlungsbefehls zu stellen; ein Gläubiger, welcher von vornherein entschlossen ist, im Falle der Erhebung des Widerspruchs dem Verfahren Fortgang zu geben, wird es also in der Hand haben, durch vorsorgliche Stellung eines solchen Antrags jede Verzögerung zu vermeiden. Wird das Gesuch um Erlassung eines Zahlungsbefehls mündlich angebracht und unterbleibt gemäß § 702 die Aufnahme eines Protokolls, so ist künftig, wie im Gesetz nicht besonders bestimmt zu werden braucht, durch einen Vermerk in den Akten festzustellen, ob der Gläubiger für den Fall der Erhebung des Widerspruchs gegen den Zahlungsbefehl vorsorglich den Antrag auf Bestimmung eines Termins zur mündlichen Verhandlung gestellt hat.

§ 699. Bei der Entscheidung über das Gesuch um Erlassung des Vollstreckungsbefehls findet eine sachliche Prüfung des vom Gläubiger geltend gemachten Anspruchs nicht mehr statt; die Prüfung beschränkt sich vielmehr im wesentlichen auf formelle Fragen, deren Beurteilung in der Regel nicht mit größeren Schwierigkeiten verknüpft ist als die Prüfung der Anträge auf Erteilung einer vollstreckbaren Urteilsausfertigung, über welche schon jetzt nach den §§ 724 ff. der Gerichtsschreiber der Regel nach selbständig zu befinden hat. Um eine weitere Entlastung der Gerichte von solchen Geschäften herbeizuführen, die eine richterliche Entscheidung nicht unbedingt erfordern, schlägt deshalb der Entwurf (Satz 2) vor, die Erlassung des Vollstreckungsbefehls dem Gerichtsschreiber zu übertragen. Hierdurch werden selbstverständlich die §§ 727, 730, 796 nicht berührt; es verbleibt also dabei, daß, falls die Zwangsvollstreckung für einen anderen als den im Vollstreckungsbefehle bezeichneten Gläubiger oder gegen einen anderen als den darin bezeichneten Schuldner erfolgen soll, der Gerichtsschreiber die in diesen Fällen erforderliche vollstreckbare Ausfertigung des Vollstreckungsbefehls nur auf Anordnung des Gerichts erteilen darf. Abgesehen von diesen Ausnahmefällen soll er aber, wenn es ihm auch unbenommen bleibt, über etwaige Zweifel die Belehrung des Richters einzuholen, über das Gesuch des Gläubigers selbständig zu entscheiden haben. Nur eine Ablehnung des Gesuchs wird, um Konflikten zwischen dem Gerichtsschreiber und dem Richter, welcher den Zahlungsbefehl erlassen hat, vorzubeugen, an die Mitwirkung des Gerichts zu binden sein. Nach der neuen Fassung des Abs. 2

soll daher die Ablehnung des Gesuchs dem Gerichte verbleiben. Die weitere Bestimmung des Abs. 2, daß gegen den zurückweisenden Beschluß des Gerichts die sofortige Beschwerde stattfindet, entspricht dem bisherigen § 699².

Da der Vollstreckungsbefehl nach § 700 Satz 1 ZPO. einem auf Versäumnis erlassenen Endurteile gleichsteht, so müssen für die Zustellung des Vollstreckungsbefehls die gleichen Grundsätze gelten wie für die Zustellung eines amtsgerichtlichen Versäumnisurteils. Die Zustellung wird daher nicht von Amts wegen zu bewirken, sondern, wie der Entwurf in Ergänzung des § 699¹ bestimmt, dem Gläubiger zu überlassen sein. Die hier weiter getroffene Vorschrift, daß der Gerichtsschreiber in Ermangelung einer entgegenstehenden Erklärung des Gläubigers die Zustellung des Vollstreckungsbefehls zu vermitteln hat, entspricht der im § 508¹ des Entwurfs für die Zustellung der amtsgerichtlichen Versäumnisurteile getroffenen Bestimmung.

§ 700. Wird gegen den Vollstreckungsbefehl der Einspruch eingelegt, so richtet sich das Verfahren, wie § 700 Satz 2 des Gesetzes bestimmt, nach den Vorschriften der §§ 338 bis 346. Diese sind durch § 508 des Entwurfs für das Verfahren vor den Amtsgerichten nach zwei Richtungen geändert. Die bei den Landgerichten nach § 339¹ zwei Wochen betragende Einspruchsfrist ist auf eine Woche herabgesetzt, und die Einlegung des Einspruchs soll nicht erst durch die Zustellung eines Schriftsatzes an den Gegner erfolgen, sondern schon durch die Einreichung oder Anbringung der Einspruchserklärung bei dem Gerichte. Da der Einspruch gegen einen Vollstreckungsbefehl stets beim Amtsgericht einzulegen ist, so muß das Einspruchsverfahren hier ebenso geregelt werden wie für den amtsgerichtlichen Prozeß. Demgemäß bestimmt der Entwurf, daß die Vorschriften über den Einspruch gegen ein von dem Amtsgericht erlassenes Versäumnisurteil auf den Einspruch gegen den Vollstreckungsbefehl entsprechende Anwendung finden. Das Verfahren richtet sich also, soweit sich nicht aus dem § 508 Abweichungen ergeben, auch hier nach den allgemeinen Vorschriften, welche für das Einspruchsverfahren gegen Versäumnisurteile gelten.

§ 788. Nach § 788¹ sind die notwendigen Vollstreckungskosten zugleich mit dem Anspruche beizutreiben. Durch den vom Entwurfe vorgeschlagenen Zusatz soll zur Beseitigung hervorgetretener Zweifel klargestellt werden, daß als Vollstreckungskosten auch die Kosten der Ausfertigung und der Zustellung des Urteils anzusehen sind, damit diese Kosten ohne besondere Festsetzung zugleich mit dem zur Vollstreckung stehenden Anspruche beigetrieben werden können. Der Vorschlag steht im engen Zusammenhange mit der im § 105 vorgesehenen Regelung des Kostenfestsetzungsverfahrens. Wird der Festsetzungsbeschluß auf das Urteil gesetzt, so können die Kosten der Ausfertigung und Zustellung des Urteils, da sie erst nachträglich entstehen, in dem auf das Urteil zu setzenden Beschlusse nicht mit festgesetzt werden. Sie müßten also, falls sie nicht ohne Festsetzung zugleich mit dem Urteilsanspruche beigetrieben werden könnten, nachträglich besonders festgesetzt werden. Dadurch würden aber die Vorteile, welche das im § 105 des Entwurfs vorgesehene Verfahren den Parteien bietet, wieder in Frage gestellt.

§ 794. Im § 794 werden bisher unter den Vollstreckungstiteln die Kostenfestsetzungsbeschlüsse nicht besonders aufgeführt, weil nach dem geltenden Rechte aus der allgemeinen Vorschrift des § 794 Nr. 3 ohne weiteres folgt, daß die Festsetzungsbeschlüsse zu den vollstreckbaren Titeln gehören. Da nach § 104 künftig das Rechtsmittel der sofortigen Beschwerde nicht mehr unmittelbar gegeben ist, empfiehlt sich zur Beseitigung von Zweifeln, durch eine ausdrückliche Aufführung der Kostenfestsetzungsbeschlüsse im § 794 klarzustellen, daß aus ihnen wie bisher die Zwangsvollstreckung stattfindet.

§§ 795, 795a. Der § 795a ist bereits in den Bemerkungen zu den §§ 103 bis 107 gerechtfertigt. Die Änderung des § 795 ist lediglich eine Folge der Einstellung des § 795a.

§ 796. Die hier vorgeschlagene Änderung ist lediglich durch die im § 699 getroffene Vorschrift bedingt, wonach der Vollstreckungsbefehl vom Gerichtsschreiber zu erlassen ist.

§ 798. Mit Rücksicht auf die Notwendigkeit eines raschen und energischen Rechtsganges hat die ZPO. dem Gerichte die nach dem früheren Rechte vielfach gegebene Befugnis entzogen, dem Schuldner im Urteil eine den Umständen angemessene Erfüllungsfrist zu bestimmen. Nach § 750 genügt es, wenn das Urteil beim Beginn der Zwangsvollstreckung zugestellt wird, und diese Vorschrift findet gemäß § 795 auf die übrigen vollstreckbaren Titel entsprechende Anwendung. Hiervon macht der durch die Novelle von 1898 eingefügte § 798 für Kostenfestsetzungsbeschlüsse und für die nach § 794 Nr. 5 aufgenommenen Urkunden eine Ausnahme, indem er vorschreibt, daß aus ihnen die Zwangsvollstreckung nur beginnen darf, wenn der Schuldtitel mindestens einen Tag vorher zugestellt ist. Maßgebend für diese Bestimmung war die Erwägung, daß es in den bezeichneten Fällen eine Härte sei, wenn die Zwangsvollstreckung sofort der Zustellung des Titels folge, da der Schuldner meist erst aus dem Titel, namentlich bei zu erstattenden Kosten aus dem Festsetzungsbeschlusse, genau ersehen könne, was er eigentlich schulde. Die Vorschrift bezieht sich nach dem geltenden Rechte nur auf die im besonderen Verfahren erlassenen Festsetzungsbeschlüsse, nicht aber auf die gemäß dem bisherigen § 103 im Urteil enthaltene Festsetzung der Kosten. Der Entwurf übernimmt den bisherigen § 798 für die Festsetzungsbeschlüsse, welche nicht auf das Urteil gesetzt sind, sowie für die nach § 794 Nr. 5 aufgenommenen Urkunden, verlängert jedoch die Frist, die zwischen der Zustellung des Schuldtitels und der Vollstreckung liegen muß, auf drei Tage, da die Erfahrung gezeigt hat, daß die eintägige Frist in vielen Fällen nicht genügt, um den Zweck zu erreichen. Eine Ausdehnung der Vorschrift auf die Festsetzungsbeschlüsse, welche gemäß § 105 auf das Urteil gesetzt werden, ist nicht angängig, da, wie in der Begründung zu § 105 bereits dargelegt ist, Urteil und Beschluß einen einheitlichen Titel bilden, für die Zwangsvollstreckung aus Urteilen es aber bei dem geltenden Rechte sein Bewenden behalten muß.

§ 866. Nach § 866³ Satz 1 findet jetzt auf Grund eines Vollstreckungsbefehls die Eintragung einer Sicherungshypothek nicht statt. Die Vorschrift ist in die ZPO. erst durch die Novelle aufgenommen worden, und zwar zufolge eines Beschlusses des Reichstags, obwohl sie sowohl von Vertretern der verbündeten Regierungen als aus der Mitte des Reichstags bekämpft wurde. Nach den inzwischen gesammelten Erfahrungen haben sich die seinerzeit geltend gemachten Bedenken als begründet erwiesen. Wie die Deutsche Justizstatistik (XII S. 109) ergibt, hat sich im Verhältnisse zu den ordentlichen und Urkundenprozessen die Häufigkeit der Mahnsachen in den letzten Jahren andauernd vermindert. Das fragliche Verbot hat also lediglich dahin geführt, daß in zahlreichen Fällen an die Stelle des Mahnverfahrens die kostspieligere und mit größerem Zeitverluste verbundene Klage getreten ist. Zur Hebung des Mahnverfahrens schlägt deshalb der Entwurf vor, die Vorschrift wieder fallen zu lassen. Auch die weiter im § 866³ getroffene Bestimmung, wonach auf Grund eines anderen Schuldtitels eine Sicherungshypothek nur für eine den Betrag von 300 Mk. übersteigende Forderung eingetragen werden darf, hat in der Praxis erhebliche Mißstände hervorgerufen; denn sie drängt den Gläubiger dazu, sofort mit Pfändung und Zwangsversteigerung vorzugehen, schlägt also in ihren Folgen gerade zum Nachteile des Schuldners aus und trifft diesen unter Umständen besonders hart. Hiernach empfiehlt sich, den ganzen Abs. 3 zu streichen.

§ 900. Die im Abs. 1 Satz 1 vorgeschlagene Änderung, nach der das Verfahren für die Abnahme des Offenbarungseides statt mit der Ladung des

Schuldners mit dem Antrag auf Bestimmung eines Termins zur Leistung des Eides beginnen soll, steht im Zusammenhange mit der im § 497 getroffenen Vorschrift, daß vor den Amtsgerichten die Ladung der Parteien durch den Gerichtsschreiber zu veranlassen ist. Zur Beseitigung hervorgetretener Zweifel bestimmt ferner der Abs. 1 Satz 2, daß dem Antrage der Vollstreckungstitel und die sonstigen Urkunden, aus denen sich die Verpflichtung des Schuldners zur Leistung des Eides ergibt, beizufügen sind, um dem Gerichte vor Bestimmung des Termins die Prüfung der Voraussetzungen für die Eidespflicht zu ermöglichen.

§ 913. Nach dem unverändert gelassenen § 915[1] hat das Vollstreckungsgericht ein Verzeichnis derjenigen Personen zu führen, welche vor ihm den Offenbarungseid geleistet haben oder gegen welche wegen Verweigerung des Eides die Haft angeordnet ist. Wie der bisherige Abs. 2 bestimmt, ist eine im Verzeichnisse gemachte Eintragung wieder zu löschen, wenn seit der Eidesleistung oder seit der Beendigung einer sechsmonatigen Haft fünf Jahre verstrichen sind. Diese Vorschrift verursacht namentlich den größeren Amtsgerichten, bei denen die Zahl der Eintragungen sich auf tausende beläuft, eine unverhältnismäßig große Arbeit, da bei jeder einzelnen Eintragung besonders geprüft werden muß, ob die Frist abgelaufen ist. Ein weiterer Mißstand ergibt sich in den Fällen, in denen die wegen Eidesverweigerung angeordnete Haft überhaupt nicht oder nicht bis zur Dauer von sechs Monaten vollstreckt wird, da hier die Eintragungen nach § 915[2] in Verbindung mit § 914 dauernd bestehen bleiben müssen. Um das Löschungsverfahren zu vereinfachen und um zu ermöglichen, daß bei größeren Gerichten Jahreslisten geführt werden, bestimmt der Entwurf, daß die Eintragung zu löschen oder das Verzeichnis zu vernichten ist, wenn seit dem Schlusse des Jahres, in welchem die Eintragung in das Verzeichnis bewirkt ist, fünf Jahre verstrichen sind. Allerdings wird infolgedessen das Verzeichnis unter Umständen den Beteiligten eine sichere Grundlage für die Beurteilung der Frage, ob der § 914 einem zwangsweisen Vorgehen gegen den Schuldner entgegensteht, nicht mehr bieten; praktische Unzuträglichkeiten werden sich indessen hieraus nicht ergeben, da die fünf Jahre zurückliegenden Eintragungen auch jetzt kaum eingesehen werden.

§ 924. Erhebt eine Partei gegen den Beschluß, durch welchen ein Arrest angeordnet wird, Widerspruch, so hat sie nach dem geltenden Rechte den Gegner unter Mitteilung der Gründe, welche sie für die Aufhebung des Arrestes geltend machen will, zur mündlichen Verhandlung zu laden. Hierbei soll es für den Fall, daß das Arrestgericht ein Kollegialgericht ist, verbleiben. Dagegen muß das Verfahren für den Fall, daß das Arrestgericht ein Amtsgericht ist, entsprechend den in den §§ 496, 497 aufgestellten Grundsätzen geändert werden. Der Entwurf bestimmt deshalb, daß in diesem Falle der Widerspruch schriftlich oder zu Protokoll des Gerichtsschreibers zu erheben und Termin zur mündlichen Verhandlung von Amts wegen zu bestimmen ist.

Artikel III. Gerichtskostengesetz.

§ 22a. Die Vorschrift soll, wie schon zu § 501 ZPO. hervorgehoben worden ist, klarstellen, daß eine auf Grund des § 501 getroffene Anordnung des Gerichts für sich allein keinen gebührenpflichtigen Akt bildet.

§ 30. Die neue Fassung des Abs. 1 ist durch die vorgeschlagene Änderung des § 505 ZPO. geboten.

§§ 38, 39, 47. Die hier in Aussicht genommenen Änderungen hängen mit der Umgestaltung des Kostenfestsetzungsverfahrens (§§ 103 bis 107 ZPO.) zusammen. Die Notwendigkeit einer Abänderung der §§ 38, 39 ergibt sich daraus, daß nach dem Entwurfe die Festsetzung der Kosten nicht mehr im Urteile selbst (bisheriger § 103 ZPO.) erfolgen kann, sondern stets eines besonderen Verfahrens bedarf. Für dieses Verfahren ist die gleiche Gebühr zu erheben, mag der Festsetzungsbeschluß auf das Urteil gesetzt werden (§ 105 in der Fassung des Entwurfs) oder nicht. Dagegen soll nach § 47 Nr. 5a die Entscheidung des Gerichts über Erinnerungen gegen den vom Gerichtsschreiber erlassenen Festsetzungsbeschluß gebührenfrei erfolgen.

§ 48. Die bisher im § 48 enthaltenen Vorschriften sind dazu bestimmt, der Prozeßverschleppung entgegenzutreten. Sie geben dem Gerichte die Befugnis, eine Strafgebühr, die in der vollen Gebühr besteht, aber bis auf $^2/_{10}$ ermäßigt werden kann, festzusetzen, wenn durch Verschulden einer Partei oder ihres Vertreters die Vertagung einer mündlichen Verhandlung oder die Anberaumung eines Termins zur Fortsetzung der mündlichen Verhandlung veranlaßt oder durch verspätetes Vorbringen von Angriffs- oder Verteidigungsmitteln die Erledigung des Rechtsstreites verzögert worden ist. Wie die Erfahrung lehrt, sind diese Vorschriften nicht geeignet, den von ihnen verfolgten Zweck zu erreichen. Zunächst sind die Voraussetzungen der Strafgebühr nur selten festzustellen; insbesondere versagt die Anwendung des § 48 in den zahlreichen Fällen, in denen die Anberaumung eines neuen Termins die Folge übereinstimmender Anträge der Parteien ist oder in denen infolge des Nichterscheinens der Parteien ein Ruhen des Verfahrens eintritt. Sodann steht einer häufigen Anwendung der Vorschrift der Umstand entgegen, daß sie die Feststellung des Verschuldens einer Partei oder ihres Vertreters zur Voraussetzung hat und daß das gute Verhältnis zwischen Gericht und Anwaltschaft gefährdet würde, wenn das Gericht öfters in eine Erörterung der Frage eintreten wollte, ob einem Anwalt der Vorwurf der Prozeßverschleppung zu machen ist. Infolgedessen sind die Fälle der Anwendung des § 48 äußerst selten, obwohl die Klagen über eine übermäßig lange Dauer der Prozesse und die Menge der vereitelten Termine von Jahr zu Jahr lauter werden. Über die Dauer der Prozesse gibt die deutsche Justizstatistik Aufschluß. Danach hat 1903 die Zahl der durch kontradiktorisches Endurteil beendeten Prozesse, welche länger als sechs Monate von dem Zeitpunkte zwischen Einreichung der Klageschrift und dem Endurteile gedauert haben, bei den Amtsgerichten 19,2 % und bei den Landgerichten 46,6 % betragen. Daß die Zahl der Termine in vielen Prozessen eine übermäßig große ist, wird allgemein zugegeben. Um auch statistisches Material zu erlangen, hat die preußische Justizverwaltung bei sämtlichen Landgerichten und einer größeren Zahl von Amtsgerichten Erhebungen darüber anstellen lassen, wieviel Termine in je 20 kontradiktorisch gewordenen Prozeßsachen stattgefunden haben. Dabei sind, um Willkür in der Auswahl der Sachen auszuschließen, überall die 20 ersten Prozeßsachen dieser Art aus dem Geschäftsjahr 1903 genommen worden. Hierbei hat sich ergeben, daß in 1816 landgerichtlichen Prozessen im Durchschnitt 6,24 Termine auf einen Prozeß kamen, während in 2050 amtsgerichtlichen Prozessen auf jeden Prozeß durchschnittlich 5,63 Termine entfielen. Die Verteilung der Gesamtzahl der Termine auf die einzelnen Prozesse ist nach dieser Statistik eine sehr ungleiche. Bei den nachstehenden Angaben sind nur diejenigen Termine gezählt, die nach den Vorschlägen des Entwurfs zu § 48 Anlaß zur Erhebung einer besonderen Gebühr geben können, also nur Verhandlungstermine mit Ausschluß der von Amts wegen vertagten und derjenigen, auf Grund deren ein Versäumnisurteil ergangen ist. Termine solcher Art gab es in einzelnen landgerichtlichen Prozessen bis zu 46, in amtsgerichtlichen Prozessen bis zu 42. Nicht mehr als 3 solcher Termine erforderten bei den Landgerichten 27,04 % der Prozesse, bei den Amtsgerichten 36,09 %, 4 bis 6 Termine bei den Landgerichten 36,45 %, bei den Amtsgerichten 34,44 %. Mehr als 6 Termine nahmen in Anspruch bei den Landgerichten 36,51 % und zwar 7 bis 10 Termine 24,78 %, 11 bis 20 Termine 10,52 % und 21 bis 46 Termine 1,21 %. Bei den Amtsgerichten nehmen mehr als 6 Termine in Anspruch 29,47 %, und zwar 7 bis 10 Termine 18,20 %, 11 bis 20 Termine 10,10 % und 21 bis 42 Termine 1,17 %.

Die Tatsache, daß die Zahl der Termine in den einzelnen Prozessen eine so verschiedene ist, muß, ganz unabhängig von der Frage der Prozeßverschleppung, die Erwägung nahe legen, ob nicht eine Abänderung der Kostengesetzgebung geboten ist. Unser GKG. beruht auf dem System der Pauschgebühren. Der verschiedene Umfang der Tätigkeit des Gerichts kommt bei der Bemessung der Gebühren für Zivilprozesse insofern zur Geltung, als die nach dem Werte berechnete volle Gebühr je einmal für die kontradiktorische Verhandlung, die Anordnung einer Beweisaufnahme und die Entscheidung in Ansatz kommt; im übrigen wird, abgesehen von einigen Bestimmungen von nebensächlicher Bedeutung (Herabsetzung der Beweisgebühren bei Nichterhebung des Beweises, besondere Gebühren der Kostenfestsetzungen und dergl.), das Maß der gerichtlichen Arbeit bei der Bemessung der Gebühren nicht berücksichtigt. Von besonderer Bedeutung für den Umfang der Belastung des Gerichts ist die Zahl der Termine, und zwar kommen hierbei nicht nur die Termine, die zu einer Verhandlung geführt haben, sondern wegen der Vorbereitung des Gerichts und des durch ausfallende Termine häufig bedingten Wartens auch die Termine in Betracht, in denen es zu einer Verhandlung nicht gekommen ist, sei es, daß die Verhandlung vertagt worden ist, sei es, daß die Parteien überhaupt nicht erschienen sind. Es liegt in der Natur der Pauschgebühren, daß auf eine genaue Anpassung der einzelnen Gebühren an das Maß der gerichtlichen Arbeit verzichtet wird. Es führt aber zu Unbilligkeiten, wenn so erhebliche Verschiedenheiten in der Zahl der Termine, wie sie nach den obigen Darlegungen bestehen, ohne Einfluß auf die Höhe der Gebühren bleiben. Hierin liegt vom Standpunkte des Kostengesetzes aus die Rechtfertigung für den Vorschlag. Er läßt innerhalb eines weit gegriffenen Rahmens (drei Termine für Prozesse ohne Beweisaufnahme, sechs Termine für Prozesse mit Beweisaufnahme) die Zahl der Termine unberücksichtigt, so daß die Vorzüge des Systems der Pauschgebühren gewahrt bleiben. In der angegebenen Zahl von Terminen kann normalerweise ein Prozeß erledigt werden. Wird diese Zahl überschritten, so wird die Tätigkeit des Gerichts in einer den normalen Umfang überschreitenden Weise in Anspruch genommen, und es soll daher zur Abgeltung der höheren Arbeitsbelastung des Gerichts für jeden weiteren Termin eine besondere Gebühr erhoben werden. Die Erhebung dieser Gebühr, deren Begründung in der Arbeitsmehrung des Gerichts liegt, ist aus diesem Grunde unabhängig von der Frage eines Verschuldens der Parteien oder ihrer Vertreter; auch wenn die große Zahl der Termine, was ausnahmsweise vorkommen kann, in der Beschaffenheit der Rechtssache ihre Ursache hat, gereicht die Ansetzung der besonderen Terminsgebühren den Parteien nicht zur Beschwerde, weil bei der Bemessung der Gerichtsgebühren neben anderen Gesichtspunkten der Umfang, in welchem die Tätigkeit des Gerichts in Anspruch genommen wird, in Betracht zu ziehen ist. Daß der Entwurf die Zahl der Termine, welche von der Terminsgebühr freibleiben sollen, verschieden bestimmt, je nachdem die Anordnung einer Beweisaufnahme stattfindet oder nicht, beruht auf der Erwägung, daß Prozesse, in denen es zur Beweisaufnahme kommt, einerseits mehr Termine erfordern als andere Prozesse, anderseits infolge des Ansatzes der Beweisgebühr dem Staate höhere Einnahmen liefern. Es ist also gerechtfertigt, bei ihnen erst im Falle der Anberaumung einer größeren Zahl von Terminen eine Gebührenerhöhung in der Form der Terminsgebühren vorzusehen.

Eine weitere Veranlassung für die in Aussicht genommene Änderung des § 48 ergibt sich aus der Umgestaltung, welche das amtsgerichtliche Verfahren

erfahren soll. Bisher bestand eine gewisse Schranke gegen eine willkürliche Häufung von Terminen darin, daß, wenn eine Ladung zu einem neuen Termine notwendig wurde, die Partei die Kosten der Zustellung zu tragen hatte. Werden in Zukunft die Terminsladungen in dem Verfahren vor den Amtsgerichten von Amts wegen besorgt, so fallen die Zustellungsgebühren und nach den in den §§ 79, 80a gemachten Vorschlägen in der Regel auch die baren Auslagen für die Ladungen hinweg. Es ergibt sich daher die Notwendigkeit, auf andere Weise dagegen Vorsorge zu treffen, daß nicht durch vereinbarte Aufhebung von Terminen oder doch Ruhenlassen des Verfahrens die dem Staat aus der Prozeßführung erwachsenden finanziellen Lasten willkürlich gesteigert werden. Bei den geringen Gebühren, welche dem Staat regelmäßig in amtsgerichtlichen Prozessen zu zahlen sind, kann diesem Mißstand in wirksamer Weise nur dadurch entgegengetreten werden, daß mit dem Anwachsen der Zahl der Termine über ein angemessenes Maß hinaus eine Erhöhung der Gebühren eintritt.

Ergibt sich sonach aus den Grundsätzen, auf den unser GKG. aufgebaut ist, in Verbindung mit den Vorschriften der ZPO. über die Abhängigkeit des Verfahrens von dem Willen der Parteien und den Vorschriften des Entwurfs über die Ladungen von Amts wegen die Rechtfertigung für die vorgeschlagene Vorschrift des § 48, so sind es doch nicht finanzielle Erwägungen, die bei dem Vorschlage maßgebend gewesen sind, vielmehr würde es seinem Sinne entsprechen, wenn durch das Bestehen dieser Vorschrift die Zahl der Termine wesentlich eingeschränkt würde und die besondere Terminsgebühr tunlichst selten zum Ansatze käme.

Im einzelnen ist noch zu bemerken: Der § 48 erstreckt sich, wie die Beschränkung auf die Verhandlungen „über die Hauptsache" ergibt, nur auf Rechtsstreite im engeren Sinne, d. h. auf alle Fälle, in denen eine Klage erhoben ist oder nach § 696[1] ZPO. als erhoben gilt. Für Verfahren anderer Art fehlt es auch dann, wenn Verhandlungstermine stattfinden, an einem Bedürfnisse für eine entsprechende Vorschrift. Gezählt werden alle zur Verhandlung über die Hauptsache anberaumten Termine, ohne Rücksicht darauf, ob es zu einer Verhandlung gekommen ist oder nicht. Ausgenommen sind jedoch diejenigen Termine, die von Amts wegen verlegt oder in denen vor Eintritt in die Verhandlung diese von Amts wegen vertagt wird, weil in diesen Fällen die Vereitelung des Termins unabhängig von dem Verhalten der Parteien erfolgt; dagegen sind die Termine, in denen nach Eintritt in die Verhandlung diese von Amts wegen vertagt wird, mitzuzählen, weil hier damit gerechnet werden muß, daß die Ursache der Vertagung in einer mangelhaften Vorbereitung des Termins durch die Parteien zu suchen ist und weil ohne Mitzählung dieser Termine der Zweck der Vorschrift durch den Beginn einer Verhandlung, die nicht zum Ziele führen kann, vereitelt werden könnte. Ausgenommen von der Zählung sind ferner die Termine, in denen es zum Erlaß eines Versäumnisurteils kommt, weil in diesem Falle zufolge des § 32 GKG. eine Erhöhung der Gebühren eintritt und die Nachteile, welche der Erlaß eines Versäumnisurteils für die säumige Partei mit sich bringt, als ausreichende Gegenwirkung gegen die Neigung zur Säumnis erachtet werden können. Nicht mitgezählt werden Termine, die ausschließlich zur Verkündung einer Entscheidung oder zur Beweisaufnahme bestimmt sind, wie die Beweistermine vor einem beauftragten oder ersuchten Richter. Dagegen werden Beweistermine vor dem Prozeßgerichte, die gleichzeitig zur Verhandlung bestimmt sind (ZPO. § 370), mitgezählt; es erscheint dies angängig, weil im Falle des Ansatzes der Beweisgebühr die Zahl der von der Gebühr des § 48 befreiten Termine sich auf 6 erhöht. Auf dem gleichen Gesichtspunkte beruht die Mitzählung der Termine zur Erledigung eines bedingten Endurteils. Termine im vorbereitenden Verfahren (ZPO. § 348) sind keine Verhandlungstermine und zählen daher nicht mit.

Die Frage, ob eine besondere Terminsgebühr anzusetzen, ist für jede Instanz besonders zu entscheiden, eine Zusammenrechnung der Termine mehrerer Instanzen findet nicht statt. Hieraus ergibt sich, daß die Termine, die in einem Urkundenprozeß und in dem sich an diesen Prozeß anschließenden ordentlichen Verfahren stattfinden, nicht zusammenzurechnen sind, da beide Verfahren nach § 33 GKG. als besondere Rechtsstreite gelten. Dagegen gelten nach § 30, wenn das Amtsgericht einen Rechtsstreit an ein anderes Gericht verweist, das weitere Verfahren vor dem anderen Gerichte und das Verfahren vor dem Amtsgericht als eine Instanz, so daß die Termine an beiden Gerichten zusammengerechnet werden. Ebenso würden an sich, wenn eine Sache zur anderweiten Verhandlung an das Gericht unterer Instanz zurückverwiesen wird, die Termine vor diesem Gerichte in dem ursprünglichen und dem Nachtragsverfahren zusammenzurechnen sein, da beide Verfahren nach § 31 als Eine Instanz anzusehen sind. Dies Ergebnis erscheint aber unbillig, weil die Zurückverweisung in Mängeln des früheren Verfahrens ihren Grund haben kann; § 48[2] schließt daher für diesen Fall die Zusammenrechnung aus.

Die Verpflichtung zur Zahlung der im § 48 bestimmten Gebühren trifft denjenigen, der überhaupt zur Tragung der Kosten des Prozesses verpflichtet ist, also in der Regel den unterliegenden Teil. Vor Beendigung des Prozesses sind sie gemäß §§ 94, 89 alljährlich von demjenigen zu erheben, welcher das Verfahren der Instanz beantragt hat; von der im § 94 Nr. 3 für die bisherige Gebühr des § 48 vorgesehenen alsbaldigen Erhebung der Gebühr sieht der Entwurf ab, und es ist deshalb im § 94 Nr. 3 die Bezugnahme auf den § 48 gestrichen. Ist die Anberaumung eines Termins die Folge einer unrichtigen Behandlung der Sache durch das Gericht, so kann die Terminsgebühr nach § 6 niedergeschlagen werden; war die Verlegung eines Termins oder die Vertagung einer Verhandlung durch die Säumnis einer Partei oder ihres Vertreters verschuldet, so fällt die Terminsgebühr dieser Partei zur Last (§ 95 ZPO.); bei grobem Verschulden des Vertreters kann das Gericht die Terminsgebühr diesem auferlegen (ZPO. § 102). Zur Anwendung dieser Maßregeln ist nicht erforderlich, daß die unrichtige Behandlung oder das Verschulden gerade die Ansetzung desjenigen Termins veranlaßt hat, für welchen die Terminsgebühr zum Ansatze kommt, vielmehr können sie auch dann in Frage kommen, wenn es sich bei dem vereitelten Termin um einen der ersten, nach § 48 die Terminsgebühr nicht begründeten Termine handelte, ohne diese Terminsvereitelung aber die Terminsgebühr nicht zum Ansatz gekommen wäre. Dies hat zur Folge, daß die günstigen Wirkungen der neuen Vorschrift nicht erst dann Platz greifen, wenn schon 3 oder 6 Termine stattgefunden haben, daß vielmehr alle Beteiligten von vornherein ein Interesse daran haben, unnütze Termine zu vermeiden.

§ 79. Dem Wunsche, daß mit einer Vereinfachung und Beschleunigung des amtsgerichtlichen Verfahrens auch eine Minderung der gerichtlichen Kosten verbunden werde, kann aus finanziellen Gründen nur in beschränktem Umfang entsprochen werden. Eine allgemeine Herabsetzung der Gerichtsgebühren würde die Finanzen der Bundesstaaten in einer Weise belasten, die nach Lage der Verhältnisse nicht zulässig erscheint. Es sind auch weniger die Gerichtsgebühren, welche bei kleinen und mittleren Werten die Klagen über die Höhe der Prozeßkosten hervorrufen, als die daneben zum Ansatze kommenden baren Auslagen und Anwaltskosten. In dieser Hinsicht bringt schon die vom Entwurfe vorgeschlagene Erweiterung der Zuständigkeit der Amtsgerichte nach zwei Richtungen hin eine sehr wesentliche Erleichterung. Durch die Beseitigung des Anwaltszwanges für eine große Zahl von Prozessen werden in zahlreichen dieser Fälle die Anwaltskosten wegfallen. Sodann wird dadurch, daß die Prozesse in erster Instanz von den Landgerichten an die Amtsgerichte und in zweiter Instanz von den OLGerichten an die Landgerichte übergehen, der Sitz des Gerichts sehr häufig dem Wohnsitze der Parteien und der Zeugen sowie den Orten, an welchen Augenscheinseinnahmen vorzunehmen sind, näher gerückt, was eine erhebliche Verminderung der Kosten zur Folge haben muß. Im übrigen läßt sich bezüglich der Auslagen durch eine auch aus sonstigen Gründen empfehlenswerte Maßregel eine bei kleinen Werten ins Gewicht fallende Ersparnis erzielen, wenn, wie dies der Entwurf vorschlägt, von einem Ansatz der Schreib- und Postgebühren in der Regel abgesehen und zur Deckung des Ausfalls ein nach dem Wert des Gegenstands abgestufter Pauschalsatz (§ 80b) erhoben wird. Da der Grundsatz, wonach Zustellungen von Amts wegen gebührenfrei erfolgen, aufrecht erhalten und in seinem Anwendungsgebiet dadurch bedeutend erweitert wird, daß im amtsgerichtlichen Prozeß alle Ladungen von Amts wegen erfolgen, so hat die Pauschalierung der Schreib- und Postgebühren für die Prozesse über kleine Werte eine beträchtliche Ermäßigung zur Folge. Denn der vom Entwurf in Aussicht genommene Zuschlag von 10 % kommt bei den in diesen Prozessen zum Ansatz gelangenden niedrigen Gebühren — bei Werten bis 20 Mk. beträgt die Gebühr 1 Mk., der Pauschalsatz also 10 Pfg. — kaum in Betracht, während die Höhe der nach dem geltenden Recht zu erhebenden Schreib- und Postgebühren vom Streitwerte unabhängig ist und daher bei kleinen Werten eine erhebliche Belastung bilden kann. Die Tragweite der Ermäßigung, welche die Pauschalierung der Schreib- und Postgebühren zur Folge hat, ist bei den kleinen Objekten um so erheblicher, als bei ihnen diese Nebenkosten jetzt die Summe der Gebühren oder sogar den Betrag des Streitgegenstandes nicht selten übersteigen.

Nach den bisherigen Vorschriften der §§ 79, 80, 80a werden Schreibgebühren mit Ausnahme der im § 80a bestimmten Fälle für alle Ausfertigungen und Abschriften erhoben, mögen sie von Amts wegen oder auf Antrag erteilt sein, auch sind alle bei Gericht entstehenden Post- und Telegraphengebühren den Parteien in Rechnung zu stellen. Den mit der Kostenaufstellung befaßten Beamten erwächst dadurch eine Arbeitslast, die ganz außer Verhältnis zu dem Ergebnisse steht. Außerdem führt die Anwendung der bestehenden Vorschriften zu mannigfachen Zweifeln, wie denn namentlich die Abgrenzung der nach § 80a Nr. 1 in bestimmten Fällen schreibgebührenfreien, von Amts wegen anzufertigenden Ausfertigungen und Abschriften von den gebührenpflichtigen keineswegs immer einfach ist. Es bedeutet daher eine wesentliche Vereinfachung des Geschäftsbetriebes und bietet zugleich eine größere Gewähr für die Richtigkeit der Kostenrechnungen, wenn von dem Einzelansatze der Schreib- und Postgebühren in der Regel abgesehen und an ihrer Stelle der im § 80b bestimmte Pauschsatz erhoben wird.

Für Ausfertigungen und Abschriften, die nur auf Antrag erteilt werden, kann allerdings von der Ansetzung von Schreibgebühren nicht abgesehen werden, weil sonst der Umfang der Leistungen des Gerichts von dem Belieben der Parteien abhängig wäre. Die Berechnung dieser Schreibgebühren führt auch zu keinen geschäftlichen Schwierigkeiten; sie sind stets vom Antragsteller einzuziehen (§ 86²) und sofort nach Anfertigung der Schriftstücke fällig (§ 97¹), auch kann ihre vorschußweise Zahlung gefordert werden (§ 97²), was ihre Einziehung im Wege der Nachnahme ermöglicht. Einem ausdrücklichen Antrag auf Anfertigung einer Abschrift steht es gleich, wenn eine Partei einen Schriftsatz zum Zwecke der Zustellung einreicht, ohne die erforderliche Zahl von Abschriften beizufügen.

Besonderer Hervorhebung im Gesetze bedarf es nicht, daß der Fall der Mitteilung der einem Festsetzungsbeschlusse zugrunde liegenden Kostenberechnung dem Falle einer von Amts wegen erfolgenden Zustellung eines Schriftsatzes gleichsteht. Wird der Verpflichtung, dem Gesuche die zur Mitteilung an den Gegner bestimmte Abschrift der Kostenberechnung beizufügen (§ 103² Satz 2 des Entwurfs), nicht genügt, so stellt sich die Anbringung des Festsetzungsgesuches als Antrag auf Anfertigung der Abschrift dar. Hat die Partei vor Verkündung des Urteils ihre Kostenberechnung eingereicht, so ist sie gemäß § 105 [2] von der Verpflichtung zur Beifügung einer Abschrift befreit und es wird die erforderliche Abschrift von Amts wegen angefertigt; in diesem Falle sind der Partei Schreibgebühren nicht in Rechnung zu stellen.

Die Postgebühren im engeren Sinne, einschließlich des Paketportos für Übersendung von Akten, können ausnahmslos zu den gewöhnlichen, durch den Pauschsatz zu deckenden Kosten gerechnet werden. Dagegen besteht kein Anlaß, von der Erstattung der nur ausnahmsweise vorkommenden, unter Umständen einen höheren Betrag erreichenden Telegraphengebühren abzusehen. Ähnlich steht es mit den Fernsprechgebühren. Hier sollen nur die nach § 7 der FernsprechGebO. im Fernverkehre für Benutzung der Verbindungsanlage zwischen verschiedenen Netzen oder Orten mit öffentlichen Fernsprechstellen zu erhebenden Gebühren, welche den Betrag von 2 Mk. für ein Gespräch erreichen können, den Parteien berechnet werden, im übrigen findet eine Auslagenberechnung nicht statt, und zwar ohne Unterschied, ob das Gericht eine Pauschgebühr zahlt oder nicht. Gespräche im Vororts-, Nachbarorts- und Bezirksverkehr, auf welche nicht § 7, sondern § 9 Nr. 6 a. O. Anwendung findet, begründen keine Erstattungspflicht der Parteien.

§ 80. Die Höhe der Schreibgebühren ist im GKG., dessen Bestimmungen auf die Schreibgebühren der Anwälte und Gerichtsvollzieher für anwendbar erklärt sind, auf 10 Pfg. für die Seite festgesetzt worden. Die Verhältnisse, welche für diese Festsetzung maßgebend waren, haben sich seit 1879 wesentlich verschoben, indem die Schreiblöhne von Jahr zu Jahr gestiegen sind und infolgedessen die Schreibgebühren je länger je mehr eine unzureichende Entschädigung für die Unkosten des Schreibwerkes darstellen. Einen Anhaltspunkt für das Maß, in dem die Schreiblöhne gestiegen sind, gewährt der Umstand, daß die von der preußischen Justizverwaltung gezahlten Schreiblöhne in der Allg. Verf. vom 4. September 1879 auf 5 bis 7 Pfg. für die Seite festgesetzt waren, während die neueste Kanzleiordnung vom 27. März 1907 Schreiblöhne von 6 bis 17 Pfg. vorsieht. Auch die Rechtsanwälte und Gerichtsvollzieher führen lebhafte Klage über die Unzulänglichkeit der Schreibgebühren. Es erscheint daher angezeigt, für diejenigen Fälle, in denen Schreibgebühren ausnahmsweise noch in Ansatz gelangen sollen, eine auskömmliche Entschädigung zu gewähren. Zu diesem Zwecke erscheint eine Verdoppelung des bisherigen Satzes geboten.

Die in Satz 2 des § 80 vorgesehene Vorschrift dient zur Ausfüllung einer Lücke des Gesetzes, dessen Bestimmungen nur auf die gewöhnlich vorkommenden Schriftstücke berechnet sind. Für die hier bezeichneten Fälle empfiehlt es sich, die Bestimmung der Höhe der Schreibgebühren der Landesjustizverwaltung zu überlassen, damit den jeweilig wechselnden Verhältnissen Rechnung getragen und eine Anpassung an die von den Justizbehörden ihrerseits zu zahlenden Entschädigungen erreicht werden kann.

§ 80a erhält die im bisherigen § 80b vorgesehene Kostenfreiheit der von Amts wegen erfolgenden Zustellungen aufrecht, jedoch mit der Einschränkung, daß die erheblichen Auslagen, welche durch eine Zustellung im Auslande oder bei der öffentlichen Zustellung durch die Bekanntmachung in öffentlichen Blättern entstehen, berechnet werden sollen. Der in Satz 2 des bisherigen § 80b enthaltene Vorbehalt des Ansatzes einer Schreibgebühr für die Ausfertigungen und Abschriften des zuzustellenden Schriftstückes ist fallen gelassen; inwieweit bei Zustellungen von Amts wegen Schreibgebühren zu erheben sind, bestimmt sich in Zukunft nach § 79 Nr. 1.

§ 80b. Die Gesichtspunkte, welche für die Erhebung eines Auslagenpauschsatzes sprechen, sind in der Begründung zu § 79 dargelegt. Was die Bemessung des Pauschsatzes betrifft, so wird dem verschiedenen Umfange der Auslagen am besten dadurch Rechnung getragen, daß zu jeder einzelnen anzusetzenden Gebühr ein Zuschlag erhoben wird; denn im allgemeinen steht der Umfang des Schreibwerks im Verhältnisse zu dem Maße, in welchem die gesamte gerichtliche Tätigkeit beansprucht wird, und diesem entspricht die Zahl der anzusetzenden Gebühren. Auf diese Weise wird erreicht, daß ein kontradiktorisch gewordener Prozeß einen höheren Pauschsatz bringt als ein ohne kontradiktorische Verhandlung durch Versäumnisurteil erledigter Prozeß, und ein Prozeß mit Beweisaufnahme einen höheren Pauschsatz als ein Prozeß ohne solche. Im übrigen ist der Pauschsatz so zu bestimmen, daß die geringeren Streitwerte auf Kosten der höheren entlastet werden; er ist deshalb nach einem bestimmten Prozentsatz der Gebühren zu erheben. Jedoch soll einer übermäßigen Belastung der Prozesse über große Werte dadurch vorgebeugt werden, daß der Pauschsatz im Höchstbetrage auf 50 Mk. begrenzt wird.

Anhaltspunkte für die Bemessung der Höhe des Prozentsatzes bietet eine für das Rechnungsjahr 1904 in Preußen aufgenommene Gerichtskostenstatistik, bei welcher außer den Gebühren auch die angesetzten baren Auslagen, besonders die Schreibgebühren und Postgebühren, festgestellt sind. Wie die Tabelle zeigt, machen für die Angelegenheiten der streitigen Rechtspflege in Zivilsachen die Schreib- und Postgebühren zusammen ziemlich genau 10 % der Gebühren aus, während in Strafsachen der Satz von 10 % bei weitem zur Deckung der Auslagen an Schreib- und Postgebühren nicht ausreicht. Allerdings fallen nicht sämtliche Schreibgebühren weg, da für die auf Antrag erteilten Ausfertigungen und Abschriften auch weiterhin Schreibgebühren erhoben werden sollen. Andererseits werden die der Staatskasse allein zur Last fallenden Kosten der Zustellungen von Amts wegen durch die Reform des amtsgerichtlichen Verfahrens und die Erweiterung der Zuständigkeit der Amtsgerichte sehr beträchtlich erhöht. Auch ist zu berücksichtigen, daß die bisher angesetzten Schreibgebühren eine unzureichende Entschädigung des Staats für seine Auslagen darstellten. Hiernach ist der Satz von 10 % der Gebühren, der zugleich eine bequeme Berechnung des Pauschsatzes ermöglicht, für angemessen zu erachten. Dieser Prozentsatz bedeutet, wie die Tabelle ergibt, eine wesentliche Kostenersparnis für Prozesse über kleine und mittlere Werte, da in amtsgerichtlichen Prozessen ein Betrag von 10 % der Gebühren im Durchschnitte nur ausreicht, um die Summe der nach den geltenden Vorschriften erhobenen Schreibgebühren und Porti zu einem Bruchteile zu decken, der wenig mehr als $^3/_5$ ausmacht.

Aus Zweckmäßigkeitsgründen soll die im § 7² GKG. vorgesehene Abrundung der Gebühren auf den nächsten durch 10 teilbaren Pfennigbetrag auch bei den Pauschsätzen stattfinden; dagegen wird von einer Übertragung des im § 7¹ vorgeschriebenen Mindestsatzes von 20 Pfg. abgesehen. Ein Mindestbetrag erscheint nur insofern angezeigt, als in bürgerlichen Rechtsstreitigkeiten im Falle der Erhebung einer Klage der Gesamtbetrag aller anzusetzenden Pauschsätze mindestens 50 Pfg. betragen soll. Der Mindestbetrag hat praktische Bedeutung nur für die amtsgerichtlichen Prozesse. Hier ersparen die Parteien gegenüber den geltenden Vorschriften infolge der von Amts wegen erfolgenden Zustellung der Klage mindestens die Kosten einer Zustellung und damit mindestens 50 Pfg. Da der Pauschsatz außerdem die wegfallenden Post- und Schreibgebühren deckt, würde es, besonders in den Fällen der Zurücknahme der Klage, wo die Gebühr bei Werten bis 20 Mk. nur 20 Pfg. und bei Werten bis 60 Mk. nur 30 Pfg. beträgt, zu einer unbilligen Belastung der Staatskasse führen, wenn nicht wenigstens der zur Deckung der Kosten einer Zustellung auf jeden Fall erforderliche Betrag von 50 Pfg. eingezogen würde. Auf diesen Mindestsatz kommen alle im Prozesse überhaupt anzusetzenden Pauschsätze, welche § 80 b durch Anziehung der einzelnen Gebührenvorschriften bezeichnet, in Anrechnung. Dem Mindestsatz entspricht ein Höchstsatz von 100 Mk. für die Summe der in einem Prozeß zum Ansatz gelangenden Pauschsätze. Zur Begünstigung des Mahnverfahrens wird bei der Entscheidung über das Gesuch um Erlassung eines Zahlungsbefehls von der Festsetzung des Mindestsatzes von 50 Pfg. abgesehen, obwohl auch hier eine Zustellung von Amts wegen erfolgt; gilt infolge Erhebung des Widerspruchs nach § 696¹ ZPO. die Klage als erhoben, so wird der Mindestbetrag von 50 Pfg. wirksam.

§ 94. Die Abänderung der Nr. 3 ist lediglich eine Folge der Abänderung des § 48. Da die Gebühr des § 48 nicht mehr eine vom Gericht besonders beschlossene Strafgebühr ist, kann ihre Fälligkeit nicht mehr an einen Gerichtsbeschluß geknüpft werden.

Artikel IV. Gebührenordnung für Rechtsanwälte.

§ 30. Die Änderung des Abs. 3 ist aus dem gleichen Grunde notwendig wie diejenige des § 39³ GKG.

§ 76. Die Vorschläge bezüglich der Pauschalierung der Schreib- und Postgebühren der Anwälte beruhen im wesentlichen auf denselben Erwägungen, wie die entsprechenden Änderungen der §§ 79, 80b GKG. Bei den Anwälten sind als weitere Vorzüge der Pauschalierung zu erwähnen, daß eine wesentliche Vereinfachung des Festsetzungsverfahrens eintritt, wenn die Einzelberechnung der Schreib- und Postgebühren und deren Nachprüfung seitens des Gerichts wegfällt, und daß es den Anwälten erspart wird, die Verantwortlichkeit für eine Kostenberechnung übernehmen zu müssen, deren Nachprüfung ihnen kaum möglich ist. Der Gedanke der Einführung von Pauschsätzen hat in den Kreisen der Anwälte Beifall gefunden. Der hierbei geäußerte Wunsch, daß der Pauschsatz in auskömmlicher Höhe bemessen werden möge, erscheint berechtigt. Der Entwurf setzt daher den Pauschsatz unter Berücksichtigung der Tatsache, daß auch die unter Umständen umfangreichen Schriftsätze von der Pauschalierung betroffen werden, auf 20 % fest, während sie bei den Gerichten nur 10 % betragen. Da für die einzelnen Rechtsanwälte sich die Pauschsätze bei kleinen und großen Werten nicht ebenso ausgleichen, wie für den Fiskus, dem sämtliche Pauschsätze, sowohl die hohen als auch die geringen, zufließen, so erscheint eine weitere Abweichung von den Vorschriften des GKG. dahin geboten, daß einerseits zwar der Höchstbetrag der Pauschsätze etwas geringer bemessen, anderseits aber allgemein ein Mindestbetrag festgesetzt wird und daß außerdem für Prozesse und für Verteidigung in Strafsachen erhöhte Mindestsätze gewährt werden. Ohne eine Bestimmung dieser Art würden die Bezüge derjenigen Anwälte, welche häufiger mit großen Werten zu tun haben, unverhältnismäßig erhöht werden, obwohl diese Anwälte bereits durch die hohen Gebühren begünstigt sind, während die Regelung des Entwurfs den Vorteil gewährt, daß auch Anwälte, die hauptsächlich Prozesse mit kleinen Werten zu führen haben, in den Pauschsätzen eine auskömmliche Entschädigung für ihre Auslagen finden. Einen Anhalt für die Beurteilung der Wirkung der Vorschläge zu § 76 bieten statistische Ermittelungen, die 13 Berliner Anwälte über ihre aus Prozessen über Werte bis zu 10000 Mk. stammenden Einnahmen an Gebühren, Schreib- und Postgebühren vorgenommen haben. Wie die auf Grund dieser Ermittelungen aufgestellte Tabelle ergibt, beträgt die Gesamtsumme aller in 717 Sachen angesetzten Schreib- und Postgebühren 4661 Mk. 33 Pfg., während die Summe der Pauschsätze des Entwurfs 5637 Mk. 80 Pfg. ausmacht. Dabei ist zu berücksichtigen, daß die Werte über 10000 Mk., welche höhere Pauschsätze bringen, von den Ermittelungen ausgeschlossen worden sind, daß auch nicht sämtliche Schreibgebühren nach dem Entwurfe wegfallen sollen und daß die erhebliche Inanspruchnahme des Bureaus durch Aufzeichnung der Schreib- und Postgebühren und deren Berücksichtigung bei Aufstellung der Kostenberechnungen in Zukunft erspart werden wird. Anderseits ist in Betracht zu ziehen, daß die bisherigen Schreibgebühren zur Deckung der tatsächlichen Auslagen nicht ausreichten. Hiernach sind die vom Entwurfe vorgeschlagenen Sätze bemessen.

Der Umfang, in welchem Schreib- und Postgebühren durch die Pauschsätze gedeckt werden sollen, ist ebenso geregelt, wie bei den Gerichtskosten. Insbesondere bleibt auch den Anwälten der Ansatz der Telegraphengebühren und der im § 79 Nr. 2 GKG. bezeichneten Fernsprechgebühren vorbehalten. Schreibgebühren sollen nur für auf besonderes Verlangen gefertigte Abschriften angesetzt werden dürfen, so daß das gesamte regelmäßig vorkommende Schreibwerk, insbesondere die Korrespondenz mit der Partei und die Schriftsätze nebst den Abschriften, schreibgebührenfrei bleiben. Um den Zweck der Einführung der Pauschsätze in vollem Umfang zu erreichen, ist davon abgesehen worden, die Berechnung von Schreibgebühren für Schriftsätze zuzulassen. Die Miteinrechnung der Schriftsätze in den Pauschsatz unter Gewährung eines höheren Prozentsatzes, als der Pauschsatz bei den Gerichtsgebühren ausmacht, ist gerade aus den Kreisen der Anwälte befürwortet worden. Der Entwurf ist dieser Anregung gefolgt. Zu der Pflichttreue der Anwaltschaft wird das Vertrauen gehegt, daß die Pauschalierung der Schreibgebühren die Einreichung der erforderlichen Schriftsätze nicht beeinträchtigen wird.

Artikel V. Es wird auf die Bemerkung zu den §§ 499, 604 ZPO. verwiesen.

Artikel VI bis XI. Schluß- und Übergangsbestimmungen.

In verschiedenen Reichs- und Landesgesetzen wird auf die durch den Entwurf berührten Vorschriften des GVG., der ZPO., des GKG. und der GebO. für RA. bezug genommen. Nach dem Vorbild anderer Gesetze stellt der Entwurf im Art. III klar, daß die in den Art. I bis IV vorgesehenen Änderungen auch für die Reichs- und Landesgesetze gelten, welche auf jene Vorschriften bezug nehmen.

Die Geschäftsverschiebung, welche die Erhöhung der amtsgerichtlichen Zuständigkeit und die Beschränkung der Zulässigkeit der Berufung mit sich bringt, wird zwar, wie in den Bemerkungen zu § 23 GVG. näher dargelegt ist, voraussichtlich keine Veränderung in der Organisation der Gerichte oder ihrer Bezirke, wohl aber möglicherweise bei den Land- und OLGerichten die Einziehung einzelner Richterstellen und bei den Amtsgerichten eine Vermehrung der Richterstellen notwendig machen. Da sich mit Rücksicht auf die Verschiedenheit der örtlichen Verhältnisse nicht mit Sicherheit im voraus berechnen läßt, wieviel Richter künftig bei den einzelnen Gerichten gebraucht werden, ist es im Interesse der Rechtspflege geboten, den Landesjustizverwaltungen für eine gewisse Zeit nach dem Inkrafttreten des Gesetzes freie Hand bei Änderungen in der Besetzung der Gerichte zu lassen. In den Fällen einer Veränderung der Organisation der Gerichte oder ihrer Bezirke sind sie nach § 8³ GVG. befugt, unfreiwillige Versetzungen von Richtern an ein anderes Gericht oder Entfernungen vom Amte unter Belassung des vollen Gehalts zu verfügen. Die gleichen Befugnisse sind ihnen hier einzuräumen. Der Entwurf bestimmt deshalb im Art. VIII, daß die bezeichnete Vorschrift für eine Übergangszeit von drei Jahren auch bei notwendiger Einziehung von Richterstellen Anwendung finden soll. Weiterer Übergangsbestimmungen bedarf es für die im Art. I vorgeschlagenen Änderungen des GVG. nicht. Auf die zur Zeit des Inkrafttretens des Gesetzes bereits anhängigen Rechtsstreitigkeiten ist die Erhöhung der amtsgerichtlichen Zuständigkeit ohne Einfluß. Denn nach den aus § 263 ZPO. sich ergebenden Grundsätzen verliert das Prozeßgericht, wenn es zur Zeit der Erhebung der Klage zuständig war, durch eine spätere Änderung der Zuständigkeitsnormen seine Zuständigkeit nicht. Dagegen können die Vorschriften des Entwurfs, welche den Kreis der Feriensachen erweitern (§§ 202, 204 GVG.), auf die bereits anhängigen Rechtsstreitigkeiten unbedenklich Anwendung finden. Das gleiche gilt in der Hauptsache von den im Entwurfe vorgesehenen Änderungen der ZPO. Nur soweit gesetzliche Fristen geändert sind (§§ 499, 604, 697), erscheint es angemessen, für die Berechnung der Fristen, welche zur Zeit des Inkrafttretens des neuen Gesetzes bereits laufen, an den bisherigen Vorschriften festzuhalten; dies wird im Art. IX Abs. 1 bestimmt. Hinsichtlich der Frist zur Erhebung des Einspruchs gegen ein Versäumnisurteil oder einen Vollstreckungsbefehl (§§ 508, 700 ZPO.) geht der Entwurf noch weiter, indem er die Wirksamkeit des alten Rechts auf alle Fälle erstreckt, in denen das Versäumnisurteil oder der Vollstreckungsbefehl vor dem Inkrafttreten des neuen Gesetzes erlassen ist (Art. IX Abs. 2). Die Anwendung des neuen Rechts auf solche Fälle würde unter Umständen zu Härten für die Parteien führen. Aus dem gleichen Grunde empfiehlt es sich, die neuen Vorschriften über die Beschränkung der Berufung (§ 511a ZPO.) auf die bereits vor dem bezeichneten Zeitpunkte verkündeten Urteile auszuschließen. Die Zulässigkeit der Berufung gegen solche Urteile soll sich deshalb gemäß Art. X des Entwurfs noch nach den bisherigen Vorschriften richten.

Endlich kann, da die Kosten einer Rechtssache sich für eine Instanz nur nach einheitlichen Grundsätzen berechnen lassen, die Anwendung des abgeänderten § 48 GKG. und der neuen Vorschriften über die Schreib- und Postgebühren (Art. III Nr. 7, 8; IV Nr. 2) auf die vor dem bezeichneten Zeitpunkt anhängig gewordenen Rechtssachen nur insoweit zugelassen werden, als die Sachen nach dem Inkrafttreten des Gesetzes in eine neue Instanz gelangen. Nach Art. XI sollen deshalb auf solche Sachen bis zur Beendigung der Instanz noch die bisherigen Vorschriften zur Anwendung kommen. Wann eine Instanz als beendigt anzusehen ist, braucht nicht näher bestimmt zu werden, da sich dies in jedem Falle auf Grund der Bestimmungen des GKG. und der GebO. in Verbindung mit den Vorschriften der ZPO., KonkO. und StrPO. ohne Schwierigkeiten feststellen läßt. Es kommen also z. B., wenn in einem bereits vor dem Inkrafttreten des Gesetzes anhängig gemachten Prozeß erst nach diesem Zeitpunkt gegen das in erster Instanz erlassene Urteil Berufung eingelegt wird, für die Berufungsinstanz die neuen Vorschriften zur Anwendung, während für das Verfahren erster Instanz, auch wenn es erst nach dem Inkrafttreten beendigt wird, die bisherigen Vorschriften maßgebend bleiben. Ebenso sind, wenn eine zur Zeit des Inkrafttretens bereits anhängige Sache nach diesem Zeitpunkt an das Gericht unterer Instanz zurückverwiesen wird (ZPO. §§ 538, 539, 561), auf das weitere Verfahren vor dem Gerichte der unteren Instanz für die Kostenberechnung die bisherigen Vorschriften anzuwenden, da nach § 31 GKG. und § 26 der GebO. das weitere Verfahren mit dem früheren Verfahren vor diesem Gericht eine Instanz bildet.

Verlag von Veit & Comp. in Leipzig.

FSC
www.fsc.org
MIX
Papier | Fördert
gute Waldnutzung
FSC® C083411

Kolibri 360 GmbH
Ferdinand-Jühlke-Straße 7
99095 Erfurt, Deutschland
produktsicherheit@kolibri360.de